中国学术名著提要

(合订本)

第四卷 明代编

中国学术名著提要编委会 编

复旦大学出版社

目 录

明代编

哲学类

理学类编 …………………… 张九韶 2	困知记 …………………… 罗钦顺 44
性理大全 …………………… 胡 广 4	整庵存稿 …………………… 罗钦顺 47
薛敬轩先生文集 …………… 薛 瑄 7	明道编 …………………… 黄 绾 49
读书录 …………………… 薛 瑄 10	甘泉文集 …………………… 湛若水 52
康斋文集 …………………… 吴与弼 12	格物通 …………………… 湛若水 55
居业录 …………………… 胡居仁 14	困辨录 …………………… 聂 豹 57
白沙子全集 …………… 陈献章 17	问辨录 …………………… 高 拱 59
阳明全书 …………………… 王守仁 20	小儿语、续小儿语 …… 吕得胜 吕 坤 61
传习录 …………………… 王守仁 23	何心隐集 …………………… 何心隐 64
王心斋先生遗集 …………… 王 艮 27	焚书 …………………… 李 贽 66
泾野子内篇 …………………… 吕 柟 30	呻吟语 …………………… 吕 坤 69
柏斋集 …………………… 何 瑭 33	顾端文公遗书 …………… 顾宪成 72
王氏家藏集 …………… 王廷相 35	刘子全书 …………………… 刘宗周 76
慎言 …………………… 王廷相 39	榕坛问业 …………………… 黄道周 79
雅述 …………………… 王廷相 42	

政法类

大明令 …………………… 杨 慈等 82	备忘集 …………………… 海 瑞 97
大明律 …………………… 84	张太岳文集 …………… 张居正 100
御制大诰 …………………… 朱元璋 87	读律琐言 …………………… 雷梦麟 103
郁离子 …………………… 刘 基 89	大明律附例笺释 …… 王 樵 王肯堂 105
律条疏议 …………………… 张 楷 92	明律集解附例 …………… 108
历代名臣奏议 …………… 黄 淮等 94	皇明经世文编 …………… 陈子龙等 111

历史类

书名	作者	页码
元史	宋濂等	116
大明一统志	李贤等	119
续资治通鉴纲目	商辂等	121
宋史新编	柯维骐	123
明会典	申时行等	125
续文献通考	王圻	126
弇州史料	王世贞	128
藏书	李贽	130
续藏书	李贽	132
国朝献徵录	焦竑	134
宋史纪事本末	陈邦瞻	135
元史纪事本末	陈邦瞻	137
万历野获编	沈德符	138
千百年眼	张燧	140
蒙古黄金史纲	无名氏	142
明实录		144

语言、文学类

语言 …… 148

书名	作者	页码
洪武正韵	乐韶凤等	148
六书本义	赵谦	151
韵略易通	兰茂	154
丁香帐	仁钦扎西	156
骈雅	朱谋㙔	158
毛诗古音考	陈第	160
字汇	梅膺祚	163
西儒耳目资	金尼阁	165
蜀语	李实	167
音学五书	顾炎武	169
通雅	方以智	173

文学 …… 176

书名	作者	页码
怀麓堂诗话	李东阳	176
谈艺录	徐祯卿	179
诗家直说	谢榛	182
诗纪	冯惟讷	185
艺苑卮言	王世贞	188
诗薮	胡应麟	191
元曲选	臧懋循	194
唐音统签	胡震亨	198
古今名剧合选	孟称舜	201
唐柳河东集辑注	蒋之翘	204

艺术类

音乐 …… 208

书名	作者	页码
太音大全集	袁均哲	208
琴书大全	蒋克谦	210
乐律全书	朱载堉	213
三才图会	王圻 王思义	216
溪山琴况	徐上瀛	218

戏曲 …… 220

书名	作者	页码
太和正音谱	朱权	220
词谑	李开先	223
曲论	何良俊	225
南词叙录	徐渭	228
曲藻	王世贞	231
汤显祖诗文集	汤显祖	233
词隐先生论曲	沈璟	238
鸾啸小品	潘之恒	240
元曲选序、后集序	臧懋循	242
顾曲杂言	沈德符	244
曲论	徐复祚	246
谭曲杂札	凌濛初	249
衡曲麈谭	张琦	252
曲律	王骥德	254
曲品	吕天成	258

远山堂曲品	祁彪佳 261	重为华山图序	王 履 306
远山堂剧品	祁彪佳 264	升庵画品	杨 慎 308
弦索辨讹	沈宠绥 267	中麓画品	李开先 310
度曲须知	沈宠绥 269	四友斋画论	何良俊 312
批点玉茗堂牡丹亭叙	王思任 272	画说	莫是龙 315
陈眉公批评琵琶记	陈继儒 274	画笺	屠 隆 318
书法	276	画禅室随笔	董其昌 320
春雨杂述	解 缙 276	铁网珊瑚	赵琦美 322
书辑	陆 深 277	绘事微言	唐志契 324
墨池琐录	杨 慎 278	画麈	沈 颢 326
古今印史	徐 官 279	画引	顾凝远 328
续学古编	何 震 280	画史会要	朱谋垔 330
印章集说	甘 旸 282	东图玄览编	詹景凤 332
印旨	程 远 284	清河书画舫	张 丑 334
篆学指南	赵宧光 286	珊瑚网	汪砢玉 336
寒山帚谈	赵宧光 287	**园林建筑**	338
印经	朱 简 289	王氏拙政园记	文徵明 338
书法雅言	项 穆 291	寄畅园记	王穉登 340
清秘藏	张应文 295	弇山园记	王世贞 342
书法离钩	潘之淙 297	游金陵诸园记	王世贞 344
书指	汤临初 299	长物志	文震亨 346
书法约言	宋 曹 301	园冶	计 成 349
法书通释	张 绅 303	帝京景物略	刘 侗 于奕正 353
大书长语	费 瀛 305	寓山注	祁彪佳 355
绘画	306		

经济类

元史·食货志	宋 濂 王 祎等 358	潞水客谈	徐贞明 385
大学衍义补	丘 濬 362	续文献通考	王 圻 三通馆臣 388
漕河图志	王 琼 366	荒政考	屠 隆 391
浙西水利书	姚文灏 369	河防一览	潘季驯 393
荒政丛言	林希元 371	宛署杂记	沈 榜 395
问水集	刘天和 373	松窗梦语	张 瀚 397
吴江水考	沈 启 375	广志绎	王士性 399
三吴水利录	归有光 377	典故纪闻	余继登 401
四友斋丛说	何良俊 379	荒政议	周孔教 403
治水筌蹄	万 恭 382	甘薯疏	徐光启 405

农政全书	徐光启	407
冬官纪事	贺仲轼	410
吴中水利全书	张国维	413
沈氏农书	佚名	415

科技类

种树书	俞宗本	420
普济方	朱橚	422
救荒本草	朱橚	423
火龙神器阵法	焦玉	425
瀛涯胜览	马欢	427
雨旸气候亲机	宣龙子	429
海道经	□璘	431
两种海道针经	□山 吴波	433
郑和航海图	费信等	436
九章算法比类大全	吴敬	438
七政推步	贝琳	439
便民图纂	邝璠	441
杨子器跋舆地图	佚名	444
野菜谱	王磐	446
正体类要	薛己	447
广舆图记	罗洪先	449
农说	马一龙	451
解围元薮	沈之问	453
养鱼经	黄省曾	455
本草纲目	李时珍	456
蠙衣生剑记	郭子章	459
律历融通	朱载堉	461
王士性地理书三种	王士性	464
北山游记	王嘉谟	468
劝农书	袁黄	470
直指算法统宗	程大位	472
闽中海错疏	屠本畯	474
针灸大成	杨继洲	475
游具雅编	屠隆	478
《三才图会》星图	王圻 王思义	480
戊申立春考证	邢云路	482
古今律历考	邢云路	484
历体略	王英明	486
浑盖通宪图说	李之藻	487
外科正宗	陈实功	489
北耕录	徐光启	492
农遗杂疏	徐光启	494
诸器图说	王徵	496
鲁班经	佚名	499
群芳谱	王象晋	501
武备志	茅元仪	503
髹饰录	黄成	505
野菜博录	鲍山	507
景岳全书	张介宾	509
崇祯历书	徐光启等	511
皇明职方地图表	陈祖绶	516
国脉民天	耿荫楼	518
沈氏农书	沈氏	520
养余月令	戴羲	522
天工开物	宋应星	523
徐霞客游记	徐弘祖	528
温疫论	吴有性	531
物理小识	方以智	534
审视瑶函	傅仁宇	539
装潢志	周嘉胄	541

宗教类

佛教 ... 544
山庵杂录	无愠	544
菩提道次第广论	宗喀巴	547
密宗道次第广论	宗喀巴	551
因明七论入门	宗喀巴	555
大明三藏法数	一如等	557

释量论释	根敦珠巴	559
指月录	瞿汝稷	562
西方合论	袁宏道	565
禅关策进	袾宏	567
慨古录	圆澄	569
大明高僧传	如惺	571
补续高僧传	明河	574
阅藏知津	智旭	579

道教 ……587
汉天师世家	张正常	587
随机应化录	贾道玄	589
岘泉集	张宇初	591
太极葛仙公传	朱㻞	595
雨旸气候亲机	宣龙子	597
方壶外史	陆西星	599
南华真经副墨	陆西星	604
道藏目录详注	白云霁	607

基督教 ……609
| 增订徐文定公文集 | 徐光启 | 609 |

明 代 编

哲 学 类

理学类编 张九韶

《理学类编》，初名《格物编》，八卷。明张九韶撰。约成于元至正二十六年(1366)。通行本有明嘉靖刊本、天一阁刊本、振绮堂抄本、益藩刊本、清《四库全书》本等。

张九韶(1314—1396)，字美和，号吾乐，临江(今江西清江)人。擅长书法词赋，元末累举不第。明洪武三年(1370)被荐为县学教谕，后又担任国子监助教以及翰林院编修，在他辞官还乡之际，皇帝亲自著文以赐之。后又与钱宰等人一起徵入校书。生平事迹见《明史》卷一三七《宋讷传》附录、《坦斋文集》卷二、《国朝献徵录》卷二一、《殿阁词林》卷八。

《理学类编》是一部以宋儒语录为主的著作汇编。它以周敦颐、张载、邵雍、二程、朱熹六子的著作以及言论记录为主，酌情摘录荀子以下五十三家的著作，置于每篇之末。分为天地、天文、地理、鬼神、人物、性命、异端七类，旨在"使学者不待遍阅诸家之书而可考乎天道性命之说"(《理学类编原序》)。此书初名为《格物编》，张九韶之友吴当认为这本书所辑的天地、鬼神、人物、性命之说仅仅只能作为格物的一个方面，不能完全表达格物的意义，于是改为现名。

一、天地(卷一)。(一)天地之始终。论天地之始终及起源。天地之初曰混沌，即气，清者积气成象为天，浊者成形为地。(二)天地之形体。天即理，天之苍茫，积气而成。(三)天之枢纽。天之枢纽为南、北极。天形圆，地形方，天地劲风之旋，两端不动处曰极，腰为赤道，日行之道为黄道，日极于南为冬至。

二、天文(卷二、卷三)。(一)日月星辰。日月星辰，积气而成。无星的地方像地上的土，众经星如地上的石头。日月五纬乃是五行之精。(二)日食月食。月掩日为之食，日掩月为之食。月体无光，待日照而光生。半生半照即为弦，全照即为望。(三)云雷风雨。阴阳之气流动充盈于天地，聚散清浊，蒸润击凝，则为风云雷电、雨露霜雪。其聚而为神，散而为鬼，亦各有神之主也，因而有祭礼。(四)虹蜺河汉。虹蜺俗名旱龙，物见则雨止，也即是彩虹。河汉指天河，俗名河气，黄河之水的精华。

三、地理(卷四)。(一) 地理之广阔。认为无人能"穷之"。斥《淮南子·墬形训》中无稽之谈。(二) 潮汐的消长。天包水,水承地,气升降于太空中,地乘水力以自持升降,地沉则潮气降,地浮则水缩为汐。

四、鬼神(卷五)。(一) 鬼神之情状。天地之间阴阳之气充盈,鬼神充斥天地,日月雷电,四季昼夜,人的动止醒睡,生老病死,山川草木,都是鬼神的作用。制作鬼神偶像是无知的表现。(二) 祭祀感通之礼。祭祀鬼神不在求福,而在报本,能来格后世,惟能如此才有诚敬之心。

五、人物(卷六)。(一) 人物之始生。人物始生于天地肇判之初,由气化而后有形,是天地的结果,结胎之初,由精气聚合,然后产生。(二) 人为物之灵。人与万物并生于天地之间,应当明白人比于物高贵,这样,天以理赋于我,而我受之,担当起尽道的责任。如果不能尽道则是与禽兽同行。(三) 轮回生死之辨。这是佛老之徒的妄言,自范缜尝著论以辨之。"神之于形犹利之于刀也,未闻刀没而利存,岂容形亡而神在哉!"

六、性命(卷七)。(一) 性命之理。性即浑然一理也。但须有界限而不相乱所以谓之命。但这一理还必须有形体来负载,理即气,天地之气得而成形,天地之理得而成性。(二) 本然之性。也即天地之性,有善而无恶。"言性必道性善"(孟子语)。(三) 气质之性。自天地之性而出,但在气禀则有善不善之殊。(四) 心为性情之主。涵养心性,使仁义礼智常存心中,即以心统性。节制情,使喜怒哀乐发而中节,即心统情。正所谓"心犹将也,性犹在营之军,情犹临阵之军,皆将统一"。

七、异端(卷八)。主要汇集反驳阴阳相术等迷信的言论。(一) 佛老神仙。秦汉以来佛老之说愈演愈烈,主要以死生祸福说惑之。(二) 阴阳家之说。千载以来多而舛,主要是以吉凶之说惑之。(三) 相人之术。相者视人之貌而能知晓凶吉贱贵。其荒诞的成分太多,足以迷惑世人。自荀子作《非相篇》就已经反驳了。(四) 谶纬之说。秦汉以来日盛,甚至用来解释经典。这以上种种,都应去除,而以先儒之说代之。

《理学类编》是明代的先儒语录类编中较早的一种,对当时的科举考试有一定的实用性,因而得以流传一时。

(朱　锋)

性理大全 胡 广

《性理大全》，又称《性理大全书》，七十卷。明胡广等奉诏修撰。明永乐十三年(1415)告成奉进。通行本有明景泰中书林魏氏仁宝堂刊本、嘉靖中张氏新贤堂刊本、万历中吴勉学刊本、清《四库全书》本等。

胡广(1370—1418)，字光大，号晃庵，吉水(今属江西)人。父胡子祺，为广西按察佥事，在明太祖围剿陈友谅时，曾竭力谏劝，使陈部千余人幸免。建文二年(1400)廷试，胡广在对讨伐燕的问题，有"亲藩陆梁，人心摇动"的对策，中进士第一，被任翰林修撰，赐名靖。成祖即位，胡广迎降，又改名广，后升任侍讲、改任侍读。永乐五年(1407)任翰林学士，后升任文渊阁大学士、左春坊大学士。曾经两次跟随成祖北征，在军中讲经史。由于行军不辞劳苦，深得皇帝的信任和赞许。胡广性格缜密，言行得体，谏言常被采纳。亦擅长书法。著作尚有《胡文穆集》等。生平事迹见《金女靖公集》卷一〇、《东里文集》卷一二、《状元图考》卷一、《水东日记》卷二八、《名山藏臣林记》卷三、《殿阁词林记》卷三、《皇明书》卷一五、《明史》卷一四七《胡广传》。

《性理大全》是一部以辑录宋儒著作及言论为主的著作。初，南宋朱熹的门人陈淳撰《性理字义》、熊刚大又撰《性理群书》，胡广的《性理大全》就是由此而来的。全书共采宋儒之说共有一百二十余家。前后可分为两部分。前部分(卷一至卷二十六)收录宋儒的著作，有周敦颐的《太极图说》一卷，邵雍《皇极经世说》一卷、《通书》二卷，张载的《西铭》一卷、《正蒙》二卷，邵雍的《皇极经世书》七卷，朱熹的《易学启蒙》四卷、《家礼》四卷，蔡元定的《律吕新书》二卷，蔡沈的《洪范皇极内篇》二卷，共二十六卷；后一部分(卷二十七至卷七十)是宋儒及其门人记载的性理言论的汇编，共分十三目：理气、鬼神、性理、道统、圣贤、诸儒、学、诸子、历代、君道、治道、诗、文。

一、理气二卷：(一) 总论。(二) 太极。(三) 天地。(四) 天度，附历法。(五) 天文，包括日月、星辰、雷电、风雨雪雹霜露。(六) 阴阳。(七) 五行。(八) 时令。(九) 地理，包括潮汐。

二、鬼神一卷：（一）总论。（二）论在人鬼神兼精神鬼神。（三）论祭祀祖考神祇。（四）论祭祀神祇。（五）论生死。

三、性理九卷：（一）性命。（二）性。（三）人物之性。（四）气质之性，包括命才。（五）心。（六）心性情，包括定性、情意、志气志意及思虑。（七）道。（八）理。（九）德。（一〇）仁。（一一）仁义。（一二）仁义礼智。（一三）仁义礼智信。（一四）诚。（一五）忠信。（一六）忠恕。（一七）恭敬。

四、道统一卷。

五、圣贤一卷：（一）总论。（二）孔子。（三）颜子。（四）曾子。（五）子思。（六）孟子。（七）孔孟门人。

六、诸儒四卷：（一）周敦颐。（二）二程。（三）张载。（四）邵雍。（五）二程门人。（六）罗从彦。（七）李侗。（八）胡安国，包括胡寅、胡宏。（九）朱熹。（一〇）张栻。（一一）吕祖谦。（一二）陆九渊。（一三）朱熹门人。（一四）真德秀。（一五）魏了翁。（一六）许衡。（一七）吴澄。

七、学十四卷：（一）小学。（二）总论为学之方。（三）存养，包括持敬、省察。（四）知行，包括言行。（五）致知。（六）力行，包括克己、改过，杂论处心立事。（七）理欲义利。（八）君子小人之辨。（九）论出处。（一〇）教人。（一一）人伦（附师友）。（一二）读书法，包括读诸经法，论解经、读史。（一三）史学。（一四）字学。（一五）科举之学。（一六）论诗。（一七）论文。

八、诸子二卷：（一）老子。（二）列子。（三）庄子。（四）墨子。（五）管子。（六）孙子。（七）孔丛子。（八）申、韩。（九）荀子。（一〇）董仲舒。（一一）扬雄。（一二）文中子。（一三）韩愈。（一四）欧阳修。（一五）苏轼及王安石。

九、历代六卷：（一）唐虞三代。（二）春秋、战国。（三）秦。（四）西汉。（五）东汉。（六）三国。（七）晋。（八）唐。（九）五代。（一〇）宋。

十、君道一卷：（一）君德。（二）圣学。（三）储嗣。（四）君臣。（五）臣道。

十一、治道四卷：（一）总论。（二）礼乐。（三）宗庙。（四）宗法。（五）谥法。（六）封建。（七）学校。（八）用人。（九）人才。（一〇）求贤。（一一）论官（包括苛政）。（一二）谏诤。（一三）法令。（一四）赏罚。（一五）王伯。（一六）田赋。（一七）理财。（一八）节俭。（一九）赈恤。（二〇）祯异。（二一）论兵。（二二）论刑。（二三）夷狄。

十二、诗一卷：（一）古诗。（二）律诗。（三）绝句。

十三、文一卷：（一）赞。（二）箴。（三）铭。（四）赋。

《性理大全》内容庞杂枝蔓，有些割裂原著之意，积以成文。它的主要价值在于为理学的研究提供了一大批资料,并且具有开性理类著作汇编的风气之先的作用。曾被指定为科举必读书,在社会上产生了较大的影响。它的改编本则有清代应㧑谦编的《性理大中》二十八卷和李光地奉诏编的《御纂性理精义》十二卷。

(朱　锋)

薛敬轩先生文集 薛 瑄

《薛敬轩先生文集》，又名《薛文清公文集》、《薛文清集》，二十四卷。明薛瑄著。门人张鼎校正、编定，弘治己酉(1489)印行。通行本有清初张伯行所编《正谊堂丛书》本(作十卷)、《四库全书》本(作二十四卷)、《丛书集成》本、1990年山西人民出版社《薛瑄全集》本等。

薛瑄(1389—1464)，字德温，号敬轩，河津(今属山西)人。明永乐十九年(1421)进士，宣德初授监察御史，又为差监湖广银场。正统初为山东提学佥事。为辨冤狱，忤宦官王振，受迫害下狱论死，后免死。景泰初，起南京大理寺卿，后迁礼部右侍郎，兼翰林学士，入内阁。因重臣擅权，觉非行道之时，辞职回家，教授门徒。学术思想宗程朱理学，以复性为主，重践履，以为"自考亭以还，斯道已大明，无烦著作，直须躬行耳"(《明史》卷二八二《薛瑄传》)。著作有《读书录》、《读书续录》。事迹见《明史》卷二八二、《明儒学案·河东学案上》。

此书书稿原由薛瑄孙湛交谢庭桂，雕版未竟而罢，后杨亨得其稿，交与张鼎，经校正，三易稿而成书。

《薛敬轩先生文集》为薛瑄著述汇编。卷一至卷十为赋、诗；卷十一为杂著；卷十二为书信；卷十三至卷十七为序；卷十八、卷十九为记；卷二十为哀辞、祭文；卷二十一至卷二十三为墓志铭、墓表、行状；卷二十四为箴、铭、赞、章奏。

全书除了一般的应酬文章以外，其内容主要是讲治心、修德、慎行，以此自勉勉人。他提出，士人的求学当如农夫辛勤耕地种庄稼，要"耕其理义之田"，即治心，说："勤力约取不侈乎外，惟事乎中。凡汲汲于朝夕者，惟以修德慎行为务。盖德行者，万事之本也，本立而道之行，将若水走壑、火燎原，安往而不达哉！"(《务本堂序》)由这一思想决定，《薛敬轩先生文集》主要论述以下几方面内容。

一、强调为政治民以正己为本。薛瑄认为统一郡之民、布一郡之政，其事体虽殊、虽繁，而治理则一，即"以正己为先"、"为本"(卷八《送朱知府赴任序》)。如若真能正己，那么就能正其属吏、正其百姓,这样那些"犷悍之难治者"也能体谅为政者之心,"不劳于刑法之严峻,智术之笼络,自皆感化于正,而相安于无事"(《送于知府赴任序》)。

二、主张个人精神修养要笃敬。笃敬即朱熹所提倡的主敬,即终日乾乾,戒谨努力,一心一意于正道,不为外物所诱。薛瑄说,一个人如不笃敬,那么其身心就莫知所措,不能正确对待、处理万事。他还提出笃敬之法:"内则惺然其心,不使有一尘之蔽,外则肃乎其容,不使有一体之情,以至接乎物则必主于一而无他适之扰。"(《笃敬斋记》)

三、提倡为道而献身的精神。此书有不少文字表彰志士仁人、忠臣义士,歌颂他们的威武不屈的精神。《书文丞相遗翰后》一文以两百年来人们满怀敬意珍藏文天祥遗墨一事说道:"盖此身可齑可粉,而志不可以威武屈,卒之从容就死以成其仁,其大节炳耀轩轰宇宙间,凛凛乎立万世君臣之大义。"此外,还有一些文章表彰孝子节女,赞颂儒学伦理的楷模。

四、劝导人们在日常生活中要淡泊寡欲,重义轻利。薛瑄指出,士君子即使有权势,家境富裕,也不能一味追求富贵声色滋味,只有寡欲,世俗之趣味才不会移易其行道之志。他以诸葛亮为子孙衣食之计不过留下成都之桑八百株、薄田十五顷一例为说:"义利二者不能并立,古之君子能建大功、立大业、垂大名于万世者,未尝不重义而轻利也。"(《书诸葛武侯出师表后》)

五、提倡颐神养性、变化气质。《五友诗序》讲自己以物陶冶情性的体会,说他在沅州官署庭院中植竹、梅、兰、菊,又于池中植莲荷,称五者为"植物之君子",取其德以自辅,说:"故余之心而曲而未直、塞而未通也,则友竹之劲直冲中虚以端其曲而开其塞焉;余德之或杂而未钝,同而谐俗也,则友梅之清白绝俗,以涤其垢而厉其介焉;以至友莲荷之中立以端余志,友兰菊之芬芳以洁余行",如此久而久之,人之性情就会纯而不驳。

六、主张由四书而达五经之精义。《送白司训序》说,六经所载是理,熟读经书能明理;人们不读经书就不能明理,就会失去前进的方向,误入歧途。然而薛瑄又认为求圣人之道,有一过程,不可以一开始就读五经,应按照由小学(即文字、注释之学)、《大学》、《论语》、《孟子》、《中庸》到五经的次序,逐步加深,最终目的是"知其性分之固有,尽职分之当为"(《陵川县庙学重修记》)。他曾以自己的思想成长过程说明攻读经书之效用,说他幼时即立志于学,后受四书五经,夜以继日,刻苦攻读,至于行立出入,起居饮食,不讽诸口则思诸心,虽人事繁扰,也未能丝毫改变其为学之志,如此积十余年,"察夫圣贤千言万语之理,无不散见于天地万物之中,而天地万物之理,无不统会于此心微密之地",于是,"以其中之欲发者发而为文辞,则但觉来之之甚易,若或有物以出之于内,而发之于外也"(《与杨秀才书》)。可见,他的思想都是圣人之书启导的结果。

七、维护儒家道统,推崇程颢、程颐、朱熹发展儒学理论之功。他首先肯定二程接续千载不传之儒学道统,说他们所发明的性即理说,显示了道之大原出于天,此外周敦颐、张载对儒学各有其贡献,而朱熹"会萃周、张、二程子之学,以溯尧、舜、禹、汤、文、武、周公、鲁邹之道,注释四书为讲学之本,集小学为大学之根基,以及《诗》、《易》。既有传义诸经,亦发其大旨。《资治通鉴纲目》则理一天人,义兼巨细,由是教人之法大备"(《平阳府儒学重修记》)。因此他在文章中一再强调应由程朱之学而达孔孟之书。

薛瑄是明代醇儒,其文思想纯正,文字也极雅正,绝不以俚词破格。《四库全书总目》评论《薛敬轩先生文集》说:"盖有德有言,瑄足当之。"

（施忠连）

读书录 薛 瑄

《读书录》,又名《读书全录》,十一卷(以后又作《读书续录》十二卷)。明代薛瑄著。编成于景泰七年(1456)以后。通行本有:明嘉靖四年(1525)刻本、清《四库全书》本、1985年中华书局版《丛书集成初编》本等。改编本有:明万历中侯鹤龄刻《读书全录》本(去取之间,颇失作者原意)、清道光二十八年(1848)戴楫刻《读书录条贯》本(内分论道、为学、明伦、应物、辩异学、观圣贤、政治等七篇,共十三卷)。收入山西人民出版社1990年版《薛瑄全集》校点本。

作者生平事迹见"薛敬轩先生文集"条。

薛瑄十分相信张载"心有所开,不思则塞"一语,平日读书,一有心得,随即录之,以备屡省。《读书录》便是薛瑄费数十年之功,读四书、五经,以及周敦颐、程颢、程颐、张载、朱熹等人的理学著作所作的笔记。

薛瑄是朱熹理学在明朝前期的主要代表人物,他在《读书录》中所论述的大都是朱熹已提出的问题,但多有自己的体会,在某些问题上他还克服了朱熹理论的局限性。

在哲学上,《读书录》提出世界的本源是气,说:"充满天地皆元气流行"(《读书续录》卷一),宇宙间一切都是气的显现,除气以外再也没有别的东西,说"天地间只一气,因有动静,故有阴阳之分,先儒言之鲜矣"(同上)。天地之初,只是气化,世上的万事万物就是由阴阳变化而来,说"阴阳滚滚不已,人事造化皆由此出"(《读书续录》卷四)。这种气本论,是与朱熹的理本论相左的。

从气本论的立场出发,《读书录》强调"理在气中","理不离气"。此书解释理为事物的法则,说:"所谓理者,万事万物自然之脉络条理也"(本书卷四),又说:"天地之间,物各有理。理者,其中脉络条理合当如此者也。"(卷一)理并不等同于事物本身,即所谓"亦不离气而无别"(卷四),然而理既然是气之所以然,因此不能离开事物而存在。作者同意朱熹关于太极即理的观点,但认为太极即在气中,说:"太极,理也,阴阳,气也。理只在气中,非是气外悬空有太极也。"(《读书续录》卷二)又说:"无极而太极,乃周子指出阴阳中之理以示人,实未尝离乎阴阳也。若误认阴阳外别有一物为太极,则非矣。"(卷三)《读书录》还从道器关系上论证"理不离气",指出道器不分离,二者合一,道者器之道,不是离气而别有所谓道,说:"器即囿乎道之中,道不离乎气之外。"(卷一)

《读书录》根据"理不离气"的道理,提出理气决不可分先后,以纠正朱熹的"理在气先"的错误观点。说:未有天地之先,天地之形虽未成,而将要形成天地的气却浑浑乎未尝间断止息,而理即涵乎气之中,因此"分天分地而理无不在,一动一静而理无不存,以至化生万物,万物生生而变化无穷,理气二者盖无须臾之相离也,又安可分孰先孰后哉"(卷三)。认为理先气后说会导致"理能生气"的结论,强调天地万事皆由一气所生,而理在其中为之主宰,决不能说气由理产生。

根据理气不离的哲学,作者进一步提出,凡理皆为实理,说"举目皆实理实气,此外无一切"(《续录》卷一),"思量万事万理,不过一实"(卷十)。由此他要求人们务实,于"实"一字,当念念不忘,随处省察,"于言动居处,应事接物之间,必使一念一事皆出于实"(卷十),以为人之所为,一有不实,即为"妄念"。

在精神修养方面,《读书录》强调复性。作者以为性是万理的总名,就是太极,无物不有,无处不在,天地万物"惟性之一字括尽","万理之名虽多,不过一性。性之一言,足以该众理"(卷二)。每个人都有天赋之性,如不能让它充分发挥出来就是"逆天",因此学习、修养的根本目的只在于"知性复性"(见卷二)。以为要复性就要做到敬,敬为"百圣传心之要",敬则光明,敬则"卓然"(见卷六)。这种敬字就是要人时时刻刻注意在所遇到的具体事情上破私立公,自强不息:"元、亨、利、贞,天之四德;仁、义、礼、智,人之四德,天德流行而不息者,刚健而已。人虽有是德,而不能无间断,由有私柔杂之也,故贵乎自强不息"(卷一),又说:"人心有一息之怠,便与天地之化不相似。"(同上)

《读书录》极力推崇朱熹,说朱熹有大功于孔学,朱熹的著作"至广至大,至精至密"。对张载也非常信服,此书就是仿照张载的《正蒙》格式写成的。黄宗羲以为《读书录》"大概为《太极图说》、《西铭》、《正蒙》(按:后两部著作均为张载所著)之义疏"(《明儒学案·河东学案上》)。

《读书录》是薛瑄的主要著作,他的哲学理论、学术思想大都包括其中。此书显示了程朱理学在明代的发展,被后世程朱学派视为明代"正学"主要著作之一。

(施忠连)

康斋文集 吴与弼

《康斋文集》，又称《吴康斋先生集》，十二卷。明吴与弼著。明弘治七年(1494)由吴泰刊印。通行本有：明万历间刻本、清《四库全书》本等。

吴与弼(1391—1469)，字子傅(《明史》作子传)，号康斋，抚州崇仁(今属江西)人。青年时期读《伊洛渊源录》，慨然有志于道，遂放弃举业，谢人事，独处小楼，专心研读四书、五经及理学大师的语录，数年不下楼。中岁家益贫，躬亲耕稼，授徒讲学。多次被举荐，俱不出。明天顺元年(1457)英宗召至京师，授左春坊左谕德、疏辞，留京师二月，以疾笃请归。弟子中著名的有胡居仁、陈献章、娄谅等。学术思想以"敬义夹持、明诚两进"(黄宗羲《明儒学案·崇仁学案》)为特征，继承程朱理学，但又不满宋儒注疏之学，说它们流于"支离"，开明朝心学之滥觞。《明史》卷二八二、《明儒学案》卷一有传。

《康斋文集》为吴与弼的文集。卷一至卷七为诗，卷八为奏疏、书信，卷九为序，卷十为记，卷十一为《日录》，卷十二为跋、赞、铭、启、墓志铭。

在哲学上，《康斋文集》发挥朱熹的心体说，将它引向心学方向。吴与弼并不否定客观本体的存在，但是竭力把心体说成是权度万物的标准，天地万物的最高主宰。他认为心体至虚至灵，神妙不测，心体莹彻昭融，如明镜一般，理具于中而为万事根本。人之心即天地之心，满心而发，即可充塞宇宙，说"寸心含宇宙，不乐复如何"(卷六《道中作》)。

《康斋文集》以心为天，其所说之天不是自然之天，而是心中之天，心为体，物为用，物我一体，没有分别。"群经酿郁德惟馨，内重由来外自轻。轩即是兰兰即我，人谁不仰国香清"(卷十二《兰轩》)。吴与弼以为体会到物我浑然一体就会"胸次悠然"、"心广体胖"、"与物皆春"，种种感受妙不可言，曾用诗说道："物外元无我，闲中别有天。临流时抱膝，此意向谁言！"(卷七《临流瞑目坐》)

吴与弼还指出，虽然心体虚灵莹彻，物我本为一体，然而由于气禀之拘、物欲之蔽，心体往往昏暗不明，人也就变得卑吝。因此他在诗文中提出要"磨镜"、"洗心"，以见吾之"真心"、吾之"性真"，说：

"性也何曾染？心兮此正虚"(卷七《即事》)，以为明心即可知性。为了保持心体的虚灵莹彻，吴与弼主张涵养本心，以去除心体上的尘垢。他自己在这方面曾经花了很大工夫，自言："十年磨一镜，渐觉尘埃退。"(卷六《晓起即事》)书中论述涵养本心为万事根本，其方法归纳起来有如下几点。

一、慎独。认为人们应"精白一心，对越神明"(卷十一《日录》)，"欲遵君子业，名教贵昭融。能事参天地，元基慎独功"(卷六《偶述》)，把慎独作为人与天地参的基础。

二、克己复礼。以为人之本心时时为事物所扰乱，为物欲所攻，如不克服私欲，无澄清之功，则心愈乱，所以，"一事少含容，盖一事差，则当痛加克己复礼之功，务使此心湛然虚明，则应事可以无失"(卷十一《日录》)，强调克己复礼工夫不可须臾忽略。

三、养气，即所谓"养夜气"。《日录》中载有许多"枕上思"的体会，即是谈养夜气。如"夜，病卧思家务，不免有所计虑，心绪便乱，气即不清。徐思可以力致者，德而已，此外非所知也。吾何求哉？求厚吾德耳！心于是乎定，气于是乎清"；又如："枕上思，近来心中闲思甚少，亦一进也。"此外有枕上默诵《中庸》，枕上思《晦庵文集》等，都是养夜气之法。

四、思。就是根据儒家圣贤之教诲，反省自己日常言行举措。《日录》说他"累日思，平生架空过了时日"，又说他"夜坐，思一身一家，苟得平安，深以为幸，虽贫窭大甚，亦得随分耳"。以为通过静思人们就能领悟儒学之理，"思到此心收敛处，聪明睿知自然生"(卷六《有悟》)。

五、固守清贫。吴与弼认为贫困最能考验人，只有经得住贫困，才能显示向道之心诚笃。他的《日录》中有不少条目就是记他在贫困中涵养本心的体会。如他说："今日觉得贫困上稍有益，看来人不于贫困上着力，终不济事，终是脆懦。"认为虽然贫困中事事缠人，然一边处困，一边可以进学。"人须于贫贱患难上立得脚住，克治粗暴，使心性纯然，上不怨天，下不尤人，物我两忘，惟知有理。"又说富贵不淫贫贱乐，男儿到此是豪杰。

六、读圣贤之书。认为人心是活物，涵养不够，不免摇摆不定，如若常常安顿在圣人之书上，就能不会为所胜。曾自言读书涵养心体的体会，说："观《近思录》，觉得精神收敛，身心检束，有歉然不敢少恣之意，有悚然奋拔向前之意。"(《日录》)

《康斋文集》如明代学者章衮所说："为一人之史，皆自言己事，非若他人以己意附成说、以成说附己意、泛言广论者比。"(黄宗羲《明儒学案·崇仁学案》)虽然其中大多为修身养性的理论、方法和体会，但其思想培育了心学家陈献章，其后出了王阳明，心学盛行于天下，所以黄宗羲说："于戏！椎轮为大辂之始，增冰为积水所成。微康斋，焉得有后时之盛哉！"(同上)

研究《康斋文集》的著作有黄宗羲的《明儒学案·崇仁学案》等。

(施忠连)

居业录 胡居仁

《居业录》,八卷。明胡居仁撰。成书于弘治甲子(1504)以前。通行本有清《四库全书》本、《正谊堂丛书》本、《丛书集成初编》本等。

胡居仁(1434—1484),字叔心,号敬斋。余干(今属江西)人。家世为农,鹑衣箪食,贫屡晏如。弱冠时,就奋志圣贤之学。曾从学于吴与弼,绝意科举,讲学梅溪山中。又适闽,历浙,入金陵,访求问学。后应聘主白鹿洞书院,又讲学于贵溪洞源书院。淮王闻之,请讲《易》于其府,待以宾师之礼。其学以主忠信为先,求放心为要,操而勿失,莫大乎敬,因以敬名其斋。"人以为薛瑄之后,粹然一出于正,居仁一人而已。"(《明史·胡居仁传》)事迹见《明史》卷二八二《胡居仁传》和《明儒学案》卷二《崇仁学案二》。

《居业录》为胡居仁的讲学语录。弘治甲子(1504)由其婿余祐整理刊行。卷首有余祐撰写的《居业录原序》,卷末有明陈文衡《居业录序》。全书分为八类:心性、学问、圣贤、帝王、古今、天地、老佛、经传。内容大都为发挥程朱性理之学,品评历史人物,批判佛道谬误。

胡居仁一生致力于"敬",强调"敬为存养之道,贯彻始终,所谓涵养须用敬"。他说:"孔子只教人去忠信笃敬上做,放心只能收,德性只能养。""程朱开圣学门庭,只主敬穷理。"认为宇宙间唯有"实理"流行。提出"天地之所以为天地,万物之所以为万物,莫非实理所为"。而穷理之法可多种多样,"或在读书上得之,或在讲论上得之,或在思虑上得之,或在行事上得之。读书得之虽多,讲论得之尤速,思虑得之最深,行事得之最实"。并提出"理"是"气之主","气"是"理之具",说"有理而后有气,有是理必有是气"。认为天下万理虽然万殊,但都存于心中,"心具众理,众理悉具于心"。"凡道理具于吾心,大小精粗无所不该"。又认为"心与理为一","心理不相离,心存则理自在,心放则理亦失。理明则心必明,心明则理亦著。存心穷理,交致其功方是"。对程朱性理之学有所发挥。

《居业录》对历史人物多所品评。胡居仁说:"先儒言王道之外无坦途,举皆荆棘,仁义之外无功利，举皆祸殃，此推其极而言也。"他以王道、仁义为标准，对历史人物进行褒贬。说："古者必德足以感天下之心，功覆天下之民，斯为天下所宗而为天子，唐虞三代是也。""周公诛管叔，是理当诛，周公虽不欲，然天理所在，周公不得违也。周公之诛管叔，汤武之伐桀纣，皆圣人之不幸，非其本心也。"三代以下之君主，他认为"汉高祖天姿最高，惜乎无真儒辅相，若得真儒辅相，三代可复"；而"宋太祖分明是篡"，这也是垂五代篡位之风；"宋徽宗画最妙，世传为至宝"，然而作为君主，不理国事，"玩物丧志如此，失天下宜矣"；"诸葛孔明、司马懿智勇相等，只是孔明公平正大之气非懿所能敌，故懿举中原之兵不能当偏蜀之师。那时不敢出战，军师已丧气，孔明三年不死，懿成擒矣"；"谢安东晋中第一人物，其气英明，惜乎未学，又好尚清雅旷达，无诚心整顿物理，当时有多少当为事都不做"；"陆宣公才极精密周遍，三代以下罕及，但唐德宗庸君不能尽其才，岂公不以格君心为先务乎"。其特点是能联系当时的政事来品评人物。他还总结了历史的经验教训，如"君子小人自不相容，其类不同也"，故"进君子退小人，此为政第一义"。"功臣多不保其终者，盖其始初，君臣只是利心相合，未尝以道合"。"君臣不以道合，而以功利相济者，鲜能保其终"。"富盛之久者，自然骄奢淫堕，此盛之所以必衰"。胡居仁品评历史人物是为了告诫明代君主要行王道，以仁义治天下。"为治之法，当因事势而裁以天理"，最后还是归之于推崇程朱理学。

　　胡居仁在《居业录》中，力排释老谬误。他说："儒者养得一个道理，释老只养得一个精神。儒者养得一身正气，故与天地无间；释老养得一身之私气，故逆天背理。""学老释者多诈，是他在实理一划断了，不得不诈。""天下古今谬妄以致颠倒错乱，莫甚于佛氏，老庄又在其次。"胡居仁就释儒多方面似是而非的问题作了比较，如释氏心空与儒家虚心相似；释氏静坐与儒家主静相似；释氏坐禅入定与儒家存心工夫相似；释氏性周法界与儒家万物一体相似；释氏光明寂照与儒家虚灵知觉相似等等。然后说："释氏说心，只说着一个意思，非是真识此心也。释氏说性，只说着一个人心形气之私，未识性命之正。""老氏不识道，妄指气之虚者为道；释氏不识性，妄指气之灵者为性。""故言多邪遁"。释老"专事乎内而遗其外，不考诸迹而专求诸心，厌弃事物之理，专欲本心之虚灵"。胡居仁还对释老理论的核心问题进行批判，说："老氏既说无，又说杳杳冥冥，其中有精，混混沌沌，其中有物，则是所谓无者，不能无矣。释氏既曰空，又说其中有个真性在天地间，不生不灭，超脱轮回，则是所谓空者，不能空矣。此所以老释之学，颠倒错谬，说空说虚，说有说无，皆不可信。"同时对释老流行的危害及其原因作了论述："老氏虽虚无，然亦终不奈这道理实有何故灭不尽；禅家素净打坐，只消一个空字，把天下道理灭迹扫尽。""太极之虚中者，无昏塞之患，而万理咸具也。惟其虚所以能涵具万理，人心亦然。老佛不知，以为真虚空无物，而万理皆灭也。""今日异端，经程朱辟后，本不能害人，是学者不会做工夫，自流入去，病在不于小学、《四书》、《近思录》上用功。"书中还多次议论陈白沙为禅，尝言："献章之学近禅。"通过辟佛老来弘扬宋明理学。

胡居仁的为人,及其《居业录》的影响,正如《四库全书总目》所说:"盖其人品端谨,学问笃实,与河津薛瑄相类,而是书亦与瑄《读书录》并为学者所推。"明正德年间张吉曾选辑其中语录编为《居业录要语》,又明万历年间吴廷举又删其部分言论辑为《居业录粹言》传于世。

(洪　波)

白沙子全集 陈献章

《白沙子全集》，又名《白沙子集》、《陈白沙集》、《白沙集》，二十卷。明陈献章著。通行本有：明弘治十八年(1505)罗侨刻本(诗文各十卷)，正德三年(1508)林齐刻本，嘉靖十二年(1533)高简、卞崃刻本(八卷)，次年萧世延刻本(二十一卷)，万历年间何熊祥刻本(九卷)，清康熙四十九年(1710)何九畴刻本(六卷)、1987年中华书局版《陈献章集》校点本。

陈献章(1428—1500)，字公甫，号石斋，新会(今属广东)白沙里人，人称白沙先生。明正统十二年(1447)举广东乡试，次年会试中乙榜，入国子监读书。后从吴与弼学，居半载归，遂绝意科举。筑阳春台，静坐其中，不出户外数年。后复游太学，因和杨时《此日不再得》诗一篇，名震京师。返乡后四方来学者络绎不绝。奉召至京，令就试吏部，屡辞疾不赴，授翰林院检讨以归，自后屡荐不起。其学术思想"以虚为基本，以静为门户，以四方上下、往古来今穿纽凑合为匡郭，以日月、常行、分殊为功用，以勿忘、勿助之间为体认之则，以未尝致力而应用不遗为实得"(黄宗羲《明儒学案·白沙学案》)。其教学但令端坐澄心，于静中养出端倪。《明史》卷二八三及《明儒学案》卷五有传。

《白沙子全集》是陈献章著述的汇编。其中有许多地方论述以道为天地万物之本的本体论。书中首先论述了道的普遍性，说它无往而不在；又指出道是无限的，"道至大，天地亦至大，天地与道若可相侔矣。然以天地而视道，道为天地之本；以道视天地，则天地者太仓之一粟，沧海之一勺耳"(卷二《论前辈言铢视轩冕尘视金玉》)。道是普遍的本质，它是无形的，存在于万物之中，是万物成为其自身的根据，"物囿于形，道通于物，有目者不得见也"，"天得之为天，地得之为地，人得之为人"(同上)。道不能加以具体的规定，"状之以天则遗地，状之以地则遗人，物不足状也"(同上)。圣人之学的根本任务就是体道。

其次，说明道得之于一身之微，心即是道；理具于人心，心即是理。"圣道至无意，比其形于功业者，神妙莫测，不复有可加，亦至巧矣，然皆一心之所至"(卷二《仁术论》)。道即是理，理不离心,"君子一心,万理完具。事物虽多,莫非在我"(卷二《论前辈言铢视轩冕尘视金玉》)。从道与心一,理与心一的观点出发,陈献章提出了唯我论,说:"此理干涉至大,无内外无终始,无一处不到,无一息不运。会此,则天地我立,万化我出,而宇宙在我矣。"(卷四《与林郡博》)这样,陈献章就走向了心学。

再次,书中提出了"万化自然"的思想。认为心体虚无而自然,心体不在别处,就在大化流行的宇宙中,就在万事万物中,"即心观妙,以揆圣人之用。其观于天地日月晦明,山川流峙,四时所以运行,万物所以化生,无非在我之极,而思握其枢机,端其衔绥,行乎日用事物之中,以与之无穷"(卷一《送张进士廷实还京序》)。宇宙间一切都是心体自然作用,它们自动自静,自阖自辟,自舒自卷,绝无人力安排,即所谓"说到鸢飞鱼跃处,绝无人力有天机"(卷九《赠周成》),整个世界天命流行,真机活泼。心体至虚至神,自然而然地显现为天地万物。因此,作者非常崇尚"自然",提倡以"自然为宗"。

《白沙子全集》另一部分内容是论述"反求诸心"、"存心养性"的方法论的。陈献章把立大本,即存得虚明静一之心视为"心学法门"。只有体认了本心,存得虚明静一之心,读书、讲论才能有所主,不然读书积累越多,越乱吾神,只会学人语言,盲从他人。主张人要自信,相信我心中之理,一切皆备,不必外求。要顺心性之自然,做到"无我"、"无意"。"无我"就是无我之私,不以耳目之欲、形体之蔽害吾心中德性;"无意"就是不可着意去拔苗助长,因为有意则生巧,生巧则拙。"反求诸心"还要"主静"。静则能专,专则能一,一就是无欲。主张"静中养出端倪"。

陈献章哲学主张发挥人的主观能动性和自我意识,所以《白沙子全集》常常提倡"觉"。求学时时都要求自觉,"学无难易,在人自觉耳。才觉退便是进也,才觉病便是药也"(卷三《与湛民泽》)。人一旦自觉就能体悟心体无限量,作万事万物之主宰,"人争一个觉,才觉便我大而物小,物尽而我无尽。夫无尽微尘六合,瞬息千古"(卷四《与林时矩》)。为了启发人之自觉,还提倡多疑。作者极其欣赏陆九渊"学贵知疑,小疑则小进,大疑则大进"的话,认为疑是觉悟之机,说:"一番觉悟,一番长进。"(卷三《与张廷实主事》)又主张独立思考,"学贵自得也,自得之然后博以典籍,则典籍之言,我之言也"(《明史》本传),体道也要有自得之见、独有体会,"是故道也者,自我得之、自我言之可也。不然辞愈多而道愈窒,徒以乱人也"(卷三《复张东白内翰》)。这些言论都是要把人们从经书的注疏之学的束缚中解放出来。

《白沙子全集》标志着明朝学术思想的转变,黄宗羲说:"有明之学,至白沙始入精微"(《明儒学案·白沙学案上》),《明史·陈献章传》说:"学术之分,则自陈献章、王守仁始。"《白沙子全集》表明明朝心学开始兴起,此书对心学走向兴盛起了不小的作用。关于此书的文学性,明朝著名的文学家王世贞说:"公甫诗不入法,文不入体,又皆不入题,而其妙处有超出法与体与题之外者。"

(《书白沙集后》)《四库全书总目》说此书"如宗门老衲,空诸障翳,心境虚明,随处圆通,辩才无碍。有时俚词鄙语,冲口而谈;有时妙义微言,应机而发,其见于文章者亦仍如其学问而已"。这些评论都十分中肯。

有关的研究著作有:黄宗羲《明儒学案》卷五、蒙培元《理学的演变:从朱熹到王夫之戴震》第五章、章沛《陈白沙哲学思想研究》等。

(施忠连)

阳明全书 王守仁

《阳明全书》，又名《王文成公全书》、《王文成全书》、《王阳明全集》、《王阳明先生全集》等，三十八卷。明王守仁著，弟子徐爱、钱德洪、邹守益等编集。各本的卷数不同，另有二十八卷本、二十二卷本、十六卷本，以三十八卷本为最全。通行本有：明隆庆六年(1572)刻本、清乾隆间《四库全书》抄本、1929年商务印书馆《四部丛刊》本、1936年中华书局《四部备要》本、1936年世界书局《国学基本丛书》本、1992年上海古籍出版社《王阳明全集》本(2011年出版增补本)等。2010年浙江古籍出版社也出版了经增补的新编《王阳明全集》。王氏佚文可参看上海古籍出版社出版的束景南《阳明佚文辑考编年》。

王守仁(1472—1528)，字伯安，浙江余姚人。曾筑室故乡阳明洞，世称阳明先生。弘治进士，授刑部主事，改兵部主事。因反对宦官刘瑾，被谪为贵州龙场驿丞。后起任吏部郎中、南京太仆寺少卿、鸿胪寺卿。因镇压农民起义和平定"宸濠之乱"有功，官至南京兵部尚书，封新建伯。初潜心于程朱理学和佛学，终不得其要，转陆九渊学说，"始悟格物致知之旨、圣人之道，吾性自足，不假外求"(《明儒学案·姚江学案》)。认为"理也者，心之条理也。是理也，发之于亲则为孝，发之于君则为忠，发之于朋友则为信"(《书诸阳卷》)。创"致良知"说，即"致吾心之良知之天理于事事物物，则事事物物皆得其理矣"(《传习录中·答顾东桥书》)。在认识论上，提出"知行并进"，"知是行的主意，行是知的功夫。知是行之始，行是知之成。若会得时，只说一个知，已自有行在；只说一个行，已自有知在"(《传习录》上)。人性论上主张"存天理，去人欲"而复得"良知"，"减得一分人欲，便是复得一分天理"(《传习录》上)。其学说被后人称为"王学"或"阳明学"，成为宋明理学内部的一个重要学派。王学作为程朱理学的对立派别，以"反传统"的姿态出现，在明代中后期的思想界造成极大影响，并流传到东亚诸国。著作编为《阳明全书》。事迹见钱德洪、王应昌、李贽、施邦曜等人各撰的《年谱》，黄绾《阳明先生行状》，湛若水《阳明先生墓志铭》，《明史》卷一九五，《明儒学案》卷十等。

《阳明全书》是王守仁生平著述的汇编。全书三十八卷中,卷一至卷三是《传习录》,即王守仁教学时学生记下的语录和答复他人的信札(末附《朱子晚年定论》);卷四至卷八是《文录》,是他的一部分《书》、《序》、《记》、《杂著》等;卷九至卷十八是《别录》,收入了王守仁的《奏疏》、《公移》等内容;卷十九至卷二十五是《外集》,收录王守仁所作的《诗》,以及另一部分《书》、《序》、《记》、《说》、《杂著》和《墓志铭》、《墓表》、《墓碑》、《赞》、《箴》、《祭文》等;卷二十六至卷三十一是《文录续编》,收录《文录》未收的一些《杂著》、《书》、《序》、《公移》等;卷三十二至卷三十八是《附录》,包括《年谱》三卷、《年谱附录》二卷、《世德纪》一卷、《世德纪附录》一卷(《世德纪》是王守仁的朋友和门人们撰记的王氏祖上的事略、王氏本人一生的行事、一些祭文等,也收入其他一些资料)。王守仁的著作,除亡佚了一些之外(如《五经臆说》),大都收入这部《全书》之中。因王守仁哲学思想的代表作《传习录》有专条介绍,兹着重介绍《全书》中所反映的他的另外一些思想。

一、"格物致知"说。这主要集中在卷二十六的《大学问》之中,在《传习录》中也有这方面的一些论述。《大学问》的重要性,据王氏弟子钱德洪在附记中称,为"师门之教典。学者初及门,必先以此意授"。本不立文字,仅"口口相传",嘉靖六年(1527),王守仁将起徵思田,应门人之请,由钱德洪记录下来。在《大学问》中,王守仁把"格物"之"格"解释为"正","格者正也,正其不正,以归于正之谓也。正其不正者,去恶之谓也;归于正也,为善之谓也;夫是之谓格"。把"物"解释为"意所在之事","物者事也。凡意之所发,必有其事,意所在之事,谓之物"。把"致知"解释为"致良知","致知云者,非若后儒所谓扩充其知识之谓也;致吾心之良知焉耳"。这里的"后儒"指的是朱熹,他还批评朱熹把"明德"和"亲民"分为本末两事,"先儒之说是盖不知明德、亲民之本为一事而认为两事,是以虽知本末之当为一物,而亦不得不分为两物也"。综括王守仁在《大学问》中对儒学"三纲八目"(实际主要是前四目格、致、诚、正)的阐发,他从"万物皆吾一体"的心学观点出发,把"明德"、"亲民"说成一物,而"止于至善"是"明德"、"亲民"的"极则"。"正心"、"诚意"是所用之"工夫","正心"在"诚意",心之本体本无不正,自其意念发动而后有不正。故欲正其心者必就其意念之所发而正之。而"格物"、"致知"又是"诚意"的"工夫","今欲别善恶诚其意,惟在致其良知之所知焉尔","则不自欺其良知而意可诚也"。"致知"又必须"格物","欲致其良知,亦岂影响恍惚而悬空无实谓乎!是必实有其事矣。故致知必在于格物"。

王守仁的"格物致知"说实际与他的"心即理"、"致良知"和"知行合一"都是联系在一起的,这在他的《传习录》中有所论述,他说:"若鄙人所谓致知格物者,致吾心之良知于事事物物也。吾心之良知,即所谓天理也。致吾心良知之天理于事事物物,则事事物物皆得其理矣。致吾心之良知者,致知也;事事物物皆得其理者,格物也。是合心与理而为一者也。"(卷中《答顾东桥书》)"孰无是良知乎?但不能致之耳!《易》谓'知至至之',知至者,知也;至之者,致知也。此知行之所以一也。近世格物致知之说,只一知字,尚未有下落,若致字工夫,全不曾道着矣。此知行之所以二也。"(卷中《与陆原静书》)关于王氏的"心即理","致良知"和"知行合一"思想,详参本书"传习录"条。

二、"经学即心学"说。这一思想集中反映在卷七的《稽山书院尊经阁记》一文中。王守仁认为:"六经者非他,吾心之常道也。故《易》也者,志吾心之阴阳消息者也;《书》也者,志吾心之纪纲政事者也;《诗》也者,志吾心之歌咏性情者也,《礼》也者,志吾心之条理节文者也;《乐》也者,志吾心之欣喜和平者也;《春秋》也者,志吾心之诚伪邪正者也。君子之于六经也,求之吾心之阴阳消息而时行焉,所以尊《易》也;求之吾心纪纲政事而时施焉,所以尊《书》也;求之吾心之歌咏性情而时发焉,所以尊《诗》也;求之吾心之条理节文而时著焉,所以尊《礼》也;求之吾心之欣喜和平而时生焉,所以尊《乐》也;求之吾心之诚伪邪正而时辨焉,所以尊《春秋》也。"他把"六经"比作记在"吾心"中的财产账簿,批评后世儒者"不知求六经之实于吾心,而徒考索于影响之间,牵制于文艺之末,硁硁然以为是六经矣。是犹富家之子孙,不务守视享用其产业库藏之实积,日遗忘散失,至于窭人丐夫,而犹嚣嚣然指其记籍曰:'斯吾产业库藏之积也。'"

三、"礼即心"说。这一思想集中反映在卷七的《博约说》一文中,王守仁认为:"理一而已矣,心一而已矣,故圣人无二教,而学者无二学。博文以约礼,格物以致其良知,一也。故先后之说,后儒支缪之见也。夫礼也者,天理也。天命之性,具于吾心,其浑然全体之中,而条理节目,森然毕具,是故谓之天理。天理之条理,谓之礼。是礼也,其发见于外,则有五常百行,酬酢变化,语默动静,升降周旋,隆杀厚薄之属;宣之于言而成章,措之于为而成行,书之于册而成训,炳然蔚然,其条理节目之繁,至于不可穷诘,是皆所谓文也。是文也者,礼之见于外者也;礼也者,文之存于中者也。文显而可见之礼也,礼微而难见之文也,是所谓体用一源,而显微无间者也。是故君子之学也,于酬酢变化、语默动静之间,而求尽其条理节目焉,非他也,求尽吾心之天理焉耳矣;于升降周旋、隆杀厚薄之间,而求尽其条理节目焉,非他也,求尽吾心之天理焉耳矣。求尽其条理节目焉者,博文也;求尽吾心之天理焉者,约礼也。……天下之事千变万化,而皆不出于此心之一理,然后知殊途而同归,百虑而一致。"

此外,在《阳明全书》中还有不少重要的思想,如后来导致王门后学分裂,并成为学术史上一桩"公案"的"四句教":"无善无恶是心之体,有善有恶是意之动,知善知恶是良知,为善去恶是格物。"这一钱德洪与王畿争辩,王守仁调停的事情,记载于《全书》卷三十四的《年谱》卷三和《传习录》卷下中;还有王守仁的教育思想、政治思想等等。

(徐洪兴)

传习录 王守仁

《传习录》,三卷。明王守仁著,门人徐爱、钱德洪等根据平时记录辑成,收入《阳明全书》。另有单行本行世,但卷次编排颇不相同:日本正德二年即清康熙五十一年(1712)冈田群玉堂刻本作二卷;道光十一年(1831)《学海类编》本作一卷;光绪三十二年(1906)国学保存会《国粹丛书》本作五卷。今人注本有陈荣捷《王阳明〈传习录〉详注集评》、邓艾民《传习录注疏》等。

作者生平事迹见"阳明全书"条。

《传习录》是王守仁哲学思想的代表作。正文三卷,附录一卷。其中卷上、卷下均为王守仁答弟子问的语录,卷中为王守仁答人书五则另加《训蒙大意示教读刘伯颂等》和《教约》;附录为《朱子晚年定论》,取朱熹答人书三十三则以证己说。在序文中,王说:"及官留都,复取朱子之书而检求之,然后知其晚岁固已大悟旧说之非,痛悔极艾!至以为自诳诳人之罪,不可胜赎。世之所传《集注》、《或问》之类,乃其中年未定之说,自咎以为旧本之误,思改正而未及;而其《语类》之属,又其门人挟胜心以附己见,固于朱子平日之说,犹有大相缪戾者。而世之学者,局于见闻。不过持循讲习于此,其于悟后之论,概乎未有闻,则亦何怪乎予言之不信;而朱子之心,无以自暴于后世也乎?予既自幸其说之不缪于朱子,又喜朱子之先得我心之同然。且慨夫世之学者,徒守朱子中年未定之说,而不复知求其晚岁既悟之论,竟相呶呶,以乱正学,不自知其已入于异端。辄采录而裒集之,私以示夫同志,庶几无疑于吾说,而圣学之明可冀矣。"这里主要介绍《传习录》的正文。它所表达的王守仁的思想,概括起来,主要有以下三个方面。

一、"心即理"的本体论。"心即理"的命题首先是陆九渊提出的,王守仁发展了这个命题,并把它作为自己学说的逻辑起点和理论基础及宇宙观。王守仁所说的"心"是一种精神实体,有时亦称之为"良知",他认为"心"是主宰人身、化生万物进而也主宰天地鬼神万物的东西。他说:"身之主宰便是心,心之所发便是意,意之本体便是知,意之所在便是物。""耳目口鼻四肢,身也。非心,安能视听言动?心欲视听言动,无耳目四肢亦不能。故无心则无身,无身则无心。但指其充塞处言之谓之身,指其主宰处言之谓之心。""问:'人心与物同体,如吾身原是血气流通的,所以谓之同体。若于人,便异体了;禽兽草木益远矣,而何谓之同体?'"先生曰:"'你只在感应之几上看,岂但禽兽草木?虽天地也与我同体的,鬼神也与我同体的。'请问。先生曰:'你看这个天地中间,甚么是天地的心?'对曰:'尝闻人是天地的心。'曰:'人又甚么教做心?'对曰:'只是一个灵明。''可知充天塞地中间,只有这个灵明。人只为形体自间隔了。我的灵明,便是天地鬼神的主宰。天没有我的灵明,谁去仰他高?地没有我的灵明,谁去俯他深?鬼神没有我的灵明,谁去辨他吉凶灾祥?天地鬼神万物离却我的灵明,便没有天地鬼神万物了;我的灵明离却天地鬼神万物,亦没有我的灵明。如此便是一气流通的,如何与他间隔得?'""天地万物,俱在我良知的发用流行中,何尝又有一物超于良知之外?"

从这样的观点出发,王守仁就引申出"心即理"和"心外无事"、"心外无理"的结论,他说:"心即理也。天下又有心外之事、心外之理乎?""所谓汝心,即是那能视听言动的,这个便是性,但是天理。有这个性,才能生这性之生理,便谓之仁。这性之生理,发在目,便会视;发在耳,便会听;发在口,便会言;发在四肢,便会动。都只是那天理发生。以其主宰一身,故谓之心。这心之本体,原只是个天理。""夫物理不外于吾心,外吾心而求物理,无物理矣;遗物理而求吾心,吾心又何物邪?心之体,性也;性即理也。故有孝亲之心,即有孝之理;无孝亲之心,即无孝之理矣。有忠君之心,即有忠之理;无忠君之心,即无忠之理矣。理岂外于吾心邪?""心之本体,即是天理。天理只是一个,更有何可思虑。""且如事父,不成去父上求个孝的理?事君,不成去君上求个忠的理?交友治民,不成去友上、民上求个信与仁的理?都只在此心,心即理也。此心无私欲之蔽,即是天理,不须外面添一分。以此纯乎天理之心,发之事父便是孝,发之事君便是忠,发之交友治民便是信与仁。只在此心去人欲、存天理上用功便是。"

二、"知行合一"的认识论。以"心即理"为理论前提,王守仁批评了朱熹的"论先后,知为先"的"知先行后"论,提出了自己的"知行合一"论。他认为朱熹之所以分知行为二是因为他"析心与理而为二","外心以求理,此知行之所以二也"。而"今人学问,只因知行分作两件,故有一念发动,虽是不善,然却未尝行,便不去禁止",在理论上失却了"知行本体",在实践上造成"终身不行,亦遂终身不知"的流弊,"此不是小病痛!"他的"知行合一"论也就是针对这一流弊的,"某今说个知行合一,正是对病的药"。

他认为,"未有知而不行者,知而不行,只是未知。圣贤教人知行,正是要复那本体,不是着你只恁的便罢。故《大学》指个真知行与人看,说:'如好好色,如恶恶臭。'见好色属知,好好色属行。只见那好色时已自好了,不是见了后又立个心去好;闻恶臭属知,恶恶臭属行。只闻那恶臭时已自恶了,不是闻了后别立个心去恶。如鼻塞人,虽见恶臭在前,鼻中不曾闻得,便亦不甚恶,亦只是不曾知臭。就如称某人知孝、某人知弟,必是其人已曾行孝行弟,方可称他知孝知弟,不成只是晓得说些孝弟的话,便可称为知孝弟?又如知痛,必已自痛了,方知痛;知寒,必已自寒了;知饥,必已自饥了。知行如何分得开?此便是知行的本体。"他又说:"知是行的主意,行是知的功夫;知是行之始,行是知之成。若会得时,只说一个知,已自有行在;只说一个行,已自有知在。古人所以既说一个知,又说一个行者,只为世间有一种人,懵懵懂懂的任意去做,全不解思惟省察,也只是个冥行妄作,所以必说个知,方才行得是;又有一种人,茫茫荡荡悬空去思索,全不肯着实躬行,也只是个揣摸影响,所以必说一个行,方才知得真。此是古人不得已补偏救弊的说话。若见得这个意时,即一言而足。""知之真切笃实处即是行,行之明觉精察处即是知,知行工夫本不可离,只为后世学者分作两截用功,失却知行本体,故有合一并进之说。真知即所以为行,不行不足谓之知。"有关王守仁的"知行合一"思想,在《传习录》中还有不少,兹不详举。

三、"致良知"的道德修养论。"良知"说是王守仁从孟子的"良知良能"说那里继承发展来的。在王守仁那里,"良知"与"心"、与"天理"是相通的,所以"良知"也是"心"的本体和天地万物的本体。他认为:"良知者,心之本体。""人的良知就是草木瓦石的良知,若草木瓦石无人的良知,不可以为草木瓦石矣。岂惟草木瓦石为然,天地无人的良知,亦不可为天地矣。盖天地万物与人原是一体,其发窍之最精处,是人心的一点灵明。""天地万物,俱在我良知的发用流行中,何尝又有一物,超乎良知之外,能作得障碍!""良知不由见闻而有,而见闻莫非良知之用。"与此同时,"良知"又是一种道德修养论,与宋儒的"天理"是同一的,"良知是天理之昭明灵觉处,故良知即是天理"。推而广之,"良知"就是孝悌忠信,是非善恶的道德规范。"见父自然知孝,见兄自然知弟,见孺子入井自然知恻隐,此便是良知。""是非之心,不虑而知,不学而能,所谓良知也。""良知只是个是非之心,是非只是个好恶。"

王守仁"良知"学说的真正归宿在于封建的道德修养,即所谓的"致良知",在这点上它与"存天理,去人欲"是一致的。他说:"致此良知之真诚恻怛以事亲便是孝,致此良知之真诚恻怛以从兄便是弟,致此良知之真诚恻怛以事君便是忠。只是一个良知,一个真诚恻怛。"此外,他还进一步提出"良知"不分圣愚,人人同有,"这良知人人皆有,圣人只是保全无些障蔽……众人自孩提之童,莫不完具此知,只是障蔽多,然本体之知自难泯息"。因此,"良知之在人心,无间于圣愚,天下古今之所同也。世之君子惟务致其良知,则自能公是非、同好恶,视人犹己,视国犹家,而以天地万物为一体,求天下无治,不可得也"。由于"良知"是"当下具足,不须假借",是人人都有的,所以人人可以成为"圣人","圣人气象何由认得?自己良知原与圣人一般!若体认得自己良知明白,即圣人气象,不在圣人而在我矣"。于是,在他眼里就是"见满街人都是圣人"也成为不足为异的

"常事"。

王学在中国哲学史上,尤其在宋明理学史上具有重要地位,而《传习录》则是研究王学的最重要的著作之一,具有很高的学术价值。

(徐洪兴)

王心斋先生遗集 王 艮

《王心斋先生遗集》,又名《心斋王先生全集》《明儒王心斋先生遗集》,五卷。明王艮著。初由王艮子王衣、王襞和门人董燧将王艮的《格物要旨》《勉仁方》等篇汇编成册,称江浦本。后王襞、董燧与门人聂静又增刻《语录》《年谱》。明万历年间,王艮孙王之垣据董、聂旧本刻成《心斋王先生全集》。后刻本散佚,清嘉庆年间王艮后裔搜访遗本,合王栋、王襞两人著作,编为《淮南王氏三贤全书》,印百余部,族人分藏之。光绪二年(1910)袁承业据《淮南王氏三贤全书》,重加编录,删去重复,编为《明儒王心斋先生遗集》,民国元年(1912)刊行。2001年,江苏教育出版社出版了陈祝生主编的《王心斋全集》。

王艮(1483—1541),字汝止,号心斋。初名银,王守仁为之更名。泰州安丰场(今江苏东台)人。出身于贫苦盐户,七岁受书于乡塾,十一岁因家贫而辍学,参加煮盐劳动。十九岁时随父赴山东经商,后又行医。长期坚持自学,常携《论语》《大学》等书于袖中,有问题随时向人请教。能刻苦钻研,以经证悟,以悟释经,有独到见解。有客闻之,很惊诧,以为与王阳明之说相似。王艮遂谒王阳明于江西,与之辩难许久,终乃叹服,下拜而为弟子。后回家,按古制自创蒲轮小车,带二仆人,北上沿途讲学,聚观者千百,抵北京,引起轰动。王门弟子骇异,藏匿其车,促使返回。王阳明对此极为不满,痛加裁抑。王阳明死后王艮往来于江浙等地,四处讲学,创立泰州学派。晚年居家讲学。弟子中除士大夫外还有佣工、樵夫一类平民百姓。提出淮南格物说,以身为万物之本,以家、国、天下为末,说反己是格物的工夫,欲齐家、治国、平天下,根本在于安身、敬身、爱身。著作编为《王心斋先生遗集》。《明史》卷二八三、《明儒学案》卷三二有传。

袁承业所编的《明儒王心斋先生遗集》卷首有序言二篇、王艮父子八人九幅画像,王艮设计的冠服、蒲轮等制图、例言、总目。卷一为语录;卷二为诗文杂著;卷三为王艮年谱,附出处事迹;卷四为王艮谱余、续谱余;卷五为《疏传合编》上下,附王栋、王襞遗集各二卷,王艮后代东堧、东隅、东日、天真四人残稿一卷,还附有袁承业所编《王心斋弟子师承表》一卷,此表分一传、二传、三传、四传、五传等五项排列五百多后学姓名,每人都有简要介绍。全书论述的王艮思想主要有以下几方面。

一、尊身立本的格物论。王艮对《大学》提出的"物有本末,事有终始,知所先后,则近道矣",以及"致知在格物","自天子以至于庶人,壹是皆以修身为本"等语作了别出心裁的解释。他把格物解释为确立一个根本标准,说:"格,絜度也,絜度于本末之间,而知'本乱而未治者否矣'。此格物也。物格,知本也;知本,知之至也。"提出身为天地万物之本,天地万物为末,如能安身就能立天下之大本。又以用规矩画方圆一事说明安身与治国平天下的关系,说:"吾身是个矩,天下国家是个方,絜矩则知方之不正,由矩之不正也。"他以为安身以安家而家齐,安身以安国而国治,安身以安天下而天下平。不知安身,便去干天下国家事,是为失本。王艮的尊身之本说的实际内容是要肯定、维护个人的权利。他指出人有困于贫而冻馁其身就是失本,而出仕为宦至于害身、杀身也违反安身的法则,"若夫知爱人而不知爱身,必至于烹身割股,舍生杀身,则吾身不能保矣"。可见,王艮是把维护个人的权利作为国家政治的根本。

二、尊道不尊身,不谓之尊道的人格论。《大学》以修身为本,是要自我服从道。王艮相反,以安身为本,又把安身解释为"我不欲人之加诸我",即不愿别人将其意志强加于我,以维护个人的人格和尊严。王艮反对以身曲从道、曲从他人,说:"以天地万物依于己,不以己依于天地万物",如果不是这样,以自我曲从外界,就是"妾妇之道"。然而为了防止利己主义,王艮又提出安身又要爱人,说"知保身而不知爱人,必至于适己自便,利己害人,人将报我,则吾身不能保矣"(同上),最终仍是安身为本。

三、"百姓日用即是道"的真理标准。王艮把普通百姓的日常生活需要作为判别一切理论学说、判别真理的标准。说:"愚夫愚妇,与知能行便是道",以为圣人所关心的只是百姓的家常事,"圣人之道无异于百姓日用,凡有异者皆谓之异端"。要士人把普通百姓的实际利益置于最高地位。

四、不假安排的修养方法。王艮认为良知是每个人与生俱来的,本体不会丧失。良知"现现成成,自自在在"。有人请教如何求本心,"先生(指王艮)呼之,即应。先生曰,尔心见在,更何求乎?"因此,他强调精神修养不可强求、做作,应靠直觉,随感而应,不思而得,不勉而中,"天理者,天然自有之理也。才欲安排如何,便是人欲"。

五、"不乐不是学,不学不是乐"的学习观。王艮以为天下之学,唯有圣人之学好学,不费些子力气,有无边快乐,如若费些气力,便不是圣人之学,便不乐。他还提出,人心本自乐,有了私欲便不乐,但是即使私欲萌发之时,良知仍然自在,一旦觉悟到良知,消除了私欲,人心依旧乐。"乐是乐此学,学是学此乐。不乐不是学,不学不是乐。乐便然后学,学便然后乐。乐是学,学是乐。呜

呼！天下之乐,何乐此学？天下之学,何乐此乐?"(《乐学歌》)

王艮是泰州学派的创始者。"阳明先生之学,有泰州、龙溪而风行天下,亦因泰州、龙溪而渐失其传。"(《明儒学案·泰州学案一·卷首》)王艮的思想有助于人们冲破禁欲主义的"存天理、灭人欲"的理学教条,是明代后期启蒙运动的重要思想来源。黄宗羲评论泰州学派时说,其思想"遂复非名教之所能羁络矣","诸公掀翻天地,前不见有古人,后不见有来者"(同上)。

有关《王心斋先生遗集》的研究,见黄宗羲《明儒学案》等。

(施忠连)

泾野子内篇 吕 柟

《泾野子内篇》,二十卷。明吕柟撰。由吕柟之子吕筠等刊行。通行本有:清《四库全书》本、1992年中华书局版点校本等。

吕柟(1479—1542),字仲木,高陵(今陕西高陵县)人。别号泾野,学者称泾野先生。明正德三年(1508)登进士,授翰林院修撰。因其性情耿直,触怒当朝宦官刘瑾,引病辞官而去。刘瑾死后复职。乾清宫灾,吕柟应诏陈事直言,如除义子,遣番僧等,遂犯忌而不受重用,借父病而归。经过一些大臣的多次疏荐,世宗即位后被召回。上疏劝学以行新政,说:"克己慎独,上对天心,亲贤远谗,下通民志,庶几太平之业可取。"后又因谠言被贬为解州判官,吕柟在此创解梁书院。后升任南京宗人府经历,历官尚宝司卿及南京太仆寺少卿、南京礼部右侍郎、署吏部事。吕柟受业于薛敬之,承接薛瑄之传,学以穷理实践为主,曾与湛若水、邹守益共主讲席。解梁中吴、楚、闽、越的学者跟随他的人甚多。著作尚有《四书因问》、《易说翼》、《书说要》、《诗说序》、《春秋说志》、《礼问内外篇》、《史约》、《小学释》、《寒暑经图解》、《史馆献纳》、《宋四子抄释》、《南省奏稿》、《泾野诗文集》等。生平事迹见《明史》卷二八二《吕柟传》、《溪田文集》卷五、《存笥稿》卷一八、《方山薛先生全集》卷二四、《闲居集》卷九、《冯少墟集》卷二二、《耿天台先生文集》卷一一、《国朝献徵录》卷三七。

《泾野子内篇》是门人所搜集的吕柟语录的汇编,按讲习的地点分类编排,计有《云槐精舍语》二卷、《东林书屋语》一卷、《端溪问答》一卷、《解梁院语》二卷、《柳湾精舍语》二卷、《鹫峰东所语》十二卷、《太常南所附邵伯舟中语》三卷、《大学语》二卷、《春官外署语》二卷、《礼部北所语》一卷。此书论及内容极广,但其思想大旨仍恪守朱子之学。

首先是批评王守仁之心学。吕柟认为心学是空幻之言,割断了与天下事的联系,如果只在说明心,如何能观照天下之事呢?如果宇宙内的事因不与我相通,不一一理会于心,如何能致知呢?所谓"明心见理",不理会事而能知,不是和禅合于一流了吗?而且其良知,是浑沦的语言,是不可以教人的，人的资质有高下，工夫有生熟，学问有深浅，不可一概而论。圣人教人未尝执定一言，或因人病处说，或因人不足处说，或因人学术有偏处说。因而能格物致知，博学于文，约之以礼。而浑沦之言，则不能运用到具体的工夫上去。

其次阐述格物思想。吕柟提出必须格物才能致知。他认为，格物之物，如孟子说"万物皆备于我"的物字，非是泛然不切于身的，故凡身之所到，事之所接，念虑之所起，皆是物，皆是要格的，所以无一处非物，其功无一时可止息的。即使想象中也是有物可格的，君子在任何时间都不能违反仁，所以在任何时候都必须格物。故格物必须从知止致知开始，这就是穷理，即朱子"存天理"，也就是以圣人之言之理，来与事物比拟，这种格物的工夫，必须扎实，才能坚定不移。

吕柟还论述了格物与诚意、去欲的关系，指出，不是先诚意而后格物，而是先有格物的实在功夫，才能培养出诚意的工夫，因而必须格物而再立诚，而佛老之徒立诚在先，则走上邪道。格物在去欲之前，这是与穷理同一个问题的两个方面。欲望是难以一时去除的，要积久才行。孔子十五有志于学，而到三十才得以立。而在此之前稍有差错，心中便检制。因而，格物每时每刻都可格，便一坐立之间，亦格物坐之理、立之理，这样知可致而意可诚，身心所到则格，久便自熟。

再次是关于知与行的关系。吕柟认为，二者是不同的，如学字，有专以知言者，有兼知行言者，"学而时习之"就是兼而言之的，而"博学之，笃行之"就是单指知，这就单指格物致知的工夫。但闻见之知与德行之知是相同的，大舜闻一善言，见一善行，沛然莫之能御，这本身就包含着闻见与德性在内。吕柟又指出，知与行的工夫是分不开的，是相辅相成的，不被七情六欲所染即可知，然做好戒慎恐惧工夫，即可观。所以说，见得天地万物皆与我一气，一草一木各得其所，然后可行，有了戒慎恐惧的功夫，更能心实，明镜如水，使天地万物成一体气象。所以"以知为行"，言学则皆在其中。

最后是关于思想修养问题。作者提出，必须要有存养的工夫，即养性。天所赋予的是命，人所禀受的是性。朱熹认为气以成形而理亦赋，还未尽善，吕柟认为气与理本是同一的，性与命本也是同一的。性在气之中，如恻隐是性，发出来的性也能恻隐，这都是气做出来的。所以"气犹舟也，性犹人也，气载乎性，犹舟载乎人也"，行的功夫则是让气韵贯通，使义理之心见于事业。

由此，吕柟提出圣学工夫只在无隐处做得，使心无处隐匿，常如青天白日，不然，久之积下种子，便陷于有心了。只有这样才算做成行的工夫。圣贤教人也只在行上，如《中庸》首言天命之性，率性之道，便继之以戒慎不睹，恐惧不闻，这就说明戒慎恐惧与慎独都是行的工夫，是存养省察的工夫。

吕柟主张思想修养应是一种自觉的行为，他以为学问思辨的工夫和戒慎恐惧的工夫，学者应当坚持不懈地做，经过长期努力就会成为一种习惯，如知得身上寒，必定要讨一件衣穿，知得腹中饥,必定要讨一碗饭吃,这道如饥寒之于衣食一般,成为自觉的行为。正因为君子之学,能主要专重于内,在任何时候不改其志,把格物与慎独这两项工夫成为自觉行为,因而才能提高自己。古代的圣贤就是我们的榜样,只要不虑无告,不废困穷,日用甚切,即可成尧舜。

《泾野子内篇》是在王阳明心学形成一个强大潮流时产生的,当时的学者不归王阳明,便归湛若水,恪守朱子之学的惟有吕柟与罗钦顺。其注重实际的工夫,不尚空谈之风对后代学风有一定的影响。其文在朝鲜国被定为范文。

有关《泾野子内篇》的研究见《明儒学案》卷八、《殿阁词林记》卷三七、《明儒言行录》卷四。

(朱　锋)

柏斋集 何瑭

《柏斋集》,十一卷,明何瑭著。明嘉靖二十八年(1549)郑王刻。通行本有清《四库全书》本。

何瑭(1474—1543),字粹夫,号柏斋,怀庆武陟(今属河南)人。弘治十五年(1502)中进士,选庶吉士,后官修撰。刘瑾窃政,一日赠翰林川扇,翰林入见而拜,瑭独长揖。瑾怒,不以赠。受赠者复拜谢,瑭正色曰:"何跪而又跪也!"瑾大怒,诘其姓名,瑭直言以告。知必不为刘瑾所容,致仕归。后瑾诛,得以复官,因给皇上讲书触忌讳,谪同知开州。嘉靖年间提学浙江,进南京太常少卿、本寺正卿,历工、户、礼三部侍郎,晋南京右都御史,未几致仕,家居十余年而卒。生平不满王阳明之学,以为儒者之学,当务为急,小而言语威仪,大而礼乐刑政,都应先致力焉。批评心学对修齐治平之道有所忽略,言心学者所学非所用,所用非所学,学问只讲本原性命,无关修齐之事,与清谈无异。著作另有《儒学管见》、《阴阳管见》等。《明史》卷二八二、《明儒学案》卷四九有传。

《柏斋集》是何瑭的文集。卷一:讲章、奏议、奏疏、表;卷二至卷七:序;卷八,记、论;卷九:说、跋、策问、杂著、传;卷十:碑铭、墓铭、墓表、祭文;卷十一:自序、诗。书中所反映的何瑭的思想,主要有以下几方面。

一、学问当以格物致知为先。卷二《送湛若水序》指出:"甘泉以存心为主,予以格物致知为先。非存心固无以为格致之本,物格知至,则心之体用益备。"大学之道在明明德,在新民,在止于至善,但"学者于明德当无所不用其极"(卷四《仇生北归序》),也就是说要在实际事务中表现出来,为此首先要格物致知,要学习、掌握一切于治理社会有用的知识。"以《大学》之传为纲,而博考于经书子史,复参以国家宪令,以尽其条目之曲折,务使其各有定见,此则所谓物格而知至也,至是则明德之体始全"(同上)。

二、圣人之道以修齐治平为急务。卷四《赠娄生东归序》提出,圣贤之道未知时以知为难,既知则以行为难,士人读书穷理知圣贤之道者不少,但是知而行者"百无一二",因此当务之急是将圣人之道行之于家、国、天下。修齐治平中士人更须用力于治平,人们都以为将家治理好后,可将经验移于官,但是何瑭指出:"然国与天下,地广人众,政务益繁,治平之道,非讲之素明,临时拟议推度而行,恐无以合宜而中节,然则,生于今日岂可不加之意哉!"(卷四《仇生北归序》)

三、反对舍利以言义,注重理财。道学家们的口头禅是"圣贤之道必先义后利,必厚本抑末",何瑭对此很不以为然,指出利是行道的基础和前提,不必讳言利。"必绝文词、必弃禄仕,然后可以语圣贤之道,是何异于闭口枵腹然后为得饮食之正哉。"(卷四《张世台侍亲之封丘序》)认为"财用之盈虚系民生之休戚,而国家之安危治乱从之,是不可忽也"(卷一《民财空虚之弊议》)。提出要使国家财用充裕必须改变朝廷宗室日蕃、官职日滥、冗食太多、冗费太多的状况和征纳捕欠中的种种弊端。

四、强调要改善老百姓的经济状况。《柏斋集》有些文章反映了全国许多地区灾荒频仍,百姓生活困苦,不少人饥饿至死的情况。作者指出,国家财用空虚固然可虑,但百姓财用不足更值得忧虑。他分析了人民穷困的原因,认为这是由于"官吏剥削、差科繁重、风俗奢侈、生齿蕃多"(同上),并且针对这些问题,分别提出了解决办法。

五、主张士人和官吏应多经实事多磨炼。作者注重真知,以为天下事耳闻不如目见之真,思虑不如经历体验之深。"布衣之士一旦超处公卿之位,于民情事体虽聪明博达者,亦未必真知;虽真知之,其细微曲折之间亦未必能尽得其详,况艰难险阻未尝,则思虑多不深,体悉多不至"(卷三,《黄掌科出守严州序》),如此,处理政事多不当。因此,士人要从事实际工作,以积累经验。

何瑭自己很重视对政治、经济、军事中的实际问题的研究,书中收录的《均粮私论》、《均徭私论》、《织造议》、《战船议》,以及《论赏》、《论罚》、《论术》等《论兵》五篇,都是对有关论题作过深入考察研究后写成的,切中时弊,非空谈三代、迂阔无用之言所能比。其文体朴实,"不斤斤于格律法度之间,而有体有用,不支不蔓,与雕章绘句之学固又当别论矣"(《四库全书总目》)。

有关《柏斋集》的研究见清黄宗羲《明儒学案》卷四九、孙奇逢《理学宗传》卷二二等。

(施忠连)

王氏家藏集 王廷相

《王氏家藏集》,六十五卷。明王廷相著。初由作者于嘉靖十五年编定,为诗文集,四十一卷。后经人陆续增补,约于嘉靖末年编成,故此书各版本卷数多少不等。通行本有:明嘉靖十五年(1536)原刻本、清顺治十二年(1655)杨氏补刻本、1997年齐鲁书社版排印本等。而文集中单部著作甚多单行本,有些并被重复收入作者另一种著作《浚川所著书》中刊行。

王廷相(1474—1544),字子衡,号浚川,又号平厓。河南仪封(今河南兰考东)人,祖籍山西潞州。幼年"聪慧奇敏",十三岁补邑庠生,以古文诗赋名。二十二岁举于乡。弘治十五年登进士第,选翰林院庶吉士。自授兵科给事中至成为兵部侍郎的二十五年间,长期在地方任职,曾任判官、县丞、知县、同知、学政、按察使、布政司布政、监察御史和副都御史巡抚川陕。因为人刚正,执政严明,不阿权贵,体恤人民,而得罪宦官,曾两度受诬陷下狱遭贬。后升南京兵部尚书、兵部尚书,晋太子少保、太子太保。曾"三督学政",担任北畿学政,四川按察司提学佥事、山东提学副使,振扬文教,考校学生,端正学术,使"士风丕变"。在四川时,与关陕督学联手进行学区间协作,共同制定、推行教育条约,后世遵为成轨。从政的同时,"素有作人之志",未曾中断过开门授徒。所到之处,必访人才,亲授以成就之,"一时大江南北人士皆翕然丕应"(张卤《少保王肃敏公传》)。以致去世时,"士林闻之,无问识与不识,咸出涕"(高拱《浚川王公行状》)。一生好读书,以卫守"仲尼之道"为己任,对孟子以下历代诸儒皆有批评。于自然科学与音律学深有研究,著有《岁差考》、《玄浑考》、《律尺考》、《律吕论》等著作。也是博物学家,通农学,曾为《齐民要术》作序。还是著名文学家,与李梦阳等同列明"前七子"。著作还编有《王浚川所著书》四十二卷。生平见高拱《浚川王公行状》、张卤《少保王肃敏公传》,《明史》卷一九四亦有传。

《王氏家藏集》于王廷相晚年编成,意在"藏于家而传于世"。初收入十部诗文和杂著主要篇什,后陆续收入《慎言》、《雅述》、《内台集》、《丧礼备纂》等哲学与思想代表作。《慎言》之作,其序云:仲尼之道微绝,非因异端,而在儒门自身。感于此,"仰观俯察,验幽核明",三十余年,积言成帙,"其于仲尼之道,则卫守之严,而不敢以异论杂之"。时人有评曰:"义守中正,不惑非道,此非'慎言其余'乎!"遂以名篇。以为知我罪我,其唯是书。《雅述》之著,亦在斥老佛异端,而求复《六经》中正淳雅之道,每置一论,积久成卷,"述其中正经常足以治世者云尔"。全书篇目:卷一至二十:诗赋;卷二十一至二十三:序;卷二十四:记、赞、铭;卷二十五:述、对、论;卷二十六:事、议;卷二十七至二十九:书;卷三十:策问;卷三十一、三十二:墓志、碑铭、祭文;卷三十三:辩;卷三十四:考、解;卷三十五、三十六:礼论;卷三十七:答论;卷三十八:夏小正集解;卷三十九:论;卷四十:律吕论;卷四十一:答天问;《慎言》十三卷;《雅述》上、下两卷;《内台集》七卷;《丧礼备纂》两卷。教育思想主要集中于《慎言》、《雅述》及《与彭宪长论学书》、《答薛君采论性书》、《横渠理气辩》、《石龙书院学辩》、《性辩》等篇。书中阐述了以下教育观点。

批评宋代理学家将人性划分为"天地之性"和"气质之性",认为这是"宋儒之大惑",是释氏"四大之外,别有真性"的翻版(《横渠理气辩》)。事实是"言性不得离气","离气言性,则性无处所,与虚同归;离性言气,则气非生动,与死同途。是性与气相资,而有不得相离者也"(《答薛君采论性书》)。进而指出:人性首先是指人的感知、思维功能。"所谓性也,自今论之,如出于心之爱为仁,出于心之宜为义,出于心之敬为礼,出于心之知为智,皆人之知觉运动为之而后成也。""知觉运动"就成为人的"学道之本"(《横渠理气辩》)。人性还是指人的社会性:"太虚者,性之本始也;天地者,性之先物也;夫妇、父子、君臣,性之后物也;礼义者,性之善也,治教之中也。"(《慎言·道体》)伦常关系只是在有了人类社会之后,才反映入人性;而遵循礼义,更是通过教育才转化为人性的一部分。人由此远别于万物。接着提出:"凡人之性成于习。"认为:"东极之民佬,南极之民谲,西极之民戾,北极之民悍,中土之民和,非民性殊于四极也,习于圣人之教然也。蛮夷者,封疆土俗限之也,圣人之教可达,孰谓异吾民哉?"(《慎言·小宗》)凡人类,本性不异,是环境影响了人,而教育又可以将受环境影响的人重加改造。最后,一方面勉励人们应珍惜天赋予人的"神明之性",要"学以充之",决不可"自弃";另一方面又告诫道:"夫人之生也,使无圣人修道之教、君子变质之学,而惟循其性焉,则礼乐之节无闻,伦义之宜罔知,虽禀上智之资亦寡陋而无能矣,况其下者乎?"(同上)人的完善有可能也有必要,人的完善又不是自然实现的,所以说:"生也,性也,道也,皆天命也,无教则不能成。"(《雅述》上)

以"道"为标准,以实用为目的,提出了人格理想和教育目标。认为:"圣人道德之宗正,仁义礼乐之宰摄,世固不获见之矣。其次,莫如得亚圣者,契道之真,以命合于一世焉。其次,莫如得大贤,严于守道,不惑于异端九流以乱道真焉。下此,随波徇俗,私智害正者,纯疵交葛,吾不知其禅于道也。"(《慎言·作圣》)不认为圣人与天生有何关系,尽管难求,却坚持应作为人们的人格追求,强调"圣可学为"。指出:"圣人之道,贯彻上下,自洒扫应对,以至均平天下,其事理一也……"

(同上)就此意义说,"有始终之序,无圣贤之分"(《答孟望之论〈慎言〉》)。鼓励人向善。另一方面,主张教育以实用人才为目标,"国家养贤育才将以辅治"(《雅述》下)。反对以"文艺"标准取用"文人",认为未来的人才应是能"当天下国家之任"者,尤其是当"非常变故之来",也能"不误人家国之事"(同上)。对理学家的精神面貌深加针砭。

针对心学"致良知"之说,在知识和认识问题上强调"思与闻见之会"和"接习"。关于知识的本原,指出:"使无外感,何有于动?故动者缘外而起者也。"(《雅述》上)人有能"动"的认识能力,又有外物刺激,遂产生认识过程。知识获得始于闻见,"物理不见不闻,虽圣哲亦不能索而知之"(同上),但光凭闻见又不足以获取知识,因为"耳目之闻见,善用之足以广其心,不善用之适以狭其心"。这是由于"见闻梏其识多矣。其大有三:怪诞,梏中正之识;牵合傅会,梏至诚之识;笃守先哲,梏自得之识。三识梏而圣人之道离矣"(《慎言·见闻》)。所以须在闻见基础上发挥思的作用,"游心于造化之上,体究乎万物之理"(同上),认为:"夫圣贤之所以为知者,不过思与见闻之会而已。"(《雅述》上)同时指出:人还存在另一个求知途径:"学之术有二:曰致知,曰履事,兼之者上也。"(《慎言·小宗》)"学博而后可约,事历而后知要……故圣人教人,讲学、习行并举,积久而要其成焉。"(《慎言·见闻》)所谓"履事"、"历事"、"力行",一是指通过观察、实验去求知,如观察自然。二是指"接习于人间"的"实历",如在操舟中学操舟。这样,"讲得一事即行一事,行得一事即知一事,所谓真知矣"(《与薛君采二首》之二)。针对有人责难人不可能事事亲历,王氏指出:"理可以会通,事可以类推,智可以旁解。"(《石龙书院学辩》)因此可以"挈小而施之大",求其难以亲历的知识,乃至知事物之未来。最后,强调"道无终穷",事物在发展,知识无穷尽,应善于正确对待传统。只要"得乎道真","虽纬说稗官亦可从信"。反之,哪怕是程朱亦可以批评(《太极辩》)。

批评当时士人中普遍存在的"专尚弥文,罔崇实学;求之伦理,昧于躬行;稽诸圣谟,疏于体验"的现象,提出学习要求。学习目的,主张"修身兼济物"。修身对己而言,即学以改变气质;济物对世而言,即学求适用。以改变"学与事恒二之"的不良风气。勉励学生读书期以治事为本,为有用之学。学习内容,首先主张学习六经,又重在解其"义理"。出于崇实目的,还注重自然知识的学习。自称"愚尝验经星河汉位次景象"(《答何柏斋〈造化论〉》),并将自己的学习、观测所得示诸门人(《华阳稿序》)。其著作中保存了大量自然科学材料,涉及天文、地理、植物、动物、生理、心理等众多方面。学习方法,主张博与约结合、学与思结合、学与行结合:"君子学以聚之,博极其实也;问以辩之,求约于中也。"(《雅述》上)"广识未必皆当,而思之自得者真;泛讲未必吻合,而习之纯熟者妙。是故君子之学,博于外而尤贵精于内,讨诸理尤贵达于事。"(《慎言·潜心》)由此批评人们在学习中常犯的错误:"成心"——牵强附会;"私心"——固执己见;"务高远"——虚浮不实;

"务执古"——迂执教条;"为虚静"——枯坐空寂;"为泛讲"——夸夸其谈。以追求"可以宰世,可以议道,可以训远"的学习境界(《慎言·见闻》)。

为救宋代理学家"主于静"的修养论所造成的弊端,提出"动静交相养"的修养论。宋儒的修养"枯寂无觉",是"有养无施",使人神志恍惚,不仅失去了修养目的,还"流于禅氏而不自知"。"圣人之学,有养,有为,合动静而一之……夫动静交养,厥道乃成。主于静则道涉一偏,有阴无阳,有养无施,何人极之能立?"(《雅述》上)强调修养应坚持内外结合、养为结合和养求实用的原则。

王廷相教育思想的重"实"特征,使之成为明清之际启蒙教育思潮的思想先导,也给空疏成风的明代教育界注入了新鲜空气。

有关研究著作有侯外庐等选编《王廷相哲学选集》(科学出版社版及中华书局修订增补本);葛荣晋《王廷相生平学术编年》(河南人民出版社,1987年)。王孝鱼点校、中华书局1989年整理编排本《王廷相集》,收入《王氏家藏集》和作者其他论著,并附录葛荣晋所辑王氏佚文、所撰《王廷相著作考》、《王廷相传记资料选辑》等,是目前最全的本子。

(杜成宪)

慎言 王廷相

《慎言》，十三卷。明王廷相著。成于明嘉靖六年(1527)。通行本有：嘉靖十二年(1533)刻《慎言》本、嘉靖十五年(1536)刻《王氏家藏集》本、嘉靖中刻《王浚川所著书》本、中华书局1965年版《王廷相哲学选集》及1989年《王廷相集》本、齐鲁书社1995年版排印本等。

作者生平事迹见上篇"王氏家藏集"条。

王氏在宇宙观上继承发展了张载的"气本"论，提出"气有聚散，无息灭"(《慎言·道体》)；"理根于气，不能独存也"(《横渠理气辩》)；认为"天地未生，只有元气。元气具，则造化人物之道理即此而在，故元气之上，无物、无道、无理"(《雅述》上)。否定佛道两家"有"生于"空"和"无"的说法，也反对程朱"理在气先"的观点。认识论上否认先天的"德性之知"和"致良知"，反对"虚静以养心"、"泛讲以求知"，强调"物理不见不闻，虽圣哲亦不能索而知之"，认为知是"思与见闻相会而已"(《雅述》上)。在人性论上主张"性生于气"，"人有生气则性存，无生气则性灭，不可离而论者也"(同上)。反对程朱"形性二本"、"人有二性"的观点。历史观上认为一切制度、道理"随时变易"、"因时致宜"(《慎言·御民》)。

《慎言》是王廷相的哲学代表著作之一。是书的撰作经过和目的，据王氏自序云："仲尼没而微言绝，异端起而正义凿，斯道以之芜杂，其所由来渐矣。非异端能杂之，诸儒自杂之也。……予自知道以来，仰观俯察，验幽核明，有会于心，即记于册，三十余年，言积数万。信阳无涯孟君见之曰：'义守中正，不惑非道，此非"慎言其余"乎！'遂以《慎言》名之。类分为十三篇，附诸集，以藏于家。嗟乎！讲学以明道为先，论道以稽圣为至。斯文也，间于诸儒之论，虽鲜涉于刺辩，其于仲尼之道，则卫守之严，而不敢以异论杂之，盖确如也。"王氏所言，也就是除了孔子之外，其他诸儒都要评说。观览《慎言》十三篇分目，与《近思录》，《二程粹言》极为近似，说明他主要针对的是程朱理学。

《慎言》十三卷，其中《道体篇》二十七章、《乾运篇》二十章、《作圣篇》三十九章、《问成性篇》二十四章、《见闻篇》三十四章、《潜心篇》四十三章、《御民篇》三十一章、《小宗篇》二十三章、《保傅篇》四十三章、《五行篇》二十九章、《君子篇》四十八章、《文王篇》十八章、《鲁两生篇》二十八章。

《慎言》一书探讨了不少问题,其中最主要的有以下几个方面。

一、"气本"论。王廷相对张载的学说十分推崇,认为《正蒙》是"横渠之实学"(《鲁两生篇》)。因此,在宇宙观上,他是继承并发展了张载的思想。他说:"气者,造化之本。有浑浑者,有生生者,皆道之体也。生则有灭,故有始有终;浑然者充塞宇宙,无迹无执,不见其始,安知其终?"(《道体篇》)气有两种,有形和无形,有形是"生气",无形是"元气",前者来自后者,都是物质存在。"有形亦是气,无形亦是气,道寓其中矣。有形生气也,无形元气也。元气无息,故道亦无息。是故无形者道之氐也,有形者道之显也。"(同上)"天内外皆气,地中亦气,物虚实皆气,通极上下造化之实体。"(同上)气具有守恒的性质,"气有聚散,无灭息。雨水之始,气化也;得火之炎,复蒸而为气。草木之生,气结也;得火之灼,复化而为烟。以形观之,若有有无之分矣,而气之出入于太虚者,初未尝减也。譬冰之于海矣,寒而为冰,聚也;融渐而为水,散也。其聚其散,冰固有有无也,而海之水无损焉。此气机开阖,有无、生死之说也,三才之实化极矣。"(同上)从气化观点出发,王廷相进一步阐述了天地、牝牡、夫妇、父子、君臣、名教等一系列从自然到人类社会的发展过程(详参《道体篇》)。同时,他又辨别了理气关系,认为"气、物之原也;理,气之具也;器,气之成也"。"离气无道"(同上)。

二、"知行兼举"的认识论。在认识论上,王廷相批判地继承和改造了"格物致知"说,提出认识"必从格物致知始,则无凭虚泛妄之私;必从洒扫应对始,则无过高躐等之病。上达则存乎熟矣。"(《潜心篇》)他所谓的"格物致知"是指向客观事物取得认识,这一点在他的《雅述》中有具体论述,在《慎言》中他也说:"格物者,正物也,物各得其当然之实,则正矣。物物而能正之,知岂有不至乎?"(同上)王廷相重视"见闻",但同时也指出"见闻"的不足,需由"思"来补充,较好地解决了感性认识同理性认识的关系,他说:"事物不闻见者,耳目未尝施其聪明也;事理之有未知者,心未尝致思而度之也。故知之精由于思,行之察亦由于思。"(同上)因为"见闻梏其识者多矣,其大有三:怪诞梏中正之识,牵合傅会梏至诚之识,笃守先哲梏自得之识,三识梏而圣人之道离矣。故君子之学,游心于造化之上,体究乎万物之实,求中正至诚之理而执之。闻也、见也、先哲也,参伍之而已矣。"(《见闻篇》)他同时又强调"学"与"思"的关系,"君子之学,博文强记,以为资藉也;审问明辩,以求会同也;精思研究,以致自得也,三者尽而致知之道得矣。"(《潜心篇》)王廷相的认识论的另一大特点就是强调"知行兼举"(《小宗篇》),他说:"学者于道,贵精心以察之,验诸天人,参诸事会,务得其实而行之,所谓自得也已。"(《见闻篇》)"学习记诵而能言其义者,施之治事犹捍格焉,与道二故也。精思而能言者,由乎中出矣,行犹有滞焉者,物之变极未尽也。践履之熟而能言者,内外之契周而参伍之变神。言无不实矣,可以宰世,可以议道,可以训远。"(同上)所以"学博而后可约,事历而后知要","圣人教人,讲学、力行并学,积久而要其成焉"(同上)。

另外,书中还探讨了人性论、历史观等问题,对宋明理学以及传统的迷信思想等都有批判。

《慎言》一书的主要价值在其对"气"的学说的发展,它不仅是研究王廷相哲学思想的主要著作之一,也是中国哲学史上具有唯物论性质的一部重要著作。

(徐洪兴)

雅述 王廷相

《雅述》,二卷。明王廷相著。成于明嘉靖十七年(1538)。通行本有：嘉靖中刻《王浚川所著书》本、清顺治十二年(1655)杨氏补刻《王氏家藏集》本、中华书局 1965 年版《王廷相哲学选集》及 1989 年《王廷相集》本、齐鲁书社 1995 年排印本等。

作者生平事迹见"王氏家藏集"条。

《雅述》是王廷相的哲学代表作之一。此书的撰作目的和经过,据王氏自序云是为辟异端邪说,其谓:"世逖风漓,异端窃起,而老、佛清净无为之论出,世乃为之大惑;由是百氏之流,纷纭杂遝,各竞所长,而六经中正淳雅之道荒矣。虽宋儒极力诋辩,以挽返洙泗之风,而才性有限,不能拔出流俗;亦未免沾带泥苴,使人不得清澄宣朗以睹孔门之景,良可恨矣！余不自量,每于读书之暇,其于天道人事,变化几宜,诸所拟议有不符于圣者,时置一论,以求合道真。积久成卷,分为上下二篇,名曰《雅述》,谓述其中正经常足以治世者云尔。"

《雅述》二卷,分上下篇。从内容上看,可以认为是与其《慎言》互为补充的。

在"气本"论方面,《雅述》中说:"元气之上无物,故元气为道之本";"元气即道体。有虚即有气,有气即有道。气有变化,是道有变化。气即道,道即气,不得以离合论者。""天地之间,一气生生,而常,而变,万有不齐,故气一则理一,气万则理万。世儒专言理一而遗万,偏矣。"王廷相还批判了道家和宋儒的观点,说:"老庄谓道生天地,宋儒谓天地之先只有此理,此乃改易面目立论耳,与老庄之旨何殊？愚谓天地未生,只有元气;元气具,则造化人物之道理即此而在,故元气之上无物、无道、无理。"

在认识论方面,《雅述》中说:"心者,栖神之舍;神者,知识之本;思者,神识之妙用也。自圣人以下,必待此而后知。故神者在内之灵,见闻者在外之资。物理不见不闻,虽圣哲亦不能索而知之。……夫神性虽灵,必借见闻思虑而知;积知之久,以类贯通,而上天下地,入于至细至精,而无不达矣,虽至圣莫不由此。"又说:"格物之解,程朱皆训至。程子则曰：格物而至于物。此重叠不成文义。朱子则曰：穷至事物之理。是至字上又添出一穷字。圣人之言直截，决不如此。不如训以正字，直接明当，义亦疏通，既无屋上架屋之烦，亦无言外补添之扰。"

《雅述》中反映王廷相的人性论思想很有特点，他用"气本"论观点解释了人性来源及其善恶等问题，批判了朱熹和其他理学家在人性问题上的"形而上"学道德本体论。王廷相反对有超乎形气之上的所谓"本然之性"，他说："朱子答蔡季通云：'人之有生，性与气合而已。即其已合而析言之，则性主于理而无形，气主于形而有质。'即此数言，见先生论性，劈头就差，人具形气而后性出焉。今曰性与气合，是性别是一物，不从气出，人有生之后，各相来附合耳。此理然乎？人有生气则性存，无生气则性灭矣。一贯之道，不可离而论者也。"从"性生于气"出发，王廷相批评了"性善论"，认为性有善有恶，他说："性生于气，万物皆然。宋儒只为强成孟子性善之说，故离气而论性，使性之实不明于后世，而起诸儒之纷辩，是谁之过哉？""孟子之言性善，乃性之正者也，而不正之性未尝之在。……是性之善与不善，人皆具之矣。宋儒乃直以性善立论，而遗其所谓不正之说，岂非惑乎？""薛文清云：'《中庸》言明善，不言明性，善即性也。'愚谓性道有善有不善，故用明。使皆善而无恶，何用明为？"而人性善与恶的原因，王氏认为"性与道合则为善，性与道乖则为恶"。他的善恶标准虽未脱离封建伦理道德范围，但他对先验的性善论的批判仍有积极意义，因为它是理学和心学的共同理论基础。

《雅述》一书中还保存了王廷相丰富的无神论思想。他从"无形气则神灭"的前提出发，认为"鬼神一道，皆气之灵也，不可分阴阳魂魄，神乃阴阳之所为，鬼亦阴阳之所为；无魂气则鬼神灭，魂气散则魄不灵，直是一道"。他把梦解释为"有感于魄识者，有感于思念者"，揭露"占梦术"的欺骗性。他称赞唐代吕才《阴阳书序》批判禄命、地理、择日等迷信是"大贤之识鉴"，对朱熹等人鼓吹风水、算命进行了批判。他又对秦汉以来的谶纬进行了抨击，认为这些都是"异端邪术之流，假托圣经以售邪诬之说，其罪可诛也"。

《雅述》一书是与《慎言》齐名的著作，两者互为补充，互相发明，在中国哲学史上具有较高的学术价值。

（徐洪兴）

困知记 罗钦顺

《困知记》,前记二卷,续记二卷,三续、四续、附录、续补、外编各一卷。明罗钦顺著。前记成于嘉靖七年(1528),续记二卷分别编成于十年(1531)和十二年(1533)。通行本有:明嘉靖十四年(1535)林希元刻本、嘉靖十六年(1537)郑宗古刻本、嘉靖二十五年(1546)自刻本(包括前记二卷、续记二卷、三续和四续各一卷,共六卷,另有附录一卷)、万历二十年(1592)李桢重校本、清光绪五年(1879)罗应旒刻本、中华书局1990年校点本等。

罗钦顺(1465—1547),字允升,号整庵,泰和(今属江西)人。明弘治六年(1493)进士,授翰林院编修,后任南京国子司业,因触怒宦官刘瑾,夺职为民。刘瑾被诛后复职,由南京太常少卿升南京礼部右侍郎,官至南京吏部尚书。后辞官回乡,潜心著书。罗钦顺初官京师,与一老僧论佛,僧举禅语为答,罗氏以为其中必有妙理,为之精思达旦,恍然而悟。后任职南京国子监,钻研儒家圣贤之书,久之渐觉其实,始知以前所体悟的乃此心虚灵之妙,而非性之理。自此研磨体认,积数十年始确然有以自信。其学术专以躬行实践为务,而深斥王阳明良知说之非;他服膺程朱之学,然对之加以改造,倾向唯物主义。著作另有《整庵存稿》二十卷、《整庵续稿》十三卷。《明史》卷二八二有传。

《困知记》是罗钦顺历时二十年陆续写出的一部阐述自己的思想的著作。前记:卷上八十一章,卷下七十五章;续记:卷上八十章,卷下三十三章;三续三十六章,四续三十一章。合计三百三十六章。续补是致胡子中、钟筠溪、崔后渠等人书以及《太极述》。外编收《整庵存稿题辞》、《谢恩疏》、《罗整庵自志》、友人贺寿文、诗、祭罗钦顺文、碑铭、后人刻《困知记》后记。附录为致王阳明等人的书信。

作者在谈到自己写《困知记》的目的时说:"平生于性命之理,尝切究心而未遑卒业。于是谢绝尘绊,静坐山阁,风雨晦冥,不忘所事,乃著《困知记》前后凡六卷,并得附录一大卷,所以继续垂危之绪,明斥似是之非,盖无所不用其诚。"(《罗整庵自志》)这就是说他要阐明已经被搞乱了的理学根本问题,批判似是而非的陆王心学。全书的内容主要有以下几方面。

一、阐明"理气为一"的哲学。作者指出,天地万物都是一气之所化,"盖通天地,亘古今,无非一气而已。气本一也,而一动一静,一往一来,一阖一辟,一升一降,循环无已"。气是世界万物的本原,而理是气运动变化的法则,是一气发育流行的所以然。气的变化"积微而著,由著复微,为四时之温凉寒暑,为万物之生长收藏,为斯民之日用彝伦,为人事之成败得失,千条万绪,纷纭胶轕而卒不可乱,有莫知其所以然而然,是即所谓理也。初非别有一物依于气而立,附于气而行也"。《困知记》阐明理与气不是一回事,两者有区别,但是又强调它们不是两种东西,理不能离气独立存在。因此作者针对朱熹(薛瑄也赞同)所谓"气有聚散,理无聚散"的观点,指出:"气之聚便是聚理之,气之散便是散之理",这就批判了朱熹的理气观,克服了薛瑄的理气不离说的不彻底之处。

二、重新解释程朱的"理一分殊"说。程朱的"理一分殊"说讲"万物皆是一理",太极显现于万物之中。罗钦顺不取此说,他认为"理一"是一气运动的总规律,"分殊"是物质运动中的具体规律,是具体事物的法则。一本之气一往一来,一动一静,产生天地万物,这就叫一本散为万殊,也就是太极散为万理。作者用理一分殊说明总体与部分、普遍性与特殊性、一般与个别的关系,《困知记》认为一般存在于个别之中,人们是由个别认识一般,说:"盖天地人物,其理本一,而其分则殊。必有以察乎其分之殊,然后理之一可见",他还指出理之一常在分殊中,并且强调说只有从分殊中见理一,才见得真切。

三、批判陆王心学。作者驳斥心学家以"天地万物皆吾心之变化"的观点,指出万物的存在是客观的,不以人的存亡而改变,"发育万物自是造化之功用,人何与焉"。如果像心学家那样,以为心外无物,以为宇宙万物都在心中,那么就会以心大而天地小,以天地为有限度,这不仅违反常识,违背真理,而且也同陆王心学以天地与心为一的观点相矛盾,"本欲其一,反成二物,谓之知道,可乎?"作者还指出,王阳明主张心外无理,心即理,这样"格物"就变成"格此心","穷理"就变成"穷心",这是同《大学》的观点完全相反的。又说,王阳明以为良知即天理,又主张"致其良知以精察此心之理",把良知与天理分为二,这样王阳明又陷入了自相矛盾之中。罗钦顺指出,认识过程是用"心"去认识"理",但心并不等于理,而心学家的心即理说就会取消人的认识。

四、批判佛教。这既是显示宗教神学理论的荒谬,也是为了揭露陆王心学错误的理论根源。作者着重批判了佛教以万物为虚空的思想,强调天地万物是真实的客观存在。同时指出,佛学讲明心见性,儒家讲尽心知性,两者相似而实不同。佛学"有见于心,无见于性",佛学家所谓性,仍然是空,这仍然是说心之妙用,而不是性。罗钦顺指出,性是理,肯定还是否定性之理,是儒佛的根本区别所在。心学家不知道这一根本区别,他们的格物致知说实际是佛学的明心见性说。"佛氏以山河大地为幻,以生死为轮回,以天堂地狱为报应,是其知之所未彻者亦多矣,安在其为见性。世顾有尊用格此物、致此知之绪论,以阴售其明心之说者,是成何等见识耶?佛氏之幸,吾圣门之不幸也。"罗钦顺因早年曾信佛学,知其要害所在,"故于疑似之介,剖析尤精,非泛相诃斥、不中窾要者比。高攀龙尝称自来排斥佛氏,未有若是之明且悉者,可谓知言矣"(《四库全书总目》)。

有关《困知记》的研究,见清黄宗羲的《明儒学案》等。今人阎韬有《困知记全译》(巴蜀书社,2000年)。

(施忠连)

整庵存稿 罗钦顺

《整庵存稿》,二十卷。明罗钦顺著。明嘉靖十三年(1534)编成。天启年间作者后裔重刻印行。通行本有:清乾隆三十年(1765)《四库全书》本、同治五年(1866)福州正谊书院刻《正谊堂丛书》本、《丛书集成初编》本等。

作者生平事迹见"困知记"条。

罗钦顺生平应酬文字颇多,但未尝自是。晚年整理旧稿,"撰其稍可观者,以类相从","藏之家塾,以示吾后人,余稿则尽焚之"(《整庵存稿题辞》)。这便是《整庵存稿》。卷一、二为记;卷三至卷九为序;卷十为疏;卷十一为题、跋、铭、赞、传;卷十二至卷十五为墓表、墓碑、墓志铭、祭文;卷十六至卷二十为诗词。全书的思想内容主要有以下几方面。

一、揭露封建官吏的横征暴敛和百姓生活的困苦。作者长期为宦,对官场种种黑暗知悉颇详,其文常有反映。《送太守程君之任衢州序》就揭露了贪官悍吏横取民财、剥削百姓的罪行,他说:"往年贼瑾用事,有司率承望风旨,累年租调之违负者,举之如及。缘此横取民财,一郡多者奚啻十数万,名为劝借,而实则威之以严刑。征诸前闻,是谓'白着',吾民皆不堪命,而卒无所于告也。巧之为祸,其烈如此,可不畏哉?"此外,书中对百姓饥寒困苦之状也多有言及,表现了他对劳动人民的同情之心。

二、宣传民本思想。指出,人民是国家的根本,如若过分剥削百姓,失去民心,国家的生存都要发生问题。《送参议周君之任广东序》说:"传曰:民者邦之本,财者民之心。官匪其人,民心未有不伤者也。伤心及本,而邦且安赖耶?"因此他在与同僚、友人、后辈的书信中常常勉励对方要清廉自守,勤政爱民,这并非是为了博取荣誉,而是为造福于民。"吾欲安于其位,得行其志,以泽乎民,而非以要誉也。"(《送大尹萧君之任江都序》)还提出,爱民最重要、最有效的办法是减轻人民的负担,即他所说的"宽征"。"夫爱民莫切于宽征,此理之不易者。而宽征之说,岂惟难行于今日,识时务者亦难言之。虽然此说不行,终归于厉民而已,其何有于爱。"(《送太守曹君之任临江序》)他深知要做到宽征极其困难,但仍然强调这是必不可少的,没有宽征,为政只能是厉民,"厉民以自便,君子之所不由也"(同上)。虽然实行起来很难,但是君子一定要勉为其难,实行宽征。《整庵存稿》还指出,士君子为官一方不应只满足于解决百姓亟待解决的眼前问题,还应想办法采取措施,为地方谋长远利益,《送太守杨君之任宁国序》一文就是勉励友人在这方面发挥自己的聪明才智的,作者说:"吾闻古之君子善于自用其才者,不徒取目前之事整办而止,必将为斯民久远利益之计,诚为斯民利益久远之计,则惟恐其才之不多,经营顾虑之不周也。"《整庵存稿》丰富了儒家的民本思想。

三、向友人讲述从政经验。罗钦顺以为处理政事不能刻板,应该既要遵纪执法,又要合情合理,这就要发挥灵活性,既要有对国家、对人民负责的诚心,又要有妥善处理实际问题的才能。"才与诚合则时无不可为者。盖其通变宜民之虑,常有以和调于法制之中,截长补短以为功,因高就下以为利。"(《送太守曹君之任临江序》)他以为为官者只要这样做,在任何情况下都是可以有所作为的。罗钦顺还常常劝勉官吏中的后起之秀安心作地方官,要他们不要好高骛远,要在实际事务中多磨炼自己。"夫登用贤才,固不得屑屑于资格,然试功之审者,乃所以养其望而服天下之心;而其人更历既多,则于运大济艰将沛然而无不利。"(《送太守高君之任九江序》)其致友人的信函大多是这一类劝人做好本分工作的文章。

四、在伦理思想方面,主张求学应以求仁为首位。《韶州府重修庙学记》提出孔门教人以求仁为第一义。作者认为,求学就是学习怎样做人,而人之所以为人,就在于人有仁德。人的本性、经书的总旨,以至于万事万物无一不统于仁。"凡古圣贤经传,其言累千万计,无非所以发明是理。博学而慎择之,审问而精思之,明诸心体之身,积之厚,而推之善,其仁至于不可胜用,然后为学之成。"他以为不以自己的实际行动来实行仁,只是空谈仁义,而其内心充满私欲,这种人是非常卑陋的。

五、在学术思想上,主张祖孔孟而宗程朱。罗钦顺对王阳明批评朱熹及心学的空虚极为不满,说心学家"往往脱略章句而注心玄妙,巧立宗旨而妄议先儒,又岂非所谓智者过之己乎"(《万安县重修儒学记》)。因此他要求通过学习程朱理学来掌握孔孟之道,"舍程朱之说而欲求至于孔孟,与希升堂而闭之门者有以异乎"(同上)。但是罗钦顺与闭塞固陋的道学家不同,他主张士人应博学,"学校之教,大抵先经而后史,祖孔孟而宗程朱,至于诸子百家,则亦陈其力之所及而博观焉,以考其是非得失之归,而定夫取舍之极,务明其体以适诸用"(同上)。

罗钦顺的哲学思想集中反映在《困知记》中,《整庵存稿》多为其应酬之作中的精品。"虽意境稍涉平衍,而典雅醇正,犹未失成化以来旧格,诗虽近击壤派,尚不至为有韵之语录,以抗行作者则不能,在讲学诸家亦可云质有其文矣。"(《四库全书总目》)

(施忠连)

明道编 黄 绾

  《明道编》,今存六卷。明黄绾著。成于明嘉靖二十六年(1547)。此书卷数,据黄绾子黄承德在跋文中所说为十二卷。但据黄绾学生林文相在序文中谓则是十卷。通行本有:明万历刻本、中华书局1959年出版的刘厚祜、张岂之校点本。

  黄绾(约1477—约1551),字宗贤(一说字叔贤),号久庵,又号久翁、石龙,台州府黄岩(今属浙江)人。以祖荫入官,授后军都事。历任南京都察院经历、南京工部员外郎、南京礼部尚书兼翰林院学士。为学凡三变,初师谢铎,宗程朱理学;继师王阳明习心学;晚年思想又变,对理学和心学均取批评态度。从"天性人情之真"出发,反对王阳明"去欲"、"去七情"之说,认为"情"与"欲"皆不能"去"。以宋儒为禅,认为"宋儒之学,其入门皆由于禅",而"禅学益盛,实理益失"。又反对"正其谊不谋其利"的传统思想,主张"利"、"义"并重,"二者皆不可轻"。在认识论上则肯定"非身履深历不能知"。提出了"艮止、执中之学",形成自己独特的"圣人传心之学"和"人心"与"道心"关系思想的观点。著作另有《石龙集》等。事迹见《明史·黄绾传》、《明儒学案》卷十三、容肇祖《王守仁的门人黄绾》(《燕京学报》第二十七集)等。

  《明道编》是比较集中反映黄绾思想的一部著作。今存六卷。卷一以"艮止"开宗明义,以后几卷从"艮止、执中之学"依次展开,讨论关于"至善"心体的绝对性,关于学与思、格物与致知、有与无,以及批判为学方法的"支离"与"空虚","利"与"义"的关系等等。全书本是黄绾平时的"日录"和门人所记内容综合而成,所以在风格上类似语录体。除卷一论述比较连贯集中外,其他各卷大都一段讨论一个问题。

  《明道编》中所反映的哲学思想,主要可以归纳为如下几点。

  一、"艮止、执中之学"。"艮止"出于《易·象传》,"执中"出于伪古文《尚书·大禹谟》。黄绾借用这两个概念来阐述自己的心性之学,前者主要阐明他的"圣人传心之学",后者主要阐明他的

"人心"与"道心"关系问题的思想。黄绾认为:"伏羲、尧、舜以艮止、执中之学相传。伏羲之学具于《易》,尧、舜之学具于《书》。《易》之微言,莫要于艮止;《书》之要旨,莫大于执中。自是圣人相传,率由是道。至仲尼出而大明厥蕴,以知止之止指心体,以致知示工夫,以格物示功效,以克己为致知之实,以复礼为格物之实,皆艮止、执中之正脉。当时惟颜、曾二子独得其传,再传而得子思,又传而得孟子,轲之没而无传矣。是以艮止之旨不明而失存心之要,执中之旨不明而失体道之要,故异端足以惑之,而伏羲、尧、舜之相传者渐以湮沦。"黄绾在《明道编》中具体论述为什么"知止之止指心体",为什么"知止"就是"知其本"、就是把握住绝对的"心体",以及"人心"、"道心"关系。

二、"格物致知"新解。黄绾在同程朱、陆王之学辩论的同时,对"格物致知"这个古老命题作了新的解释。他说:"《大学》之要,在'致知在格物'一句。其云'致知',乃格物工夫;其云'格物',乃致知功效。'在'者,志也,志在于有功效;'致'者,思也,心之官则思,思则得之,不思则不得也;'格'者,法也,有典有则之谓也。先儒不明,乃以格物为致知工夫,故以格物为穷究事物之理,而不知有典有则之为格物,所以求之于物,失之于外,支离破碎,而非圣人之学矣。今日君子,又不能明之,亦以格物为致知工夫,故以格物为格其非心,谓格其不正以归于正,又谓夫子教颜子克己,工夫皆在格字上用,亦不知有典有则之为格物,所以求之于心,失之于内,空虚放旷,而非圣人之学矣。"黄绾的这个新解,既反对"外求于物",又反对"内求于心",而主张把两者调和起来,具有折中的倾向。

三、"义、利皆不可轻"思想。黄绾认为:"饥寒于人最难忍,至若父母妻子,尤人所难忍者,一日二日已不可堪,况于久乎?由此言之,则利不可轻矣。""如父母之于子,则父母必不乐其子,子亦不乐其父母矣;夫必不乐其妻,妻亦不乐其夫矣。由此言之,则义岂可轻乎!"从这里,黄绾提出了"君子于此处之,必当有道"的思想,即"义存利中"的原则,他说:"人之用财,固不可奢侈浪费,亦不可悭吝鄙啬;人之生财,固不可孜孜为利,亦不可矫激沽名;皆非君子之道。君子之道,辞受、取与视其义,治生、作务视其道。如此则守可以终身,教可以行于世,此圣人之道所以无弊也;反此,则弊有不可胜言者矣。"

四、对理学的批评。黄绾认为,"宋儒之学,其入门皆由于禅。濂溪、明道、横渠、象山则由于上乘;伊川、晦庵则由于下乘。虽曰圣学至守倡,然语焉而不详,择焉而不精者多矣。故至今日,禅说益盛,实理益失。"与此同时,他又对王阳明的"致良知"、"亲民"、"知行合一"等观点也作了同样尖锐的批评。他用"今日朋友"、"今日学者"、"今日君子"、"今日士友"等名称来统称王门后学,对他们的心学观点作了具体的批评,这种批评贯穿全书。

《明道编》作为明朝中期王学兴盛之时所发出的不同声音,在思想史上有其相当的意义和地位。学术界对此书反映的思想评价不同,有的认为是具有近代启蒙意义的"实学"思想,有的则认为是王学内部的思想之争,但共同的一点是都重视它的学术价值。

(徐洪兴)

甘泉文集 湛若水

《甘泉文集》，又名《湛甘泉集》、《湛甘泉先生文集》，三十二卷。明湛若水著。通行本有：明万历九年(1581)刻本、清康熙二十年(1681)刻本、同治五年(1866)刻本、齐鲁书社1997年版《四库全书存目丛书》影印本等。

湛若水(1466—1560)，字元明，号甘泉，增城(今属广东)人。从学于陈献章，无意于科举，以母命入南京国子监，登弘治十八年(1505)进士第。选庶吉士，授翰林院编修，时王守仁在吏部讲学，湛若水与相应和。奉母丧归，筑西樵讲舍，士子来学者，先令习礼，然后听讲。嘉靖初，入朝，为侍读，不久迁南京祭酒，又为礼部侍郎，历南京礼、吏、兵三部尚书。平生足迹所至，必建书院以祀陈献章。湛若水与王阳明友善，学术有许多相通之处，但又各立宗旨，相互辩论。王阳明说："吾求友于天下，三十年来未见此人。"湛若水则言："某平生与阳明公同志，他年当与同作一传矣。"(卷七《答王汝中兵曹》)王阳明宗旨为致良知，湛若水宗旨是随处体认天理。湛若水论格物，指出王阳明之说有四不可，王阳明说随处体认天理为求之于外，两家学说不能完全调和。著作另有《格物通》。《明史》卷二八三、《明儒学案》卷三七有传。

《甘泉文集》是湛若水的文集。卷一：樵语；卷二：新论；卷三：雍语；卷四：知新后语；卷五：二业合一训；卷六：大科训规；卷七：书信；卷八、卷九：新泉问辨录、新泉问辨续录；卷十、卷十一：问疑录、问疑续录；卷十二：金陵问答；卷十三：金台问答；卷十四、卷十五：书问；卷十六：古乐经传或问；卷十七：序；卷十八：记；卷十九：章疏；卷二十：讲章；卷二十一：杂著；卷二十二：约言；卷二十三：语录；卷二十四：杨子折衷略；卷二十五：非老子略；卷二十六、卷二十七：诗；卷二十八：归去纪行略；卷二十九：岳游纪行略；卷三十：祭文；卷三十一：墓志铭、表；卷三十二：外集，收罗洪先所撰的《湛若水墓表》，以及洪垣所撰的《湛若水墓志铭》。

全书的思想内容主要有以下几方面。

一、天地无内外，心亦无内外。湛若水以心为天地万物的本体，说"心也者，包乎天地万物之外而贯乎天地万物之中者也,中外非二也"(卷二十一《心性图说》)。他以为心虽在胸腔中,但心体广大而无内外,可包容万事万物以及万理于一心,由此可说心不止在胸腔中,"圣人之学皆是心学,所谓心者非偏指腔子里方寸内与事为对者也,无事而非心也"(卷二十三《语录》)。他不满意王阳明的良知说,以为它只讲内而不讲外,申明"吾之所谓心者,体万物而不遗者也,故无内外"(卷七《答杨少默》)。指出,如若将心完全视为内在的东西,而将天地万物当成纯粹外在的事物,这样就会极大地低估心体的作用。

二、随处体认天理。作者指出,体认天理是学习的根本目的,"学无难易,要在察见天理,知天之所为如是,涵养变化气质,以至光大尔,非杜撰以相罔也"(卷七《寄王纯甫》)。体认天理应是士人终身时时刻刻致力的大事,一点也不能懈怠。"天理是一大头脑,千圣千贤,共此头脑,终日终身,只是此一大事,更无别事。立志者,立乎此而已;体认是工夫,以求得乎此者,煎销习心,以去其害此者。"(卷二十三《语录》)他把《大学》所说的"格物"、"致知"都解释为体认天理。提出天理即是心得中正,"看得尽好,不增不减,不轻不重,不前不却,便是中正。心中正时,天理自见"(同上)。湛若水所说的天理即是心体、本体,是至善的,他所谓的随处体认天理,是说心与事应,"随心随意随身随家随国随天下,盖随其所寂所感时耳"(卷七《答阳明论格物》)。针对王阳明批评他的随处体认天理之说为"求之于外"的责难,他指出,"体认天理云者,兼知行合内外言之也。天理无内外也"(同上),认为人与天地万物一体,宇宙内即与人不是二物,说随时体认天理为求之于外是没有根据的。

三、敬上用功。湛若水指出,士人不论是独处,还是读书、应酬,都要做到执事敬,"执事敬,最是切要,彻上彻下,一了百了,致知涵养,此其地也"(卷七《答邓瞻兄弟》)。他认为格物致知不能与主敬相分离,两者相结合,才能真正把握圣人之道。"涵养须用敬,进学在致知,如车两轮。夫车两轮同一车也,行则俱行,岂容有二?"(《答陈惟浚》)指出,执事敬则能使心有主,从而从根本上防止邪念的萌生,"心存则有主,有主则物不入,不入则血气矜忿窒碍之病,皆不为之害矣。大抵至紧要处,在执事敬一句,若能于此得力,如树根着土,则风雨雷霆,莫非发生"(同上)。根据他的说法,只要心有主,无论从事何事,都可致力涵养,种种"血气矜忿窒碍"都能逐渐自行消融。

四、知行并进。湛若水把行视为学的一个基本环节,提出不能把知行相混同,但要把两者结合起来,说:"夫学不过知行,知行不可离。"(卷七《答顾箬溪》)他强调格物致知后,必须将认识付诸行,而随处体认天理则能做到知行并进。"《中庸》必先学问思辨,而后笃行。《论语》先博文而后约礼。……若仆之愚见,则于圣贤常格内寻下手,庶有自得处。故随处体认天理而涵养之,则知行并进矣"(同上)。因此他反对主静说,指出古圣人论学未有以静为言者,以静为言都属禅学,"故孔门之教,皆欲事上求仁,动静着力。何者?静不可以致力,才致力,即已非静矣"(卷七《答余督学》)。他强调要"应事以亲民",他以为静坐是不能做到这一点。

　　湛若水的思想与王阳明的学说一样,都是从陈献章哲学发展而来,虽与王阳明的哲学不同,都丰富、发展了心学的理论。湛若水的门人虽不及王阳明之盛,但也为数众多,明清之际著名学者黄宗羲说:"其后源远流长,王氏之外,名湛氏学者,至今不绝,即未必仍其宗旨,而渊源不可没也。"(《明儒学案·甘泉学案一》)

（施忠连）

格物通 湛若水

《格物通》,一百卷。明湛若水编撰。成于明嘉靖七年(1528)。通行本有:清乾隆三十年(1765)《四库全书》本、同治五年(1866)资政堂本等。

作者生平事迹见"甘泉文集"条。

明嘉靖四年(1525)圣旨命文臣将经书和历代史书中有关帝王道德和理政的内容摘录下来,逐日进览。湛若水仿宋真德秀的《大学衍义》和明邱浚的《大学衍义补》体例,摘录五经、诸子、史书及明圣祖圣宗格言大训等著作的文字,加以疏解,编成此书,上于朝廷。《大学衍义补》多征旧事以为法戒之资,此书多引前言以为讲习之助。湛若水说编此书的目的是"明圣学"(《自序》)。他解释书名说:"宋儒程颐曰:'格者,至也;物者,理也。'至其理乃格物也。""通"有四义:"有总括之义焉,有疏通之义焉,有贯穿之义焉,有感悟之义焉。"(同上)湛若水根据《大学》提出,格物乃诚意、正心、修身、齐家、治国、平天下之本,是"始用功之要,圣人之学通在于格物矣"(同上)。于是将全书分诚意、正心、修身、齐家、治国、平天下六大类,而以格物统贯之。

一、诚意格,十七卷。其中,审几二卷,立志二卷,谋虑二卷,感应二卷,儆戒四卷,敬天二卷,敬祖考一卷,畏民二卷。

二、正心格,三卷。不分子目。

三、修身格,九卷。其中,正威仪二卷,慎言语三卷,进德业四卷。

四、齐家格,十三卷。其中,谨妃匹二卷,正嫡庶二卷,事亲长二卷,养太子二卷,严内外二卷,恤孤幼一卷,御臣妾二卷。

五、治国格,十四卷。其中,事君使臣三卷,立教兴化三卷,事长慈幼一卷,使众临民一卷,正朝廷二卷,正百官二卷,正万民二卷。

六、平天下格,四十四卷。其中,公好恶一卷,学校五卷,举措四卷,课功二卷,任相三卷,任将三卷,六官一卷,修虞衡二卷,抑浮末三卷,饬百工一卷,屯田二卷,马政一卷,漕运一卷,劝课一卷,禁夺时一卷,省国费四卷,慎赏赐二卷,蠲租一卷,薄敛两卷,恤穷四卷。

湛若水是心学家,他在每卷的卷首大义、篇目小序和引文后的按语中从心学家的立场阐述他关于治国理政的思想。他的政治、伦理思想的核心是以治心为万事之本。他说:"帝王之治本乎道,而道德之懿存乎心,心无事而不包,事无一事而非道,惟心有所蔽则道不见,如鉴有所尘则弗昭,故圣帝明王必先务学,而修道讲学皆以治心,将达诸事业而成其治化焉。"(卷首《表》)因此,《格物通》提出人主一心为万事之源,君主"苟欲正纪纲以正朝廷,而不先正此心以立其本,则枝叶虽茂,本根已蹶,形体虽安,命脉以危"(卷五十一《正朝廷》上)。《格物通》中的疏解、评论的文字大都是结合治国之事讲如何治心,其内容大致有以下几点。

一、治心即培养仁心,因此万事以仁为本。"仁心生则乐矣,乐有诸己则安矣,安则不息矣,不息则天在我矣,天在我则妙万物,神矣。"(卷十八《正心》上)

二、君主要有惕厉之心。"无所警则逸豫之心胜,此天理人欲相胜之几,而国家安危治乱之决也。"(卷十二《儆戒》四)

三、礼义、教化可以感人之心。纪纲法度出乎上布乎下,民畏其威而不敢犯,并非不能正邪禁恶,然而明礼义、善于教化者则使民感之于内,"民爱其德而不忍犯也"(卷五十九《学校》二)。同样,善于治事理财可以得到许多税赋,但未必得其心,如善教则以诚感人,"民心得矣,而财亦不能外矣"(同上)。

四、以爱人之心省国费。湛若水说,宽一役则得一人之安,薄一敛则民享一分之食,"民安而国亦安矣"(卷九十一《省国费》四),因此他要求省去国家、朝廷不必要的开支。"苟有公心,何所不至,虽博施济众,亦由此心扩充之尔。故由理国之财之心以为理民之财之心,民财足而国用足矣。"(卷九十六《薄敛》下)

《格物通》对儒家政治学说没有提出新的理论,但它分类编排关于治国的理论、原则、经验教训及有关规定,为帝王学习儒家政治学说和伦理思想提供了方便。

(施忠连)

困辨录 聂 豹

《困辨录》，八卷。明聂豹著。明嘉靖二十六年(1547)入诏狱时作。收入《双江文集》。《明儒学案》有节录。《双江文集》的通行本有齐鲁书社 1997 年版《双江聂先生文集》、凤凰出版社 2007 年版吴可为编校整理的《聂豹集》等。

聂豹(1487—1563)，字文蔚，号双江，永丰(今属江西)人。正德十二年(1517)进士，除华亭知县。嘉靖初年召拜御史，巡按福建，后为苏州知府、平阳知府，升陕西按察司副使。为辅臣夏言所恶，以在平阳吞没公家财物罪下狱，逾年得出。后召为巡抚蓟州右佥都御史，转兵部侍郎，协理京营戎政，不久升为兵部尚书，累以边功加至太子少傅。东南倭乱加剧，聂豹无所谋划，奏疏触帝怒，被降俸，终以老疾致仕。聂豹好王守仁良知之说，巡按福建过越拜访王守仁，与辩难，心益服。官苏州时闻王守仁殁，设灵位哭，北面再拜，自称门生。学术主张以"洗心退藏为主，虚寂未发为要"(《双江论学书》)，与来学者立静坐法，使之归寂以通感，执体以应用。著作编为《双江文集》。《明史》卷二〇二、《明儒学案》卷一七有传。

《困辨录》是一部论述精神修养的著作。全书分为八篇：《辨中》、《辨易》、《辨心》、《辨素》、《辨过》、《辨仁》、《辨神》、《辨诚》。所论述的主要内容如下。

一、中是道心之本体。作者指出，此中为心体未发之中，"未发之中，太极也"(《辨神》)，认为心体的根本特征即为中，人一失本体，便发而不中。强调中即和，"有未发之中，便有发而中节之和"，因此，"中也者，和也，言中即和也。致中而和出矣"(《辨中》)，而过与不及都是恶。聂豹反对将中的概念凝固化，指出中无定体，应该根据实际情况，灵活地决定中的内容。甚至提出，被孟子视为无父、无君的兼爱、为我在一定的条件下也可为中："子莫执中，盖欲择为我、兼爱之中而执之，而不知为我、兼爱皆中也。时当为我，则中在杨子：陋巷闭户，颜子是也；时当兼爱，则中在墨子：过门不入，禹是也。"(《辨诚》)他以为，实际情况经常在变化，如执守一端，必定不中，必定违背道。

二、主静。作者以为精神修养的工夫全在于主静,静即为未发之中,主静即能止于至善,寂然不动,随感而应,处事无不当。他说:"寂然不动,中涵太虚,先天也。千变万化,皆由此出,可以合德、合明、合序、合吉凶,故曰'天弗违'。触之而动,感而后应,后天也。何思何虑,遂通而顺应之,故曰'奉天时',言人力一毫不与也。"(《辨易》)还提出,主静必须无欲,无论是周敦颐言静,还是二程言敬,都是为提倡无欲,"由无欲入者,有所持循,久则内外斋庄,自无不静,若入头便主静,惟上根者能之"。认为人们攻击主静为禅学完全没有道理,"近世学者猖狂自恣,往往以主静为禅学,主敬为迂学,哀哉"(《辨中》)。

三、道心之发不可杂以人为。他说:"天理是本体,自然流行,知平旦之好恶,孩提之爱敬,孺子入井之怵惕恻隐,不假些子帮助。"(《辨诚》)又将人为称作"思议",说:"感应神化,才涉思议,便是憧憧。如憧憧,则入于私意,其去未发之中,何啻千里!"(《辨中》)人们随感而应,精神生气勃勃,"鸢飞鱼跃,浑是率性,全无一毫意必"(《辨心》)。又指出天理的自然流行是由于心是生生不已的,"天地以生物为心,人得之而为人之心。生生不已,故感于父子则为孝慈,感于昆弟则为友恭。故凡修道,一涉于营欲谋为,而不出于生生自然之机者,皆不可以言仁"(《辨过》)。认为要激发人心之生生自然之机,就要集义,"集犹敛集也,退藏于密,以敦万化之源,由是感而遂通,沛然莫之能御,犹草木之有生意也"(《辨素》)。聂豹指出天理自然流行不仅显示了人们行道之内在动力,而且说明了人们的思想不能拘于一端。"自尧、舜之学不明,往往以中涉事为,若将随事随处,精察而固执之,以求所谓当然之节,而不知瞬息万变,一毫思虑营欲着不得,是谓'后天而奉天时'。"(《辨诚》)

《困辨录》提出的思想在学者中间引起了争论,不仅王阳明不赞成聂豹专言"勿忘勿助之功",而且当时学者王畿、黄弘纲、陈九川、邹守益、刘文敏等人也各致难端,聂豹一一申辩,唯有罗洪先观点与之相合,罗洪先说:"双江所言,真是霹雳手段,许多英雄瞒昧,被他一口道着,如康庄大道,更无可疑。"(《明儒学案·江右王门学案二》)黄宗羲认为聂豹主静之说不同于禅学,也不与王阳明致良知说根本冲突。

有关《困辨录》的研究,见清黄宗羲的《明儒学案》卷一七等。

(施忠连)

问辨录 高 拱

《问辨录》,十卷。明高拱著。后收入《高文襄公集》。通行本有:清《四库全书》本、中州古籍出版社1998年版岳金西等校注本及2006年版《高拱全集》本、中华书局2003年版《高拱论著四种》本。

高拱(1512—1578),字肃卿,号中玄,河南新郑人。嘉靖进士,嘉靖末以徐阶荐入阁。后与徐阶争权,称病辞官。隆庆三年(1569)再起,为首辅,兼领吏部。政治上反对"偷安自便",主张"修举务实",时称"救时宰相"。穆宗死后,被张居正以专权之罪罢去官职。学术上主张理论应"救时"、"致用",提倡务实学风,反对"空寂寡实之学"(《政府书答》),认为天人感应说和灾异说"必不可信,是术家者流幻妄之说"(《春秋正旨》)。还提出,一种认识必待验证而后知其是非,说:"金必火而后知其精与不精,刀必割而后知其利与不利。"(《本语》卷二)著作编为《高文襄公集》,另有《防边纪事》等。《明史》卷二一三有传。

《问辨录》是一部用问答体形式写成的批评朱熹《四书章句集注》的著作。卷一关于《大学》,卷二关于《中庸》,卷三至卷八关于《论语》,卷九、卷十关于《孟子》。作者多方面地批评朱熹,既针对朱熹哲学、伦理学上的根本观点,又指责他对四书的解释往往破碎支离、画蛇添足,不能准确地表达孔孟的原意。通过批判,作者表达了自己的哲学思想和对四书的理解。

全书的主要内容如下。

一、批评朱熹分理与气为二的理论,指出理气不可分。作者以为朱熹所谓"理属精纯,气或偏驳"之说不能成立,因为如此就将理气分而为二,作者问:"精纯之理缘何而有偏驳之气?"他提出:"气具夫理,气即是理;理具于气,理即是气,原非二物,不可以分也。"又说:"气聚则理聚,与生俱生;气散则理散,与死俱死。"

二、指出程朱人性论中的谬误。作者着重批判二程、朱熹的一个基本观点,即"性即理"说。他认为理是世界的法则,是指条理,为人与万物所共有,而性则是人的本质,是事物所没有的,不能将这两个概念加以等同。"理者,脉络微密、条派分明之谓。天下之理,皆理也;而性字从生从心,则人心所具之生理也。"又指出,性与理的不同还在于性是主观的,理是客观的,"性乃定名,理为虚位,性含灵而能应,理具体而无为;性存郭廓之中,厥惟恒秉,理随事物而在,各有不同。谓性即理,未敢以为然也"。高拱认为,如果把性与理两个概念等同起来,就会导致一系列理论错误,如混淆人之性与动物之性,甚至以为无生命的物体也有道德品质。朱熹曾说"天以阴阳五行化生万物,气以成形,而理亦赋焉,于是人物之生,各得所赋之理,以为健顺五常之德,所谓性也",高拱以为朱熹这句话就存在这方面的问题。他指出,人有人之性,物有物之性,"岂以人之性犹牛之性、牛之性犹犬之性与"。天地之间惟万物,凡草、木、土、石都是物,如若照朱熹所说"人物之生,各得所赋之理,以为健顺五常之德",那么,"则不知草、木、瓦、石其健顺五常之德若何?"

三、指出朱熹对四书中的一些用语、名词概念解释不当。如《中庸》第十三章说"道不远人",朱熹解释说"道者,率性而已,固众人之所能知能行者也,故常不远于人"。朱熹常常将天理与人情对立起来,因此论道总是言性不言情,高拱对此解释不满,说:朱熹此说"未妥",他以为"天理不外于人情,若远人情以为天理,则非所以为天理也"。《论语·八佾》有一段孔子论韶乐的话,孔子说韶乐"尽美矣,又尽善矣",朱熹解释说:"美者,声容之盛。善者,美之实也。"高拱以为说美为"声音之盛"是可以的,但是以"美之实"释善则不当,因为朱熹仍未说清善的含义及美与善的关系,有尽善者,有未尽善者,而何以皆尽善尔?"岂其实不然而著见乃皆然乎?"以此说明朱熹的解释不通。此外,高拱还揭露朱熹的一些用语中的错误。朱熹称普通百姓为"夫妇愚不肖",《问辨录》指出:"尧、舜、周、孔亦皆夫妇,夫妇何以愚?何以不肖?盖古人言人之微者,必曰匹夫匹妇",诸如此类的文字多能揭朱熹书中之疵。

《四书章句集注》是解释孔孟之书的权威著作,是明朝科举考试的依据,是当时士人必读之书,虽可助读书人理解四书,但也束缚了士人的思想。《问辨录》敢于对之质疑、批评,表明了作者的理论勇气,有助于破除对朱熹的迷信心理;其中许多议论能击中朱熹理论的要害,启发士人灵明。因此,《四库全书总目》肯定了书中许多说法,"皆确有所见,是以备参考而广见闻"。

(施忠连)

小儿语、续小儿语 吕得胜 吕 坤

《小儿语》二卷,明吕得胜作,《续小儿语》三卷,明吕坤作。《小儿语》成书于嘉靖三十七年(1558),《续小儿语》刻于万历二十一年(1593)。通行本有:明万历四十五年刊本、同年《去伪斋全集》本、同治六年(1867)徐传善重刊本、清《五种遗规》本、《津河广仁堂所刻书》本、《东听雨堂刊书·小儿书辑八种》本、《西京清麓丛书·蒙养书十三种》本、《丛书集成初编》本等。

吕得胜,生年不详,卒于隆庆二年(1568),开封府宁陵县(今河南宁陵县)人,字寿宫,号近溪,又号渔隐闲翁,家有地两千余亩,虽无登科第、通仕籍,亦颇称富厚。其子吕坤(1563—1681)字叔简,号新吾、心吾,晚号抱独居士、了醒亭居士,十五岁始读史书及性理之书,二十二岁开始从教,隆庆五年中礼部试,因母病故,未与廷试。万历二年(1574)中进士,任山西潞安府襄垣县知县,此后历任山东济南道右参政、山西提刑、按察使、陕西布政使、山西提督、巡抚,官至刑部左右侍郎。万历二十五年致仕归乡,讲学著述二十余年。吕坤历来重视教化,曾作《好人歌》、《乡甲约》、《宗约歌》、《闺戒》、《闺范图说》等。著作有《吕新吾全集》、《去伪斋全集》。事迹见《明史》卷二二六、《明儒学案》卷五四。

《小儿语》、《续小儿语》是对儿童进行道德教化和行为习惯培养的教材。吕得胜在《小儿语序》中说明其编写宗旨:儿童皆有歌谣以遂其乐,如梁宋间"盘脚盘,东屋点灯西屋明"之类,学了对儿童无补。"蒙以养正,有知识时便是养正时也",是书教以立身要务,使儿童"欢呼戏笑之间,莫非理义身心之学;一儿习之,可为诸儿流布;童时习之,可为终身体认,庶几有小补云"。该书全部用格言形式写成,对偶押韵,通俗易懂,篇幅虽小,内容丰富。主要提倡以下内容。

安详:"一切言动,都要安详;十差九错,只为慌张。"(《小儿语》)"沉静立身,从容说话;不要轻薄,惹人笑骂。"(同上)

谦虚:"能有几句,见人胡讲;洪钟无声,满瓶不响。"(同上)"人誉我谦,又增一美;自夸自败,还增一毁。"(《续小儿语》)

谨慎:"人生在世,守身实难;一味小心,方保百年。"(同上)"从小做人,休坏一点,覆水难收,悔恨已晚。"(同上)

正直:"德行立身之本,才识处世所先。"(同上)"世上三不过意,王法天理人情,这个全然不顾,此身到处难容。"(同上)

宽厚:"浑厚宽洪君子,浅狭燥急凶人。"(同上)"若要度量宽,先学受懊烦。"(同上)

怜贫:"世间第一好事,莫如救难怜贫,人若不遭天祸,舍施能费几文。"(《小儿语》)

勤劳:"既做生人,便有生理,个个安闲,谁养活你。"(同上)"安乐人人破败,忧勤个个亨通。"(《续小儿语》)

勤学:"世间生艺,要会一件;有时贫穷,救你患难。"(《小儿语》)

实践:"读圣贤书,字字体验;口耳之学,梦中吃饭。"(《续小儿语》)"何用终年讲学,善恶个个分明,稳坐高谈万里,不知蹉踔一程。"(同上)

律己:"待人要丰,自奉要约;责己要厚,责人要薄。"(同上)

戒贪:"白首贪得不了,一身能用多少。"(同上)"贪财之人,至死不止,不义得来,付与败子。"(同上)

戒妒:"气恼他家富贵,畅快人有灾殃,一些不由自己,可惜坏了心肠。"(《小儿语》)

吕得胜《小儿语·卷下》为《女小儿语》,专教女子言行规范,主要有:

勤谨:"少年妇女,最要勤谨,比人先起,比人后寝。"

整洁:"衣服整齐,茶饭洁净;污浊邋遢,猪狗之性。"

朴素:"妇女妆束,清修雅淡,只在贤德,不在打扮。"

节俭:"剩饭残茶,都要爱惜,看那穷汉,糠土也吃。""一米一丝,贫人汗血,舍是阴骘,费是作孽。"

尊长:"长者当让,尊者当敬,任他难为,只休使性。"特别要求孝顺公婆:"孝顺公婆,比如爷娘,随他宽窄,不要怨伤。"

敬夫:"夫是你天,不可欺心,天若塌了,那里安身。"

《小儿语》、《续小儿语》中还有针对成年人的家教方法指导,如戒娇惯:"儿小任情娇惯,大来负了亲心,费尽千辛万苦,分明养个仇人。"(《小儿语》)"打一下儿偏疼,说一句儿偏怨,口噙一个娇儿,送在杀场干看。"(同上)以身作则:"老子终日浮水,儿子做了溺鬼","老子偷瓜盗果,儿子杀人放火。"(同上)宽中有严:"家教宽中有严,家人一世安然。"(《女小儿语》)教子求学:"儿好何须父业,儿若不肖空积,不知教子一经,只要黄金满室。"(《续小儿语》)

《小儿语》、《续小儿语》以通俗易懂的语言,对儿童乃至成人进行儒家伦理道德教育。在明清两代,该书多次被翻刻,并被收入各种丛书中,说明其影响之广泛。

有关的研究资料,有陈宏谋《五种遗规·养正遗规》中为《小儿语》作的序、张伯行《养正类编》中为《小儿语》作的序。此外,吕坤还作有《演小儿语》一卷,并有跋,亦可作为参考。

(马 镛)

何心隐集 何心隐

《何心隐集》，原名《何心隐先生爨桐集》，四卷五十九篇。明末何心隐著。明天启五年（1625），张宿诠订初刻，但流传很少。中华书局1960年以张宿刻本为底本，参校《梁夫山遗集》抄本，又汇编入有关附录、传记、序跋、祭文等参考资料，出版《何心隐集》。1981年再出校订版。

何心隐（1517—1579），本姓梁，名汝元，字柱乾，号夫山。江西吉安府永丰县人。自幼天资聪慧，"少补诸生"，三十岁时赴郡试，中第一名。后从颜山农学，"闻心斋（王艮）立本之旨"，遂弃科举。嘉靖三十二年（1553）至嘉靖三十八年（1559），"捐千金，购义田，储公廪"在家乡创办"聚和堂"，自理一族之政，冠、婚、丧、祭、赋、役，一切通其有无。因写信讥刺县令，遭捕入狱，判绞罪。经友人营救出狱，从此专意聚徒讲学。未久，因与蓝道行以计使严嵩罢相，得罪当道，故易姓改名，避难游讲。为泰州学派代表之一。万历七年（1579），张居正反对聚徒讲学，诏毁天下书院。而何心隐为文力主"必学必讲"。是年，遭南安朱心学逮捕。后递解。由南昌转押至武昌，惨遭湖广抚臣王之垣杖杀。事迹见李贽《焚书·为黄安二上人三首之一（大孝）》、邹元标《梁夫山传》、黄宗羲《明儒学案·泰州学案序》等。

《何心隐集》卷一，收《原学原讲》一篇；卷二，收《原人》、《仁义》、《师说》、《论友》、《语会》等十六篇；卷三，收《邓自斋说》、《精析心髓匡廓以辩孔子之于正印》、《辩无父无君非弑父弑君》等十六篇；卷四，收《原避遭》、《遗言孝感》、《上祁门姚大尹书》等二十六篇。另有《补遗》，收《上沿途经解衙门书》、《上湖西道吴分巡书》两篇。"附录"载有李贽、邹元标、黄宗羲等撰的何心隐传记；顾宪成、陈际泰等为之序跋；周良相、程学博著的祭文；沈德符、陈士业以及耿定向等有关何氏的记载等资料。书前有近人容肇祖《何心隐集序》、明张宿《刻何心隐爨桐集叙》、明李贽《何心隐论》。

《何心隐集》所反映作者的哲学观点主要是如下。

一、天地与人同为本原。认为天地即乾坤，人即仁，两者互为本原，无分先后。"然仁则人也，有乾坤而乃有也，而乃有仁也。而乾坤奚原于仁其原耶？惟乾惟坤，而不有天地，则不有乾坤矣。

惟天惟地,而不有人,则不有天地矣。惟人而不有仁,则不有人矣。人且不有矣,又奚有人而圣,以则物而神,若《图》若《书》,于河洛,于天地,于乾坤,而《易》而《范》,相统相传,其学其讲,又于仁而仁其人耶?"

二、天地与人、乾坤与仁俱统一于"太极"。认为"有乾坤而乃有人""而乃有仁",此乃"万物一体",此体即是"太极"。"夫人,则天地心也。而仁,则人心也。心,则太极也。太极之所生者,两仪也。而乾乎其乾,坤乎其坤者,非乾坤其仪而两耶? 两仪之所生者,四象也。而乾乎其乾、坤乎其坤者,非乾坤其象而四耶? 四象之所生者,八卦也。而乾乎其乾、坤乎其坤者,非乾坤其卦而八耶? 是故卦而八者,莫非象之四而四也;象而四者,莫非仪之两而两也。仪而两者,莫非极之太而太也。太者大也,大莫大于仁,而太乎其极也。"可见,最终还是以"心"作为宇宙之本原。

三、貌、言、视、听、思五者认识次序。认为人们在接触事物之过程中,必有一定程序。"是故叙事而必叙貌于第一事者,必以人生适初即有保保其形尔,是已人其形于其貌也,而事又统于其貌也。……要之,事而一、而二、而三、而四以终者,终于五也。又要之,事而貌、而言、而视、而听以终者,终于思也。"

四、君臣友朋,相为表里。认为"仁"不仅是亲自己的亲人,而要亲一切人,"凡有血气之莫不亲";义不仅尊贤,而是要尊一切人,"凡有血气之莫不尊"。依此出发,而提出"君臣友朋,相为表里"的命题。"君臣之道,不有友朋设教于下,不明,友朋之道,不有君臣出政于上,不行。行以行道于当时,明以明道于万世,非表里而何?""夫父子、昆弟、夫妇,固天下之达道也,而难统乎天下。……惟友朋以聚天下之英才,以仁设教,而天下自归仁矣。天下非统于友朋而何?"

五、君主臣民均须"寡欲尽性"。认为声、色、臭、味、安逸之欲,是人之本性,是不能禁绝的。"声、色、臭、味、安逸……尽乎其性于命之至焉者也"。"性而味,性而色,性而声,性而安逸,性也。乘乎其欲者也。而命则为之御焉。……凡欲所欲而若有发,发以中也,自不偏乎欲于欲之多也,非寡欲乎? 寡欲,以尽性也"。而君臣、圣贤也应寡欲,"与百姓同欲"。在《聚和老老文》中说:"欲货色,欲也。欲聚和,欲也。……昔公刘虽欲货,然欲与百姓同欲,以笃前烈,以育欲也。太王虽欲色,亦欲与百姓同欲,以基王绩,以育欲也。"引《孟子》公刘与太王的故事,借以强调君主圣贤必须"与百姓同欲",有一定的进步性。

(胡 啸)

焚书 李 贽

《焚书》,又称《李氏焚书》,六卷。明李贽著。因"所言颇切近世学者膏肓,既中其痼疾,则必欲杀我矣,故欲焚之,言当焚而弃之,不可留也"(《焚书·自序》)而得名。明万历十八年(1590)初刻,万历二十八年(1600)重刻。万历三十年(1602)、天启五年(1625)两度被禁毁,直至清乾隆年间,仍列为禁书。中华书局于1961年据清末《国粹丛书》本校勘出版单行本,1975年又将其与《续焚书》合编出版。2013年,社会科学文献出版社出版了张建业、张岱的《焚书注》。

李贽(1527—1602),号卓吾,又号宏甫,别号温陵居士。泉州晋江(今福建晋江)人。明嘉靖三十一年(1552),中福建乡试举人。三十岁任河南辉县教谕。以后做了二十年小官。其间,读了王阳明的著作,见过王阳明的弟子王畿和泰州学派的罗汝芳,并拜王艮的儿子王襞为师。万历五年(1577),任云南姚安府知府,结识了一些和尚,"簿书有隙,即与参论虚玄"(袁中道《李温陵传》)。三年后辞官。九年(1581),携家往黄安耿定理家,教授耿家子弟。十二年(1584),耿定理死,因与耿定理的哥哥耿定向不合,于十三年(1585)三月移居麻城龙潭湖上的芝佛院,读书、讲学近二十年。耿定向是黄安绅士、朝廷大官,当其好友何心隐受张居正迫害下狱时,他见死不救,以致何心隐被害。李贽对此大为不满,曾多次以书信揭露,并编入《焚书》于十八年(1590)发表。为此得罪耿定向而屡受迫害,终于三十年(1602)逮捕下狱。在狱中仍不屈服,三月十五日用剃刀自刎,次日死。著作尚有《续焚书》、《藏书》、《续藏书》等。事迹见袁中道《珂雪斋近集·李温陵传》。

《焚书》是李贽的诗文集,收录了他的书信、杂著、史论和诗歌,反映了他的哲学思想,也表达了他对"近世学者"即道学家及其所尊奉的孔孟之道的批评。其中卷一、卷二为《书答》,卷三、卷四为《杂著》,卷五为《读史》,卷六为诗歌。书首有李贽的《自序》,焦竑的《李氏焚书序》,袁中道的《李温陵传》。书末有黄节的《李氏焚书跋》。

在宇宙观上,李贽受王阳明心学及佛学的影响,有唯心论的倾向。他说:"吾之色身洎外而山河,遍而大地,并所见之太虚空等,皆是吾妙明真心中一点物相耳。"(卷四《解经文》)但也有唯物论的因素,认为正像人是夫妇所生的那样,万物也是天地所生的。"天地一夫妇也,是故有天地然后有万物。"(卷三《夫妇论》)天地之始,只是"阴阳二气",并无所谓"一"、"理"和"太极","夫厥初生人,惟是阴阳二气,男女二命,初无所谓一与理也,而何太极之有"(同上)。他认为老子的"一能生二",宋儒的"理能生气,太极能生两仪",只是"妄言"(同上)。他的结论是:"故吾究物始,而见夫妇之为造端也。是故但言夫妇二者而已,更不言一,亦不言理。一尚不言,而况言无!无尚不言,而况言无无!何也?恐天下惑也。夫惟'多言数穷'而反以滋人之惑,则不如相忘于无言,而但与天地人物,共造端于夫妇之间,于焉食息,于焉语语已矣。"(同上)

在人性论上,李贽提倡"童心"。什么是童心呢?"夫童心者,真心也","绝假纯真,最初一念之本心也"(卷三《童心说》)。他认为童心是不可失的,"若失却童心,便失却真心;失却真心,便失却真人;人而非真,全不复有初矣"(同上)。人为什么会失掉童心呢?他认为是由于"道理闻见","盖方其始也,有闻见从耳目而入,而以为主于其内,而童心失;其长也,有道理从闻见而入,而以为主于其内,而童心失;其久也,道理闻见,日以益多,则所知所觉日以益广,于是焉又知美名之可好也,而务欲以扬之,而童心失;知不美之名之可丑也,而务欲以掩之,而童心失"。而"道理闻见,皆自多读书识义理而来"(同上)。失掉童心的结果是:"童心既障,于是发而为言语,则言语不由衷;见而为政事,则政事无根柢;著而为文辞,则文辞不能达",甚至"欲求一句有德之言,卒不可得"(同上)。既然失掉童心,那么世界就成了假人的世界,"以假人言假言而事假事、文假文","盖其人既假,则无所不假矣。由是而以假言与假人言,则假人喜;以假事与假人道,则假人喜;以假人与假人谈,则假人喜;无所不假,则无所不喜"(同上)。李贽认为:"天下之至文,未有不出于童心焉者也",而"六经语孟"决不是"童心之言",只是"道学之口实,假人之渊薮也"(同上)。因为"六经语孟,非其史官过为褒崇之词,则其臣子极为赞美之语;又不然,则其迂阔门徒、懵懂弟子记忆师说,有头无尾,得前遗后,随其所见,笔之于书",其中"大半非圣人之言",即使是圣人之言,也不能认为是"万世之至论",因为圣人也是"因病发药,随时处方"(同上)。这是从童心说引出的反道学思想,矛头直指六经语孟。

李贽思想的特点是对道学乃至孔子的批评。李贽在政治上主张"无为","至道无为,至治无声,至教无言"(卷三《送郑大姚序》)。他所说的"无为"是反对统治者和道学家对人民过多的干涉,"夫天下之人不得所也久矣,所以不得所者,贪暴者扰之而'仁者'害之也。'仁者'以天下之失所也而忧之,而汲汲焉欲贻之以得所之域,于是有德礼以格其心,有政刑以絷其四体,而人始大失所矣"(卷一《答耿中丞》)。但他在人事上却主张"有为"。人要有为,就不能以孔子之是非为是非:"夫天生一人,自有一人之用,不待取给于孔子而后足也。若必待取给于孔子,则千古以前无孔子,终不得为人乎?"(同上)因此他说:"仲尼虽圣,效之则为颦,学之则为步,丑妇之贱态。"(卷三《何心隐论》)人要有为,就只能以吾心之是非为是非。比如董仲舒认为"王道之三纲","可求于天"(《春秋繁露·基义》),而何心隐因舍弃君臣、父子、兄弟、夫妇四伦,独留朋友一伦遭到世人攻击时,李贽却称赞他是"独来独往,自我无前者也"(卷三《何心隐论》)。又比如世俗以为"妇人见短,不堪学道",李贽不以为然。他说:"谓人有男女则可,谓见有男女,岂可乎?谓见有长短则可,谓男子之见尽长,女人之见尽短,又岂可乎?"(卷二《答以女人学道为见短书》)因此,李贽痛恨言必称仲尼、行则为小人的假道学,如耿定向之流,揭露他们是"耕田而求实,买地而求种,架屋而求安,读书而求科第,居官而求尊显,博求风水而求福荫子孙。种种日用,皆为自己身家计虑,无一厘为人谋者",但说得却很漂亮,"及乎开口谈学,便说尔为自己,我为他人,尔为自私,我欲利他",真是"所讲者未必公之所行,所行者又公之所不讲"(卷一《答耿司寇》),这些假道学"反不如市井小夫,身履是事,口便说是事,作生意者但说生意,力田作者但说力田。凿凿有味,真有德之言,令人听之忘厌倦矣"(同上)。他的结论是:"匹夫无假","谈道无真"(卷三《何心隐论》)。

李贽表彰童心,批评道学,他的思想已带有近代色彩,但在当时就只能是一种"异端"。李贽本人及其著作的命运就是证明,他本人被迫害致死,他的著作也被列为禁书。像黄宗羲这样比较开明的人,虽也称赞"泰州之后,其人多能赤手以缚龙蛇",但仍指责他"遂复非名教之所能羁络矣"(《明儒学案》卷三十二《泰州学案序》)。

(钱宪民)

呻吟语 吕 坤

《呻吟语》,六卷。明吕坤著。成于明万历二十一年(1593)以前。《明史·艺文志》著录为四卷。以后又有经吕坤本人删削的《呻吟语摘》二卷本行世。今六卷本有明万历中刊、清同治光绪间修补印本;四卷本有《吉林探源书舫丛书初编》本,《呻吟语摘》有《四库全书》本。2008年中华书局出版了王国轩、王秀梅编校的《吕坤全集》。今人有多种注译本,如王国轩、王秀梅的《呻吟语译注》(北京燕山出版社,1996年)、吴承学的《呻吟语校注》(上海古籍出版社,2000年)等。

吕坤(1536—1618),字叔简,号新吾、心吾,晚号抱独居士、了醒亭居士。开封府宁陵(今河南宁陵县)人。万历进士。历任户部主事,陕西左、右布政使,左、右佥都御史,刑部左、右侍郎。后辞官,归乡著书二十余年。在宇宙观上主张气一元论,"天地万物只是一气聚散,更无别个"(《呻吟语·天地》)。反对把道和器、理和气分开,认为"道无形,以万有为形"(《去伪斋集·与总河刘晋川论道脉图》)。"理者,气之自然者也","道器非两物,理气非两件"(《呻吟语·谈道》)。相信人有顺应自然和改造自然的能力,认为"人当法天","人定真足胜天"(《呻吟语·应物》)。反对生而知之和良知良能,认为"能行方算得知"(《呻吟语·谈道》)。为学强调以自得为宗,提出"我只是我"(《呻吟语·问学》),强调"各人走各人的路"(《呻吟语·品藻》)。对宋明理学持批评的态度。著作另有《去伪斋集》、《反挽歌》、《实政录》、《四礼疑》等十数种。事迹见自撰墓志铭、《明史·吕坤传》、《明儒学案》卷五四《诸儒学案》等。

《呻吟语》是反映吕坤哲学思想的主要著作之一。据吕坤自序云,其撰此书断断续续近三十年,后因其朋友司农大夫刘景泽所请,于万历二十一年(1593)刊行。吕坤撰著此书的目的,就在于批判当时流行的学术思想。他借用生病疾痛时发出呻吟,来表达他的撰著目的,说:"呻吟,病声也。《呻吟语》,病时疾痛语也。病中疾痛,惟病者知,难与他人道;亦惟病时觉,既愈旋复忘也。予小子生而昏弱善病,病时呻吟,辄志所苦以自惕曰:慎疾,无复病。已而弗慎,又复病,辄又志之。盖世病备经,不可胜志;一病数经,竟不能惩。语曰:'三折肱成良医',予乃九折臂矣。沉痼年年,呻吟犹昨。嗟!嗟!多病无完身,久病无完气。予奄奄视息,而人也哉?三十年来,所志《呻吟语》凡若干卷,携以自药。"(《呻吟语序》)

《呻吟语》全书六卷,一至三卷为内篇,四至六卷为外篇。其中每卷内又另有标题:卷一有《性命》、《存心》、《伦理》、《谈道》;卷二有《修身》、《问学》;卷三有《应务》、《养生》;卷四有《天地》、《世运》、《圣贤》、《品藻》;卷五有《治道》、《人情》;卷六有《物理》、《广喻》、《词章》。

概括《呻吟语》的内容,以下几个方面值得重视。

一、以自得为宗的学术精神。吕坤公开声明自己的学术立场,说:"人问:君是道学否?曰:我不是道学。是仙学否?曰:我不是仙学。是释学否?曰:我不是释学。是老庄、申韩学否?曰:我不是老庄、申韩学。毕竟是谁家门户?曰:我只是我!"(卷一《谈道》)他反对为学"蹑着人家脚跟走"(卷二《问学》),甚至不赞成"跟着数圣人走",强调"各人走各人的路"(卷四《品藻》)。从这种独立的治学精神出发,使吕坤具有了批评百家、冲决三教的气概。他认为汉儒议论驳杂,宋儒穿凿附会,先圣之言杂于百家而良莠难分,"汉唐而下议论驳杂而至理杂;吾师宋儒,宋儒求以明道而多穿凿附会之谈,失平正通达之旨;吾师先圣之言,先圣之言煨于秦火,杂于百家,莠苗朱紫,使后学尊信之而不敢异同"(卷一《谈道》)。他对儒家经典《仪礼》持批评的态度,认为"《仪礼》不知是何人制作,有近于迂阔者,有近于迫隘者,有近于矫拂者,大率是个严苛繁细之圣人所为,胸中又带个惩创拂心而一切之,后世以为周公也,遂相沿而守之,毕竟不便于人情者,成了个万世虚车。是以繁密者激人躁心,而天下皆逃于阔大简直之中;严峻者激人畔心,而天下皆逃于逍遥放恣之地;甚之者乃所驱之也,此不可一二指"(卷三《应物》)。此外,他对程朱理学,阳明心学,释道诸子的批评,在《呻吟语》中也随处可见。

二、"气"一元论的宇宙观。吕坤认为:"天地万物,只是一气聚散,更无别个。"(卷四《天地》)"形生于气。气化没有底,天地定然没有;天地没有底,百物定然没有。"(同上)"气者形之精华,形者气之渣滓。故形中有气,无气则形不生;气中无形,有形则气不载。故有无形之气,无无气之形。"(卷一《谈道》)"气无终尽之时,形无不毁之理。"(卷一《性命》)从"气"一元论观点出发,吕坤探讨了道与器、理于气的关系,认为它们之间是统一的,而不是分开的,他说:"宇宙内主张万物底只是一块气,气即是理。理者,气之自然者也。"(卷一《谈道》)"形而上与形而下,不是两般道理。"(同上)"道、器非两物,理、气非两件。成象、成形者器,所以然者道。生物、成物者气,所以然者理。道与理,视之无迹,扪之无物;必分道器、理气为两项,殊为未精。"(同上)在探讨天人关系问题上,吕坤则发挥了"人定胜天"的传统理想,提出"人事就是天命"(同上),认为"人定真足胜天"(卷三《应物》),"圣人学问,只是人定胜天"(卷四《圣贤》)。

三、重行的认识路线。在知行问题上,吕坤强调的是重行,"知也者,知所行;行也者,行所知也。知也者,知此也;行也者,行此也。原不是两个。世俗知行不分,直与千古圣人驳难,以为行即是知。余以为能行方算知,徒知难算行。"(卷一《谈道》)从这个观点出发,吕坤十分强调实干实做,反对虚浮空疏,这在他的一生行事上得到充分体现。

四、重民的社会思想。吕坤很重视民的作用,他指出:"盈天地间只靠二种人为命,曰:农夫、织妇。却没有人重他,是自戕其命也。"(卷五《治道》)认为民之闻见高于君主,"愈上则愈聋瞽,其壅蔽者众也。愈下则聪明,其见闻者真也"(同上)。他指出:"圣人不以天下易一人之命,后世乃以天下之命易一身之尊,悲夫!吾不知得天下将以何为也。"(同上)认为天地间应以"得道者贵",而不能以地位论之,"匹夫匹妇未可轻,而下士寒儒自视亦不可渺然小也。故论势分,虽抱关之吏亦有所下以伸其尊;论性分,则尧舜与途人可揖让于一堂。论心谈道,孰贵孰贱?孰尊孰卑?故天地间惟道贵,天地间惟得道者贵"(卷四《品藻》)。

《呻吟语》一书,以它那强烈的批判精神,在明代思想史上具有特殊的地位,得到学术界的重视。

关于《呻吟语》一书的研究整理,主要表现在历代学者对它的选摘,这方面著作有明叶適秀辑评的一卷本(载《叶润山辑著全书》)、清陆陇其《呻吟语质疑》一卷(载《陆子全书》)、清阮承信选《呻吟语选》(载《文选楼丛书》)、清阎敬铭辑《呻吟语选节录》(载《有诸己斋格言丛书》)、民国周学熙节录《呻吟语》一卷(载《周民师古堂所编书·古训粹编》)等。

(徐洪兴)

顾端文公遗书 顾宪成

《顾端文公遗书》十三种，明顾宪成著。初由其曾孙梁汾刻于康熙三十三年(1694)。通行本有清光绪三年(1877)泾里宗祠重刊本。

顾宪成(1550—1612)，字时叔，号泾阳，世称泾阳先生或东林先生，南直隶无锡(今属江苏)人。少时即游于诸子百家，青年时就学于张淇门下，又问学于张淇师薛应旗(方山)。万历八年(1580)中进士，授户部广东司主事，与京中魏懋权、刘国徵合称"三元"，"言时政得失，无所隐蔽"(《明儒学案》卷五十八)。万历十五年因上疏刺及时政，被贬为湖广桂阳州判官，后迁处州推官。补泉州推官，万历二十年朝廷考察廉政，"举公廉寡欲天下推官第一"(《顾端文公遗书·年谱》)，擢吏部考功司主事。万历二十二年因在立皇太子和会推阁臣问题上与神宗抵牾，降杂职，寻革职归乡，时年四十五岁。从此，他倾全力于著述与讲学，数次会南浙诸同人讲学于惠泉之上，与其弟允成倡修宋杨时讲学旧址为东林书院，常州知府欧阳东凤与无锡知县林宰为之构建，万历三十二年建成，与高攀龙等人大会吴越之士讲学其中。"当是时，士大夫抱道忤时者，率退处林野，闻风响附，学舍至不能容。"(《明史·顾宪成传》)讲习之余，常讽议朝政，裁量人物，朝士多遥相应合，东林之名满天下，顾宪成亦成为"群贤领袖"(《顾端文公遗书·年谱》)，但东林也因而为宦官魏忠贤所妒恨，终成党祸。生平见《明史》卷二三一《顾宪成传》、《顾端文公遗书·年谱》、《东林列传》卷二等。

《顾端文公遗言》是顾宪成著作的汇编，包括《小心斋札记》十八卷，《东林会约》一卷，《东林商语》二卷，《证性编》八卷，《虞山商语》三卷，《经正堂商语》一卷，《当下绎》一卷，《还经录》一卷，《自反录》一卷，《仁文商语》一卷，《志矩堂商语》一卷，《泾皋藏稿》二十二卷，附《年谱》二卷。其中，较集中反映作者教育思想的是《小心斋札记》、《泾皋藏稿》和《东林会约》。

《小心斋札记》和《泾皋藏稿》等，主要批评王学末流的空疏学风，阐述作者的人性论、学习论。

首先，作者批评王守仁的性无善恶论，提倡孟子的性善论。王守仁宗告子，主张无善无恶心之体,在明代中后期有很大影响。而顾宪成则继承孟子的思想,主张性善论:"至善者,性也。性原无一毫之恶,故曰至善。"(《小心斋札记》卷四)他认为,人的"本体"是善的,只是有时为私欲和外界不良影响所蔽而为恶。教育的作用,就是除恶复性,"自古圣人教人,为善去恶而已。为善为其固有也;去恶,去其本无也。"(《泾皋藏稿》卷二《与李孟白书》)"朱子曰,明德者,人之所得乎天而虚灵不昧,以具众理,而应万事者也,但为气禀所拘、物欲所蔽,有时而昏然。其本体之明则未尝息者。学者当因其所发而遂明之,以复其初也。"(《小心斋札记》卷十)如果按王守仁之说,性无善无恶,则何必为善去恶呢?更重要的是,如果"为善去恶之说屈,则其以亲义序别信为土苴,以学问思辨行为桎梏"(《东林会约·四要》),必然导致伦理丧亡、教育失败。因此,他强调,学者首先要知本,本者,性也。学以尽性,尽性必自识性始。

其次,批评改造良知良能论,强调后天学习的重要性。孟子和王守仁都主张人有"不学而知、不虑而能"的良知良能。这种观点到王学末流形成不学不思的空疏学风。为此顾宪成对良知良能论作系统的批评和改造。他指出,人的本能不能概之以"良",就拿儿童来说,"孩提之童无不知爱亲也,及其长也无不知敬兄也,是固不学而能、不虑而知也",但是,儿童又"无不知甘食也,及其长也无不知悦色也,是亦不学而能、不虑而知也,二者几无以异矣"(《小心斋札记》卷十)。再加上随着年龄的增长,"知诱物化日增一日,则甘食悦色日熟一日,向之所谓不学不虑非惟无益,而反有害"(同上)。因此,所谓不学不虑者"绝不见分毫之足恃也"(同上),必须通过学习,为善去恶。顾宪成又从圣人也不以"不思而得、不勉而中"自处,说明凡人更应"博学审问、慎思明辨笃行","人一己百,人十己千"(《小心斋札记》卷二)。顾宪成还对儒家传统的良知良能论进行改造,赋予新的含义:"孟子以不学而能为良能,吾以为不能而学亦良能也。""孟子以不虑而知为良知,吾以为不知而虑亦良知也。"(《小心斋札记》卷六)把后天的学习、思索也看作是人的本能,从而强调了为学的重要性。他又把孔子所说的生知、学知、困知三种人统一于一人身上:"或生而知之,或学而知之,或困而知之,……向看作三样人,今看来只一人身上便有此三样。人之言曰:世间愚夫愚妇亦个个是生知、个个是安行。予则曰自古大圣大贤亦个个是学知利行,个个是困知勉行。"(《小心斋札记》卷十三)说明无论什么人,都必须学习。顾宪成对良知良能论的批评改造,形成他的后天学习论。他进而提出,为学必须发愤:"学者第一要愤,《语》曰'发愤忘食',须知只这愤字便做成孔子。"(《小心斋札记》卷二)为学应踏实,不能"厌其平淡别生新奇以见超","畏其方严文之圆转以自便"(《东林会约·尊经》),更不能凭自己的小聪明,"不知而作","偃然处己于生知之列"。(《小心斋札记》卷二)为学还须学习结合、修悟并重,不能重悟轻修。因为,"舍修无由悟也","舍悟无由修也"(《小心斋札记》卷十)。

再次,批评王学末流的言行不一,提倡知行统一的为学态度。顾宪成指出,王学末流"病在所讲非所行,所行非所讲耳"(《东林会约·二惑》)。因此,他要求学者为学应联系自身实际:"读一字便体一字,读一句便体一句,心与神明,身与之印证,日将月就,循循不已。"(《东林会约·尊经》)更重要的是力行其道,他引用许敬庵的话:"今日之学,无有言论可以标揭,惟是一念纯诚,力行不懈,则此道自明,"要求有明道淑人之志者,"三思于斯言"(《小心斋札记》卷四)。

最后,主张不辨门户,博采众长。尽管顾宪成尖锐批评王学的一些观点,但仍肯定王守仁在儒学发展中的作用,主张吸收其合理的东西。他指出,王守仁的心学对于"桎梏于训诂辞章"的朱子后学来说,起着醒人心目的作用,认为儒学由尊朱转向尊王有其历史的必然性,朱、王均为孔子之分身:"予窃谓朱子由修入悟,王子由悟入修,川流也,孔子之分身也,一而二者也。"(《泾皋藏稿》卷十一《日新书院记》)当士习浮诞时,"方之以朱子可也",当士习胶固时,"圆之以王子可也"(同上),二者都是为了"救弊"(同上)。在教育上,也应因时制宜,灵活运用二子之方法:"时而详晓曲谕不为多也,时而单提直指不为少也,无非所以成物也。"(同上)

《东林会约》是作者为东林书院讲会制订的制度,较突出地反映作者的教学思想和所倡导的学风。其主要内容如下。

第一,明确《会约》宗旨,确定固定的讲会时间。每年一大会,除寒暑期外每月一小会,每会三日。讲学宗旨是"会以明学,学以明道","专以德义相切磨,使试厥意、正厥心、修厥身,以求驯至乎圣贤之域,而设学之初意庶几不负"。

第二,确立开放、民主的讲学制度。其开放性表现为,不论阶级阶层、年龄文化,来听教者不拒:"今兹会,近而邑之衿绅集焉,远而四方尊宿名硕时惠临焉,其有响慕而来者,即草野之齐民、总角之童子,皆得环而听教不拒也。"其民主性表现为,实行质疑辩难,学术质诸大众:"一人之见闻有限,众人之见闻无限,于是或参心密功,或叩《诗》、《书》要义,或考古今人物,或商经济实事,或究乡井利害,有精研累日夕而不得,反复累岁月而不得,旁搜六合而不得,遽求千古之上而不得,一旦举而质诸大众之中,投机邂会,片言之契,相悦以解者矣。"

第三,采用深入浅出的讲学方法。顾宪成很推崇子思《中庸》的"言道"艺术,谓子思所言,非"凿空驾说、故意作弄,一一是眼前实事实话",其道理"夫妇之愚可以与知焉,及其至也,虽圣人亦有所不知焉","既就无知无能中拈出有知有能处来,又就有知有能中穷到无知无能处"(《小心斋札记》卷十六),此即深入浅出之教学艺术。在《会约》中,他也要求讲学者力避"迂阔而不切"、"高远而难从"的说教,讲"夫妇之所共知共能"的道理。

第四,实行生动活泼的诗教。《会约》把咏诗纳入常规仪式中:"会日久坐之后,宜歌诗一二章,以为荡涤凝滞、开发性灵之助。须互相倡和,反复诵咏,每章至数遍,庶几心口融液,神明自通,有深长之味。"

第五,运用群体的渐染作用。顾宪成指出,个人独处,了无事事,"操则游思易乘也,从则惰气易乘也",而讲会时,"长者俨然列于前,少者森列于后,耳目一新,精神自策",加上讲会"非仁义不谈,非礼法不动,瞻听之久,渐摩之熟,气体为移,肺肝为易,一切凡情俗态不觉荡然尽矣。"

第六,倡导联系实际的学风。顾宪成历来主张知行统一,学以致用。在《会约》中亦要求学者所学所讲"皆日用常行须臾所不可离之事",举凡"乡井利害"、"经济实事",皆为讲学辩难的内容。更重要的是,他强调以救世为己任:"士之号为有志者,未有不亟亟于救世者也。"(《泾皋藏稿》卷二,《与李见罗先生》)他们在讲学中贯彻了这一精神,故讲习之余,常讽议朝政。东林因而成为东南一大舆论中心,也培养了不少清廉正直的名臣,在历史上产生深远影响,被黄宗羲赞为"一堂师友,冷风热血,洗涤乾坤"(《明儒学案·东林学案序》)。

有关研究资料,有清高廷珍增辑《东林书院志》、黄宗羲《明儒学案》卷五十八等。

(马 镛)

刘子全书 刘宗周

《刘子全书》,四十卷。明刘宗周著。由弟子黄宗羲、董玚编定。清康熙二十四年(1685)王掞初刻,乾隆十七年(1752)雷翠庭重刻,只存二十四卷。《四库全书》本删《人谱》、《学言》诸篇,仅有十七卷,取名为《刘蕺山集》。道光十五年(1835)吴杰据其父由湘楚间搜得原刻本重刊,《百城山房丛书》本即用此本。有台北华文书局1968年版《刘子全书》行世。2007年,浙江古籍出版社出版了《刘宗周全集》。

刘宗周(1578—1645),字念台,号起东,因讲学于山阴县城北蕺山,故世称蕺山先生。山阴(今浙江绍兴)人。少时家贫寒,明万历二十九年(1601)成进士,选行人,上疏言东林党多贤人君子,反对党争。为礼部主事时又劾宦官魏忠贤。又任光禄寺丞、尚宝少卿、太仆少卿。崇祯元年召为顺天府尹,多次上疏,痛言朝政种种弊端,因崇祯帝不纳,辞归。后又奉召入都为工部左侍郎,上疏触帝怒,斥为民。又起为吏部左侍郎,未至,升左都御史,因面陈君过又斥为民。福王监国于南京,起为原官,劾马士英等人,为后者所忌恨。又谏争用阮大铖事,不听,遂告归。清兵入浙,刘宗周绝食二十日而卒。学术以慎独为宗,以为人性善,"学者但证得性分明,而以时保之,即是慎矣。慎之工夫,只在主宰上,觉有主,是曰意,离意根一步,便是妄,便非独矣"(《明儒学案·蕺山学案》)。著作另有《刘子全书遗编》、《山阴语抄》、《刘子节要》、《刘子粹言》等。《明史》卷二五五、《明儒学案》卷六二有传。

清道光十五年版《刘子全书》卷前有刘宗周画像、《黄宗羲序》、《吴杰序》。卷一至卷十三为语类,十三卷。包括《人谱》、《读易图说》、《易衍》、《孔孟合璧》、《五子连珠》、《圣学吃紧三关》、《圣学宗要》、《证学杂解》、《原旨》七篇、《说》二十四首、《问答》、《学言》三卷、《证人会约》、《会讲申言》、《会录》;卷十四至卷二十七为文编,十四卷。包括奏疏五卷、书信二卷、杂著一卷、赋一卷、诗一卷,此外还有序、记、传、论、议、铭、箴、赞、祭文、墓表、墓志铭等;卷二十八至卷三十八为经术,十一卷。包括《论语学案》四卷、《古易钞义》三卷、《曾子章句》一卷、《大学古文参疑》一卷、《大学古记》一卷,《大学古记约义》《大学杂言》。卷三十九、卷四十为附录,收有黄宗羲《子刘子行状》,刘汋《先君子蕺山先生年谱》及附录遗。全书思想内容主要有以下几方面。

一、严厉地批评专制君主的弊政。崇祯帝朱由检是个有名的刚愎自用、好猜忌、冷酷无情的专制君主,然而刘宗周并没有屈服于他的淫威,敢于直言,即使一再被罚俸、斥为民,也无所顾忌。如卷十五所载崇祯二年的奏疏说皇帝"不免见小利而速近功","陛下求治之,操之过急,酝酿而为功利;功利不已,转为刑名;刑名不已,流为猜忌;猜忌不已,积为雍蔽"。卷十六所载《痛愤时艰疏》对朱由检所采取的政策和办事作风逐一加以抨击,说他派心腹监视将领,用特务侦察官吏的言行,致使文武官员纷纷相互告发,弄得人人自危,他事事仰成独断,致使谄谀之风日长,而群臣的作用不能得到发挥;他一年要亲自断狱数千,常常造成冤案,等等。《刘子全书》中这些奏疏实际上相当全面、深刻地揭示了封建君主专制制度的各种弊端。

二、为民请命,主张减轻百姓负担,改善人民生活。卷十五《畿辅凋残疏》说自己对"民间疾苦,未尝不耿耿于心,可以为民请命者,臣终不敢放过也"。同卷《预矢责难疏》痛斥官府的横征暴敛,说:"正项之不足,继之杂派,科罚之不足,加之火耗。又三四年并征,水旱灾伤一切不问。其他条例纷纷,大抵辗转得之于民手,为病甚于加赋。敲扑日峻,道路吞声,小民至卖妻鬻子女以应,势且驱为盗,转而沦于死亡。"他要求朝廷行仁政,减轻赋役,废除杂税,首先要取消新饷,使人民得以维持生活。

三、阐述慎独说。刘宗周特别重视慎独,以为孔学之要在于慎独,他说:"自昔孔门相传心法,一则曰慎独,再则曰慎独。"(卷一《人谱》续篇二)提出,独是天地万物的本体,它是至高无上的,绝对的。"天地万物之大,推之而不见其始,引之而不见其终,体之动静显微之交而不见其有罅隙之可言,亦可谓奥衍神奇,极天下之至妙者矣,而约其旨不过曰慎独。独之外别无本体,慎独之外别无工夫。"(卷八《中庸首章说》)"独"就是本心,是至善无恶的,"至善之体,而统于吾心者也"(卷三八《大学古记约义》)。慎独是一种精神修养工夫,就是要将私念灭于未萌之时。"慎独之功,只向本心呈露处随时体认去,便得全体,荧然于天地合德"(卷六《证学杂解》)。刘宗周身处明王朝内乱外患极其严重的时代,希望通过慎独来收拾人心,唤起人心,以图挽救明王朝。

四、主张气为理本、理寓于气中的气一元论。刘宗周认为天地万物全是"一气之变,杂然流行"(卷十一《学言中》)。气,"天得之以为天,地得之以为地,人物得之以为人物"(同上)。同主张理为本、理先气后的朱熹不同,刘宗周认为气为理之本,理寓于气中,离气无所谓理,"有是气方有是理,无是气则理于何丽?但既有是理,则此尊而无上,遂足为气之主宰,若其所以从出者,非理能生气也"(同上)。这样,刘宗周就克服了朱熹的理气二元论。

五、提出性即气、气即性之说。刘宗周认为,人性是有生以后形成的,"性者,生而有之之理,无处无之。如心能思,心之性也;耳能听,耳之性也;目能视,目之性也"(《体认亲切法》)。他反对把人性截然分为气质之性和义理之性两种,认为义理之性即气质之性,性只有气质之性,"而义理之性者,气质之所以为性也"(卷十三《会录》)。有气质之性而后有义理之性,义理之性寓于气质之性之中,是气质之性的主宰,两者是统一的。根据同样的道理,他认为"心只有人心,而道心者,人之所以为心也"(同上)。这就舍弃了朱熹以人欲为人心,以天理为道心的说法,消除了天理与人欲的对立。

《刘子全书》内容极为丰富,学问非常笃实,其奏疏所言都能切中时弊,论学著作与一般理学之书不同,不空谈性命本体,有实际内容,多自得之见。其学术对启蒙思想家黄宗羲思想的形成和注重研究史学的浙东学派的崛起产生了很大的作用。

有关《刘子全书》的研究,见清黄宗羲的《明儒学案》卷六十二等。

(施忠连)

榕坛问业 黄道周

《榕坛问业》,十八卷。明黄道周著。成书于明崇祯九年(1636)。通行本有:清乾隆十五年(1750)郭文焰刻本、《四库全书》本等。

黄道周(1585—1646),字幼平(一作幼玄),号石斋,漳浦(今属福建)人。明天启进士,选庶吉士,散馆补编修。崇祯初年曾为袁崇焕抗疏诉冤,又言《易》,讽首辅温体仁,削籍为民。后起用为右中允,进少詹事,兼翰林院侍讲学士,上疏指责大臣杨嗣昌,触帝怒,谪江西布政司知事。福王时官礼部尚书。南都覆,唐王任为武英殿大学士。自请往江西征集义军,至婺源为清兵所俘,后在南京被杀。学术思想以致知明善为宗,倾向于程朱之学,但不满宋儒气质之说,说:"气有清浊,质有敏钝,自是气质,何关性上事?性则通天彻地,只此一物,于动极处见不动,于不睹不闻处见睹闻,著不得纤毫气质。"(《明儒学集》卷五十六)著作另有《易象正》、《洪范明义》、《孝经集传》、《三易洞玑》、《太函经》等。《明史》卷二五五有传。

《榕坛问业》是黄道周居家时讲学内容的记录,多为答弟子问。黄道周于崇祯五年(1632)削籍归石养山守墓,是年讲学于漳浦之北山。七年(1634)始入郡就芝山之正学堂为讲舍,至次年冬以原官召用,方停止讲学。此书前十六卷为甲戌(崇祯七年)至乙亥(八年)间讲学的内容。卷十七为罢讲回家后于丙子(崇祯九年)答以前友人问难之词,卷十八为他嘱弟子代答同年蒋德璟之言。此书每卷分载所编弟子姓名,卷之前后,黄道周缀以题识。

《榕坛问业》主要论述致知止于至善之说。黄道周首先提出千古圣贤学问只是致知,此"知"字,只是知止。他批评陆九渊一派只是说向空去,从不闻空中有个止处,又说朱熹一派讲格物,也不见他们"止于何物",在他看来世界有本体、学问有根本,因此致知有止处。其弟子曾向他谈学习"知止"说的体会:"想此止字,即是静定本领,知字即是静定法门,静定生安,灵晃自出,百千学识,俱就此处发亮销光也。"(卷四)对此他加以肯定,说:"累日来说此,唯此说得透。"并且指出,知止即归于"一贯"处,"一贯如大法树,万叶千枝,不离此树,学识如花叶,随风映日,不离初根。即此是本末条贯,不为鸟语蝉啼所乱"(同上)。归根结底学问"只要知至。知至者,物不役心;……知不至者,以心役物,贯不贯在此"(同上)。

其次,黄道周指出,知止之"止"即是至善,至善虽不是实物,但却实有其"物",此物贯通世界一切,是世界的本质。他说:"此止字,只是至善,至善说不得物。毕竟在人身中,继天成性,包裹天下,共明共性,不说物不得。"(卷一)又说:"圣人看得世上只是一物,极明极亲,无一毫障碍","自宇宙内外,有形有声,至声臭断处,都是此物贯彻"(同上)。可见是说世界的本体。黄道周指出此物(即至善)是精神,显现为意识,即所谓"此物粹精,周流时乘,在吾身中,独觉独知,是心是意",又显现为家国天下等具体事物。此物无丝毫邪曲,如日月一般,彻地光明。他以为此即为人之性。

再次,黄道周提出至善是极纯、极大的精神力量,人们只有学问精诚、修养积精方能获得此物。他将此物比为太阳,说太阳团团天中,只是一片阳光,将世界通透照耀,造成万物。太阳向北则昼长气热,万物生长,向南远去则昼短气寒,万物皆死,"触卤而出,则为雷霆;迫气而行,则为风雨;余光所照,以为星辰;余威所薄,以为潮水;爆石为火,融金为液,出入顶踵,照于心系"(卷二),世间无一物一事不是阳光穿透。提出,人生学问精诚也当如此日,然后方能贯穿六虚,透彻上下,千里万里,无有阻碍。"如此便到十世百世,更无芥碍了。稍不如此,虽杵针铁线穿钻不来,何况钢城十重内外"(同上)。因此《榕坛问业》反复提倡振作精神,说:"人生只此精神,先要拿得坚定,在坚定里充拓得松,便是得力,受用只是点点滴滴。"(卷七)又说:"精神力量,一一抖擞,要到极细极微所在,事事物物俱从理路炼得清明。"(同上)

此外,作者还认为上智下愚是积习所成,不是先天就有的,但是一旦形成,要改变就非常困难。因此,要注重在隐微处下工夫,克服邪念于才萌之时。"正在此勾萌处,实实致力。此处隐微,未显未见,然到显见,却无复致力之处。正在独知处,衷曲自语,事事见得自己不是,有一两处郁苯未达,尽力托出,便是诚明路头。克治与存养,非有两样工夫。"黄道周以为如长此以往,士人自然会进于道。

此书不尽空谈性命,凡天文地志、经史百家之说,无不随问阐发,尤其是关于五经,弟子所问颇多,回答常有独到见解。《榕坛问业》虽然用词深奥,但思想内容平实,道学家语录往往空虚、枯燥,为博学之士所轻,此书无此弊病。

有关《榕坛问业》的研究,见清黄宗羲《明儒学案》卷五六等。

(施忠连)

明代编

政法类

大明令 杨 慈等

《大明令》，始编于1367年旧历十月，因是年正月朱元璋始称吴王，故书原称《吴令》。洪武元年(1368)明太祖朱元璋建立明朝，改称《大明令》，正式颁行。领衔编撰人为杨慈等。现存版本有国家图书馆藏《皇明制书》明刻本，清人据明刊本翻刻《陆庵丛书》本，及日本延享年间(1744—1747)翻刻本。另有多种抄本。点校本有怀效锋点校《大明律·大明令·问刑条例》(辽沈书社，1990年)，杨一凡点校《皇明制书》(黑龙江人民出版社，2003年)等。

杨慈，生平事迹及生卒年皆无考。仅知其于洪武年间曾任中书省中奉大夫、中书省参知政事、太子詹事丞等。

令为古代一种法律形式，秦汉时指君主发布的诏令文告；曹魏以后，令成为规定国家政治及社会生活各方面制度的法典，与律并列，所谓"律以正罪名，令以存事制"(《晋书·刑法志》引杜预《律序》)。曹魏、晋、隋、唐、宋各代都曾编令，但均亡佚。现存唯一完整的令即《大明令》。

《大明令》全书一卷，共一百四十五条。分为吏令二十条、户令二十四条、礼令十七条、兵令十一条、刑令七十一条、工令二条。以六部分篇，不同于前代以事项分篇的编制传统。

《大明令》前载明太祖朱元璋洪武元年(1368)正月十八日旨，称："律令者，治天下之法也。令以教之于先，律以齐之于后。古者律令至简，后世渐以繁多，甚至有不能通其义者，何以使人知法意而不犯哉！人既难知，是启吏之奸而陷民于法。朕甚悯之。今所定律令，芟繁就简，使之归一。直言其事，庶几人人易知而难犯。"这是明初立法的指导原则，相当程度上也是《大明令》的特点。《大明令》仅一百四十五条，是历代令中条文最少的(如唐永徽令，条文多达一千五百四十六条)。《大明令》文字简朴，直言其制，使人容易诵读，便于民间掌握其内容。

在有关国家政治制度方面，《大明令》注重对各级官府的实际政务操作进行规范。如吏令"公事程限"条："凡内外衙门公事，小事五日程，中事七日程，大事十日程，并要限内结绝。"又如吏令、兵令，对各级衙门的司吏及衙役数额作出明确规定。对有关中央及地方各级衙门的设置未作规定,但对诸如急递铺设置、出使官员所带随从人数、地方官员的到任离任等等都有明确、具体规定。

古代的令是积极性规范,一般不在条文中规定处罚方法。《大明令》刑令则几乎占一半篇幅,主要规定有关诉讼审判的各类制度。如"狱具"条规定了戒具、刑具的各种规格及行刑制度。"警迹年限"条规定:"凡窃盗已经断放、或徒年役满,并仰原籍官司收充警迹",协助官府巡逻警戒,捉拿贼盗,"有能拿获强盗三名、窃盗五名者,不限年月,即与除籍起刺,数多者依常人一体给赏"。有些条文具有刑法总则规定的性质,如"窃盗并赃"条:"凡窃盗众人、盗一家财物者,并赃论。若盗二家以上者,各从其家赃多者论。"

值得注意的是,《大明令》有不少民事财产方面的规定。如户令"子孙承继"条,"凡嫡庶子男,除有官荫袭先尽嫡长子孙,其分析家财田产,不问妻、妾、婢生上,依子数均分。奸生之子,依子数量与半分。如别无子,立应继之人为嗣,与奸生子均分,无应继之人,方许承继全分"。又如"户绝财产"条,"凡户绝财产,果无同宗应继者,所生亲女承分,无女者入官"。

《大明令》言简意赅,涉及面相当广泛。在内容上注重实际可行性,避免繁琐冗文,是古代法典的代表作之一。其编制体例与《大明律》相仿,是古代法典编纂的一次较大改革。作为现存唯一完整的古代令典,在中国法制史上有重要意义。

(郭　建)

大明律

《大明律》,三十卷,官修。明太祖朱元璋亲自主持下编成的明代法典。最后成书于洪武三十年(1397)。现存版本有《玄览堂丛书》(第三、四集),及《大明律附例》(明万历三十年刻本)、清光绪三十四年(1908)法律馆重刻明万历三十年(1610)刻本《大明律集解附例》(三十卷,附一卷)、日本享保八年(1723)京都书林柏井藤兵卫翻明刻本《大明律》(三十卷)、《问刑条例》三卷等。标点本有怀效锋点校《大明律》(法律出版社,1999年)。

《大明律》从草创到定型,历时三十年,经历两个阶段,即洪武七年《大明律》和洪武三十年《大明律》。朱元璋早在全国统一前的吴元年(1367),便命丞相李善长及御史中丞刘基等二十人为议律官,开始草拟《吴律令》。同年十二月修成,"凡为令一百四十五条,律二百八十五条",刊布天下。其中的律包括:吏律十八条、户律六十三条、礼律十四条、兵律三十二条、刑律一百五十条、工律八条;其中的令即后来《大明令》,是中国法制史上最后一部以令为名的法典,包括:吏令二十条、户令二十四条、礼令十七条、兵令十一条、刑令七十一条、工令两条。吴元年律现佚失。从洪武元年(1368)起,朱元璋"命儒臣四人同刑官讲唐律,日进二十条",作为制定明律的参考。洪武六年(1373)冬,刑部尚书刘惟谦等奉命详定明律,次年二月成。其篇目一准唐律,但《名例律》居于篇末,共三十卷,六百零六条,颁行天下。该律也已亡佚。洪武九年(1376),朱元璋命丞相胡惟庸、御史大夫汪广洋等"厘正十三条"。洪武二十二年(1389),又命翰林院同刑部官再次修定《大明律》,改按六部官制编目,且以名例冠于篇首,共三十卷,七篇,四百六十条。洪武三十年(1397),朱元璋又命编纂《钦定律诰》一百四十七条,附于明律正文之后,总其名曰《大明律》,"刊布中外",并命"子孙守之",永世不得更改。至此,《大明律》的编纂工作全部完成。《明史·刑法志》称:"盖太祖之于律令也,草创于吴元年,更定于洪武六年,整齐于二十二年,至三十年始颁行天下。日久而虑精,一代法始定。中外决狱,一准三十年所颁。"

《大明律》的主要内容如下。

《名例律》四十七条,一卷。是刑名和法例的简称,内容与《唐律·名例律》大同小异,包括五刑(笞、杖、徒、流、死)、十恶、八议以及刑罚适用的原则(如自首、共同犯罪、并合论罪)等。死刑的规定中有多处将唐律中的"绞"改为"斩","十恶"重罪的范围也比唐律有所扩大,还创设了"充军刑"。《名例律》类似近代刑法总则,是以下"六律"的准则或总纲。

《吏律》三十三条,分为《职制》、《公式》两卷。《职制》是关于官吏职司的法律规定,特设有"奸党"条。《公式》是关于官吏应遵循的办事规程以及对违反者如何追究责任的法律规定。

《户律》九十五条,分为《户役》、《田宅》、《婚姻》、《仓库》、《课程》、《钱债》、《市廛》七卷。《户役》是关于户籍和赋役方面的法律规定;《田宅》是关于土地所有权和农业生产方面的法律规定,对欺隐田粮、买卖田宅、田地管理等都有详细规定;《婚姻》是关于婚姻家庭制度方面的法律规定;《仓库》是关于货币以及官府钱、粮、物的收授与保管方面的法律规定;《课程》是关于犯私盐、私茶、私矾和匿税等行为的法律规定;《钱债》是关于债务、不当得利等行为的法律规定;《市廛》是关于市场管理方面的法律规定。

《礼律》二十六条,分为《祭祀》和《仪制》两卷,规定了违反礼制的刑罚措施。《祭祀》是关于祭祀天地、社稷、神祇等有违祭祀之礼的刑罚规定,《仪制》是关于有失君臣之礼及父子之礼的刑罚规定。

《兵律》七十五条,分为《宫卫》、《军政》、《关津》、《厩牧》及《邮驿》五卷。《宫卫》是有关警卫皇帝人身安全的法律规定;《军政》是有关处罚侵犯军事利益行为的法律规定;《关津》是关于惩罚违犯关津管理方面的法律规定;《厩牧》是关于惩罚违反官有牲畜饲养与管理方面的法律规定;《邮驿》是有关公文递送和驿传管理方面的法律规定。

《刑律》一百七十一条,分为《盗贼》、《人命》、《斗殴》、《骂詈》、《诉讼》、《受赃》、《诈伪》、《犯奸》、《杂犯》、《捕亡》及《断狱》等十一卷。其中,《盗贼》是关于严惩反对封建政权的犯罪以及各种强盗窃盗的法律规定;《人命》、《斗殴》和《骂詈》三卷分别是关于惩处各种杀人、伤人和骂人的法律规定;《受赃》是关于惩处贪赃官吏的法律规定;《诈伪》、《犯奸》、《杂犯》三卷分别是关于处罚欺诈、伪造、强奸、通奸和赌博等破坏封建社会秩序方面的法律规定。以上各卷一定程度上沿袭唐律有关规定,只是对盗贼的量刑较唐律为重。

《工律》十三条,分为《营造》和《河防》两卷,是有关工程兴造和水利交通等的法律规定。其中,《营造》是关于工程兴建(违法营造、织造,冒领物料,造作过期限,官吏不按规定在官房办公等)方面的法律规定;《河防》是关于盗决河防、失时不修、侵占街道以及修整桥梁道路方面的法律规定。

《大明律》作为封建社会一部重要的法典,有以下主要特点:在编制体列上,采用"以类编附"

的原则,以名例律冠于律首,用六部作为纲目,这一编制体例的确定,使隋唐以来沿袭八百年的封建法律体系结构终于一变。在定罪量刑上,明律与唐律比较有一个突出的变化,即"轻其所轻,重其所重"(薛允升《唐明律合编》)。一般说来,对于不直接威胁封建统治的"典礼及风俗教化等事,唐律均较明律为重",而对于直接同维护封建专制统治、维护地主阶级利益、镇压人民反抗有关的"贼盗及有关帑项钱粮等事,则明律又较唐律为重"。以严法整饬吏治,严禁臣下结党与内外官交结,以重刑惩治贪官污吏,这在明律表现最为突出,为此,明律设了"奸党"专条。但到明中叶以后,实际上对于赃官、奸党的规定,已近空文。此外,明律还加强经济立法,这是为了适应农业、手工业和商品货币关系发展的需要。如增加了"市廛"、"田宅"、"钱债"、"邮驿"、"营造"等门类和一些具体条款,并专设《工律》一篇。这些立法曾一度促进了明初经济的恢复和发展,但由于以严法保护官方手工业和商业的发展,限制海外自由贸易,严格维护封建的自然经济基础,束缚了资本主义经济萌芽的发展,阻碍了社会的进步。

从《大明律》的制定过程及其主要内容可以看出:《大明律》从"篇目一准于唐",几经更定之后,创造了新的体系结构,这是中国封建法典形式的最后一次大的变化,也说明《大明律》不仅吸取了唐律的基本精神,还融合了唐以后特别是明初三十年的统治经验,进而成为条文简于唐律、精神严于宋法、无论形式或内容都有所发展的、封建社会后期一部极其重要的法典,突出了封建专制主义中央集权统治的内容。正因为如此,《大明律》制定之后,"历代相录,无敢更改",在明朝发挥了重要作用。它还直接影响了清朝和东亚邻国的封建立法。如清朝法典《大清律》,其内容和体例都是承袭了《大明律》;朝鲜李桂成时代的《刑典》、《刑法大全》则直接援用了《大明律》;日本明治维新时期仿照《大明律》制定了《改定律例》法典;越南阮世祖时的《嘉隆皇帝越律例》、宪祖时的《钦定大南会典事例》亦多抄录《大明律》,等等。

有关《大明律》研究的著作主要有明雷梦麟《读律琐言》,明王樵、王肯堂父子《读律笺释》,清薛允升《唐明律合编》等。

(袁兆春)

御制大诰 朱元璋

《御制大诰》，四编。明太祖朱元璋敕定。前三编先后发布于明洪武十八年(1385)至二十年(1387)间，名称分别为《御制大诰》、《御制大诰续编》和《御制大诰三编》；第四编《大诰武臣》颁行于洪武二十年十二月。均由朱元璋亲自编纂或据其口述记录而成，以"大诰"为名，颁行宗旨和内容贯穿的基本精神又都是对臣民"明刑弼教"、"惩戒奸顽"，且前三编颁行之初，曾分别以单刻本刊印，故在明代时，就有把《大诰武臣》同前三编合在一起的刻本行世。

《大诰》在明代，特别是洪武年间有许多刻本，现存我国大陆者，约有十余种，如北京图书馆藏有《初编》、《续编》、《三编》明洪武内府刻本各一卷，《续编》、《三编》明洪武二十年太原府刻本各一卷等；故宫博物馆和清华大学图书馆都藏有四编《大诰》的明洪武内府刻本各一卷；东北师大图书馆藏有《初编》、《续编》明刻本各一卷。中国台湾、日本和美国等地也藏有《大诰》的明代版本。由于《大诰》在洪武以后很快被冷落以至搁置不用，到明代中叶时，已为民间鲜知。近代以来，明《大诰》更被人们视为罕见之书，能研究利用的版本寥寥无几，直至最近二十年间，在国内外学术界的关注下，搜集、流传这一史籍的工作才空前活跃起来。1966年，台湾学生书局出版、由吴相湘主编的《中国史学丛书》之一《明朝开国文献》中，首次将《大诰》前三编影印。1967年，日本古典研究会影印的《皇明制书》一书中，又收录了四编《大诰》。点校本收于《全明文》第一册(上海古籍出版社，1992年)，《中国珍稀法律典籍集成》乙编第一册(科学出版社，1994年)。

朱元璋(1328—1398)，明代开国皇帝。1368—1398年在位，史称明太祖。幼名重八，又名兴宗，字国瑞，濠州钟离(今安徽凤阳东)人。出身贫寒，少时在皇觉寺为僧。元至正十二年(1352)参加郭子兴部红巾军，地位逐渐上升，龙凤二年(1356)攻下集庆(路治今江苏南京市)，称吴国公，废除了一些元代苛政，命诸将屯田。后接受朱升"高筑墙，广积粮，缓称王"的建议，壮大了军力，消灭了其他各派势力，于1368年自称皇帝，国号明，年号洪武。同年攻克大都(今北京)，推翻元朝统治，以后逐步统一全国。在位期间，采取了一些发展经济的措施，并抑制豪强贪吏，制订《大明律》等一系列法律,废除宰相职位,加强皇权,以巩固中央集权。其著作明人和近人分别编有《明太祖文集》和《明太祖集》。

四编《大诰》总计二百三十六个条目,其中《初编》七十四条,《续编》八十七条,《三编》四十三条,《武臣》三十二条。就全书内容的整体结构而言,由案例、峻令和明太祖的"训诫"三个方面的内容组成。即:一是撮洪武年间(特别是十八至二十年)的"官民过犯"案件之要,用以"警戒愚顽";二是设置了一些新的重刑法令,用以严密法网;三是在许多条目中,兼杂有明太祖对臣民的"训诫",主要内容是向人们讲述"趋吉避凶之道",宣传其"明刑弼教"和"重典治世"的思想和法律主张。

《大诰》中所列罪名,涉及当时法律中的各个方面,如受赃、职制、公式、户役、田宅、婚姻、仓库、课程、钱债、市廛、祭祀、仪制、军政、关津、厩牧、邮驿、贼盗、人命、斗殴、诉讼、诈伪、犯奸、杂犯、捕亡、断狱、营造等具体罪名,更是五花八门。《大诰》禁令的惩治对象,一是打击贪官污吏,这是其主要矛头所向,此类条目数居首位,有关严惩官吏贪赃枉法、科敛害民的案例也最多。二是惩治"奸民",其中着重打击的是豪强富户和无业游民,在前三编《大诰》中,此类诰文在每编条目总数中所占的比重有逐渐增长的趋势。《大诰》罗列和设立了许多为明律所未有的残酷刑罚,把"法外用刑"合法化与神圣化;对同一犯罪,《大诰》也比同时行用的《大明律》大大加重,仅仅少数罪名与明律量刑相同,绝大多数案件都是加重处刑;《大诰》又以君主个人的好恶为量刑标准,对许多案件的处置,不分罪情轻重,不问首从,唯刑杀为威,不少案件具有明显的滥杀性质,甚至广为株连,冤及无辜。这些,都构成了《大诰》律外用刑的特色。

四编《大诰》是研究明初法制和当时社会的政治、经济、军事情况的珍贵文献。本书具体内容在明代官修史籍中很难找到。《明太祖实录》为尊者讳,对此极少涉及。清初修《明史》时,《刑法志》的编者未及见《大诰》原文,对其条目总数的记叙相殊甚远。即使在记述明代法制的多种野史笔记中,也未见如《大诰》所载的内容。加之本书是由明太祖直叙当世之事,儒臣很少润色,故史料的可靠性较高,所以,研究明初社会及其法制,《大诰》实为不可缺少的重要史料。

研究《大诰》的论著,在20世纪上半叶,有沈家本《明大诰峻令考》、《大诰跋》和《书明大诰后》三文,王国维《书影明内府刻本大诰后》和邓嗣禹《明太诰与明初之政治社会》。80年代后有杨一凡《洪武法律典籍考证》(法律出版社,1992年),对《大诰》的颁行时间、条文内容、诰文渊源、版本等均作了考证和研究,《明大诰研究》(江苏人民出版社,1988年)则是他有关研究的汇总。

(徐永康)

郁离子 刘 基

《郁离子》是元末明初人刘基所撰寓言形式的政论笔记集。最早的刊本为明初龙泉章氏本，及洪武十九年(1386)其子刘仲璟所刊之本，现均佚。目前所能见到的最早的版本是收入明成化七年(1470)《诚意伯文成公文集》的"成化本"，和嘉靖年间的单行本。明清两代《诚意伯文集》刊本颇多，近代较为通行的有：据明隆庆六年(1572)《重刻诚意伯刘公文集》影印的《四部丛刊》本和据清嘉庆《学津讨原》本重刻的浙江书局本。上海古籍出版社于1981年出版魏建猷、董善邦的点校本。浙江古籍出版社1999年出版了《刘基集》校点本，2011年改题《刘伯温集》重印。

刘基(1311—1375)，字伯温，浙江青田人。至顺三年(1332)进士。曾任江西高安县丞、江浙儒学副提举、浙东元师府都事、行省都事、浙东枢密院经历等。因不满元末政治而辞官，隐居青田山中。1360年应朱元璋之召至应天(今南京)，参与机要，辅佐建立明皇朝。明初先后任御史中丞兼太史令、弘文馆学士，封诚意伯。后因与胡惟庸等有矛盾，洪武四年(1371)辞官回乡。刘基早年已文名闻于天下，著作颇丰，除本书外，尚有《覆瓿集》《犁眉公集》《写情集》《春秋明经》等，后人集为《诚意伯文集》。《明史》卷一二七有传。

《郁离子》系刘基于元末隐居青田山中时所作。其书名含意，据明洪武十九年徐一夔《郁离子序》，"离为火，文明之象，用之其文郁郁然，为盛世文明之治"。另据同年吴从玺《郁离子序》："夫郁，文也；明两，离也。郁离者，文明之谓也。非所以自号，其意谓天下后世若用斯言，必可底定文明之治耳。"

据徐一夔《郁离子序》，明初本有十卷，分为十八章，各有章名，共一百九十五条。但现存本均为上下两卷，共一百八十二条，各条自有标题。全书每条各叙一事，大多以寓言形式，阐明一个道理，涉及范围相当广泛，但正如书名所隐喻的那样，全书的主题是阐明治国平天下的道理。"治天下者其犹医乎？……故治乱，证也；纪纲，脉也；道德、政刑，方与法也；人才，药也。……其方与证对，其用药也无舛，天下之病有不瘳者鲜矣！"(《喻治》)本书就是刘基针对元末政治开出的药方。

《郁离子》对于君主与人民的关系有很多独到的见解。在《术使》、《官母》、《养鸟兽》、《道术》等多条中强调恤民的重要性。《灵邱丈人》中将民喻为蜜蜂，统治者为养蜂人，"视其生息，调其暄寒，巩其构架，……去其蛛蟊、蚍蜉，弥其土蜂、蝇豹，……其取蜜也，分其赢而已矣，不竭其力也。于是故者安，新者息，丈人不出户而收其利"。《术使》中则将人民比作"众狙"，一旦看透了养狙"狙公"的"术"，就会群起而反抗。"世有术使民而无道揆者，其如狙公乎？惟其昏而未觉也。一旦有开之，其术穷矣!"《抟沙》中指出："民犹沙也，有天下者惟能抟而聚之耳"，尧舜是"以漆抟沙"，三代是"以胶抟沙"，五霸是"以水抟沙"，"其下者以力聚之，犹以手抟沙，拳则合，放则散。不求其聚之之道，而以责于民曰：是顽而好叛。呜呼！何其不思之甚也！"认为树立统治权威必须依靠德教、仁政，"惟大德为能得群力，是故德不可穷而力固"（《德胜》）。尤其可贵的是提出"天地之盗"的概念，"人，天地之盗也"，人类是从天地自然界盗取财富，统治者的责任就是"教民以盗其力以为吾用"。无道君主只知向民索取，"天地之盗息，而人之盗起，不极不止也。然则何以制之？曰：遏其人盗，而通其为天地之盗，斯可矣"（《天地之盗》）。其中包含有发展社会生产力以防止社会矛盾的思想。

《郁离子》强调统治者要避免激化社会矛盾，"石激水，山激风，法激奸，吏激民，言激戎，直激暴，天下之纷纷生于激。是故小人之作乱也，由其操之急、抑之甚，而使之东西南北无所容也"（《石激水》）。具体而言，法律应简要，不苛求罪名，"天下之重禁，惟不在衣食之数者可也"（《重禁》），政府不应对盐、茶之类的生活必需品设立重禁。法律应着重镇压重大犯罪，"法有二：有古今之通禁，有一代之私禁。古今之通禁，恶逆也，杀人伤人及盗之类也，而释勿治，是代之为贼也。一代之私禁，茶、盐、钱、币之类也，民无以为生而官不能恤，于是乎有犯，虽难以为常，原情而贷之可也"（《刑赦》）。对于重大犯罪要严厉打击，《招安》、《虞卿谏赏盗》等都强调不可姑息养奸，"劝天下之作乱者，其招安之说乎？"（《招安》）

《郁离子》还对久已成为法律规定的儒家经义"七出"表示了强烈的怀疑，认为"七出"不是"圣人之言"，而是"后世薄夫之所云"。"淫也、妒也、不孝也、多言也、盗也五者，天下之恶德也，妇而有焉，出之宜也。恶疾之与无子，岂人之所欲哉？非所欲而得之，其不幸也大矣，而出之，忍矣哉！夫妇，人伦之一也，妇以夫为天，不矜其不幸而遂异之，岂天理哉？而以是为典训，是教不仁以贼人道也！"（《七出》）这是历史上首次对"七出"经义表示怀疑的言论。

《郁离子》在人才、用人方面的议论也非常多，如《千里马》、《规执政》、《使贪》、《任己者术穷》、《多疑难与共事》、《种树喻》等条都强调培育人才的重要性，强调用人不可多疑，不以小故责罚，"今君之用人也，不待其老成，至于不克负荷而辄以法戕之，栋梁之材竭矣"（《种树喻》）。

作为明朝的开国功臣，作为元末明初的名士，刘基的文章著作具有广泛的影响，被认为是"明百代文章勋业之宗,儒术理学之统也"(隆庆六年《诚意伯文集》序)。《郁离子》不仅反映了他的基本的政治思想,而且设喻得当,立论精辟,被认为是政论小品的精品,得到了广泛的流传。

(郭　建)

律条疏议　张　楷

《律条疏议》,一名《律条疏义》,三十卷,明张楷撰。约成书于明正统年间(1436—1449)。已知最早刊行本为明宪宗成化三年(1467)王迪刻本,有倪谦序。另有明成化七年(1471)南京承恩寺本及俞诰重刻本。明世宗嘉靖二十三年(1544),符验据成化三年王迪本重刻(现有1974年日本东京高桥写真株式会社据日本尊经阁藏本影印本)。点校本见杨一凡主编《中国律学文献》第二、三册(黑龙江人民出版社,2004年)。

张楷(1398—1460),字式之,慈溪(今浙江慈溪)人。永乐二十二年(1424)进士。宣德年间拜监察御史,以理冤摘奸,声闻朝野。后任陕西按察使。正统中升任佥都御史,卒于官。传记资料可见《皇明名臣琬琰录》所载《张公神道碑谱》等。

本书共三十卷,因仿照《唐律疏议》对明律进行解释,故名。然而《唐律疏议》为有司法效力的权威性的立法解释,而本书只是私人著述,并无司法效力。

与唐律结构不同,明律分为名例、吏、户、礼、兵、刑、工七律,各律之下按事项分篇目,共三十篇。各篇的每一条文因往往包含多项规范,故又称门。本书即按明律结构,逐律、逐篇、逐条解释。首先开列明律总纲、细目,以"疏议"说明各篇目的由来,以及明律予以删并、调整的原因。接着开列明律"五刑"、"迁徙"、"狱具"、"丧服"图及"例分八字"表,先作注解,然后再以疏议进一步说明。其下各律各篇皆在律首以"疏议"解释各律名称的来由。每条律文都仿照《唐律疏议》形式进行解释说明。明律律条大多因袭唐律内容,对此,往往抄录、或略加改写《唐律疏议》原文。如与唐律相差较大,则模仿《唐律疏议》格式,以"疏议"进行解释。认为"疏议"之后仍不够清晰者,则仿《唐律疏议》自设问答,举例说明。甚至在"问答"之后再以"按详"进行说明,务求明确。"疏议"、"按详"往往仿《唐律疏议》旧规,援引经义为律条说明。

本书正文之前有"律条讲疑",作为附录。分成四项,重点分析名例、户、兵、刑四律中的疑难之处。每项下抄录若干条律条,后设"讲",说明这些律条之间的关系,解说疑难字句,防止司法官吏误解条文含意。本书正文之后又附《律诰该载》及《钦定条例》二篇。前者为明太祖洪武三十年所颁《大明律诰》的主要内容,开列"真犯死罪"一百一十三条,"杂犯死罪"(虽系死罪罪名,但允许罪犯按徒刑纳铜赎罪)三十三条。后者为当时有关公文程序的单行法规摘录,主要有"照刷文卷"制度及官员犯笞杖罪以罚俸抵折的换算比例等。

　　本书在当时曾有较大影响,对于指导各级司法官吏读懂明律有一定意义。但因刻意模仿久不流行的骈体文体,过于注重从儒家礼教理论说明律意,削弱了本书的实际应用性。尤其是在明孝宗弘治十三年(1500)以后,条例不再只是某一朝的临时性单行法规,而是成为与律文一样具有永久性、普遍性效力的单行法规,得以与律并行。注释律条必须着重结合条例,或根据条例来进行。本书的一些注解"疏议"不免过时,其在律学中的地位也就有所下降,影响也渐趋消失。明末本书已不流行,清代乃至罕见。清修《四库全书》时,本书并未列入,《四库存目》亦未著录。但对研究明代法制,本书仍有重要价值。本书研究成果有张伯元《张楷〈律条疏议〉考》(载法律出版社2001年出版的《法律史论集》第三卷)。

(郭　建)

历代名臣奏议 黄 淮等

《历代名臣奏议》,三百五十卷。明代黄淮、杨士奇等奉敕编。明永乐十四年(1416)成书。同年,由内府刊行,分一百五十册,三百五十卷,无序。此后有明成祖永乐间(1403—1424)内府刊补本(一百六十四册,三百五十卷);明崇祯八年(1635)张溥删正刊印本,八十册,三百一十九卷,目录一卷,书前有崇祯八年张溥、陈明卿序,但缺御边、夷狄二门。清乾隆间以手抄本为府本,二百二十册,三百五十卷,集于清《文渊阁四库全书》内。还有1964年台北学生书局影印本(六册,三百五十卷。据明永乐十四年内府刊本),集于该局所印中国史学丛书内。现在较通行的有明崇祯八年聚英堂刊张溥删正本(三百二十卷)、《四库全书》本、上海古籍出版社1989年据明永乐十四年内府刊本影印本等。

黄淮(1367—1449),明永嘉(今浙江)人,字宗豫,谥文简。洪武末进士,授中书舍人。成祖即位,召对称旨,入直文渊阁,改翰林编修,后进右春坊大学士。永乐十二年(1414),为朱高煦构陷,系狱十年。仁宗即位(1424)后复官,擢通政使兼武英殿大学士,与杨荣、杨士奇等同掌内制。后官至少保、户部尚书兼武英殿大学士。历充《太祖实录》、《太宗实录》、《仁宗实录》总裁。并与杨士奇等奉敕编本书。另有《省愆集》、《黄介庵集》等。《明史》卷一四七有传。

杨士奇(1365—1444),明泰和(今江西)人,名寓,以字行,号东里。家贫早孤,以授徒为生,建文初,集诸儒修《太祖实录》,以荐召入翰林,充编纂官。成祖即位,改编修,召入内阁,掌机务。仁宗即位(1424),擢礼部侍郎兼华盖殿大学士,进少保、少傅,兼兵部尚书。与修《太宗实录》,为总裁官之一。宣宗即位,修《仁宗实录》,充总裁。英宗即位,为内阁辅臣"三杨"(杨士奇、杨荣、杨溥)之一。与修《宣宗实录》成,进少师。后因其子稷侵暴杀人,下狱论死。杨士奇因忧虑而死。除合编本书外,尚撰有《三朝圣谕录》、《奏对录》、《代言录》、《文渊阁目录》、《东里全集》等。《明史》卷一四八有传。

《历代名臣奏议》辑商、周至宋、元(前1122—1367)历代名臣奏议,于宋尤详。内容按事类分六十四门,名目繁多,实集古今奏议之大成。本书崇祯八年陈明卿序指出《资治通鉴》与《文献通考》的不足,实际上从侧面说明编辑本书的目的。认为:"致治之道,千古之揆。君能纳善,臣能尽忠,天下未有不治。观是书,见人君之量、人臣之直,为君者以前贤所言作今日耳闻,为臣者以前贤事君之心为心,天下国家之福也。"本书共分六十四门:君德(五卷)、圣学(四卷)、孝亲(三卷)、敬天(一卷)、郊庙(九卷)、治道(四十六卷)、法祖(两卷)、储嗣(三卷)、内治(两卷)、宗室(两卷)、经国(二十四卷)、守成(一卷)、都邑(一卷)、封建(一卷)、仁民(五卷)、务农(两卷)、田制(一卷)、学校(三卷)、风俗(两卷)、礼乐(十一卷)、用人(二十四卷)、求贤(一卷)、知人(五卷)、建官(四卷)、选举(八卷)、考课(两卷)、去邪(十四卷)、赏罚(三卷)、勤政(一卷)、节俭(两卷)、戒佚欲(三卷)、慎微(一卷)、谨名器(两卷)、求言(两卷)、听言(七卷)、法令(十卷)、赦宥(一卷)、兵制(六卷)、宿卫(一卷)、征伐(十卷)、任将(六卷)、马政(一卷)、荒政(六卷)、水利(五卷)、赋役(六卷)、屯田(一卷)、漕运(一卷)、理财(十二卷)、崇儒(一卷)、经籍(一卷)、图谶(四卷)、国史(两卷)、律历(三卷)、谥号(两卷)、褒赠(两卷)、礼臣(两卷)、巡幸(一卷)、外戚(两卷)、宠幸(一卷)、近习(三卷)、封禅(一卷)、灾祥(二十卷)、营缮(两卷)、弭盗(三卷)、御边(一卷)。总目之后是张溥编次的《历代名臣奏议目录》,列举每门每卷下是何人的何种奏疏,计三百二十卷,一目了然,便于检阅。

本书所收奏议甚多,这里简介当时乃至后代影响较大者。如"君德"门下载战国时吴起对魏武侯论"国之宝"时曰"在德不在险";汉成帝时,匡衡上疏"戒妃匹、劝经学威仪之则";东汉光武帝时,邓禹论定天下"在德";后周武帝谈治道,于谨对曰:治道在"纳谏"、"守信"、"赏罚"及"言行";魏徵对唐太宗论"德仁功利";房玄龄对唐太宗论"仁义礼智信"等。"治道"门下,三国时御史大夫王朗上疏魏文帝,劝育民省刑,"慎法狱"。"法令"门下,有西汉时张释之上汉文帝的奏言。一是奏"一人犯跸,当罚金"而不当"立诛";二是奏盗高庙玉环,"当弃市"而不当"致之族";济南尹梁肃疏请免徒罪另加决杖,认为这种"一罪二刑"是"辽季之法"也,"刑罚之重,于斯为甚"。"慎刑"门下,有汉文帝六年十二月"除收孥相坐律"、"除肉刑"等;廷尉路温舒上书宣帝,请"宜尚德缓刑";安帝永初元年,鲁恭疏谏,请"决狱案考,皆以立秋为断,以顺时节",并请"大辟之科尽冬月乃断";孔融请勿复肉刑,等等。

《历代名臣奏议》辑录商周至宋之间的历代名臣奏议,自汉以后,历代典章制度沿革及政治得失,均可与《资治通鉴》、《通典》、《通志》及《文献通考》相考证。对于研究各个期间施政、立法、执法、修法等等政治法律制度,特别是有关重要活动和议论所反映的政治法律思想及其发展演变,具有重要参考价值。

本书在编辑上的主要问题是：所收门、目，未见有关宦官问题、特别是宦官专权的奏疏。所列的目过繁，有的区分失当。目录及总目中的门及分目与其内容有差异，如目录未列"慎刑"门，而内容则有之(卷二百一十五至二百一十七，计三卷)，位于"法令"之后、"赦宥"之前；"法令"门内容实有八卷，而目录列为十卷。还有刊印错误，如目录"张释之"刊作"王释之"，等等。

（袁兆春）

备忘集 海 瑞

《备忘集》,明海瑞的文集。原为海瑞生前自编自刻的文集之一,最早刻行于明隆庆二年(1568)。现存最早的明刻本是将《备忘集》与其他海瑞文集合编的《海刚峰集》。后人将《备忘集》与《备忘续集》(初刻于万历八年)、《淳安稿》、《淳安县政事》(初刻于嘉靖四十一年)等合编,以《备忘集》为总名。较早的刻本有清康熙二十七年(1688)《海忠介先生备忘集》、康熙五十五年(1716)《海忠介备忘集》。清代还有多种刻本。1962年中华书局以明刻本《海刚峰集》、清初《备忘集》为基础,参考其他海瑞文集,出版陈义钟点校的《海瑞集》。2003年海南出版社又出版了李锦全、陈宪猷点校的《海瑞集》。

海瑞(1514—1585),字汝贤,自号刚峰。琼山(今海南海口)人。死后谥忠介,后人多称海忠介先生。嘉靖二十八年(1549)举人,后经大挑,出仕为官。曾任南平教谕,淳安、兴国知县,户部主事。嘉靖四十五年(1566)上《治安疏》,指责明世宗迷信道教,不理朝政,薄于父子、君臣、夫妇之道,导致"吏贪官横,民不聊生,水旱无时,盗贼滋炽",被逮下狱。穆宗立,始获释,迁右金都御史,巡抚应天十府,锐意兴革,打击豪强,疏浚吴淞江。然不为当道所喜,愤而称病回乡,闲居十六年。张居正死后,起为南京吏部右侍郎,卒于官。海瑞为明代著名清官,持身廉介,疾恶如仇。著述亦很丰富,除收入本书外,还有很多以《海刚峰先生文集》为名的版本。《明史》卷二二六有传。张德信《明史海瑞传校注》(陕西人民出版社,1984年),收录相关资料颇为丰富。

《备忘集》原为三卷,《续备忘集》二卷。编入其他著述后的《备忘集》刻本有的分为十卷,有的分为七卷。原书按奏疏、序文、议论各文体排列。中华书局《海瑞集》本则改为上下两编,上编汇编有关政事的文章,下编收录论著、序跋、书牍,均按写作时间排列。

海瑞对当时士大夫空谈义理的风气深恶痛绝,在《出处》一文中,指出士大夫应以天下为己任,不能以"有道则仕,无道则隐"为借口不挺身而出,"君子思不出其位,舍性命,言时势,宇宙无穷,谁当负荷!"士大夫要以身作则,"天下孰为重?德义为重;德义孰有之?君子之身有之"(《其嗟也可去》)。针对官僚士大夫随波逐流、模棱两可的处世之道,海瑞斥之为"乡愿","乡愿去大奸恶不甚远。今人不为不恶,必为乡愿。事在一时,毒流后世,乡愿之害如此!"(《乡愿乱德》)

作为注重实干的清官,海瑞《备忘集》中有很多改革政务的具体方案。《淳安县政事》的主要部分就是海瑞任淳安县知县时亲手制定的《兴革条例》。这一条例逐一具体分析了地方衙门的种种积弊,并逐一设法革除。仅革除县官、县丞、六房书吏的"陋规"就有上百项之多。在《督抚条约》中,为革除江南官场种种积弊,设定了《考语册式》、《钱粮册式》、《均徭册式》、《应付册式》等多种监督、考核册簿。为防止官吏借由盘剥,还对衙门中桌子板凳、灯笼器具之类的杂物一一明确规定数量、来源、使用年限。

主持司法审判是古代地方官的重要职责,《淳安县政事·兴革条例》对此也有不少论述。当时法官为求"止讼",判决时往往作"四六分","谓与原告以六分理,亦必与被告以四分理;与原告六分罪,亦必与被告四分罪。二人曲直不甚相远,可免忿激再讼"。海瑞认为"君子之于天下曲曲直直,自有正理。四六之说,乡愿之道,兴讼启争,不可行也"。强调只有公正审判,明断是非,才可止讼。对于法律上没有规定的"疑狱",海瑞认为应以"与其屈兄,宁屈其弟;与其屈伯叔,宁屈其侄;与其屈贫民,宁屈富民。事在争产业,与其屈小民,宁屈乡宦,以救时弊也;事在争言貌,与其屈乡宦,宁屈小民,以存体也",作为裁判的原则。

《备忘录》除了制定改革积弊的方案外,并探讨了从根本上解决社会问题的途径。《使毕战问井田》一文主张全面恢复古代的井田制,"一井田而天下事毕矣!"认为井田制之所以失传,是因为"自秦汉而下,其心于为民者能几人哉"!强调井田制的关键并不在于百亩而井之类的数字,而在于平均分配天下所有的土地,彻底消灭贫富差别,"夫人贫富不相耀,以和其心,而后天下之治可定"。并批驳宋儒张载实行井田要剥夺富人土地,会引起社会动荡的说法,"然天下富人多乎?贫人多乎?井田而贫者得免奴佃富室之苦,吾知其欣从必矣"。隐有动员贫人反对富人的思想。另外又指责历代儒家学者"所称名人贤士口谈道义者,皆不能绝去为富不仁之心",因此不能切实推进教化,导致民心追慕财富,实行井田就能使人民追随教化,"井田立而先王之教斯过半矣!"

海瑞一生愤世嫉俗,勇于直言,被当时人誉为"铮铮铁汉"、"海内豪杰"。其著作广为流行,"直声振之朝,惠政在东南,没后一切奏疏书札,至贵洛阳纸"(天启《海忠介公全集》序),被认为是"以正气泄为正论"(崇祯《海忠介公全集》叙),"惟认一真字"(康熙《备忘集》跋),在明末清代有很大影响。本书关于改革积弊的方案,对于后世正直的官员也有直接的启示。有关井田制的议论,清纪昀《四库全书总目》中称,"盖但观明代隐匿兼并之弊,激为此说,而不自知其不可通",表现了很大的恐惧,从反面说明这一议论的影响。

作为议论实际政务为主的著作,本书在中国政治法律思想史上具有重要地位,不仅提供了海瑞思想发展的第一手资料,还保留了很多明代地方实际政务的宝贵资料,对于研究明代政治、学术史都有珍贵价值。对于本书的研究,主要有吴晗《论海瑞》、李锦全《海瑞评传》等的相关部分。

(郭　建)

张太岳文集 张居正

《张太岳文集》,又名《张文忠公全集》或《张太岳集》。四十七卷。明张居正撰。万历二十年(1592),由其子张嗣(张懋修)辑成。万历四十年(1612)刊行,此为初版。此后有清道光八年(1838)陶澍刊印本,经陈芝楣校订,分十六册,四十八卷,书前附陈銮序,以明刻本为据,另加原序为一卷,故成四十八卷,且篇目先后有所改动。清光绪二十七年(1901)田桢据陶本重刊,亦十六册,四十八卷,书名改为《张文忠公全集》,书前附四库全书提要及田桢撰重刻述例,此本传世较广。现在较通行的有:1935年上海商务印书馆《国学基本丛书》本《张文忠公全集》八册,四十八卷;1968年台北商务印书馆据清田桢重刻本排印本,亦集于《国学基本丛书》;1984年上海古籍出版社影印本《张太岳集》(据复旦大学图书馆藏明万历刻本,补以南京图书馆藏万历刻本及上海图书馆藏邓氏刻本)。排印本另有湖北人民出版社1994年出版的《张居正集》。

张居正(1525—1582),字叔大,号太岳,明湖广江陵(今属湖北)人,故又称张江陵。少时"颖敏绝伦",世宗嘉靖二十六年(1547)进士,任庶吉士,授翰林院编修。后因不满严嵩专权,托病家居,潜心从事历史与诸子学说研究。嘉靖三十九年再次进京为官。穆宗隆庆六年(1567),任吏部左侍郎兼东阁大学士,参与政事。神宗即位(1572),代高拱为首辅,掌握政治大权十年之久,为明代"第一权相"。历仕世宗、穆宗、神宗三朝,当时政治腐败、经济窘困、边防废弛,明统治危机四伏。他"以天下为己任",针对时弊,锐意改革,实行"考成法",整顿吏治,加强边防,治理黄、淮,清丈土地,推行一条鞭法,改革赋税制度,崇尚法治,对农民起义镇抚两用等等。多有建树,死后赠上柱国,谥文忠。但不久受张诚等谮毁,诏夺上柱国、太师,再夺谥,籍没其家,长子自缢,次子及居正之弟"俱发戍烟瘴地"。至崇祯时才平反。他是著名的政治家、封建社会后期最具盛名的改革家。其事迹见于《明史》卷二一三本传,《张太岳文集》卷四七,《国榷》(卷七一、七二),朱东润《张居正大传》等。

《张太岳文集》正文前有"张太岳集序"、"书太岳先生文集后"序、"编次先生文集凡例散题";

正文四十七卷,皆从政后所作,计有诗六卷(第一至六卷)、文十四卷(第七至二十卷)、书牍十五卷(第二十一至三十五卷)、奏疏十一卷(第三十六至四十六卷)、张文忠公行实一卷(第四十七卷)。

早在青年时代,张居正就看到政治现实的积弊,从政后指出时弊"宗室骄恣,庶官瘝旷,吏治因循,边备未修,财用大匮"(卷十五《论时政疏》)。因而,提出君主必须励精图治,广开献纳之门,亲近辅弼之佐,否则国家政治则将病入膏肓,无可挽救。到隆庆二年(1569)又有《陈六事疏》。提出励精图治,最先要做的六大急务:一省议论,二振纲纪,三重诏令,四核名实,五固邦本,六饬武备。

出于挽救明王朝衰败形势的目的,张居正力主实行变法改革,强调改革政治的中心问题是要"变"。如在《辛未会试程策》中,张居正指出:"王者与民信守者,法。古今宜有一定之法,而孟轲与荀卿皆大儒也,一谓法先王,一谓法后王,何相左欤? 我国家之法,鸿纤具备,于古鲜俪矣。"并举王安石新法说明"前代所谓陋习敝政也,而今皆用之,则庸众之法可使与圣哲同功,况出于圣哲者乎! 故善得王者莫如高皇帝矣"(卷十六),从而提出了加强法制、"法后王"的主张。在《杂著》中提出了"极则必变,变则反始"的社会进化观,并指出"自古末世之君,至于失天下者常在于女宠、宦官、外戚、权臣、藩镇、夷狄之祸"(卷十八)。

本书有关政治、法律问题的议论中,突出地强调了缓和社会矛盾、安定民心的重要性。并强调澄清吏治为安定民心的首要任务。《答应天巡抚宋阳山论均粮足民》中指出:"夫民之亡且乱者,咸以贪吏剥下而上不加恤,豪强兼并而民贫失业故也。"(卷二十六)在《答两广刘凝斋条经略海寇四事》中认为:"广中数年多盗,非民之好乱,本于吏治不清、贪官为害耳。夫官贪则良民不怀、奸民不畏,而盗贼利足以啖之、威足以慑之,何惮而不为盗?"(卷三十)说明了"盗"、"乱"并不是国民愿意这样做,根本原因在于吏治腐败。张居正认为民是国家基本,"帝王之治,欲攘外必先安内……民为邦本,本固邦宁。自古虽极治之时,不能无夷狄盗贼之患。唯百姓安乐、家给人足,则虽有外患,而邦本深固,自可无虞;唯是百姓愁苦思乱,民不聊生,然后夷狄盗贼乘之而起,盖安民可与行义,而危民易与为非,其势然也"(卷三十六)。在《请定奖廉能仪注疏》中,提出了"惟治理之道,莫急于安民生;安民之要,惟在于核吏治"(卷三十八),将整顿吏治作为施政的核心。又在《请蠲积逋以安民生疏》中指出,"致理之道,惟在于安民。安民之道,在察其疾苦而已"(卷四十六),力请君主蠲除积年逋赋,以安民生,提出了除当年"正供之数"照章定纳外,其余悉予蠲免,以此缓解民众的赋税负担,安定民心,以达"久安长治之道"。

作者认为,治国之本在振纲纪,治国犹如理身,身体最重要的是元气,"元气欲固,神气欲扬"(卷二五)。治国也是一样,要培植国家的元气,这元气主要在纲纪,国家的法纪和号令要令行禁止,气才能扬,否则"纲纪之不振,故元气日耗,神气日索"。他反对空谈心性,提倡经世致用。在

《答文宗谢道长》中,他说:"近来俗尚浇漓,士鲜实学南畿多士之区,首化之地也,惟公加意一振之。"这里所说的"实学",就是指儒家传统的内圣外王之学。而内圣必须落到实处,否则就是空谈。

《张太岳文集》一书所体现的张居正的思想及改革措施,代表当时统治阶级思想的主流,也是朱元璋强化集权治国之术的延续,并使当时的政治、经济、军事有了一定的发展。但这些思想和改革措施,最终仍未能挽救腐朽的明王朝走向灭亡的命运。此书为后人研究明代政治、经济状况,特别是研究张居正本人的思想提供了宝贵的资料。

有关《张太岳文集》及张居正本人的研究著作有曹德本《宋元明清政治思想研究》、陈翊材《张居正评传》、朱东润《张居正大传》、尚少秋《张居正改革》、陈启天《张居正评传》、韦庆远《张居正和明代中后期政局》等。

(袁兆春)

读律琐言 雷梦麟

《读律琐言》三十卷,明雷梦麟撰。现存明嘉靖四十二年(1563)歙县知县熊秉元刊行本,社科文献出版社 2007 年影印出版(《中国律学文献》第四辑第二、三册)。有怀效锋等点校本(法律出版社,2000 年)。

雷梦麟,生卒年不详。明嘉靖年间进士,曾任刑部山东清吏司郎中、刑部主事、山东按察使等职。精于律学,名称一时。

本书为明律注释书,作者自谦其对明律的解说为琐屑之言,故题名"琐言"。全书共三十卷,按明律结构,逐篇逐目逐条加以解释。书后有附录一卷,记载明嘉靖年间的司法制度,如原行赎罪则例、徒限内老疾收赎则例、官司故失出入人罪增轻减重例等等。还附录各类司法公文的格式,如题奏之式、行移之式、招议之式等等。

本书对于明律的注解颇具特色。首先是对于律条的注解注重从该条制订的历史背景说明其性质。如《户律·仓库》"收粮违限"条,因该条规定收粮违限一年之上,"人户、里长杖一百、迁徙,提调部粮官、吏典处绞",实为苛法。本书解释称:"迁徙、处绞,国初时庶务草创,徵输为急,故其法特重。今承平日久,藏富于民,不为迫促之政,凡有违限,止照例拟断,不复用此律。后遂改为杖一百及照例拟断。"对于某些制度也注重介绍其沿革。如对《刑律·诉讼》"越诉"条"登闻鼓"的解释:"国初,登闻鼓在午门外,日轮御史一人监之。后移置长安门右,给事中并锦衣卫各官一员监之。"

其次,本书对于明律律条文字、含义的分析亦颇见功力。如对《吏律·职制》"擅离职役"中"若避难因而在逃者"的解释:"避难,如解钱粮、捕盗贼之类,凡事之难干办者皆是,非避罪也。若避罪,则依犯罪逃走之律矣。所避事重者,如文官应合随军供给粮饷、避难在逃,以致临敌缺乏;军官已承调遣,避难在逃,以致不依期策应、失误军机,则所避事重矣!自当从临敌缺乏及不依期策应论罪。"又如对《名例律》"称道士女冠"条的注释:"吾儒殴受业师,加凡人二等,而僧道得与期亲同。非吾儒之义轻、而僧道之义重也。盖僧道自幼教养，终身不离，犹有抚育之恩焉，不徒以其义而已。"又如对《兵律·邮驿》"递送公文"条注释："《吏律》私开官司文书印封看视、事干军情重者，以漏泄论，徒三年。此拆动军机文书，但云杖一百，何也？盖彼自常人先知有机密文书、因而私开看视者言之，此自铺兵先因拆动封皮而后见是军机重事者言之，其情固不同也。"

再次，本书对于明律中一些较难从字面直接理解的专用词语的解释也很清晰明确。如对《吏律·公式》"照刷文卷"与"磨勘卷宗"条的解释："照刷者，将各衙门所有文卷而照刷之，以发其弊之所在也。磨勘者，将各衙门已刷文卷而磨勘之，以观其事之所改也。"指出照刷是详细检查文卷是否有错误，而磨勘是详细核对文卷是否有失落改动。又如对《户律·仓库》"虚出通关硃钞"条的解释："钱粮通完、出给印信长单者，谓之通关。仓库截收，与之硃批照票，谓之硃钞。"

作者在本书中除了注释律文，有时也对明律的实施状况提出一些批评意见。如对《名例律》"犯罪存留养亲"条的注释中，作者指出："此立法忠厚之意，而近时行者鲜矣。此条当与老幼废疾收赎条并看。老幼废疾优及其身，此条优及其亲，彼此相权，亲重身轻。今反行彼而不行此，非律意也。"在对"老幼废疾收赎"条的注释又称："今此条皆用之，独于存留养亲条犯人诈冒，多不及用之，不因噎而废食乎？"

本书是明代具有代表性的律学著作之一，因其对律文注释的周到、准确而广为流传，一定程度上影响了明中后期的司法审判实践。其对律文的注释，相当部分被以律文间小字夹注的形式订入明律，成为权威性法律解释，并被清代法典《大清律集解附例》、《大清律例》承袭，成为律文的组成部分。本书在清代仍得到传播，为律学家注律的基准之一，具有广泛而持久的影响，在中国法制史的研究上有重要地位。

（郭　建）

大明律附例笺释 王 樵 王肯堂

《大明律附例笺释》，原名《读律私笺》，又名《王肯堂笺释》、《读律笺释》、《律例笺释》。明王樵、王肯堂父子撰。王樵《读律私笺》约成稿于明万历中期(约1597年前后)，未及刊行。王肯堂以其父遗稿为基础，参酌会典诸书，撮明律各注家之长，又补充万历年间新颁条例，加以注释，编成本书，改称现名，约于万历四十年(1612)刻行。清康熙三十年(1691)，顾鼎将本书重加编辑，按清律体系改订，改称《王肯堂笺释》，当年刻行。重刻本或称《律例笺释》，或称《读律笺释》。现存有明代刻本，然通行本多为清刻本。有清康熙三十年《读律笺释》本，黑龙江人民出版社2005年据此影印，为《中国律学文献》第二辑第五册《王仪部先生笺释》。

王樵(1521—1599)，字明远，号方麓，江苏金坛人。出身官宦世家。嘉靖二十六年(1547)进士，授行人，历刑部员外郎、山东佥事。万历初年为浙江佥事、尚宝卿，因得罪张居正，出为南京鸿胪卿，罢职。张居正死后复出，先后任大理卿、南京刑部右侍郎、官至右都御史致仕。著述颇多，除本书外，著有《周易私录》、《尚书日记》、《书帷别记》、《春秋辑传》等经学著作。另有《方麓居士集》。《明史》卷二二一有传。

王肯堂(1549—1613)，王樵之子，字宇泰。万历十七年(1589)进士，选庶吉士，授检讨。倭寇侵朝时，疏陈十议，愿假御史衔练兵海上。然此疏被留中不发。即引疾归，长期在家赋闲。后因人之荐，补南京行人司副，官至福建参政。好读书，著书、编书甚多。除续编父著外，另著有《尚书要旨》、《论语义府》、《郁冈斋笔尘》等。尤精于医学，著有《证治准绳》一百二十卷，被誉为医学圭臬，广为流传。《明史·王樵传》附其小传。

据本书王肯堂序，其父王樵在任刑部右侍郎时，曾因鞫狱引拟不当，遭刑部尚书诃责，故发愤读律，逐条笺释，著成《读律私笺》。经王肯堂补充，全书共三十卷，收录全部律条四百六十条及四百五十二条条例。全书按明律结构分为诸图、名例律、吏律、户律、礼律、兵律、刑律、工律各篇。

明代法典《大明律》因没有朝廷正式颁布的法律解释，私家注律者甚多。《大明律附例笺释》

成书较晚,得以博采各家之长,王樵、王肯堂父子精于考析,使本书对法律的解释达到较高水平。较明显的特点有如下几方面。

首先,本书对律条字、词的解释较为精确,注释面也较广。如《名例律·称日者以百刻》,笺释"刻"的含义:"今按西洋历法,一日九十六刻,每时皆为八刻,较《大统历》少四刻者,总以十二时为盈缩耳。""边远充军"条笺释:"边远指边境之远者,非边卫、永远之解。"《户律·仓库·库秤雇役侵欺》笺释:"收粮曰仓。收财曰库。税物曰务,即税课司等衙门。积物曰场,如草场、盐场之类。局如织染等局。院如文思、上驷等院也。"《兵律·越城》笺释"镇城":"镇城所指者广,如各处巡检司及边镇去处,多有镇城。"又如《吏律·职制·官吏给由》笺释"给由"一词含义:"官吏考满,将三年内历过事迹缘由,于本衙门填注考语,出给公文,申达上司,转申吏部,谓之给由。"《刑律·受赃·在京求索借贷人财物》笺释"豪强"一词含义,指出:"唐律言监临官乞贷所监临财物,又言因官挟势,又云豪强,又止云乞索,则豪强在唐律本非因官挟势者,其不谓在官之人明矣。今律因唐律者也,安得专以在官之人为豪强,而使武断乡曲、强取民财者无所拟乎?"以上各例足见本书文字注释之精。

其次,本书对每一律条尽力从全律统一的角度解释,着重融会贯通,防止片面割裂律意。如《户律·仓库·守掌在官财物》笺释:"主守,常时之守掌也,主守自盗见盗律。守掌,暂时之主守也,守掌侵欺,此条是也。雇役,主守之代替也,雇役侵欺,在库秤雇役侵欺条。解役押解侵欺,在转解官物条。"《工律·营造·有司官吏不住公廨》笺释:"毁失二字分看,毁者计赃准窃盗论,加二等,免刺。失者依毁官物减三等坐罪追赔。"《名例律·工乐户及妇人犯罪》笺释:"凡律言杖一百、余罪收赎者,虽罪该杖六十徒一年,亦决杖一百,律所谓应加杖者是也。"尤其是《名例律·称与同罪》笺释:"与同罪,旧说以为与罪同有异:与同罪者,至死减一等;罪同则与真犯同,至死俱全科。然观经断人充宿卫条:朦胧充者斩。其当该官司明言,不为用心详审,或听人嘱托,则其情犯颇轻,若依罪同而并坐斩罪,恐非律意。况罪同二字,名例未尝定立全科之例,止于贼盗律强盗不分首从皆斩下云:以药迷人图财者罪同;私铸铜钱者绞,匠人罪同等条,似有并恶其奸而全科其罪之意。及观仪制律,祭祀朝贺行礼差错者,罚俸钱半个月,科仪官应纠举而不举者,罪同;父母死不丁忧者,杖一百罢职不叙,旧丧诈称新丧者罪同等条,罪轻可称与同罪者,亦曰罪同。似难拘于旧说。"这条笺释指出明律中同罪、罪同之用并不严格,从全律而言,同罪、罪同并没有实质性差别,充分表明作者读律之精细。

再次,本书对于律条立法意图的解说也较妥帖。如《兵律·宫卫·宿卫人兵仗》笺释:"宿卫人应直不直,笞四十;在直而逃者,罪亦如之。今辄离职掌处所,是在直之人,较之不直者其情轻,而别处宿亦与不直者等耳,而罪反重,何也?盖应直之人,未有无故不直,亦未有在直无故而逃者,故本条末云:有故而赴所管告知者,不坐以不直在逃之罪。悯其有故,而罪其不告耳。若既在直矣,而辄离职掌及别处宿者,则非有故者也,安得与应直不直及在逃者同拟耶?其加重宜也。"《户律·户役·私创庵院及私度僧道》笺释:"僧道必还俗然后充军者,以其原籍无名,必还俗入册,以备后有逃亡者可勾捕也。"同律"别籍异财"条笺释:"子孙别籍异财及违反教令,其律注并云:祖父母父母亲告乃坐。盖特恶其叛亲,不得同自首免罪之限。至于卑幼私擅用财、亲属相盗、恐吓、诈欺、略诱、故杀牛马之类,皆不云亲告乃坐,则知亲属相告者,但依干名犯义律免减拟断。惟他人告发,乃依本条。唐律所谓非相容隐被告者论如律是也。"而在《刑律·贼盗·亲属相盗》笺释中又进一步指出:"或谓干名犯义律称:期亲以下尊长侵夺财产,或殴伤其身,并听告。夫卑者听告,则尊长有罪矣。非然也。盖卑幼被尊长侵夺殴伤,应自理诉者,不在干犯之限。本谓卑幼不幸有此等出于肤受之事,则律当恕其告虽得实之罪,非必谓被告尊长亦可以常罪待之也。其告尊长谋反、大逆、谋叛云云,并听告。若然则告叛逆及窝藏奸细者,皆得不免于罪耶?又如兄姊殴杀弟妹,伯叔姑殴杀侄,杖一百徒三年。若折伤笃疾,律之不言者,勿论可知矣!使期亲卑幼告尊长殴杀其身、至于笃疾,罪且勿论,乃至盗财则虽一两以下,亦依此律减五等科之,岂身可殴而财不可盗欤?"可见作者着重从纲常名教角度注释律条的立法意图。

再次,本书采用不少案例注释律条,从而加强其解释的说服力。尤其是对条例的解释一般都附载该条例制定时的案例。如《刑律·人命·殴期亲尊长》附条例的笺释:"弘治年间,问得犯人刘雄手拿尖刀一把,将兄刘英要行杀害,事发问拟,比附弟殴兄,杖九十徒二年半。奏请奉旨:'刘雄持刀赶杀亲兄,好生凶恶。你每再议停当来说。'……今该犯持刀赶杀亲兄,虽未成伤,比之常人,委实凶恶。合斟酌前例,将本犯送兵部,发边卫充军,惩戒将来。仍通行问刑衙门,今后遇有执持刀刃杀害期亲尊长,虽未成伤,俱照此例问拟。"

《大明律附例笺释》是明代最负盛名的注律书,然其影响并不止于明代。清朝入关后全盘沿用明代律例,本书对律例的解释仍能被司法官员接受,并影响、指导其审判活动。就律条而言,本书的详尽解释基本解决了律条的注释问题,因而清代很少再有逐条注释律条的注律书。法律注释研究者的注意力主要集中条例及协调律例关系方面。作为明代后期具有学术权威性的著作,本书成为清代律学学者的研究基础。直到清末薛允升撰写《唐明律合编》,仍以本书作为最重要的参考资料,引用本书之处多达一百四五十处,高居各类引据书籍首位。

(郭　建)

明律集解附例

《明律集解附例》三十卷，明代后期地方政府编辑的法律注释书。刻行于明万历三十八年(1610)。清末修订法律馆于光绪三十四年(1907)刊行，为目前通行的版本，有台北成文出版社1969年影印本。

本书由明浙江地方官府编辑、校订，刻行人为浙江巡抚高举发，订正人为浙江巡按御史郑继芳等十数人，校订人为浙江布政使司及浙江按察使司。他们的具体情况均难详考。

明朝法典《大明律》颁行后并没有朝廷颁行的法律解释书。私家注律书籍虽多，但说法不一，互相抵牾，而且不具权威性，不能直接影响司法审判。有的司法官还疏请废除所有注律书籍，禁止在审判中援引律注。然而明律律意不明之处甚多，若不加解释，在实际适用时，确实会产生很多问题。为此浙江官府编辑各家注释，使对律条的解释统一起来，便于各级司法官员掌握和正确适用法律。由于其解释编辑各种注家，故书名为"集解"。全书共三十卷，按明律编制体例，分为名例律、吏律、户律、礼律、兵律、工律七篇四百六十条。各条先抄录律条原文，再以"纂注"加以解说；如未明律意，则又列"按语"，说明该条源流，及与其他律条关系，进一步加以说明；如此律条已有或曾有律注、条例，则以"备考"加以说明。经"纂注"、"按语"、"备考"解释后，再附与该律条有关的条例及"新颁例"(指万历年间新颁行的条例)。在卷首仍列洪武三十年(1397)明太祖《御制大明律序》，并列各图及"真犯死罪决不待时"(凌迟十二条、斩三十六条、绞十三条)、"真犯死罪秋后处决"(斩一〇一条、绞八十六条)、"杂犯死罪"(斩四条、绞九条)。

本书对律条所作的解释，可分以下几种类型。首先是从语言文字角度解释律条(包括条例内所用专门语词)。如对《户律·婚姻·典雇妻女》的解释："典、雇二字有分别。备价取赎曰典、验日取值曰雇。"又如对《刑律·贼盗·强盗》中"共盗之人不曾助力"的助力二字进行的解释："助力者，谓因众人拒捕及行奸之时，或在外瞭望与之把风，或在旁喊叫助其威势者皆是也。"再如对《刑律·贼盗·起除刺字》中"警迹"二字的解释："警者，巡警之意；迹者，从迹之意。充巡警之役以从迹盗贼,俾立功以自赎,盖以盗捕盗之法也。"有时这类解释不仅从字义出发,还从律条的确切含义角度对一些关键字眼进行进一步的明确。如《刑律·贼盗·白昼抢夺》条纂注:"人少而无凶器者,抢夺也;人众而有凶器者,强劫也。"又如《刑律·贼盗·夜无故入人家》条的解释:"夜,一更三点以后也。无故入人家,罪止不应重律,不附于杂犯之后,附于各盗之后者,因其疑于盗也。杀人者死,而此独轻者,奸盗之律最重,防范不得不严,所以重宵行之恶于未萌也。"

其次,着重说明律条的立法意图。如《户律·婚姻·妻妾失序》条纂注:"谓年四十而有子、虽无子而年未四十者,均之不许娶妾也。律不言离异,仍听为妾。此条大意重在尊嫡妻言。……违律娶妾于份犹无妨也,故止坐笞耳。……重无后也,可谓仁至而义尽矣!"备考又进一步明确:"妻亡,以妾为正妻者,问不应,改正。"又如《刑律·贼盗·略人略卖人》条按语:"此律略卖为首之人,当引例充军。若买良家子女转卖者,律虽曰'罪亦如之',然不得引例充军。凡律罪同者,例不得而同焉,以作律时未有例也。与律文原有充军者不同。"再如《刑律·人命·斗殴及故杀人》条纂注:"斗殴、故杀俱出自一人一时之事,故律不著为从之罪。或谓律不言皆,若分首从,不知以一人而敌一人曰斗,若两人斗一人,则为共殴非斗殴也。有意而杀人,曰故意,非人所知。若人得与知则为同谋,非故杀也。"按语又进一步分析:"斗殴条云:同谋共殴伤人者,各以下手重者为重罪。是各据伤科罪矣,此乃云:余人杖一百。何也?盖此条重在死字,谓既已抵其命则死者瞑目,故余人得宥之。斗殴条重在伤字,谓不书科之,则伤者何辜?故各以下手伤论。意各有所在,故罪不同科。然余人至折伤以上亦止杖一百,实为太轻,故又有执持凶器及致命伤痕之例,而律始无遗法矣!"

再次,着重说明适用律条时的具体界限。如《名例律·给没赃物》纂注强调"若计雇工钱者,一人一日为铜钱六十文"。又如《户律·钱债·违禁取利》条纂注:"月利三分,如一百贯,月取其利三贯也。不过一本一利,如借本一百贯,其取利亦不得过一百贯。"又如对《刑律·人命·谋杀人》条所附条例的解释:"此条乃用律之令,专为谋杀人因得财同强盗论一条而设。盖律既严于杀人得财矣,倘不著此令,则听狱者易失于苛,曰'果有'、曰'方以'、曰'毋得',乃特教以听断之法,所以慎民命也。"

还有一类解释是专就某些已过时的律条加以说明。如《名例律·吏卒犯死罪》条纂注:"此律乃国初戡乱之后,恐奸徒仍踵旧风、敢于恣恶,故特重其令以暂行于一时,今例皆奏请矣。"又如《户律·田宅·盗卖田宅》条纂注:"今例限外无力取赎者,田地仍种二年、器物计花利勾一本一息者,俱交还原主。此又宜民之时制也。"

《明律集解附例》虽然并非中央司法机构颁行的标准法律解释,但毕竟是官方编辑刊行的法律注释书,其效力自然高于一般私家法律注释。在基层司法机关,至少在浙江省范围内,本书具有司法权威性质,可以用于实际司法审判。本书在一定程度上统一了各家注解的说法,具有标准解释的性质,对法制的划一与稳定有重要意义。因此本书在明末司法界广泛流行,并不限于浙江一地。清朝入主中原后所颁行的第一部法典《大清律集解附例》,基本沿用本书对律条的解释,本书因此具有深远影响,在中国法制史上有重要地位。

关于本书的研究有张伯元《律注文献丛考》中的相关章节。

(郭　建)

皇明经世文编 陈子龙等

《皇明经世文编》，又名《皇明经世编》，明末陈子龙、徐孚远、宋徵璧主编。列名参加选辑者有二十四人，列名参阅者一百四十二人，主要为松江的学者。始编于明崇祯十一年（1638）二月，同年十一月书成。明末由云间平露堂梓行。清代列为禁书。故现存主要版本为明末刻本。中华书局于1962年据平露堂本影印，并略加校订，补编内容分类及人名索引，改称《明经世文编》，为目前最完整的版本。

陈子龙（1608—1647），字人中，又字卧子，号大樽。松江华亭（今松江）人。善属文，诗、赋、古文、骈体均精，尤擅制艺（八股），号为江南名士，参加复社，并发起组织几社。崇祯三年（1630）举人，崇祯十年（1637）进士。选绍兴府推官，后授兵科给事中，未及上任，清军已占北京。旋加入南明政权。清军南下，参与组织太湖民众反清武装，兵败被俘，投水自尽。著有《诗问略》《白云草庐居》《湘真阁》等。《明史》卷二七七有传。

徐孚远（1599—1665），字暗公。松江华亭人。崇祯十五年（1642）举人。为几社创办人之一。明亡后参加郑成功领导的反清武装，来往闽台间，后卒于台湾。主编《几社会义》。

宋徵璧，原名存楠，字尚木。崇祯十六年（1642）年进士。明亡后降清。

陈子龙在本书序言中指出："古者有记事之史、有记言之史"，而明代缺乏记言之史，其原因在于"一曰朝无良史，二曰国无世家，三曰上无实学"。朝廷上下对此不加重视，士大夫则热衷于无关世道的"求禄"时文。为矫此弊，故编辑明朝"经世"之作，为以后统治者提供指导性意见。

《皇明经世文编》全书共五百零四卷，《补遗》四卷。共选编明代官员、学者四百三十多人、近三千篇议论时政的文章。全书体例按各人文集编排，以人为纲，以年代先后为序。因此检索较难。这些政论涉及范围相当广泛，大致有时政、礼仪、宗庙、职官、国史、兵饷、军政、边防、边情、边墙、军务、海防、火器、贡市、贡舶、灾荒、农事、治河、水利、海运、漕运、财政、盐法、刑法、钱法、钞法、税课、役法、科举、学宫、弹劾、谏诤等。

本书宋徵璧撰"凡例",说明本书选编的几个出发点。首先是"明治乱",系统总结明朝二百七十年的政治经验教训,"此书非名教所裨,即治乱攸关"。尽可能编辑明代官员、学者有关"治道人心"的论文,以探索长治久安的途径。无论作者本人在历史上的评价如何,"若乃其言足存,不以人废"。因此收录如明代大"奸臣"严嵩的论文。又如熊廷弼在崇祯时被视为罪臣,但本书仍收其有关边防的一些议论。其次是"存异同",对于某些政治、礼仪、法律、财政等有争议的问题,将双方主要文章均予收录,"得失虽殊,各有可采,不妨两存,以俟拣择",为后人提供各种意见及经验教训。再次是"详军事",本书编辑时明王朝已风雨飘摇,疲于用兵,故着重总结明代军事方面的经验教训,选编大量有关军事、边防、治安的论文,约占全书篇幅三分之一。

本书编入的许多议论时政文章,在作者当时具有重大影响。如明太祖洪武间叶伯巨所上《万言书》,批评明太祖施政"事之太过者有三:曰分封太侈也,曰用刑太繁也,曰求治太速也",并详细分析了分封制的利弊及用刑求治的方法。虽然作者因而罹祸,但其分析不幸而言中。又如明嘉靖间杨继盛所上《早诛奸险巧佞贼臣疏》,弹劾权臣严嵩十项大罪,曾轰动一时。嘉靖末年海瑞所上《治安疏》,指责皇帝不理朝政,迷信道术,薄于父子、君臣、夫妇之义,"天下之人不直陛下久矣",并称"嘉靖者,言家家皆净而无财用也"。天启间杨涟所上《纠参逆珰疏》,以二十四项大罪弹劾当时权倾天下的太监魏忠贤。本书编入这些著名奏疏,对于激扬正气,提倡名节,具有重要的意义。

明代实行高度君主专制制度,明朝学者对此虽不敢正面评论,但本书所收论文不乏触及这一问题的。如刘健《论票拟疏》(卷五二)指出由于君臣不见面,"朝参、讲读之外,不得复奉天颜",阁臣草拟的文书、皇帝所批意旨,都要通过太监、管文书官往来,"经历太多、耳目太广",无法保密。又如高拱《论辅臣面对》(卷三〇二),具体分析君臣不得面对是由"内官不乐"和"臣不敢苦请面对"所致。前者指太监揽权,后者指大臣惟恐面对时出差错。"君臣道隔,未有甚于此"。

本书所收法律方面论文不多,但其中有些有一定影响。如卷六四所收马文升《为申明律意以弭盗贼事疏》,指出犯罪在十恶之外最重者,是强盗。由于明英宗天顺间确立秋审制度,所有死刑罪犯应经秋审后方可行刑,马文升认为重罪如十恶强盗应决不待时,仅一般死罪可以监候秋审。此疏对日后死罪分为"立决"、"监候"两大类有直接影响。又如卷一八六所收霍韬《天戒疏》,指出明律原定受财枉法赃八十贯绞,故禁平民至死绞,故勘平民致死斩;而后世文臣托钦定事例"改从杂犯而许之赎",造成"赃官以法轻易犯","酷吏无忌"。要求立法从重处罚赃官。

《皇明经世文编》突出了经世致用的重要性,力图扭转明代文人学士崇尚空谈,追逐名利的腐败学风,对于明末清初经世致用学风的兴起,具有很大影响。虽在清代列为禁书,但其编辑指导思想和体例,对清代编纂本类书籍有直接启示作用。本书收录的名家政论,对于清代政治、财政、军事、法律等方面仍有一定影响。本书保留大量珍贵史料,有关清朝入关前的政治、军事活动,以及明代与海外各国外交往来,明代各级政治操作等方面的资料,尤有重要价值。

(郭　建)

明代编

历史类

元史 宋 濂等

《元史》，二百十卷。明宋濂等撰。成书于洪武三年(1370)七月间。同年十月刻印,今残有初刻本一百四十四卷。另有嘉靖十一年(1532)南监本、万历三十四年(1606)北监本、清乾隆四年(1739)武英殿刻本、道光四年(1824)改校刻本。1935年商务印书馆百衲本,系以洪武刻本残卷配以南监本影印而成,较诸本为佳。1976年中华书局标点本即以百衲本为底本,取诸本作校核,并吸收清以降有关研究成果加以订正,为目前较通行的版本。

宋濂(1310—1381),字景濂,号潜溪。浦江(今属浙江)人。元顺帝至正年间授国史院编修官未就,隐于龙门山著书十余年。明初任江南儒学提举,以经学教授太子。洪武二年诏修《元史》,为总裁官。六年(1373)为侍讲学士兼太子赞善大夫,与诸儒同修国史、日历、宝训等。尚著有《潜溪集》、《翰苑集》、《浦阳人物志》、《宋学士文集》、《芝园集》等。《明史》有传。

洪武元年(1368)十二月朱元璋下诏撰修《元史》,二年二月开局,以李善长为监修,宋濂、王祎为总裁官,汪克宽、胡翰、宋僖、陶凯、赵壎等十六人为纂修。至同年八月(1369年9月)完成顺帝朝以前部分,包括纪三十七卷、志五十三卷、表六卷、传六十三卷,总计一百五十九卷。顺帝朝三十六年史事因典籍无存付阙。随即派遣儒士赴各地采集史料。翌年二月第二次开局,仍以宋、王为总裁官,纂修者除赵壎之外,另征朱右、贝琼、张孟兼、高逊志、李懋等十四人充任。至同年七月撰成纪十卷、志五卷、表二卷、传三十六卷,共计五十三卷。与前书汇合更作二百十卷。本书编撰所依据的主要资料来源,包括元朝国史院所修各帝《实录》,以及赵世延、虞集等修撰的《经世大典》八百八十卷。

本书是一部官修纪传体史著,记述了上起1206年元太祖成吉思汗统一漠北、建立大蒙古国,下迄1368年元代灭亡,凡一百六十余年史事。全书内容由纪、志、表、传构成。纪四十七卷,分记太祖、太宗、定宗、宪宗、世祖、成宗、武宗、仁宗、英宗、泰定帝、明宗、文宗、宁宗、顺帝共十四帝,其中《太祖纪》除叙述铁木真一生外,并记载其先十世的情况和世系。本纪的修撰仅依据元修《十三朝实录》,因而实录记载的详略造成本纪卷数内容安排的相差悬殊。如太祖铁木真为元朝的建立和统一奠定基础,一生功勋卓著,在政治、军事方面可述者甚多,但《太祖纪》仅一卷。太宗窝阔台在位十多年间,进行过一系列征伐和经营活动,其事迹可书者颇多,但在本书中却与其子定宗纪并作一卷。世祖时实录记载较详尽,故《世祖纪》多达十四卷。《顺帝纪》因明初儒士采集史事颇富,亦占十卷之数。

志五十八卷,志目包括天文、五行、历、地理、河渠、礼乐、祭祀、舆服、选举、百官、食货、兵、刑法等。其中天文、历、地理、河渠四志内容颇为珍贵。《天文志》二卷分别记载了郭守敬所制"简仪"、"仰仪"、"圭表"等各种天文仪器的制作、使用方法、用途及效果,记述了"混天仪"、"测验周天星曜之器"等引进的西域仪象等。《历志》六卷详细记载了耶律楚材的"西徵庚午元历"、西域扎鲁马丁的"万年历"及王恂、郭守敬等创制的"授时历",并以"授时历"与诸历推算冬至刻列表相比较,以证授时历推验之确。《地理志》六卷附有《河源附录》,记载了都实等人探求河源的情形,是自汉、唐以来对河源考察最具体、记录最详尽的文献,为以后考察黄河提供了珍贵的参考资料。《河渠志》三卷记载了元代修治黄河、练湖、吴淞江、淀山湖等的情况,以及疏通运河、解决南北漕运和大都供水问题等内容,保存了有关兴修水利、防范水害和内河漕运方面的大量资料。

表八卷,包括后妃、宗室世系、诸王、诸公主、三公、宰相等名目。所列各表因资料不完备,多有遗漏和错误,难以与《汉书》、《新唐书》各表相提并论。传九十七卷,除专传外,另列有后妃、儒学、良吏、忠义、孝友、隐逸、列女、释老、方使工艺、宦者、奸臣、叛臣、逆臣、外夷等类传。所传人物,蒙古、色目人居前,汉人、南人居后,计有一千二百七十余人。所记之人,后期多、前期少,文臣多、武将少,这主要也是元代初期资料缺乏所致。《释老志》一卷专为佛教、道教首领立传,是继《魏书》之后又一例,反映出元代时期兼容各教的情况,为研究当时佛教和道教各流派保存了重要史料。

本书的编撰,自朱元璋下诏至刻板功毕,前后不足二年,而用于纂修的时间仅三百三十一天,故不免存在各种谬误和疏漏,举其大者有三。一是内容重复或相抵牾。纪、表、传中重复处比较多,如《后妃表》与《后妃传》内容基本相同,《直脱儿传》与《忽剌出传》所记此父子二人事迹多相重叠。太宗时采纳耶律楚材建议以科举取士,《太宗纪》、《选举志》和《耶律楚材传》均记考试年份为太宗九年丁酉(1237),但《扬奂传》则记为戊戌(1238)。核之各种元人文集记载,则以《扬奂传》所记为确。二是译名不统一。如大将哲别,即在书中有遮别、枯柏、折不、者必、只别等多种译名;地名昔木土,也有失木里秃、失门秃、失木鲁、失亩里秃等异译。列传中出现一人两传之情形,原因也在于此。如《速不台传》和《雪不者传》、《石抹也先传》和《石抹阿辛传》等,皆使一人因译名不同而分立两传。三是史实考订谬误。如《耶律留哥传》载"辛亥,睿宗以石刺为国宣力三代"。辛亥为1251年,睿宗于此时已去世十九年,所载之事实为宪宗所为。《地理志》在考订元代建置沿革方面,因不明前代建置,时有不确之处。至于以干支记年月方面的差错,亦属屡见不鲜。

尽管本书中存在的各种错误现象比较严重,后世学者对此也屡有摘发批评,但由于本书编撰时,通过大量摘钞保存了丰富的原始资料,特别是它据以成书的元代《十三朝实录》和《经世大典》俱已失佚,本书的史料价值更不容忽视,至今仍不失为研究元代政治、经济、军事、文化、民族关系和中外关系诸方面的基本文献。

《元史》问世后,对其修订、补遗之作也随之开始出现。参与修撰的朱右作《元史补遗》十二卷,解缙也奉旨修正本书舛误,二书均已不传。终明一代,在改修元史方面并无取得明显成绩,仅留下若干零篇碎简,如胡粹中《元史续编》、王光鲁《元史备忘录》、马维铭《元史纂要》、张九韵《元史节要》、张复浚《元史弼违》、许浩《元史阐幽》等。降及清代,在修订元史方面始取得长足进展和实际成果。清人改修之作,以康熙年间邵远平《元史类编》四十二卷为权舆,此书虽有增补旧史之功,但无表、志,致使一代经制阙略不详。此后钱大昕撰《元史稿》一百卷,成稿今已佚,行世的《补元史氏族表》三卷、《补元史艺文志》四卷,则以其精审而为世所重。钱氏《廿二史考异》中有《元史考异》十五卷,系对《元史》逐卷校勘,对年月、史实、译名、地理、官制、世系等亦有详细考异和订误。钱氏之后,改修元史之作有汪辉祖《元史本证》、魏源《元史新编》、洪钧《元史译文证补》、曾廉《元书》、屠寄《蒙兀儿史记》,以及柯劭忞《新元史》。有关《元史》的工具书有汪辉祖《辽金元三史同名录》四十卷、哈佛燕京学社引得编纂处编《辽金元传记三十种综合引得》、姚景安编《元史人名索引》(中华书局,1982年)。

(陈　墨)

大明一统志 李 贤等

《大明一统志》，九十卷。明李贤等纂修。主要版本有：明天顺五年内府刻本、弘治十八年(1505)建阳慎独斋刊本、嘉靖三十八年(1559)归仁斋重刻本、万寿堂刻本，另有日本元禄十二年(1703年)刻本。

李贤，字原德，河南邓州人。生卒年不详。明宣德八年(1433)进士。奉命察河津蝗灾，授验封主事。正统初，迁考功郎中，改文选。不久任户部侍郎。英宗复辟，升翰林学士，入直文渊阁，参预机务。未几，进吏部尚书。宪宗即位，进少保、华盖殿大学士，知经筵事。

朱元璋建明朝，为昭同文同轨之盛，屡诏修总志。洪武三年(1370)命魏俊民等编《大明志书》，十七年又编《大明天文分野书》。其书久已不传。永乐十六年(1418)，诏修《天下郡县志》，令户部尚书夏原吉、翰林学士杨荣、金幼孜总其事，惜未就绪。景泰七年(1456)陈循、彭时、高谷等奉敕编《寰宇通志》一一九卷，因遭时人非议，虽已刻毕，而未颁行天下。英宗天顺二年(1458)，命李贤等在《寰宇通志》基础上，依《大元大一统志》体例重修，"俾繁简适宜，去取惟当，务臻精要"，"昭我朝一统之盛"(英宗序)。三阅寒暑，至天顺五年(1461)书成。

《大明一统志》是明朝三百年间惟一正式颁发天下的总志。它卷首有英宗御制序、李贤等进呈表、目录，正文以天顺年间行政区划为准，以两京十三布政使司为纲，首京师、南京，次山西、山东、河南、陕西、浙江、江西、湖广、四川、福建、广东、广西、云南、贵州，附外国。先府后州、县，载建置沿革、郡名、形胜、山川、土产、公署、学校、书院、关梁、寺观、祠庙、陵墓、古迹、流寓、人物、列女、仙释。它于《寰宇通志》作了如下修订。

一、调整门类。《寰宇通志》设建置沿革、郡名、山川、形势、风俗、土产、城池、祀典、山陵、宫殿、宗庙、坛壝、馆阁、苑囿、府第、公廨、监学、学校、书院、楼阁、馆驿、堂亭、池馆、台榭、桥梁、井泉、关隘、寺观、祠庙、陵墓、坟墓、古迹、名宦、迁谪、流寓、人物科甲、题咏等三十六门。此书调整为府县之建置沿革、郡名、形胜、风俗、山川、土产、藩封、公署、学校、书院、宫室、关梁、寺观、祠庙、陵墓、古迹、名宦、流寓、人物、列女、仙释及京师、南京、中都之坛庙、山陵、苑囿等二十四门,少了十二门,门类相对集中。

二、充实内容。《寰宇通志》仿宋祝穆《方舆胜览》而作,内容侧重名胜古迹,而地图、道里、户口之类"有资军国,有益劝戒"(叶盛《水东日记》卷二五)皆付阙如。本志增加了地图、道里、户口。卷首有《大明一统志图叙》、《大明一统志图》,标绘京师、南京、布政司、五岳暨周边部族和邻国的位置。京师畿内、南京畿内、各布政司均有地理之图,标绘所属各府、州暨重要关隘位置。《寰宇通志》既有之门类也增益条目,如山川,仅京师顺天府(今北京)就增补金山等五十七条,古迹增旧燕城等八处,名宦增徐达等二十六人,人物也由前志记至元代,延补明朝。

三、调整体例。将原各布政司及所属府排例次序改为以天顺年间为准,某某等处承宣布政使司简称某某布政司。改帝号为年号,变国朝为本朝,改山川、寺院在城某某地方为在府某某处,删去古迹现状,将某某故城改成某某城。

四、简略记述。篇幅由一一九卷减为九十卷。全书建置沿革删削最多,山川改动最少。如顺义县"宋因金遗,赐名顺兴军。后复归金,仍曰顺州,置渔阳县。元县存州",改为"宋置顺兴军,金复为顺州,元仍旧"。各地命名原由也多削除。如良乡县删"以其民俗淳良,故名";密云县删"以境内有密云山,故名"。

本书的增订,有的未必改好,甚至还不如《寰宇通志》。较之《大元大一统志》,其分类虽多设十一门,但卷帙少了一千二百十卷,缺载乡镇坊廓。

《大明一统志》主要缺点,一是作为一部全国性的总志,卷数还不及《大元大一统志》的十分之一,确实过于简陋。即便是引用《大元大一统志》,也是变正文为小注,仅摘数语,余概删弃。二是考订欠精审。顾炎武曾指出书中七条讹误。三是书出众人之手,主修总裁不力,舛讹抵牾,疏谬尤甚。四是未能反映明朝全盛时的疆域。本书虽有缺陷,但保存了不少明以前资料,并推动了当时方志编纂活动的发展。

有关《大明一统志》的研究著作有清顾炎武《日知录》、今人陈光贻《稀见地方志提要》、彭静中《中国地方志简史》、王晓严《方志演变概论》、梅辛白《〈寰宇通志〉与〈明一统志〉之比较》、王剑英《明代总志评述》等。

(巴兆祥)

续资治通鉴纲目 商辂等

《续资治通鉴纲目》，亦名《宋元资治通鉴纲目》《资治通鉴纲目续编》。二十七卷，商辂等撰。成书于明成化十二年(1476)，修成后即由内府刊刻。万历二十八年(1600)苏州知府朱燮元刻于苏州。崇祯初年，长洲陈仁锡将是书与云间张时泰《续通鉴纲目广义》十七卷、余姚周礼《续通鉴纲目发明》三书并作一书，亦刻于苏州。清代有《四库全书》本。

商辂(1414—1486)，字弘载，号素庵，浙江淳安人。明宣德十年(1435)举乡试第一，正统十年(1445)会试第一，继而殿试第一，明代三试皆第一唯辂一人。授翰林院编修、侍读学士。历任兵部尚书兼文渊阁大学士、太子少保、吏部尚书、谨身阁大学士。卒后赠太傅，谥文毅。另有《商文毅疏稿略》《商文毅公集》《蔗山笔尘》。生平见《明史》卷一七六、商振伦编《商文毅公年谱》(《四库全书存目丛书》本)。

是书修撰起议于景泰六年(1455)，后因"夺门之变"而中止。成化九年(1473)诏修宋元二史以上接《通鉴纲目》，命大学士彭时为总裁，万安、丘濬、刘健、程敏政、尹直等任编纂官，分八馆编纂。成化十一年(1475)彭时病卒，由大学士商辂继任总裁，遂以元末陈桱《通鉴续编》二十四卷、明初胡粹中《元史续编》十六卷等为蓝本，补充宋元史料，于十二年(1476)成书，由商辂上表奏进。全书二十七卷，记事始于北宋建隆元年(960)，迄于元至正二十八年(1368)，共四百零八年。卷首有商辂等《进续资治通鉴纲目表》《凡例》及各家序文。商辂进书表言编纂缘由，谓朱熹《纲目》之后，"著宋史者讫无定论，撰元书者罔有折衷。或杂于辽、金而昧正统之归，或成于草率而失繁简之制；或善善恶恶之靡实，或是是非非之弗公。况其前后抵牾，予夺乖谬，众说纷纭，卒未有能会于一者，是诚有待于今日也"。不仅对元修三史多有斥责，对明初官修元史亦予批评。

是书袭用朱熹《纲目》旧例，叙事简要，其创举之处，在于否定元代以来依南北史之例分修三史、各予正统的成法；不仅夺去辽、金正统资格，元代虽已达成统一，其得统时间也被缩减。《凡例》云："凡中国为正统，夷狄不得纪元。及金、元得中原，然后分注纪年于宋年下。凡夷狄开统，中国正统未绝,犹系之中国;及夷狄全有天下,中国统绝,然后以统系之。其间书法间亦有异,及中国有义兵起,即夷之于列国。"是书记载两宋凡十八帝、三百二十年,即视南宋末端宗、帝昺时正统犹在,此与元修《宋史》记载两宋十六帝、享祚三百十七年的体例显有区别。其后王宗沐、薛应旂各撰《宋元资治通鉴》,王惟俭、柯维骐各改编《宋史》,皆沿用是书创例。

《四库全书》收入此书时,删去商辂进书表及各序文,与《通鉴纲目》、《通鉴纲目前编》、《通鉴纲目外纪》、《通鉴纲目举要》併作一书,冠以"御批"二字。提要中批驳是书"因朱子凡例,纪宋元两代之事,颇多舛漏,六合之战,误称明太祖兵为贼兵,尤贻笑千秋。后有周礼为作《发明》,张时泰为作《广义》,附于条下,其中谬妄更不一而足"。

(张荣华)

宋史新编 柯维骐

《宋史新编》，二百卷。明柯维骐撰。有明嘉靖三十六年(1557)初刻本四十二册。日本有天宝六年(1835)刊本。

柯维骐(1497—1574)，字奇纯，人称希斋先生，福建莆田人。明嘉靖二年进士，授南京户部主事，未赴任。登第五十年而未服一日官，专心读书讲学著述，门生前后达四百余人。感于《宋史》"纂修者大半庸人，以故是非不公，冠履莫辨"，故"覃思发愤，远绍博稽，厘复订讹，举偏补漏，凡二十余年寒暑"，撰成《宋史新编》(黄佐序)。明沈德符称其写作时，"至于发愤自宫，以专思虑，可谓精勤之至"(《敝帚轩剩语》)。另撰有《史记考要》、《续莆阳文献志》及诗文集等。生平见《明史》卷二八七、《明史稿》卷二六八、《国朝献徵录》卷三二等。

《宋史新编》系会通宋、辽、金三史的纪传体史著。全书计一百八十万字，分为本纪十四卷、志四十卷、表四卷、列传一百四十二卷。另有嘉靖三十一年郑应旂颂、三十四年黄佐序、三十六年康大和后序各一篇。撰者援引蜀汉之例，以宋为正统，于瀛国公后将景炎、祥兴二主均列入本纪，而将辽、金置于外国，与西夏、高丽同列。是书本纪部分详录各朝诏令，叙事亦称严整；表、志内容提纲挈领，简明清楚；列传内容亦多推崇爱国言行，倡扬民族志气。撰者所作论赞，亦多有可取之处。是书内容对《宋史》多有纠谬补遗，清赵翼《廿二史劄记》中所列《宋史》疏舛，不少为是书所订正。清朱彝尊《书柯氏宋史新编后》曾称赞是书："先是揭阳王昂撰《宋史补》，台州王洙撰《宋元史质》，皆略而不详，至柯氏而体稍备。"(《曝书亭集》卷四十五)

对是书改正《宋史》体例之举，《四库全书总目》曾予痛诋："元人三史并修，诚定论也。而维骐强援蜀汉，增以景炎、祥兴；又以辽、金二朝置之外国，与西夏、高丽同列，又岂公论乎！大纲之谬如是，则区区补苴之功，其亦不足道也已。"(卷五十)对此今人王重民曾加以反驳："金、元正统之争，在史学上虽亦有可讨论，然出之馆臣之口，仅是为满清张目，则完全失去客观地位矣。平心而论，是书诚不能比于叶隆礼、宇文懋昭，然方之萧常、郝经，未始不足为读《宋史》者之助。"(《中国

善本书提要》史部纪传类)

《宋史新编》缺陷在于删节《宋史》原书过多,有损史料价值。对原书存在的疏舛,也有因仍未改之处,如《宋史》对程师孟重复立传,《钱端礼传》末云"孙象祖自有传",而实无传,这些疏略亦为柯书所因袭。清钱大昕曾公允地评价《宋史新编》"用功已深,义例亦有深于旧史者。惜其见闻未广,有史才无史学耳。后之有志于史者,既无龙门、扶风之家学,又无李淑、宋敏求之藏书,又不得刘恕、范祖禹助其讨论,而欲以一人之精力成一代之良史,岂不难哉!"(《潜研堂文集》卷二十八)

(陈　墨)

明会典 申时行等

《明会典》,原名《大明会典》。二百二十八卷。明官修,凡三次。明孝宗弘治十年(1497),命大学士徐溥等纂修会典,名《正德会要》,一百八十卷。书成于弘治十五年(1502),武宗正德四年由李东阳重校刊行。嘉靖八年(1529)由大学士霍韬等奉敕续修,名《续修大明会典》,五十三卷。书成于嘉靖二十八年(1549),未曾刊行。万历四年(1576)由申时行等奉敕三修,名《万历重修会典》,是为通行本二百二十八卷。书成于万历十五年(1587)。有《万有文库》本通行。另北京图书馆藏有万历刻本《正德会典》一百八十卷。

申时行(1535—1614),字汝默,号瑶泉,长洲人。嘉靖四十一年进士。万历中任首辅。著有《赐闲堂集》等。生平见《明史》卷二一八。

《明会典》系记述明代典章制度的断代史书。体例仿《唐六典》、《元典章》,以官职为纲,记载明初至万历间行政机构职掌、事例、沿革以及仪礼、冠服等,着重记述各部门章程、法令、典礼。其中文职衙门计二百二十六卷,除首列宗人府,其下依吏、户、礼、兵、刑、工六部与都察院、六科以及各寺、府、监、司等为序;武职衙门仅占两卷,亦分类叙述五军都督府及各卫等。南京各部门不另立条目,分附于北京各部门后叙列,与北京相异者则别立条目。

本书所据,多为官方典制文献,保存了许多有关明代行政组织机构、政令法规及各项典章制度的原始资料。如初修《正德会典》,即以洪武二十六年(1393)所颁布的诸司职掌为主,参以当时有关典制史籍《皇明祖训》、《御制大诰》、《大明令》、《大明集礼》、《洪武礼制》、《礼仪定式》、《稽定制》、《孝慈录》、《教民榜文》、《大明律》、《军法定律》、《宪纲》等十余种,并附明初以来相关事例。

本书于所记各部门官职目下,皆列有具体的统计数字,如田土、户口、驻军、粮饷等,其中不少记载比《明史》各志及《明会要》更为详细。所记冠服、仪礼等并附有插图,颇有助于对明代器服名物的考证。故《明会典》向以内容丰富见称,成为研究明代典章制度的基本参考资料。

(陈 墨)

续文献通考 王圻

《续文献通考》，二百五十四卷。明王圻撰。成书于明万历十四年(1586)。有万历三十一年刻本，今藏北京大学图书馆。1986年北京现代出版社据以影印出版。

王圻，字元翰，上海人。生卒年不详。明嘉靖四十四年(1565)进士，初官清江知县，调万安知县。擢御史，因疏论时政触犯权相，出为福建按察佥事。后历陕西布政参议。晚年辞官乡居，专以著书为事。另著有《东吴水利考》、《谥法通考》、《稗史汇编》、《海防志》等。《明史》卷二八六有传。

《续文献通考》是一部古代典章制度专史。记述上起南宋宁宗嘉定年间，下迄明万历初年，共三百五十多年。全书分三十考：田赋考十六卷，钱币考二卷，户口考三卷，职役考一卷，徵榷考九卷，市籴考一卷，土贡考二卷，国用考九卷，选举考十二卷，学校考七卷，节义考二十二卷，职官考二十卷，郊社考七卷，宗庙考五卷，王礼考十八卷，谥法考十九卷，乐考八卷，兵考六卷，刑考五卷，经籍考十二卷，六书考五卷，帝系考二卷，封建考七卷，道统考九卷，氏族考八卷，象纬考五卷，物异考五卷，舆地考九卷，四裔考五卷，方外考十五卷。书前有周家栋序、温纯序、许维新书后及自序各一篇。

元马端临《文献通考》记述时间止于宋嘉定年间，《续文献通考》在时间上承接马书，并补续了马书所未载的宋真宗以后辽、金之事。在体例上，除继承马书所有二十四考外，新增氏族、谥法、六书、节义、道统、方外六考，其中前三考仿郑樵《通志》旧例而设，后三考则为撰者独创。

《节义考》，收录自商周时期直到明代的忠臣、孝子、节妇、义女等。《道统考》专记儒家，首列道统总图及《周易》、《尚书》、《公羊传》等近二十种儒家经典的传经图，并附解释，厘清师承脉络。继之以详列历代先儒事迹学说以充实图示体系，对儒家每一阶段的发展都有详尽说明，批评了"在上则止于尧舜禹汤，在下则以宋儒直接汉代诸儒而汉唐以降全无及焉"(凡例)的偏颇之论，肯定了魏晋以来的儒学发展。

《方外考》，记道、释两家源流体系。道家总纪、释家总纪阐述了道释两家起落兴衰及其与王道的离合关系。总论之后详细列举了道书名义、道家姓氏及释家法嗣和名僧。此二考反映了明代儒、道、释三家并立,且出现合流趋向的事实。

本书还在《田赋考》中增加了黄河、太湖、三江、河渠四目,在《国用考》中增海运目,在《学校考》中增书院目。撰者认为"水利乃国家大政,而水利之最巨者,在北莫如黄河,在南莫如震泽"(凡例)。因此辟黄河、太湖目。黄河目,记载了历次河患情形及各朝治理状况,并指出"前代河决不过坏民田庐而已,我朝河决,则虑并妨漕运,而关系国计,故治河视前代为犹急"。反映出随着经济的发展,水道已不仅是灌溉的源泉,同时也是日益发达的漕运所必须倚赖的条件,因而治水是关系国计民生的大事。太湖、三江二目,详细记载了太湖水系交通漕运条件、历代对太湖的各次疏浚,并说明太湖水系畅通对国家的重要意义。河渠目,记载全国各地包括少数民族地区,以及朝鲜、日本、西番、安南等邻国的江河水道。《国用考》中海运一目追溯了海运兴起始末,并记载了元、明两代的海运情况,包括岁运之数及海运组织形式等,较《元史》《明史》有关记载还要详尽。书院自宋以后有了很大发展,撰者在《学校考》中设书院目,详细考证了书院的源流发展,上溯南唐、下迄明末,并记载了宋、元、明时期全国各地的大小书院、义学,成为研究我国古代教育的宝贵资料。

《续文献通考》取材多据史乘、文集、官牒、奏疏,采用文、献、注三者结合的编著方式。"文"是辑录事迹,"献"是列举各史家对史事的评论,"注"则是作者于史评有异之处附论自己的观点。尽管取材偏于冗杂,编次也有失精当,但因其保存了自南宋末以来尤其是明代的大量史料而具有较高的学术价值。

清乾隆年间又有敕修《续文献通考》,取代了王书而使之长期不传。敕修《续文献通考》二百五十卷,编修起于乾隆三十二年(1767),定本成于乾隆四十七年(1782)至乾隆四十九年(1784)间,纪昀、陆锡熊任总纂,由武英殿刊行,清末浙江书局有复刻本。有1935年至1937年上海商务印书馆万有文库"十通"合刻本。

清敕修《续文献通考》记事上接马端临《文献通考》,终于明崇祯末年,记载了宋、辽、金、元、明五代四百多年的典制沿革。全书二十六考,基本同于《通考》,仅析《郊社考》为郊社、群祀二考,析《宗庙考》为宗庙、群庙二考,而对王书所增六考一概不用。编著方式也是文、献、注结合,先采史载事迹,再录诸家议论,凡事有异同则另附按语进行考论。

一般认为,敕修《续通考》因其记述时间与王圻《续通考》相差不多,对明万历以前之事基本采用王书而稍作改编,且在改编时尚有删减失宜之处。但由于敕修《续通考》记载了王书以后自万历末年至崇祯末年之事,且对四库馆辑访的遗书也多有采录,因而也有其特色。

(金 燕)

弇州史料 王世贞

《弇州史料》，一百卷。明王世贞撰，董复表汇辑。约成书于明万历年间。有万历四十二年（1614）刻本。清廷曾下令抽毁此书十余篇，但万历本未见缺残。书中有佚名朱笔评点，计三十六册。《四库全书存目丛书》及《四库禁毁书丛刊》均收入此版。

王世贞（1526—1590），字元美，自号凤洲，又号弇州山人、拱璧先生。江苏太仓人。明右都御史王忬之子。明嘉靖丁未（1547）进士。历官刑部主事、南京刑部尚书等职。王氏精文史，与李攀龙同列"后七子"。著作尚有《弇山堂别集》、《嘉靖以来首辅传》、《世说新语补》、《读书后》、《弇州山人四部稿》和《弇州山人题跋》等。事迹见于《四友斋丛说》卷二六、《名山藏·文苑》卷八一、《皇明书》卷三九、《明史》卷二八七等。

《弇州史料》由董复表汇辑成册。董因虑"拱璧先生"史著为诗文所淹没，"一代大业若存若亡"，便从其文集、说部之中辑录有关朝野记载、因避忌秘藏之传录及其他秘录等，采选裒合，而成此书。

《弇州史料》是一部明史资料汇编，可看作王氏撰写《明史》的草稿。该书记叙明洪武至万历间诸事，内容涉及君臣事迹、朝政大事、社会经济、典章礼俗、朝野掌故、民族关系、对外和战及史籍考订等诸多方面。全书分为前后两集。前集三十卷，记表、志、考、世家和史传等；后集七十卷，记志状碑表等与史家有关之杂著。书前有李维桢、陈继儒序和董复表引；后集前有董复表文。

前集卷一至二为序，收有同姓诸王表序、高帝功臣公侯伯表序等二十一篇；卷三至十为考，包括巡幸考、亲征考、命将征讨考、徵赏考、赐赉考、营兵将考、市马考、藩禄考、谥法考、科举考、中官考等；卷十一为官制和事例；卷十二至十六记明洪武至万历诸朝事，包括洪武至成化朝事、弘治朝及正德朝首年事、正德朝事、嘉靖朝事、隆庆与万历朝事等；卷十七至十八为志，包括丞相府志、后旧丞相府志、锦衣志、安南通志、戎始末志、北虏始末志、倭志、安南志（明代）、哈密志、三卫志等；卷十九至二十二为世家，包括徐达、常遇春、李文忠、邓愈、汤和、沐英、朱能、张辅、朱英等世家；卷二十三至三十为传,列有各卿侯续纪,包括郭子兴、李善长、冯胜、傅友德、蓝玉、徐辉祖、浙三大功臣(刘基、于谦、王守仁)、四文臣伯(王骥、杨善、徐有贞、王越)、弘治三臣(王恕、马文升、刘大夏)等人传记。其中,在名卿续纪中,因单记阃外之勋,故刘基等人有重复记载。

后集卷一至八为传,收有张孚敬、吕本等三十一人传记;卷九至二十一收有徐阶、严讷等四十八人志状碑表,其文俱由名贤志中节录而出;卷二十二为序记,收有王宗沐《海漕奏序》等八篇;卷二十三至二十六为像赞,收有周寿谊等一百二十一人像赞;卷二十七为碑版杂记,收有吴文华《平岑冈蛮碑》及《平岭西前后功志》、《张司马定浙二乱志》等十二篇;卷二十八为札记题跋,收有札记二十二条,题"朝鲜三咨"等十三篇,皆为史乘之散见者;卷二十九为奏疏,收有《请蠲恤水灾疏》等八篇;卷三十为议策,收有《公侯伯存革议》、《南倭北虏策》、《守宣大策》等六篇;卷三十一至三十六为国朝丛记,收有永乐功臣宴等朝中传闻故事若干;卷三十七至三十八为笔记;卷三十九为觚不觚录;卷四十为史稿各序,收有《丁戊杂编序》、《弇州修史略说》等十一篇;卷四十一至四十六为盛事述;卷四十七至五十六为异典述;卷五十七至六十为奇事述(以上三述通称《皇明三述》);卷六十一至六十八为二史考,专考明代正史和野史;卷六十九至七十为家乘考。

《弇州史料》考订谨严,见解精辟,记载明代二百多年大事如锦衣、三卫、市马、钞法、边费等,多有重要史料可采。尤其是记载明与蒙古族各部落之关系,更为系统完整,为历代史家所援引。是书为人们研究明代历史提供了不可多得的史料。明谢肇淛称该书"网罗散佚,博采异闻","考核该博,固有自来","是非不谬,证据独精"(《五杂俎》卷十三)。故清代编撰《明史》,也采取此书资料。据杨农先《甬上明鉴纲目馆总裁书》称:"《明实录》疏漏脱略,不得已采之稗史,而稗史惟王元美《史料》为胜。"(《明史例案》卷七)由此可见其史料价值之高。

(丁孝智)

藏书 李贽

《藏书》,亦称《李氏藏书》。六十八卷。明李贽撰。成书于明万历十年(1582)至十八年间。有明万历二十七年金陵刻本、明陈仁锡评本、明翻刻本等。

作者生平事迹见"焚书"条。

《藏书》是撰者晚年精心之作,所据多系历代正史,自称"此书但可自怡,不可示人",故以此题名。后因友人借读颇多,不得已而刊行于南京。全书以纪传体裁记载战国至元之间约八百人事迹。于帝王和大臣纪传前均撰有总论,末附评语。书前序五篇。卷一至卷八为《世纪》,记叙和评价战国至元代历朝君主。陈胜等农民起义领袖亦厕身其间,与秦皇、汉武、唐宗、宋祖等并纪,反映作者蔑视正统皇权。卷九以下皆《列传》,所记战国至元代间人物,分别纳入八项类传。各类传下又根据人物性质细分若干门。其中大臣传(卷九至卷十二),分因时大臣、忍辱大臣、结主大臣、容人大臣和忠诚大臣五门,记载曹参、狄仁杰、吕蒙正等人事迹。名臣传(卷十三至卷三十一),分经世名臣、强主名臣、富国名臣、讽谏名臣、循良名臣、才力名臣、智谋名臣、直节名臣八门,记叙历代各类名臣,如蔺相如、张良、魏徵、赵普、文天祥等。儒臣传(卷三十二至卷四十六),分德业儒臣、行业儒臣、词学儒臣、文学儒臣、数学儒臣、经学儒臣、艺学儒臣七门,记叙各类文人学子。武臣传(卷四十七至卷五十六),分大将、名将和贤将三门,记叙历代战功卓著之将军。贼臣传(卷五十七至卷五十九),分盗贼、妖贼、贪贼、反贼、残贼、逆贼、奸贼七门,既记历代大奸大恶如董卓、秦桧之流,亦载若干农民暴动首领如黄巢等。亲臣传(卷六十至卷六十四),分历代太子、诸王、宗室、外戚、后妃和公主(附烈女)六门,记叙历代王室成员之事。近臣传(卷六十五)分宦官、嬖幸和方士三门,记叙历代著名宦寺近臣之事。外臣传(卷六十六至卷六十八),分时隐外臣、身隐外臣、心隐外臣、吏隐外臣四门,记叙历代隐退臣民。

《藏书》特点,首先表现为撰者敢于对千余年来"以孔孟之是非为是非"的传统史观提出挑战,颇多惊世骇俗之论。本书开门见山地指出:"人之是非,初无定质;人之是非人也,亦无定论。无定质,则此是彼非,并育而不相害;无定论,则是此非彼,亦并行而不相悖矣。"(《世纪列传总目前论》)"虽使孔夫子复生于今,又不知作如何非是也,而可遽以定本行罚赏哉!"(同上)以此,他臧否历史人物,经常"颠倒千万世之是非"。

本书评骘人物,往往寓褒贬抑扬于类次编排中,并藉此对当时支配思想界之程朱理学进行抨击。如他将程颐、朱熹等人列名于"行业儒臣",而在"文学儒臣"类中立传,在"德业儒臣"中却不予列名。书中盛赞陈胜等为"匹夫首倡"、"古所未有",以褒扬其功业。所以有人称此书"推倒一世之智勇,开拓万古之心胸"之作(李中黄《逸楼四论》)。

撰者在书中阐发的历史见解,在当时具有一定的启蒙意义。是书所产生的积极影响,已经越出了国界。日本明治维新运动先驱吉田松阴读过此书后称道:"抄李氏《藏书》,卓吾之编大抵不泄,谁不读而不与吾拍案叫绝者哉!"(《己未存稿·寄某书》)

作为一部触犯封建正统观念大忌的著作,《藏书》刊行后,即遭明朝政府两次下令"尽搜烧毁,不许存留"。在清代亦被列为禁书。纪昀在《四库全书总目》中攻击此书"排击孔子,凡千古相传之善恶,无不颠倒易立,尤为罪不容诛。其书可毁,其名亦不足以污简牍"。甚至连王夫之也认为"近世有《千百年眼》、《史怀》、《史取》诸书,及屠纬其《鸿苞》、陈仲浮《古文品外录》之类,要以供人之玩,而李贽《藏书》为害尤烈!"(《俟解》卷一)。然而也正是这部《藏书》,奠定了李贽在中国启蒙思想史上的重要地位。

《藏书》在明代有陈仁锡评本,对该书加以研究和评价。1959年中华书局出版了该书的校点本,1974年修订再版。2010年社会科学出版社出版了《李贽全集注》。

(丁孝智)

续藏书 李 贽

《续藏书》,二十七卷。明李贽撰。约成书于明万历十八(1590)至三十九年间。有万历三十九年初刻本。

作者生平事迹见"焚书"条。

《藏书》著成后,李贽认为此书虽成,但于"国朝事未备",因此继续撰写续编,以评论明代历史人物。李贽好友焦竑在《续藏书》序中称:"李宏甫《藏书》一编,余序而传之久矣,而于国朝事未备,因取余家藏名公事迹绪正之。未就而之通州。久之宏甫殁,遗书四出,学者争传诵之,其实真赝相错,非尽出其手也。岁己酉,眉源苏公吊宏甫之墓,而访其遗编于马氏。于是《续藏书》始出。余乡王君维俨梓行之。"

《续藏书》系续《藏书》而作的一部人物传论,主要取材于明代传记和文集。《藏书》自战国记至元末。本书则自明初记至万历以前。所记人物上自王公将相,下至郡县臣民,凡四百余人,分作十四类。诸类前大都冠有总评,对个别重要人物还附有专论或评语。书前有序两篇。全书内容可分九部分。(一)小引(卷一),总论明代开国诸臣,并对其缘起、本根进行考察。(二)开国名臣及功臣(卷二至卷四),记叙随朱元璋起义诸人事迹,间及家人,如记刘基,附子琏;记詹同,附子徽;记花云,附许知府、郜氏、孙氏等。(三)逊国名臣(卷五至卷七),记叙忠于建文帝诸大臣,附有逊国名臣记、文皇帝答曹国公李景隆书和逊国名臣记叙等。此类人物包括齐泰、方孝孺、徐辉祖、梅殷、景清、姚善等。(四)靖难名臣及靖难功臣(卷八至卷九),记叙追随明成祖朱棣起兵诸臣及降服朱棣的建文帝旧臣之事其中包括太师蹇义、夏原吉、太保黄福、少保陈洽及姚广孝、袁珙、张信等。(五)内阁辅臣(卷十至卷十二),记叙万历以前明代内阁大臣事迹,如解缙、黄淮、胡俨、杨士奇等。(六)勋封名臣(卷十三至卷十四),记叙万历前明代受封爵位诸臣及世袭武职大臣事迹,包括靖远侯王骥、兴济侯杨善、涞国公孙镗等二十余人。(七)经济名臣(卷十五至卷十八),记叙万历前明代历朝公卿大臣事迹,包括王翱、陈镒、郭琎等六十余人。(八)清正、忠节、孝义、郡县诸臣,为作者极力颂扬之人,其中卷十九至二十记清正名臣四十四人;卷二十三记忠节名臣十九人;卷二十四至二十五记孝义名臣三十六人;卷二十七记郡县名臣十三人。(九) 理学及文学名臣,相当于正史中《儒林》、《文苑》二传,记叙万历前明代理学家和文人,其中卷二十二记理学名臣二十一人;卷二十六记文学名臣二十一人。

《续藏书》是李贽又一部史传名作。与《藏书》一样,该书不仅资料丰富、内容翔实,而且据事直书,无所避讳。明李维桢在该书序中称:"《藏书》始周末,迄胡元,笔削诸史,断以己意。今所行《续藏书》则自明兴及庆、历诸臣列传也","其甄别去取,若奇而正,若严而恕,若疏而核,若朴而藻,可谓良史"。

《续藏书》与《藏书》不同之点在于"扬善而不刺恶"。但问世后,也遭到与《藏书》相同的命运,被明清两朝列为禁书。《四库全书总目》攻击此书"冗杂颠倒,不可胜举","种种踳驳,毫无义例,总无一长之可取也"。

《续藏书》的校点本于1959年由中华书局出版,1974年修订再版。2010年社会科学文献出版社出版了《李贽全集注》。

(丁孝智)

国朝献徵录 焦 竑

《国朝献徵录》,略称《献徵录》。一百二十卷。明焦竑撰。约成于万历二十二年(1594)后。有万历间刻本和1956年版《中国史学丛书》本等。

焦竑(1541—1620),字弱侯,号漪园、澹园。明江宁(今江苏南京)人。万历十七年(1589)状元,授翰林院修撰,迁东宫讲读官。万历二十五年主顺天乡试,因事贬福宁州同知。后升国子监司业,遂辞官讲学于南京。曾参修国史,撰成《经籍志》。与罗汝芳、耿定向、李贽等交往甚笃。其著述按《四库全书总目》所收,尚有《澹园集》、《玉堂丛语》、《焦氏笔乘》、《易筌》、《老子翼》、《庄子翼》、《中原文献》、《俗书刊误》等十余种。事迹载于明谢肇淛《五杂俎》卷十三等。

明万历二十二年大学士陈于陛倡修国史,欲聘焦竑领其事,《国朝献徵录》似为撰者参修国史时辑录的初稿长编。此书搜集明代人物传记史料,自洪武至嘉靖朝野人物事迹,略汇于一编。诸传分类标目,依次为宗室、戚畹、驸马都尉、公、侯、伯、中书省、内阁、詹事府、翰林院、吏部、户部、礼部、兵部、刑部、工部、都察院、道御史、通政司、大理寺、太常寺、光禄寺、太仆寺、国子监、顺天府、应天府、鸿胪寺、尚宝司、太医院、钦天监、六科、中书科、行人司、督府幕、锦衣幕、北直隶、南直隶、浙江、江西、湖广、福建、河南、陕西、山东、山西、四川、广东、广西、云南、行太仆寺、苑马寺、监运司、藩府僚、左右都督、都督同知、都督佥事、锦衣卫、都司、各卫,以上皆有官职者;庶人无官者,则分为孝子、义人、儒林、艺苑、隐佚、寺人、释道、胜国君平雄、四夷。各官与庶人两者,共计六十八门。其体例甚便查检。

《国朝献徵录》保存的明代传记资料丰富,但其引述芜杂,间有抵牾,并非均可为据,又所引之书,出处或注或不注,也失之疏略。

此书的使用,可参阅哈佛燕京学社编《八十九种明代传记引得》的有关部分等。

(郑 觉)

宋史纪事本末 陈邦瞻

　　《宋史纪事本末》，原本二十八卷，改刊为十卷及一百九卷。明陈邦瞻撰。书成于明万历三十三年(1605)。同年初刻，分二十八卷。万历三十五年黄吉士改刊为十卷本。崇祯年间张溥于书中附列史论，并以目为卷，成一百九卷，后多为诸传本所本。清代有康熙间张闻升重刻本、同治间江西书局本、光绪间广雅书局本等。民国有《国学基本丛书》本较流行。1977年中华书局点校本，系以江西书局本为底本，参以他本出校。

　　陈邦瞻(？—1623)，字德远，号匡左，明高安(今属江西)人。万历二十六年(1598)进士。历任南京大理寺评事、南京吏部郎中、浙江参政、福建按察使、河南左布政使、广西与广东巡抚、总督两广军务、兵部左侍郎等职。一生主要的活动在军政方面，颇有政绩。于南京吏部郎中任上，编撰《宋史纪事本末》和《元史纪事本末》两书，用两年左右时间便告完成。传见《明史》卷二四二等。

　　在陈氏之前，已有明礼部侍郎冯琦草拟《宋史纪事本末》编例和部分文稿，以续南宋袁枢之书，未成而卒；另有南京侍御史沈越用同样的体裁编录宋事，取名《事纪》，也未完稿。万历三十二年由监察御史刘曰梧、应天府丞徐申创议，约请陈邦瞻增订冯、沈两人旧稿，以合为一编。陈氏参考了《宋史》、薛应旂《宋元通鉴》、商辂《续通鉴纲目》等史籍，用时约一年即成书。据撰者原叙，所取冯、沈旧稿约十分之三，而"增辑几十七"，即所补为大部。卷首另有刘曰梧序与徐申后序各一篇。

　　本书是继《通鉴纪事本末》之后，以纪事本末体记载宋代三百余年历史的史著。全书约六十万字，将重要的史事分立为一百九目，记述了宋太祖代周至文天祥、谢枋得被害这一时期中，有关后周、宋、辽、西夏、金，以及蒙古和元初的各朝史实。因此，本书不仅事关宋史，而且关涉各少数民族史。所记宋史的面也较广，除政治、军事事件外，还反映了典制、营田、治河、漕运、茶盐，及其天文、历法、学术思想等内容；对北宋初王小波、李顺起义，北宋末方腊起义，南宋初钟相、杨幺起义，也有专篇记述。特别是撰者首肯寇准、李纲、宗泽、岳飞、陈亮等抗战人物，对汪伯彦、黄潜善、秦桧、贾似道,以至高宗赵构等苟且误国的行为多所贬斥,实为当时史家中所罕见。

元代所修《宋史》向有"芜杂"之称,不便初学。陈氏遵循纪事本末之史体,以简驭繁,将这一时期各朝治乱兴衰的种种事迹分条排纂,体现了"前后始末,一览了然"的特色,且文笔也流畅。故《四库全书总目》称:"读《通鉴》者不可无袁枢之书,读《宋史》者亦不可无此一编也。"但《宋史》记载疏误之处,在《宋史纪事本末》中也时有所见,原因是撰者未尝详加考订。再与袁枢《通鉴纪事本末》相比,陈氏记述宋代典章制度的内容较详,弥补了袁书中忽略典制内容的缺陷,因而对纪事本末体史著的继续发展,具有重要影响。

有关《宋史纪事本末》的研究,可参见明末张溥《历代史论》等。

(郑 觉)

元史纪事本末 陈邦瞻

《元史纪事本末》,明陈邦瞻撰。万历三十三年(1605)成书。现存版本有:万历三十四年刘曰梧刻本等六卷本,万历三十五年黄吉士刻本、四库全书本等四卷本,崇祯间初刻而康熙、同治、光绪间重刻张溥评议本,中华书局1979年王树民点校本等二十七卷本。

作者生平事迹见"宋史纪事本末"条。

《元史纪事本末》是以孛儿只吉氏王朝至元十四年(1277)后诸政治、经济事件为主线进行叙述的纪事本末体著作。该书撰写,据作者自云,系缘《宋史纪事本末》书成后,"元实代宋,又我朝之所代也,其事尤近,不可无述",因人之请,"遂取《元史》稍稍次第其本末,删繁就约,略细举巨"而竟稿。其内容包括:江南群盗之平、北边诸王之乱、高丽之臣、日本用兵、占城安南用兵、西南夷用兵、阿合马桑卢之奸、科举学校之制、郊议、庙祀之制、律令之定、运漕、治河(穷河源附)、官制之定、尚书省之复、诸儒出处学问之概、郭守敬授时历、佛教之崇、武仁授受之际、铁木迭儿之奸、晋邸之立、三帝之立、脱脱之贬(哈麻附)、小明王之立、察罕帖木儿克复之功、东南丧乱、诸帅之争等。每目各一卷,卷首附徐申及作者所作《叙》。

《四库全书总目》称:《元史纪事本末》"天元初草创之迹,既列于宋编,又以燕京不守、元帝北徂等为当入明史。是一代兴废之大纲,皆没而不著,揆以史例,未见其然"。"特是元代推步之法、科举学校之制,以及漕运河渠诸大政,措置极详,于此数端记载颇为明晰。其他治乱之迹,亦尚能撮举大概,揽其指要,固未尝不可以资考镜也。"其资料来源,大多摭自《元史》和商辂《续纲目》二书,偶尔也录及郑介夫《律令议》、欧阳玄《河防记》等当时人存文。正因为《元史》、《续纲目》等书本身质量欠优,而作者摘阅范围又狭,在史实考订和史料处理方面,未免显得不够精当,行文谬误、阙漏则在所难免。

关于《元史纪事本末》的研究,有今人王树民《宋元纪事本末的编著和流传》等。

(王　颋)

万历野获编 沈德符

《万历野获编》三十卷,补遗四卷,明沈德符撰。首编二十卷成于万历三十四年(1606),续编十卷成于四十七年(1619)。著成后未即刊行,初刊本系明末大字刻本,流传颇罕。清康熙二十五年(1686),桐乡钱枋据朱彝尊旧钞本重编,分类编排为三十卷、四十八门。康熙三十八年(1699),沈氏五世孙沈振以钱本虽较他本为善,仍遗漏不少,遂汇聚多家藏本,新搜得二百三十余条,依钱本体例编成四卷,补于书末。今通行本为清道光七年(1827)钱塘姚氏扶荔山房刊本,1959年中华书局《元明史料笔记》丛书本即据姚本标点排印。另有1976年台湾伟文图书出版社《明季史料集珍》丛书影印钱枋钞本。

沈德符(1578—1642),字景倩,又字虎臣,浙江嘉兴人。万历四十六年(1618)举人。家世仕宦,随父寓于京师,习闻掌故。另有《清权堂集》、《敝帚轩剩语》、《顾曲杂言》等。生平略见钱谦益《列朝诗集小传》丁集下、朱彝尊《静志居诗话》卷十七。

《万历野获编》是记述明代典故的史料笔记。沈氏自序述及撰作缘由:"生长京邸,孩时即闻朝家事,家庭间又窃聆父祖绪言,因喜诵说之……念年及壮,耄迴无成,又无能著述以名世,辄复紬绎故所记忆,间及戏笑不急之事,如欧阳《归田录》例,并录置败簏中,所得仅往日百之一耳,其闻见偶新者,亦附及焉。余以退耕而谈朝事,非僭则迂,然谋野则获,古人已有之,因以署吾录。编中强半述近事,故以万历冠之。"是书记事起于明初,迄于万历末年,内容分别归入四十八门:列朝、宫闱、宗藩、公主、内监、勋戚、内阁、词林、吏部、户部、河漕、礼部、科场、兵部、刑部、工部、台省、言事、京职、历法、禁卫、佞幸、督抚、司道、府县、士人、山人、妇人、妓女、畿辅、外郡、风俗、技艺、评论、著述、词曲、玩具、谐谑、释道、神仙、果报、征梦、机祥、鬼怪、叛贼、土司、外国。其中列朝、内阁、词林、礼部诸目篇幅较长。

是书材广泛,内容翔实。撰者博采各家各类著述,有心从父祖辈日常言谈及亲身经历中搜集遗闻佚事,所述内容涉及朝章掌故、风土人情、经史子集、工艺技术、释道神怪等,所记多探求本末,详赡切实。如"会典失载"、"内官定制"、"嘉靖青词"、"兵法用烟"、"万贵妃"、"建文君出亡再归"、"海忠介抚江南"诸条,皆可补《明史》、《明实录》等书之阙失,在明代史料笔记中堪称上乘之作。是书对有明一代历史事件、人物之评价,议论平实,间有特识,如对清官的评论较之《明史》更具客观性。记述海瑞事迹,既肯定其刚正清廉的一面,也写他"迂憨"不近人情的一面;既记况钟廉洁能干、抑制豪强的事迹,也表明其易于轻听躁动的性格特征;记述大贪官严嵩事迹亦力求客观,既揭露其贪残横恣的劣迹,也记下他为故乡谋福利而受乡人拥戴的情形。

晚清李慈铭盛赞此书"综核有明一代朝章国故及先辈佚事,议论平允而考证切实,远出《笔麈》、《国榷》、《孤树裒谈》、《双槐岁钞》诸书之上,考明事者以此为渊薮焉",并抨击清代刻本之失,"予在都中见明刻大字本,每条各有目甚详。今所阅本为康熙间桐乡钱枋所辑,割裂排纂,分四十八门,共为三十卷,屑琐猥杂,殊失其真矣"(《爱礼庐日记》中集)。今人谢国桢亦评价此书"上记朝章掌故,下及风土人情、琐事遗闻,如内阁原委,士林雅故,以及词曲技艺,士女谐谑,无不毕陈。有明一代掌故,此篇所记最为详赡"(《增订晚明史籍考》)。

(张荣华)

千百年眼 张 燧

《千百年眼》十二卷,张燧撰。成书于明万历四十二年(1614)。初刊本为万历四十二年吉水刻本。另有清光绪龚氏石印本、民国上海书局《笔记小说大观外集》石印本、1934年上海新文化书社《笔记小说丛书》排印本、1935年大达图书供应社排印本、1987年河北人民出版社贺新天标点本、2001年昆仑出版社文白对照本等。日本有明末刻本、光绪十四年刻本。

张燧,字和仲,湖南潇湘(今属零陵)人,后半生寓于日本。《湘潭县志》为其父张嘉言立传,言及次子燧病卒于崇祯末年,知其大约生活于明万历初年至崇祯末年。

《千百年眼》是史论随笔集,几十二卷,五百十二条,卷首有邹元标《小序》及撰者《小引》,日本光绪刻本卷末有孙点《跋》。述事上起远古,下迄明末。撰者《小引》述及撰作缘由:"余才不逮人,独于文字之好似有宿缘,帖括之暇,得属意经史百家,旁及二氏,与夫稗官小说、家乘野语。不揣荒陋,谬以是意提衡其间,瞥见可喜可悦、可惊可怪之语,俗儒所不敢道,与丈人之所不能道,目注神倾,辄手录之。积久成帙,命曰《千百年眼》。"自诩以"豪杰之眼"而非"文人之眼、俗儒之眼"审视千年历史。

是书内容涉及政治军事、科技文教、经史子集等,议论与考辨相兼,多有遗闻轶事、新奇议论,不乏翻案文字。全书各条内容可概括分为以下三类。

一曰史实索解,如卷一《微子不奔周》、《三监武庚之畔不同情》、卷三《孟子非受业子思》、卷四《秦不绝儒生与经籍》、卷五《文帝用贾生》、《七国缓削则不叛》、卷六《清谈始于汉末》、卷九《坑儒考》、《赤壁考》、卷十一《中华名士耻为元房用》、卷十二《齐、黄误国》、《我朝胜前代二十二事》诸条。

二曰古书辨伪,如卷一《〈金縢〉非古书》、卷二《〈论语〉出闵子门人手》、卷三《〈诗〉亡辨》、卷四《古书之伪》、卷五《〈过秦论〉出〈丹书〉》、卷六《卫宏序〈诗〉之谬》、卷七《〈中庸〉自晋已孤行》、《沈约韵书之谬》、《〈滕王阁记〉出处》、卷八《退之〈淮西碑〉失实》、卷九《板本之始》、卷十《苏文之伪》

诸条。

三曰史学考论,如卷三《儒者说〈春秋〉之失》、卷五《太史公权衡》、《歆、向废图谱之学》、卷六《晋史矛盾》、卷七《刘知幾无史才》、卷八《昌黎史祸》、卷九《〈五代史〉不公》、《朱温不宜入正统》、《宋时史氏显达》、卷十一《元人修史之陋》、《〈纲目〉之误》、卷十二《林丘山史笔之重》诸条。

是书在清代康熙朝后成为禁书,列入《全毁书目》,然《四库全书》所收张氏《稽古堂论古》三卷,实系《千百年眼》摘录本。清末文网松弛,是书复风行一时。章太炎《膏兰室札记》卷三《张燧千百年眼论古人文辞》条评价其"证驳疏缪,尤信伪书,固是明世积习,而时有卓越过人者"。文廷式《纯常子枝语》卷三十引述日本《林恕文集》之论,谓张燧此书"往往摽掠容斋之《笔》、升庵之《录》而不著其出处"。近人王伯祥亦颇称赞"其书论古精卓,不落凡响。胡清篡统,一心提倡正学为沽钓之资,稍涉疑古便加钳束,此书遂为四库馆及军机处所奏准,列入全毁书目,遂寝废不行。此书在清季已大行于士林矣,近日坊行一折书亦才及之,行见风被益远。当时自鸣得意于管制思想者,初不料后果若是其大也,妄想钤束天下之流者可以憬然矣"(《庋椟偶识》卷一,中华书局,2008年)。

(张荣华)

蒙古黄金史纲 无名氏

《蒙古黄金史纲》(Altan Tobci),原书名《诸汗源流黄金史纲》,别本又题作《圣成吉思汗传》、《大黄金史》等。无名氏撰,不分卷。现存版本有嘎拉桑贡博叶夫(Galsan Gomboev)、罗卜藏丹津(Lobsan Danjin)和北京第一版、北京第二版等蒙古文版,内蒙古人民出版社朱风、贾敬颜等汉文译注本版。

《蒙古黄金史纲》一书作者不详,成稿约在明万历三十二年(1604)至天启七年(1627)之间。这所定前限,正是该书所记内容中出现的最晚纪年。这所定后限,则为清太祖收并蒙古诸部之时,因为书中完全未见涉及任何相关内容。

《蒙古黄金史纲》全书内容可约略分为十个部分:第一部分为印度、土番王统和蒙古先世起源;第二部分为蒙古巴塔察罕至成吉思汗世系;第三部分为成吉思汗事迹;第四部分为元朝太宗至宁宗诸帝因袭简况;第五部分为元朝顺帝失国和明朝成祖血缘传说及他们的后嗣;第六部分为鞑靼额勒伯克可汗至阿岱可汗在位时事迹及其与诸卫喇特部太尉的交争兴衰;第七部分为卫喇特脱欢太师、也先可汗篡位经过及朱氏正统帝(原误作"景泰帝")被俘始末;第八部分为玛哈古尔吉斯可汗至满都古里可汗君临时诸内乱;第九部分为达延汗的前后历史;第十部分为博迪阿拉克可汗至林丹呼图克图可汗承统时的战争及延请达赖喇嘛等记述。

《蒙古黄金史纲》一书,历来与《元朝秘史》、《蒙古源流》并列,被称为蒙古文三大历史文献。该书问世后,曾引起学者们的极大关注。无论萨囊彻辰《蒙古源流》、罗卜藏丹津《黄金史纲》、无名氏《古代蒙古诸汗源流大黄史》,在写作体例、所持观点上都受到其影响,甚至是资料亦多直接来自是书。与《元朝秘史》较为系统地勾画了金末元初蒙古地区社会面貌相似,该书的第五至第十部分亦较为广泛地涉及有明一代鞑靼、瓦剌两部的政治、经济、文化,成为研究当时历史各个方面的基本原始著作之一。就是该书的第二至第三部分,由于作者大量引用了蒙古文本《元朝秘史》,也是得窥惟有汉文译本此书原貌的仅有几种载籍之一。而其所载鞑靼、瓦剌诸罕轮替、内外交涉,与《明史》、《明实录》等汉文资料互有详略、异同之别,可供考校勘证;其所载朔北、漠南民情族俗、俚歌古谚,更为他书所罕见;以上所举,皆堪誉为是书精粹。又缘作者信奉并宣扬印藏源流之说,其第一部分竟然指称成吉思汗祖上孛儿帖赤那为土番王大赉苏宾阿尔滩三搭里图之子、印度摩羯陀王乔萨罗之后,实属荒诞。至于以明永乐帝为元至正帝和弘吉剌皇后遗裔,自然不能作为信史一样看待。

关于《蒙古黄金史纲》一书的较佳校勘和译注,除以上已论及的朱风、贾敬颜汉文本外,尚有外籍学者保登(C. R. Bawden)英文本(*The Mongol Chronicle Altan Tobci*)等。

(王 颋)

明实录

《明实录》，明历朝史官编。修成后抄录成正副两本，正本藏皇史宬，副本置于内阁，底稿则由史官焚毁。万历中期始传写流布，抄本达十数种，卷帙、内容皆略有异同。今通行本系1940年据江苏国学图书馆藏抄本影印，附有清人补辑《崇祯实录》二十五卷，凡五百册，二千九百二十五卷，其中错讹字较多。另北京图书馆藏本系明内阁副本，最称完善，但也缺天启四年(1624)十二卷及七年六月一卷。1961年以后，台湾中研院历史所据北京图书馆藏本缩微胶卷陆续影印出版，由黄彰健等人作校勘，并附有《崇祯实录》、《崇祯长编》及部分《宝训》，凡一百八十三册，三千零四十五卷，系现今所见最全之本。

有明一代，对修撰实录颇为重视，新帝登基即诏修前朝实录，由朝廷委任总裁，翰林院修撰、编修、检讨等任纂修诸官，由礼部指令中央及地方官府采辑前朝事迹。朝廷并派人至各布政司、郡、县搜访采集各类章疏奏议、抄存邸报、碑志行状、前朝遗闻等材料，汇聚送交史馆。"分吏、户、礼、兵、刑、工为十馆，事繁者为两馆，分派诸人，以年月编次，杂合成之。副总裁删削之，内阁大臣总裁润色。"(王鏊《震泽长语》卷上《官制》)经此过程，遂成一朝实录。

《明实录》系明代历朝的官修编年体史料汇编。自明太祖朱元璋至明熹宗朱由校，二百余年间共修成十五朝实录，其中建文朝附于《太祖实录》，景泰朝附于《英宗实录》。全书计有方孝孺、李景隆、姚广孝等修《太祖实录》二百五十七卷，杨士奇等修《成祖实录》二百七十四卷，蹇义等修《仁宗实录》十卷，杨士奇等修《宣宗实录》一百十五卷，陈文等修《英宗实录》三百六十一卷，刘吉等修《宪宗实录》二百九十三卷，刘健、焦芳等修《孝宗实录》二百二十四卷，费宏等修《武宗实录》一百九十七卷，徐阶、张居正等修《世宗实录》五百六十六卷，张居正等修《穆宗实录》七十卷，温体仁等修《神宗实录》五百九十六卷，叶向高、霍维华等修《光宗实录》八卷，温体仁等修《熹宗实录》八十七卷(今存七十四卷)。

《明实录》内容向称繁富，对明代历朝政治、经济、文化、军事、民族关系及中外交往，都有比较详细的记载。所记史事,皆以宫廷和朝廷各部门档案为依据,史料价值高于一般记载。是书保存的大量资料,为清初修纂《明史》提供了基本依据。如《太祖实录》中记兵马司职掌时谓:"壬午,诏中书省,命在京兵马指挥司并管市司,每三日一次,校勘街市斛斗、秤尺,稽考牙侩姓名,时其物价。在外府州各城门兵马,一体兼领市司。"(洪武元年十二月壬午条)清初修撰《明史》者,以其叙事文简意明,故于《职官志》中全文照录,一字不改。清修《明史》,凡涉及清室祖先的史实,皆有隐讳之笔;而《明实录》所记少数民族史事,大体上能依史实叙述,其史料价值明显高于《明史》。

作为官修史书,《明实录》亦存在明显缺陷。如《太祖实录》先后修过三次。第一次为建文时方孝孺主持修撰,明成祖夺位后,以其中有于己不利之处而下令重修;后因监修官李景隆等人获罪,又有姚广孝、夏原吉等三修之举。其目的在于将"其有碍于燕者悉裁革"(《罪惟录·艺文志》)。如为造成太祖有意传位于成祖的假象,不惜将成祖的生母硕妃改为高皇后;有关"靖难"等处记载,亦多有失实饰讳之处。《孝宗实录》续修者焦芳等人,为曲意逢迎权阉刘瑾,不惜颠倒是非,使实录记载颇不足信。

《明实录》虽存在不少掩非饰过之处,但以其详细的史事记载和高于《明史》等书的史料价值,至今仍属人们研究明代历史的最基本史籍。

本书修成后,颇受清代史家推崇。如万斯同曾谓:"吾少馆于某氏,其家有列朝《实录》,吾读而详识之。长游四方,就故家长老求遗书,考问往事,旁及郡志邑乘、杂家志传之文,靡不网罗参伍,而要以《实录》为指归。盖《实录》者,直载其事与言,而无所增饰者也。因其世以考其事、核其言,而平心察之,则其人之本末,十得其八九矣。然言之发或有所由,事之端或有所起,而其流或有所激,则非书不能具也。凡《实录》之难详者,吾以书证之;书之诬且滥者,吾以所得于《实录》者裁之。"(钱大昕《潜研堂文集》卷三十八《万先生斯同传》)但指责是书者亦多有其人。如明李建泰谓:"至考实录所记,止书美而不书刺,书利而不书弊,书朝而不书野,书显而不书微。且也序爵而不复序贤,避功而巧为避罪。"胡承诺亦称"是实录所不载者,嘉谟嘉猷,无从搜罗。以此观之,实录焉可尽信耶?"(《绎志》卷十四)潘柽章《国史考异》、黄景昉《国史惟疑》、钱谦益《太祖实录辨证》等书,均对是书错漏隐匿等缺失之处有所考辨。今人有关研究,可参阅吴晗《记明实录》(《历史语言研究所集刊》第十八本)、黄彰健等人校勘记,以及德国傅吾康《明各朝实录之纂修及现存抄本考》(《中德学志》五卷一、二期)等。

(张荣华)

明代编

语言、文学类

语 言

洪武正韵 乐韶凤等

《洪武正韵》,十六卷。明乐韶凤、宋濂等编。成书于明洪武八年(1375)。今有明洪武八年(1375)刘以节刻本、嘉靖二十七年(1548)衡王刻本、隆庆元年(1567)厚德堂刻本、《四库全书》本等。另据宁忌浮研究,此书原收七十六韵,另有洪武十二年(1379)重修本,收八十韵,今藏北京国家图书馆。

乐韶凤,字舜仪,全椒(今属安徽)人。明代学者,生卒年月不详。博学能文。从明太祖朱元璋渡江,参与军事,洪武初年授起居注,累迁兵部尚书,与中书省、御史台、都督府制定教练军士法,改侍讲学士,以寿终。《明史》卷一三八有传。

宋濂(1309—1381),字景濂,号潜溪。浦江(今属浙江省)人。元末明初学者。元至正年间(1341—1368)荐授翰林院编修,以亲老辞不赴,隐龙门山著书,历十余年。明初以书币征,除江南儒学提举,命授太子经、修《元史》,累至翰林学士,承旨知制诰,以老致仕。长孙宋慎坐法,举家谪茂州,道疾而卒。著有《宋学士全集》、《龙门子》、《篇海类编》等。《明史》卷一二八、《宋元学案》卷八二有传。

《洪武正韵》是明代洪武年间编成的一部官韵,故以"洪武"命名。奉敕编撰的共有十一人:乐韶凤、宋濂、王僎(开封祥符人)、李叔允、朱右(浙江临海人)、赵壎(江西新喻人)、朱廉(浙江义乌人)、瞿庄(江苏常熟人)、邹孟达、孙蕡(广东顺德人)、答禄与权(蒙古人)。书成之后,又曾质正于汪广洋(江苏高邮人)、陈宁(湖南茶陵人)、刘基(浙江青田人)、陶凯(浙江临海人)等人。

根据《明史·乐韶凤传》:

八年,帝以旧韵出江左,多失正音,命与廷臣参考中原雅音正之,书成,名"洪武正韵"。

又根据宋濂《洪武正韵序》:

自梁之沈约拘于四声八病,始分为平上去入,号曰类音,大抵多吴音也。及唐以诗赋设科,益严声律之禁,因礼部之掌贡举,易名曰"礼部韵略",遂至毫发弗敢违背。……韵学起于

> 江左,殊失正音,有独用当并为通用者,如东、冬、清、青之属,亦有一韵当析为二韵者,如虞、模、麻、遮之属,若斯之类,不可枚举。……研精覃思,一以中原雅音为定。

可见《洪武正韵》的编撰起因,乃是由于实际语音的剧烈变动,从陆法言的《切韵》一直到宋代的《礼部韵略》已经不符合于当时的实际语音;而《洪武正韵》的编撰原则,则是"一以中原雅音为定"。

《洪武正韵》有这样的编撰起因和编撰原则,那么它的分韵自然与王文郁、刘渊的《平水韵》有较大的不同。王文郁的一百零六韵、刘渊的一百零七韵都只是把《广韵》整个的韵部互相归并起来,例如整个支韵与整个脂韵、之韵归并;而《洪武正韵》则是把每一个字都重新加以审查,分别归类,例如它的支部只收有《广韵》支、脂、之、微四韵的一部分字,而把《广韵》支韵的"離、彌"、脂韵的"尼、肌"、之韵的"基、欺"、微韵的"機、幾"都归入它的齐部,把《广韵》支韵的"規、危"、脂的"追、推"、微韵的"歸、揮"都归入它的灰部。这样极端自由的归并,当然是依据于当时的实际语音,因此,《洪武正韵》所分平、上、去声各二十二部,就跟同样依据于当时实际语音的《中原音韵》的十九部十分相似。以平声为例,《洪武正韵》的二十二部是:

一、东;二、支;三、齐;四、鱼;五、模;六、皆;七、灰;八、真;九、寒;十、删;十一、先;十二、萧;十三、爻;十四、歌;十五、麻;十六、遮;十七、阳;十八、庚;十九、尤;二十、侵;二十一、覃;二十二、盐。

跟《中原音韵》比较,不过是把周德清十九韵部的齐微再分析为齐和灰、鱼模再分析为鱼和模、萧豪再分析为萧和爻而已,尽管在具体字的归类上两书还有不同。由此可见,《洪武正韵》也是韵书革命上的一种重要著作,对于研究元明时代官话的实际读音具有重要的价值。

不过,此书虽然平、上、去三声的分部与《中原音韵》相类,但是它对于入声的处理则颇有不同。《中原音韵》入派三声,而且入声字只派入阴声韵部;《洪武正韵》则立有入声十部:

一、屋;二、质;三、曷;四、辖;五、屑;六、药;七、陌;八、缉;九、合;十、叶。

而且入声韵跟阳声韵相配。当时,阳声韵的韵尾仍有[m]、[n]、[ŋ]之别,《洪武正韵》既以十个入声韵分别相配十个阳声韵,则此书入声韵的韵尾亦当有[p]、[t]、[k]之别。同时,根据此书反切上字的系联结果,《洪武正韵》的声母应为三十一个:

见溪群疑 端透定泥 知彻澄审禅日 精清从心邪 帮滂并明 非奉微 影喻晓匣来

跟中古三十六字母比较,《洪武正韵》只少了五个声母,因为敷并入非、照并入知、穿并入彻、床并入澄、娘并入泥。而跟《中原音韵》比较,则《洪武正韵》保留了绝大部分全浊声母,跟《中原音韵》全浊声母在平声混同次清、在仄声混同全清的情形恰好相反。

对于《洪武正韵》这种保留入声韵和全浊声母的现象,音韵学家有不同看法。张世禄、王力等认为,这种现象的产生,一是因为此书的编者不敢完全推翻历来极为通行的旧韵书,不敢毅然改变传统的平上去入四声的分配;二是因为此书的编者绝大多数为南方人,其中又以吴人居多,如果不是精通音韵而且熟习中原之音,就难免为自己的方音所影响,因此《洪武正韵》实在又是一种杂采古今韵书、调和新旧主张的著作。而罗常培则认为,14世纪前后的北方有两种并行的读音系统,一种是代表官话的读书音,一种是代表北方方言的说话音;读书音的因袭性、保守性大一些,易于保留旧时的语音特征,《洪武正韵》正是代表了这样一种读书音,而《中原音韵》则代表了说话音。

《洪武正韵》问世以后,尽管在洪武、宣德、成化、万历和崇祯年间屡经翻刻,但是并没有得到广泛流传。这可能是因为一般人习惯使用《诗韵》,而对此书不甚重视,更大的可能是因为此书缺点甚多,而未能得到人们的青睐。周宾所《识小编》云:"洪武二十三年,《正韵》颁行已久,上以字义音切尚多未当,命词臣再校之。"由此可见,此书的缺点主要在于释义和音切两方面,而所谓音切方面的缺点,应当是指此书杂采古今南北之音,而未能完全合于当时的北方口语。不过,《洪武正韵》在朝鲜却深受重视,该国学者申叔舟等于1455年编成《洪武正韵译训》一书,以为学习汉语标准音之用,而崔世珍于1517年编写的《四声通解》卷首,又列有《洪武韵三十一字母图》,表明该国学者已经研究出《洪武正韵》的声母系统,而且这一声母系统与上文提到的中国学者现在的研究结果完全一样。在中国,后来的南曲作家和艺人则觉得此书与南方语音颇为接近,于是就把它作为制曲演唱的主要参考,以致明清两代的戏曲界一直流传着这样的话:"北主《中原》,南宗《洪武》。"

研究《洪武正韵》的著述主要有杨时伟《洪武正韵笺》(明崇祯年间[1628年至1644年]刊本)、刘文锦《洪武正韵声类考》(《中央研究院历史语言研究所集刊》第三本第二分,1931年)、吴淑美《洪武正韵的声类与韵类》(文津出版社,1976年)、宁忌浮《洪武正韵研究》(上海辞书出版社,2003年),以及张世禄《中国音韵学史》(上海书店出版社,1984年重版)、罗常培《罗常培语言学论文选集》(中华书局,1963年)、叶宝奎《明清官话音系》(厦门大学出版社,2001年)等书的有关章节。

(杨剑桥)

六书本义 赵　谦

《六书本义》,十二卷。明赵谦撰。成书于洪武十一年(1378)。有明洪武年间(1368—1398)刊本、正德十四年(1519)于器之刊本、《四库全书》本等。

赵谦(1351—1395),初名古则,字㧑谦,号琼台外史,后更名谦。余姚人。幼孤贫,寄食山寺,长游四方,与诸名人交,博究六经、诸子之学,尤精六书,时人称为考古先生。洪武十二年(1379)应聘至京师预修《洪武正韵》,持义不协,出为中都国子监典簿。罢归,不久又以荐召为琼山县学教谕,二十八年(1395)卒于番禺(今广州市南)。其著述侧重于文字学,有《六书本义》十二卷、《声音文字通》一百卷、《学范》六卷、《童蒙习句》一卷,以及《考古文集》等。生平事迹见《明史》卷二八五、《明儒学案》卷四三、《明人小传》卷一、《国朝献徵录》卷一百、《曝书亭集》卷六四。

《六书本义》是一部以六书原则来解释偏旁字以及字形结构较难理解的字的著作。

赵谦曾在《六书本义自序》中说明写作此书的缘由。他认为,自许慎著《说文》,"后世宗之,魏晋及唐能书者辈出,但攻乎点画波折,逞其姿媚而文字破碎,然犹赖六经之篆未易。至天宝间,诏以隶法写六经,于是其道尽废。其有作兴之者,如吕忱之《字林》、李阳冰之《刊定》、徐铉之《集注》、徐锴之《系传》、王安石之《字说》、张有之《复古编》、郑渔仲之《六书略》、戴侗之《六书故》、杨桓之《六书统》、倪镗之《六书类释》、许谦之《假借论》、周伯琦之《正讹》之类,虽曰有功于世,然犹凡例不立,六义未确,终莫能明。……正书之不显,俗书害之也;俗书之相仍,六义之不明也"。为了正本清源,消除由于隶变、俗书所造成的汉字形体结构之义不明的弊端,他在早年就"研精覃思,折衷诸家之说,附以己见,僎集六书之义",凡五易其稿,终于洪武十一年(1378)正月写成《六书本义》一书。

此书首刊有《六书本义序》;次为《凡例》,阐述该书的体例;次为《六书本义纲领》,其中分为《六书总论》、《象形论》、《指事论》、《会意论》、《谐声论》、《假借论》、《转注论》七篇,分别论述作者的六书理论;次为《六书本义图考》,有《天地自然河图》、《虙戏始画八卦为文字祖图》、《六书相生总图》等十三幅,以标明文字之由来以及辗转孳生之途。最后才是《六书本义》正文十二卷。

《六书本义纲领》中有关六书的理论,大多祖述前人之说,而又间附己见,其论述则较前人为详。如象形之说与郑樵雷同;其指事之说则本张有而稍加详;至其论会意,则综合前人之说而又时抒己见,比前人详密得多,其中"反体会意"、"省体会意"之说一直影响到清代的文字学家;其论谐声,亦本之于前人而所论更加详尽,其中论"三体四体"、"左定意而右谐声"、"右定意而左谐声"等等,虽本之唐人,但集而为例,也足资参考。至于其论假借、转注,虽颇多可商,然亦有精到之处,如以"老"为会意字、以"考"为形声字,虽不必视为定论,亦当重视其说。总之,他的《六书本义纲领》继承、扬弃了古代的六书理论,条分缕析,丰富了传统的文字学理论,可供研究六书者参考。至于《六书本义图考》诸图,或祖述郑樵之说,或出于其苦心构思,虽欲以简明取胜,然不通其六书理论者殊不易晓,甚有欲速不达之弊。

《六书本义》正文十二卷,分为十篇:数位篇、天文篇、理篇、人物篇(分上、中、下三卷)、草木篇、虫兽篇、饮食篇、服饰篇、宫室篇、器用篇。全书共解释文字二千三百个。这些文字根据其形体结构,大致可分为两类:一类是偏旁字,即该书之所谓能生字之"母";一类是形体结构之义比较隐晦的由偏旁字孳生的文字。作者对《说文》的部首作了改造,删其不能生者,增其能生字而旧无有者,定孳生文字之母(偏旁字)为三百六十,立以为部首,以统率一万多汉字。在每部之下,除了用六书理论解释形体结构较隐晦的字外,还注明该部共统领多少字。如"人部第五十八"下注明:"凡二百八十一字。"但《六书本义》只解释了"人"、"儿"、"身"、"先"等四十个较难理解的字,至于其他形体结构容易理解的字便不在本书论述,而另以《声音文字通》一书加以解释。对于每字之解释,一般先列出其楷体;然后用反切法标明其音读;再解说其意义,必要时还引用古籍来证明其义;然后以六书理论来分析该字的字形结构,以明造字之本义;必要时再列出俗书、辨正误字。此外,有时还列出各字的假借和转注情况。如:

百:博陌切,十十也,从一至百之意,白声,古作百,俗用"伯"(《孟》:"什伯。")、"佰"。转:莫白切,励也。《左传》:"距跃三百。" (卷一·一部)

云:于分切,山川之气成雨者,从二云在天上意,下象气转形,古作?,亦从雨作雲。借:言也,又友也。《诗》:"昏因孔云。" (卷一·二部)

皋:居劳切,引声之言,从自,声气所从出处,本声。作"皋",非。借:泽厂也,又与续樑同,又与蘩同,又与噪同。 (卷五·自部)

器:去冀切,皿也,象四器从犬以守之意。作"噐"、"嚣",非。 (卷八·犬部)

爲:于妫切,母猴也,上从爪,下从反爪定意。中象其腹,下象挛拳形。借:造作也。转:去声,所以也,又助也。 (卷八·爪部)

由此可见,此书的解释多取自前人,有正确处,也难免失误。如"皋"字,《说文》诸书皆从"白"从"本",而此书却误以"白"为"自"。再如"爲"字之说,亦误从《说文》。此外,该书对《说文》部首的改造,《四库全书总目》也指出了很多不妥当的地方,其言云:"若《说文》'畱'字为一部,以'畾'字为子,而扬谦则并入田部;《说文》'包'字为一部,以'胞'、'匏'为子,而扬谦则并入勹部;《说文》'兹'字为一部,以'幾'、'幽'字为子,而扬谦则并入幺部:凡若此类,以母生子,虽不过一二,而未尝无所生之子,与《凡例》所云不能生者不同,乃一概并之,似为未当。又若《说文》儿部,儿读若人,'充'、'兑'诸字从之,与'人'字异体,而扬谦则并入人部,……则于字体尤舛。"这些指责有可取之处,但作者之并合也并非皆误。该书对于各字的形体结构,辨别颇为详晰,在学习与研究汉字形体结构时,还是值得参考的。该书问世后,尚无深入研究者,仅清代蒋和作《说文字原集注》,对该书略加采摭与辨正,可作参考。

(张 觉)

韵略易通 兰 茂

《韵略易通》，二卷。明兰茂编撰。成书于明正统七年(1442)。有明嘉靖三十二年(1553)刊本、明万历三十七年(1609)吴允中刻本、明万历四十一年(1613)高举《古今韵摄》本、明宿度校刻本，以及清康熙二年(1663)李棠馥校刻本等。

兰茂(1397—1476)，字廷秀，号止庵，别号和光道人，云南嵩明杨林(今云南嵩明南)人。兰氏秉性聪慧，嗜学经史，不乐仕进。所著除《韵略易通》外，又有《元壶集》、《经史余说》、《止庵吟稿》、《声律发蒙》等。

兰茂认为以往的字书、韵书，对于学者虽然极为方便，但是书中既有"古文"、"籀文"等等奇字异体，又有"形同音异"、"形异音同"之别，普通读者使用起来不很方便，况且训解繁复琐碎，全书往往多至"数十万言"，以致"难于周览"。为了帮助初学认字之人"便于认识"，编写了《韵略易通》一书。

《韵略易通》是我国现存第一部利用韵书形式编写的平民识字课本，因此虽然仍旧按照韵书形式进行编排，但是只收入"应用便俗字样"，音义相同而字形有所不同的，只收录常见的一种字体，而字音方面则完全以当时云南地区的实际方音为准。作者如此做法，只是为了便于平民在极短时间内，尽可能多认识一些字。

《韵略易通》共分二十韵部：

一、东洪　　二、江阳　　三、真文　　四、山寒　　五、端桓
六、先全　　七、庚晴　　八、侵寻　　九、缄咸　　十、廉纤
十一、支辞　十二、西微　十三、居鱼　十四、呼模　十五、皆来
十六、萧豪　十七、戈何　十八、家麻　十九、遮蛇　二十、幽楼

前十韵为上卷，平、上、去、入四声俱全，后十韵为下卷，平、上、去三声，无入声。这个韵母系统大致上就是把《中原音韵》十九韵部中的鱼模一部分析为居鱼、呼模两部，因此如果不考虑入声，此书的韵母系统基本上跟《中原音韵》的韵母系统相同。

关于声类,此书明确地划分为二十类,用一首《早梅诗》来概括,每字代表一类:

东风破早梅,向暖一枝开。

冰雪无人见,喜从天上来。

如"东"字,就代表和"东"字声母相同的"多、当、冬、丁、得、地"等等。这个声母系统的特点是全浊声母消失、知照两组声母合并、影喻疑母合并等,这跟前此一百年的《中原音韵》的声母系统相似。

作者如此明确地划分声类,是受到了韩道昭《五音集韵》的启发。虽然作者批评韩道昭所划分的三十六类,有不少"音切隐奥,疑似混淆"的地方,但是却由此认识到明确划分声类,对一般人了解字音结构的作用。故而兰茂创造性地把旧有的三十六字母改变为通俗易懂,且又易为一般人所接受的二十母。

此书的编写,在当时是为了便于平民识字,在今天则为研究云南方音演变的历史提供了丰富的资料,有着非常重要的价值。又由于云南方言与北方话有极其接近的亲属关系,所以此书对于研究当时北方话的状况及其演变,对于研究《中原音韵》也都有重要的参考价值。

本书亦有不少欠缺的地方。第一,作者在凡例中云:"凡字有宫、商、角、徵、羽五音,有平、上、去、入四声,四五相乘而为二十。牙、齿、舌、喉、唇,又凡五用,每一字母子翻切,必四言而成字,四五相乘亦为二十。故此编横有二十母,纵有二十韵,其阴、阳出入亦均分而两之,皆自然而非强也。"这究竟是牵强附会之说呢,还是当时的语音事实,有待于探索。第二,此书作为创始性的识字课本,还有一些不完全切合初学者实际的地方。如收字一项,有些字是不宜作为基础字的;又如注释项,有些字义超出了初学者的理解接受能力。

另外,在《云南丛书》中也收有一部《韵略易通》,题曰"嵩明兰茂止庵著",此书实际上并不是兰茂原书,而是本悟和尚于万历十四年(1586)所做的改编本。本悟和尚俗姓秦,云南嵩明邵甸人,他对兰茂的《韵略易通》有几处修订:一、删去《早梅诗》不用,而是从中古三十六字母中选取"见、溪、端、透、泥、帮、滂、明、非、微、知、穿、审、精、清、心、晓、影、来、日"等二十个。其《凡例》中把"娘、奉、照、禅、邪、匣、喻"分别和"溪、透、滂、穿、清"合并,但是"疑、敷、彻、澄"四母如何,却没有交代。二、分二十韵,如兰茂所作。不同之处在于有些韵下注明"重×韵"。"重×韵"就是和某韵相重,但"重"字的含义到底如何,还不清楚。

有关研究《韵略易通》的著作有赵荫棠《等韵源流》(商务印书馆,1957 年)、陆志韦《陆志韦近代汉语音韵论集》(商务印书馆,1988 年)、王力《汉语语音史》(中国社会科学出版社,1985 年)、张玉来《韵略易通研究》(天津古籍出版社,1999 年)、叶宝奎《明清官话音系》(厦门大学出版社,2001 年)等。

(王 立)

丁香帐 仁钦扎西

《丁香帐》,原名 li-shivi-gur-khang,全称"藏语古今语词指津善言丁香帐",又名"丁香宝帐"。藏族喇嘛仁钦扎西撰。成书于藏历第九个丁卯年的火猴年(1536)。有拉萨木刻版、1981年民族出版社版(题为《丁香帐——藏文古今词语辨析》)。

作者仁钦扎西(rin-chen-bkra-shis)生平事迹无考。

藏文是公元7世纪时吐蕃王松赞干布的大臣吐弥桑布扎参照梵文创制的一种文字。这种文字及其正字法大体反映了当时藏语的实际语音。到了公元9世纪初,吐蕃王赤热巴巾支持以噶、觉、尚三人为首的一批译经师,根据当时藏语的发展演变,重新厘定藏文的翻译用语和正字法,废除了一些不符合当时实际读音的拼写形式。这是一次较大规模的文字改革运动。而从11世纪末到15世纪初的三百多年中,又有一百六十多位译经师在翻译和勘正佛经的过程中,陆续对藏文翻译用语和正字法作了一些零星的修订。

《丁香帐》是一本关于藏文古今词语的辨析词典。书中所说的古今词语,是以吐蕃王赤热巴巾时的"厘定新语"为界限的,凡在此界限之前的称为古语词,而在此界限之后的称为新语词。书中所收的语词词目,都出于"厘定新语"之前的典籍,这些典籍主要是佛经,如《大方广佛华严经》、《四部教》和《般若波罗密多经》等。

全书共梵夹式版十五页,一百七十二行,共收录一千多条词语。其中古今词语对照的有八百多条,其余部分是作者对于人们将梵文借词、方言俗语等误为藏语固有词的纠正。从另一个方面看,这一千多条词语中,反映佛教的词语占百分之十几,一般词语占百分之八十多,另外还有部分虚词。例如:

	古语词	新语词	汉义
佛教词	tham-lag	man-ngag	(教诲;秘诀)
	tha-gi	zhi-ba	(寂静;和平)
	bshes-gnyen	yon-tan	(功德;学问)

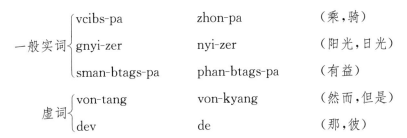

书中除进行词义对照外,又对一部分古语词作了注释,如 bkus-te-bor-ba,注为"熬出汁以后,抛弃渣子",bcom-bskyungs,注为"因为恐惧而小声说话或默不作声"。

根据本书,可以发现藏文古今语词的异同有以下两种类型:(一)词形改变。由于正字法的改革,古语词中的一部分系足字、后置字和基字被取消,或者基本改变发音方法,如 stsel-ba>sel-ba(消除,除去),myin>min(非,不是),go-ca>go-cha(铠甲)。这种正字法的改革反映了实际口语的变化,这些词语的古代拼法至今保留在发展较慢的安多方言中,就是一个明证。(二)词语的使用。用词义相同或相近的词代替,如 kevu>ri-sgog(野葱,野蒜),kos-thag>nyam-thag(苦恼;贫困)。

本书正文之后,作者又用许多篇幅,对一些过去被人误解为藏语固有词的梵文借词、汉语借词、蒙古借词等作了纠正。例如指出梵文 garba(骄傲者)借入藏语时讹作 vgar-po,而使人误以为固有词;又如指出藏文 phying-sang(大臣)实是汉语"丞相"的借词(这里藏文首字 ph 来源于 j)。

《丁香帐》问世以后,历代作家和读者都认为这是一本有很高水平并切合实用的著作。当年,它对于区分古今语词,正确使用正字法,起到了极好的规范作用。今天利用本书,对于学习和翻译古藏文仍然具有重要作用,而对于研究藏语语音的历史演变尤有重要意义。

本书的缺点是编排形式不够严谨科学,全书的语词既不按藏文字母表顺序排列,也不按词汇的分类意义排列,因此查阅语词殊不方便。同时,有一些古语词未加注释,这在作者当时可能不难索解,可是对于现代读者来说,就不免茫然了。

有关本书的研究著作有安世兴的《评介古藏文词典〈丁香帐〉》(民族出版社,1982 年)。

(杨剑桥)

骈雅 朱谋㙔

《骈雅》,七卷。明朱谋㙔撰。成书于明万历十五年(1587)。旧有《借月山房汇钞》刊本、万历二十年(1592)刊本、清同治十一年(1872)经纶书室刊本等,通行本为道光二十五年(1845)有不为斋刻魏茂林注本。

朱谋㙔,字郁仪,又字明父,生卒年月不详,明濠州(今安徽凤阳县)人。明王室宗亲、宁献王曾孙,袭封镇国中尉。万历二十二年(1594)理石城王府事,典理藩政三十余年,宗人咸就约束。病卒,私谥贞静先生。朱氏生平好藏书,为官之暇,闭户读书,能博览群书,贯串群籍,熟谙朝廷典故。著述颇富,计有《易象通》、《诗故》、《春秋戴记》、《鲁论笺》、《六书本原》、《古音考》、《说文举要》、《七音通轨》、《说文质疑》、《六书著论》、《六书贯玉》、《字原表微》、《古文奇字辑解》、《方国殊语》等凡一百十二种。其所著《水经注笺》最为人所称道。《明史》卷一一七有传。

《骈雅》共七卷十三篇。全书依《尔雅》体例,分为《释诂》、《释训》、《释名称》、《释宫》、《释服食》、《释器》、《释天》、《释地》、《释草》、《释木》、《释虫鱼》、《释鸟》、《释兽》。书前有余长祚序。书后有其子朱镜锒跋。

《骈雅》主要解释联语,所谓"联二为一,骈异而同"(《自序》),即凡两字而成为一义以及字异义同的双音节词,均加以类聚而注释。这些联语包括众多的联绵词,如《释训》:"坎墇、倥偬、鞅掌、魁垒、陨获、偪侧、顿萃、耗瘁,困迫也。"也有叠音词,如《释训》:"仇仇、傲傲,傲慢也。"也有双音节复合词,如《释名称》:"苗裔,远胄也。"《释器》:"杀青,炙简也。"也有多音节词,如《释名称》:"大司宪,都御史也;恺胡洮,人皇也。"

本书所收联语词,多有音声相转而写法不同者。如《释训》:"録録、鹿鹿、娽娽、陆陆、碌碌,随从也。"《骈雅》搜罗,保留了这些声音类同而写法各异的异形词。同时,对于词义的细微差别,也有简明的辨析。如《释训》:"跫蹫,行邌也;蹜跦,行迫也。""优侗,直行也;徍徎,邪行也。"这是此书很重要的特点,对于阅读古籍,大有裨益。

《骈雅》收词极为广泛,举凡周秦两汉至六朝的经、史、子、集,乃至小说、唐宋类书等难释的骈语词,均予网罗,足资释疑难而广见闻,为明人著述中不可多得之书。

本书词目有与《尔雅》、《广雅》重见的,如《释天》的岁阳,《释地》的五陵、四荒、"太平、太蒙、丹穴、空桐"之类,已见《尔雅》,殊无必要。书中又不设《释言》一目,凡属"释言"之词,分入《释诂》、《释训》中,虽心裁别出而不便于检索。此外训释过于简略笼统,往往令人不得要领。

《骈雅》的注本,以清道光年间魏茂林所作《骈雅训纂》最为精审。魏氏将原书七卷分为十六卷,每条作注,引书达二百五十余种,且载明篇名、卷数和所据版本。《骈雅》原无音义,而魏氏又据原书补注。《骈雅训纂》为目前所见唯一《骈雅》注本。有关《骈雅》的参考书有周大璞的《训诂学要略》(湖北人民出版社,1980年)、钱剑夫的《中国古代字典辞典概论》(商务印书馆,1986年)等。

(陈　崎)

毛诗古音考 陈 第

《毛诗古音考》,四卷。明陈第著。成书于万历三十四年(1606)。有清乾隆二十七年(1762)滩川徐氏重刊本、光绪六年(1880)武昌张氏刊本、《学津讨原》本、渭南严氏《音韵学丛书》本、《四库全书》本、中华书局1988年康瑞琮点校本。

陈第(1541—1617),字季立,号一斋,又号温麻山农,福建连江人。明代爱国将领,著名音韵学家。父木山早岁为诸生,晚年曾任郡曹。陈第少时,随其兄义山读书,有"过目成诵,终身不忘"之誉。十九岁补弟子员,拜潘碧梧为师,与林龙江论学,先后在福州、漳州讲学。攻读经史之暇,又骑马击剑,崇敬爱国将领戚继光、俞大猷等,常谓:"男子具六尺躯,纵无他事业,亦当如班超、傅介子辈立功异域,奈何琐琐遨遨,抱笔砚向里胥口中唱取功名哉!"(万云铭《陈第年谱》)嘉靖四十一年(1562),倭寇大举进犯,戚继光入闽徵剿,陈第献平倭策。隆庆六年(1572)秋,俞大猷移镇福建,陈第投笔从戎,从俞氏学兵法。后以边事上书,大司马谭纶奇而荐之,领京营军三千守古北口,历任潮河川提调、蓟镇三屯车兵前营游击将军,屡建战功。万历十一年(1583),因忤巡抚被论劾,解甲南归,隐居连江西郊,绝意仕进,出游九州五岳,足迹遍天下。每到一地,遇书辄买,所居善堂,藏书一万余卷,多隋唐遗书。其著作有《毛诗古音考》、《屈宋古音义》、《读诗拙言》、《伏羲先天图赞》、《尚书疏衍》、《寄心集》、《一斋诗集》、《五岳两粤游草》等十数种。

陈第自少年时代起,就牢记其父"叶音之说吾终不信"的教言,以后"上综往古篇籍,更相触证,久之豁然自信也"(《屈宋古音义跋》)。又读《笔乘》,知焦竑亦主张"古诗无叶韵",益自信,于是自万历二十九年(1601)开始编著《毛诗古音考》。万历三十二年(1604)出游金陵,跟焦竑研讨古音,观点甚相契合。因旧稿未随身携带,根据记忆,继续编著;焦氏为补未备,正其音切。明年,又由金陵往江西德兴,以《毛诗古音考》初稿请正于其兄义山。三十四年(1606)夏,《毛诗古音考》在金陵脱稿刻成,其时陈第已六十六岁,其兄义山亦已物故。陈第奔至德兴,于灵前焚书,以报其兄赞成之恩。

《毛诗古音考》是陈第最重要的古音学著作,学术价值极高,影响极大,在我国音韵学史上占有极为重要的地位。我国对于上古音的研究,虽然始于宋人,但在明代以前,基本上仍处于不明古音的阶段;自陈第此书出,对于上古音的认识才逐渐清楚,对于上古音的研究才开始了新的阶段。《四库全书总目》认为:"国朝顾炎武作《诗本音》、江永作《古韵标准》,以经证经,始廓清妄论。而开除先路,则此书实为首功。"这是对《毛诗古音考》一书的正确评价。

《毛诗古音考》一书的观点主要有二。

一、认为语音有时代的差异和地域的差异。在明代以前,音韵学家们并未真正认识到语音是随时代的发展而发展的。宋代吴棫研究上古音,所著《韵补》虽然泛取旁搜,引书达五十种,但材料繁杂,上自《尚书》、《诗经》,下逮韩愈、欧阳修、苏轼兄弟,无所选择,缺乏历史观点。直到明代,才有陈第首先提出"盖时有古今,地有南北,字有更革,音有转移,亦势所必至"这一著名论点(《毛诗古音考自序》)。陈第又指出:"一郡之内,声有不同,系乎地者也;百年之中,语有递转,系乎时者也。"(《读诗拙言》)这种语音的历史发展观点和语音的区域性观点,反映了四百多年以前汉语音韵学已经达到了很高的研究水平。

二、认为古音与今音不同,古无叶韵。南北朝时期,人们诵读《诗经》等上古韵文,发现某些韵脚不谐和,便将这些韵脚字改读字音以求和谐,称为"叶韵"。到唐宋时期,叶韵之说益加泛滥,甚至有为求叶韵而改动古书字句者,以致先秦两汉之韵文几不可读。宋人吴棫、明人杨慎等都曾对叶韵之说表示怀疑,但始终未敢断言其非。陈第在《毛诗古音考》中以大量材料证明《诗经》用韵不但内部基本一致,而且和同时代的《左传》、《国语》、《易经》、《楚辞》、秦碑汉赋,乃至上古歌谣、箴铭、赞诵基本相合,由此确认《诗经》用韵必以当时实际语音为基础,以今音诵读古诗之所以不谐,并非是因为古无定音,而是语音演变的必然结果。陈氏的这一观点有力地批判了无视客观实际而强改字音的错误,彻底破除了叶韵说。

《毛诗古音考》全书共胪列《诗经》中的押韵字四百四十四个,每字先注古音,间附说解,后列证据。证据分本证、旁证两种,"本证者,《诗》自相证,以探古音之源;旁证者,他经所载,以及秦汉以下去《风》、《雅》未远者,以竟古音之委"(《四库全书总目》)。其考证古音的方法主要有四:(一) 以古韵文证古音。陈氏以《诗经》押韵作为本证,以群经押韵和其他上古有韵之文作为旁证。由于他材料丰富,尤其是他的旁证之中,不仅有文人雅士之作,而且收有民间歌谣、谚文和卜辞这样一些不可能斤斤计较选字押韵的作品,因此他的论证有极强的说服力。(二) 用谐声字探求古音。陈氏注意到同谐声的汉字读音必定相同相近,并利用这一规律考证古音。例如他说:"畐音必。……畐古读必,故福、楅、幅、辐、偪、葍之类悉从此音。"(《毛诗古音考》卷四)这一方法后来为清代学者段玉裁采用,并发展为"同谐声者必同部"说。(三) 大量利用前人的研究成果。陈氏在书中引用了上自汉代,下至明代十几家古代注音,增强了论证的力量。例如他说:"寡音古。《礼记》:'君子寡言而行,以成其信。'郑氏曰:'寡当为顾,声之误也,顾音古。'"(同上,卷三)(四) 利用异体字、通假字来探求古音。例如他说:"让,平声。《礼记》:'左右攘避。'注云:'攘,古让字。'"(同上)这是利用异体字来探求古音。又如:"其音记。'彼其之子'或作忌,'叔善射忌,又良御忌',通作记。《表记》引作'彼记之子',注疏云:'语辞也。'《左传》襄二十七年引'彼己之子,邦之司直',注:'己音记。'"(同上,卷二)这是利用通假字来探求古音。此外,陈氏有时也利用现代方言来考证古音,如他说:"乐音捞。北方至今有此音。"(同上,卷一)又:"梅音迷。楚中至今有此音。"(同上,卷二)

陈第的《毛诗古音考》考证严谨,言必有徵,典必探本,但也有一些不足之处,主要是:(一) 尽管对古音的考证做了大量工作,但是对语音的系统性还缺乏认识,因而不能够像清代学者那样将古音归纳为若干韵部,构成一个完整的古韵系统。(二) 由于没有一个完整的古韵系统,故不能正确认识各韵部之间的合韵、通押等现象,因而对某些韵例也就不能正确判断,甚至有本当一音,误判为数音者。如:"舅音久。一音己,《易林》:'洁身白齿,衰老复起。多孙众子,宜利姑舅。'"(同上,卷三)事实上,古音"舅"在幽部,《易林》"舅"与"起"为韵,正是之部与幽部合韵之例,不得谓"舅"有二音。(三) 陈氏只重视古韵的研究,而疏于古声的研究;他的本证、旁证全是韵文,也只能用以证明字的古韵,而不能证明字的古声,因而陈氏所注的古音,其声母多不准确。例如他认为"时音始"、"写音暑"、"仕音始"、"诵音宗"、"伏音逼"等等,注音字与被注字的声母都有清浊之别,它们并非同音字。

有关《毛诗古音考》的研究可参阅洪诚《中国历代语言文字学文选》(江苏人民出版社,1982年)、汪寿明《历代汉语音韵学文选》(上海古籍出版社,1986年)等书中的有关内容。

(杨剑桥)

字汇 梅膺祚

《字汇》，十四卷。丹山堂藏板题作"嘉乐字汇"。明梅膺祚著。约成于明万历四十三年（1615），或者稍前。有明万历四十三年（1615）序刻本、清康熙十年（1671）西泠堂主人刊本、同治七年（1868）紫文阁刊本、上海辞书出版社1991年《字汇》和《字汇补》合刊本等。

梅膺祚，字诞生，宣城人。生卒年月不详。他是明代宣城"林中七子"之一梅鼎祚的从弟，清代数学家梅文鼎的先辈。据自序，他"少学《易》，为诸生诵通。将受饩，徙而游国子。精治六书，悟其终始于《易》，有数可循也，所纂者若此"。又云："诞生方强年，行且谒仕，抱书趋阙下，获亲睹声明文物之盛，东观南阁之选。"可见《字汇》正是梅氏四十二岁前后在南京国子监充当生员时编撰的。另外，他还与陈俊修等人编纂了《宁国府志》。

《字汇》是一部比较通俗、便于查检的大型语文字典。其首卷载梅鼎祚序、凡例、部首目录等，末卷载《韵法直图》和《韵法横图》等，以为正文辅翼。正文十二卷则是所选收的三万三千一百七十九字及其注释。此书可说是我国大型字典编纂正式进入成熟阶段的标志，它在编排、收字、注音、释义等方面俱有明显的特色。

一、编排。本书在继承《说文》、《玉篇》等传统的偏旁部首编排原则的同时，进行了许多重大改革。它简化了汉字部首，由《说文》五百四十部、《玉篇》五百四十二部、《篇海》五百七十一部，简化为二百十四部。这二百十四部又按子、丑、寅、卯等十二地支分为十二集；部首和部中单字，按笔画多寡的顺序依次排列。偏旁有改易或异形的，主要是楷书有所变化的，都加以注明，如二画人部下注"亻同"，刀部下注"刂同"。每卷前皆附部首图表，列出每一部和部中单字的笔画数和相应的书页，颇便检寻。

二、收字。本书虽有许多俗字，但一般不通用的僻字、怪字一概不收，态度严谨而注重实用。而且所收古字和俗体都加以区别，如冂部"冎"，注云："俗再字。"冫部"况"，注云："即况字，今人多用此字。"又如刀部"荆"，注云："今通用刑。"

三、注音。自从《玉篇》改为先注音后释义以来，就为后起的字书所承袭，而本书又有新的发展，即先列反切,再加直音,如果直音无其字的,则用某字的平、上、去、入四声来注音。如刀部"判",注云:"普半切,潘去声。""刮",注云:"古滑切,关入声。"如果这种四声互证法也无法表达,就另注音近字。如人部"优"字下云:"徒感切,音近淡,上也。"又凡字有转音或叶音的,则先注本音,再注转音或叶音。如匕部"化"字下云:"呼话切,花去声。造化…○又叶居为切,音归……○又叶虎戈切,音诃……○又叶吾禾切,音讹……。"

四、释义。本书综合发展了《说文》的传统训释方式,把重点置于通俗阐释上,不少释义明白如话。如"欸"字,《说文》曰:"訾也。"《玉篇》曰:"呰也。"本书则释成:"今人暴见事不然者,必出声曰欸。"同时本书随声释义,按不同音切分列不同义项,音义关系处理得十分切合。

此外,《字汇》还有一个独到的做法,即卷首除有凡例、总目外,还列有"运笔"、"从古"、"遵时"、"古今通用"、"检字"等五种附录,卷末又有"辨似"、"醒误"、《韵法直图》、《韵法横图》四种附录。"运笔"是说明笔顺先后起止及与笔画多少的关系,如"川,先中丨,次巛。""从古"是说明字的正确写法,使读者能按照古字结构形体来写,如"夹"当作"夾","温"当作"溫"。"遵时"则指出某些字应遵照当时通行的写法,不必从古,如"仁"不必作"忎","明"不必作"明"或"朙"。"古今通用"则指出某些字古今通用,两种形体都可写,如"从(古)從(今),埜(古)野(今)"等。"辨似"列举了四百多个形体相似的字,如"己、已、巳","商、商","鍾、鐘"等等。"醒悟"列举了一些古别今混的字,如"聽,汀去声,聆也,从也,今误作听。听,银上声,笑貌,相如赋'听然而笑'"。《韵法直图》和《韵法横图》是两种等韵图表,就是按声、韵、调来配合的音节表。这两种图表均非梅氏所作,但同样反映明代的读书音。《韵法直图》按韵分成四十四图,每图按四声分为平、上、去、入四直行,再按三十二声母分为三十二横行,声母以序数代表。《韵法横图》按四声分为七图,平、上、去声各分上下两图,又入声一图,每图按三十六字母分为三十六直行,每直行又按韵母分为横行,横行旁边注有"开口呼"、"齐齿呼"、"合口呼"、"撮口呼"、"闭口呼"、"齐齿卷舌呼"、"齐齿卷舌而闭口呼"、"混呼"。直图除上述八呼外,还多出"咬齿","舌向上"两呼。这种分类和命名,显然有许多不科学的地方。

《字汇》一书的缺点是,除所引书证或无篇名,或无书名等古书常见弊病以外,最主要的就是解字释义的错误,如误将《左传·文公六年》"子轵之三子奄息"的"奄"释为姓氏等。

《字汇》对当时的读者有过很大的帮助,对以后的字典辞书也有大的影响。它曾经风行于明末,袭用"字汇"这个名称另编或续编的书如《字汇补》、《同文字汇》、《玉堂字汇》、《彩云字汇》、《文成字汇》之类也有不少,同时后起的名著如《正字通》、《康熙字典》以及《中华大字典》、《辞源》、《辞海》等都受到《字汇》不同程度的影响。

关于本书的研究,可参看刘叶秋《中国字典史略》(中华书局,1992年)、张涌泉《论梅膺祚的〈字汇〉》(《中国语文》1999年第6期)等。

(周伟良)

西儒耳目资 金尼阁

《西儒耳目资》，三编。明末金尼阁撰。成书于明天启六年（1626）。有 1933 年北平图书馆影印本、1957 年文字改革出版社影印本。

金尼阁（Nicolas Trigault，1577—1628），法国天主教耶稣会传教士。明万历三十八年（1610）来中国，首先到澳门，第二年去南京学习中文。以后到各地传教，终老于杭州。

1625 年，金尼阁为了帮助西人学习汉字和汉语官话，把利玛窦（1552—1610）等人的罗马字注音方案加以修改补充，写成了这部完整的罗马字注音专书《西儒耳目资》，第二年在杭州出版（一说在西安出版）。

《西儒耳目资》全书共三编：上编《译引首谱》、中编《列音韵谱》、下编《列边正谱》。

上编《译引首谱》是总论，其中"万国音韵活图"和"中原音韵活图"是用图式说明汉字声、韵、调的配合形式，"音韵经纬总局"、"音韵经纬全局"是以韵为经、以声为纬组成的韵表。此编最后附有"问答"，是讨论音韵和拼音方法。

中编《列音韵谱》是从拼音查汉字，把所收的汉字分隶于五十摄，每摄按声母、声调划分同音字组，上注反切和罗马字注音。

下编《列边正谱》是从汉字查拼音，这是一个按汉字偏旁分类的检字表。

《西儒耳目资》用罗马字母标音，对于了解当时的汉语语音系统及其音值，有很大的帮助。此书称汉语声母为"同鸣字父"，分二十类；称汉语的韵母为"字母"，分五十摄，其中 e、o、ie、io、uo 又分为"甚"、"次"两类，u 又分为"甚"、"次"、"中"三类，所以实有五十七摄；称元音为"自鸣字母"，共五个。声调为五个，即阴平、阳平、上声、去声和入声。本书所反映的语音系统，跟今天汉语普通话比较起来，其差别主要是：（一）声母方面还保存着微母（注音作 v）、疑母（注音作 g）；（二）见系细音和精系细音（注音分别作 k 和 ts）还没有完全腭化；（三）韵母方面 uan 跟 uon、uŋ 跟 ueŋ 分韵；（四）中古歌戈韵的字当时还念 o、io；（五）中古支脂之三韵的照系、知系字，它们的韵母仍然是 i,而不是舌尖后元音;(六)声调方面有入声,入声全都收喉塞音。

《西儒耳目资》用五个"自鸣"元音、二十个"同鸣"辅音相结合,上加五个字调记号,来拼一切汉字的读音,这样汉字读音就显得简单而有条理。这不但为向来被人认为繁杂的反切,开了一条"不期反而反,不期切而切"的简易途径,同时也引起了中国很多音韵学家对这种简易的拼音文字向往的热忱,使他们产生了中国文字可以拼音化的设想。正如方以智在他所著的《通雅》中所说:"字之纷也,即缘通与借耳。若事属一字,字各一义,如远西因事乃合音,因音而成字,不重不共,不尤愈乎?"

《西儒耳目资》在拼音方法上没有摆脱中国传统的反切法,所谓的"四品切法"就是迁就了反切,实际上是反切的改良。在它反映出来的语音系统中,也有很多地方沿袭了传统韵书的分类。比如"浊上变去"是 13、14 世纪以来北方话的普遍现象,但本书仍然把浊上字归为上声,上加"⌒",注明是古音。另外,注音方法偏重于描写,音素归纳不完全准确。比如 eao 和 iao,eaŋ 和 iaŋ 没有必要分别,它们只是发音部位不同而产生的细微音变,不能辨义。

近年来关于《西儒耳目资》所记录的官话,其基础方言究竟是何地方言,学术界有不同的意见。如李新魁认为金尼阁编书时得到山西绛县人韩云的帮助,因此金氏之书记录的主要是山西方音;而鲁国尧则以《利玛窦中国札记》为据,认为金氏书所记应为南京话。

关于《西儒耳目资》的研究著作有陆志韦《陆志韦近代汉语音韵论集》(商务印书馆,1988 年),李新魁《汉语等韵学》(中华书局,1983 年),李新魁、麦耘《韵学古籍述要》(陕西人民出版社,1993 年),鲁国尧《明代官话及其基础方言问题》(《南京大学学报》1985 年第 4 期),谭慧颖《〈西儒耳目资〉源流辨析》(外语教学与研究出版社,2008 年)等。

(徐川山)

蜀语 李 实

《蜀语》,不分卷。明李实撰。常见的版本有函海本、1937年商务印书馆《丛书集成初编》本,另有1990年巴蜀书社出版的黄仁寿、刘家和《蜀语校注》。

李实(1597—1674),字如石,号镜庵,四川遂宁人。崇祯九年(1636)中举,崇祯十六年(1643)中进士,同年为长洲(今江苏苏州)令,兼摄吴县令。次年明亡,弃官隐居,授徒著书,凡三十年。一生著作除《蜀语》一书流传至今外,另有《四书略解》、《六书偏旁》、《宪章录》、《遂宁县志》、《李氏家乘》、《吴语》等,皆已散佚。

据自序,作者"生长蜀田间,习闻蜀谚",明亡后留滞长洲,得以考之,撰成此书。清乾隆时,四川李调元将此书辑入《函海》丛书。

本书是我国最早的考证地区方言词语的专著。全书共收四川方言词语五百六十三条。所收条目前后连贯,不分卷,也不分类。内容包括名词、动词、形容词等。名词就词义来说,所涉及的范围甚广,包括天文、地理、动物、植物、器具、人体、疾病、亲属、服饰、食物、房屋等。动词多收单音动词,如"呼之曰欶。欶音朔"。所收形容词如"性傲曰戆。戆音刚,去声"。每条大致先简要释义,后出条目,即四川方言词语,再注音,并作进一步解释。间或也引典籍,以溯其源流,如"盛酒器谓之酒落,盛茶器谓之茶落。落从竹,以竹为之。扬子《方言》有'桮落'"。对简明易晓的条目,只作简要的释义和注音,例如"刈草曰剐。剐音汕"。甚至只有简要释义,例如"鹅卵石曰礓石"。

书首有自序一篇,批评"学士家竞避俗摭雅,故贱今而贵古",认为字无俗雅,方言皆有"典据"。说明本书编写目的是就其所知指出方音的典据。但是实际上引经据典考证词源的条目不多,而以记录口语为主。

与同类著作比较,本书有以下几个优点。

第一,收词立目比较精审。本书所收条目是明末四川方言口语词汇,不像同类著作收词往往太滥,常包含许多非方言词语。其中有些词语今四川方言仍沿用,如"小儿女曰幺。幺音腰。凡幽幼字从此为声,俗作么,误"。又如"平原曰垻。垻,从贝,音壩。与从具不同。从具,水堤也。吴越谓堰堤为垻,音具"。再如"豕项间肉曰臁头。臁音曹",今四川遂宁方言仍有此词。

第二,注重注音。除极少数条目外,每条都注音。注音的方法有三:一是大多数条目标注方言同音字,如"面疮曰皰。皰音炮"。二是注一同声同韵不同调的方言字,然后加以声调说明,如"宛转生动曰蚴。蚴音牛,去声"。三是用反切注音,如"指物事曰者。者,止野切"。作者特别注意辨调,对声调难辨的条目,常详加说明,如"肉曰肉。上肉入声,下肉去声,音辣。四声收在宥字韵"。又如"沉水曰没。没,莫佩切,迷去声。读若迷,不作入声。人跃入水曰打没头,犹吴人谓之打没贯也。吴作入声"。有的条目仅为注音而立,如"一读若衣"、"十读若诗"、"大读一驾切"。这些都是考证明代四川方言语音的极宝贵的材料。

第三,注重方言词语的汉字写法和研究,意在纠正俗字,而客观上保存了一些方言词语在当时的通常写法。例如"跛曰研。研通作繭"。又如"关门机曰櫳。櫳音栓,本作㝠,从户䀠声,俗加木。今误作闩,闩音罛"。

第四,对有关民俗的词语解释颇详,为研究明代四川民俗的宝贵材料。有关民俗的条目有"豆粥、坛神、火谷、端公、筏桥、猥猡、马船"等。

本书的缺点是条目次序编排混乱,不便检索;收词数量亦嫌不足。

分地研究方言词语,本书开风气之先,后起而效尤者不少。如清代毛奇龄《越语肯綮录》、胡文英《吴下方言考》等。清末民初张慎仪所撰《蜀方言》也是仿《蜀语》之作,而徵引典据更为详审。

研究《蜀语》的著作有甄尚灵、张一舟《〈蜀语〉词语的记录方式》(载《方言》1992年第1期)。

(游汝杰)

音学五书 顾炎武

《音学五书》,三十八卷。清顾炎武撰。约成书于明崇祯十六年(1643)。常见的版本:有康熙六年(1667)山阳张弨符山堂刊本、光绪十一年(1885)四明观稼楼刊本、湘阴郭氏岵瞻堂刊本、光绪十六年(1890)思贤讲舍刊本、民国上海文瑞楼石印本、鸿章书局石印本。民国二十二年(1933)严式诲辑《音韵学丛书》中也收录了《音学五书》。1982年有中华书局影印观稼楼本行世。2011年,上海古籍出版社出版了《顾炎武全集》校点本;2012年又单行了《音学五书 韵补正》。

顾炎武(1613—1682),原名绛,江苏昆山人。1645年明亡后改名炎武,字宁人。自称蒋山佣,号亭林,学者称"亭林先生"。少年时参加"复社"反宦官权贵的斗争。清兵南下,他参加抗清起义,鲁王时任兵部职方郎中。又参加昆山、嘉定一带的抗清起义,失败后矢志不仕,十谒明陵,垦荒种地,交游同道,不忘复兴。晚年卜居华阴,卒于曲沃。平生学问博洽,曾遍游山东、河北、河南、山西、陕西等地,访风问俗,搜集材料,研究学术。对国家典制、郡邑掌故、天文仪象、地理河漕、兵农经济、经史百家、金石文字、音韵训诂之学都有深入的研究,为清代著名的思想家和学者。治学侧重考证,提倡"经世致用",联系社会实际,反对空谈"心理性命",开创了清代朴学风气。主要著作除《音学五书》外,另有《日知录》、《天下郡国利病书》、《肇域志》、《韵补正》、《亭林杂录》、《亭林诗文集》等。生平事迹见《清史稿》卷四八一、《清史列传》卷六八、《清儒学案小识》卷三、《国朝耆献类徵》卷四百、《国朝先正事略》卷二七。清代及今人撰有多种年谱。

从17世纪40年代起,顾炎武开始研究古音,后来流浪他乡,在黄河中下游一带频频奔走,对不同地区的语音有了实际的接触和了解,有助于古音研究。《音学五书》前后五易其稿,直至1680年才刊改成书,可见用力之勤。

《音学五书》是顾氏古音研究的集大成之作,全书共五种:(一)《音论》三卷,(二)《诗本音》十卷,(三)《易音》三卷,(四)《唐韵正》二十卷,(五)《古音表》二卷。书前有顾炎武自序。

在《音学五书》的序言中,顾炎武认识到语音是逐渐发展变化的。基于这种认识,他第一步

"据唐人以正宋人之失",即离析"平水韵"使之回到《唐韵》。第二步"据古经以正沈氏唐人之失",就是根据上古韵文如《诗经》押韵等来离析《唐韵》,再归纳出古韵十部。从《音学五书》序中可以大致了解顾氏的古音研究情况。

《音论》分上、中、下三卷,共十五篇。它讨论了古音及古音学的重大问题,主要是叙述音学的源流,是《音学五书》的纲领。上卷谈音韵定义、历史和沿革;中卷谈古无叶音、古韵的部类、古调类的性质及入声的分配系统等;下卷谈转注、反切,以及声调和词义的关系等。《音论》中重要的有四篇:(一)《古人韵缓不烦改字》。认为古人用韵较宽,凡声音相近,听起来和谐即可押韵。今天读《诗经》不必改变某些韵字的读音。(二)《古诗无叶音》。完全赞同陈第的主张,认为古人并无任意改读的情况,前人的所谓叶音,正是古人的实际读音。(三)《古人四声一贯》。认为古人虽有四声,但押韵可以不拘,不像唐诗那样押韵字必须声调相同。(四)《先儒两声各义之说不尽然》。认为前人关于一个字的不同读音可以表示不同意义的看法不完全对。比如中古以后"爱恶"之"恶"读去声,"美恶"之"恶"读入声,顾氏认为先秦没有这种分别。

《诗本音》十卷,以《诗经》用韵为主,以其他古书的用韵为辅,来考订《诗经》的古韵。他把《诗经》的原文都抄录下来,在韵脚下分别注明属于《广韵》哪一韵;凡顾氏认为古今读音不同的字,则往往注明《诗经》的古读,并统计出这个字在《诗经》和其他经书中作为押韵字的出现次数,以证明所考证的古读。例如《诗经·周南·卷耳》"行"字下注:"十一唐。考行字《诗》凡三十二见,《书》三见,《易》四十四见,《左传》一见,《礼记》三见,《孟子》一见,《楚辞》十三见,并户郎反。其行列之行、行止之行、五行之行同是一音,后人误于十二庚韵再出。"又"觥"字下注:"古音光。考觥字《诗》凡二见,并同,后人混入十二庚韵。"

《易音》三卷,专论《易经》用韵,体例与《诗本音》相似,唯不抄录《易经》全文,而是仅仅选取他认为用韵的字句,对其中的押韵字加注。《诗经》和《易经》的用韵大致相同,但顾氏认为《易经》有方音,这是与《诗经》不同之处。

《唐韵正》二十卷,名为改正唐宋韵书,实际上是《诗本音》与《易音》的详细注释。其体例是"其一韵皆同,而中有数字之误者,则止就数字注之,一东是也;一韵皆误,则每字注之,四江是也;同者半,不同者半,则同者注其略,不同者注其详,且明其本二韵而误并为一,五支是也;一韵皆同无误,则不注,二冬、三锺是也"(见《唐韵正》前面的说明)。顾氏以先秦古音为正,以此来纠正《唐韵》,凡是《唐韵》与古音不合的,都以为误。先注《广韵》的反切,其次注古音,然后追本溯源,引证隋唐以前的韵文、音读、声训及谐声等资料来证实所注的古音,最后指出字音及所隶属的韵类音变的起始时代。当然不是每个字、每个韵都如此详注。

《古音表》分为上、下两卷,离析《唐韵》以求古音,以平声为首,其他三声与之配合,并改变入声的分配系统,将古韵分为十部,用表的形式列出。这在古音研究中是首创,从而奠定了清代古音学的基础。

《音学五书》从理论上和实践上彻底否定了叶韵说,奠定了古音学的基础,开拓了音韵学研究的新领域。它的贡献主要有以下两方面。

一、顾氏把《诗经》韵《易经》韵同谐声结合起来,并根据谐声系统把《广韵》的"支、麻、庚、尤"和入声"沃、觉、药、铎、麦、昔"等韵分为两支,入声"屋"韵分为三支,提出了离析《唐韵》以求古音的方法。这个方法,给后代以很大影响。江永采用它离析了《广韵》的"虞、先、萧、肴、豪"等韵,段玉裁、江有诰更采用它谱成了上古的韵部表。直至今天,我们划分上古韵部时,仍不能不采用顾氏的这种方法。顾炎武离析唐韵之后,又把它们综合起来,成为十部,这就给古韵的韵类划出了一个轮廓。其中的六、七、八、九等部都为后世所承认,另外六部也初具规模。后来诸家或析之为二,或析之为三,或析之为四,只是在顾氏的基础上进一步细分。可以说,古韵的分部实际是从顾炎武开始的。前代吴棫和陈第虽也曾对古音有所研究,但并不是古音的分部,没有系统地指出一个古韵部类的轮廓。

二、顾炎武在《音学五书》中变更了《广韵》入声的分配系统,从而揭示了上古入声韵跟阴声韵的关系。自《切韵》成书以来,入声韵和阳声韵相配的看法很少有人怀疑,但顾氏从《诗经》韵中入声字与平上去声字合用的现象、经传异文的通转、前人的音读以及《说文》的谐声材料里发现入声分配系统并非如此。他根据这些材料把《广韵》的入声系统重新加以安排,使绝大多数入声韵跟阴声韵相配,只有侵覃以下九个韵保留了旧有面貌。这种更动对古音研究的发展有很大的作用。只有打破《切韵》入声系统的束缚,才有可能接近真正的古音。尽管顾炎武重新更定的入声系统有欠妥的地方,但是由他提出的上古入声韵和阴声韵相配的原则却为后来学者所肯定。

顾氏的古音研究有复古倾向。他指出,古音跟今音是不同的,要读古书必须懂得古音,并说:"愚以为读九经自考文始,考文自知音始。以至诸子百家之书,亦莫不然。"(《答李子德书》)他所主张的复古,不是指语音,而是指古书的音,即要让六朝以来从心所欲、顺口而叶的"古音"恢复原来的面目。这无疑是正确的。可是,他在《音学五书序》中批评周颙、沈约等人不该根据汉魏以来的韵文写成韵谱,以致把古音都亡失了,因此他根据先秦韵文来纠正他们,写成《唐韵正》,这实际上是认识上的错误。周、沈等人的目的是记录当时语音,根本不是为了考求古音、保存古音。所以,他们写韵谱的材料自然是与当时语言相近或相合的汉魏以下的韵文,而不是与当时语言有很大距离的先秦韵文;他们所划分的韵部以及每个韵部中小韵的反切,也都是合于或近于汉魏以下的韵文。顾炎武轻易地批评"某字后人误入某韵,某字后人混入某韵,某字后人误于某韵再出",是不妥当的。

顾氏在理论和方法上也存在一些失误。(一)没有把时间地点的观念贯彻到底,使理论陷于矛盾之中。一方面,认为语音是变化发展的,另一方面,《音学五书序》又把春秋中叶以前的上下一千几百年,纵横一千几百里的语音都看成是完全相同的。他曾观察到《诗经》韵跟《易经》韵有明显不同的地方,但却撇开这些事实,肯定地说"文王、周公之所系,无弗同者"。(二)顾氏把古今音的演变局限于韵母上。他注的古音,除转引《广韵》以前的反语外,大都是简单地把《广韵》切语的下字换一换。这就是说,他认为只有韵母才变化,声母没有变化,这是不符合事实的。他对于古音演变的片面看法,也表现在上古调类的研究上。他认为古声调有迟疾轻重之分,并根据入声字十之七八跟入声字相押韵的现象,确定古人实有入声;另一方面,他又受陈第的影响,提出"四声一贯"的看法,认为迟疾轻重之间没有明显的界限,同一个字既可读平,又可读仄。他没有注意到先秦调类和《广韵》不同,是由于古今声调也发生了变化的缘故。(三)顾氏的古韵分部不够精密,字的归类也不尽妥当,例如他的真部,江永分为真元两部;他的支部,段玉裁分为支、脂、之三部。

研究顾炎武《音学五书》的著作主要有王力《汉语音韵学》(中华书局,1956年)、《清代古音学》(中华书局,1992年)、陈新雄《古音研究》(五南图书出版公司,1999年)、张民权《清代前期古音学研究》(北京广播学院出版社,2002年)等的有关章节。

(徐川山)

通雅 方以智

　　《通雅》，正文五十二卷，另有卷前三卷。明清之际方以智著。成书于明崇祯十二年(1639)。通行本有：清康熙五年(1666)姚文燮刻本、据姚刻印行的《四库全书》本、光绪六年(1880)桐城方氏重刻本、《万有文库》本以及上海古籍出版社1988年收入《方以智全集》之一的校点本。

　　作者生平事迹见本编"物理小识"条。

　　《通雅》是作者花费了三十年心血写成的著作。作者小时即好考证，自言："吾与方伎游，即欲通其艺也，遇物欲知其名也。物理无可疑者，吾疑之，而必欲深求其故也，以至于颓墙败壁之上有一字焉，吾未之经见，则必详其音义，考其原本，既悉矣而后释然于吾心。故吾三十年间吾目之所触、耳之所感，无不足以恣其探索而供其载记，吾益乐此而不知疲也。"(卷前《钱澄序》)三十年中，一有发现，即随手记下，日积月累，成为卷帙浩繁之书稿，先有何印尼、徐仲光等人为刊十之一二，或一人刻数卷，或数人共刻一卷，陆续成书，多不合式，至康熙五年才最后由姚文燮刻成。

　　书名"雅"字的用意在于依仿古代解释语词、名物、术语的辞书《尔雅》的体例，"通"字的用意在于效法郑樵之为《通志》、马端临之为《文献通考》，通观古今之变。《自序》言："函雅故，通古今……今以经史为概，遍览所及，辄为要删，古今聚讼，为徵考而决之，期于通达……名曰通雅"，目的是"备物致用，采获省力"。此书辨点画，审音义，考方域之异同，订古今之疑假；古今书中有字形具而音讹，有音存而字谬，有一字而各音不同，有一音而数义，都引据古文，旁采谣俗，博而通之，总之近似于《尔雅》。然而《通雅》又不同于《尔雅》，不是一般的字书，此书注重搜集、记述自然科学知识，即方以智所说的"物理"，包括天文、算学、地理、动物学、植物学、矿物学、医学等领域的知识，有些是取自欧洲传教士的著作。《通雅》与方以智的《物理小识》一样，实际也是一部百科全书式的著作。

　　卷前三卷收论文五篇，即《音义杂论》、《读书类略》、《小学大略》、《诗说》、《文章薪火》。论述作者在哲学、训诂学、美学、文艺理论等领域的基本观点，说明《通雅》的宗旨和指导思想。

正文卷一、卷二为《疑始》，专论古篆、古音。卷三至卷十为《释诂》，下分"缀集"、"古隽"、"谣语"、"重言"四类，诠释普通语词。卷十一、卷十二为《天文》，下分"释天"、"历测"、"阴阳"、"月令"、"农时"五类，不仅考释了这些方面的名词术语，还说明了许多自然现象的产生原因，记录了有关天体、历法、计时、气象的大量知识。卷十三至卷十七为《地舆》，下分"方域"、"水注"、"地名异音"、"九州建都考"、"释地"五类，不仅详考了各地地理形势、水道源流、城市变迁、地名沿革、行政区域的设置及其演变，还介绍了各地的风土人情，边远地区的民族分布。卷十八为《身体》，诠释身体各部位及内脏各器官的名称、术语。卷十九为《称谓》。卷二十、卷二十一为《姓名》，下分"姓氏"、"人名"、"同姓名"、"鬼神"四类。卷二十二至卷二十五为《官制》，下分"仕进"、"爵禄"、"文职"、"武职"、"兵政"五类，解释文武官职的名称，考察古今行政官制和军队建制的演变。卷二十六、卷二十七为《事制》，下分"田赋"、"货贿"、"刑法"三类，考察中国税收制度和法律制度。

卷二十八：《礼仪》；卷二十九、卷三十：《乐曲》和《乐舞》，末附"乐器"一节；卷三十一至三十五：《器用》。下分"书札"、"碑帖"、"金石"、"书法"、"装潢"、"纸笔墨砚"、"印章"、"古器"、"杂器"、"卤簿"、"戎器"、"车类"、"戏具"等十三类；卷三十六、卷三十七：《衣服》。分"彩服"、"佩饰"、"布帛"、"彩色"四类；卷三十八、卷三十九：《宫室》、《饮食》；卷四十：《算数》；卷四十一至卷四十四：《植物》，下分"草"、"竹苇"、"木"、"谷蔬"四类；卷四十五至卷四十七：《动物》，下分为"鸟"、"兽"、"虫"三类；卷四十八：《金石》。考矿物、金属及其制成品的名称、特性和制作法；卷四十九、卷五十：《谚原》、《切韵声源》；卷五十一、卷五十二：《脉考》、《古方解》。

《通雅》不仅在训诂学、自然科学领域，而且在哲学思想上对中国古代学术作出了重要贡献，这主要表现在以下三方面。

一、指出万事万物都处于变化发展中，今胜于昔，学者应通古今之变，不可泥古。《通雅》主要用语言文字的变化说明这一思想。它说上下古今数千年，文字屡变，音也屡变，表达的意义也屡变，有些学者不考文字的形、音、意之变，只信前人之说，或凭己臆断，常常造成错误。方以智认为，古代的名物制度经过长期演变，后人不易弄清，但是人类的知识是不断积累发展的，只要吸取前人智慧，又不泥古，通事物之变，自然能够断前人之疑，获得新的发现。他说："古今以智相积，而我生其后。考古所以决今，然不可泥古也。……生今之世，承诸圣之表章，经群英之辩难，我得以坐集千古之智，折中其间，岂不幸乎！"（卷前之一）用这种方法，孔子都觉难考的制度，后人也能弄明白。

二、认为应当从事实出发研究学问，寻找问题的结论。《通雅》反对理学悬空格物穷理的做法，其卷前《凡例》提出"辩当名物，徵引以证其义"，即要以实际材料证明一种说法。卷三《释诂》进一步明确指出："用虚于实，即事显理"，根据这种哲学思想，方以智批判那种"舍物以言理"的解经方法,说"汉儒解经,类多臆说;宋儒惟守宰理,至于考索物理时制,不达其实,半依前人"(卷前之一)。《通雅》的注重实际和事实的研究方法为科学地认识世界开辟了道路。

三、强调事物各有其特殊性。理学家喜欢讲一理即万事万物之理,重视事物的普遍性和世界的普遍法则,忽视事物的特殊性和特殊规律,与此不同,《通雅》强调万物"独性各别"(《凡例》)从事物的特殊性讲变化;同时它又说"公性则一"(同上),从一般性方面讲经常,方以智还说"共性在独性中",这就避免了悬空求物理的倾向。

方以智的重实、求实的哲学方法论和学风决定了《通雅》材料极其翔实、丰富,可以说汇集了有关领域当时所能见到的一切有用的、实用的知识,包括来自西方的。书中每一论点的提出都要经过广徵博引,论证极其周到、充分、精当。此书在考据学和博物学中占据重要地位,清代著名学者纪昀评论《通雅》及其作者方以智说:"虽其中千虑一失,或所不免,而穷源溯委,词必有徵,在明代考证家中可谓卓然独立矣。"(《四库全书总目·通雅》)纪昀以为明代中叶以降,以博洽著名的学者有杨慎、陈耀文、焦竑,他们或好伪说以售欺,或蔓引以求胜,或动辄牵缀佛书,伤于芜杂,唯有方以智考据精核,远出其上。《通雅》开清考据学之风气。

研究《通雅》的著作有张裕叶《通雅刊误补遗》、侯外庐《方以智——中国的百科全书派大哲学家》(《历史研究》1957年第6、7期)、罗炽《方以智评传》(南京大学出版社,1998年)、任道斌《方以智年谱》(安徽教育出版社,1983年)、任道斌《方以智茅元仪著述知见录》(书目文献出版社,1985年)、孙钦善《方以智与古文献学》(《北京大学学报》1987年第5期)、周远富《〈通雅〉古音考》(河南人民出版社,2008年)等。

(施忠连)

文 学

怀麓堂诗话 李东阳

　　《怀麓堂诗话》,又称《麓堂诗话》,一卷。明李东阳著。正德间,王铎初刻于扬州。王铎序云:"是编乃今少师大学士西涯李先生公余随笔,藏之家笥,未尝出以示人,铎得而录焉。……用托之木,与《沧浪》并传。"序称李东阳为"今少师",李东阳于正德元年(1506)底升少师,正德七年(1512)底致仕,可知此书初刻于正德元年至七年之间。嘉靖二十一年(1542),陈大晓等据王铎刻本重刻。今所见尚有《知不足斋丛书》本、《七子诗话》本、《历代诗话续编》本等。正德本《怀麓堂稿》收录李东阳仕宦期间诗文,未收此诗话。清人刻《怀麓堂全集》,才将之附刻。

　　李东阳(1447—1516),字宾之,号西涯。茶陵(今属湖南)人,以戍籍居京师。天顺六年(1462)举顺天乡试,次年中进士,入翰林为庶吉士。成化元年(1465)授编修,与修《英宗实录》。成化十九年(1483)迁侍讲学士。弘治七年(1494)升礼部右侍郎兼侍读学士,专管内阁诰敕。次年入阁参预机务,多所匡正。受顾命辅翼武宗,正德七年以吏部尚书兼华盖殿大学士致仕。李东阳先后在翰林院任职二十九年,参预内阁机务十八年,领袖文坛,一时诗人奉以为宗,称茶陵诗派。著有《怀麓堂全集》一百卷、《怀麓堂续稿》二十一卷。

　　《怀麓堂诗话》集中体现了李东阳的论诗主张。李东阳论诗,首先提出诗文之别,强调诗歌声韵的重要性。《诗话》第一则开宗明义云:"诗在六经中别是一教,盖六艺中之乐也。乐始于诗,终于律,人声和则乐声和。又取其声之和者,以陶写情性,感发志意,动荡血脉,流通精神,有至于手舞足蹈而不自觉者。后世诗与乐判而为二,虽有格律,而无音韵,是不过为排偶之文而已。使徒以文而已也,则古之教,何必以诗律为哉?"李东阳认为诗文之别在于是否合乐,诗歌的音乐性主要体现于声韵。因此,声韵是最能体现诗歌风格特征的艺术因素。他指出:"今之歌诗者,其声调有轻重清浊长短高下缓急之异,听之者不问而知其为吴、为越也。汉以上古诗弗论,所谓律者非独字数之同,而凡声之平仄亦无不同也。然其调之为唐、为宋、为元者亦较然明甚,此何故耶?大匠能与人以规矩,不能使人巧。律者规矩之谓,而其为调则有巧存焉。苟非心领神会,自有所得,虽日提而教之无益也。"《诗话》还指出格律是一成不变的定式,为诗之粗;声韵则随时代地域之不同而变化,为诗之精。学诗者不必拘泥于格律,而应求其声韵之和谐协律。他说:"泥古诗之成声,平侧长短,字字句句摹拟而不敢失,非谓格调有限,亦无以发人之情性","惟乐府长短句初无定数,最难叠韵,然亦有自然之声",只有自然谐协的声调才能充分表达人的思想感情。欲求得"自然之声",就必须"往复讽咏,久而自有所得。得于心而发之乎声,则虽千变万化,如珠之走盘,自不越乎法度之外矣"。

《诗话》"专求声于诗",重音韵而轻格律,然而格律原本来自诗歌的音乐性,与声调有密切的关系,所以《诗话》在谈及诗歌的声调音响时,不得不涉及四声平仄、遣词造句等格律问题。如云:"长篇中须有节奏,有操有纵,有正有变,若平铺稳布,虽多无益。唐诗类有委曲可喜之处,惟杜子美顿挫起伏,变化不测,可骇可愕,盖其音响与格律正相称。回视诸作,皆在下风。"《诗话》又专门提及虚词的用法:"诗用实字易,用虚字难。盛唐人善用虚,其开合呼唤,悠扬委曲,皆在于此。用之不善,则柔弱缓散,不复可振,亦当深戒。"李东阳合声调格律以论诗,形成了他的格调说。

《诗话》论及前代诗歌,流露出复古而不泥古,尊唐而不废宋元的比较宽容的倾向。《诗话》云:"汉魏以前诗格简古,世间一切细事长语皆著不得,其势必久而渐穷。赖杜诗一出,乃稍为开扩,庶几可尽天下之情事。韩一衍之,苏再衍之,于是情与事无不可尽,而其为格亦渐粗矣。"李东阳认为古诗应以汉魏以前之诗为楷模,但汉魏以前诗在内容与题材方面有所局限,而杜甫、韩愈、苏轼在这方面有所发展,"其格渐粗"则反映了李东阳拘守体格的眼光。李东阳于律诗推崇唐音,尤尊杜甫。他认为:"宋诗深,却去唐远;元诗浅,去唐却近。顾元不可为法,所谓'取法乎中,仅得其下'耳。"然他对宋元之诗并未一笔抹杀,他认为:"六朝宋元诗,就其佳者,亦各有兴致","汉魏六朝唐宋元诗,各自为体,譬之方言,秦晋吴越闽楚之类,分疆划地,音调殊别,彼此不相入。此可见天地间气机所动,发为音声,随时与地,无俟区别,而不相侵夺。然则人囿于气化之中,而欲超乎时代土壤之外,不亦难乎?"李东阳以时代和社会发展的观点来认识诗歌体格的变化,肯定了各代之诗自有其特点和价值。

李东阳作为一代宗师,台阁文人的殿军,他的《诗话》代表了明代从台阁体向前七子转变的文学思潮,在当时产生了很大的影响。作为馆阁文人,李东阳仍坚持台阁派的文学立场,他在《诗话》中声明:"朝廷典则之诗谓之台阁气,隐逸恬澹之诗谓之山林气,此二气者必有其一,却不可少。""作山林诗易,作台阁诗难,山林之诗或失之野,台阁之诗或失之俗,野可犯,俗不可犯也。"然而,《诗话》提出的"格调说",古诗宗汉魏以前、律诗宗唐的主张,从古人诗歌中追寻自然之音的观点,却对以李梦阳为代表的前七子文学复古运动有深刻的影响。王世贞《艺苑卮言》云:"长沙之于何、李也,其陈涉之启汉高乎?"胡应麟《诗薮》云:"独李文正才具宏通,格律森严,兴起李、何,厥功甚伟。"亦可谓确论。

有关本书的研究论著,有《四库全书总目》本书提要,郭绍虞《中国文学批评史》与刘明今、袁震宇《明代文学批评史》(上海古籍出版社,1991年)相关章节,以及马云骏《李东阳〈麓堂诗话〉考论》(《北京大学学报》2005年第6期)等。2009年人民文学出版社出版了李庆立《怀麓堂诗话校释》。

(黄　毅)

谈艺录 徐祯卿

《谈艺录》一卷，明徐祯卿著。现存较早的版本，有明嘉靖二十九年(1550)姑苏袁氏刊《徐迪功集》附录本、明正德至嘉靖间刊《顾氏明朝四十家小说》本及其他两种版式不同的明刻本。通行的是1981年中华书局版《历代诗话》中所收校点本。

徐祯卿(1477—1511)，字昌谷，一字昌国，本常熟(今属江苏)人，徙家吴县(今苏州)，遂占籍为吴县人。天资聪颖，妙擅文辞，时以之与唐寅、文徵明、祝允明并称为"吴中四才子"。弘治十八年(1505)中进士，除大理寺左寺副。以失囚，降职国子监博士。在京与李梦阳等游处，讨论艺文，后人因列其名于"前七子"之列。正德六年卒，年仅三十三。著作传世有《徐迪功集》六卷。

《谈艺录》是一部文学理论批评专著。其撰述的年代，据徐缙《题徐迪功集序》"初，昌谷甫弱冠，游郡庠，即工古文词，知所向往，《谈艺录》其一也"，及李梦阳弘治十八年(1505)序《徐迪功别稿》言及《谈艺录》两事看，其当为徐祯卿早年在姑苏时的作品。徐氏撰述本书的目的，则见于《谈艺录》篇末，所谓"上缘圣则，下摘儒玄，广教化之源，崇文雅之致，削浮华之风，敦古朴之习"，概言之，即是要从理论的角度正文学之本，并以此去评判前代文学的优劣。

全书未分篇，但于段落分合间，仍可看出其着重论述的几个方面。首先是从文学流变的角度估评魏晋以前各代文学尤其是诗歌的等次。作者认为诗歌是"所以宣玄(通行本作"元"，此据嘉靖本《徐迪功集》附录改)郁之思，光神妙之化者"，因此可作为创作标准的，最早自然是《诗经》的"雅颂"和"国风"。汉代文学，以"《安世》楚声，温纯厚雅；孝武乐府，壮丽宏奇"为一方面的代表，以"贤人逸士，呻吟于下里；弃妻思妇，叹(通行本作"歌")咏于中闺"为另一方面的代表，它们分别继承了"雅颂"与"国风"的传统。至东汉，五言起而"歌诗之声微"，但其时作家作品"含气布词，质而不采，七情杂遣，并自悠圆"，故尽管"间有微疵，终难毁(原作"掩")玉"。到曹魏时代，则文学虽"独专其盛"，又有"曹、王数子，才气慷慨，不诡风人"。但"特立之功，卒亦未至，故时与之阇化矣"。这里比较明显地表露出作者对于诗歌创作中质与文的主次关系的重视，因此在同书的较后部分,作者更直截了当地称:"魏诗,门户也;汉诗,堂奥也。"

在对文学发展的纵的方面作出一己的判断后,本书又从横的剖面对不同题材、内容形成不同文学风格的问题进行了比较细致的阐述。就此作者既有正面的描摹,如"郊庙之词庄以严,戎兵之词壮以肃,朝会之词大以雍,公宴之词乐而则"。也有反面的诫示,如"崇功盛德,易夸而乏雅;华疏彩绘,易淫而去质;干戈车革,易勇而亡警;灵节韶光,易采而成靡",并指出这类偏弊之所以出现,主要在作家本人"中无植干",即不能恰当地把握题材要旨。至于种种因个人感情表露而成就的作品,作者一方面承认它们是"诗家之错变,而规格之纵横",另一方面也指出其可能出现"思或朽腐而未精,情或零落而未备,词或罅缺而未博,气或柔犷而未调,格或莠乱而未叶"的毛病。由此把思、情、词、气、格等诸种批评概念之间关系,这一文学理论的重要问题,推到了论述的前台。

徐祯卿无疑最重视文学创作中的"情",《谈艺录》的中心话题也即是"情"。书中称:"情者,心之精也。情无定位,触感而兴,既动于中,必形于声。故喜则为笑哑,忧则为吁欷(原作"戏"),怒则为叱咤。然引而成音,气实为佐;引音成词,文实与功。盖因情以发气,因气以成声,因声而绘词,因词而定韵,此诗之源也。"这里十分值得注意的是,作者将动于心之情衍化而成诗的过程,表述为一种完全脱离外在的道德标准与价值观念束缚的纯自然的历程,并将"情"的地位提举到主宰一向被认为有辨别是非功能的"心"的高度,因而也就使感情在文学创作上具有了前所未有的独立地位。《谈艺录》中接下来提出"因情立格"的诗歌创作原则,其理论基础也在于此。

不仅如此,本书还对创作过程中"情"的萌发及其随之而来的一系列心理活动作了生动的描述:"朦胧萌坼,情之来也;汪洋漫衍,情之沛也;连翩络属,情之一也;驰轶步骤,气之达也;简练揣摩,思之约也;颉颃累贯,韵之齐也;混沌贞粹,质之检也;明隽清圆,词之藻也。"作者自然也不否认学识在创作中的独特作用,而对匆忙草率,不待情感充沛而下笔成诗,则持否定态度,认为"疾行无善迹","乃艺家之恒论也"。

本书的末一部分,是对文学创作的具体关节及前代作品优劣所在所作的简要提示。其中论及诗风因人而异问题,谓"人士品殊,艺随迁易",并条列出"宗工巨匠,辞淳气平;豪贤硕侠,辞雄气武;迁臣孽子,辞属气促;逸民遗老,辞玄气沉;贤良文学,辞雅气俊;辅臣弼士,辞尊气严;阉僮壶女,辞弱气柔;媚夫幸士,辞靡气荡;荒才娇丽,辞淫气伤"种种变相,发展了《文心雕龙》"体性"篇的有关理论,在讨论作家性格身份与作品特征风貌方面达到了更为细致的程度。

《谈艺录》从总体上看是一部克服前代大部分文学批评论著立论零散而无系统、论证又不甚周密等诸多不足的特出之作。因此自明代以来,它一直颇受学士文人的推重,本书现存明刻本之多,即其证。又清代王士禛将之与锺嵘《诗品》、严羽《沧浪诗话》并列标举(见《渔洋诗话》);现代学者朱东润也一再称说其书,谓之"实有源有本之论,为一般诗话中不可多得之品"(《中国文学论集·述钱谦益之文学批评》),"语简言赅,诚为吾国文学批评中有数之杰作"(《中国文学批评史大纲》)。

但本书立论实也稍有疏误之处。作者对于诗之"词气"源于"政教"的肯定,以及在强调"因情立格"的同时,又说"诗贵先合度,而后工拙",即一定程度上损害了论说的一贯性。

研究本书的论著,有朱东润《中国文学批评史大纲》有关章节、王英志《徐祯卿的〈谈艺录〉》(《江汉论坛》1983年第10期)、日本鹫野正明《论徐祯卿的〈谈艺录〉》("徐禎卿の〈談芸録〉について",《大东文化大学创立六十周年记念中国学论集》,1984年)、陈建华《中国江浙地区十四至十七世纪社会意识与文学》(学林出版社,1992年)有关章节、徐同林《徐祯卿〈谈艺录〉作年新探》(《苏州大学学报》1993年第4期)、李双华《徐祯卿〈谈艺录〉写作时间考》(《苏州大学学报》2003年第3期)等。此外,韩国李鸿镇已将本书译成韩文,连载于韩国《中国语文学》第十六、十七辑(1989—1990)。

(陈正宏)

诗家直说 谢 榛

《诗家直说》四卷,明谢榛撰。有万历二十四年(1596)赵府冰玉堂刻《四溟山人全集》中所收本、万历三十九年(1611)邢琦等校刊的单行本、《谈艺珠丛》本等。《诗家直说》乃谢榛自拟的书名,其在流传过程中,又被更名为《四溟诗话》;此名在清乾隆之后,逐步成为本书流行的书名。以《四溟诗话》为书名的本书版本,有乾隆甲戌(十九年,1754)胡曾耘雅堂刻本、道光中潘仕成《海山仙馆丛书》本、《历代诗话续编》本等。通行读本有李庆立、孙慎之的《诗家直说笺注》(齐鲁书社,1987年)。

谢榛(1495—1575),字茂秦,号四溟山人,又号脱屣山人,临清(今山东临清)人。初与李攀龙、王世贞、宗臣、梁有誉诸人倡结诗社,时称五子。随着徐中行、吴国伦的加入,五子被改称为七子,即明中期著名的文学流派"后七子"。谢氏是"后七子"初期的领袖,后因与李、王等人交恶,被排挤出列。游于燕赵诸藩邸,名动公卿,以布衣终老。其人擅长歌诗,专攻近体,是明中期著名的诗人及诗歌理论家。著有《四溟山人全集》二十四卷。

《诗家直说》是一部诗歌批评著作。全书四卷,共分四百一十六条,着重点评历代诗歌作品,记述诗坛掌故佚事,讨论诗歌的创作方法和艺术境界等问题。从文字上说,基本属于随笔漫谈性质,系统性不强。

《诗家直说》的主要特点有如下三点。

第一,和"后七子"一样,谢榛论诗也打出了诗法盛唐、讲求声律格调之学的复古旗帜,但宗旨略有区别。具体表现在三个方面:(一)在诗歌批评标准上,谢氏以远山为喻提出"妙在含糊,方见作手"的原则。他认为诗歌是模写情景的工具,而情景本身是变化莫测的,那么诗作不宜太切太逼真,逼真则境穷,而应"务令想头于不可测处"。事实上,这是针对当时社会上流行的刻板的拟古风气提出的批评,同时又对后来胡应麟诸人的以神韵论诗有一定的启发之功。(二)在具体的创作中,谢榛提倡诗歌要臻于浑沦之境。所谓浑沦之境,是指一种浑然天成的自然风格。要达到这样的境界,谢氏指示的路径仍是从妙悟入手,在广泛学习古人作品时,应"熟读之以夺神气,歌咏之以求声调,玩味之以裒精华",细心揣摩,巧妙模拟,"勤以尽力","悟而且精","得此三要,则造乎浑沦",由学习他人的风格到形成自己的风格。(三)在提倡妙悟与学古诗的同时,谢榛也看到诗歌与抒发心灵的关系,他强调"夫万物一我也,千古一心也",则"赋诗要有英雄气象,人不敢道,我则道之;人不肯为,我则为之"。在学古人之外,勿忘自我的真性情,从真性情中求与古人之异,从异中求得古诗古法精髓。这种抒写个人情性,既求同又求异的观点又显后来性灵说之端倪。

第二,谢榛以较多的篇幅,颇为深入细致地探讨了情景交融的问题。综览全书,其中直接涉及这一问题的条目即达三十余条。谢氏的论述主要分成两个部分:(一)探讨诗与情景的关系。他说"诗乃模写情景之具,情融乎内而深且长,景耀乎外而远且大","情景相触而成诗",并指出"作诗本乎情景"是诗人必须遵守的尺度。(二)在分析情与景的关系时,谢氏指出:"景乃诗之媒,情乃诗之胚。"这里把情视为内在的主因,把情放在矛盾的主导地位,自切近诗歌的本质所在。可见谢榛在强调情与景的交融时,是以感情为讨论的主体,更重视诗歌中情的抒发。故他说"班姬托扇以写怨,应场托雁以言怀,皆非徒作。沈约《咏月》曰:'方晖竟户入,圆影隙中来。'刻意形容,殊无远韵"。又谓"赵章泉、韩涧泉所选唐人绝句,惟取中正温厚,闲雅平易。若夫雄浑悲壮,奇特沉郁,皆不之取。惜哉!"这类评论都能切中问题要害,对后人的研究实有启迪之功。

第三,基于对诗歌中"情"的重视,谢氏对那些讲理不讲情的诗作,特别是宋人的作品进行了有力的抨击。如其谓:"诗有辞前意、辞后意。唐人兼之,婉而有味,浑而无迹。宋人必先命意,涉于理路,殊无思致。""宋人谓作诗贵先立意。李白斗酒百篇,岂先立许多意思而后措词哉?盖意随笔生,不假布置。"诸如此类,通过唐宋诗作的比较,反衬出宋诗不重情思的缺陷,这种看法还是颇有见地的。

《诗家直说》也存在着不足,主要反映在三个方面:第一,谢榛的诗评大多从艺术形式着眼,有时因过于讲求音韵句法而忽略了诗歌的整体效果。如批评李颀《赠张旭》中"左手持蟹螯,右手执《丹经》"一句和贾岛《望山》诗"长安百万家,家家张屏新。谁家最好山,我愿为其邻"两句皆写兴害意。而李颀之诗通过行动描摹张旭醉后的癫狂,贾岛诗则托择邻抒发诗人看到雨后山色青翠之态的喜悦,并不妨诗意。谢氏未作通篇考察,苛责前人,反而有失。第二,谢榛自恃有才情,喜欢改动前人的作品,而时有点金成铁之失。如他将杜牧《清明》诗中"借问酒家何处有,牧童遥指杏花村"一句改作"酒家何处是,江上杏花村",又自诩得盛唐之调,其实这一改动,反使原诗蕴藉无穷之意味荡然无存。第三,作为一部诗歌批评著作,书中过多地引用撰者自己的作品,也有自我吹嘘之嫌。像谢氏颇为自得的"天"字韵语,实不过是一种文字游戏,引入书中,颇为无聊。

总的来说，《诗家直说》论题广泛，宗旨明确，不失为明代诸家诗话中的上乘之作。书中提出的观点，对后人的研究不无参考价值。同时，书中呈现的谢榛在复古问题上，与"后七子"派其余诸人在持论上的联系及微妙的差异，对我们探讨"后七子"集团及"格调说"的发展演变，也有很重要的启示意义。

有关本书的研究论著，有《四库全书总目》"集部诗文评类存目"本书提要，郭绍虞《中国文学批评史》，刘明今、袁震宇《明代文学批评史》(上海古籍出版社，1991年)等书的相关章节，以及李庆立《〈诗家直说〉版本源流及"重修赵府本"讹误匡正》(《古籍整理研究学刊》1995年第1、2期合刊)等。

(吕海春)

诗纪 冯惟讷

《诗纪》，又名《古诗纪》，明冯惟讷辑。有明嘉靖三十九年(1560)甄敬刻本与明万历间吴琯、谢陞、陆弼、俞策刻本两种版本，甄氏刻本据冯氏原编刊刻，流传较少；吴氏刻本经过改编，为本书通行本，而编校实不及甄氏原刊本为善。

冯惟讷(1513—1572)，字汝言，号少洲，临朐(今属山东)人。嘉靖十七年(1538)进士，除宜兴知县，调魏县知县，迁兵部员外郎。继出任按察佥事，提学陕西、两浙，升江西左布政使。因病请老，特进光禄寺卿致仕。著有《冯光禄集》。

《诗纪》是一部汇辑唐代以前诗歌为一书的总集。其初纂于嘉靖二十三年(1544)冬。先成汇集汉以前古诗的《风雅广逸》十卷(有嘉靖三十年(1551)乔承慈刻本)与综录汉魏诗歌的《汉魏诗纪》二十卷(现存嘉靖三十八年(1559)徐氏刻本)，单刻行世。后陆续纂集两晋至隋代诗作，且与前两书合为一书，至嘉靖三十六年(1557)编就全书。

全书正集一百三十卷，录汉代至隋代诗歌。分汉魏、两晋、宋齐、梁、陈、北朝、隋七编，各编前有目录。编下则以朝代分列，计有汉十卷，魏九卷，吴一卷，晋二十卷，南朝宋十一卷，齐八卷，梁三十四卷，北朝魏一卷、齐二卷、周八卷，隋十卷。正集前有《前集》十卷，所载为《诗经》未录的周以前之诗与秦代的古诗，即《风雅广逸》所收者。正集后有《外集》四卷，录"仙真神鬼"之作；《别集》十二卷，辑前人有关诗史及诗评之文。全书卷首，又有《凡例》、《引用书目》及《各代人名总纲》。

本书体例，除《前集》十卷以歌、谣、诵、琴操、铭、箴、祝辞、繇辞、诔、杂辞、诗、逸诗、古谚及附录等分体编排，《别集》四卷以"仙诗"(卷一至卷三)、"鬼诗"(卷四)分类编次外，一百三十卷正集中，每朝之诗，皆以帝王为首，次诸家世次可考者，次爵里无考者，又次方外、闺秀、无名氏。以人系诗，人各以时代前后为序。各家之诗，则先分乐府、诗两大类，诗中又分四言、五言、六言、七言、杂言等体。作者各有小传，诗题之下多有解题，诗末则间注版本及考订文字。

本书的特点,首在搜罗完备,采撷弘富。冯氏依据了当时所能见到的汉魏两晋及南北朝名家别集、历代总集,以及经史子部旧典、佛道志书,汇纂本书,其宗旨在求全求备,故零篇断句,皆采辑不遗。除了书面文献外,还利用了金石碑刻资料,如卷一一四北朝周卷三庾信《道士步虚词十首》的第六首"上元应送酒,来向蔡京家"句末即注:"陕西藩司有石刻书此及'北阙临玄水'二首,字画奇劲,或出庾公笔也。"并依石刻作校记云:"石刻云'应逐上元酒,同访蔡京家'。"第八首"北阙临玄水,南宫生绛云"句又校曰:"旧本'阙'作'阁','生'作'坐'……今从石刻正之。"

本书的另一特点,是首次对唐以前诗歌作了一次全面的考订,为后来研究者提供了一个较好的基础。汉魏迄隋的诗作,由于年代久远,诗题、作者、本文等多有讹误及张冠李戴者,冯氏就此做了大量而细致的考证,虽仍不无疏漏,却是至明代为止有关总集中成就最突出的。如卷六十八梁卷五简文帝《往虎窟山寺》一首,《弘明集》本题江令诗,冯氏则据《艺文类聚》及《弘明集》所载同时诸臣和诗,考定其为简文帝所作,而谓《弘明集》"盖有脱简紊误尔"。又如卷四九宋卷六谢惠连《咏冬》诗题下,注云:"《艺文》新本字讹作灵运,考旧本正之。"可见其同一书还用不同的版本进行了校勘。至经过考订仍不能确定者,书中则记其疑于诗末,如卷六十六梁卷三昭明太子《春日宴晋熙王》,冯氏题曰:"此诗见《艺文类聚》。考《南史》梁时无晋熙王,疑《艺文》误也。"卷八十一梁卷十八吴均《战城南》第二首,冯氏又题:"此与下篇,《艺文》失题,列《战城南》后,《英华》遂以为题,当再考。"凡此都显现了编者纂辑本书时所持的审慎态度。

本书正集之中,有列有关史传叙文为引以显现一代诗歌流变者,如"北朝"一编,起首即置《北史·文苑传叙》;又《别集》十二卷,以"统论"、"品藻"、"杂解"、"辨证"、"志遗"分类,其中既收有关文学变迁之文,如《宋书·谢灵运传论》,也录历代文学批评的名家名篇,如《文心雕龙》中的《明诗》、《时序》、《体性》、《通变》等篇,《诗品》的上中二品,徐祯卿的《谈艺录》,等等,外及各家论诗体、论作家作品之辞,因而从总体上形成了本书以丰富的史料为基础,全面展现唐以前诗歌流变面貌的格局。这一特点为前此同类总集中所未见,而以辑录史料的形式来体现,更有其系统保存明以前有关先秦两汉魏晋南北朝文学批评原典的价值。

《诗纪》是总集编纂发展到明代产生的一部学术价值颇高的著作。它之所以出现,与明代中后期前后七子以复古为革新的文学运动有着甚为密切的关系。一方面,它网罗唐以前的绝大部分诗作包括民谣于一书,实际上就将非文人创作的诗歌作品与文人制作同等看待;并且由于前此非文人创作古逸歌谣,除了《诗经》之外,其他概受贬斥,不登大雅之堂,而本书则将前人所弃悉数收录,这在客观上也就与李梦阳所提出的"真诗在民间"的理论遥相呼应,为世人学习"真诗"提供了基本的材料。另一方面,前后七子的文学复古理论,辗转流播以后,在一些末流中也起了变化,被简单地归结为"诗必盛唐",本书则专以提供完备的唐以前诗歌为务,这又在一定程度上扩展了当时文人士大夫的眼界,起到了纠偏的作用。由于这两方面的效用不是像先前的总集那样是通过选本来推行,而是以一种富于较严格意味的学术性的文献汇纂来实现的,所以其影响颇为广大。

从汉魏六朝诗总集的编纂史上看,《诗纪》的地位也甚为重要。在它之后,臧懋循的《古诗所》、梅鼎祚的《八代诗乘》,以至近人丁福保的《汉魏晋南北朝诗》,现代逯钦立的《先秦汉魏晋南北朝诗》,无不以其为主要蓝本,增删考订而成。《诗纪》备收一代诗歌文献的体例,也启发后人纂辑相同类型的总集,以唐诗为例,明吴琯于校刻《诗纪》后复汇辑《唐诗纪》,无论从书名抑或体制上看均明显是续冯氏《诗纪》之作;而胡震亨汇纂卷帙浩繁的《唐音统签》,其初始之心或即得之于本书,亦未可知。

《诗纪》自然也存在着不少失误,主要是对所收各诗未——明注出处;各家集中概以体分,淆乱了原书次序;尚有误题、误收之作,等等。就此清人冯舒撰有《诗纪匡谬》一书,专事纠驳其误(有清抄本与《知不足斋丛书》本)。但或以为《诗纪》前集十卷"真伪杂糅"为其失误之一,则稍失公允。因为冯惟讷原本将《前集》与正集一百三十卷分置,其用意本即有存疑的意味,而后来吴琯重刻其书,不明此意,遂将《前集》与正集统一编纂为一百五十六卷,致后人误以为冯氏本即将二者同视为可靠之作,因斥其真伪不分,此实为吴琯之过,而不应责之于冯氏。

研究本书的论著,有逯钦立《古诗纪补正叙例》(1948年《中央研究院历史语言研究所集刊》第十二本)等。

(陈正宏)

艺苑卮言 王世贞

《艺苑卮言》，明王世贞撰。有八卷本、十二卷本以及十六卷本三种版本流传。以八卷本最为流行，有明刻本、《四库全书》本、《谈艺珠丛》本、《历代诗话续编》本等。目前通行的读本，是收录在《历代诗话续编》(中华书局，1986年)中的标点本。

王世贞(1526—1590)，字元美，号凤洲，又号弇州山人，太仓(今属江苏)人。嘉靖二十六年(1547)进士，授刑部主事。忤权相严嵩，父丧去官。万历中，官至南京刑部尚书。王氏一生博学多才，名望显重，是明中叶重要文学流派"后七子"的代表人物。其著述除本书外，又有《弇州山人四部稿》、《弇州山人续稿》、《弇山堂别集》、《嘉靖以来首辅传》等多种。

《艺苑卮言》是一部文学批评著作。据卷首王氏自序，其写作经过大致如下：王氏久有欲成一家之言，以补严羽、徐祯卿、杨慎三家著述所未备之愿，会嘉靖三十六年丁巳(1557)夏秋间按部泰安，避暑谢客，始得撰次本书。又明年，检视旧稿，加以整理编辑，合为六卷。后两度易稿增订，至隆庆六年(1572)始定稿，厘为八卷，并黜其论词曲的部分为别录。其中关于明代诗歌研究的文字，与其早期著作《明诗评》相较，有明显的承续痕迹。如《明诗评》卷二论杨基诗时说："基诗如西湖柳枝，绰约近人，颠顿特甚，情至之语，风骨扫地。"在《艺苑卮言》中则仅删去"颠顿特甚"，并改"风骨"为"风雅"，余皆照录。但是，本书也有所突破，其对具体诗人诗作的品评更为精确，又能从历史发展的角度论述元末至嘉靖中诗歌演变的轨迹，较《明诗评》更体现出完整的系统性，也弥补了前者的不足。

全书以论诗为主，论文为辅。卷一为总论部分，较详细地阐述了撰者的文艺理论。卷二至卷四，内容以评论明以前历代诗歌为主。卷五至卷七专论明代诗文。卷八则着重记述了一些诗人的掌故逸事。

《艺苑卮言》的主要特点有三：其一，王氏站在文学复古的立场上，特别强调文学的形式。所谓形式，即包含了体、格、调、法等范畴。在前七子的基础之上，王氏有关形式的理论更完整精密。

关于法,王氏兼重谋篇布局之法和修辞手法两方面,他说得较为具体:"首尾开阖,繁简奇正,各极其度,篇法也。抑扬顿挫,长短节奏,各极其致,句法也。点缀关键,金石绮彩,各极其造,字法也。篇有百尺之锦,句有千钧之弩,字有百炼之金。文之与诗,固异象同则。"格的含义似乎较为复杂,格与"情"、"意"并举,盖包括"法"、"体"的意思在内,同时又常用以指风格。相对来说,调和体的概念比较清晰,体指各种诗体、文体,调是指声调。王氏关于形式的论述,主要包括两方面的意思。第一,他强调就文学而言,"法"是必须遵守的,离开了法,诗或文都无从谈起,也就是所谓的"有物有则"。王氏一方面对各种体制的创作方法分别加以论述。如其论诗法云:"篇法有起有束,有放有敛,有唤有应,大抵一开则一阖,一扬则一抑,一象则一意,无偏用者。句法有直上下者,有倒插者,倒插最难,非老杜不能也。字法有虚有实,有沉有响,虚响易工,沉实难至。"另一方面又提出"取法乎上"的观点,要求文宗左氏、司马,古诗宗汉魏,近体宗盛唐。如其云:"拟以纯灰三斛,细涤其肠,日取六经、《周礼》、《孟子》、《老》、《庄》、《列》、《荀》、《国语》、《左传》、《战国策》、《韩非子》、《离骚》、《吕氏春秋》、《淮南子》、《史记》、班氏《汉书》,西京以还至六朝及韩柳,便须铨择佳者,熟读涵泳之,令其渐渍汪洋。"第二,在遵循古法的前提下,王氏也注意到作家的主动性,提出"才、思、格、调"之说。他认为"才生思,思生调,调生格。思即才之用,调即思之境,格即调之界",格调生于才气,又与之相互制约,因而主张在熟读前人佳作的基础上,"遇有操觚,一师心匠,气从意畅,神与境合"。又说"故法合者必穷力而自运,法离者必凝神而并归",作家在"法合"后,极尽才力,将情感与形式相济相谐,创作方可达到"法极无迹"、"境与天会"之境。这在一定程度上纠正了单纯追摹古人而忽视才思的不良倾向。

其二,撰者对明代诗文的论述评价较为系统,能从微观及宏观两种角度加以评述。对于具体作家作品的点评,多用简短的语言勾绘出作家风采,如谓"王新建如长爪梵志,彼法中铮铮动人",力图用精简的语言凸显诗人个性,给予读者回味的空间。又如说"黄勉之如新安大商,钱帛米谷金银俱足,独法书名画不真",纵有失刻薄,却也能切中要害。而撰者对明文作家源流的研究多一语中的,尤见功力。如云:"李(东阳)源出虞道园,秋于杨(士奇)而法不如,简于宋(濂)而学不足,岂非天才固优,惮于结撰故耶?"同时,撰者又能从宏观的视角,阐述了从元末到嘉靖年间诗歌文章的发展演变轨迹,并借对历史的论述表明"后七子"张举文学复古旗帜的背景,及与"前七子"的异同。如诗评一节,全文约六百余字,条理清晰,概括了明诗的发展脉络,显示出撰者的宏观把握能力,并且从中也反映出撰者不同于流俗的观点。如他说:"才情之美,无过季迪(高启);声气之雄,次及伯温(刘基)。"并对"谈者尚以元习短之,谓辞微于宋,所乏老苍,格不及唐,仅窥季晚"之类的流行看法颇表不满,而力赞这些诗人作品有"工力深重,风调谐美"之长。从中可以看出撰者在文学评论上的独立意识。

其三,撰者用相当的篇幅讨论文学作品与作家人生境遇的关系,并列举丰富的掌故佚事加以佐证。他说:"古人云'诗能穷人'。究其质情,诚有合者。今夫贫老愁病,流窜滞留,人所不谓佳者也,然而入诗则佳。富贵荣显,人所谓佳者也,然而入诗则不佳。是一合也。泄造化之秘,则真宰默雠;擅人群之誉,则众心未厌。故呻占椎琢,几于伐性之斧,豪吟纵挥,自傅爱书之竹,矛刃起于兔锋,罗网布于雁池。是二合也。循览往匠,良少完终,为之怆然以慨,肃然以恐。"如其论贫困一段,便列举了四十余位知名文人的贫困遭遇,若"庄周贷粟监河,枯鱼自拟","东方朔苦饥欲死,愿比侏儒","杜甫浣花蚕月,乞人一丝两丝";"孟郊苦寒,恨敲石无火",寥寥数语,囊括古今,刻画出这些文人贫无立锥之地的悲惨遭遇,给读者留下深刻印象,也显现出撰者的博学。

《艺苑卮言》包罗宏富,其价值着重体现在两方面。第一,王氏对于文学形式的强调与肯定,实际起到了对"道"的疏离的作用。道统文学观主张文道合一,强调"文以载道","无法为法",忽略了文学本身的艺术特性。王氏则以文学形式为出发点,以格、调、法为标准衡量古今诗文,抨击排斥宋文的格、调低下,向儒家传统文学观提出挑战,力图营造新的美学趣味,为文学争取自身的独立地位。就这一点而言,王氏在《艺苑卮言》中建立的以形式为中心的文艺批评架构,为文学摆脱"道"的约束,确立自身的法则作出了应有的贡献。其二,王氏在《艺苑卮言》中对明代本朝诗文的研究及论述,能够兼及诗与文两方面,既注重对作家作品风格的点评,又开始注意到从文学自身发展的角度追本溯源,讨论明代文学的源流演变。这种经过系统理性的分析而得出的结论,较诸单纯感性的体验譬说提高了一个层次,更具理性的价值。从当时明代诗文研究的整体情况看,王氏的《艺苑卮言》在对明代文学的研究上达到了较高的学术水准。

研究《艺苑卮言》的论著,有马茂元《王世贞的〈艺苑卮言〉》(收入所著《晚照楼论文集》,上海古籍出版社,1981年)、颜婉云《王世贞悔作卮言说辨》(《中国文学报》三十三期,1981年10月)、罗仲鼎《从〈艺苑卮言〉看王世贞的诗论》(《文史哲》1989年第2期)及其《艺苑卮言校注》(齐鲁书社,1992年)等。

(吕海春)

诗薮 胡应麟

《诗薮》二十卷,明胡应麟撰。传世的版本,有明万历三十七年(1609)张养正刻本、万历四十六年(1618)江湛然刻《少室山房四集》所收本等数种明刊本,清广雅书局本、1958年上海中华书局排印本等。目前通行本是1979年上海古籍出版社出版的重排本。

胡应麟(1551—1602),字元瑞,又字明瑞,号少室山人,后更号为石羊生,浙江兰溪人。万历四年(1576)举人。久上春官不第,遂筑二酉山房于兰溪山中,以藏书著书著称于世。胡氏学识渊博,其文学观点深受后七子特别是王世贞的影响,又曾得到王氏的推重赏识,被列为"末五子"之一。王世贞、汪道昆殁后,南方文人多从之游。他的著述除本书外,又有《少室山房类稿》、《少室山房集》、《少室山房笔丛》等多种。

《诗薮》是一部文学批评专著。全书分为内、外、杂、续四编。其内、外两编的完成约在万历十七年(1589)之前。此后胡氏又陆续增补修订,至万历十八年(1590)共完成三编的撰述,则最后的定稿当在此年之后。

全书共二十卷。其中内编六卷,包括古体上、中、下三卷,其目为"杂言"、"五言"、"七言";近体上、中、下三卷,其目为"五言"、"七言"、"绝句"。内编系统阐述诗歌创作各种体制的起源及发展变化,属于总论性质,故而理论色彩较为浓厚。外编六卷,其目为"周汉"、"六朝"、"唐上"、"唐下"、"宋"、"元"。本编按照历史朝代更替的顺次对历朝作家作品以及相关的史事进行考述评论,对唐代诗人诗作的品评尤见用心。杂编六卷,分为"遗逸上(篇章)"、"遗逸中(载籍)"、"遗逸下(三国)"、"闰余上(五代)"、"闰余中(南渡)"、"闰余下(中州)"诸篇。这一部分实际上是对外编的补充,论述了古佚篇章以及三国、五代、南宋与金代的作家作品。续编两卷,专论明初到嘉靖年间诗歌的变迁发展和诗人作品,按时间先后分成两部分:"国朝上"叙"洪永、成弘"之作,"国朝下"论"正德、嘉靖"之诗。

《诗薮》的主要特点有如下两点。

第一,从文学理论架构而言,胡氏在后七子的基础之上,对"格调说"作了补充完善,形成一套较为完整的理论体系,由此加以申发阐述,从史的角度探索诗歌本身的发展演变过程。着重体现在两个方面:其一,胡氏对各体诗歌盛衰的讨论紧紧把握住一个"变"字,即书中开宗明义谈到的"体以代变"、"格以代降"。变化的观念是胡应麟诗歌评论的主旨所在,这一论点虽然不是胡氏首创的,但他却能从史的角度系统宏观理性地分析诗歌的流变轨迹以及各种诗体间的承递关系,因而说理更见透彻。例如他说"齐、梁、陈、隋,五言古,唐律诗之未成者;七言古,唐歌行之未成者。王、卢出而歌行咸中矩度矣。沈、宋出而近体悉协宫商矣。至高、岑而后主气,王、孟而后有韵,李、杜而后入化"。又如谓"四言盛于周,汉一变而为五言。《离骚》盛于楚,汉一变而为乐府。体虽不同,诗实并驾"。胡应麟用发展的观点看待文学的流变,既看到各体诗歌本身的变化规律,又看到不同体制之间的关联延续;既看到异,又看到同。而正是在这种兴衰嬗变的基础上,诗歌本身得到了发展。胡氏的这一论点可谓颇有识见。不过他在谈到"格以代降"的问题时,又说"其文日变而盛,而古意日衰也。其格日变而新,而前规日远也"。虽也谈到了格的变,但更多地反映出其拟古的倾向,故而他极力称赞汉魏高格,主张因质求文,以达到朴质而深远的境界,使诗呈现某种"古意"。其二,胡应麟在评析诗歌的发展演变时,对于具体的文艺作品,他提倡"体格声调"与"兴象风神"并重,这是对格调说所作的重要的补充。在他眼中,所谓的"体格声调"是创作的第一步要求,是基础。而过于倡导体格声调,难免会产生剽拟的弊病,因此需要辅之以更高的标准,即追求作品的"兴象风神"。"兴象"和"风神"本是胡氏评价两汉古诗及盛唐诗歌时经常使用的词语,如其谓"东西京兴象浑沦,本无佳句可摘,然天工神力,时有独至","初唐七言古以才藻胜,盛唐以风神胜"等,但从中我们更能体会出这其实也是胡氏对创作本身的追求。"兴象"是指作家随物起兴,因感动情,形诸文学表达时又要与形象密切联系,使作品似无工却无不工,浑然天成。"风神"则指作家应通过丰富奇绝的想象,使诗作"神韵轩举"。值得注意的是,胡应麟的"兴象"说偏重于清空的一面,他说"文尚典实,诗贵清空;诗主风神,文先理道"。而要做到这一点,则需以"法"为基础,再讲求"悟",以法求悟,以悟谈法。一言以蔽之,就是学习领会古人诗作的神趣所在,在创作中才能"自尔超迈"。这样的论点都比较接近于后来的神韵说。

第二,在诗歌作品及具体作家的品评方面,胡应麟以广博的学识根底和敏锐的艺术感觉为基础,使其评判叙说显得条理明晰,分析精到中肯。大体表现在以下三个方面:(一)胡氏能在考证的基础上发表评析意见,以此使评判结论的客观学术性得以增强。如对边贡诗的考评,他说:"弘、正并推边、何、徐、李。每怪边品第悬远,胡得此称。及读献吉送昌谷诗,'是时少年谁最文,太常边丞何舍人',仲默赠君采,亦有'十年流落失边李'之句,则李、何于边,正自不浅。余细阅当时诸家若仲凫、德涵、敬夫、子衡,诗皆非长;华玉、继之、升之、士选辈,或调正格卑,或格高调僻。

独边视诸人,差为谐合,不得不尔。若君采、子业,年宦稍后,元非同列。今总挈群集,笃而论之,李、何、徐外,偏工独造,亡先观察,具体中行,当属考功。"胡氏先从正面着眼,从李、何二人诗中找出推重边贡的证明,又从反面入手,详细考察"前七子"的创作实绩,指出各人均有不尽佳之处,边贡稍胜一筹;以后又从时间前后加以考辨,薛、高二人晚于边贡,因而边贡之诗,在当时与李、何、徐三家并列,是有其内在缘由的。这样的考评已不同于个人好恶式的随感性评论,因而更具考辨性,更令读者信服。(二) 胡氏能运用比较的方法,从历史变化的角度进行品评。如其谓"四言本多主格,魏多主词。虽体有古近,各自所长。晋诸作者,浮慕《三百》,欲去文存质,而繁靡板垛,无论古调,并工语失之。今观二陆、潘、郑诸集,连篇累牍,绝无省发,虽多奚为"。胡氏对照古今,批评了晋人过于注重"质",学习古人,却又未得精髓,因此作品中既失去了"质",又缺乏美。这类的评价也是颇有识见的。(三) 由于胡氏本人善诗文,所以在具体评论时,能凭着敏锐细腻的艺术感觉对作品进行分析评价,不乏真知灼见。如他说"'疏影横斜水清浅,暗香浮动月黄昏',本唐诗易二字耳。虽颇得梅趣,至格调音响,略无足取。而宋人一代尊之,黄、陈亦无异议,何也?"这类评价可谓公允独到,以此可见胡氏对诗歌的深切体认,同时对后人的研究颇有启发。

然而,《诗薮》也有其明显的不足。本书对格调说作了充分的评说,实是格调说的集大成者,但也正以此,格调说本身的理论缺陷也暴露无遗。如胡氏尽管注意到诗歌体制的变化,但却不能深入讨论其演变的内在根源,因此他的评诗也只能以古为尚了。而他所强调的法与悟,着重点在学习古诗朴质自然的风调,却忽略了古人创作的精神实质所在,必导致一味陷入拟古之中,难脱古人藩篱。其二,胡氏的立论虽有所发明,但大抵以王世贞的文艺理论为津逮,钱谦益《列朝诗集小传》中说此书"大抵奉元美《卮言》为律令,而敷衍其说,《卮言》所入则主之,所出则奴之",虽有失偏颇,但并非毫无道理。

当然,这些都不能抹杀《诗薮》一书的价值,它仍是明代中后期一部重要的文学批评专著。它有细密的结构安排,体制完备,规模宏大,而对具体的问题,能加以考辨再下结论,立论比较公允,这些都有别于一般诗话类作品随感式的评价,所以学术性较强,对后人的研究有启迪之功。此外,本书的撰述也反映出明代中后期研究诗歌的学术水平,并为此后的研究提示了学术规范。

研究《诗薮》的论著,有《四库全书总目》"集部诗文评类存目"本书提要、郭绍虞《中国文学批评史》有关章节、陈国球《胡应麟诗论研究》(香港华风书局,1986年)、王明辉《胡应麟诗学研究》(学苑出版社,2006年)、横田辉俊《胡应麟的诗论》("胡應麟の詩論",《广岛大学文学部纪要》二八卷一号,1968年),以及刘明今《〈诗薮〉初探》(《古代文学理论研究》第17辑,1995年)等。

(吕海春)

元曲选 臧懋循

《元曲选》一百种一百卷,明臧懋循辑订。现存明万历刻本及万历刻博古堂印本(后者有民国七年上海商务印书馆影印本)。目前的通行本,是中华书局1989年重版的四册断句本,这个本子的最初底本是民国二十五年(1936)上海世界书局铅印本,至世界书局本又以何种版本为底本则不得而知。由于该通行本在题署及卷目方面未保留明本原貌,校勘也不全面,因此要深入地研读本书,仍须参阅明刊本。

臧懋循(1550—1620),字晋叔,号顾渚(以家在顾渚山南),长兴(今属浙江)人。万历八年(1580)考取进士,次年出任荆州府学教授,历官夷陵知县、南京国子监博士等职。万历十三年(1585),以携娈童出城游乐而被劾罢官。此后以著述及刊刻古今图书为生,晚年贫病交加,而辑印发卖书籍不辍。所编刊行世者,以《元曲选》最为有名;此外如《古诗所》、《唐诗所》、《校正古本荆钗记》、《玉茗堂四梦》及弹词《仙游录》、《梦游录》、《侠游录》等,亦风行一时。自著问世不多,殁后其子辑其诗文为《负苞堂文选》四卷、《诗选》五卷付梓。

《元曲选》是臧懋循晚年辑订的一部元代杂剧总集。其辑订此书的目的,是有感于隆庆、万历以来明代江南戏曲创作流行一种脱离舞台实践、过度强调文辞藻丽的风气,故标举"当行","选杂剧百种,以尽元曲之妙。且使今之为南者,知有所取则云尔"(《元曲选后集序》,通行本题作《序二》)。其书辑订的经过,则可追溯到万历四十年(1612)冬臧氏携幼孙就婚汝南,归途经麻城,在世袭锦衣卫官员刘承禧家借得钞本元人杂剧二百种(一说三百种)展看的经历。尽管这批曾经汤显祖鉴定的元杂剧钞本,在臧氏过目后得到的评价是:"然止二十余种稍佳,余甚鄙俚不足观,反不如坊间诸刻,皆其最工者也。"(《负苞堂文选》卷四《寄谢在杭书》)但辑订一部元杂剧总集的打算似乎就在此时萌生,所以次年返乡后不久,他便不顾病体,开始了"戏取诸杂剧,为删抹繁芜;其不合作者,即以己意改之"(同上)的工作。以本人收藏及从友朋处借得的剧本为基础,至万历四十三年(1615)即刻印了全书的前半部计五十种元杂剧行世,同时以发卖前半部所得资金,于次年又刻印了后半部五十种,最终编就了这部百卷本的《元曲选》。

据本书卷首题"若下里人臧晋叔撰"的《元曲选序》及明刊本,本书原分十集,以天干排次,自甲集迄于癸集,每集各分上下,上下各收五种杂剧,一集十种,每种一卷,全书便是一百种一百卷(这一形式在今天的通行本里已经看不到了)。书中所收的一百种杂剧,自马致远的《汉宫秋》起,至无名氏的《冯玉兰》止,排次随意。综计所录,有作家署名的作品六十九种,无作家署名的三十一种。而无作家署名的三十一种中,后人考出作者名氏的又有十一种(分别是萧德祥的《杀狗劝夫》、刘君锡的《来生债》、朱凯的《昊天塔》、庾天锡的《渔樵记》、王晔的《桃花女》、郑廷玉的《冤家债主》、高文秀的《谇范叔》、李唐宾的《梧桐叶》、尚仲贤的《气英布》、李寿卿的《度柳翠》和郑廷玉的《看钱奴》),这样实际书中无名氏之作为二十种,八十种为有名氏之作。这八十种作品分属四十五位剧作家,其中除贾仲名、杨文奎、谷子敬、王子一四家入明外(四家共收六种杂剧),其余四十一位均为元曲家。在四十一位元曲家中,收录剧本数居前三位的依次是关汉卿(八种)、马致远(七种)、郑廷玉(五种),以下乔梦符、武汉臣、郑德辉、尚仲贤也各有三种剧本入选。通观全书所收,体裁分明,每折后又各附"音释",颇便阅读。

从文献纂辑的角度看,本书最大的成就,是保存了一大批珍贵的元杂剧剧本。现存的收有元杂剧的戏曲总集,出于《元曲选》之前或大致同时的,如佚名所辑《元刊杂剧三十种》、明息机子辑《杂剧选》、陈与郊辑《古名家杂剧》等,所收元曲的数量无一可及其半。不仅如此,据统计《元曲选》所收杂剧,其中《陈州粜米》、《争报恩》、《来生债》、《虎头牌》、《冻苏秦》、《秋胡戏妻》、《神奴儿》、《谢金吾》、《伍员吹箫》、《救孝子》、《昊天塔》、《灰阑记》、《东坡梦》、《抱妆盒》、《冯玉兰》等十五种,迄今仍是孤本;而像《赵氏孤儿》、《老生儿》、《张生煮海》、《李逵负荆》等剧,《元曲选》本之外,也颇少见载于其他善本戏曲总集中。因此从总体上说,本书对于有元一代戏曲文学文本的保存,是作出了重大贡献的。

从文学批评的角度看,臧氏通过本书序以及所选曲目所表现的曲学家的眼光与见识,也颇有值得称道之处。他认为"大抵元曲之妙,在不工而工",指出创作戏曲有"情词稳称"、"关目紧凑"、"音律谐叶"三"难",由此推崇"随所妆演,无不摹拟曲尽,宛若身当其处,而几忘其事之乌有,能使人快者掀髯,愤者扼腕,悲者掩泣,羡者色飞"的作品,称其作者为"行家",并谓"曲上乘首曰当行",便显现出他对戏曲本质及戏曲文学区别于诗词文的特点有深入的把握。因此《元曲选》所收剧本至今看去仍不失为元杂剧代表作的一次成功的结集。后人熟悉并喜爱的剧目,像关汉卿的《窦娥冤》、《救风尘》、《望江亭》,马致远的《汉宫秋》、《荐福碑》、《黄粱梦》,白朴的《墙头马上》、《梧桐雨》,郑廷玉的《看钱奴》,纪君祥的《赵氏孤儿》,郑德辉的《倩女离魂》等等,都被收录进本书里(著名的《西厢记》未收入本书,可能是编者考虑到该剧篇幅较大,且已有多种单行本流传)。

在选辑的过程中,臧懋循也对各剧本作了或多或少的校改删略。尽管臧氏的某些改动使剧本结构或文词显得更为合理或更为出色,从艺术的角度看并非一无是处,像《倩女离魂》第一折《混江龙》一曲中,有一段原本絮絮叨叨的唱词,据孟称舜《古今名剧合选·柳枝集》本孟氏评语,可知《元曲选》本将其删去将近一半,而对照《柳枝集》所保留的原本文字与《元曲选》经过删节的文字,可见《元曲选》本所删的,正是其中在情节方面前后矛盾的部分;又如《窦娥冤》第三折《滚绣球》一曲,有两句原作"地也你不分好歹难为地,天也我今日负屈衔冤哀告天"(见陈与郊《古名家杂剧》本《窦娥冤》),至《元曲选》本改作:"地也你不分好歹何为地,天也你错勘贤愚枉做天!"后者也明显优于前者,但由于书中所有的校改删略均未出注记,一定程度上损害了元曲的本来面目,这从学术的角度讲,终究是一个较大的失误。更不要说书中的删改还有不成功之处,像《岳阳楼》第二折《梧桐树》一曲中"管甚么馄饨皮馒头馅和剩饭"句,"剩饭"原作"和饭",臧氏不明北方俗语,便改错了(但也有研究者通过校勘发现,由于元杂剧的版本源流本身就很复杂,《元曲选》本与元刊杂剧本或他本的不同,有些并非臧氏所改)。

《元曲选》除了收录剧本,在卷首还辑录了《天台陶九成论曲》、《燕南芝庵论曲》、《高安周挺斋论曲》、《吴兴赵子昂论曲》、《丹丘先生论曲》、《涵虚子论曲》以及佚名《元曲论》等数种戏曲史料,对后人研究曲调、元曲剧目、元曲分科和元代戏曲家剧作风格均颇有帮助。

《元曲选》是一部元杂剧总集,但不是元杂剧全集,所以到20世纪即有学者搜辑遗佚,为之补编,那便是中华书局1959年初版的隋树森辑《元曲选外编》。其书收录《元曲选》之外现存所有元代杂剧及一部分明初杂剧,计六十二种,与《元曲选》相加,大致便相当于一部"全元杂剧"。

研究《元曲选》的论著,有顾颉刚《元曲选叙录》(《学灯》1924年10月第一期),盐谷温撰、陈楚桥译《元曲选之分类及研究》(《北平晨报剧刊》第二十二期,1931年5月25日),吉川幸次郎《元杂剧的资料——关于臧晋叔的〈元曲选〉》("元雑劇の資料——臧晋叔の元曲選について——",《支那学》十二卷一、二期,1946年),八木泽元《论臧懋循的戏曲改订》("臧懋循の戯曲改訂について",《东京支那学会报大会临时号》,1951年5月),郑骞《从元曲选说到元刻古今杂剧》(《大陆杂志》八卷八期,1954年4月),徐扶明《臧懋循与〈元曲选〉》(收入《元明清戏曲研究论文集二集》,人民文学出版社,1959年),隋树森1961年为中华书局本《元曲选》所撰"校订说明"(收于该书卷首),郑骞《臧懋循改订元杂剧平议》(《文史哲学报》第十期,1961年),林雪光《〈元曲选〉百种曲的梗概和解说》("'元曲選'百種曲の梗概と解説",自1960年至1969年连载于《神户外大论丛》)与《关于〈元曲选〉舞台提示中的若干问题》("'元曲選'とがき中の若干の問題について",同上刊十五卷三期,1964年),朱尚文《元曲选无名氏杂剧十八本考证》(《幼狮学志》八卷一期,1969年),上野惠司《"元曲选"解题初稿》(《关西大学文学论集》十九卷三、四期,1970年),徐朔方《臧懋循和他的〈元曲选〉》(收入赵景深主编《中国古典戏曲小说论集》,上海古籍出版社,1985年),么书仪为《中国大百科全书》"中国文学"卷所写本书提要,龙庄伟《〈元曲选·音释〉探微》(《文献》1992年第3期),以及解玉峰《论臧懋循〈元曲选〉于元曲剧脚色之编改》(《文学遗产》2007年第3期)等。

(陈正宏)

唐音统签 胡震亨

《唐音统签》,十签一千零三十三卷,明胡震亨辑。全帙完整者,今仅存清初海盐范希仁钞补本一部,藏北京故宫博物院。其中甲、乙、戊、癸四签全部及丙、丁二签中的部分卷帙有清代胡氏家刻本,而最为流行的,是《唐音癸签》(通行本为上海古籍出版社 1981 年排印本)。2003 年上海古籍出版社影印北京故宫博物院藏本,并编制篇目、作者索引,甚便使用。

胡震亨(1569—1645?),字孝辕,号遯叟,又号赤城山人。浙江海盐人。其家世为塾师,雅好藏书,故胡氏早年即博览群籍,名著海内。但自万历二十五年(1597)乡试中举后,屡应会试不第,因就任固城教谕,以《尚书》授诸生。后升合肥知县、定州知州,擢职方员外郎,乞归。家居以读书校雠为务,且勤于著述,撰有《赤城山人藁》、《读书杂录》、《李诗通》、《杜诗通》、《海盐图经》等十数种,而其纂辑规模最大且最为后人习知者,即汇辑唐五代诗歌的《唐音统签》一书。

《唐音统签》的纂辑缘由,一因胡震亨本人自少即喜阅唐诗;二在胡氏家富藏书,而友朋辈亦不乏唐宋秘籍收藏;三以晚明总集编纂蔚然成风,而唐诗又因后七子等推崇,为士人所津津乐道。全书的正式编纂,始于天启五年(1625),竟于崇祯八年(1635)。在次子胡夏客的协助下,胡震亨穷十年之力,方成就此一部历史上私家纂辑唐五代诗歌卷帙最为浩繁的断代总集。

《唐音统签》全书以天干为纪,以"签"分编,从"甲签"至"癸签"十签,共编录了唐五代诗歌一千卷,末附有关唐诗的研究评论资料三十三卷。各签分编的依据,除甲签七卷为"帝王诗"外,组成全书主体的乙、丙、丁、戊四签形式上借用高棅《唐诗品汇》"初盛中晚"说,内部编次则仍以诗人世次为先后,计有乙签"初唐诗"七十九卷,丙签"盛唐诗"一百二十五卷,丁签"中唐诗"三百四十一卷,戊签"晚唐诗"二百零一卷又"余闰"六十四卷,共八百十卷。己签"五唐杂家诗"五十四卷,是对前四签的补充,多收诸家存诗过少者,零篇佚句,皆从杂史、总集、类书、笔记、诗话、地方志、石刻等辑录。标题"五唐",即初、盛、中、晚、闰五期。接下来的庚签专收一般总集均别为编次的僧道、女子等诗作,共五十五卷,分别是"僧诗"三十九卷,"道士诗"六卷,"宫闱诗"九卷,"外夷诗"

一卷。辛签六十六卷,多录诗之别体如曲、词等等,卷数不多而分类最繁,计有"乐章"十卷、"杂曲"五卷、"填词"十卷、"歌、谣、谚、语"四卷、"谐谑"四卷、"谜、酒令"一卷、"题语、判语"一卷、"谶记"一卷、"占辞"一卷、"蒙求"一卷、"章咒"四卷、"偈颂"二十四卷。壬签八卷,则与辛签多录别体相配,专收异类之作,计有"仙诗"三卷、"神诗"一卷、"鬼诗"二卷、"梦诗"一卷、"物怪诗"一卷。这样甲、乙、丙、丁、戊、己、庚、辛、壬九签,共计编录诗歌一千卷。

本书最后一签"癸签",所录为有关唐诗的研究评论资料,因为形式上与前一千卷不同,故后有单行本。癸签包括"体裁"一卷、"法微"三卷、"评汇"七卷、"乐通"四卷、"诂笺"九卷、"谈丛"五卷、"集录"四卷,合计三十三卷。举凡有关唐诗的诗体、格律、声调、乐府、诸家评论、诗句诠释、诗篇本事、诗人逸事、诗集卷帙等等内容,无不网罗其中。后人因此多以本签单行本为研究唐诗的入门参考书。

综观《唐音统签》全书,其成就是多方面的。而最引人注目的一点,是本书确立了网罗一代诗歌于一书那样一种崭新的文献纂辑形式。在传统的总集编刊史上,选学家及其作品一直占有绝对的优势,很少有人想到从文献徵存的角度去汇辑某一专题的文学作品。明代尤其是晚明时期,由于出版事业发达,书籍刊刻量激增,总集编纂人中的一部分有识之士亦渐由选家向文献学家靠拢,而超越比较狭隘的选家眼光。嘉靖间冯惟讷辑《诗纪》,即其代表。但由于题材及选辑方法的限制,《诗纪》尚只能算是一项较小规模的初步的成果。胡震亨则后来居上,既完全从文献保存的角度出发,又兼顾文献本身所能显现的文学发展流变,以此来汇辑一代诗歌于一书,而规模又十分庞大,前此似乎还从未有人尝试过。因而本书在中国总集的编纂历史上,具有里程碑的意义。而唐诗别集中一些罕见的孤本、散见于其他史料中的唐代诗作,也因此得以保存流传至今。

因为是从文献徵存角度来编纂的,所以本书的另一个特点,是体制谨严,取材翔实,考证颇为精到。全书前一千卷录诗,以诗人姓名标题,如"李贺集"、"白居易集"等等,各集首均置一诗人"小传","小传"下著录各集目录版本源流。若大家之集,则又附诗人简略年谱。各集中的诗篇,一律依体类排次,先分体,后分类。胡氏的研究心得,则屡见于"小传"、叙录唐集目录版本源流之文及诗间小注中;而其从别集以外辑录的诗作,多注出处,也颇便考核。前者如丙签卷二十一"王昌龄集"小传引王氏本集等材料辨正《新唐书》所载王昌龄籍贯江宁之误,而得出王氏为关中人官江宁者的正确结论;后者像己签"五唐杂家诗"穷搜广徵散逸诗句而又多注明出典,皆体现出这部大书在博的同时,又有专的特色。

本书书末专置《唐音癸签》一部,同样表现出编纂者汇辑一代文献的独到眼光,即既汇辑诗作,亦汇辑与这些诗作相关的研究资料。该签由于多录唐诗诗话及明人评论唐五代诗歌的各类见解,而载录有关史料的原本有一部分今已亡佚,或本不见于他书,因此又被后来的文学批评史研究者视为诗话名著。

但本书也存在着一些比较明显的不足,主要是在编录各家诗集时,一律将原别集依体类重新编次,虽形式上取得了统一,却失去了旧本面貌,降低了本书作为一代诗歌文献汇总的史料价值。

本书在唐五代诗歌总集的编刊史上具有很大的影响。清康熙间官方汇辑著名的《全唐诗》,即以本书与季振宜所辑《唐诗》为基础,稍加补充改订而成。《全唐诗》取材的许多方面,尤其是逸诗的搜辑,明显袭自《唐音统签》。另一方面,尽管《唐音统签》未以"全"标名,但由于本书在中国文献纂辑史上的独特地位,清代以后以至现代一批以"全"为称的断代诗文总集,在编纂宗旨与编纂体例上也都直接或间接地受到本书的启发。因此在使传统总集逐步向现代总集转变、总集的文献学意义得以最终确立、中国文学的研究因而建立在更为可靠坚实的基础上诸方面,《唐音统签》一书均有不可抹杀的开拓之功。

研究本书的论著,有俞大纲《纪唐音统签》(《中央研究院历史语言研究所集刊》第七本第三分册)、朱家溍《足本〈唐音统签〉全帙》(《故宫博物院院刊》1979年第1期)、祖保泉《"〈戊签〉七十四"中的互见诗考辨》(《安徽师范大学学报》2000年第1期)等。

(陈正宏)

古今名剧合选 孟称舜

　　《古今名剧合选》，明孟称舜辑评，有明崇祯间刻本。目前的通行本，是1958年商务印书馆出版的《古本戏曲丛刊四集》中所收以崇祯本为底本的影印本。

　　孟称舜(约1600—1684)，字子塞，又字子若、子适，号卧云子、花屿仙史。会稽(今浙江绍兴)人。早年屡试不第，发愤著书。崇祯二年(1629)与其兄称尧一同加入张溥等创立的复社。与陈洪绶、卓人月、马权奇、祁彪佳等山阴文士颇有交往。顺治六年(1649)被选为贡生，出任松阳训导。平生爱好戏曲，所作杂剧《桃花人面》、《英雄成败》、《花前一笑》及传奇《娇红记》等颇受后人称赏，另有诗词文赋二十余篇存世。

　　《古今名剧合选》是孟称舜选辑的一部元明杂剧总集。根据本书卷首崇祯癸酉(六年，1633)孟氏自序，及书中所选元郑光祖《王粲登楼》第三折"石榴花"一曲里，王粲回答许达所问"仲宣今年贵庚了"的一句唱词"老兄也恰便似睡梦里过了三十"，而孟称舜于此唱词作眉批云"我亦如之"，一般认为本书选辑的时间，当在崇祯前期孟氏三十余岁时。在此之前，孟称舜已先后完成了《花前一笑》、《桃花人面》(后改为《桃源三访》)、《眼儿媚》、《英雄成败》(后改为《残唐再创》)和《死里逃生》五部杂剧的写作(这也是孟氏一生所创作的全部杂剧)，校读《太和正音谱》、《元曲选》等理论著作与元曲剧本集，对于北曲的特性有较深入透彻的把握，因此《古今名剧合选》从形式到内容都超越了晚明时期流行的以赢利为目的的戏曲集的体制，而具有一种独特的学术风貌。

　　全书包括《新镌古今名剧柳枝集》(简称《柳枝集》)和《新镌古今名剧酹江集》两集，两集前附刻元钟嗣成所撰《录鬼簿》一卷(这也是《录鬼簿》一书现存最早的刻本)，卷首有崇祯六年夏孟称舜自撰的《古今名剧合选序》。在这篇序中，孟称舜对戏曲与诗词的关系、南北曲的异同发表了自己的看法。他认为前人对词风的区分可以借用到品类戏曲的基本风格上来，但不能用"劲切"与"柔远"二途简单地归纳南北戏曲各自不同的面貌。因此本书《柳枝》、《酹江》两集的区分，即不是以作家地域或时代为基准，而是以杂剧风格为标准，"取《雨淋铃》'杨柳岸'，及《大江东去》'一樽还酹江月'之句"题集名，将带有婉约风格的剧本结集为前者，而把具有豪放风格的剧本选入后者。两者正文前各有目录，综计《柳枝集》共选录了十七位元明作家的二十六种杂剧，其中包括十二位元曲家的十六部作品和五位明曲家的十部作品；《酹江集》共选录了二十七位元明作家的三十种杂剧，其中包括十六位元曲家的十八部作品和十一位明曲家的十二种作品。两集的编排，都是以人系剧，先元人，后明人；同时代作家排列次序，则大致以生活年代前后为序。各剧均配有两幅插图，合印于两集的目录后正文前。正文则除曲文宾白齐全外，各本佳处又皆有孟氏等人圈点，并有眉批及行间小字批语。眉批首条，又多述曲家生平及创作风格，并对所选曲目作一总评。除《柳枝集》末所收孟称舜的《眼儿媚》、《桃源三访》、《花前一笑》三戏评点人为陈洪绶，《酹江集》末所收孟称舜《残唐再创》评点人为马权奇外，全书其他各剧均为孟称舜评点；但据各剧首页题署，参与两集文字订正的，尚有朱曾莱、刘启胤二人。

　　由本书卷首序及卷中各剧眉批，可知孟称舜编选这部元明杂剧集时受到过前辈学者臧懋循所辑《元曲选》的多方面的影响。尽管本书收录元杂剧的数量要远少于《元曲选》，但从辑刊的质量上论，则丝毫不比《元曲选》逊色，某种程度上甚至可以说它还超过了《元曲选》。像书中所选元曲剧本，经常将原本与"吴兴本"（即臧氏《元曲选》本）作对勘，并把异文录入眉批；至正文的取舍，则奉行"古本非甚讹谬，不宜轻改。改本有胜前者，始不妨稍从之耳"的标准（《酹江集》所收《汉宫秋》第三折"梅花酒"曲眉批），便较《元曲选》的改而不出注记更严谨。

　　与臧懋循同样，孟称舜也颇为推崇戏曲创作中的"本色"、"当行"。像《酹江集》所收马致远《任风子》卷首眉批总评此戏，即云"此剧机锋隽利，可以提醒一世。尤妙在语语本色，自是当行人语"。但从总体上说，他又更强调戏曲文采与音律的平衡发展，文学性与舞台性两方兼顾。所以一方面他认为："学戏者不置身于场上，则不能为戏；而撰曲者不化其身为曲中之人，则不能为曲。"另一方面又明确标示本书所选，"以辞足达情者为最，而协律者次之，可演之台上，亦可置之案头，赏观者其以此书作《文选》诸书读可矣"（均见"序"）。以此为指导，本书选剧，推为曲中第一的，是元郑德辉的《倩女离魂》。孟氏不仅将该剧置于《柳枝集》之首，并在眉批中一再说"此剧余所极喜"（本剧首页眉批）、"余选元剧，以《倩女离魂》压卷"（《柳枝集》所收郑德辉《翰林风月》第一折〔仙吕·点绛唇〕曲眉批），而且从戏曲史的角度，指出"昔时《西厢记》，近日《牡丹亭》，皆为传情绝调，兼之者其此剧乎？《牡丹亭》格调原祖此，读者当自见也"（《倩女离魂》楔子〔仙吕·赏花时〕曲眉批）。可见在编者看来，值得选入本书并为之作一番评点的作品，除了应当具备既有文学性又适合舞台演出的基本条件之外，最根本还必须是"传情绝调"。所以《柳枝集》选了白朴《墙头马上》、李好古《张生煮海》、尚仲贤《柳毅传书》、佚名《度柳翠》等戏，《酹江集》选了马致远《汉宫秋》、关汉卿《窦娥冤》、纪君祥《赵氏孤儿》、王九思《沽酒游春》、康海《中山狼》各剧。其间所传之"情"

未必皆是男女恋情,却是天下之至性人情;写活了这种天下之至性人情,在孟称舜看来便堪称"绝调"。与此相关,书中眉批,对明人杂剧略有微词,如《柳枝集》所选明周宪王《三度小桃红》第三折眉批谓〔耍孩儿〕以下数曲"皆敷衍无意味",如《酹江集》所收明梅鼎祚《昆仑奴》首页眉批引徐渭评,云其"但散白太整,未免秀才家文字语;及引传语,都觉未入家常自然",等等,其着眼点也即在剧本是否能生动逼真地状摹人情方面。《酹江集》所收元人李文蔚《燕青博鱼》楔子眉批谓"曲中尤忌者,则酸腐打油腔也",赞赏"元人之高,在用经典子史而愈韵愈妙,无酸腐气;用方言俗语而愈雅愈古,无打油气",亦可看作是孟氏从戏曲语言的角度为其因何选评"传情绝调"所作的一个旁注。

《古今名剧合选》是臧懋循《元曲选》之后,明代学者选辑的又一部著名的杂剧总集,也是除《元曲选》之外现存收录杂剧最多的一部杂剧合集。它对于杂剧原本的重视,以及通过眉批保留的各种版本的校记,为学界研究元明杂剧提供了珍贵的原始资料,也为后人准确地评价《元曲选》的功过提供了比较客观的依据。它的"辞足达情"的选辑标准,以及对所选元明杂剧的结构、文词等诸方面所作的精当的眉批与旁批,也向今人展示了晚明戏曲研究者在戏曲批评方面的独到见地与深谙戏曲特性的理论功底,成为后来者进一步领会传统戏曲奥妙的一把钥匙。至其不足,则从学术角度看,主要在保留版本校勘结果方面尚未能做到一以贯之;同时个别眉批有前后矛盾之处,如《柳枝集》所收元吴昌龄《二郎收猪八戒》及明贾仲明《萧淑兰》两戏中,都出现了"撒沁"这一俗语(前者在楔子〔混江龙〕曲中,后者在第三折〔双调五供养〕曲中),但孟氏眉批解释此语,则前云"撒沁,北人谓不用心,怠慢也",后曰"撒沁,或云北人谓不用心怠玩者,非也。当是刁泼之词",两处明显自相矛盾。

有关本书及其编者的研究论著,有朱颖辉《孟称舜新考》(《戏曲研究》第六辑)、《孟称舜新考续稿》(《古代戏曲论丛》第二辑),以及欧阳光《孟称舜的生年及其时代》(《中山大学研究生学刊》1981年第4期)、周永忠《论孟称舜的戏曲理论——以〈古今名剧合选〉序及评点为视点》(《广西大学学报》2006年第2期)等。

(陈正宏)

唐柳河东集辑注 蒋之翘

《唐柳河东集》辑注，明蒋之翘撰。有明崇祯六年(1633)蒋氏三径草堂刻《韩柳全集》本、同年安国谟刻《韩柳全集》本、清嘉道间杨氏双梧居重刊本等。目前的通行本，是《四部备要》所收排印本。

蒋之翘，字楚稺，嘉兴(今属浙江)人。家贫而好藏书。明末避乱村居，收罗时人遗集数十种，选编为《甲申前后集》。钱谦益纂《列朝诗集》，曾就其家借书。又辑《檇李诗乘》，重纂《晋书》，以晚年无子，多不传。著作现存者，仅本书与《唐韩昌黎集》辑注。

本书是唐代著名文学家柳宗元(773—819，以籍贯河东而世称柳河东)作品的笺注本。全书包括正集四十五卷、外集五卷、遗文一卷、附录一卷。正集除卷一卷二分别收"雅诗歌曲"与"古赋"外，余卷三至卷四十一依文体分别收录柳氏文；卷四十二、四十三两卷为"古今诗"，卷四十四、四十五则分上下篇收专论《非国语》。外集五卷，所收皆集外文，也分体编次。遗文一卷，为杂著《扬子新注》与《龙城录》，其中后者的真实性遭到前代学者的普遍怀疑。附录所收，乃《新唐书》柳宗元本传及唐皇甫湜至宋王安石所撰祭柳氏文与读柳文后记等十二篇。正、外两集及附录所收《新唐书》柳氏传均有笺注。笺注的形式，大致分题注与句注两种，均以双行小字列于正文题目下或行间。每一题注或句注，又基本上包括三个方面（各以"○"记号相区别），一字句校勘，二文字或时事引徵注解，三题旨或文句评点；三方面中均有辑录前代或同时笺注柳氏作品诸家说之处，故书署以"辑注"之名。

从古典作品笺注的历史看，本书比较突出而又迥异前人的特征主要有两点。一是相对地略于文字训诂音释，而详于地理史事考释。柳宗元作品集的笺注，与韩愈别集相似，自南宋"音释"之法流行后，颇不乏以字句训诂加音读两方面结合的形式为作注释的本子，像坊刊《增广音释音辨唐柳先生集》、《五百家注音辨唐柳先生文集》之类，即其例。但学术水准大都不高。蒋之翘有鉴于此，故其撰著的本书，一反为不甚注重诠释柳氏诗文字句的旧典，而于注解其中所涉地理时事颇多用心。地理时事二者,又以时事的抉发及与之相应的作品系年更为蒋氏辑注的重点。只是由于蒋氏身处明末多事之秋,僻居乡里,于唐代相关史籍寓目不多,故注释徵引,要不出新、旧《唐书》;然其善于引述前人考据成果,仍不为无见。如卷四十三《游南亭夜还叙志七十韵》诗题下注,据诗中"岷凶既云捕"、"吴虏亦已鏖"及"秋月高明"诸语,推测其作于元和二年十二月平浙西李锜乱的次年秋季,即全取自宋人韩醇的考证成果。

蒋氏辑注的又一特征,是好发迥异常人之见的异论。由于这些异论大都涉及柳宗元的思想特征与艺术创作得失,所以不少部分今天看来仍颇有价值。例如卷二《惩咎赋》题注结合韩愈所撰柳宗元墓志言及柳氏"少年勇于为人"的性格特征,指出赋中"以进退无归为辞",实为"欺人"之语;卷二十《寿州安丰县孝门铭》题注指斥柳文歌颂毁损肢体的孝行,称"吾恐如此铭,昌黎断不肯作",便有启人从别一角度重新审视柳文之功。又如卷十四《天对》题下注,谓"子厚于骚赋虽窥一斑,实未曾知《天问》中奥义,是作徒以艰难之词,文其浅易之说也";卷四十三《觉衰》注曰:"诗不可学,皆人自为人诗耳。只如此诗,子厚乃有意学靖节者,读之觉神气索然,反失却子厚本色。"也堪称一针见血之论。即如人所共称的柳氏名作《江雪》诗,蒋氏笺注以为不过"落句五字,写得悠然,故小有致耳",至"千山、万径二句,恐杂村学诗中亦不复辨",虽有故作异见之嫌,而其提出的常语与出新对照的问题,仍不失有讨论的意义。

作为明人笺注前代诗文的一部著作,本书也打上了鲜明的时代烙印。这既表现在蒋氏自注的借古喻今方面,也反映在其辑注的同时诸家之说多为评点之语方面。从前一方面说,蒋氏笺注柳集已在崇祯年间,时事的飘摇动荡,使得其中有意无意融进了不少个人的感慨。像卷一首篇《献平淮夷雅表》题下注,不仅不对柳氏的那两首自得"仿佛风雅"的《平淮夷》诗的艺术加以称道,反而引黄唐之说,指斥唐代平淮一事本不过收复失地,实无可颂之理,便意在言外,别有心事欲道。而卷二十《鞭贾》题注在"此子厚有感之言也"下,接着发感慨道:"吾每见国家食肉者多鄙,在平居则皆经济侃侃如,其一临大难,定大计,未有不为之败事者,于鞭贾良可深慨云。"则是明显针对明末时势而言了。另一方面,由于科举时文的兴盛而造成的明代文坛流行评点古诗文的风气,在本书笺注部分亦有较生动的体现。蒋氏不仅自己在注中对柳氏作品作了大量的评点,如卷二十九《钴鉧潭西小丘记》注评曰"寻常事,寻常意,他立名造语,变化得别;苏子美《沧浪亭记》,大略本此"之类,而且还广泛征引了宋、明两代批评家对柳宗元作品的具体评语以诠解诸作,其中明代作家评语之多,足以反映明人对柳作的态度与明代评点的基本取向和风格。但因为较多引述诸如茅坤、唐顺之等人空疏漫散的评点,也在一定程度上削弱了本书作为一部笺注著作应有的学术性。

蒋著《唐柳河东集》辑注将史事考证性的笺注与文学批评性的评点两者结合,从总体上说还是取得了一定的成绩的。由于前代两者结合的笺释著作大都由书商从商业角度出发,合两种不同性质的著述于一书,文词割裂现象十分明显,而蒋著由一人统摄,精心排比,正反对照(辑注时将不同观点的考释、评语一并列出,以便对勘),便为考评结合的笺释形式作了颇为有益的学术性探索。近人叶德辉将其与蒋氏所著韩集辑注并称,誉其"别辟门庭",不为无见。但是由于时局与环境的影响,本书未能将这种结合做得更为水乳交融并且具有更强的学术性,这是颇令人惋惜的。

研究本书的论著,有叶德辉《郋园读书志》卷七有关段落等。

（陈正宏）

明代编

艺术类

音 乐

太音大全集 袁均哲

《太音大全集》,原名《太古遗音》,五卷。前四卷为前集,末一卷为后集。原佚作者名氏,今据卷五《琴操辨议》条下落款判为明袁均哲编著。此书原为南宋田芝翁所辑《太古遗音》,计有三卷。南宋嘉定间杨祖云更名为《琴苑须知》。后屡经增订翻刻,明袁均哲重编时更为今名。通行本有:(一)《太古遗音》二卷,明刊本,现仅存上卷残本。不著编撰人,北京图书馆藏。为该书现存最早版本。(二)清述古堂旧藏明正德间刊本《太音大全集》,五卷。北京图书馆藏,为袁均哲之重编本。(三)《新刊太音大全集》五卷,明嘉靖书林汪谅翻刻本。(四)明正统抄本《太音大全集》,内容基本上与明正德间刊本相同。上述前三个版本均已由中华书局影印出版。1981年版《琴曲集成》第一册中收录了前两个版本;1961年版《中国古代版画丛刊》收录了第二个版本;1963年版《琴曲集成》第一集上册收录了第三个版本。

袁均哲,生平不详。《千顷堂书目》著录有"袁均哲群书纂数十二卷",并谓其字廉明(廉,一作庶),建昌人。其编撰《太古遗音》事,见于《明史·艺文志》、《国史经籍志》等书。

《太音大全集》内容主要涉及以下五个方面。

一、古琴制造工艺

这部分的内容主要收录于第一卷中。主要章节有"造琴法度"、"灰法"、"糙法"、"煎糙法"、"合光法"、"退光出光法"、"又法"、"安徽法"、"缀徽法"、"磨杀法"、"辨丝法"、"大琴弦"、"中琴弦"、"小琴弦"、"袖琴弦"、"缠纱"、"加减坠子法"、"打法"、"煮法"、"用药"、"缠法"、"论徽"、"论弦"、"臞仙琴坛十友"、"制度"等。分别详细介绍了琴身、琴弦、琴徽等古琴各具体部件的制作方法和过程。此外,第四卷中的"琴本制起法象"、"丝附木论"、"琴材论"、"琴躯说"等也涉及古琴制造工艺。

二、历代琴式

该书第二卷全部为历代古琴样式,共收录五十一张历代名琴。前三十八张有图样和文字说明,后十三张有文无图。

三、古琴演奏技法和谱字解释

该书除第二卷外的各卷都涉及这部分内容。第一卷中的"抚琴论"、"抚琴势"、"上弦法"、"上弦手法"、"调弦手法"、"古人抱琴式"、"今人抱琴式"、"弹琴家数"、"左手用指"等均涉及演奏技法以及与演奏有关的上弦、持琴等方法。第三卷全部为指法手势形象图。左右手共计三十三种手势。每幅手势图下都注有文字解释。"辨指"为蔡邕、赵耶利等人对指名和右手基本八法的解释。第四卷中"弹琴法"、"琴经须知"的内容也主要为演奏技法。第五卷的内容以解释演奏指法和谱字为主。"琴谱总说"、"指法"、"手诀"、"弹琴法第六"、"弹琴之要有五第七"、"指象第八"、"对琴法第九"、"调琴指要第十一"、"弹琴五功第十二"、"十善第十三"、"五能第十四"、"九不祥第十五"、"五病第十六"、"十病第十七"、"五谬第十八"、"五不弹第十九"、"弹琴大病有七第二十"、"弹琴小病有五第二十一"等章节的内容主要为具体的古琴演奏技法。"右手指法"、"左手指法"、"左手指法谱"、"字谱"、"唐陈居士听声教应指法并注谱诀"、"右手谱字偏旁释"、"左手谱字偏旁释"等章节主要列举和解释各种古琴谱字及指法符号。"外调转弦"、"品弦法第十"、"调弦指要第十一"、"转弦宗派"、"上弦法第四"、"珍弦第五"、"调弦第二十三"、"知音端绪第二十四"等介绍各种琴调的调弦方法。其中某些内容对琴律学研究有重要的参考价值。

四、琴论和古琴音乐美学

这部分的内容主要收录在第四卷中。该卷的"群书要语"、"弹琴赋"、"仪式"、"琴制尚象论"、"琴议篇"、"三声论"、"论弦象七星"、"取声用指兼述琴人善恶"、"五音审辩乃可议琴"、"弹琴有七要"、"琴有九德"、"琴有四虚"、"琴有所宜"、"琴不妄传"等涉及历代典籍中有关琴、琴人和琴曲的记载,古琴音乐的美学价值和对琴人自身修养的要求等。这些记载对于研究中国古琴音乐美学体系(琴道)的形成和特点有重要的参考价值。

五、琴曲

该书第五卷收录了宫意、商意、角意、徵意和羽意五首琴曲小品以及按琴调分类的六十多首琴曲曲名。

该书为现存最早的琴论专集。书中保存的许多早已散佚的唐宋琴书、琴谱对于鉴别音乐史料的真伪、研究古琴音乐发展史有着极其重要的参考价值。

(喻 辉 戴 微)

琴书大全 蒋克谦

《琴书大全》,二十二卷(辑者自序称二十册)。明蒋克谦辑。成书于明万历十八年(1590)。现存见有文化部文学艺术研究院音乐研究所藏明刊精刻本(佚卷六、卷九全卷,卷七首页,卷十五第三十七页),天津人民图书馆、上海图书馆各收完整刻本一部。《千顷堂书目》著录《永乐琴书集成》的子目与此书相同(原本在台湾),但有学者认为,《永乐琴书集成》可能是明代书商的伪作。文化部文学艺术研究院音乐研究所、北京古琴研究会所编《琴曲集成》将《琴书大全》收入第五册,用音乐研究所藏本影印,残阙部分以天津人民图书馆藏本补足,于1980年由中华书局出版。

蒋克谦(生卒年代不详),活动年代约当明嘉靖末年至天启年间(1562—1627),字国光。金台(今河北易县东南)人,先世为直隶徐州(今江苏徐州)人。官拜锦衣卫都指挥佥事。蒋氏生性清修澹泊,喜读古名人书,善弹琴,精于绘画。家中多藏图书、名人书画真迹。《琴书大全》是积四代人的成果而成。蒋氏高祖敩,是嘉靖皇帝章太后之父,僻性嗜琴,常从古代典籍中手录有关古琴的资料,但未能成就付梓。其祖父轮方、父荣继先祖之志,对资料又进行了扩充拓展而初具规模。至蒋氏,所遗资料已散乱无绪,于是邀请海内琴士"参互考订,失序者理之,差讹者正之,缺文者俟之,分门析类,纤悉无遗,厘而为二十册",并自捐资刻印刊行。

《琴书大全》,是一部关于古琴的类书。卷首有万历十八年(1590)萧大亨序和蒋氏的自序,序后为目录。编末有赵鹏程跋。前二十卷为琴论,后两卷为琴谱,谱前有蒋氏的附言及谱目,计收录六十二曲。

《琴书大全》辑录古琴资料所涉猎的古籍的范围很广,内容极其丰富,几乎包容了古琴的一切方面,现略举几例作一简介。

一、"序琴"(卷一)部分,集中了《白虎通》、《尔雅疏》、《琴史》、《路史》等十六种古籍的有关古琴的起源、乐器的性质及社会功能的各家看法。如《琴操》:"伏羲作琴",其目的在于"修身理性,返其天真";《淮南子》载"神农氏初作琴";《风俗通》指出,古琴因其"大声不喧哗而流曼,小声不湮灭而不闻",所以"适足以和人意气,感人善心",具有禁邪而正人心的作用;《乐书》则从"朴散而为器,理觉而为道"的思想出发,认为弹琴须达到"出乎朴散之器",而"入乎觉理之道",才是最高境界。所以士君子应以琴作为"常御之乐";崔遵度《琴笺》则以为作"易"是为"考天地之象",而作"琴"就是用以"考天地之声"。

二、"声律",分上、下,别为卷二、卷三。这一部分,引述了扬雄、朱熹、陈敏子等人及《白虎通》、《琴史》等古籍关于检五音十二律生成法、琴律、琴调(即定弦法)等方面的理论。

扬雄所论宫、商、角、徵、羽五声,渊源古老,反映了先哲对五声认识的独特的思维方法。古人将五声与五行、四方、四时、五味、五臭、五色、五脏、五性、五情等相比附、匹配,以解释世事万物之间接关系。如宫:其行土,其方中,其时季夏,其味甘,其臭香,其色黄,其脏脾,其性信,其情恐;商:其行金,其方西,其时秋,其味辛,其臭腥,其色白,其脏肺,其性义,其情怒。其他角、徵、羽皆一一分述。

"声律"卷,几乎完整收录了极为罕见的元陈敏子的《琴律发微》。此作据陈氏自序说,是为补徐理《琴统》、《玉谱》之所不及,试图以"下俚肤浅"的辞语,使学琴者"可以知十二律之于某弦所以还相为宫,而于某弦之所以为商、角、徵、羽"的道理,并"旁及诸家定律、定徽、制曲之说"。书中分:"十二律分配五弦还宫要诀","十二律分配五弦定法","各弦具十二律图"(附十二张图示),"十二宫按弦声律图","十二宫泛声协律","十二律相生积实数并论"等问题,其论述完备而详尽。

三、"琴制"(卷四)。首有琴面、槽腹、琴背的释名。后辑录田紫芝、杨祖云、僧居月等人论述琴面、槽腹、琴背的制度:制琴各道工序的操作方法(灰法、糙法、合光法、退光法、安徽法等),选取琴材的标准。僧居月还就鉴定古琴的优劣提出:需具备"九德"(奇、古、透、静、润、圆、清、匀、芳),而忌"四虚"(兑虚、散虚、浊虚、清虚)。

《琴史·拟象》阐述了古人观自然之象以定琴的形制,并表达一定的意义:"隆其上以象天也,方其下以象地也,广其首,俯其肩,象元首股肱之相得也,三才之义也;高其前以为岳,命曰临岳,象名山峻极,可以兴云雨也;虚其腹以为池,一曰池,一曰滨,象江海幽深可以蟠灵物也……"制器必有象,观其象寓其意,这是中国传统的思维方法。

四、"损法"(卷八)。首有"释谱",分述左、右手指法谱字。后辑录主陈居士、成玉间、陈拙等琴人关于古琴左、右手指法谱字及其弹法说明,其中以陈拙指法的论述最为详尽。与众不同的是,陈氏还对下指取声、古琴曲谱字句的节奏处理、取声手势、抚按手势等作了详细的说明。

"指法手势图"(卷九),是以线条勾勒各种飞禽走兽、昆虫的动态姿势,形象地说明各种指法的要领。如以"落花随水势"示"游吟",以"粉蝶浮花势"示"泛音",以"幽禽啄木势"示"虚罨"等。这种以手势而象物,是用以"开悟新学"的方法。

除上述内容外,《琴书大全》还引述了历代琴式(共列一二六种,有说明,其中六十五种有附图,但奚琴、胡琴等六种明显不属于琴类);琴徽定弦;琴弦制法;弹琴要诀;论音、审调、制曲、转弦;琴曲解题(计收一四九条);历代弹琴圣贤(计收二〇三人,并附简介);记事杂录;琴文(八十二篇);琴诗(计收四六〇首)。

《琴书大全》在存见的琴谱中,以资料的全备而著称。它将散见于四部各种古籍中有关古琴的论述、记录、诗、赋、赞、铭汇集一身,集前世琴学研究之大成,为后世学者提供了大量的、难得可贵的资料,是研究古琴的重要工具书。

(林友仁)

乐律全书 朱载堉

《乐律全书》，十四种书汇编本，以不分卷的书为一卷，全书共四十八卷。明代朱载堉著。著者于明万历三十四年(1606)将此书进献朝廷，最早成书的《律历融通》序于明万历九年(1581)，故可知全书各部是自1581年起最迟至1606年期间陆续完成的。此书中明万历年间的郑藩刻本，以1931年商务印书馆《万有文库》影印郑藩刻本为最常见。

朱载堉(1536—1611)，字伯勤，号句曲山人。祖籍安徽凤阳，明宗室郑恭王朱厚烷之长子。嘉靖二十九年(1550)，朱厚烷因进谏后又遭人诬告而被削爵禁锢于凤阳。朱载堉见其父非罪见系，就在宫门外筑土室独居，潜心研究乐律、数学、历法达十九年，直至其父获释复爵后才复入宫。万历十九年(1591)父死后，不袭爵位，以著述终身。著作除《乐律全书》外，尚有《嘉量算经》、《律吕正论》、《律吕质疑辨惑》、《圜方勾股图》和歌词集《醒世词》等。《河南通志》还录有他的书目《韵学新说》、《切韵指南》和《先天图正误》三种，今不见流传。

《乐律全书》是一部囊括律学、乐学、舞学、历法、算学等多种学科的综合性巨著。全书由《律历融通》、《律学新说》、《乐学新说》、《算学新说》、《律吕精义》、《操缦古乐谱》、《旋宫合乐谱》、《乡饮诗乐谱》、《六代书小舞谱》、《小舞乡乐谱》、《二佾缀兆图》、《灵星小舞谱》、《圣寿万年历》、《万年历备考》等十四种汇集而成。全书和音乐舞蹈直接有关的内容主要有以下几个方面。

一、明确区分律学、乐学、舞学为三门独立的学科。在朱载堉之前，古籍中常将律和历合称"律历"，又把律和乐合称"乐律"，把音乐和舞蹈合称"乐舞"。而《乐律全书》中则有《律学新说》、《乐学新说》，又在《律吕精义·外篇》卷九、卷十中提出了"舞学"一词并释其内涵，列出了舞学、舞人、舞名、舞器、舞佾、舞表、舞声、舞容、舞衣和舞谱等十个方面的内容。这就在理论上使律学、乐学和舞学成为三门独立的学科。

二、完成了十二平均律的数理计算。朱载堉集我国古代律学之大成，在将明代以前的律学作了系统地梳理之后，创立新法，终于解决了在他之前的律学研究中未能实现的"黄钟回归本律"的问题。他在《律历融通》(序于 1581 年)、《律学新说》(序于 1584 年)和《律吕精义》(序于 1596 年)三部著作中,详细地论述了他所发明和命名的"新法密率"(即十二平均律)。所谓"新法",系针对旧三分损益法而言;所谓"密率",指用数学方法求得十二律每"律"的等比数后再产生的十二平均律。朱氏最初在《律历融通》中以缩小旧三分损益法分数式中的分母数来求得律间的等比数,即将"三分损一"之三分之二变成七四九一五三五三八分之五〇〇〇〇〇〇〇〇,将"三分益一"之三分之四变成七四九一五三五三八分之一〇〇〇〇〇〇〇〇,然后按上下相生之序求得十二平均律。其后在《律学新说》和《律吕精义》两书中先用开方之法求得律间的等比数,然后再产生十二平均律。其生律方法:设倍黄钟律之律长(弦)二尺,则正黄钟律之律长一尺。以倍黄钟律之律长开平方即得倍蕤宾律;以倍蕤宾律之律长开平方即得倍南吕律;再以倍南吕律之律长开立方即得倍应钟律,从而求得了正黄钟律和倍应钟律之间的比数。这个比数也就是"密率"相邻两律之间的比数。有了这个比数,就可以求得其他诸律之十二平均律的律长。在《律吕精义》中,朱载堉用新法所求得的"密率",除黄钟律之外的其余十一律,各律的长度均用二十五位数表示,以显示其"密率"的精确程度。

三、将律学研究成果付诸实践。朱载堉在《律学新说》一书中试将其发明的"新法密率"付诸实践。他在总结前人制作律准经验的基础上设计了一架律准,名曰"均准"。此准"施十二弦,列十二徽",十二徽即十二平均律的律位,按此十二徽就可以调出准上的十二平均律定弦;在十二弦十二徽上连空弦音在内可弹出一百五十六个十二平均律音,亦可奏十二宫六十种调式的十二平均律乐曲。在《律吕精义》中又将"新法密率"应用于管律,设计了三十六支十二平均律律管。其法除各律管(通底开管)的长度由低音管到高音管依次除以二的十二次方求得之外,再将它们的内周、内径、外周、外径依次除以二的二十四次方,故由低音到高音的十二平均律律管,它们的通长、内径、外径之尺寸数均递次缩小。此种管律,后世称之为"异径管律"。

四、对于古乐器和舞器的考证。《律吕精义·内篇》卷八、卷九为《乐器图样》,作者按周代的八音乐器分类,对上古时期的乐器进行考证,其中包括古管、古籥、古篴、古箎、笙、竽、古埙、琴、瑟、古钟、磬、鼓、柷、敔、舂牍等多种乐器和干、戚、羽籥、旄等舞器。在考证中除用文字说明之外,多半均画出图像。

五、记录了大量乐谱、舞谱。在《乐律全书》中,含有多部记录乐谱和舞谱的著作,约占全书的一半篇幅。《律吕精义·内篇》的《旋宫琴谱》为了说明五音琴、七音琴和瑟的旋宫之法,就用减字谱列举了六十首分属不同调的五声琴曲,又用减字谱和律吕字谱列举了十二首分属不同均的琴瑟合奏谱。《操缦古乐谱》和《旋宫合乐谱》二书是为学乐者习古乐而作两部合乐谱。前者分别用律吕字谱、减字谱、工尺谱和记录人声和瑟、琴、竽、笙、埙、籥等管乐器以及搏拊、钟等打击乐器的

《股肱喜哉》合乐；后者用同样的记谱法记录了"若学者多，用八十人；若学者少，用四十人"唱奏的《关雎》合乐，并附有两种编制的乐器排列和舞队位置"设乐图"。《乡饮诗乐谱》六卷系朱氏据《周礼》所载乡饮酒礼而创作的诗乐，其中不仅为《诗经·小雅》中的诸诗谱曲，而且还补作了原本有目无诗之六笙诗的歌词和曲调；另将《周南》十一篇、《召南》十四篇亦全部配曲。舞谱有《六代小舞谱》、《小舞乡乐谱》、《二佾缀兆图》和《灵星小舞谱》四种，记谱方法以图像为主，配以文字说明。在《灵星小舞谱》中还录有用工尺谱记写的伴舞歌曲《豆叶黄》、《金字经》、《鼓孤桐》和《青天歌》四首，均为标明准确节奏的合乐谱。

《乐律全书》的最大成就在于在世界上率先完成了十二平均律的数理计算，因而在世界文化史上具有崇高的历史地位。

有关《乐律全书》的研究著作主要有［日］山品庄司《律吕精义与律原发挥》(音乐株式会社，1984年)、冯文慈点注《律学新说》(人民音乐出版社，1986年)、戴念祖《朱载堉——明代的科学和艺术巨星》(人民出版社，1986年)等。

（陈应时）

三才图会 王圻 王思义

　　《三才图会》,又名《三才图说》,一〇六卷。明王圻、王思义编辑。约成于明万历三十七年(1609)。通行本有:1985年上海古籍出版社影印万历王思义校正本、1987年江苏广陵古籍刻印社影印清乾隆二十六年高晖堂刊本、1963年中华书局《中国古代音乐史料辑要》(第一集)中影印万历刻本。后一本在1970年由台湾成文出版社翻印。

　　王圻,字元翰,号洪州,上海人,明嘉靖四十四年进士。官历知县、御史,因得罪权相,贬为邛州判官,后官至陕西布政司参议。辞归故里后,以著书为事,卒年八十五岁。著有《续文献通考》二百五十四卷,《东吴水利考》十卷,《稗史汇编》一百七十五卷等。王思义,字明允,王圻之子,以著述承其家学,著有《宋史纂要》二十卷,《香学林集》二十六卷,《故事选要》十四卷。

　　古人称"天、地、人"为三才。本书汇辑众书有关天、地、人之图谱,故名"三才图会"。全书分为十四类:天文四卷、地理十六卷、人物十四卷、时令四卷、宫室四卷、器用十二卷、身体七卷、衣服三卷、人事十卷、仪制八卷、珍宝二卷、文史四卷、鸟兽六卷、草目十二卷。汇集诸家书间有关天地诸物图形和人物图像,对每一事物先摹其图像,后加以说明。偏重通俗性和实用性,采集广博,图文并茂。是收集古代文物、人物图像的重要工具书。清代《古今图书集成》之图也多取自本书。

　　《三才图会》"器用"第三卷为乐器,收录的乐器有钟、镛、专钟、编钟、歌钟、金淳、淳于、铎、磬、玉磬、天球、编磬、笙磬、颂磬、大琴、小琴、大瑟、中瑟、小瑟、次小瑟、言箫、韶箫、管、笛、大篪、小篪、笙、巢笙、大竽、小竽、大埙、小埙、柎、鼓足、建鼓、雷鼓、应鼓、提鼓、方响、羯鼓、阮咸、琵琶、海螺、腰鼓、木鱼等七十余种,尤以打击乐器的品种最全。"器用"第四卷为舞器,收录有戚、龠、翟、旄、节、相、应、牍、雅、金钲、虎候、豹候、熊候、麋候、大候、二正候等四十余种舞蹈用具。每种乐器和舞器除图像外尚附有文字解说。"人事"第一卷有"鼓琴图",内容有手指名称图、左右手指法图、左右手指法及谱字的考证,然后是六首琴曲小品,分别是宫意、商意、角意、商角意、徵意和羽意,旁边注有歌词和后记。"人事"第九卷为律吕和乐舞图。内容有"大合乐四表六舞会位图"、

"太极元气图"、"河图五声图"、"洛书八音图"、"黄钟生十一律内积该数并十二宫图"、"大合乐宫角徵羽九变总图"、"律吕应二十四时阴阳升降音比宫角徵羽之图"、"堂上堂下乐图"、"六律六吕隔八相生图"、"五声八音八风图"、"五音相生次序图"、"三分损益图"、"十二律同类娶妻隔八生子图"、"十二律相生相应同心一统图"、"乐图"、"九奏乐图"、"四夷乐图"、"大成殿雅乐舞生图"、"舞图"、"文舞图"、"武舞图"、"文武二舞图"、"四夷舞图"。"人事"第十卷为百戏图,收录有土圭、投壶、双陆、击壤、薅鼓、牧笛、傀儡、角抵、打弹、走火等二十余种百戏表演图像。

《三才图会》中的音乐资料对研究我国古代乐舞以及乐器发展史、琴乐发展史和乐律史均有着重要的参考价值。

(喻 辉)

溪山琴况 徐上瀛

《溪山琴况》,明徐上瀛撰。成于明崇祯十四年(1641)以前,是一篇有关七弦琴表演美学的重要文献。通行本有:清康熙十二年(1673)《大还阁琴谱》本(见中华书局1982年《琴曲集成》第十册影印本)、清康熙五十四年(1715)刊《琴学正声》本(见中华书局1989年《琴曲集成》第十四册影印本)、人民音乐出版社1981年《中国古代乐论选辑》本,以及其他注释本。

徐上瀛,又名谼,字青山,号石泛山人,江苏太仓人。生卒年代不详,清顺治十四年(1657)犹在世。明万历(1573—1619)年间曾从琴家陈星源、张渭川等研习琴艺,是明末虞山(江苏常熟)派著名琴家,他与严澂,对虞山派古琴艺术的发展作出了重要的贡献。徐上瀛武举出身,"曾两试武闱",明末曾"弃琴仗剑,诣军门请自救"。明亡后隐居苏州穹窿山学道,以琴艺终。

《溪山琴况》,集古琴美学之大成,它的突出贡献是意境论。

"琴况",即古琴音乐的音况和意况。《溪山琴况》提出"音与意合"——音况与意况的结合作为古琴表演美学的总则。作者提出了和、静、清、远、古、澹、恬、逸、雅、丽、亮、采、洁、润、圆、坚、宏、细、溜、健、轻、重、迟、速二十四况。多数的况,不但阐述了音质、音色和音乐的状况,即音况,而且还说明了取音的方法和演奏者必须以性情涵养相遇,说明了意况的某些特征。

在《溪山琴况》中,"和"分三个层次,实际上指古琴演奏艺术也分三个层次:首先是"弦与指合","往来动宕,恰如胶漆,则弦与指合矣";进而要求"指与音合","婉转成韵,曲得其情,则指与音合矣";更上一层楼,要求"音与意合","音从意转,意先乎音,音随乎意,将象妙归焉。故欲用其意,必先练其意,练其音,而后能洽其意"。弦中音得之弦外意,入于化境,"与山相映发,而巍巍影现;与水相涵濡,而洋洋徜恍。暑可变也,虚堂疑雪;寒可回也,草阁流春。其无尽藏,不可思议,则音与意合,莫知其然而然矣"。

"音与意合"是一个总则,其标准要求则是"以音之精义,而应乎意之深微"。"意"要达于"深微","音"必须得其"精义",只有音得其精义,才能体现意之深微,"音"和"意"两个方面,要求都很高,它们的结合,体现出完美性。

关于"音之精义":认为下指功夫"一在调气,一在练指","调气则神自静,练指则音自静"。要"深于气候",把握"全篇之细"。"篇中有度,句中有候,字中有肯",须知"音理甚微"、"节奏之妙",要把握分寸、火候,"圆"况有"妙合之机","速"况有"灵机","溜"况有"滑机","不但急中赖其滑机,而缓中亦欲藏其滑机也",必"一弹而获中和之用,一按而凑妙合之机,一转而函无痕之趣,一折而应起伏之微",臻于"纯粹"、"天然"。

徐上瀛对古琴演奏音色、音质的要求极其细致,而其论述、分析又相当精致,如在"亮"况中云:"音渐入妙,必有次第。左右手指既造就清实,出有金石声,然后可拟一亮字。故清后取亮,亮发清中,犹夫水之至清者,得日而益明也。唯在沉细之际,而更发其光明,即游神于无声之表,其音亦悠悠而自存也,故曰亮。"

关于"意之深微":"意"指意象、意趣、意韵,而主要是意境。"至于神游气化,而意之所之,玄之又玄,时为岑寂也,若游峨嵋之雪;时为流逝也,若在洞庭之波。倏缓倏速,莫不有远之微致。盖音至于远,境入希夷,非知音未易知,而中独有悠悠不已之志。吾故曰:求之弦中如不足,得之弦外则有余也。""求之弦中"就是"音之精义","得之弦外"就是"意之深微",它们的结合,体现出一种完美性。"每山居清静,林木扶苏,清风入弦,绝去炎嚣,虚徐其韵,所出皆至音,所得皆真趣,不禁怡然吟赏,喟然曰:吾爱此情,不绎不竞。吾爱此味,如雪如冰。吾爱此响,松之风而竹之雨,磵之滴而波之涛也。有寤寐于澹之中而已矣。"这种意境,是情、味、响等因素的总和,是此情、此味、此响构成此意(境),是不绎不竞之情,如雪如冰之味,松风竹雨、磵滴波涛之响,构成恬澹之意境。

在"速"况中,徐上瀛说:"速以意用,更以意神。"二十四况,皆以意用,皆以意神。

历来关于《溪山琴况》的研究,清《琴学正声》有沈琯的简评,清《兰田馆琴谱》有李光塽的简评。此外有《乐府琴声》(1983)第一、二期所载凌其阵、杜六石、傅景瑞的译注,人民音乐出版社1990年版蔡仲德《中国音乐美学史资料注译》等。

(周　畅)

戏 曲

太和正音谱 朱 权

　　《太和正音谱》,二卷。明朱权撰。作于明洪武三十一年(1398)。现存版本有:影写洪武间刻本,1920年上海商务印书馆辑印的《涵芬楼秘笈》本;《啸余谱》本,明人程明善辑刻《啸余谱》第五卷所收本,卷首书名改题为《北曲谱》,有明万历四十七年(1619)流云馆原刻本和清康熙元年(1662)张汉的重刻本;《录鬼簿(外四种)》本,系据《涵芬楼秘笈》本重新排印,有1957年上海古典文学出版社排印本;《中国古典戏曲论著集成》本,1959年中国戏剧出版社排印。1994年上海书店出版社出版《太和正音谱》影印本。《太和正音谱》除上述几种通行版本外,还有明人臧懋循、陶梃,清人蒋廷锡,和近人的删节本,分别收入《元曲选》、《重校说郛》、《古今图书集成》、《学海类编》、《新曲苑》、《古曲戏曲声乐论著丛编》。

　　朱权(1378—1448),明太祖朱元璋第十七子,幼年自称大明奇士,别号涵虚子、丹丘先生、臞仙等。洪武二十四年(1391)封于大宁,永乐元年(1403)改封南昌。后以巫蛊诽谤事见疑于成祖,乃韬晦于精庐之中,潜心于"修真养性"。卒于正统十三年,谥号献,世称宁献王。朱权博古好学,于诸子百家、卜筮修炼、诗词历史等各类书籍都有涉猎。平生著述颇多,戏曲论著有《太和正音谱》、《务头集韵》和《琼林雅韵》三种,后两种已佚;杂剧作品十二种,现存《冲漠子独步大罗天》、《卓文君私奔相如》二种。《明史》有传。

　　《太和正音谱》是一部戏曲文学理论、戏曲音乐理论兼及戏曲史料的著作,计有《乐府体式》、《古今英贤乐府格势》、《杂剧十二科》、《群英所编杂剧》、《善歌之士》、《音律宫调》、《词林须知》、《乐府》等八章,大致可分为古代戏曲(包括散曲)理论和史料、北杂剧曲谱两个部分。

　　《乐府体式》按照作品的语言风格对戏曲进行分类,把乐府体式定为十五家,称为"丹丘体、宗匠体、黄冠体、承安体、盛元体、江东体、西江体、东吴体、淮南体、玉堂体、草堂体、楚江体、香奁体、骚人体、俳优体"。此章又名"予新定府体一十五家",表示如此分体为其首创。任二北氏《散曲概论》认为其中七体可称作派别,即丹丘体,豪放不羁;宗匠体,词林老作之词;盛元体,快然有雍熙之治,字句皆无忌惮;江东体,端谨严密;西江体,文采焕然,风流儒雅;东吴体,清丽华巧,浮而且艳;淮南体,气劲趣高。而七体之中,丹丘体、江东体、东吴体鼎立为三派,盛元、淮南两体可归入丹丘体,西江可附于东吴体,宗匠体不过是指文笔老练,本身终不能自成一派。

《古今群英乐府格势》概述作家的艺术风格,对元代一百八十七位、明代十六位剧作家,逐一用形象简括的名目来形容比喻他们作品的风格特征,反映出作者的审美情趣。朱权尤其推崇典雅清丽之作,因此把马致远列为元曲作家之首位:"马东篱之词,如朝阳鸣凤,其词典雅清丽,可与《灵光》《景福》而相颉颃。有振鬣长鸣,万马皆喑之意。又若神凤飞鸣于九霄,岂可与凡鸟共语哉:宜列群英之上。"赞扬王实甫之词云:"如花间美人,铺叙委婉,深得骚人之趣。极有佳句,若玉环之出浴华清,绿珠之采莲洛浦。"对以朴实、本色见长的关汉卿却评价不高:"关汉卿之词,如琼筵醉客,观其词语,乃可上可下之才,盖所以取者,初为杂剧之始,故卓以前列。"此章对大多数作家的评论过于简略抽象,未能准确地揭示各个作家的艺术个性和风格特征。另有一百零五名作家,更无一句评语,仅一言以蔽之:"俱是杰作,尤有胜于前列者,其词势非笔舌可能拟,真词林之英杰也。"王骥德《曲律》批评云:"《正音谱》中所列元人,各有品目,然不足评。涵虚子于文理原不甚通,其评语多足付笑。又前八十二人有评,后一百五人漫无可否,笔力竭耳,非真有所甄别其间也。"

《杂剧十二科》按作品的内容和题材,把杂剧分为神仙道化、隐居乐道、披袍秉笏、忠臣烈士、孝义廉节、叱奸骂谗、逐臣孤子、钹刀赶棒、风花雪月、悲欢离合、烟花粉黛、神头鬼面等十二类。这样的分类并不准确,十二科本身交叉重叠,且不能全面概括元杂剧丰富多彩的题材和内容,然事属初创,故多为后人所沿袭。此章还转引了关汉卿、赵孟頫把元杂剧的演出分为"行家生活"和"戾家把戏"的论述,流露出轻视娼优所扮之"戾家把戏"的偏见,认为赵孟頫所说"若非吾辈作,娼优岂能扮乎?"关汉卿所说"子弟所扮,是我一家风月",是"合于理"的,强调了剧本创作在戏曲活动中的地位。

《群英所编杂剧》记录元末明初杂剧作家七十七人及其杂剧作品四百四十七种,以及无名氏所编杂剧一百十种,可补钟嗣成《录鬼簿》之不足,是重要的戏曲史料。

《善歌之士》论述戏曲声乐理论,记载了知音善歌者三十六人的事迹。朱权指出:"凡唱最要稳当,不可做作,如哑唇、摇头、弹指、顿足之态,高低、轻重、添减太过之音,皆是市井狂悖之徒,轻薄淫荡之声,闻者能乱人之耳目,切忌不可,优伶以之,唱若游云之飞太空,上下无碍,悠悠扬扬,出其自然,使人听之,可以顿释烦闷,和悦性情,通畅血气,此皆天生正音,是以能合人之性情,得者以之,故曰'一声唱到融神处,毛骨萧然六月寒。'"书中记载了当时一些旷野歌唱的盛况,形象地描绘了几位"知音美歌者"的演唱成就,如"李良辰,涂阳人也,其音属角,如苍龙之吟秋水。予初入关时,寓遵化,闻于军中,其时三军喧轰,万骑杂逻,歌声一遏,壮士莫不倾耳,人皆默然,如六军衔枚而夜遁,可谓善歌者也"。

《音律宫调》论五音、六律、六吕、六宫、十一调,多因循旧说,未见发明。

《词林须知》涉及戏曲声乐原理、演唱技巧、古剧脚色等方面,大多是直接引述燕南芝庵等前人的言论,间或也有朱权的见解和新增的史料。

《乐府》专记北曲曲谱,按黄钟、正宫、大石调、小石调、仙吕、中吕、南吕、双调、越调、商调、商角调、般涉调等十三宫调,逐一记录了各个曲牌的句格谱式,以元人或明初杂剧、散曲作品为例,逐句逐字注明四声平仄,以大小字体标明正字和衬字,共录曲牌三百三十五支。存最早的杂剧、散曲曲谱,故对后世有深远的影响。明代范文若编《博山堂北曲谱》、清初李玉编《北词广正谱》、王奕清等合编《钦定曲谱》、周祥钰等合编《九宫大成南北词宫谱》,都曾取材于此谱。

(马美信)

词谑 李开先

《词谑》，不分卷。明李开先撰。原书不题作者姓名，书中说："《市井艳词》百余，予所编集。"《市井艳词》乃李开先所编，见于《李中麓闲居集》，由此可以确定《词谑》之作者为李开先。现存版本有：明嘉靖间刻本；清康熙间陆贻典据也是园藏本传钞本，题作《一笑散》；共读楼藏本；中华书局1936年初版排印本，此本以共读楼藏本为底本；印陆贻典钞《一笑散》本，文学古籍刊行社1955年出版；《中国古典戏曲论著集成》校勘本，中国戏剧出版社1959年排印。文化艺术出版社2004年出版《李开先全集》，曲论部分收有《词谑》。

李开先（1502—1568），字伯华，号中麓。山东章丘人。曾于章丘中麓洞读书，自称"中麓子"、"中麓山人"、"中麓放客"等。嘉靖八年（1529）举进士，在京与王慎中、唐顺之、陈束、赵时春、熊过、任瀚、吕高等人诗酒唱和，有"嘉靖八才子"之称。历官户部主事、吏部考功主事、员外郎、郎中，升至提督四夷馆太常寺少卿。尝使关中，康海、王九思夙擅才名，意不可一世，见开先词曲，皆折节倒屣，不敢居前辈。为阁臣夏言所忌，罢归林下近三十年，交文友结词社，潜心从事文学创作和民间作品的搜集整理。著有诗文集《闲居集》，传奇《宝剑记》、《断发记》、《登坛记》，院本《一笑散》，民歌《傍妆台》、《中麓小令》、画论《中麓画品》等。

《词谑》是一部戏曲批评专著，分四个部分：（一）《词谑》，选录了一些滑稽讽刺的曲文和故事；（二）《词套》，评选了几十套套曲，包括散曲与杂剧曲文；（三）《词乐》，记载了当时几个著名演员的轶事，并列述了当时知名的弦索家和歌唱家；（四）《词尾》，举例说明尾声的作法。此书评选之曲文，大多是"诙谐调笑"之作，反映了作者的艺术情趣及对戏曲功能的认识。这些曲文多精彩之作，有些已不见于他书，有的词句与他书不同，不失为重要的研究资料。《词乐》总结了当时著名艺人的演唱和教学经验，是全书最具理论价值的部分。

《词乐》记述了颜容刻苦钻研表演艺术及其取得的成就："颜容，字可观，镇江丹徒人，全（指周全）之同时人也，乃良家子。性好为戏，每登场，务备极情态；喉音响亮，又足以助之。常与众扮

《赵氏孤儿》戏文,容为公孙杵臼,见听者无戚容,归即左手捋须,右手打其两颊尽赤。取一穿衣镜,抱一木雕孤儿,说一番,唱一番,哭一番,其孤苦感怆,真有可怜之色,难已之情。异日复为此戏,千百人哭皆失声。归,又至镜前,含笑深揖曰:'颜容,真可观矣!'"颜容认真体会剧中角色的内心情感,力求表演真实动人,从而使演出产生了强烈的艺术效果。《词乐》还介绍了周全教唱的经验:一是"就其近似者而教之",即根据学唱者不同的声音条件施以不同的教学内容和方法,使之"高不结,低不噎";二是为使学者"心口相应",教必以昏夜,教师执香火指挥,"高举则声随之高,香住则声住,低亦如之",如果教以口授,学者唱与听分心,便不能做到"心口相应";三是教有方案,"所传音节,一笔之于词傍"。上述记载,不仅具有史料价值,而且具有理论和实践的意义。在清代有关戏曲表演及艺术教学的论著中,如《闲情偶寄》、《梨园原》等,都可以看到《词乐》所体现的戏曲表演及艺术教学的精神。

(马美信)

曲论 何良俊

《曲论》,一卷。明何良俊著。选自《四友斋丛说》卷三十七。《四友斋丛说》很少传本,1912年上海国粹学报社印行的《古学汇刊》集二中摘录了此卷,并与徐复祚《三家村老委谈》中论曲各段合题为《何元朗徐阳初曲论》,《中国古典戏曲论著集成》(1959、1980年两次出版)卷四据《古学汇刊》本将何、徐两人所著分开刊行,题名《曲论》。上海书店出版社1994年印行《明何元朗徐阳初曲论》影印本。

何良俊(1506—1573),字元朗,号柘湖,松江华亭(今上海松江)人。少笃学,喜好戏曲,二十年不下楼,当路知其名,嘉靖时为贡生,以荐授南京翰林院孔目。自称家中"藏书四万卷",不忍弃之,遂称疾归隐。适值倭寇侵扰,复据金陵数年,再迁苏州,潜心著述,与张之象、文徵明诸人交善。曾延聘著名曲师顿仁至家传授当时已无人过问的北曲,经何氏提倡,北曲在南方又受到一些人的重视。自称乐与古人庄周、王维、白居易为友,因名其屋为"四友斋"。有《柘湖集》、《何氏语林》和《四友斋丛说》传世。《明史》卷二八七有传,此外还在朱彝尊《明诗综》、《静志居诗话》、徐沁《明画录》等书中有事迹记载。

何良俊《曲论》凡三十则五千字,是一篇即兴式的戏曲作家作品论,语涉王实甫、高则诚、郑光祖、关汉卿等南北曲家,主要讨论戏曲语言的标准问题。基本思想倾向可归之为:南曲北曲并重,提倡风格多样;倚重音律声情,强调本色当行。

第一,南曲北曲并重,提倡风格多样化。何良俊针对当时"多尚海盐南曲"、"甚者北土亦移而耽之"的状况,为北曲的前途担心,害怕出现"更数世之后,北曲亦失传矣"的局面。他认为,北曲作为历史发展中的一个必要环节在曲史上有其一定的地位:"五音本在中土,……近世北曲,虽郑、卫之音,然犹古者总章,北里之韵,梨园、教坊之调,是可证也。"继而借诗作喻,认为南北曲各有千秋,正确的看法应当是兼容并重,提倡风格多样化,"夫诗变而为词,词变而为歌曲,则歌曲乃诗之流别。……苟诗家独取李、杜,则沈、宋、王、孟、韦、柳、元、白,将尽废之耶?"

第二,盖填词须用本色语,方是作家。针对当时戏曲创作渐趋案头化的倾向,何良俊竭力提倡元曲本色,维护戏曲作为表演艺术的根本特点。他所说的"本色语"主要指"天然妙丽"、"简淡蕴藉"的"情辞"。如他称赞郑德辉《倩女离魂》越调《圣药王》内"近蓼花,缆钓槎,有折蒲衰草绿兼葭。过水洼,傍浅沙,遥望见烟笼寒水月笼纱,我只见茅舍两三家","清丽流便,语入本色,然殊不秾郁";称赞王实甫《丝竹芙蓉亭》杂剧仙吕一套"通篇皆本色,词殊简淡可喜";他推崇郑德辉《㑳梅香》头一折《寄生草》"不争琴操中单诉你飘零,却不道窗儿外更有个人孤零",何等蕴藉有趣;他批评王实甫《西厢》内如"少可有一万声长吁短叹,五千遍捣枕椎床"等语,"语意皆露,殊无蕴藉"。何良俊视语入色相为画家所谓"秾盐赤酱"大加挞伐:"画家以重设色为'秾盐赤酱',若女子施朱傅粉,刻画太过,岂如靓妆素服,天然妙丽者之为胜耶?"

第三当行。何良俊所谓"当行"同"本色"意义相近。他称赞《虎头牌》十七换头《落梅风》中"情真语切,正当行家";他以本色当行为标准认为《拜月亭》高出于《琵琶记》远甚,"盖其才藻虽不及高,然终是当行"。……《走雨》内"绣鞋儿分不得帮底,一步步提,百忙里褪了根,正词家所谓'本色语'"。

第四,大抵情词易工。本色语的另一个要求是应包含感情,所谓"大抵情词易工,盖人生于情,所谓'愚夫愚妇可以与知者',观十五国风,大半皆发于情,可以知矣。是以作者既易工,闻者亦易动听"。

第五,宁声叶而辞不工,无宁辞工而声不叶。何良俊认为,本色语还必须注重音律,合于弦索。他相信"昔师旷吹律,而知南风之不竞"等为古代审音之神妙,主张"夫既谓之辞,宁声叶而辞不工,无宁辞工而声不叶"。

第六,《西厢》、《琵琶》并非南北曲之绝唱。何良俊的理由有三:其一,从风格应多样化出发,"今二家之辞,即譬之李、杜,若谓李、杜之诗为不工,固不可;苟以为诗必以李、杜为极致,亦岂然哉?"其二,从流传方面讲,《西厢》和《琵琶》得受尊宠不在于艺术上的特别出类拔萃,而在于两者"传刻偶多,世皆快睹,故其所知者,独此二家"。何良俊自藏杂剧几三百种,翻阅之后,"乃知今元人之词,往往有出于二家之上者"。其三,从语言方面分析,"《西厢》全带脂粉,《琵琶》专弄学问,其本色语少"。

第七,元四大家排名次序要改变。从本色语的要求出发,何良俊亦不同意前人对"马、郑、关、白"元四大家的排名次序,他特别喜欢郑光祖,独推郑为第一:"元人乐府称马东篱、郑德辉、关汉卿、白仁甫为四大家。马之词老健而乏姿媚,关之词激励而少蕴藉,白颇简淡,所欠者俊语。当以郑为第一。"

何良俊还谈及表演中的板眼问题。他称赞北曲"紧慢相错,何等节奏",批评南曲常"一紧而不复收"。

何良俊针对当时曲坛创作案头化的倾向提出的以本色语和音律为重的曲论思想,坚持了元曲的优良传统,顾及了戏曲作为表演艺术的特色,颇为当时和后世学者所重视。本色、当行成了明代曲坛争论中的一个主要问题;吴江派领袖沈璟对他的音律论尤为崇拜,称"何元朗一言儿启词宗宝藏"(传奇《博笑记》卷首《词隐先生论曲》),并由此发展为著名的"格律说"。

有关何良俊《曲论》的主要研究著作有郭绍虞《中国文学批评史》,袁震宇、刘明今《明代文学批评史》和叶长海《中国戏剧学史稿》中相关章节。

(李胜利)

南词叙录 徐 渭

《南词叙录》,一卷。明徐渭著。作于嘉靖三十八年(1559)。《南词叙录》现存版本有壶隐居黑格钞本,有何焯批补;《读曲丛刊》本,据壶隐居钞本翻刻;《曲苑》本,据《读曲丛刊》本影印;《重订曲苑》本,据《曲苑》本影印;《增补曲苑》本,据《曲苑》本排印;《中国古典戏曲论著集成》校勘本以及李复波、熊澄宇的《南词叙录注释》(中国戏剧出版社,1989年)。

徐渭(1521—1593),初字文清,改字文长,号天池、青藤,别署田水月、清藤道士等。山阴(今浙江绍兴)人。少时嗜书勤学,十六岁作《释毁》,为时人瞩目,有"宝树灵珠"之称。及长热衷功名,但屡试不第,与越中名士萧勉、陈鹤等交往,结文社,称"越中十子"。嘉靖三十二年,倭寇入侵浙东,危及绍兴,徐渭参与抗战,后入浙闽总督胡宗宪幕府为谋士。严嵩垮台后,胡宗宪因涉嫌严党被解职,病死狱中。徐渭受牵连而精神发狂,因杀妻下狱七年。晚年贫病交迫,景况凄凉,仍孤傲不羁,蔑视权贵。徐渭博学多艺,自称"吾书第一,诗二,文三,画四"。其著作除《南词叙录》外,有诗文《徐文长集》三十卷、《逸稿》二十四卷,杂剧《四声猿》,杂剧《歌代啸》是否为徐渭所作尚无定论。其生平具见《明史》、《明史稿》、《明书》、《皇明词林人物考》等,袁宏道《徐文长传》尤能揭示其思想和性格特征。

《南词叙录》是最早一部关于南戏概论性的著作,也是宋、元、明、清四代专论南戏的唯一著作。此书小序云:"北杂剧有《点鬼簿》,院本有《乐府杂录》,曲选有《太平乐府》,记载详矣。惟南戏无人选集,亦无表其名目者,予尝惜之。客闽多病,咄咄无可与语,遂录诸戏文名,附以鄙见。岂曰成书,聊以消永日,忘歊蒸而已。嘉靖己未夏六月望,天池道人志。"该书内容涉及南戏的源流及发展情况,南戏的风格特色,南戏的声律,以及作家和作品的评论,常用术语、方言考释等,并附有戏本目录。

关于南戏的源流和发展,《南词叙录》指出:"南戏始于宋光宗朝,永嘉人所作《赵贞女》、《王魁》二种实首之,故刘后村有'死后是非谁管得,满村听唱蔡中郎'之句。或云:'宣和间已滥觞,其盛行则自南渡,号曰永嘉杂剧,又曰鹘伶声嗽。'其曲,则宋人词而益以里巷歌谣,不叶宫调,故士大夫罕有留意者。元初,北方杂剧流入南徼,一时靡然向风,宋词遂绝,而南戏亦衰。顺帝朝,忽又亲南而疏北,作者猬兴,语多鄙下,不若北之有名人题咏也。"永嘉高明,惜伯喈之被谤,"乃作《琵琶记》雪之,用清丽之词,一洗作者之陋,于是村坊小伎,进与古法部相参,卓乎不可及已"。关于南戏初兴的时间,历史上曾有不同的看法,后来渐趋于一致,基本上不外乎徐渭的看法。《南词叙录》提出南戏源流有二:宋词和里巷歌谣,更加强调里巷歌谣对于南戏的巨大影响:"永嘉杂剧兴,则又即村坊小曲而为之,本无宫调,亦罕节奏,徒取其畸农、市女顺口可歌而已,谚所谓'随心令'者,即其技欤?"《南词叙录》概括地勾勒了南戏发展的历程,其间虽有不够准确和片面之处,但大体上与实际相符合,故后世研究南戏发展史者,皆以此书之论述为依据。

《南词叙录》揭示了南戏与里巷歌谣的密切关系,对遭到士大夫鄙视的地方声腔给以充分的重视和较为公允的评价。徐渭对南戏"四大声腔"的流传状况作了考察:"今唱家称'弋阳腔',则出于江西,两京、湖南、闽、广用之;称'余姚腔'者,出于会稽,常、润、池、太、扬、徐用之;称'海盐腔'者,嘉、湖、温、台用之。惟'昆山腔'止行于吴中,流丽悠远,出乎三腔之上,听之最足荡人,妓女尤妙此,如宋之嘌唱,即旧声而加以泛艳者也。隋、唐正雅乐,诏取吴人充弟子习之,则知吴之善讴,其来久矣。"徐渭指责那些否定经过改革而勃兴不久的昆山腔的言论,为之辩护说:"今昆山以笛、管、笙、琵按节而唱南曲者,字虽不应,颇相谐和,殊为可听,亦吴俗敏妙之事。或者非之,以为妄作,请问《点绛唇》、《新水令》,是何圣人著作?"

《南词叙录》针对当时传奇创作中出现追求藻饰,堆积典故,甚至以时文入曲的弊病,提出以通俗质朴的语言描摹真情实感的"本色论"。《南词叙录》评论《琵琶记》说:"或言《琵琶》高处在《庆寿》、《成婚》、《弹琴》、《赏月》诸大套。此犹有规模可寻。惟《食糠》、《尝药》、《筑坟》、《写真》诸作,从人心流出,严沧浪言'水中之月,空中之影',最不可到。如《十八答》,句句是常言俗语,扭作曲子,点铁成金,信是妙手。"《琵琶记》中《庆寿》、《成婚》、《弹琴》、《赏月》诸出,前人剧本已屡有描绘,其中文词典故也有旧作可资借鉴,更有类书可供选用,故云"有规模可录"。而《食糠》、《尝药》、《筑坟》、《写真》诸出,乃作者高明的创作,且最能揭示人物的思想性格,才是全剧高妙处。《南词叙录》对以《香囊记》为代表的骈俪藻饰之作进行了猛烈的抨击:"以时文为南曲,元末、国初未有也,其弊起于《香囊记》。《香囊》乃宜兴老生员邵文明作,习《诗经》,专学杜诗,遂以二书语句匀入曲中,宾白亦是文语,又好用故事作对子,最为害事。夫曲本取于感发人心,歌之使奴童、妇女皆喻,乃为得体,经、子之谈,以之为诗且不可,况此等耶?直以才情欠少,未免辏补成篇。吾意与其文而晦,曷若俗而鄙之易晓也。""《香囊》如教坊雷大使舞,终非本色,然有一二套可取者,以其人博记,又有钱西清、杭道卿诸子帮贴,未至澜倒。至于效颦《香囊》而作者,一味孜孜汲汲,无一句非前场语,无一处无故事,无复毛发宋元之旧。三吴俗子以为文雅,翕然以教其奴婢,遂至盛行。南戏之厄,莫盛于今。"《南词叙录》指出南戏源于民间声腔,经以高明为代表的文人加工在艺术上有所提高和发展,同样在文人手中走上了绝路。

《南词叙录》基于南戏来自里巷歌谣的观点,对南戏的宫词提出了独到的见解:"夫南曲本市里之谈,即今吴下《山歌》、北方《山坡羊》,何处求取宫调?必欲宫调,当取宋之《绝妙好词》,逐一按出宫调,乃是高见。彼既不能,盍亦姑安于浅近,大家胡说可也,奚必南九宫为?"徐渭为反对以宫调音律限制戏曲创作,主张"大家胡说可也",自是偏颇之言,但他并不否认戏曲创作必须遵循一定的声调音律的组合规律:"南曲固无宫调,然曲之次第,须用声相邻以为一套,其间亦自有类辈,不可乱也。如〔黄莺儿〕则继之以〔簇御林〕,〔画眉序〕则继之以〔滴溜子〕之类,自有一定之序,作者观于旧曲而遵之可也。"

《南词叙录》最后载录南戏剧目一百一十三种,在许多剧本已佚失无存的情况下,此剧目为研究南戏保存了珍贵的资料,其中《赵贞女蔡二郎》一条尤有价值,注云:"即旧伯喈弃亲背妇,为暴雷震死,里俗妄作也,实为戏文之首。"虽然简略,却为探讨《琵琶记》的源流和剧情发展提供了难得的线索。

(马美信)

曲藻 王世贞

《曲藻》,一卷。明王世贞著。初稿成于嘉靖三十七年(1558),经七年修改,于嘉靖四十四年(1565)正式脱稿。原为王世贞《四部稿》中"说部"八卷《艺苑卮言》及其第一个附录(《四部稿》卷一五二)中专论词、曲的部分,后人摘出单刻行世,论曲的名之为《曲藻》,论词的另题为《词评》。主要版本有三:(一)《欣赏续编》本,明茅一相编,万历八年(1580)刻,《曲藻》一种,共四十条,收在戊集;(二)《锦囊小史》本,明末刻,无编者姓名,前有王道焜序,《曲藻》一种,题"吴王世贞著,徐仁毓校阅",共四十一条;(三)《中国古典戏曲论著集成》本。

作者生平事迹见"艺苑卮言"条。

《曲藻》记载王世贞的一些戏曲理论以及对一些戏曲作家作品的简要评述,内中有一些是转录别人的话,共四十一条,前有王世贞的一个序,后有茅一相的跋《题词评曲藻后》和四则附录。主要内容有以下几个方面。

一、"曲者词之变。"王世贞认为从古至今存在一条戏曲发展的线索,《曲藻》第一条云:"三百篇亡而后有骚赋,骚赋难入乐而后有古乐府,古乐府不入俗而后以唐绝句为乐府,绝句少宛转而后有词,词不快北耳而后有北曲,北曲不协南耳而后有南曲。"入乐快耳,入俗协耳是历代艺术的一种共同追求。王世贞从音乐影响、政治需要、方言嬗变、作家才情等多方面分析了由词到曲的变化过程,他说:"曲者,词之变。自金元入主中国,所用胡乐,嘈杂凄紧,缓急之间,词不能按,则更为新声以媚之。而诸君如贯酸斋、马东篱、王实甫、关汉卿……白仁甫辈,咸富有才情,兼喜声律,以故遂擅一代之长。所谓'宋词、元曲',殆不虚也。但大江以北,渐染胡语,时时采入,而沈约四声遂阙其一。"至于南曲,王世贞认为是由北曲"稍稍复变新体"而成。这种看法对以后的王骥德、沈德符、吕天成、张琦都颇有影响,但不尽符合历史事实。

二、南北曲的特点。王世贞在《曲藻》序中指出:"大抵北主劲切雄丽,南主清峭柔远……譬之同一师承而顿渐分教;俱为国臣而文武异科。"《曲藻》正文中又详论南北曲分别道:"凡曲,北字多而调促,促处见筋;南字少而调缓,缓处见眼。北则辞情多而声情少;南则辞情少而声情多。北力在弦;南力在板。北宜和歌;南宜独奏;北气易粗;南气易弱。此吾论曲三昧语。"

三、"虽本才情,务谐俚俗。"王世贞从创作和欣赏两方面要求戏曲作品应才情和效果兼善,他反对何良俊《拜月亭》远胜《琵琶记》的观点:"元朗谓胜《琵琶》,则大谬也。中间虽有一二佳曲,然无词家大学问,一短也;既无风情,又无裨风教,二短也;歌演终场,不能使人堕泪,三短也。"如果两者不能兼善,则应全面评价作品的得失功过,不能以偏概全,执末议本:"则诚所以冠绝诸剧者,不唯其琢句之工、使事之美而已,其体贴人情,委曲必尽;描写物态,仿佛如生,了不见扭造,所以佳耳。至于腔调微有未谐,譬如见锺、王迹,不得其合处,当精思以求诣,不当执末以议本也。"

四、作词九法。王世贞对周德清作词十法稍加删改,成为九法。(一)造语;(二)用事;(三)用字;(四)阴阳;(五)务头;(六)对偶;(七)末句;(八)去上;(九)定格。此九法包括音韵(如用字、去上、阴阳、定格)和修辞(如用事、对偶、造语)两大部分。其中,王世贞对造语又有详细分类:曲语总分为骈俪语和单语。骈俪语又分景语、情语和诨语。景语又分景中雅语和景中壮语;情语又分情中快语、情中冶语、情中俏语和情中紧语;诨语也有奇语、巧语等分别。对于调的特点,王世贞也有论述,曰:"仙吕调宜清新绵邈,南吕宫宜感叹伤惋,……商调宜凄怆慕怨,角调宜典雅沉重,越调宜陶写冷笑。"

王世贞《曲藻》中还记载了不少元人作家作品的关目,如《北西厢记》出王实甫,《马丹阳度任疯子》出马致远,《范张鸡黍》出宫大用等等。文中另有引涵虚子记元词一百八十七人,分为三等,附有评论,如马东篱如朝阳鸣凤,王实甫如花间美人,关汉卿如琼筵醉客,等等。

《曲藻》只是一些即兴式的条目,缺乏系统性,不过由于在明代万历之前曲话之类的作品还不多见,又由于王世贞在文坛上的声望,使得《曲藻》随《艺苑卮言》一时成为艺林中的名著,故后人论曲,屡加征引。张琦《衡曲麈谭》有一部分几乎是全文照搬。

主要研究著作有郭绍虞《中国文学批评史》,袁震宇、刘明今《明代文学批评史》和叶长海《中国戏剧学史稿》中的相关章节。

(李胜利)

汤显祖诗文集 汤显祖

《汤显祖诗文集》,又名《玉茗堂全集》、《汤若士全集》、《玉茗堂集选》等,明汤显祖著。现存主要版本有:(一)《临川汤显祖红泉逸草》一卷,明万历三年(1575)李大晋刻本。(二)《汤海若问棘邮草》二卷,徐渭评,明刻本。(三)《临川汤海若玉茗堂文集》,又名《玉茗堂集选》,十五卷,帅机等辑,万历三十四年(1606)刻本。此本尚有二十四卷之明刻本。(四)《玉茗堂集》,通称《汤若士全集》,四十卷,明天启元年(1621)韩敬刻本。(五)《独深居点定玉茗堂集》三十卷,沈际飞辑,明崇祯刻本。(六)《玉茗堂全集》四十六卷,清康熙三十三年(1694)刻本。(七)《汤显祖集》,中华书局1961年排印本。(八)《汤显祖诗文集》五十卷,上海古籍出版社1982年排印本,此为目前最完善的本子。

汤显祖(1550—1616),字义仍,号海若、若士,晚年自号茧翁,别署清远道人。江西临川人。嘉靖四十二年(1563)补县诸生,隆庆四年(1570)中江西乡试第八名。文名鹊起,受人瞩目。因不愿依附权贵,连续四次赴春试不第,直至万历十一年(1583)才中进士。次年秋任南京太常寺博士,与早期东林党重要人物顾宪成、高攀龙、邹元标、李三才等过从甚密,对朝政共同持批评的立场。万历十九年(1591),因上《论辅臣科臣疏》抨击朝政而获罪,由南京补部祠祭司主事贬为广东徐闻县典史。万历二十一年(1593),调任浙江遂昌知县,颇有政绩。因反对税监的横行不法,万历二十六年(1598)往北京述职复径自返回临川,居玉茗堂,文史狼藉,宾朋满座,萧闲咏歌,俯仰自得。先后创作了《牡丹亭》、《南柯记》、《邯郸记》,与在南京时所作的《紫钗记》合称为《玉茗堂四梦》。汤显祖少年受学于泰州学派的罗汝芳,中年结交佛学大师达观,罢官后又与思想家李贽有来往,在哲学思想上深受此三人的影响,具有注重人生,追求个性自由的启蒙精神。因文学上强调真情与灵感,反对前后七子泥古不化的文风,成为公安派批判文学复古运动的先驱。著有传奇"四梦"和《紫箫记》,诗文集有《红泉逸草》、《问棘邮草》、《玉茗堂集》等。另有题署"玉茗堂批评"的戏曲十几种,有些系伪托。生平具见《明史列传》卷八四、《明史》卷二三〇、《列朝诗集小传》丁集、徐朔方《汤显祖年谱》。

《汤显祖诗文集》五十卷,为汤显祖诗文作品之总集。卷一至二为《红泉逸草》诗;卷三至五为《问棘邮草》诗;卷六至卷二十一为《玉茗堂诗》;卷二十二至二十七为《玉茗堂赋》;卷二十八至四十九为《玉茗堂文》,其中,卷三十三为题词,卷三十四为记,卷三十五为碑,卷三十六为启,卷三十七为说,卷三十八为颂,卷三十九为哀辞,卷四十为墓志铭,卷四十为墓表,卷四十二为解,卷四十三为疏,卷四十四至四十九为尺牍;卷五十为补遗。

汤显祖关于戏曲的论述,主要见于若干剧本题词、部分书信和戏曲专论《宜黄县戏神清源师朝记》。有些诗篇也记录了关于戏曲的资料。

《牡丹亭记题词》、《邯郸梦记题词》、《南柯梦记题词》、《紫钗记题词》论述了"四梦"的创作缘起,揭示出作品的主旨,并由此阐发人生哲理,反映了汤显祖创作思想的历程。《牡丹亭记题词》云:"如丽娘者,乃可谓之有情人耳,情不知所起,一往而深,生者可以死,死可以生。生而不可与死、死而不可复生者,皆非情之至也。梦中之情,何必非真,天下岂少梦中之人耶。""嗟夫,人世之事,非人世所可尽。自非通人,恒以理相格耳。第云理之所必无,安知情之所必有邪。"汤显祖指出《牡丹亭》是要通过描写梦中真情来表现人间至情,肯定情之所至,无所不可的巨大力量,并揭示了"情"与代表封建礼教的"理"之间的对立和冲突。《牡丹亭记题词》说"梦中之情,何必非真",表现出对"情"的执著追求。《南柯梦记题词》说"梦了为觉",流露出梦醒情逝的彷徨和苦闷。《邯郸梦记题词》说"一哭而醒",表达了真情幻灭后的痛苦。这几篇题词透露出作者在剧作中寄托着对现实的不满、失望和否定,反映了16世纪后期人们心灵变化的痛苦历程。

《汤显祖诗文集》中论曲的书信,大多与当时的汤沈之争有关。《牡丹亭》问世后,"家传户诵,几令《西厢》减价"(沈德符《顾曲杂言》)。以沈璟为首的吴江派却认为《牡丹亭》不谐音律,擅自加以删改,引起汤显祖的严重不满,《答凌初成》云:"不佞《牡丹亭记》,大受吕玉绳改窜,云便吴歌。不佞哑然笑曰:昔有人嫌摩诘之冬景芭蕉,割蕉加梅,冬则冬矣,然非王摩诘冬景也。其中骀荡淫夷转在笔墨之外耶?"汤显祖另有《见改窜〈牡丹亭〉词者失笑》诗云:"醉汉琼筵风味殊,通天铁笛海云孤。总饶割就时人景,却愧王维旧雪图。"汤显祖认为删改本破坏了原作的艺术构思,损害了曲意,坚决反对按删改本演出。《与宜伶罗章二》说:"《牡丹亭记》要依我原本,其吕家改的,切不可从。虽是增减一二字以便俗唱却与我原做的意趣大不同了。"《答吕姜山》进一步提出作曲应以"意趣神色"为主,不能受声韵音律的束缚:"寄吴中曲论良是。'唱曲当知,作曲不尽当知也',此语大可轩渠。凡文以意趣神色为主。四者到时,或有丽词俊音可用,尔时能一一顾九宫四声否？如必按字模声，即有窒滞迸拽之苦，恐不能成句矣。""意趣神色"主要指作品的思想内容，及其与艺术形式相结合后所呈现的外在风貌。《答孔俟居》对吴江派的曲论提出了批评："曲谱诸刻，其论良快。久玩之，要非大了者。庄子云：'彼乌知礼意。'此亦安知曲意哉？其辨各曲落韵处，粗亦易了。周伯琦（应为周德清）作《中原韵》，而伯琦于伯辉（应为德辉）、致远中无词名。沈伯时指乐府迷，而伯时于花庵、玉林（应为玉田）间非词手。词之为词，九调四声而已哉？且所引腔证，不云未知出何调犯何调，则云又一体又一体。彼所引曲未满十，然已如是，复何能纵观而定其字句间韵耶，弟在此自谓知曲意者，笔懒韵落，时时有之，正不妨拗折天下人嗓子。"汤显祖并非主张废弃戏曲的声韵格律，而是对沈璟的《南九宫十三调曲谱》表示不满。《答凌初成》申述了他对曲律的基本认识："上自葛天，下至胡元，皆是歌曲。曲者，句字转声而已。葛天短而胡元长，时势使然。总之，偶方奇圆，节数随异。四六之言，二字而节，五言三，七言四，歌诗者自然而然。乃至唱曲，三言四言，一字一节，故为缓音，以舒上下长句，使然而自然也。"汤显祖认为声律出于自然，随着历史的发展而变化，因此论声律要顺应时势，注重自然，不能拘守古乐雅音，而要不断吸取民间和外族的音乐。

《宜黄县戏神清源节庙记》是一篇系统地论述戏曲的起源和发展、戏曲的艺术力量和社会作用、演员的修养和表演等问题的专论。《庙记》论戏曲的起源和发展云："人生而有情，思欢怒愁，感于幽微，流乎啸歌，形诸动摇。或一往而尽，或积日而不能自休。盖自凤凰鸟兽以至巴渝夷鬼，无不能舞能歌，以灵机自相转活，而况吾人？奇哉清源师，演古先圣八能千唱之节，而为此道，初止爨弄参鹘，后稍为末泥三姑旦等杂剧传奇。长者折至半百，短者折才四耳。"文章把戏曲的产生归源于人类生来就有的"情"，感情的自然流露形成了歌舞，然后发展为杂剧传奇。《庙记》还专门分析了明代地方声腔的历史沿革和艺术特色："此道有南北，南则昆山，之次为海盐，吴、浙音也。其体局静好，以拍为之节。江以西弋阳，其节以鼓，其调喧。至嘉靖而弋阳之调绝，变为乐平，为徽、青阳。我宜黄谭大司马纶闻而恶之。自喜得治兵于浙，以浙人归教其乡弟，能为海盐声。"由于封建文人鄙视民间戏曲，记录地方声腔的文字资料极少，此段论述弥足珍贵。《庙记》谈到戏曲的题材和艺术形象的塑造："生天生地生鬼生神，极人物之万途，攒古今之千变。一勾栏之上，几色目之中，无不纡徐焕眩，顿挫徘徊，恍然如见千秋之人，发梦中之事。"剧作家可以调动主观想象，突破时空的局限，把纷繁复杂的大千世界概括集中在舞台之上。对于戏曲的艺术感染力，《庙记》有相当形象的描绘："使天下之人无故而喜，无故而悲。或语或嘿，或鼓或疲，或端冕而听，或侧弁而咍，或窥观而笑，或市涌而排。乃至贵倨弛傲，贫啬争施。瞽者欲玩，聋者欲听，哑者欲叹，跛者欲起。无情者可使有情，无声者可使有声。寂可使喧，喧可使寂，饥可使饱，醉可使醒，行可以留，卧可以兴。"《庙记》指出戏曲通过打动观众的感情而充分发挥教化功能，其社会作用甚至能与儒、佛、道三家相提并论:"可以合君臣之节,可以浃父子之恩,可以增长幼之睦,可以动夫妇之欢,可以发宾友之仪,可以释怨毒之结,可以已愁愤之疾,可以浑庸鄙之好。然则斯道也,孝子以事其亲,敬长而娱死;仁人以此奉其尊,享帝而事鬼;老者以此终,少者以此长。外户可以不闭,嗜欲可以少营。人有此声,家有此道,疫疠不作,天下和平,岂非以人情之大窦,为名教之至乐也哉。"在此之前,从未有人将戏曲置于如此重要的地位。汤显祖强调戏曲的教化作用,虽然未能摆脱君臣父子的伦理观念和忠孝仁义的封建道德范畴,但他提出"以人情之大窦,为名教之至乐",通过沟通"人情"和"名教",改变了封建伦理道德的内涵,表现出反传统、反道学的思想倾向。《庙记》最后提到了演员的艺术修养问题:"一汝神,端而虚。择良师妙侣,博解其词,而通领其忘。动则观天地人鬼世器之变,静则思之。绝父母骨肉之累,意寝与食。少者守精魂以修容,长者食恬淡以修声。为旦者常自作女想,为男者常欲如其人。其奏之也,抗之入青云,抑之如绝丝,圆好如珠环,不竭如清泉。微妙之极,乃至有闻而无声,目击而道存。使无蹈者不知情之所自来,赏叹者不知神之所自止。"汤显祖指出,演员必须全身心地投入舞台创作。首先要熟悉剧本,领会曲意。同时要深入体验生活和加强艺术的修炼,迅速地进入角色。唯其如此,才能达到出神入化的艺术境界。

《汤显祖诗文集》中有些诗,记录了汤显祖与艺人的交往,"四梦"演出的情况及其在社会上的反响。如《帅从升兄弟园上作》:"小园须着小宜伶,唱到玲珑入犯聪。曲度尽传春梦景,不教人恨太惺惺。"《七夕醉答君东》:"玉茗堂开春翠屏,新词传唱《牡丹亭》。伤心拍遍无人会,自掐檀痕教小伶。"《正唱南柯,忽闻从龙悼内杨,伤之》:"病酒那将心痛医,白杨风起泪垂丝。可怜解得《南柯曲》,不及淳郎睡醒时。"《唱二梦》:"半学农歌小梵天,宜伶相伴酒中禅。缠头不用通明锦,一夜红氍四百钱。"此外,《听于采唱牡丹》、《滕王阁看王有信演牡丹》、《送钱简栖还吴》、《九日遣宜伶赴甘参知永新》、《遣宜伶汝宁为前宛平令李袭美郎中寿》诸诗,也都记述了演唱"四梦"的情形。从这些诗可以看到,"四梦"经常以宜黄腔演出,汤显祖养有一班宜伶,并指导他们的艺术创作。《哭娄江女子二首》表现了《牡丹亭》震撼人心的艺术力量及其在妇女心灵中引起的强烈共鸣,诗序云:"吴士张元长许子洽前后来言,娄江女子俞二娘秀慧能文词,未有所适。酷嗜《牡丹亭》传奇,蝇头细字,批注其侧。幽思苦韵,有痛于本词者。十七惋愤而终。"诗云:"画烛摇金阁,真珠泣绣窗。如何伤此曲,偏祗在娄江?""何自为情死?悲伤必有神。一时文字业,天下有心人。"这是研究《牡丹亭》之影响的重要资料。

《汤显祖诗文集》中关于戏曲的论述并不多,比较系统的专门著作仅《庙记》一文,但涉及的领域却十分广泛,对于创作论、演员论、声律论等都有精辟的见解。

有关《汤显祖诗文集》的研究著作,主要有徐朔方编年笺校的《汤显祖诗文集》、徐朔方《汤显祖年谱》、毛效同《汤显祖研究资料汇编》、徐扶明《牡丹亭研究资料考释》等。

(马美信)

词隐先生论曲 沈 璟

《词隐先生论曲》,散曲一套。明沈璟撰。附刻于沈璟所著剧本《博笑记》卷首,有明刊本、《古本戏曲丛刊》影印本。

沈璟(1553—1610),字伯英,号宁庵,自署词隐先生。江苏吴江人。万历二年(1574)进士,历任兵部、礼部、吏部各司的主事、员外郎。万历十四年(1586)以上疏请求早立皇太子而得罪当道,受降职处分,调为行人司正。万历十六年(1588)任顺天乡试同考官,升光禄寺丞。次年因乡试舞弊案受朝臣弹劾,被迫告病回乡。此后优游林下,"日选优伶,令演戏曲",致力于戏曲创作和戏曲声律研究,在剧坛成为吴江派的领袖人物,具有较大的影响。著有《属玉堂传奇》十七种,今存《红渠记》、《埋剑记》、《双鱼记》、《义侠记》、《桃符记》、《坠钗记》、《博笑记》七种;散曲《情痴寱语》等均已佚。曲学著作有《南词韵选》、《增定查补南九宫十三调曲谱》,另有《遵制正吴编》、《唱曲当知》、《论词六则》、《古今词林辨体》等均未见。

《词隐先生论曲》是沈璟以散曲形式表达他对戏曲格律看法的著述,曲词云:

〔二郎神〕何元朗,一言儿启词宗宝藏。道欲度新声休走样,名为乐府,须教合律依腔。宁使时人不鉴赏,无使人挠喉捱嗓。说不得才长,越有才,越当着意斟量。

〔前腔〕参详,含宫泛徵,延声促响,把仄韵平音分几项。倘平音窘处,须巧将入韵埋藏。这是词隐先生独秘方,与自古词人不爽。若是调飞扬,把去声儿,填他几字相当。

〔啭林莺〕词中上声还细讲,比平声更觉微茫。去声正与分天壤,休混把仄声字填腔。析阴辨阳,却只有那平声分党。细商量,阴与阳,还须趁调低昂。

〔前腔〕用律诗句法须审详,不可厮混词场。〔步步娇〕首句堪为样,又需将〔懒画眉〕推详。休教卤莽,试一比类,当知趋向。岂荒唐?请细阅《琵琶》,字字平章。

〔啄木鹂〕《中州韵》,分类详,《正韵》也因他为草创。今不守《正韵》填词,又不遵中土宫商。制词不将《琵琶》仿,却驾言韵依东嘉样。这病膏肓,东嘉已误,安可袭为常?

〔前腔〕《北词谱》,精且详,恨杀南词偏费讲。今始信旧谱多讹,是鲰生稍为更张。改弦又非翻新样,按腔自然成绝唱。语非狂,从教顾曲,端不怕周郎。

〔金衣公子〕奈独力怎提防?讲得口唇干,空闹攘,当筵几度添惆怅。怎得词人当行,歌客守腔,大家细把音律讲。自心伤,萧萧白发,谁与共雌黄?

〔前腔〕曾记少陵狂,道细论诗晚节详,论词亦岂容疏放?纵使词出绣肠,歌称绕梁,倘不谐律吕也难褒奖。耳边厢,讹音俗调,羞问短和长。

〔尾声〕吾言料没知音赏,这流水高山逸响,直待后世钟期也不妨。

沈璟首先强调作曲必须"合律依腔"。何良俊在《四友斋丛说》中曾提到"夫既谓之辞,宁声叶而辞不工,无宁辞工而声不叶",沈璟赞许此说为"词宗宝藏",还作了进一步发挥:"宁协律而不工,读之不成句,而讴之始叶,是为中之之巧。""声""辞"之关系,后来成为吴江派与汤显祖论争的焦点。

《词隐先生论曲》所论有关作曲格律的具体内容,可归结为四声阴阳、句法和用韵三方面。沈璟提出"倘平音窘处,须巧将入韵埋藏",用入声代平声,上声与去声不能混用,叠用仄声字须分辨上去,叠用平声字区别阴阳等,大体上没有超出周德清《中原音韵》的范围。指出不可将律诗句法用于作曲,固为诗律与曲律并不相同。主张填词必须严守《中原音韵》,但因为《中原音韵》以北方语音为依据分类,而南戏用南方话演唱,与《中原音韵》并不完全符合。因此沈璟主张南戏应尽量遵守《中原音韵》,若因语言差异而无法遵行,则当遵守《洪武正韵》。沈璟认为《洪武正韵》系草创,不及《中原音韵》精详,因而这是退而求其次的办法。此后沈宠绥承袭了沈璟的理论,在《度曲须知》中进一步明确提出:"凡南北词韵脚,当共押周韵,苦句中字面,则南曲以《正韵》为宗,北曲以周韵为宗。"

《词隐先生论曲》在理论上并无特出的建树,但在明代中叶骈俪派剧作盛行之时,沈璟强调格律的重要性,反对文人在戏曲创作中卖弄才学,力图把"案头之曲"改变为"场上之曲",对于推动当时戏曲创作的健康发展有一定意义;而沈璟作为吴江派的首领,他的格律论影响了一大批作家,促使他们对戏曲声律学说作更深入的研究。

(马美信)

鸾啸小品 潘之恒

《鸾啸小品》,十二卷。明潘之恒撰。作于明万历年间。现有明崇祯元年(1628)刻本,明刻《说郛续》节选本。

潘之恒(1556—1622?),字景升,号鸾啸生、冰华生等。安徽歙县人。出生于世家,早年师从汪道昆、王世贞,蜚声诗坛。因仕进坎坷,寄情山水,遍游大江南北,先后与李贽、梁辰鱼、张凤翼、汤显祖、沈璟、屠隆、臧懋循及袁宏道兄弟等人结交。长期生活于戏剧发达之苏州、南京等地,结识了许多戏曲演员和歌姬名妓,曾多次主持"曲宴"活动。晚年住在黄山,专心整理著述。主要作品有《涉江集》、《金昌集》、《亘史》、《鸾啸小品》、《黄海》、《山海注》等。

《鸾啸小品》是一本记录作者经历和见闻的笔记,其中大部分内容与戏曲有关。

《鸾啸小品》记载了当时昆腔的演出情况,对昆腔的兴起和流派作了专门的阐述。《曲派》一篇指出:"曲之擅于吴,莫与竞矣!然而盛于今,仅五十年耳。自魏良辅立昆之宗,而吴郡与并起者为邓全拙,稍折衷于魏,而汰之润之,一禀于中和,故在郡为吴腔。太仓、上海俱丽于昆,而无锡另为一调。余所知朱子坚、何近泉、顾小泉皆宗于邓,无锡宗魏而绝新声,陈奉萱、潘少泾其晚劲者。邓亲授七人,皆能少变自立。如黄问琴、张怀萱,其次高敬亭、冯三峰至王谓台,皆递为雄。"《叙曲》一篇记录了昆腔的发展和变化:"长洲、昆山、太仓、中原音也,名曰昆腔,以长洲、太仓皆昆山所分而旁出者也。无锡媚而繁,吴江柔而清,上海劲而疏,三方者犹或鄙之。而毗陵以北达于江,嘉禾以南滨于浙,皆逾淮之橘、入谷之莺也。"

《鸾啸小品》通过为演员立传,介绍了他们的艺术特色和成就,总结了戏曲演出实践的经验,并提出了比较完整的表演理论。《仙度》赞扬名妓杨超超的高超演技:"杨之仙度,其超超者乎!赋质清婉,指距纤利,辞气轻扬,才所尚也,而杨能具其美。一目默记,一接神会,一隅旁通,慧所涵也,杨能蕴其真。见猎而喜,将乘而荡,登场而从容合节,不知所以然,其致仙也,而杨能以其闲闲而为超超,此之谓致也。"潘之恒通过杨超超的艺术成就,总结出优秀演员应具有"才、慧、致"三方面素质:"人之以技自负者,其才、慧、致三者,每不能兼。有才而无慧,其才不灵;有慧而无致,其慧不颖;颖之能立见,自古罕矣。"《与杨超超评剧五则》通过对杨超超演出技巧的评析与赞赏,进一步提出"度、思、步、呼、叹"五项表演原理。"度"指演员应才、慧、致兼备,在演出时把这种才能、智慧和风致最大限度地发挥出来。"思"是主观情思精神,要求演员通过表演深刻地揭示人物的内在思想和特有的性格。"步"指舞台的形体动作,表演时要"合规矩应节奏"。"呼"相当于长歌高唱,"叹"相当于说白吟咏,演员应通过呼、叹表现出人物情感之微和"凄然之韵"。

《鸾啸小品》十分强调戏剧的言情作用,指出作者在创作剧本时应通过对人物感情世界的刻画寄托自己的理想,演员要通过对角色的体验传神地表现出剧中人物丰富复杂的思想感情。《情痴》一文在介绍吴越石的戏班演出《牡丹亭》情况时说:"余友临川汤若士尝作《牡丹亭还魂记》,是能生死死生,而别通一窦于灵明之境,以游戏于翰墨之场。""杜之情痴而幻,柳之情痴而荡,一以梦为真,一以生为真,惟有情真,而幻荡将何所不至矣。"汤显祖塑造了杜丽娘和柳梦梅两个情痴形象,并刻画出他们鲜明的个性,开拓出一种崭新的精神境界和艺术境界,为舞台演出打下了良好的基础。然而要表现出《牡丹亭》的精髓,演员必须深刻体验角色的思想感情,"能痴者而复能情,能情者而后能写其情"。江孺、昌孺两名演员"各具情痴,而为幻、为荡,若莫知其所以然",他们通过情感的体验找到了感觉,不由自主地进入了角色,因而演出时"能飘飘忽忽,另翻一局于缥缈之余,以凄怆于声调之外,一字无遗,无微不极",传神地再现了《牡丹亭》恍惚迷离的情景。

《鸾啸小品》积作者数十年观剧之经验,总结出以神相遇的规律。《神合》一文云:"余观剧数十年,而后发此论也。其少也,以技观,进退步武,俯仰揖让,具其质尔,非得嘹亮之音,飞扬之气,不足以振之。及其壮也,知审音,而后中节合度者,可以观也。然质以格囿,声以调拘,不得其神,则色动者形离,目挑者情沮。……今垂老,乃以神遇。然神之以诣,亦有二途:以摹古者远志,以写生者近情。要之,知远者降而之近,知近者溯而之远,非神能合也。"观赏戏剧,不能求之于声音笑貌之间,而在于领会其内在之美。要得此内在之美,必须"以神遇",即演员与观众之间思想与感情的融合,使双方都投入特定的戏剧情景之中,从而产生强烈的共鸣。因此,戏剧的舞台效果是由演员和观众共同创造的。

《鸾啸小品》从当时的戏曲演出实践中总结出诸多表演艺术的经验,并把这些经验上升为理论。其理论既有相当的深度,又有鲜明的实践性,不仅丰富了我国的戏曲理论,对于昆腔表演艺术的提高和发展,具有一定的指导意义,也为今天总结和完善中国戏曲的表演体系提供了珍贵的历史借鉴。

关于《鸾啸小品》的研究著作,主要有汪效倚《潘之恒曲话》、高宇《潘之恒论导演和学演员的艺术》、齐森华《鸾啸小品钩沉》等。

(彭奇志)

元曲选序、后集序 臧懋循

《元曲选序》、《元曲选后集序》两篇。明臧懋循撰。分别作于明万历四十三年(1615)、四十四年(1616)。《元曲选》的通行版本有：明万历中吴兴臧氏刊本、民国七年(1918)上海商务印书馆据明博古堂影印本、民国二十五年(1936)上海中华书局《四部备要》本、民国二十五年(1936)上海世界书局排印本、1956年北京文学古籍刊行社据世界书局版重印本、1961年中华书局据世界书局版校勘本。

作者生平事迹见"元曲选"条。

《元曲选序》、《元曲选后集序》(以下简称)《后集序》阐明了编选《元曲选》的主旨,通过对明代传奇创作的批评总结了戏曲创作的规律。《后集序》云："今南曲盛行于世,无不人人自谓作者,而不知其去元人远也",故而"选杂剧百种,以尽元曲之妙,且使今之为南曲者,知有所取则",表明编撰《元曲选》之目的,是针对传奇创作的时弊,为戏曲作者树立仿效的楷模。

《元曲选序》、《后集序》认为元代杂剧"本色""当行",达到了戏曲创作的最高境界。《元曲选序》论元杂剧之本色云："元曲妙在不工而工,其精者采之乐府,而粗者杂以方言。"《后集序》论当行云："曲有名家,有行家。名家者,出入乐府,文彩烂然,在淹通闳博之士,皆优为之。行家者,随所妆演,无不摹拟曲尽,宛若身当其处,而几忘其事之乌有,能使人快者掀髯,愤者扼腕,悲者掩泣,羡者色飞,是惟优孟衣冠,然后可与于此,故称曲上乘首曰'当行'。"臧懋循认为,只有像关汉卿这样"穷践排场,面傅粉墨,以为我家生活,偶倡优而不辞"的"行家",才能创作出上乘的"当行"之曲。当行之作在构思情节和塑造角色时,充分考虑到舞台的演出效果,因而具有强烈的艺术感染力。

《元曲选序》、《后集序》以本色、当行为标准,对明代文人偏重语言文采,脱离舞台实践的"名家"之作提出了批评,指出郑若庸《玉玦记》饾饤故事,梁辰鱼《浣纱记》、梅鼎祚《玉合记》堆砌词藻,屠隆《昙花记》终折无一曲,汪道昆《高唐梦》、《洛水悲》、《五湖游》、《远山戏》纯作绮语,皆非上乘之作。臧懋循对明代戏曲的批评,大体上符合实际,比较公允,然而对徐渭、汤显祖的评论却多偏颇之词。《后集序》论徐渭云:"山阴徐文长《祢衡》、《玉通》四北曲,非不伉侠矣,然杂出乡语,其失也鄙。"徐渭《四声猿》有不少俗曲,这类被文雅士视为"鄙"的俗曲富有野趣风味,袁宏道赞之为"诨中自趣",对于讽刺喜剧尤不可少。《元曲选序》论汤显祖云:"汤义仍《紫钗》四记,中间北曲,骎骎乎涉其藩矣,独音韵少谐,不无铁绰板唱大江东去之病。南曲绝无才情,若出两手。"《后集序》批评汤显祖说:"识乏通方之见,学罕协律之功,所下句字,往往乖谬,其失也疏。"批评汤显祖剧作不谐音律,本是吴江派的门户之见,臧懋循指责汤显祖"绝无才情",更有失公允。王骥德《曲律》曰:"夫临川所诎者,法耳,若才情,正是其胜场,(臧氏)此言亦非公论。"

《后集序》在总结元杂剧和明传奇创作的经验和教训基础上,提出作曲有"三难":"曲本词而不尽取材焉,如六经语、子史语、二藏语、稗官野乘语,无所不供其采掇,而要归断章取义,雅俗兼收,串合无痕,乃悦人耳,此则情词稳称之难;宇内贵贱妍媸幽明离合之故,奚啻千百其状,而填词者必须人习其方言,事肖其本色,境无旁溢,语无外假,此则关目紧凑之难;北曲有十七宫调,而南止九宫,已少其半,至于一曲中有突增数十句者,一句中有衬贴数十字者,尤南所绝无,而北多以是见才,自非精审于字之阴阳,韵之平仄,鲜不劣调,而况以吴侬强效伧父喉吻,焉得不至河汉,此则音律谐叶之难。""情词稳称"主要指戏曲语言的丰富性和准确性,曲文既要雅俗兼收,又要风格统一,动听悦耳。"关目紧凑"指情节结构紧凑合理,描绘刻画生动贴切,以便艺术地反映社会生活的千姿百态和变幻莫测。"音律谐叶"指曲词要符合戏曲音乐的声腔格律。

《元曲选序》、《后集序》论及戏曲语言、戏曲情节结构和戏曲音乐诸方面,突出了戏曲艺术的基本特征。当时论曲者大多囿于戏曲语言问题,而臧懋循已经注意到戏曲与生活的关系、戏剧情节的真实性、戏剧演出的舞台效果,在戏曲理论上是一个突破,对以后李渔等人的戏剧批评有较大的影响。由于《元曲选》是收罗最富、流传最广的元杂剧选本,这两篇序言也就成为古代曲论的名篇。

(马美信)

顾曲杂言 沈德符

《顾曲杂言》，一卷，明沈德符撰。系从其《野获编》摘录编纂而成，书名为后人所加。主要版本有：《学海类编》所收本，《砚云甲编》所收本，《四库全书》本，《读曲丛刊》本，《曲苑》本，《重订曲苑》本，《增补曲苑》本，《中国古典戏曲论著集成》本。《野获编》主要版本有：清康熙三十九年（1700）桐乡钱枋活字印本，道光七年（1827）钱塘姚祖恩校补扶荔山房刻本，清同治八年（1869）姚德恒重校刊补扶荔山房本。这些版本在字句的内容和形式上都不尽相同，《砚云甲编》本、《读曲丛刊》本及三种《曲苑》本收二十三条，各条无子目，与钱、姚本《野获编》出入较多；《学海类编》本和《四库全书》本收十八条，有子目，词句与钱、姚本相合。

沈德符（1578—1642），字虎臣，一字景伯，又字景倩，浙江秀水人。万历四十六年（1618）举人，孝廉，禀生异资，日读一寸书。《明诗纪事》载："自王、李之学盛行，吴越间学者拾其残剩，相戒不读唐以后书，而景倩独近搜博览，其于两宋以来史乘别集故家旧事，往往能敷陈其本末，疏通其端绪。……请求掌故，网罗放失，将勒成一家之言。"其论诗宗尚公安、竟陵派的观点，与"同时锺（惺）、谭（元春）之流，声气歙合，而格调迥别，不为苟同。年四十始上春官，累举不得第而死"。其他传记资料见《静志居诗话》、《列朝诗集小传》等书。

《顾曲杂言》由二十多个小条目组成，内容多为有关南北曲以及歌舞、乐器、小曲、小说的论述考证。粗加分析，可归之于以下几个方面。

第一，典故、轶事记载。如邱文庄填词被王端毅以"理学大儒，不宜留心词曲"否定因而怀恨报复，梁伯龙观看自己的《浣纱记》被连灌三大盂污水，屠龙与俞显卿怨怨相斗而成《昙花记》，郑豹先作《白练裙》讽刺屠龙，冯梦龙劝刻《金瓶梅》等等。

第二，论南、北曲差别。沈德符借用顿仁乐师的话认为弦索是否入曲是南北曲的重大差别："弦索九宫，或用滚弦，或用花和、大和钐弦，皆有定制；若南九宫，无定则可依。且笛、管稍长短其声，便可就板，弦索若多一弹，少一弹，即龃龉板矣。"

第三,沈德符心偏北曲,认为"《关大王单刀会》、《赵太祖风云会》之属,不特命词之高秀,而意向悲壮,自足笼盖一时"。赞同何良俊关于《拜月亭》胜过《琵琶记》的观点,批评王世贞的看法"识见未到",其原因在于"南词全本可上弦索者"唯有《拜月亭》一出。他还拿《拜月亭》与王实甫《西厢记》相比,同样认为后不如前,"若《西厢》,才华富赡,北词大本未有能继之者,终是肉胜于骨,所以让《拜月》一头地。元人以郑、马、关、白为四大家而不及王实甫,有以也"。

第四,反对骈语饾饤和不谙曲谱,他认为梅雨金《玉合记》"虽为时所尚,然宾白尽用骈语,饾饤太繁。其曲半使故事及成语,正如设色骷髅,粉捏化生,欲博人宠爱,难矣"。"汤义仍《牡丹亭》一出,家传户诵,几令《西厢》减价;奈不谙曲谱,用韵多任意处,乃才情自足不朽也。"

第五,曲史发展资料记载与研究。如推原诸剧牌名;考证乐器名的方音演变;推测旦角管调;记载歌舞名称等等。其中有的立说精确,但也有不少出自臆测。《四库全书总目》称:"此书专论杂剧、南曲、北曲之别。其论元人未灭南宋以前,以杂剧取士。核以《元史·选举志》,绝无影响,乃委巷之鄙谈。其论五、六、工、尺、上、四、合、凡、一,为出于宋乐书,亦未免附会。……如此之类,虽间有小疵,然如论北曲以弦索为主,板有定制;南曲笙笛,不妨长短其声以就板,立说颇为精确。其推原诸剧牌名,自金元以至明代,缕析条分,征引亦为赅洽。词曲虽伎艺之流,然亦乐中之末派,故唐人《乐府杂录》之类,至今尚传。存此一编,以考南北曲之崖略,未始非博物之一端也。"

(李胜利)

曲论 徐复祚

《曲论》，一卷。明徐复祚著。由近人邓实依据徐复祚《三家村老委谈》（又称《花当阁丛谈》）三十六卷中涉及戏曲的言论辑录而成。初与何良俊《曲论》相并合称《何元朗徐阳初曲论》。主要版本有《古学丛刊》本（即合编本），此外还有《新曲苑》的《三家村老曲谈》本（以邓辑徐作部分为主，另外又从《借月山房汇钞》中所收的八卷本《花当阁丛谈》中加录了邓辑本所未收的数条附在后面）；《中国古典戏曲论著集成》第四辑将徐作《曲论》单列，有1959排印本。1994年上海书店出版社印行《明何元朗徐阳初曲论》影印本。

徐复祚（1560—1630），原名笃儒，字阳初，后改讷川，号慕竹，别署破悭道人、阳初子、洛诵生、休休生、三家村老、忍辱头陀、悭吝道人。江苏常熟人。博学能文，尤长于词曲，钱谦益认为他的小令可与高则诚相媲美。所著传奇有《红梨记》、《投梭记》、《宵光记》（又名《宵光剑》），杂剧有《梧桐雨》、《一文钱》，另有曲选《南北词文韵选》及笔记《三家村老委谈》。生平史料有近人淮安叶德均和今人宇文西林编辑的《徐复祚年谱》。

《曲论》是徐复祚戏曲点评的汇编，后有附录一篇，内容涉及艺术真实、戏曲的本质及语言结构方面的理论问题。

第一，关于艺术真实问题。《曲论》开篇简介高明的生平和《琵琶记》的两个所谓故事原型。其一，则诚友王四登第后弃妻入赘于不花太师家，则诚恶之，作此记以讽谏，托名伯喈（曾附董卓）与牛太师（元人呼牛为"不花"）。曲名《琵琶》，取其头上四"王"为王四托名；其二，出自陶南村《说郛》载唐人小说：牛相国僧儒之子毓与同人蔡生邂逅文字交，寻同举进士，才蔡生，欲以女弟适之。蔡已有妻赵矣，力辞不得。后牛氏与赵相处，能卑顺自将。由此徐复祚提出了自己对艺术真实的看法："看之传奇皆是寓言，未有无所谓者，正不必求其人与事以实之也。即今《琵琶》之传，岂传其事与人哉？与其词耳。"即是说，戏曲事件不必是对现实事件的照搬照演，它允许通过虚构来传情达意，他称赞《西厢记》道："《西厢》之妙，正在于草桥一梦，似假疑真，乍离乍合，情尽而意无穷。"徐复祚还以为,艺术虽允许虚构,但也要注意符合情理逻辑,前后照应,否则就会破坏艺术真实。如"柳阴中忽噪鸣蝉,见流萤儿来庭院"两句中蝉声(白天)与萤火(夜晚)并出;梁辰鱼《浣纱记》中将"王"称为"主公",都属明显败笔。

第二,强调戏曲的审美娱乐作用。徐复祚反对王弇州对《拜月亭》的贬责,赞同何良俊《拜月》高于《琵琶》之说,在艺术方面对《拜月亭》多有赞誉:"《拜月亭》宫调极明,平仄极叶,自始至终,无一板一折非当行本色语。……弇州乃以'无大学问'为一短,不知声律家正不取于弘词博学也;又以'无风情、无裨风教'为二短,不知《拜月》风情本自不乏,而风教当就道学先生讲求,不当责之骚人墨士也;……又以'歌演终场而不能使人堕泪'为三短,不知酒以合欢,歌演以佐酒,必堕泪以为佳,将《薤歌》、《蒿里》尽侑觞具乎?"

第三,音韵宫商,本色当行。徐复祚认为,无论是从表演者还是接受者的角度看,戏曲都是一种"出于优伶之口,入于当筵之耳",因而无暇详加思维的表演艺术,因此要想达到"使田畯红女闻之趯然喜、悚然惧"的艺术效果,戏曲必须使用本色之语,不能饾饤堆垛,卖弄学问,"若徒呈其博洽,使闻者不解为何语,何异于对驴而弹琴乎"。他谴责郑虚舟"好填塞故事,未免开饾饤之门……不复知本色为何物"。批评《香囊记》"丽语藻句……愈远本色"。至于《龙泉记》、《五伦全备》更是"措大书袋子语,陈腐臭烂,令人呕秽,一蟹不如一蟹矣"。

徐复祚于本色之外,注重当行,他引用沈丹丘的话论道:"作曲先要明腔,后要识谱,切记忌有伤于音律。"他还反问道:"腔调未谐,音律何在?若谓不当执末以议本,则将抹杀谱板,全取词华而已乎?"

徐复祚把戏曲作家称为"音律家",对音韵的要求十分严格。他甚至反对将诗韵与曲韵混用:"诗韵则沈隐侯之四声,自唐至今,学人韵士竞竞守如三尺,罔敢逾越;曲韵则周德清之《中原音韵》,元人无不宗之。曲之不可用诗韵,亦犹诗之不敢用曲韵也。假如今有诗人在此,取上平十三元一韵,以元、轩、冕等字与先韵叶……不几笑破人口乎?何至于曲,而独可通融假借也?"

第四,高标《西厢》、《琵琶》。在当时对《西厢》、《琵琶》的争论中,徐复祚对两剧均采取肯定态度。他称赞《西厢记》"字字当行,言言本色,可为南北之冠";《琵琶记》"如九天咳唾,非食烟火人所能办矣"。

第五,论戏曲情节。徐复祚反对戏曲情节中头脑太多太乱,否则"头脑太乱,脚色太多,大伤体裁,不便于登场"。

《曲论》还论及其他许多作家作品和理论问题,比如论南北曲特点"吴音宜幼女清歌按拍,故南曲委宛清扬。北音宜将军铁板歌'大江东去',故北曲硬挺直截"。论王弇州"一代宗匠……然于词曲不甚当行"等等都多有可取。《曲论》中还有一些名人轶事、伶人地位穿着之类的记载。

《曲论》注重戏曲的表演艺术特点,反对弘词博学之涩体,要求本色当行、头脑清晰,在曲论发展史上有其一定的地位。在明代中期的戏曲批评中,像他那样处处强调戏曲作为表演艺术的本质特征,不以风教为唯一任务的思想是不多见的。

有关《曲论》的研究著作见郭绍虞《中国文学批评史》,袁震宇、刘明今《明代文学批评史》和叶长海《中国戏剧学史稿》中相关章节。

(李胜利)

谭曲杂札 凌濛初

《谭曲杂札》，一卷。明凌濛初著。附刻于凌濛初《南音三籁》卷首，原题"即空观主人"撰。未见单刻本。《南音三籁》有明末原刻本及清康熙七年(1668)袁园客增订重刻本。又张大复《寒山堂曲谱》附有《寒山堂曲话》一卷，内容全同《谭曲杂札》，疑为另题名目的转载本。收入1959年中国戏剧出版社出版的《中国古典戏曲论著集成》第四辑。

凌濛初(1580—1644)，字玄房，号初成(一作稚成)，亦名凌波，一字波厈，别号即空观主人。万历八年生于浙江乌程(今湖州)，排行十九。十二岁游泮，十八岁初禀，一直至四十四岁始入都就选。崇祯七年(1634)授上海县丞，官至徐州通判，治有政绩。顺治元年(1644)为李自成起义军所困，呕血而死，终年六十五岁。凌濛初工诗文，著述甚富，尤精于小说和词曲。著有短篇小说集《初刻拍案惊奇》和《二刻拍案惊奇》；杂剧八种，今存《戏拂三传》之《北红拂》(有明末精刊本，《远山堂剧品》称之为《莽择配》)和《盛明杂剧》所收之《虬髯翁》(《远山堂剧品》称之为《正本扶余国》)；传奇三种，今仅见《乔合衫襟记》之残部；评选南曲编写《南音三籁》。传记资料见叶德均编《凌濛初事迹系年》(中华书局，1979年)。

《谭曲杂札》极力推崇元曲本色，提倡本色当行，特别反对以梁辰鱼开其首的"工丽"倾向，同时也反对吴江派的"鄙俚"、"稚率"风格，以为后者犹在前者堆砌用典之下。凌濛初指出："曲始于胡元，大略贵当行不贵藻丽。其当行者曰'本色'，盖自有此一番材料，其修饰词章，填塞学问，了无干涉也。"他举例论道："故《荆》、《刘》、《拜》、《杀》为四大家，而长材如《琵琶》犹不得与，以《琵琶》间有刻意求工之境，亦开琢句修词之端，虽曲家本色故饶，而诗余弩末亦不少耳。"凌濛初不满以梁辰鱼开其端的吴派。他分析了吴派兴盛的原因并且对之大加挞伐，"自梁伯龙出，而始为工丽之滥觞，一时词名赫然。盖其生嘉、隆间，正七子雄长之会，崇尚华靡；弇州公以维桑之谊，盛为吹嘘……以故吴音一派，竞为剿袭。靡词如绣阁罗帏、铜壶银箭、黄莺紫燕、浪蝶狂蜂之类，启口即是，千篇一律。甚者使僻事，绘隐语，词须累诠，意如商谜，不惟曲家一种本色语抹尽无余，即人间一种真情话,埋没不露已。至令胡元之敝,塞而未开,间以语人如锢疾不解,亦此道一大劫哉!"

凌濛初不仅反对工丽藻绘,而且反对过于直白的浅言俚句,他抨击以沈伯英为首的吴中格律派道:"沈伯英长于律而短于才,亦知用故实、用套词之非宜,欲作当家本色语,却又不能,直以浅言俚句,掤拽牵凑,自为独得其宗,号称'词隐'。而越中一二少年,学慕吴趋,遂以伯英开山。私相服膺,纷纭竞作。……以鄙俚可笑为不施脂粉,以生梗稚率为出之天然,较之故实、套词一派,反觉雅俗悬殊。"凌濛初借吕勤之的话表达了自己对戏曲语言的要求:既要有"词隐先生之条令",也要有"清远道人之才情",两者不可或缺。

凌濛初认为《戒庵漫笔》对宾白的解释("两人对说曰宾,自说曰白")不确切,实际上,白即宾白,"盖曲为主也"。宾白应以浅显易晓为本,"不为深奥";宾白应与人物身份相一致,不能出现"花面丫头、长脚髯奴,无不命词博奥,子史淹通"的可笑场面;宾白应与整折戏曲的语言风格保持一致,力求雅俗共赏,使"上而御前、下而愚民,取其一听而无不了然快意"。否则斗靡竞富,连寻常问答,也求排对工切,"是必广记类书之山人,精熟策段之举子,然后可以观门戏,岂其然哉?"

凌濛初对周德清《中原音韵》非常推崇,他称赞它"舌本甚调、联叶甚协,自是明白可依,知者可以暗合无讹"。他欣赏"无一失韵"的仅存北曲和"韵韵不犯,一禀德清"的越中曲派;批评改北调《西厢》为南曲的李日华"增损句子以就腔"和"乱其腔以就字句"的权宜举动为"截鹤续凫"、不尊本调;挑剔汤义仍"只才足以呈而律实未谐",种种言语,体现出对音韵的重视。

对南曲不能如元人北剧那样"一准而用"北韵的情形,凌濛初并未简单地一概加以否定。他首先分析了这种情形产生的多种原因:以转韵借叶易于成章;流传中有人窜改,"未必皆作者之故";地域方言不同,吴中欲歌北曲,就不得不改音变韵。针对这种种不遵北韵的现象,凌濛初认为应采取具体分析的态度,"则乃拘于方土,不足深论"。

凌濛初论戏曲搭架有所谓"情理、世法"的要求:"戏曲搭架,亦是要事,不妥则全传可憎矣。旧戏无扭捏巧造之弊,稍有牵强,略附神鬼作用而已,故都大雅可观;今世愈造愈幻,假托寓言,明明看破无论,即真实一事,翻弄作乌有子虚。总之,人情所不近,人理所必无,世法既自不通,鬼谋亦所不料,兼以照管不来,动犯驳议,演者手忙脚乱,观者眼暗头昏,大可笑也。"

凌濛初对戏剧的尾声相当关注。他认为元人对尾声"尤加之意",因而末句特别紧要,他心目中好尾声的标准是"大都以词意俱若不尽者为上,词尽而意不尽者次之。若词意俱尽,则平平耳"。假如像"今时度曲者"那样,词未尽而意先尽,或词尽而句未尽,"强缀一语以完腔",那就完全属于狗尾续貂了。他认为《拜月亭》是一个成功的范例。他还认为,不一定凡曲必有尾声,但尾声最好与过曲一张一弛,松紧搭配得当。

凌濛初的《谭曲杂札》在对梁辰鱼、汤显祖、沈伯英三家的评论中,极力呼吁真与本色当行,虽然标准颇为严格,但持论还是公正的。此外,他对戏曲搭架、宾白尾声的论述也大都新奇细致,不无可借鉴之处。

有关《谭曲杂札》的研究著作见郭绍虞《中国文学批评史》,袁震宇、刘明今《明代文学批评史》和叶长海《中国戏剧学史稿》中相关章节。

(李胜利)

衡曲麈谭 张 琦

《衡曲麈谭》，一卷。明张琦著。原未题作者姓名，附载于张琦《吴骚合编》卷首，可能即为张琦所作。主要版本有：《吴骚合编》附刻本（《吴骚合编》有明崇祯十年（1637）的原刻本和《四部丛刊》二集影印本），《读曲丛刊》本，《曲苑》本，《重订曲苑》本，《增定曲苑》本，《中国古典戏曲论著集成》本，《海王村丛书》本。

张琦，字楚叔，号骚隐居士，明末人，精词曲，富收藏。曾选辑元、明散曲，以南曲为主。编为《吴骚合编》，又撰有《南九宫订谱》。

《衡曲麈谭》分四章。（一）填词训；（二）作家偶评；（三）曲谱辨；（四）情痴寱言。所论偏重散曲及散曲家，兼及戏曲。全文以"情"的礼赞为核心内容，第四、第一章更为论情专文。

张琦认为，情是人的本质，"人，情种也，人而无情，不至于人矣，曷望其至人乎。"情由心动而起，"心之精微，人不可知，灵窍隐深，忽忽欲动，名曰心曲。"情对人的影响极为广大深远："情之为物也，役耳目，易神理，忘晦明，废饥寒。"情可以使人超越寻常时空，"穷九州，越八荒，穿金石，动天地，率百物，生可以生，死可以死，死可以生，生可以死，死又可以不死，生又可以忘生，远远近近，悠悠漾漾，杳弗知其所之。"

张琦认为，作为艺术作品的戏曲来自对心曲的物化。"曲也者，达其心而为言者也。"由心曲到戏曲的创作过程具有发泄郁闷和欢喜以平衡心神的重要作用，"处此者之无聊也，借诗书以闲摄之，笔墨磐泻之，歌咏条畅之，按拍纡迟之，律吕镇定之，俾飘飘者返其居，郁沉者达其志，渐而浓郁者几于淡，岂非宅神育性之术欤？"张琦对艺术的审美作用看得相当大，在他看来，如果没有艺术的种种宣导作用使人心归于平静，就会出现天下大乱、"惨刻不衷之祸兴"的非常局面。假如"人而有情"，则会"士爱其缘，女守其介"，天下大治。

情有真伪深浅之别，张琦反对那种"匿情猎名"的自作多情的虚伪之人，他认为这种人如果作文章，由于没有心底的真情流露，就只能作出"浮游不衷"、"必多雕琢虚伪之气"的作品。张琦认为,真正的作家是有"情痴"的作家,真正的作品是情痴作家的真挚流露,"如是以为情,而情止矣!如是之情以为歌咏、声音,而歌咏、声音止矣!"只有这种饱含感情的作品才能引起欣赏者的共鸣:"但问一腔热血,所当酬者几人耳?信乎意气之感也,卒然中之,形影皆怜;静焉思之,梦魂亦泪。"由于以真情流露为曲之本质,所以张琦不大注重作品同现实的相似程度,他更多地带有抒情的浪漫主义思想倾向,"故曲不贵摭实而贵流丽","不贵熟烂而贵新生,不贵文节而贵真率肖吻,不贵平敷而贵选句走险"。

在《填词训》中,作者以主客问答的形式,驳斥了"词余之兴也,多以情癖,大抵皆深闺永巷、春伤秋怨之语,岂须眉学士所宜有,……曲固可废也"的观点,强调"尼山说诗,不废郑、卫;圣世采风,必及下里",并提倡风格的多样化,"长门之咏,宜于官样而带岑寂;香闺之语,宜于暗藏而饶绮丽……"。至于"人情断续而忽入俚言,笔致拗违而生吞成语",则为曲之大病,应当尽力避免。张琦在《填词训》中还论到传奇与散曲的区别:"传奇有答白,可以转换,而清曲则一线到底;传奇有介头,可以变调,而清曲则一韵到底。"

《衡曲麈谭》的第二章《作家偶评》几乎全同于王世贞的《曲藻》。在第三章《曲谱辨》中,张琦认为对曲谱既要遵守,但也不可死守。"心感物而成声,声逐方而生变,音之所以分南北也",曲谱的出现有其历史必然性。词曲讲求声音之道,目的是为了"期畅血气心知之性,而发喜怒哀乐之常",因此,从最初和最终的目的来看,运用曲谱应"因其道而治之,适于自然",若"执古以泥今"或"专在平仄间究心",则属学之陋者,"似此者,如土偶人,止还其头面手足,而心灵活变动毫弗之有",于谱无当,于事无补。张琦认为,"世行世法,我行我法"最为恰当。《曲谱辨》中还对曲谱的发生发展有所论述,不过他也认为宫调名称如仙吕、大石、越调等是曲于字形讹传而来,过于臆断,未为可取。

《衡曲麈谭》论及曲之本质、作用,张扬真情,高标艺术,富蕴真知灼见,在当时曲坛上独树一帜,有着不可低估的历史地位,但是他的理论一向不大为人所重视。

(李胜利)

曲律 王骥德

《曲律》四卷,明王骥德著。现存最早的版本,是明天启四年(1624)的原刻本。此外尚有清康熙二十八年(1689)苏州绿荫堂重印方诸馆刻本、《指海》本、《读曲丛刊》本、《增补曲苑》本等。本书目前通行的读本,是收入《中国古典戏曲论著集成》(中国戏剧出版社,1959年版)第四册的校点本,该本以《读曲丛刊》本为底本,并据天启四年原刻本校补。

王骥德(? —1623),字伯良,一字伯骏,号方诸生,别署秦楼外史,会稽(今浙江绍兴)人。他的祖父喜爱传奇,藏元人杂剧数百种。王骥德受家庭影响,自小喜爱戏曲,青年时曾遵父命改其祖父传奇《红叶记》为《题红记》。与徐渭隔垣而居并师事之,颇受赏识。又与当时剧坛名流孙矿、孙如法、吕天成、沈璟、冯梦龙等交游。著有《方诸馆集》、《方诸馆乐府》、《题红记》传奇、《倩女离魂》等五种杂剧,并校注《西厢记》、《琵琶记》。研究专著除本书外,尚有《南词正韵》。

《曲律》的写作宗旨,按王氏自己的表述,是"姑从世界缺陷处一修补之",即要对当时的戏剧创作进行总结,填补理论上的空白。其书成于万历三十八年(1610),而初刊于天启四年(1624)。全书结构大致如下:(一) 冯梦龙序一篇,评骘该书的理论及实践意义;王氏自序一篇,介绍写作缘起及成书经过。(二) 正文四卷,凡四十条,从"论曲源"始,至"论曲亨屯"止。对戏曲的创作、作家作品、声律修辞等多方面内容进行了探讨。(三) 后附毛以遂(按:当即毛以燧)跋一篇、王骥德《别毛允燧》诗一首、毛以燧《哭王伯良先生诗十三首》(《指海》本删去王、毛诗而附《指海》辑者钱熙祚跋一篇)。

作为一部戏曲理论专著,《曲律》对戏曲文学的贡献表现如下。

一、对戏曲的文学性和音乐性的关系,有较为合理的把握。王氏写作《曲律》的时代,正是以沈璟为代表的声律派与以汤显祖为代表的文辞派互相对立、相互发难的时代。前者重声律、轻辞文,主张"宁协律而辞不工",后者重辞采、轻声律,主张在保持"曲意"的前提下,不守声律,甚至"不妨拗折天下人嗓子"(汤显祖语)。在这种对立局面中,王氏不是盲目附和一家一派。他对各执一辞的两派在理论上的偏激有清醒的认识。他说:"临川之于吴江,故自冰炭。吴江守法,斤斤三尺,不欲令一字乖律,而毫锋殊拙;临川尚趣,直是横行,组织之工,几与天孙争巧,而屈曲聱牙,多令歌者龃舌。"("杂论下")他认为:"词隐之持法也,可学而知也;临川之修辞也,不可勉而能也。"对双方的优长及特点都有准确的表述。在顾及戏曲艺术综合性特征的要求下,王骥德提出了衡量戏曲创作高下的标准是"必法与词两擅其极"。他重视戏曲创作中的声律问题,在书中用了很大的篇幅论述音韵格律,且也要求在创作实践中严格遵守。他批评汤显祖的作品"当置'法'字无论,尽是案头异书",对沈璟"斤斤返古,力障狂澜"的"中兴之功"大加赞扬。他甚至批评沈璟未能严守格律:"词隐生平于声韵宫调,言之甚悉,顾于己作,更韵更调,每出而是,良多自恕,殆不可晓耳。"("杂论下")其守法之严,可见一斑。但是,在王氏的理论体系中,"法"不是唯一重要的概念,"法"只有在"词"的辉映下才能放出光彩。他反对一切不讲戏曲的文学性而片面守法的做法。他认为:"曲之尚法固矣,若仅如下算子,画格眼,垛死尸,则赵括之读父书,故不如飞将军之横行匈奴也。"("杂论上")可见,在严格的声律之上,还有比它更为重要的戏曲文学表情达意的自如与充分。在王氏的体系中,与沈璟很不同的一点就是:所谓声律音韵之类的"法"只是通向艺术自由的手段,而非艺术的桎梏。在他看来,作词守成法,尺尺寸寸,句核字研是很容易的,难处在于"巧"。正是从这个角度,他高度评价了汤显祖的剧作"境往神来,巧凑妙合,又视元人别一蹊径,技出天纵,匪由人造"("杂论下")。这就把戏曲的文学追求置于一切法度的恪守之上了。

二、探讨了戏曲文学的审美特征。戏曲是一种兴起于民间的大众艺术样式,历来不受正统文人的重视。王氏不仅对戏曲文学的产生作出了自己的解释,还对其审美特性进行了深入的考察,显示了其理论的深刻与独到。王氏首先从追本溯源的角度,论述了曲的产生是中国传统文学自然演化的结果,与诗、词有着密切的联系。如他说:"(北词)入元而益漫衍其制,栉调比声,北曲遂擅盛一代;顾未免滞于弦索,且多染胡语,其声近嚼以杀,南人不习也。迨季世入我明,又变而为南曲,婉丽妩媚,一唱三叹,于是美善兼至,极声调之致。"("论曲源第一")这里,王氏不仅赋予了戏曲文学符合逻辑的起点,且也赋予戏剧文学"美善兼至"的审美特征。接着,王氏又详细地阐释了戏剧文学"美善兼至"的具体内容。"杂论下"云:"晋人言:'丝不如竹,竹不如肉。'以为渐近自然。吾谓:诗不如词,词不如曲,故是渐近人情。"原因在王氏看来有二:一是曲不像诗、词那样过多地受限于律、绝、调,可自由地使用衬字、重调;二是曲可以不受拘束地使用口语方言。由于曲在形式和语言上的这种优势,王氏因认定:"快人情者,要毋过于曲也。"同时在王氏看来,戏剧文学中表现的"人情"必须是带"真性"的。他说:"作闺情曲而多及景语,吾知其窭矣。此在高手,持一'情'字,摸索洗发,方抱之不尽,写之不穷,淋漓渺漫,自有余力,何暇及眼前与我相二之花鸟烟云,俾掩我真性,混我寸管哉!世之曲,咏情者强半,持此律之,品力可立见矣。"("杂论下")从这段文字中,我们可以知道,王氏把"情"视为戏剧创作的源泉、动力,把"真性"作为"律曲"的标准,反对在创作中掩饰"真性"。这是其理论充满活力的一个重要因素。在"人情"、"真性"的追求中,王氏又提出了"自然"的概念,以避免过苛的形式要求对内容造成损害。他说:"上去、去上之间用,有其字必不可易而强为避忌,如易'地'为'土',改'宇'为'厦',致上下文生拗不协,甚至文理不通,不若顺其自然之为贵耳。"("杂论上")由于追求表现形式的"自然",对声律的要求就不致于太刻板。故在沈、汤之间,他更倾向于赞同汤显祖的创作成就。

三、在具体评论戏曲文学的成就时,提出"论曲当看其全体力量如何"的标准。他说:"不得以一二语偶合,而曰某人、某剧、某戏、某句、某句似元人,遂执以概其高下。寸瑜自不掩尺瑕也。"("杂论上")这就避免了用某一方面的特点代替对整个剧作的评价。这比他以前及同时代人的观点更全面、更合理。王氏理论中的"全体力量"主要是指下面几点:其一,重视剧作的"头脑"和"大头脑"。"头脑"即是曲中的"意思",是中心思想。他说:"大略作长套曲,只是打成一片,将各调胪列,待他来凑我机轴;不可做了一调,又寻一调意思。"("论套数")又云:"故不关风化,纵好徒然,此《琵琶》持大头脑处。"("杂论下")这对传奇体戏曲文学创作中主题不明或主题杂乱具有很好的规避作用。主题的集中必然会有效地促进人物性格的刻画和剧情关目的设置,使戏剧形成一个完整紧凑的统一体。其二,重视剧作结构。戏曲文学是一种叙事的艺术,篇幅庞大,结构问题成为其创作中的一个很重要的问题。王氏对此论述说:"作曲,犹造宫室者然。工师之作室也,必先定规式……作曲者亦然,亦必先分段数,以何意起,何意接,何意作中段敷衍,何意作后段收煞,整整在目,而后可施结撰。"("论章法")又说:"套数之曲……须先定下间架,立下主意,排下曲调,然后遣句,然后成章。切忌凑插,切忌将就。"("论套数")其三,重视人物塑造及语言叙写。对人物塑造,王氏未列专章讨论,然其行文中包含了他对人物塑造的看法。如"论引子"云:"盖一人登场,必有几句紧要话说;我设以身处其地,模写其似。"这初步涉及了人物个性、情态的描绘问题。语言要自然、准确是王氏重点讨论的问题。他既反对过分的雅(如《香囊》、《玉玦》二记),也反对过分的俚俗(如《杀狗记》),而认为符合人物身份、通俗易懂、传情达意、美听者为最上乘。其四,重视戏曲的欣赏效果。王氏认为,戏曲艺术的欣赏效果应该达到感动人的目的。要求戏曲"摹欢则令人神荡,写怨则令人断肠,不在快人,而在动人"("论套数")。把"动人"视为戏曲艺术的目标,充分体现王氏对艺术精神的准确领会。以"动人"与否为尺度,他对沈璟的"不能使人喝采"的作品评价不高,而对汤显祖"奇丽动人"的传奇大加激赏。由此可看出王氏对艺术欣赏效果的态度。

四、对"本色"之说作了独特的理解。"本色"是中国曲论中众说纷纭又极重要的一个概念。王氏在《曲律》中对之作了自己的解释。他的解释,部分地继承了前人及同时人的说法,但又给

"本色"注入了新的内涵。他说:"大抵纯用本色,易觉寂寥;纯用文调,复伤雕镂。……本色之弊,易流俚腐;文词之病,每苦太文。雅俗浅深之辨,介在微茫,又在善用才者酌之而已。"("论家数")从这里可看出,王氏把"本色"与"文词"相提并论,不论孰是孰非,而采取一种兼容的态度。在王氏看来,明白简质之作是本色;不失真我,不"蔽本来"亦为本色;甚至《西厢》、《琵琶》这类被人列为文词派之作的作品也属本色;更甚至把文辞派代表汤显祖亦列为本色,说:"于本色一家,亦惟是奉常一人。"因此,王氏的"本色"中也包含了"文词"的内容,比以往的"本色论"有更丰富的内涵。

此外,王氏还涉及到了戏曲文学中的宾白、巧体、用事虚实等问题,对之作出了较为符合戏曲文学特征的阐述。

《曲律》是在明代戏曲创作、理论繁荣的背景下出现的一部全面、系统地阐发一己所持戏曲文学理论的专著,其理论体系的完备,其论点的新颖,极大地提高了我国戏曲理论研究的水准,是中国曲论史上的一个里程碑。王骥德理论中的许多论点、提法乃至理论体系,对后来的戏曲理论家(特别是李渔)产生了巨大影响。从一定程度上说,王骥德和他的《曲律》显示了我国戏曲理论意识的自觉。

有关《曲律》的研究论著,有夏写时《论王骥德的戏剧批评》(《戏剧艺术》1979 年第 1 期),齐森华《王骥德〈曲律〉漫议》(《古代文学理论研究》第三辑,1981 年),俞为民《王骥德戏曲理论简评》(《南京大学学报》1983 年第 2 期),孙崇涛、叶长海《王骥德的戏曲创作论——评〈曲律〉》(《中国社会科学》1983 年第 3 期),陈多、叶长海《王骥德曲律》(湖南人民出版社,1983 年)与《曲津注释》(上海古籍出版社,2012 年),叶长海《王骥德〈曲律〉研究》(中国戏剧出版社,1983 年),陈长义《论王骥德的〈曲律〉》(《古代文学理论研究》第九辑,1984 年),索俊才《王骥德曲律探微》(内蒙古大学出版社,2004 年)等。

(谯进华)

曲品 吕天成

《曲品》，二卷。明吕天成著。初稿写于万历三十年(1602)，万历三十八年(1610)加以更订，万历四十一年(1613)又作过一次增补，形成现在常见的通行本《曲品》。此书原有明刻本，已佚。后来传世的只有几部抄本。现通行之印本，计有下列五种：（一）暖红室刊本，有宣统至民国初年及1935年上海来青阁重印本，题《汇刻传奇》刻第二、三种。（二）北京大学排印本；吴梅校，1918年初版，1922年再版。（三）《曲苑》（初编）石印本，1921年古书流通处印。（四）《重订曲苑》石印本，陈乃乾编刊，1925年印。（五）《增补曲苑》排印本，题圣湖正音学会增校，1932年上海、杭州六艺书局刊行。这五种本子，前两种出自刘世珩抄校本。后三种出自王国维抄校本，而刘、王两本源于曾习经所藏清抄本。曾本"讹字晦句，层出叠见"，刘世珩、王国维、吴梅等人又据己意增订校补，致使面目失真。1959年中国戏剧出版社《中国古典戏曲论著集成》收入此书时，重新加以整理校订。清华大学图书馆所藏杨志鸿清乾隆抄本，既可订正通行诸本的简脱和讹误，又增补不少新材料，是目前所能见到的善本。

吕天成(1580—?)，字勤之，号棘津，别号郁蓝生，余姚（今属浙江）人。万历间诸生，工古文辞，毕生从事小说戏曲创作，年未四十而卒。其祖母孙镶收藏戏剧颇富，天成得博览之。其父吕胤昌亦酷爱小说戏曲，曾按昆腔的格律改订汤显祖的《牡丹亭》。其外祖父孙矿、舅父孙如法皆精于曲学和音韵，对天成悉心指授。故其幼年即嗜曲，稍长即能填词，尤精于四声阴阳之学，深受沈璟赏识。沈氏将未刻著述都托他代为刊行。与王骥德称文字交二十余年，互相砥砺研习，曲学益加精进。著有《烟鬟阁传奇》十多种，杂剧八种，今惟存《齐东绝倒》一种。其所作传奇，"始工绮丽，才藻烨然；后最服膺词隐，改辙从之，稍流质易，然宫调、字句、平仄，兢兢戒慎，不少假借。"（王骥德《曲律》）还著有小说《啸楯野史》、《闲情别传》及《青红绝句》一卷。

关于《曲品》的成书经过，吕天成在万历三十八年所作《自序》中有详尽的叙述："壬寅岁(1602)曾著《曲品》，然惟于各传奇下著评，语意不尽，亦多未得当，寻弃之。十余年来，颇为此道所误,深悔之,谢绝词曲,技不复痒。今年春,与吾友方诸生(系王骥德——编者)剧谈词学,穷工极变,予兴复不浅,遂趣生撰《曲律》。既成,功令条教,胪列具备,真可谓起八代之衰,厥功伟矣!予谓曰:'曷不举今昔传奇而甲乙焉?'生曰:'褒之则吾爱吾宝,贬之则府怨。且时俗好憎难齐,吾惧以不当之故而累全律,故今《曲律》中略举一二而已。'予曰:'传奇侈盛,作者争衡,从无操柄而进退之者。矧今词学大明,妍媸毕照,黄钟瓦缶,不容溷陈,白雪巴人,奈何并进?予慎名器,子且作糊涂试官,冬烘头脑,于曲场张曲榜,以快予意,何如?'生笑曰:'此段科场,让子作主司也。'归检旧稿犹在,遂更定之,仿钟嵘《诗品》、庾肩吾《书品》、谢赫《画品》例,各著评论,析为上下两卷。"

《曲品》是一部评论明代戏曲作家、作品的著作。全书收载戏曲作家九十五人、散曲作家二十五人,传奇作品二百十二种。凡是明代嘉靖以前的作家、作品,分为神、妙、能、具四品,称为《旧传奇品》;隆庆、万历以来的作家、作品,分为上上、上中、上下、中上、中中、中下、下上、下中、下下九品,称为《新传奇品》。

《曲品》上卷专论作家,全用骈文,多空泛之语,王骥德批评说:"于诸人概饰四六美辞,如乡会举主批评举子卷牍,人人珠玉,略无甄别。盖勤之雅好奖饰此道,夸炫一时,故多和光之论。"(《曲律》卷四)但在某些作家传略中,透露出一些重要的信息。如沈璟"妙解音律,兄妹每共登场;雅好词章,僧妓时招佐酒",汤显祖"红泉秘馆,春风檀板敲金;玉茗华堂,夜月湘帘飘馥",这两段记载是不可多得的研究沈、汤戏剧活动的历史资料。

《曲品》下卷专评作品,其批评的标准,主要依据孙矿提出的南戏"十要"。《曲品》卷下引言说:"我舅祖孙司马公谓予曰:'凡南剧,第一要事佳,第二要关目好,第三要搬出来好,第四要按宫调、协音律,第五要使人易晓,第六要词采好,第七要善敷衍——淡处作得浓,闲处作得热闹,第八要各脚色派得匀妥,第九要脱套,第十要合世情、关风化。持此十要以衡传奇,靡不当矣。'但今作者辈起,能无集乎大成,十得六者,便为玑璧;十得四五者,亦称翘楚;十得二三者,即非砆碈。"《曲品》基本上是按照这十个方面来考察戏曲作品的,书中提及事佳二十七处,关目二十六处,搬演三处,音律十九处,易晓四处,词采三十九处,敷衍三处,脚色匀妥一处,脱套八处,世情风化五处。由此可见,事佳、关目、音律、词采为作者论剧之重点。所谓事佳,即指戏剧情节的新奇巧妙,引人入胜,"系撰出而情节局段能于旧处翻新,板处作活,真擅巧思而新人耳目者",如《还魂》杜丽娘事果奇,《宝剑》传林冲事,亦有佳处"。关目指戏剧结构和情节的安排,如称赞《琵琶》说:"串插甚合局段,苦乐相错,具见体裁",批评《浣纱》"罗织富丽,局面甚大,第恨不能严谨,中有可减处,当一删耳"。《曲品》对词采与音律都很重视,在具体评论中,则更多谈及词采,在谈到音律时,也常常与词采并提,如评《冬青》赞其"音律精工,情景真切",评《投桃》则赞其"甚,且知守韵律"。

《曲品》通过对具体作家和作品的评论,总结了传奇创作的经验。吕天成十分注重戏剧的艺术效果,强调传奇创作应该符合舞台演出规律。他称赞《四异》"今演之,快然,净丑用苏人乡语,亦足笑",批评《紫箫》"觉太曼衍,留此清唱可耳"。《曲品》还指出传奇要吸引观众,必须"描画世情,或悲或笑",即通过悲欢离合的情节感动观众;"凑泊常语,易晓易闻",即浅显易懂,适合普通观众的欣赏水平;"有意驾虚,不必与实事合",即充分发挥艺术的虚构作用,以新奇巧妙的情节引人入胜;"有意近俗,不必作绮丽观",即通俗贴近现实,迎合一般观众的艺术情趣。

《曲品》主要是对明代传奇作家和作品作简略评述,不大作理论阐述,但对当时剧坛上争论的一些重大问题也很关注,并提出了相当中肯的意见。如嘉靖、万历年间,许多曲论家就"本色"和"当行"问题展开了热烈的辩论,吕天成认为"当行之手不多遇,本色之义未讲明",争辩的双方并未把这两者的概念和关系解释清楚。他指出:"当行兼论作法,本色只指填词。当行不在组织饾饤学问,此中自有关节局概,一毫增损不得;若组织,正以蠹当行。本色不在摹勒家常语言,此中别有机神情趣,一毫妆点不来;若摹勒,正以蚀本色。今人不能融会此旨,传奇之派,遂判而为二:一则工藻绘少拟当行。一则袭朴澹以充本色,甲鄙乙为寡文,此嗤彼为丧质。殊不知果属当行,则句调必多本色;果其本色,则境态必是当行。今人窃其似而相敌也,而吾则两收之。"吕天成认为"本色"专指填写曲词,戏曲语言应具有独特的"机神情趣";"当行"则指戏剧的创作方法,如处理好结构之类的技巧问题。两者既有区别,又有联系,懂得作法的"当行",语言必定本色;懂得运用戏剧独特的"本色"语言,也就会产生舞台"当行"的效果。对于汤显祖重文采才情与沈璟重声律条法之间的争论,《曲品》不持门户之见,而把他们并奉为"上之上",认为沈璟精于曲学,"嗟曲流之泛滥,表音韵以立防;痛词法之蓁芜,订全谱以辟路",振兴曲学功不可没;汤显祖精于创作,"丽藻凭巧肠而潜发,幽情逐彩笔以纷飞",皇皇巨著无人能及。由此,吕天成提出了合则双美的见解:"二公譬如狂、狷,天壤间应有此两项人物。不有光禄,词型不新;不有奉常,词髓孰抉?倘能守词隐先生之矩矱,而运以清远道人之才情,岂非合之双美者乎?"这个见解为后来的曲论家们所接受。

《曲品》是第一部品评戏剧的专著,也是现存最早的传奇作家略传和作品目录,保存了丰富的戏曲资料。其收载的传奇作品,见于《永乐大典戏文目录》、高儒《百川书志》、徐渭《南词叙录》和晁瑮《宝文堂书目》的仅二十种,其余一百九十二种均是首次著录。稍后的祁彪佳作《曲品》、《剧品》,便是在此书的基础上扩展而成。清代黄文旸《曲海目》、姚燮《今乐考证》、王国维《曲录》,著录明传奇无不直接间接以《曲品》为依据。

有关《曲品》的研究论著主要有叶德均《曲品考》、赵景深《吕天成〈曲品〉》、王淑芬《吕天成〈曲品〉戏曲观研究》等,叶长海《中国戏剧学史稿》等亦有专节论及。中华书局 2006 年出版了吴书荫《曲品校注》。

(马美信)

远山堂曲品 祁彪佳

《远山堂曲品》，不分卷。明祁彪佳著。作于明崇祯年间，至清初祁卒时尚未完成。现存版本有：（一）明远山堂蓝格稿本；（二）明启元社黑格抄本；（三）上海出版公司1955年《远山堂明曲品剧品校录》本；（四）中国戏剧出版社1959年《中国古典戏曲论著集成》本。

祁彪佳（1602—1645），字虎子，一字幼文，又字宏吉，号世培。浙江山阴（今绍兴）人。著名藏书家祁承爜之子，自幼即寝馈于书卷之中。天启二年（1622）进士，授兴化府推官。崇祯间官御史出按苏松诸府。因为执法严峻，不畏权贵，受到内阁首辅周延儒的排斥，退家避居八年，致力于整理藏书和编校、写作。崇祯末再起官，因力劾吴昌时，改官南京，乞休还家。北都变闻，谒福王于南京，力图抗清，擢右佥都御史，巡抚江南。为群小所诋谋，竟移疾去。清顺治二年（1645），清兵大举南下，南京杭州相继失陷，遂自沉寓山花园的池中，殉国而死。南明唐王谥"忠敏"，清乾隆改谥"忠惠"。著作除《远山堂曲品》、《远山堂剧品》外，尚有《救荒全书》、《寓山注》、《越中园亭记》、《祁忠惠公日记》等，有《祁中惠公遗集》传世。所作传奇《全节记》、《玉节记》两种（一说《玉节记》即《全节记》，演苏武牧羊故事），皆佚失不存。生平事迹具见《明史》卷二七五《天启崇祯两朝遗诗传》卷六、《响玉集》卷十、《西河合集》卷七六、《思复堂文集》卷二。

《远山堂曲品》是在吕天成《曲品》的基础上扩展而成的专编明代传奇的戏曲批评著作。所收作品分妙、雅、逸、艳、能、具六品，附"杂调"一类，专收弋阳诸腔剧本。现存祁氏《曲品》为残稿，缺妙品，雅品也不全。全书共收传奇剧目四百六十七种，其中雅品三十种，逸品二十六种，艳品二十种，能品二百十七种，具品一百二十七种，杂调四十六种。每一种剧目都有简短的评语，或述其本事和情节，或论其思想、艺术特色和得失，或追溯同一题材之剧目的流变。

《远山堂曲品》评论戏曲作品，首先注重"气格"，其次是"境"和"词"：气格指作者体现于剧作中的情操和品格，境指通过具体的戏剧场景流露出来的思想感情和审美情趣，词就是剧词。剧作的成败，首先取决于格之高下。评《鹦哥》云："立格已堕恶境，即实甫再生，亦无如之何矣！"评胡文焕《余庆》则云:"以余庆名其记,想见作者一副谐媚肺肠,不觉入于鄙俗,故传奇滥套,不收尽不已!"境和词都是格的表现,倘若格不高,就不能有佳境。评吴鹏《金鱼》云:"气格未高,转入庸境",格不高境不佳,即使剧词可观,亦无足取。评《三纲》云"田嘉谷遇俭岁,受孙珰之赈得活,后以征哱功,父子建节,故作此记。前半多以媚珰,词虽明爽,无足取也"。又评《三桂》云:"词亦朗然可观,但以老夫狎一青衣,境界庸俗,无堪赏心耳!"

《远山堂曲品》在论曲时反复强调气格,其目的是要求戏曲通过宣扬忠、孝、节、义、侠发挥教化世人、激励民心的作用。评王元寿《空缄》云:"词曲中忠、孝、节、侠,种种具足。此与《紫绶》,皆伯彭有关世道文字也。"评沈寿卿《龙泉》又云:"节、义、忠、孝之事,不可无传。"祁彪佳本是忠义节烈之士,身处明末危世,感受到官场的黑暗和民族危机的深重,因此在戏曲批评中非常重视作品的思想内容,认为戏曲作品应该在"外御强敌,内除奸佞"方面起到积极的作用。祁氏《曲品》对那些歌颂忠义之士不畏强暴,为抵御外敌而英勇献身,表现出强烈的爱国主义精神的作品给予充分的肯定。如评《双忠》云:"传张、许事,词意剀切,可以扬忠义肝肠。"评沈应召《去思》云:"王公铁令姑熟,保境御寇,倭贼呼之为'王铁面'。华荡之役,卒以身殉,惜哉!姑熟志去思焉,遂有是记。词白严整,意境俱惬,令阅者忽而击案称快,忽而慷慨下泣。"《远山堂曲品》还收录了一批揭露和抨击魏忠贤阉党的剧本。并根据这些剧本各自的思想、艺术特色分别给以适当的评价。如评王应遴《清凉扇》云:"此记综核详明,事皆实录,妖姆、逆珰之罪状,有十部梨园歌舞不能尽者,约之于寸毫片楮之中,以此作一代爰书可也,岂止在音调内生活乎!"评三吴居士《广爰书》云:"不尽组织朝政,惟以空中点缀,谑浪处甚于怒骂。传崔、魏者,善摭实,无过《清凉扇》;善用虚,无过《广爰书》。"

《远山堂曲品》强调剧作的思想内容,应"有关世教",重视戏曲的讽时济世的社会作用,但并未忽略戏曲创作的艺术规律。评赵蘭如《忠孝》云:"传吴公百朋一生宦谱,段段衬贴忠、孝二字,所以绝无生趣。"评金三秉《麟游》云:"穆生去醴,白生守墓,申生传经;一则存孤,一则恤死,一则救嫠,君臣朋友之伦,始终无憾。其曲之有关伦化者,倘得笔力俊爽,北曲再加工整,便可与《浣纱》争雄。"祁彪佳认为,气格必须通过境和词而得以体现,趣由境生,只有借助于戏曲形象的塑造,才能打动观众的感情,充分发挥戏曲艺术的社会功利作用。祁氏《曲品》具体探讨了戏曲的结构安排、情节设置和情景刻画诸方面的问题。如评王之寿《中流柱》云:"传耿朴公强项立节,而点缀崔、魏诸事,俱归之耿公,方得传奇联贯之法。觉他人传时事者,不无散漫矣",说明戏曲结构须集中人物和事件,对头绪纷繁的创作素材作艺术的概括。又如评王元寿《题燕》云:"层层点缀,令观者转入而转见其巧。"评《翡翠钿》云:"迩来词人,每喜多其转折,以见顿挫抑扬之趣。不知转折太多,令观者索一解未尽,更索一解,便不得自然之致矣";指出情节发展既要曲折而引人入胜,又要自然洗练而不流于做作。

《远山堂曲品》收录了弋阳诸腔剧本四十六种,说明民间戏曲的兴盛已引起文人们的关注,但祁彪佳抱着士大夫的偏见指责这些民间戏曲"词意俱最下一乘,不堪我辈着眼"。"作者眼光出牛背上,拾一二村竖语,便命为传奇,真小人之言哉!"祁彪佳虽则鄙视民间戏曲,却也无法否认民间戏曲内容的清新和感情表演的真。他在评《韩朋》时说:"惜传之尚未尽致。中惟《父子相认》一出,弋优演之,能令观者出涕。"还称赞《剔目》某些段落"可以裂眦",《藏珠》"差能敷衍",等等。

《远山堂曲品》的稿本和抄本,迟至1952年才在上海被发现,黄文旸、姚燮、王国维等人在编纂曲目时,皆未能见到此书,而祁氏《曲品》所收录剧目之数量,远远超出《曲海总目》、《今乐考证》、《曲录》诸书。因此,《远山堂曲品》为研究明代戏曲史提供了许多重要的资料,其价值是:(一)祁氏《曲品》著录了以前所见明清人编撰的戏曲书目从未著录的戏曲百余种,内中许多作家和作品是以往不知道的,如王元寿《玉马坠》等二十三种、徐应乾《两诗记》等六种、穆成章《双镜记》等三种。(二)增补许多重要戏曲作家的作品和改订以前曲目的错误,如汪廷讷的传奇,各家曲目所载互有出入。祁氏《曲品》著录《狮吼》、《长生》、《威凤》、《彩舟》、《义烈》、《投桃》、《二阁》、《三祝》、《种玉》、《飞鱼》、《同升》、《天书》、《高士》十三种,是收载汪氏传奇最多和最可靠的数字。据同书,《种玉》另有王元功同名一本。现存流行的《玉茗堂批评种玉记》、题"梅花墅改订",是许自昌的改订本;而许氏据以改订的有汪、王两个原本,并不能断定今本是汪作或王作的改订本,因此不能像以前那样把今本《种玉记》归属于汪廷讷名下。(三)指出一部分作品的作者,可以改正其他曲目的错误或失于考订之处。王元寿的《石榴花》、《鸳鸯被》、《梨花记》、《异梦记》,许三阶的《节侠记》、《红丝记》,徐胤佳的《禅真记》,郑国轩的《牡丹记》等,以前皆不知作者是谁。有些作品,以前仅知作者别号,据祁氏《曲品》亦可考知其真正姓名。如《海棠诗》、《碧珠记》作者澹生老人是王国柱,《不丈夫》作者藻香子是高汝拭,等等。(四)区别了原作和改作及名目相同的传奇。如吕天成有原作的《神女记》和改作的《双栖记》两种,李日华《西厢记》是崔时佩本的增补本,《存孤记》有陆无从、钦虹江二种原本和冯梦龙的改本,许自昌和王元功各有《水浒记》一本。吕天成《曲品》著录陆江楼撰谱蒯刚谋夺紫芝园事的《玉钗记》一种,近人曾误会谱何文秀事的心一山人所撰《玉钗记》为陆江楼撰,即由剧名相同致误。祁氏《曲品》把两种《玉钗记》明白地区分开来,避免了同名传奇的互相混淆。

有关《远山堂曲品》的主要研究著作有黄裳《远山堂明曲品剧品校录》(上海出版公司,1955年),叶德均《祁氏曲品剧品补校》(收入《戏曲小说丛考》,中华书局,1979年),赵景深《略论祁彪佳〈曲品〉〈剧品〉》(收入《古代文学理论研究》第三辑,上海古籍出版社,1981年),杨艳琪《祁彪佳与〈远山堂曲品・剧品〉研究》(中国戏剧出版社,2007年)等。

(彭奇志)

远山堂剧品 祁彪佳

《远山堂剧品》,不分卷。明祁彪佳著。作于明崇祯年间。通行版本有:明远山堂蓝格稿本、上海出版公司1955年《远山堂明曲品剧品校录》本、中国戏剧出版社1959年《中国古典戏曲论集成》本。

作者生平事迹见"远山堂曲品"条。

《远山堂剧品》是仅有的著录明人杂剧(包括极少数的元杂剧)的专书,体例与《曲品》相同,计收妙品二十四种,雅品九种,逸品二十八种,艳品九种,能品五十二种,具品三十九种,共二百四十二种。

《远山堂剧品》与《曲品》一样,十分重视戏剧作品的思想内容和社会功能,并且更加强调剧作的讽刺时世作用。评陈与郊《中山狼》云:"借中山狼唾骂世人,说得透快,当为醒世一编。勿复作词曲观。"评王九思《沽酒游春》云:"王太史作此痛骂李林甫,尽以讥刺时相李文正者,卒以此终身不得柄用。一肚皮不合时宜,故其牢骚之词,雄宕不可一世。"祁彪佳充分肯定这些"骂世"之作,表现出对现实的批判精神。明代后期许多文人,痛感时世艰危,有心报国而壮志难酬,于是借杂剧来发泄胸中牢骚不平之气。祁氏《剧品》对这些作品也给以较高的评价。如评沈自征《霸亭秋》云:"传奇取人笑易,取人哭难。有杜秀才之哭,而项王帐下之泣,千载再见;有沈居士之哭,即阅者亦唏嘘欲绝矣。长歌可以当哭,信然。"评《簪花髻》云:"杨升庵戍滇时,每簪花涂面。令门生舁之以游。人谓于寂寥中能豪爽,不知于歌笑中见哭泣耳。曲白指东扯西,点点是英雄之泪。曲至此,妙入神矣。"祁彪佳认为,这些长歌当哭的作品,具有浓重的感情色彩,最能表现作者的人格和襟怀,因此容易引起观众的共鸣,从而取得强烈的艺术效果。"长歌可以当哭",在某种程度上揭示了悲剧以情动人的基本特征,评屠峻《崔氏春秋补传》有更具体的阐述:"传情者,须在想像间,故别离之境,每多于合欢。实甫之以《惊梦》终《西厢》,不欲境之尽也。至汉卿补五曲,已虞其尽矣。田叔再补《出阁》、《催妆》、《迎銮》、《归宁》四曲,俱是合欢之境,故曲虽逼元人之神,而情致终逊于谱离别者。"

《远山堂剧品》从戏剧讽时刺世的社会功能出发,指出"语雄则近怒,语娱则近喜",进而推崇雄健劲直的风格,要求作品充分表现情感的力度和阳刚之美。祁彪佳对徐渭的《四声猿》特别倾倒,他评《渔阳三弄》说:"此千古快谈,吾不知其何以入妙,第觉纸上渊渊有金石声。"评《雌木兰》说:"腕下具千钧力,将脂腻词场,作虚空粉碎。汤若士尝云:'吾欲生致文长而拔其舌。'夫亦畏其有锋如电乎?"评《女状元》说:"独文长奔逸不羁,不狃于法,亦不局于法。独鹘决云,百鲸吸海,差可拟其魄力。"另外,评叶宪祖《巧配阎越娘》云:"郭、史为五代间霸主能臣,槲园主人传以新声,满纸是英雄侠烈之概。"评车远之《福先碑》云:"以皇甫生之狂,因宜写以豪爽之调,如万斛泉源,滚滚不竭,真才人语也。"由此可见祁氏之艺术趣味。《剧品》还主张传神写景应该刻画得充分透彻,评吕天成《缠夜帐》云:"以俊侬狎小鬟,生出许多情致。写至刻露之极,无乃伤雅?然境不刻不现,词不刻不爽,难与俗笔道也。"评孟称舜《桃花人面》云:"作情语者,非写得字字是血痕,终未极情之至。"祁彪佳从舞台艺术着眼,提出戏剧语言要精心刻画,明白晓畅,所谓"刻画之极,渐近自然",化雕镂为淡远,即为戏曲之本色。这种提倡"刻露"的理论,与中国传统的"温柔敦厚"、"含蓄蕴藉"的审美观念不相符合,体现了晚明文化的革新精神。

《远山堂剧品》还论及戏剧创作的其他各方面,其中不乏真知灼见。如评陈继儒《真傀儡》云:"境界妙,意致妙,词曲更妙。正恨元人不见此曲耳",把"三妙"作为戏剧创作的最高成就,也即《曲品》所强调的格、境与词。《剧品》盛赞一笔扫尽依傍之风与"自我作祖"、独辟蹊径的首创精神,要求戏剧创作具有鲜明独特的艺术个性。评徐渭《翠乡梦》云:"迩来词人依傍元曲,便夸胜场。文长一笔扫尽。直自我作祖,便觉元曲反落蹊径。"评朱有燉《风月姻缘》云:"酷似元剧中语,恐亦未免蹈元人之蹊径。惟其气韵高爽,胸有成竹,便能自我作古,即以元人拟之,作者不屑也。"《剧品》强调"情与景会,意与法合",批评《醉写赤壁赋》说:"此剧设色于浓淡,遣调在深浅之际,固佳矣;惜赤壁之游,词中写景而不写情,遂觉神色少削。"提出只有做到情景交融,剧作才会有"神色"。所谓神色,即自然之真趣,评朱有燉《团圆梦》说:"只是淡淡说去,自然情与景会,意与法合。盖情至之语,气贯其中,神行其际。肤浅者不能,镂刻者亦不能。"

《远山堂剧品》作为明代著录明人杂剧的唯一专书,其重要的资料价值自不待言,但此书编得较为草率,因而存在不少错误。书中把元杨梓的《豫让吞炭》、《功臣宴》,红字李二的《武松打虎》、吴昌龄《西天取经》都误认为明无名氏之作,甚至不知道《单刀会》是关汉卿的名作。祁氏依据新安徐氏刻本的错误题署,把朱有燉的《曲江池》、《常椿寿》、《十长生》、《蟠桃会》、《神仙会》五种题作杨诚斋撰,把陈沂《苦海回头》题为"周藩诚斋"(朱有燉)作。又根据传闻,在王衡《真傀儡》下题陈继儒作。《剧品》还有一些失考作者姓名之处,如李开先《园林午梦》、吴中情奴《相思谱》、玩花主人《庄楼记》都误为无名氏的作品。又《柳浪杂剧》作者醒狂散人是黄方胤,《一文钱》作者阳初子是徐复祚,《折桂记》作者秦淮墨客是纪振伦,都未能指出。

关于《远山堂剧品》的研究著作,主要有黄裳校系的《远山堂明曲品剧品校系》(上海出版公司,1955年)、叶德均《祁氏曲品剧品补校》(收入《戏曲小说丛考》,中华书局,1979年)、赵景深《略论祁彪佳〈曲品〉〈剧品〉》(收入《古代文学理论研究》第三辑,上海古籍出版社,1981年)、杨艳琪《祁彪佳与〈远山堂曲品·剧品〉研究》(中国戏剧出版社,2007年)等。

(马美信)

弦索辨讹 沈宠绥

《弦索辨讹》,三卷。明沈宠绥著。作于明崇祯年间。现存版本有：崇祯间原刻本、清顺治六年(1649)与《度曲须知》合印本、中国戏剧出版社1959年《中国古典戏曲论著集成》本。

沈宠绥(?—1645),字君征,号适轩主人,江苏吴江人。少为诸生,后以例入太学,倜傥任侠,所交皆天下名士。性聪颖,于书无所不窥,尤精于音律之学。清顺治二年,著《中原正韵》,未竣,避兵乱而卒。著有《弦索辨讹》、《度曲须知》。《道光苏州府志》卷九二有传。

《弦索辨讹》是为厘正北曲演唱中字音讹误而作的古典戏曲音乐论著。明代中后叶,北曲日趋衰微,且演唱者多为吴中子弟,不晓《中原音韵》,而以方言歌唱北曲,以致"字理乖张,音义径庭"。沈宠绥欲以《中原音韵》为准则,纠正北曲演唱中的谬误,他在《序》中说："南曲向多坊谱,已略发覆；其北词之被弦索者,无谱可稽,惟师牙后余慧。且北无入声,叶归平、上去三声,尤难悬解。以吴侬之方言,代中州之雅韵,字理乖张,音义径庭,其为周郎赏者谁耶？不揣固陋,取《中原韵》为楷,凡弦索诸曲,详加厘考,细辨音切,字必求其正声,声必求其本义,庶不失胜国元音而止。"

《弦索辨讹》选录了北曲《西厢记》各套及传奇中部分北曲套数的唱曲共三百七十五首,对其中容易唱错的字详加音注,为歌唱者指明字音和发声方法。此书依照《中原音韵》详注音切于曲文之下,尤其注意三声和平声阴阳的辨别及北曲入声叶归平、上、去三声的规律。《中原音韵》未收之字,则博考诸籍加以审定,如《西厢记·求援》〔天下乐〕"我则索搭伏定鲛绡枕头儿上盹",注云："盹字,《中原》、《洪武》、《玉篇》诸韵俱不收。查《篇海》,章伦切叶谆。《中原韵》但有肫字,系多囟切,睡貌,或即是。"有个别字音依照《中原音韵》并不合适,则"势应考俗,未可胶瑟",如"我"之叶"五"、"儿"之叶"时"、"他"之叶"拖"等,都随俗而"不敢照韵音切"。由此可见作者既严格而又灵活的态度。关于发声方法,分为闭口、撮口、鼻音、开口张唇、穿牙缩舌、阴出阳收六类,分别用符号标注在曲词旁。

《弦索辨讹》还在吸收徐渭、沈璟、屠隆、王骥德等人的研究成果基础上，对《西厢记》原曲的文字作了校订。《凡例》云："诸名家参订《西厢》曲文、互相同异，间可并从者，亦标书头，以备参览。"如《殿遇》〔赚煞〕"空着我透骨髓相思病缠"句注云："'空着我'，文长改'怎不教'，亦妙。'病缠'，俗本皆'病染'，但系廉纤韵，不叶。沈宁庵改'缠'字，今从之。"《惊梦》〔水仙子〕"觑一觑着你为醯酱，指一指教你化做肯血"句注云："'醯'字，时本作'醢'，'肯'字，时本作'茜'，俱欠通文理。尝考茜字，《洪武》、《中州》两韵释为'湛酒'义，《篇海》诸书亦作'酗酒'解。及考肯字，诸书皆释为'肠间脂'，则其应肯血，不应茜血，固文理之较然者。屠赤水所较《西厢》，独用肯字，妥甚，今从之。又醯为醋，醢为肉酱，夫人而能解。文理之应醯不应醢，亦夫人而易辨，兹并正之。"又如《请宴》〔满庭芳〕"文魔秀士、风欠酸丁"句中"欠"字，徐渭、沈璟、王骥德等人已有考订，此书亦详加辨正："曲中风欠之欠字，痴呆之义，谓风狂而且痴呆也，本北人调侃秀才语。元《萧淑兰》剧有'断不了《诗》云子曰酸风欠，离不了之乎者也腌穷俭'，明明以欠押俭字之韵，何俗子讹作要音。并字形改削，妄去转笔一勾，遍考字书，从无此体书者。一时笔误，唱者复久传讹。业经徐文长、沈宁庵、王伯良诸公后先驳正，而伪风犹未息，故再宣明于此。"此类考证，对于校读《西厢记》曲文，研究《西厢记》明刊本的情况，皆有所裨益。

（马美信）

度曲须知 沈宠绥

《度曲须知》，二卷。明沈宠绥著。作于明崇祯年间。现存有下列几种版本：（一）明崇祯十二年（1639）原刻初印本。（二）清顺治六年（1649）与《弦索辨讹》合印本。（三）上海商务印书馆1922年影印明崇祯本。（四）《重订曲苑》本，据商务印书馆影印本重抄石印。（五）《古典戏曲声乐论著丛编》本，系据明崇祯原刻印本校印。（六）《中国古典戏曲论著集成》本，系据清顺治合刊本校印。

作者生平事迹见"弦索辨讹"条。

一般认为，《度曲须知》乃继《弦索辨讹》之后所作，其《凡例》云："南词向来多谱，惟弦索谱则绝未有睹，所以《辨讹》一集，专载北词。"似可证《弦索辨讹》成书在《度曲须知》之前。然《弦索辨讹》中《解围》〔尾声〕、《停婚》〔离亭宴带歇拍煞〕、《窥简》〔满庭芳〕曲文后注云："详后《音同收异考》中"，"详见《音同收异考》中"。《红梨记》〔赚尾煞〕曲文后注："详其后集《经纬图说》中。"《音同收异考》和《经纬图说》皆为《度曲须知》中的一章。由此可见，《弦索辨讹》和《度曲须知》本为一书之前后两集，故《弦索辨讹凡例》云："予前后两集，编裁徒凭蠡测，讨印颇来少资。"《弦索辨讹》完稿时，《度曲须知》的部分章节早已写成。

《度曲须知》是一部专门讲述戏曲歌唱和音韵的古典戏曲音乐论著。《弦索辨讹》专论北曲，示范多而说明少；此书以北曲为主而兼论南曲，并就各项问题作了深入的阐述。全书共三十六章，其细目为：《曲运隆衰》、《四声批窾》、《弦索题评》、《中秋品曲》、《出字总诀》、《收音总诀》、《收音谱式》、《收音问答》、《字母堪删》、《字头辩解》、《鼻音抉隐》、《俗讹因革》、《宗韵商疑》、《字厘南北》、《弦律存亡》、《翻切当看》、《辨声捷诀》、《阴阳交互切法》、《三十六字母切韵法》、《经纬图说》、《北曲正讹考》、《入声正讹考》、《同声异字考》、《异声同字考》、《文同解异考》、《音同收异考》、《阴出阳收考》、《方音洗冤考》、《律曲前言》、《亨屯曲过》（此书《总目》漏载《辨声捷诀》以下四章题目）。除《曲运隆衰》、《弦律存亡》论述南北戏曲声腔之演变与发展，及末两章摘引魏良辅与王骥德的曲论外，其余皆是解说戏曲歌唱中念字的格律及技巧、方法的。卷首有颜俊彦所作序和作者自序；还有《词学先贤姓氏》，列此书采用参考书之作者周德清等十七人，各系简历。此书清刻本后附有沈宠绥之子沈标作于清顺治六年的《续序》。

《曲运隆衰》论述了当时北曲由盛转衰和南曲蓬勃兴起的情况，表现了作者继绝起逸，追寻元曲正音的努力。沈宠绥首先提出一代有一代之文学，"文章矜秦汉，诗词美唐宋，曲剧侈胡元"，认为元曲之兴盛与科举有关："自元人以填词制科，而科设十二，命题惟是韵脚以及平平仄仄谱式，又隐厥牌名，俾举子以意揣合，而敷平配仄，填满词章。折凡有四，如试牍然。合式则标甲榜，否则外孙山矣。夫当年磨穿铁砚，斧削萤窗，不减今时帖括，而南词惟寥寥几曲，所云院本北剧者，果堪纪量乎哉？"这样的说法在当时很普遍，但并不符合历史真实。沈宠绥接着指出，明代以制艺取士，元代填词之习一扫去之，因此，"作者渐寡，歌者寥寥"，南曲起而代之，雄绝一代。南曲兴起于民间，在流传过程中形成"海盐"、"义乌"、"弋阳"、"青阳"、"四平"、"乐平"、"太平"等地方声腔。这些声腔土音混杂，格调不明，于是有魏良辅在嘉靖年间对南曲腔调进行整理加工，形成一种更加清柔宛折的新腔，即为后人通常所称的"昆山腔"。沈宠绥充分肯定了魏良辅改革南曲声腔的功绩："尽洗乖声，别开堂奥，调用水磨，拍捱冷板，声则平上去入之婉协，字则头腹尾音之毕匀，功深镕琢，气无烟火，启口轻圆，收音纯细。……要皆别有唱法，绝非戏场声口，腔曰'昆腔'，曲名'时曲'，声场禀为曲圣，后世依为鼻祖，盖自有良辅，而南词音理，已极抽秘逞妍矣。"自嘉靖年间昆山腔流传之后，南曲声律日趋精细，"向多坊谱，已略发覆"，而北曲更加沉沦，腔调莫考，唱法失传，"腔嫌裊娜，字涉土音，则名北而曲不真北也"，形成南北曲互相混杂的情形。沈宠绥认为"北剧遗音，有未尽消亡者，疑尚留于优者之口"，南词中每带北调一折，如《林冲投泊》、《萧相追贤》、《虬髯下海》、《子胥自刎》之类，"其词皆北。当时新声初改，古格犹存，南曲则演南腔，北曲固仍北调，口口相传，灯灯递续，胜国元声，依然嫡派。虽或精华已铄，顾雄劲悲壮之气，犹令人毛骨萧然"。此外，在北方留传的俗曲，如《罗江怨》、《山坡羊》等，"其悲凄慨慕，调近于商，惆怅雄激，调近正宫"，"虽非正音，仅名'侉调'，然其怆怨之致，所堪舞潜蛟而泣嫠妇者，犹是当年逸响云"。此章关于南北曲隆衰消长的论述，常为后来戏曲史家所引用。《弦律存亡》是对《曲运隆衰》章的补充，详述"北筋在弦，南力在板"的道理，说明北曲曲律"实赖弦以存"。由于北曲衰微，"燕赵歌童舞女，咸弃杆拨，尽效南声"，因而北曲古律已近亡佚，但"优伶之口，犹留古意"。沈宠绥指出："虽然，古律湮矣，而还按词谱之仄仄平平，原即是弹格之高高下下，亦即是歌法之宜抑宜扬。今优子当场，何以合谱之曲，演唱非难，而平仄稍乖，便觉沾唇拗嗓。且板宽曲慢，声格尚有游移，至收板紧套，何以一牌名，止一唱法，初无走样腔情，岂非优伶之口，犹留古意哉？"沈氏认为，曲理大凡是音调的疾徐高下，因此可以从板眼的慢紧逆求古调之疾舒，从曲谱标明的平仄逆考古音的高下。沈氏斤斤考古，追寻北曲之遗音，表现出对南曲新腔在流传过程中所产生之弊病的不满："今之独步声场者,但正目前字眼,不审词谱为何事;徒喜淫声聒听,不知宫调为何物。踵舛承讹,音理消败,则良辅者流,固时调功魁,亦叛古戎首矣。"然而他也认识到:"生今不能反古,夫亦气运使然乎?"

《度曲须知》上卷,除首章《曲运隆衰》、末章《弦律存亡》外,中间各章都是具体论述戏曲歌唱中吐字发音的方法和技巧的。《四声批窾》专论四声的唱法,对沈璟所说"凡曲去声当高唱,上声当低唱,平入声又当酌其高低,不可令混",作了补充和发挥。如"上声固宜低出,第前文间遇揭字高腔,及紧板时曲情促急,势有拘碍,不能过低,则初出稍高,转腔低唱,而平出上收,亦肖上声字面"。《收音问答》提出"凡敷演一字,各有字头、字腹、字尾之音",字头即声母,腹尾即复合韵母,单韵母则仅有字尾而无字腹。《字母堪删》以音韵学之"反切"解释戏曲演唱中的头、腹、尾:"予尝考字于头腹尾者,乃恍然知与切字之理相通也;盖切法,即唱法也。曷言之? 切者,以两字帖切一字之音,而此两音中,上边一字即可以字头为之,下边一字即可以字腹、字尾为之。守此唱法,便是切法,而精于切字,即妙于审音,勿谓曲理不与字学相关也。"《中秋品曲》强调了讲究收音即字尾对于演唱的重要性:"从来词家只管得上半字面,而下半字面,须关唱家收拾得好",下半字面"工夫全在收音,若音路稍讹,便成别字",真正唱曲高手,"至下半字面,则无音不收,亦无误收别韵之音"。沈氏认为,只有掌握字尾精义,才算探得曲律三昧,"今人徒工出口,偏拙字尾"。因此,除《出字总诀》、《字头辩解》略论字头外,《收音总诀》、《收音谱式》、《收音问答》、《鼻音抉隐》诸章,皆专论收音问题。

《俗讹因革》、《宗韵商疑》和《字厘南北》三章为辨析南北字音之差异而作。沈宠绥指出,南北语音不同,南北曲的演唱各守不同的音韵,北叶《中原音韵》,南遵《洪武正韵》。明代由于南曲盛行,北曲衰微,加之南北曲的交流融会,致使南北字面混淆,错讹颇多。沈氏坚持"南曲不可杂北腔,北曲不可杂南字"的原则,对南北字音详加厘正。但在某些具体问题上采取了顺应时趋,不强为约束的态度。关于曲文的用韵,王骥德以《洪武正韵》为宗,沈璟以《中原音韵》为宗,沈宠绥则加以折中变通,主张"凡南北词韵脚,当共押周韵;若句中字面,则南曲以《正韵》为宗"。

《度曲须知》下卷各章专论戏曲音韵,其中收录了陈献可《皇极图韵》,包括四声经纬及转音经纬五图;依据《中原音韵》订正北曲中容易唱错的字;依据《洪武正韵》纠正容易读错的入声字;列举了《中原音韵》中的多音字;区分了声母相同、韵母相近而容易混淆的字音,等等。

《度曲须知》借助音韵学的原理,紧密结合戏曲演唱实践,对古代戏曲声韵学作了科学、系统的总结。此书提出的一些理论,不仅为清代的曲论和一些研究戏曲演唱的著作所吸取并加以阐述,而且对戏曲演唱具有实际的指导意义。

(马美信)

批点玉茗堂牡丹亭叙 王思任

《批点玉茗堂牡丹亭叙》,一篇。明王思任著。作于明天启三年。此叙刊于著坛主人张弘毅所刻《清晖阁批点牡丹亭》卷首,现存明末刻本和清代重刻本。叙文亦收入王思任的文集,有明万历间刊《王季重集》八卷本、明崇祯间刊《王季重集》十五卷本、明末刊《王季重先生文集》十三卷本,及民国二十四年上海贝叶山房排印《王季重十种》本。浙江古籍出版社 1987 年出版了点校本《王季重十种》。

王思任(1574—1646),字季重,号谑庵居士,山阴(今浙江绍兴)人。万历二十三年(1595)进士,先后任兴平、当涂、青浦知县,又迁袁州推官,擢刑部主事,转工部,出为江西佥事。鲁王监国驻绍兴,擢任礼部侍郎兼詹事,既而进本部尚书。力主抗清。南京失陷,马士英败走至越,思任拒之曰:"我越乃报仇雪耻之邦,非藏垢纳污之地。"清军渡钱塘江南下,闭门大书曰"不降"。绍兴破,绝食以死。思任以诗文名世,为文于辛辣中见峭拔,于清新中见诙谐,"见者谓其笔悍而瞻怒,眼俊而舌尖,恣意描摩,尽情刻画,文誉鹊起"(张岱《王谑庵先生传》)。作诗"自运旗鼓,锺、谭之外又一旁派也"(钱谦益《列朝诗集小传》)。著有《王季重十种》。《思复堂文集》卷二、《琅嬛文集》、《列朝诗集小传》丁集中有传。

《批点玉茗堂牡丹亭叙》是一篇评论汤显祖名作《牡丹亭》的思想、艺术特色的论文。叙文一开头就以精练的语言概括了汤显祖剧作"传神"、"写意"的艺术特色:"火可画,风不可描;冰可镂,空不可斡。盖神君气母,别有追似之手,庸工不与耳。"叙文认为,汤显祖的时文、古文词、诗歌、尺牍皆有所成就,但最值得称道的还是传奇,"至其传奇,灵洞散活尖酸,史因子用,元以古行,笔笔风来,层层空到"。"史因子用,元以古行"意谓敷演历史,借古人之口抒发自己的胸怀。"笔笔风来,层层空到",即"描风"、"斡空"之意。汤显祖穷毕生精力作"四梦","得意处惟在《牡丹》"。

《批点玉茗堂牡丹亭叙》从人物塑造、创造主旨、语言特色三个方面论述了《牡丹亭》的杰出成就。关于《牡丹亭》的人物塑造,叙文有一段精彩的论述:"其款置数人,笑者真笑,笑即有声;啼者真啼,啼即有泪;叹者真叹、叹即有气。杜丽娘之妖也,柳梦梅之痴也,老夫人之软也,杜安抚之古执也,陈最良之雾也,春香之贼牢也,无不从筋节窍髓,以探其七情生动之微也。"叙文指出,汤显祖在刻画人物时,善于把握人物内心深处微妙的感情变化,"从筋节窍髓,以探其七情生动之微",因此他笔下的人物无不鲜灵活现,栩栩如生,达到作者、脚色、观众声息相通、悲喜与共的境界。叙文揭示了《牡丹亭》中人物的鲜明个性,用"妖"、"痴"、"贼牢"、"古执"等一、二语,准确地概括了杜丽娘、柳梦梅、春香、杜宝等人的性格特征。叙文着重分析了杜丽娘这一典型形象:"杜丽娘隽过言鸟,触似羚羊,月可沉,天可瘦,泉台可瞑,獠牙判发可狎而处,而'梅'、'柳'两字,一灵咬住,必不肯使劫灰烧失。"叙文指出,对"情"的执著追求,是杜丽娘最突出的个性。

《批点玉茗堂牡丹亭叙》通过对丽娘之情的分析,阐述了《牡丹亭》的创作主旨。叙文首先提出:"而其立言神指:《邯郸》,仙也;《南柯》,佛也;《紫钗》,侠也;《牡丹亭》,情也",以最简洁的表述方式概括了"四梦"的内容和写作特色。叙文紧扣一个"情字",对《牡丹亭》的"神指"展开分析:"若士以为情不可以论理,死不足以尽情,百千情事,一死而止,则情莫有深于阿丽者矣。况其感应相与,得《易》之咸;从一而终,得《易》之恒。则不第情之深,而又为情之至正者。今有形一接而即殉夫以死,骨香名永,用表千秋,安在其无知之性不本于一时之情也? 则丽娘之情,正所同也,而深所独也,宜乎若士有取尔也。"叙文指出丽娘"为情之至正者",既是从封建伦理的角度为儿女私情作辩护,又包含着情乃出自天性的意思。叙文认为丽娘情之"正"为人之所"同",而情之"深"为丽娘之"独",这构成了《牡丹亭》独有的特色,"情不可以论理,死不足以尽情",深刻地揭示了汤显祖创作《牡丹亭》的旨趣。

《批点玉茗堂牡丹亭叙》最后谈到《牡丹亭》的语言特色:"至其文冶丹融,词珠露合,古今雅俗,泚笔皆佳,沛公殆天授,非人力乎? 若夫绰影布桥,食肉带刺,冷哨打世,边鼓挡人,不疼不痒处,皆文人空四海,坟五岳,习气所在,不足为若士病也。"认为《牡丹亭》佳词和冷语各臻其妙,言情佳词得自"天授"而非"人力",讽世冷语则体现了不屈于时俗的文人"习气"。

汤显祖的《牡丹亭》问世后,"家传户诵,几令《西厢》减价"。在明代研究《牡丹亭》的著作中,数王思任的《批点玉茗堂牡丹亭叙》最为精辟,影响也最大。陈继儒《批点牡丹亭题辞》云:"一经王山阴批评,发动髑髅之尘根,提出傀儡之啼笑,关汉卿高则诚曾遇此知音否?"《重刻清晖阁批点牡丹亭凡例》云:"山阴之评,著语不多,幽微毕阐,俾临川心匠,跃然楮墨间。"此文不仅思想深刻,见解独到,而且表述形象精彩,文笔犀利隽俏,堪称戏曲批评史的上乘佳作。

(马美信)

陈眉公批评琵琶记 陈继儒

《陈眉公批评琵琶记》，二卷。明陈继儒评点。书成于明万历间，有明书林萧腾鸿刻《六合同春》本，清乾隆十二年(1747)修文堂复刻《六合同春》本，清末(1910)贵池刘氏暖红室刊本。

陈继儒(1558—1639)，字仲醇，号眉公、麋公，华亭(今上海松江)人。诸生，年未三十，取儒衣冠焚弃之，结隐于小昆山，后筑室东佘山，屡辞征召，杜门著述，以书画文著名，交游显贵，接引穷约，以隐士自命。著有《陈眉公全集》，辑有《宝颜堂秘籍》、《国朝名公诗选》等，曾评点《琵琶记》、《西厢记》、《幽闺记》、《红拂记》等，并为《牡丹亭》、《昆仑奴》等剧本题词。生平参见《明史》卷二〇九、《启祯野乘》卷十四、《列朝诗集小传》丁集下。

《陈眉公批评琵琶记》是明代颇具代表性的戏曲评点本，批评者在眉批和总评中，通过对具体作品的评论，阐述了自己戏曲美学思想。

《陈眉公批评琵琶记》剧末总评从整体上论述了《琵琶记》的悲剧特征及其讽时刺世的思想意义，文云："《西厢》、《琵琶》俱是传神文字，然读《西厢》令人解颐，读《琵琶》令人酸鼻。""从头到尾无一句快活话，读一篇《琵琶记》，胜读一部《离骚经》。""纯是一部嘲骂谱；赘牛府，嘲他是畜类；遇饥荒，骂他不顾养；厌糠剪发，骂他撇下结发糟糠妻；裙包土，笑他不奔丧；抱琵琶，丑他乞儿行；受恩于广才，刺他无仁义；操琴赏月，虽吐孝词，却是不孝题目；诉愁琵琶、题情书馆、尘墓旌表，骂到无可骂处矣。"高明在《琵琶记》第一出《副末开场》中提出"论传奇，乐人易，动人难"，他在剧中追求的正是"动人"的悲剧艺术风格。陈继儒把《琵琶记》与《西厢记》相比较，指出读《琵琶记》令人酸鼻，更具体地揭示了悲剧催人泪下而又发人深省、启人长思的艺术特征。陈继儒突出了悲剧的刺世作用，别具只眼地把《琵琶记》的批判现实精神归结为一个"骂"字，《张公遇使》出总批亦云："全传都是骂，余俱包藏骂，此独真骂。"

《陈眉公批评琵琶记》的眉批、评语涉及此剧的人物形象、情节结构、曲词念白诸方面。陈继儒认为戏曲人物的塑造，其语言行动必须符合人物的身份、性格和处境，如评赵五娘出场云："是个新妇娇样",《义仓赈济》写到赵五娘因未领到救济粮而悲泣不敢回家,眉批赞道:"这样关目才合拍。"《乞丐寻夫》写赵五娘拜别公婆坟墓,眉批云:"更出至言,五娘辞墓,读之真痛哭流涕"。陈继儒对《琵琶记》中塑造人物的败笔也提出了批评,如《牛氏规奴》中老院子上场赞牛氏"半点难勾引的芳心,如几层清水澈底"云云,眉批认为"说牛氏女不该从院子口中出,姥姥、惜春则可。"《蔡公逼试》中蔡公劝伯喈不要贪恋"被窝中恩爱",眉批批评道:"这样话不该你说"。此本论剧,更多地着眼于关目和曲白。《蔡母嗟儿》出总评云"曲好、白好、关目好,极其闹热,专用蔡婆骂处,尤见作手。"《琴诉荷池》出总评云:"这出三妙:曲妙在点景,白妙在含吐,关目妙在寻愁。"陈继儒主张戏曲语言须本色自然,《南浦嘱别》赵五娘唱〔江儿水〕:"六十日夫妻恩情断,八十岁父母教谁看管,教我如何不怨",明白如话,被赞为"好曲"。对于一些既本色自然,又能充分表现人物思想感情的曲白,尤为推崇备至,称之为"传神入妙",如《代尝汤药》批语云:"曲与白竟至此乎?我不知其曲与白也,但见公在床,五娘子在侧,啼啼哭哭而已。神哉,技至此乎!"此出总评则云:"流不尽千古滴泪,真称情景双绝。"对那些脱离塑造人物和推进情节发展需要,而一味卖弄才学词藻的文字,则给以严厉的批评,如《春宴杏园》有一大段写马的骈文,眉批云:"厌,可删。"此本对于剧本关目多有论及。对于那些有助于刻画人物性格,富有戏剧性的情节安排和构思,称赞说:"关目大有理致"、"关目妙绝"。并主张删除一些冗长拖沓的关目,使情节更加精练,结构更加完整。

《陈眉公批评琵琶记》中有不少批语亦见于《李卓吾批评琵琶记》。"李批本"是否出自李贽之手,历来说法不一,因此"李批本"与"陈批本"孰先孰后,亦难遽下结论。

(马美信)

书　法

春雨杂述　解　缙

《春雨杂述》，一卷。解缙撰。有《广百川学海》本、《宝颜堂秘笈》本、《说郛》本、古今说部丛书本、《丛书集成初编》本、上海书画出版社《历代书法论文选》本(仅录其书法部分)。

解缙(1369—1415)，字大绅，号春雨，吉水(今属江西)人。洪武二十一年进士，授中书庶吉士，官翰林学士。曾主持纂修《永乐大典》，为世所重。性耿直，批评时政无所顾忌，后入狱被害。博学、善书。行草书尤佳，神采奕奕，楷书精妍端雅，皇帝爱之，以至亲为其持砚。著有《文毅集》、《春雨杂述》。

《春雨杂述》是作者论诗法与书法之作。其中论书法部分有"学书法"、"草书评"、"评书"、"书学详说"、"书学传授"等五章。各部分的主旨为："学书法"讲述学书"须临古人墨迹，布置间架，捏破管，书破纸，方有工夫"。又列举古人临池苦学之例，说明贵在持之以恒之理。"草书评"讲述"学书以沉着顿挫为体，以变化牵掣为用，二者不可缺一"。借评论鲁公、怀素、东坡之书，说明"专事一偏，便非至论"。"评书"讲述"学书之法，非口传心授，不得其门，故自羲、献而下，世无善书者。惟智永能寤寐家法，书学中兴，至唐而盛。宋家三百年，惟苏、米庶几。元惟赵子昂一人。皆师资，所以绝出流辈"。"书学评说"讲述执笔、用笔、构字布阵之法。谓书法贵在自然。"其遗迹偶然之作，枯燥重湿，秾澹相间，盖不经意肆笔为之，适符天巧，奇妙出焉。此不可以强为，亦不可以强学，惟日日临名书，无吝纸笔，工夫精熟，久乃自然。""切磋之，琢磨之，治之已精，益求其精，一旦豁然贯通焉，忘情笔墨之间，和调心手之用，不知物我之有间，体合造化而生成之也，而后为能学书之至尔。""书学传授"内容是讲述自蔡邕以来历代书家师承关系，为书家间相互学习、广结墨缘的一部小史。

(侯占虎)

书辑 陆 深

《书辑》,三卷。明陆深撰。有原刻本、《俨山外集》本、《四库全书》本。

陆深(1410—1472),初名荣,字子渊,号俨山。上海人。弘治年间进士,官至翰林学士。年轻时以文章著名。善书法,仿学李北海、赵孟頫。著作有《俨山集》、《俨山外集》等。

《书辑》是书学丛辑之书。全书分为上、中、下三辑。上辑序言称此书乃"览百代之菁华,示一艺之途辙,庶使后来求方圆于规矩,将由下学而上达"。次列征引书目一百四十二种,其中有书法论著、书评、书谱,也有史书和文字音韵之书。正文分为"述通"、"典通"、"释通"、"笔论"四篇,"述通"、"释通"二篇摘采前人关于六书及各体书的论述,"典通"篇摘采前人关于修情养性、意在笔先的论述,"笔论"篇摘采前人关于笔法的论述(包括指法、腕法、手法、血法、骨法、筋法、肉法、管法等)。中辑只"体位"一篇,抄录永字八法、运使二十七法,及平、直、均、密、锋、力、轻、决、补、损、巧、称和排迭、避就、顶带、穿插、向背、偏侧、挑撒、相让、补空、覆盖、贴零、粘合、捷速、满虚、意运、覆冒、垂曳、借换、增减、应副、撑拄、朝辑、救应、附丽、回抱、包裹、相成、形势、变互、分合、管领、应接、展右、舒左、拔角、虚腹、开合、仰覆、解磔、互放、变换、肩吻、除续、重促、映附、侧立、偏傍、按点等各种结构之书法。下辑是"古今训"一篇,摘采前人论书之语三十五则(包括用笔、临摹、篆法、隶法、草法、楷法等)。书末附法帖十六种,间有简略评语,有独到之见。

书前虽列征引之书凡一百四十二种,然而书中未曾逐条注明,实际上所摘采内容皆引自习见之书。所谓"览百代之菁华",有言过其实之嫌。

(侯占虎)

墨池琐录 杨 慎

《墨池琐录》,四卷。明杨慎撰。有明嘉靖刊三卷本、《格致丛书》本、《说郛续》(一卷)本、《函海》(二卷)本、《读画斋》(三卷)本、《四库全书》本、上海书店出版社《明清书法论文选》本。

杨慎(1488—1559),字用修,号升庵。四川新都人,文学家。十一岁能诗,受业于李东阳门下,以博学名于世。正德年间进士,授翰林修撰。明世宗时,曾充经筵讲官,召为翰林学士,后被谪戍云南,颇多感愤,卒谥文宪。杨慎一生好学穷理,老而弥笃。著作丰富,有杂著百余种行世。究心书学,醉墨淋漓。除《墨池琐录》四卷外,尚有《升庵集》、《丹铅余录》、《谭苑醍醐》、《广夷坚志》、《古今谚》、《诗话补遗》、《词林万选》、《风雅逸篇》、《三苏文范》、《滇程记》、《滇载记》,另有南杂剧《宴清都洞天元记》、《兰亭会》各一本,《太和记》六本;散曲《陶情乐府》二卷;《十段锦词》二册;又作弹词《二十一史弹词》等。杨慎投荒多暇,书无所不览,明朝记诵之博,著述之富,推为第一。生平事迹见明陈文烛《杨升庵年谱》(载《国朝献徵录》卷二一)、《明史》卷一九二。

《墨池琐录》一书,颇抑颜真卿、米芾,推崇赵孟頫,认为赵孟頫得晋人法而为右军后一人而已。全书皆论书之语,或采前人之说,所录多名家名言,如锺太傅、王羲之、姜白石、欧阳询、董其昌、米元章、范成大、张怀瓘、赵子固等等。亦不乏无名之辈,如锺绍京、陈景元、荣咨道、王延之等等。选录书家虽多,采摘言论却不繁,多择其精要之论,录一二段。可见编撰者之意图在于广博。其中也掺有杨慎自撰之论,或品评名家法帖,或阐发独到书论。然全书体例不一,既不按时代先后,又不依内容分类,略显芜杂。所论有心得之言,亦兼有考证。虽所论有独到之处,亦不免有疏谬之处。

(王剑冰)

古今印史 徐 官

《古今印史》,不分卷次。明徐官著。成于隆庆三年(1569)。有武林翁立环刊本、顾湘《篆学琐著》本、《丛书集成初编》本。

徐官,生卒年不详,大约活动于嘉靖、隆庆年间。字元懋,号榆庵,江苏苏州人。为人磊落,隐居不仕,好古文字,精研六书。与其师魏庄渠合著《六书精蕴》,以及自撰《经传纂言》、《闲中纪闻》、《孝经古文集成》等。

徐官在阐述《古今印史》的成书经过与体例时云:"忆昔官与范武卿同寓星溪,尝鉴赏诸家印谱,颇知其概。武卿好此尤笃,经月之别辄增盖数方,时出与予评文……武卿深服予论。尝赠予诗,有'榆林结屋道人居,我从论说增光彩'之句,因志其法于左,名曰:《古今印史》。"又云:"先之以吾师魏太常庄渠先生《六书精蕴》中玺、节、印、章四字之义冠于前,俾览者晓然之大义之所在。夫篆刻多误,皆因六书之未明也,乃余又古今书法于中。"

《古今印史》分为两部分:第一部分为主体,凡四十则,每则皆冠以标题。开篇先列举"玺"、"节"、"印"、"章"等,以《六书精蕴》之说,对其字形、声义,分析至详。继之概论篆学、印学,剖析古文字,对古文、籀文、小篆、隶书等进行了大略考究,皆以"六书"为依据。第二部分摘自《经传纂言》的古今命字不同、道号、说文、古今书刻四则,附录诸家之说,题为摹印法、印不可伪、印章制度、九叠篆、图书、图书书籍识、进士官衔、临书八石法、重碑额等九则。

《古今印史》运用随笔式的体例,对印章制度、篆学、古文字等方面进行了比较深入的论述。但其侧重点主要还是在文字学方面,没有脱离元吾丘衍所倡导的学术风气——重篆不重刻。清初朱象贤评该书:"与行世印谱不同,自成一书,然拘泥字体,且以成语巧凑合诸说,笔之于书,既欠大方,更乏古致。"

(洪敬辉)

续学古编 何 震

《续学古编》，二卷。明何震著。成书于万历年间（约 1590 年前后）。有《篆学琐著》本。

何震（约 1530—1605），字主臣，一字长卿，号雪渔。婺源（今属江西，明代属安徽徽州）人。久寓南京，与文彭交往甚密，谊在师友之间，常与文彭讨论六书之学，尽日夜不休。认为"六书不精遽入神，而能驱刀如笔，吾不信也"。治印初受文彭的影响很大，史称之为文彭弟子。其四十岁前的印章作品已相当成熟，但其面貌还跳不出文彭的樊篱。后又于上海顾从德、嘉兴项元汴处得见大量秦汉印，取法遂广，艺事益进。文、何二人鉴于当时篆刻艺术尽失秦汉古法，力图变革篆刻流风，注重于借鉴秦汉印之优良传统，以高妙之艺术技巧力矫芜杂粗劣之弊，开创了明清流派印章艺术的先河。尤其是何震，更有积极贡献，一变当时篆刻风貌，异军突起，称雄印坛，成就卓著，影响深远。所创单刀款识，爽辣雄健，另开面目。曾因徙中司马的介绍，遍历诸边塞，得交诸将，自大将军而下，皆以得一印为荣，后归南京，居承恩僧舍，不久卒。李流芳评其篆刻云："各体无所不备，而各有所本，复能标韵于刀笔之外，称卓然矣。"后人多以何氏篆刻为宗，称为"皖派"或"徽派"。著有《续学古编》、《印选》等。

《续学古编》上卷为二十五举。一举至六举，论述识篆、习篆以及写篆书的经验。指出学篆须博古，习篆以古《说文》为本。作篆当虚腕悬笔，须篆有楷意，作楷当有篆骨。七举至十一举，述历代印制。十二举到十七举，杂述印章文字应用及有关章法问题。十八举论述摹印章法及制印刀法、笔法的关系，为其经验之谈。指出摹印之书，篆楷相融，损益挪让，正直平方，古雅朴厚，视之无迹。心精手熟，转运欲灵，布置当密，刀法、笔法，往往相因，法由法出，不由我出，小心落笔，大胆落刀。总结出书写印稿的三种弊病：其一，闻见不博，笔无渊源；其二，边旁点画，凑合成字；其三，经营位置，疏密不匀。用刀有六害：（一）心手相乖，有形无意；（二）转运紧苦，天趣不流；（三）因便就简，颠倒苟完；（四）锋力全无，专求工致；（五）意骨虽具，终未脱落；（六）或作或辍，成自两截。摹印之法有四功：（一）俸迫化冥，契合鬼神，谓之神；（二）笔画之外，得微妙法，谓之奇；（三）艺精于一，规矩方圆，谓之工；（四）繁简相参，布置不紊，谓之巧。十九举至二十五举再论印章文字、章法以及印章典制等诸问题。

《续学古编》下卷为开列部分主要参考书目。计小篆篇八则，钟鼎品二则，古文品一则，碑刻品八则，器用品十一则，辨谬品十则，隶书品八则，尾附杂品七则。

《续学古编》体例仿元吾丘衍《学古编》，与其并行于世。本书既有采撷前贤之论，又多参己意，是一部重要的印学著作。

（洪敬辉）

印章集说 甘旸

《印章集说》,又名《印正附说》、《甘氏印正附说》。一卷。明甘旸著。成书于万历二十四年(1596)。有《集古印正》本、《篆学琐著》本、《丛书集成初编》本、《美术丛书》本。

甘旸(约活动于明代万历年间,生卒年不详),字旭、旭甫,号寅东。秣陵(今江苏南京)人。隐居于鸡笼山下(今南京鸡鸣寺一带),工篆书,精于篆刻,尤嗜秦汉玺印。自谓游心于是凡三十年,"不求售,而索篆者履满,胸中故富于篆,提刀复踌躇,视止行迟,勒一画,辄一叫,快绝!"(许令典《甘氏印集叙》)尝叹顾从德《印薮》木刻失真,于是手勒金石历七年,得印一千七百有奇,名曰《印正》,行之于世,即刊行于万历二十四年(1596)的甘氏《集古印正》五卷。又选集古今说印诸篇,附于书后,成《印章集说》,亦称《印正附说》。

《印章集说》凡六十七则,概述印章起源、历代玺印、印制、印质等印史资料,进而对篆刻之篆法、章法、刀法及各类印章品式、制印色法等作了详细阐述。这六十七则,可谓印学概要,兹录之:篆原、六书、玺、印、章、符节、三代印、秦印、汉印、魏晋印、六朝印、唐印、宋印、元印、国朝印、玉印、金印、银印、铜印、宝石印、玛瑙印、瓷印、水晶印、石印、象牙印、犀角印、摹印篆法、铸印、刻印、凿印、刻玉印、碾印、白文印、朱文印、篆法、章法、笔法、刀法、挪移法、增减、辨阴阳文、印体、回文印法、名印、表字印、臣印、印号、书简印、收藏印、斋堂馆阁印、印钮、印制、成文、重字印法、破碎印、朱白相间法、玉筋篆法、深细印、印品、制印色方、辨硃砂、飞硃砂法、取萆麻油法、煎油法、治艾法、合印色法、印池。全书叙论,虽不编序,而次序自成。作者清晰而准确地为印章艺术的专业术语作了诠释,实是甘旸长期实践所获得之体会,故切合实际,对篆刻学的规范作出了很大贡献。

《印章集说》中关于篆刻艺术的论述,实为其心得之作,语言精练、准确,如:

篆法"印之所贵者文。文之不正,虽刻龙镌凤,无为贵奇。时之作者,不究心于篆而工意于刀,惑也。如各朝之印,当宗各朝之体,不可混杂其文,以更改其篆,近于奇怪,则非正体,今古各成一家,始无异议耳"。

章法"布置成文曰章法。欲臻其妙,务准绳古印,明六文八体,字之多寡,文之朱白,印之大小,画之稀密,挪让取巧,当本乎正,使相依顾而有情,一气贯串而不悖,始尽其善"。

刀法"刀法者,运刀之法。宜心手相应,自各得其妙。然文有朱白,印有大小,字有稀密,画有曲直,不可一概率意。当审去住浮沉,宛转高下。则运刀之利钝,如大则肱力宜重,小则指力宜轻,粗则宜沉,细则宜浮,曲则宛转而有筋脉,直则刚健而有精神,勿涉死板软俗,墨意宜两尽,失墨而任意,虽更加修饰,如失刀法何哉"?

印品"印之佳者有三品:神、妙、能。然轻重有法中之法,屈伸得神外之神,笔未到而意到,形未存而神存,印之神品也。宛转得情趣,稀密无拘束,增减合六法,挪让有依顾,不加雕琢,印之妙品也。长短大小中规矩方圆之制,繁简去存无懒散局促之失,清雅平正,印之能品也。有此三者,可追秦汉矣"。

《印章集说》对印学内容进行了规范,是一部重要的印学专著。

(洪敬辉)

印旨 程远

《印旨》,一卷。明程远著。成书于万历三十年(1602)。有《古今印则》本、《篆学琐著》本。

程远(生卒年不详),明代篆刻家。字彦明,江苏无锡人。工篆书,精篆刻,宗文彭、何震。董其昌曾称:"予友程彦明为汉篆,书与刻兼擅其美,识者方之以文寿承、何长卿。"由于明代万历中期搜集和收藏秦汉印的风气很盛,文人纂辑的集古印谱迭出不穷。其中多为木板刊刻劣质摹古之作,大有泥沙俱下之势。程远针对这种现象,精选各家优秀藏印——秦汉印和明代各家篆刻佳作,摹刻成《古今印则》四册(卷),于明万历三十年(1602)刊行。程远在《古今印则》的凡例中说:"印学之难,固难于配合,尤难于刀法。今诸家翻刻不一,面目既非,神髓何在?兹所选者,摹勒逼真,而于原本,实称忠臣。"谱末附治印论著《印旨》一卷。

《印旨》全文仅三百余字,基本反映了程远对篆刻艺术的观点,多属心得之言,言简意赅。

首章阐述用笔与用刀之法云:"笔有意,善用意者,驰骋合度;刀有锋,善用锋者,裁顿为法。"强调笔意要自由驰骋,刀锋要裁顿办法,以求用笔之意与用刀之法的融而为一。

次章阐述篆法形、神、韵之间的关系云:"神欲其藏而忌于暗,锋欲其显而忌于露。形贵有向背、有势力,脉贵有起伏、有承应。一画之势可担千钧,一点之神可壮全体。泥古者患其牵合,任巧者患其纤丽。"辨证地阐述了神之藏暗,锋之显露,形之向背,脉之起伏等篆刻艺术的审美因素。

三章论字如其人云:"诗,心声也。字,心画也。大都与人品相关。故寄兴高远者多秀笔,襟度豪迈者多雄笔。其人俗而不韵,则所流露者亦如之。昔陈韦有《相字经》,良有以夫。"

四章论作印如作书云:"作书要以周身之力送之,作印亦尔。印有正锋者,偏锋者,有直切急送者,俯仰进退,收往垂缩,刚柔曲直,纵横舒卷,无不自然如意,此中微妙,非可言喻。"

五章论印之章法、字法、点画法与印品云:"印有法、有品,婉转绵密,简繁得宜,首尾贯串,此章法也;圆融洁净,无懒散,无局促,经纬各中其则,此字法也;清朗雅正,无垂头,无锁腰,无软脚,此点画法也。气韵高举如碧虚天仙游下界者,逸品也;体备诸法,错纵变化如生龙活虎者,神品也;非法不行,奇正迭运,斐然成文如万花春谷者,妙品也;去短集长,力遵古法,如范金琢玉各成良器者,能品也。"

《印旨》全文要言不烦,道出了篆刻艺术的精髓。

(洪敬辉)

篆学指南 赵宧光

《篆学指南》,一卷。明赵宧光著。约成书于万历末年(1616)。有《篆学琐著》本、《美术丛书》本。

赵宧光(1559—1625),字凡夫,又字水臣,号广平、寒山长。太仓(今江苏太仓)人。与妻陆卿子(陆师道女)隐于寒山,足不至城市,夫妇皆有名于时。宧光读书稽古,精于篆书。明朱谋垔《书史会要续编》:"(宧光)笃意仓、斯之学,著长笺,论六义;《寒山帚谈》,论书法。其自书创作草篆,盖原《天玺碑》而小变焉。由其人品已超,书亦不蹑遗迹。"《吴县志》:"(其)所著书几数十种,尤专精字学,《说文长笺》其所独解也。"能刻印,删周公谨《印说》为《篆学指南》。著有《说文长笺》、《六书长笺》、《九圜史图》、《寒山帚谈》、《牒草》、《寒山蔓草》等。传见《明史》卷二八七《文苑·文徵明传》附。

《篆学指南》为赵氏节录周公谨《印说》所成,全文共十八则,正如书前自叙云:"余读周公谨所著《印说》,叙论精确,前辈文、何多宗之。第稍嫌其繁冗,特节录数则,语虽不多,而作印之要已备。因名之曰《篆学指南》,以贻同好云。"

此书所叙述者为关于篆印之文字、篆法之正误、章法之运用、运刀之法、印章源流等,语言简练,短小精悍。另有明杨士修《周公瑾印说删》一卷,内容与《篆学指南》相同,唯杨氏本书前多绪论一则,而赵氏本卷首有小序。

(洪敬辉)

寒山帚谈 赵宧光

《寒山帚谈》，二卷。明赵宧光撰。有《说文长笺》附刊本、八千卷楼抄本、《四库全书》本、《美术丛书》本、上海书店出版社《明清书法论文选》本。

作者生平事迹见"篆学指南"条。

本书卷首有《书法略小引》、《帚谈小引》，皆赵宧光自撰。卷末附《寒山金石林甲乙表》、《金石林绪论》、《拾遗》。据《书法略小引》，赵宧光曾精研字法，且专门搜集古人论述运笔、结构之说，辑为《书法略》一卷。至于古人未尝论及的，则于《寒山帚谈》中阐发。可见本书专为补"古人未发"而作，所述多学书体验、一得之见。

本书正文分为八篇。上卷四篇，依次为《权舆》、《格调》、《学力》、《临仿》。《权舆》篇论篆、分隶、徒隶、真、正、楷、署书、行、草、狂草等十五种书体之起源及特征。《格调》篇论笔法结构，传授法则，指出常见弊病。《学力》篇讲字功书法，强调"先读书法，后摹法书"。望学书人不得忽略字外功夫，即所谓"字学二途，一途文章，一途翰墨。文章游内，翰墨游外"。总之，书法之"学力"即文学底蕴、素质修养。《临仿》篇谈学力基础，即学书初始阶段如何着力。作者于临仿之作用与目的，阐说十分精辟："临帖作我书，盗也，非学也。参古作我书，借也，非盗也。变彼作我书，阶也，非借也。融会作我书，是即师资也，非直阶梯也，乃始是学。能具此念而作书，即笔笔临摹，无妨盗比，但问初心何心耳。"下卷亦为四篇：《用材》、《评鉴》、《法书》、《了义》。《用材》篇论笔、墨、纸、砚。《评鉴》篇论书法品评标准和自身鉴赏体验。此篇皆作者真知灼见，警语妙谈，触目皆是。如"昔人言：善鉴者不书，善书者不鉴，一未到，一不屑耳。谓不能鉴者，无是理也。果不能鉴，必不能书"。又如"字熟必变，熟而不变者庸俗生厌矣。字变必熟，变不由熟者妖妄取笑矣。故熟而不变，虽熟犹生。何也？非描工即写照耳。离此疏矣。变不由熟，虽变亦庸。何也？所变者非狂醒即昏梦耳。醒来耻矣"。《法书》篇品评古人法书法帖，常列举数代书风，分析异同；或拈取几位名家，品其妙处，指其瑕疵。《了义》篇抉取书家奥秘，阐发学书真谛，多经验之谈。或谓古人学问无穷,故书无定体。或谓学书之要,在于识得败笔。或称书不择笔,乃名家入神妙用。或讥专攻古人一帖者,犹如古董筐。多耐人寻味之妙论。

卷后附录载《拾遗》三十余则,为书成后所作,作为正文各篇的补充,各则均标有隶属篇名,或属"了义",或归"权舆"。盖此数十则撰成时书已刊版,故不得不附于书后。又附有《寒山金石林甲乙表》,以图表形式说明《寒山金石林》十集二十四部的规模和内容,赵宧光编有《寒山金石林长笺》,具体卷数今不得而知,当在一百七十卷以上。此表或许就是《长笺》的示意图。而另附的《金石林绪论》,则是对《长笺》所收法书的文字说明。

(孙小力)

印经 朱 简

《印经》(附《印章要论》)一卷。明代朱简著。成书于万历四十七年(1619)。有《篆学琐著》本。

朱简(生卒年不详),明末著名篆刻家。字修能,号畸臣,后改名闻。安徽休宁人。居黄山,爱远游。工诗,与李流芳、陈继儒等唱和。对于文字学的研究功力深厚,尤精古篆。篆刻不拘泥于时尚,印文笔意浓重,动感强,有草篆意趣;用刀,以切为之,生涩劲辣,苍莽峻峭;印风奇不离正,豪气焕发。清初周亮工称:"自何主臣兴,印章一道遂归黄山,继主臣起者不乏其人,予独醉心朱修能。自修能外,吾见亦寥寥矣。"他曾对秦汉古印广搜博览,从万历二十五年(1597)至万历三十九年(1611),耗十四年心血摹编完成《印品》一书,是一部有评说、有考证的摹古印谱,对后世影响很大。朱简一生在印章理论上的建树甚多,著述颇富。著有《印章要论》、《印经》、《印图》、《印品》、《菌阁藏印》、《修能印谱》等。

《印经》为朱简晚年精意之作,共为八论,分述如次。

一、溯源。论文字之演变。

二、谱系。论述时弊的严重性,指出创作《印经》的原因及目的。

三、型训。论学篆法,务须虚心博闻,下刀慎重,毋得苟且。

四、游刃。论用刀,须有起有伏、有转折、有轻重,各完笔意。

五、临摹。指出学印必先博临古印,以明古人印法。

六、缵绪。论印史,指出印始自周秦,盛于汉,滥于六朝,沦于唐、宋,入元而开门户。文氏崛起,印学始昌,大家蜂起,形成流派。

七、欣赏。论古印鉴别,指出"所见出土铜印,璞极小而文极圆劲,有识,有不识者,先秦以上印也"。发前人所未发,实为创见。

八、鍼伪。论今人妄作增减,以致谬误百出,并曰:"工人之印以法论"、"文人之印以趣胜",确为心得之言。

　　《印经》是一部具有重要学术价值的印学著作。朱简是历史上首先从古印中判断出有"先秦印"的篆刻家。其次,朱简第一次建立了印章艺术流派说,并记录了明代印坛的流派现象。这一切在本书中均有阐说。在《印经》中,朱简还论述了以刀法表现书法美的观点。《印经》在印学理论发展史上占有重要地位。

　　朱简另一著作《印章要论》一卷,为《印经》之姊妹篇。成书于万历四十七年(1619)。有《篆学琐著》本。此书为语录体,凡四十三则,内容对《印经》有所补充,但亦多有雷同,可作为《印经》的参考书。

(洪敬辉)

书法雅言 项 穆

《书法雅言》，一卷，凡十七篇。明项穆撰。有明万历刊本、《四库全书》本、《美术丛书》本、《丛书集成初编》本、《历代书法论文选》本和《中国书画全书》本。

项穆，字德纯，号贞玄，初名德枝，又号无称子。官中书。明万历年间画家、书法家、鉴赏家，与其父元汴齐名。明沈思孝《书法雅言序》曾评说："德纯书于晋、唐诸名家罔不该会，而心摹手追者逸少，即稍稍降格，亦不减欧、虞、褚、李，故其于《兰亭》、《圣教》，必日摹一纸以自程督，虽猛热笃寒，不暂休顿。"著有《书法雅言》、《玄贞子诗草》。

是书卷首有绣水沈思孝序文、万历己亥（1599）支大纶原序及王稚登撰《无称子传》。内分十七篇。其一为《书统》。篇中大旨以晋人为宗，并力陈"人正则书正"的主张，要人掌握"必有知正书之功"。对正统的议论，则谓："宰我称仲尼贤于尧、舜，余则谓逸少兼乎钟、张，大统斯垂。""逸少我师也，所愿学是焉。奈自祝、文绝世以后，南北王、马乱真，迩年以来，竞仿苏、米。王、马疏浅俗怪，易知其非；苏、米激厉矜夸，罕悟其失。斯风一倡，靡不可追，攻乎异端，害则滋甚。况学术经纶，皆由心起；其心不正，所动悉邪。……柳公权曰：心正则笔正。余则曰：人正则书正。……正书法，所以正人心也；正人心，所以闲圣道也。"

其二为《古今》。批评是古非今倾向，主张既学古法又不拘泥于古法。篇中所论偏古偏今皆为书家之弊。"自称能书者有二病焉：岩搜海钓之夫，每索隐于秦汉；井坐管窥之辈，恒取式于宋、元。太过不及，厥失维均。盖谓今不及古者，每云今妍古质；以奴书为诮者，自称独擅成家。不学古法者，无稽之徒也；专泥上古者，岂从周之士哉！""宣圣曰：'文质彬彬，然后君子。'孙过庭云：'古不乖时，今不同弊。'审斯二语，与世推移，规矩从心，中和为的。"

其三为《辨体》。论人的性情对书体的影响，提出了防止书体偏颇的办法。其谓"夫人之性情，刚柔殊禀；手之运用，乖合互形。谨守者，拘敛杂怀；纵逸者，度越典则；速劲者，惊急无蕴；迟重者，怯郁不飞……。""第施教者贵因材，自学者先克己。审此二语，厌倦两忘，与世推移，量人进退，何虑书体之不中和哉"。

其四为《形质》。论书之体态，提出临池之士避免字态偏肥偏瘦的办法。为此阐述如下："人之于书，得心应手，千形万状，不过曰中和、曰肥、曰瘦而已。""犹人之论相者，瘦而露骨，肥而露肉，不以为佳；瘦不露骨，肥不露肉，乃为尚也。使骨气瘦峭，加之以沉密雅润，端庄婉畅，虽瘦而实腴也；体态肥纤，加之以便捷遒劲，流丽峻洁，虽肥而实秀也。瘦而腴者，谓之清妙，不清则不妙也；肥而秀者，谓之丰艳，不丰则不艳也。""临池之士，进退于肥瘦之间，深造于中和之妙，是犹自狂狷而进中行也。"

其五为《品格》。论定书之优劣有五等：一曰正宗，二曰大家，三曰名家，四曰正源，五曰傍流。五等各有其具体标准。篇末教以学书上进之道："夫正宗尚矣，大家其博，名家其专乎，正源其谨，傍流其肆乎。欲其博也先专，与其肆也宁谨。由谨而专，自专而博，规矩通审，志气和平，寝食不忘，心手无厌，虽未必妙入正宗，端越乎名家之列矣。"

其六为《资学》。论人的先天资质和后天学习的关系。书法相同，而书迹各异，这是什么缘故呢？这是因为有"资分高下，学别浅深"的不同："所以资贵聪颖，学尚浩渊。资过乎学，每失颠狂；学过乎资，犹存规矩。资不可少，学乃居先。古人云：盖有学而不能，未有不学而能者也。"强调后天学习的重要性。后附评论一篇，评论历代著名书家的资质与学力。

其七为《规矩》。论书当有规矩，不可放纵邪僻，妄夸神奇。认为"帝王之典谟训诰、圣贤之性道文章，皆托书传，垂教万载，所以明彝伦而淑人心也"，因此当有规矩，务中和。而"古今论书，独推两晋……右军多优，体裁独妙。书不入晋，固非上流；法不宗王，讵称逸品？"慨叹"自怀素降及大年，变乱古雅之度，竟为诡厉之形；暨夫元章，以豪逸卓荦之才，好作鼓弩惊奔之笔"。篇后也附有一段批评文字，辨所谓"梅花体"之谬。

其八为《常变》。阐述字形虽变，体格不可逾之理。"夫字犹用兵，同在制胜。兵无常阵，字无定形，临阵决机，将书审势，权谋妙算，务在万全。然阵势虽变，行伍不可乱也。"用此说明字在书写中形体的变与不变，又从文字是交际工具的角度，说明"信知真、行为书体之常，草法乃一时之变"。而从艺术欣赏角度看，"草体有别法焉"。"随情而绰其态，审势而扬其威，每笔皆成其形，两字各异其体。草书之妙，毕于斯矣。"

其九为《正奇》。论述书法之正与奇的关系，并兼述唐代真、草书体的三变，阐述了"书法要旨，有正与奇。所谓正者，偃仰顿挫，揭按照应，筋骨威仪，确有节制是也。所谓奇者，参差起复，腾凌射空，风情姿态，巧妙多端是也。奇即运于正之内，正即列于奇之中。正而无奇，虽庄严沉实，恒朴厚而少文；奇而弗正，虽雄爽飞妍，多诡厉而乏雅"。后论书体正奇之变。认为"逸少一出，揖让礼乐，森严有法，神彩攸焕，正奇混成也"。而后真书、草、行各有三变。"大抵不变者,情拘于守正;好变者,意刻于探奇。正奇既分为二,书法自醇入漓矣。然质朴端重以为正,剽急骇动以为奇,非正奇之妙用也。"

其十为《中和》。此篇为全书的中心之论,论书之中和之道,提出中和的标准,兼论唐代各名家之长。其论述为"书有性情,即筋力之属也。言乎形质,即标格之类也。真以方正为体,圆奇为用;草以圆奇为体,方正为用。真则端楷为本,作者不易速工;草则简纵居多,见者亦难便晓。不真不草,行书出焉。似真而兼乎草者,行真也;似草而兼乎真者,行草也。圆而且方,方而复圆,正能含奇,奇不失正,会于中和,斯为美善。中也者,无过不及是也。和也者,无乖无戾是也。然中固不可废和,和亦不可离中,如礼节乐和,本然之体也"。"偏有所着,即非中和"。并以此为标准,评论唐以来各家书法。

其十一为《老少》。论书体的老少。"所谓老者,结构精密,体裁高古,岩岫耸峰,旌旗列阵是也。所谓少者,气体充和,标格雅秀,百般滋味,千种风流是也。老而不少,虽古拙峻伟,而鲜丰茂秀丽之容,少而不老,虽婉畅纤妍,而乏沉重典实之意。二者混为一致,相待而成者也。"

第十二为《神化》。论书当有神化之功,然亦当入于规矩。"书之为言,散也,舒也,意也,如也。欲书必舒散怀抱,至于如意所愿,斯可称神。书不变化,匪足语神也。所谓神化者,岂复有外于规矩哉? 规矩入巧,乃名神化,固不滞不执,有圆通之妙焉。况大造之玄功,宣泄于文字,神化也者,即天机自发,气韵生动之谓也。"

第十三为《心相》。内容与第一篇相通,进一步论述书之心、书之相的书法大旨。从"人品即殊,性情各异,笔势所运,邪正自形"入手,进而论及"书之心,主张布算,想像化裁,意在笔端,未形之相也。书之相,旋折进退,威仪神彩,笔随意发,既形之心也"。"人正则书正。心为人之帅,心正则人正矣。笔为书之充,笔正则书正矣。人由心正,书由笔正,即《诗》云'思无邪',《礼》云'毋不敬',书法大旨,一语括之矣。"

第十四为《取舍》。论学诸家书体,当有取舍。篇中独尊王羲之,认为"逸少以前,专尚篆隶,罕见真行,简朴端厚,不皆文质两彬,缺勒残碑,无复完神可仿。逸少一出,会通古今,书法集成,模楷大定"。而"自是而下,优劣互差"。并列举后世书家,于王羲之书法各有得失。因此学诸家书法,当"择长而师之,所短而改之"。后附论蔡襄、米芾书法一篇。

第十五为《功序》。论学书无近功,当循序渐进。"初学之士,先立大体,横直安置,对待布白,务求其均齐方正矣。然后定其筋骨,向背往还,开合连络,务求雄健贯通也。次又尊其威仪,疾徐进退,俯仰屈伸,务求端庄温雅也。然后审其神情,战蹙单叠,回带翻藏,机轴圆融,风度洒落;或字余而势尽,或笔断而意运,平顺而凛锋芒,健劲而融圭角,引伸而触类,书之能事毕矣。然计其始终,非四十载不能成也。"后附论三戒三要一篇。三戒谓:戒不均与欹,戒不活与滞,戒狂怪与俗。三要谓:第一要清整,第二要温润,第三要闲雅。

第十六为《器用》。首先引述《笔阵图》对纸、笔、墨、砚的论述,次引《笔势论》中譬之师旅,说明器之为用在书法中的重要性。

第十七为《知识》。论书之鉴赏。"故论书如论相,观书如观人","人品既殊,识见亦异"。鉴别书迹"有耳鉴、有目鉴、有心鉴。若遇卷初展,邪正得失,何手何代,明如亲睹,不俟终阅,此谓识书之神,心鉴也。若据若贤有若帖,其卷在某处,不恤货财而远购焉,此盈钱之徒收藏以夸耀,耳鉴也。若开卷未玩意法,先查跋语谁贤,纸墨不辨古今,只据印章孰赏,聊指几笔,虚口重赞,此目鉴也"。"评鉴书迹,要诀何存?温而厉,威而不猛,恭而安。"全书观点明确,论说清晰,皆系作者研究所得,且大多精辟深切。惟独尊王羲之而贬斥苏、米,不免有所偏颇。上海书画出版社《中国书画全书》本以清抄本为底本,与《四库全书》本、《广快书》本互校,并断句排印。

(侯占虎)

清秘藏 张应文

《清秘藏》，二卷。明张应文撰。现有《真迹日录》附刊本、《四库全书》本、《知不足斋丛书》本、《述古丛钞》第一集本、《藏修堂丛书》第三集本、《美术丛书》本。

张应文，生卒年不详，字茂实，号彝甫，又号被褐先生，江苏昆山人。博综古今。与王世贞相友善。曾自嘉定徙居长洲，搜讨古今法书名画，奇琛异宝，就平生所见，一一题识。

是书由张应文之子张丑润色成书，取元倪瓒"清秘阁"意为书名。上卷分二十门：（一）论玉，（二）古铜器，（三）法书，（四）名画，（五）石刻，（六）窑器，（七）晋汉印章，（八）砚，（九）异石，（十）珠宝，（十一）琴、剑，（十二）名香，（十三）水晶、玛瑙、琥珀，（十四）墨，（十五）纸，（十六）宋刻书册，（十七）宋绣刻丝，（十八）雕刻，（十九）古纸绢素，（二十）装褫收藏。下卷分十门：（一）鉴赏家，（二）书画印识，（三）法帖原委，（四）临摹名手，（五）奇宝，（六）斫琴名手，（七）唐宋锦绣，（八）造墨名手，（九）古今名论目，（十）所蓄所见。在论法书中，专述书法真迹的欣赏与鉴定，指出"欲观古法书，当澄心定虑，勿以粗心浮气乘之。先观用笔结体，精神照应；次观人为天巧真率造作，真伪已得其六七矣；次考古今跋尾，相传来历；次辨收藏印识、纸色绢素，而真伪无能逃吾鉴中矣"，皆为经验之谈。对摹本的鉴定，指出"得其结构而不得其锋芒"者往往为摹本，而临本则"得其笔意而不得其位置"，集书则"笔势不联属，字形如算子"。对墨色的鉴定，指出"古人用墨，无论燥润肥瘦，俱透入纸素。后人伪作，墨浮而易辨"，是鉴定古字画的常识。在论石刻中专述碑帖的鉴定，指出先观字法、刻手，次观拓法、纸墨色泽，墨色"坚如漆，手揩不汗者，真古也；微抹之而满纸染黑者，伪拓耳"。论汉晋印章专赏古印。论砚主要讲端砚鉴定之法。论纸列中外名纸四十余种。论墨述试墨之法，指出"墨以口有锋刃而无泡者为贵"。论古纸绢素及装褫收藏亦为书家及书画爱好者所必备的知识。下卷多叙史事，其中叙鉴赏家收历代书画鉴赏名家，上自张华下迄清陆会，共一百七十八人，只列名字，无传记。叙书画印识收各代收藏卷名，对米芾用印所记较详。叙法帖原委专录汇帖，收《淳化阁帖》、《太清楼帖》、《绛帖》、《潭帖》、

《二王帖》、《升元帖》、《秘阁续帖》、《戏鱼堂帖》、《武冈帖》、《蔡州帖》、《星凤楼帖》、《甲秀堂帖》、《黔江帖》、《泉帖》、《群玉堂帖》、《家熟帖》、《宝晋斋帖》、《雪溪堂帖》等二十种,并注各著编摹者。后录《兰亭一百十七刻》目。叙临摹名手只举唐代欧、褚,北宋老米,明代征仲父子而已。叙造墨名手录陶九成《辍耕录》及何薳《春渚纪闻》所载历代墨工,指出明代以罗小华鹿角胶墨为第一,龙柱次之,华山松又次之。此书多采前人旧说,而不注所出,然于收藏装裱等言之最详,多有可取之处。

(王剑冰)

书法离钩 潘之淙

《书法离钩》,十卷。明潘之淙撰。有明天启刊本、《四库全书》本、《惜阴轩丛书》本、《丛书集成初编》本。

潘之淙,字无声,号达斋,明末钱塘(今杭州)人。生平事迹不详。据书中王道焜序云,潘"饮白水,读古经,为郡中奇男子",精于书道。

书名"离钩"二字,出自佛家语"垂丝千尺,意在深潭,离钩三寸"。以"钩"喻指"法则",意取"深于法者,而后可与离法,又必超于法者,而后可与进法"。书前有叶秉敬、王道焜两序及天启丁卯(1627)自序。此书主旨在于阐述名家书法,以期后人在学得前人书法基础上有所前进,有所创造。是书汇集前人论书旧说,凡八十二篇。

卷一有十五篇。"原流"篇,概述文字的产生、六书及文字的演变。"六义"篇,讲文字的六书,即象形、指事、会意、谐声、假借、转注。"四学"篇,谓:"文字之学有三:其一体制,曰点画纵横也;其二训诂,曰称谓古今雅俗也;其三音韵,曰清浊高下也;殆后篆隶变而行楷兴,复有论格势诸书,是谓四学。"这是将语言文字学与书法混同,不足取。"证非"篇,辨文字六书名实问题,与书法关系不大。"述传"篇概述诸书体:"古文"、"大篆"、"小篆"、"八分"、"隶书"、"飞白"、"楷书"、"行书"、"急就"(章草)、"草书"。各篇讲述书体缘起、体势、其间关系及传承等。

卷二有十二篇。"取法"篇,言:"学贵取法,则可以见古人于寸楮而臻于妙。"并引述先贤之语及先贤之事证之。这也是《书法离钩》一书编纂的目的。"初学"篇,讲初学者须知。"执笔"篇,讲执笔之法。"操手"篇,讲执笔运笔之法。"用笔"篇,讲用笔法。"笔锋"篇,讲用笔法。"定心"篇,讲心先乎手之理。"知道"篇,讲心、手、笔谐调合一之理。"从性"篇,讲作书时当凝心静气之理。"适志"篇,讲作书时笔、纸、砚、墨、水当适意,且应在天晴心舒、手顺目明之际运笔作书。"解悟"篇,讲只有心感于物,所书之字方有意象。"记异"篇,记俗传怪异事,皆无稽之谈。

卷三有十一篇。"学篆"、"学隶"、"学楷"、"学行"、"学草"各篇,讲学习诸书体之要领。"论写"

篇,讲笔势。"论血"篇,以血喻水、墨,讲笔法与水、墨的关系。"论骨"篇,讲手之大指骨的运动与字之骨的关系。"论筋"篇,言字之筋是笔锋,讲作书时笔锋的运转技巧。"论脉"篇,讲字的脉络(章法)。

卷四有十一篇。"体式"篇,讲诸书体的体式。"形状"篇,讲作字当求其仪态、意象。"气势"篇,讲作字当求其精、气、神。"布置"篇,讲结字要领。"运用"篇,讲字的笔画、部件的搭配及字与字间的章法。"肥瘠"篇,讲字体的肥瘦。"方圆"篇,讲字体的方圆。"迟速"篇,讲运笔迟速得当。"劲软"篇,讲笔势的刚柔当根据书体和笔画的不同而变化。"结构"篇,依具体字例,讲某一笔画在此字中应取的形势。"弊病"篇,讲作书当避免的种种弊端。卷末附《楷书金科》,为作楷书的口诀。

卷五有十七篇。"钟意"篇,先列"梁武帝观钟繇十二意"。又截取颜真卿《述张长史笔法十二意》,对"十二意"逐一解释。"瓘法"篇,即张怀瓘《用笔十法》,讲用笔结字法。"心颂"篇,录"隋僧智果《心成颂》"。"纲目"篇,首句为"永字八法,纲领所全",以下是有关歌诀。"一侧"、"二勒"、"三弩"、"四趯"、"五策"、"六掠"、"七啄"、"八磔"诸篇,具体讲永字八法。"点例"篇,讲各种点的书法,有散水法、烈火法、曾头法、其脚法、充笔(命令下一点)法、乌字法、宀头法、暗筑("月"、"其"字中两点)法。"画例"篇,讲横竖的书法,有偃法、仰法、平法、士法、三法、匚法、向背(二竖并者)、丨法、悬针法。"勾例"篇,讲各种钩的书法,有勾弩法、勾裹法、丁字法、戈法、背抛(乙乚)法、风凡法。"撇例"篇,讲各种撇的书法,有撇法、彡法、人法、重复(多)法。

卷六有七篇。"笃学"篇,举列先贤矢志学书之事。"临书"篇,讲临书之法。"摹书"篇,讲摹书之法。"书丹"篇,讲丹书之法及用途。"辨惑"篇,列举因年代久远或书家不同而造成的异体字、误字等现象。"先后"篇,讲笔顺。"误写"篇,纠正错字。"利器"篇,讲笔、砚、墨、纸等书写工具的作用、选择和使用。

卷七仅有"品题"篇,评论诸家书法。后附袁昂《古今书评》。又附旧评书家三品名单,其中上品列三十九人,中品列七十四人,下品列一百三十人。

卷八仅有"赏鉴"篇,讲赏鉴辨识古人墨迹之法,列举事例。

卷九有五篇。"法帖"篇,按古籀篆、隶书、真书、行书、草书五部分列举八十几种法帖。"原笔"、"原墨"、"原砚"、"原纸"四篇,分别讲笔、墨、砚、纸的资料、产地、特点、制作、选用等。

卷十仅"切韵"篇,内容与书法无涉。

余绍宋《书画书录解题》评《书法离钩》曰:"是编分类破碎支离,漫无统系。""皆辑录旧文而成,其中伪书不能辨别,出处不尽注明,且多属于小学而与书法无关之文。"此书虽颇多不足,然毕竟保留了大量他书未载的资料,仍足资参考。

(侯占虎)

书 指 汤临初

《书指》，二卷。明汤临初撰。有明刊本、《六艺之一录》本、上海书店出版社《明清书法论文选》本。

汤临初，生平事迹不详。

全书凡二十三则，分为上下两卷，上卷十二则，下卷十一则。然考卷上第一则曰："予学书垂三十年，目穷手诣，颇详其指，聊述一二，以示来叶。且冀同志者览焉，因共质辨尔。"实为全书引言，误入正文。故上、下两卷实各为十一则。书中崇尚书法古朴自然，认为"书贵质不贵工，贵淡不贵艳，贵自然不贵作意。质，非鄙拙之谓也"。"自然，非信手放意之谓也，不事雕琢、神气浑全、险易同涂、繁简一致是已。大凡古人书，初览似少意味，至于再至于三，精神益生，出没始见。近世书，伸纸一目，殊觉可喜，展玩稍久，疵类毕陈。此何故焉？今之浮俗者多，古之沉着者胜也。""学书而不穷篆隶，则必不知用笔之方；用笔而不师古人，则必不臻神理之致。""字有自然之形，笔有自然之势；顺笔之势则字形成，尽笔之势则字法妙，不假安排，目前皆具此化工也。钟、张以来，唯右军以超悟得之，故行草楷则种种入神。"崇尚右军书法，评其书法曰："汉魏之书朴茂犹在，右军承之，可谓郁郁乎盛矣！""右军书于发笔处最深留意，故有上体过多而重，左偏含蓄而迟，盖自上而下，自左而右，下笔既审，因而成之，所谓文从理顺，操纵自如，造化在笔端矣。故不雕琢而新，不挥霍而劲，不矫激而遒；手舞足蹈不害为倾欹，冠裳佩玉不病其拘检，奇形异状不失于纵诞，冲玄平淡不流为枯槁，若化工之于万类，浓纤质冶，各极其趣，而特因物赋之而已。故人见其字体一成若不可易，不知右军能极尽其自有者耳。想其平生不出以示人，有子如子敬尚欲俟其自悟，故子敬书豪爽迭宕，特以求胜于父，政不知坐此乃为失之也。岂家鸡是厌，固不如好野鹜者耶？真大醉之言，可谓痛着一鞭矣。而子敬竟不悟才固有独至者也，况后世乎？"据此而"论书一以右军律诸家"。在评论唐及以后诸书家时曰："唐诸书家，当以虞永兴称首，欧、褚、薛正相次。永兴《庙堂》真书，圆秀浑成，深得右军三昧。率更用笔，极为不苟，警策奇峭，其所独得，唯于起止转折处颇露圭角,晋人之法于是小变矣。褚河南雅尚姿媚,其用笔又异率更,盖是手指转动笔锋雕琢而成,婵娟罗绮,溢纸动心,而古法之亡过半矣。观米氏父子沿袭余波,不待末流,始为申、韩也。""唐自欧、虞、褚、薛而下,追乎颜、柳,亦犹诗之有晚唐矣,二公见前代作者法度森然,不师其意而泥其迹,乃创作一体,务以雄健加人,遂使晋魏萧散温润之风一切委地。"认为"宋人评书,犹其论诗,多不可据,余无论也。苏、黄、米三公可谓博观深诣矣,乃其言不能无弊"。对赵孟頫、怀素、程邈之书也有所评论。作者评书,自成一体,也不乏精到之论;然其以古律今,不免有过当之处。

书中在执笔、运笔、笔意、笔势、骨法与肉法、大小字法及书法鉴赏等方面也都有精到之论。如论骨法、肉法:"字本无分骨肉,自《笔阵图》传,后世乃屑屑为言。不知骨生于笔,肉成于墨,笔墨不可相离。骨肉何所分别?人多不悟作书之法,乃留意于枯槁生硬以示骨,效丑于浓重臃肿以见肉,二者不可得兼并其一体而失之。不知古人之书轻重得宜,肥瘦合度,则意态流畅,精神飞动,众妙具焉。何骨何肉之分也?唐文皇讥子敬之无骨,不言多肉,意亦可见。故评书者但当以枯润劲弱为别可矣。"又论鉴赏书法之要为:"论书者先观气,次观神,而后论其笔之工拙。世固有笔工而神气不全者,未有神气既具而笔犹拙者也。作书既工,于用笔以渐至熟,则神采飞扬,气象超越,不求工而自工矣。神生于笔墨之中,气出于笔墨之外;神可拟议,气不可捉摸;在观者自知之,作者并不得而自知之也。"

余绍宋《书画书录解题》谓《书指》"虽寥寥数篇,而言书法颇多深切之论"。

(侯占虎)

书法约言 宋 曹

《书法约言》,一卷。明宋曹撰,有《昭代丛书》本、《美术丛书》本、上海书画出版社《历代书法论文选》本。

宋曹生卒年不详,字彬臣(或作邠臣),号射陵,又号耕海潜夫。江苏盐城人。明崇祯时官中书,工诗善书。为明末清初书法家,入清后隐居不仕,自称遗民。

是书综述书法基础知识、技法、书体变迁源流等。不作浮词,简明扼要,所论均切实精到,足可依之为法。全书分为"总论"、"答客问书法"、"论作字之始"、"论楷书"、"论行书"、"论草书"等篇。"总论"概述学书之法,讲述执笔法,强调下笔有由,执笔时应正确处理心、腕、手的关系,做到"意在笔先"。讲述运笔的起止、缓急、虚实、轻重、映带、回环、转折、偏正、藏露、神形等。指出"书法之要,妙在能合,神在能离","常使意势有余,字外之奇,言不能尽"。对于初学书者,当"学而思,思而学,心中若有成局,然后举笔而追之。似乎了了于心,不能了了于手,再学再思,再思再校。始得其二三,既得其四五,自此纵书以扩其量"。又用许多生动的物象作譬喻讲述了行、草书执笔、运笔的要领,及楷、草书体势的差别。为说明"形质不健,神彩何来"的关系,指出笔意"用骨为体,以主其内,而法取乎严肃;用肉为用,以彰其外,而法取乎轻健"。"筋骨不立,脂肉何附?""笔意贵淡不贵艳,贵畅不贵紧,贵涵泳不贵显露,贵自然不贵作意"等。在"答客问书法"篇篇末,谓此篇借问答形式推演《笔阵图》和孙虔礼《书谱》之意,以期使读者"一见了然"。篇中简要介绍了一些用笔构字之法。对"执、使、转、用"、淹留劲疾、质妍、虚满等学书之要,均作充实的阐述。最后说:"故志学之士,必须到愁惨处,方能心悟腕从,言忘意得,功效兼优,性情归一,而后成书。""论作字之始"篇,简述文字之始及书体演变之迹,但多为摭拾陈言,并无新意。

"论楷书"篇讲述楷书的法度要领以及大楷、小楷作法。认为:"作楷先须令字内间架明称,得其字形,再会以法,自然合度。然大小、繁简、长短、广狭,不得概使平直如算子状,但能就其本体,尽其形势,不拘拘于笔画之间而遏其意趣,使笔笔着力,字字异形,行行殊致,极其自然,乃为有法。仍须带逸气,令其萧散;又须骨涵于中,筋不外露,无垂不缩,无往不收。"同时,指出习熟不拘成法,自然妙生。批评"有唐以书法取人,故专务严整,极意欧、颜。欧、颜诸家,宜于朝庙诰敕;若论其常,当法锺、王及虞书《东方画赞》、《乐毅论》、《曹娥碑》、《洛神赋》、《破邪论序》为则,他不必取也"。

"论行书"篇认为:"凡作书要布置、要神采。布置本乎运心,神采生于运笔,真书固尔,行体亦然。""所谓行者,即真书之少纵略。后简易相间而行,如云行水流,秾纤间出,非真非草,离方遁圆,乃楷隶之捷也。务须结字小疏,映带安雅,筋力老健,风骨洒落。字虽不连而气候相通,墨纵有余而肥瘠相称。徐行缓步,令有规矩;左顾右盼,毋乖节目。""又有行楷、行草之别,总皆取法右军《禊帖》、怀仁《圣教序》、大令《鄱阳》、《鸭头丸》、《刘道士》、《鹅群》诸帖,而诸家行体次之。"

"论草书"篇,首述草书兴起、发展与传承,次述草书体势特点和用笔要领。指出:"种种笔法,如人坐卧、行立、奔趋、揖让、歌舞、擗踊、醉狂、颠伏,各尽意态,方为有得。"批评那种"行行春蚓,字字秋蛇,属十数字而不断,萦结如游丝一片"的书法,"乃不善学者之大弊也"。认为"草体无定,必以古人为法,而后能悟生于古法之外也。悟生于古法之外而后能自我作古,以立我法也"。全书所述尤其论楷、行、草书专章,所论允当精到。

(侯占虎)

法书通释 张　绅

《法书通释》，二卷。明张绅撰。有《夷门广牍》本（题下署：云门山樵，齐郡张绅编；嘉禾梅墟周履靖、华亭眉公陈继儒同校；金陵荆山书林梓）、《丛书集成初编》本（据《夷门广牍》本影印）、影印《善本丛书十种》本。

张绅，生卒年未详，约为明末人士。字士行，又字仲绅，自号云门山樵，亦称云门遗老。山东济南人，曾任浙江布政使。有才略，谈辨纵横，能作篆书，善写墨竹，精于鉴赏，诗文亦自称一家。

《法书通释》集前人之论，分上、下二卷，对晋唐以来书家的论述加以例释、说明、分析、归纳、阐述、类聚、寻法，属辞比事，以类相从，以期后学者众学旁通，提纲会要。上卷为八法篇第一、结构篇第二。下卷为执使篇第三、篇段篇第四、从古篇第五、立式篇第六、辨体篇第七、名称篇第八、利器篇第九、总论篇第十。

八法篇认为此法"诚以所用，该于万字，墨道之最，不可不明"，并援引崔子玉《八法阴阳迟速论》、颜鲁公《八法颂》、柳柳州《八法颂》、张怀瓘《评书药石论》之语，对永字八法各种用笔予以详细阐释。结构篇，认为"不有结构，安可成形"。援引梁武帝《观锺繇书十二意》、颜鲁公《述张长史笔法》、王羲之与陶弘景有关论说、智果《心成颂》、欧阳率更《传授诀》、张怀瓘《论用笔十法》、卢携《临池诀》、林罕《翰林隐术》、姜尧章《变通异诀》、陈伯敷《三昧结构式》、《三昧形势式》等为之归纳说明。执使篇，阐明孙过庭的执、使、转、用之说，先引姜尧章对执、使、转、用的注释，后引蔡邕《九势》、李斯《用笔论》、《翰林禁经》、《翰林密论》，陈伯敷《执笔法》及王右军、唐太宗、褚河南、虞世南、韩方明、卢携、张敬玄、张怀瓘、李华、林韬、李后主、苏子瞻、郑子经等名家名著有关论述，加以阐述。篇段篇，叙述情性、变化、风神之旨，认为写字正如作文，有字法、章法、篇法，终篇结构首尾相应，故云"一点成一字之规，一字乃终篇之主"，并引张怀瓘、智果、张彦远、张敬玄、蔡希综、姜尧章、陈伯敷、孙过庭、宋高宗、黄希先和《书学纂要》等名家名著要论予以寻法。立式篇，讲述起伏、向背、开合、映带，谓具此情状以生，形势以定，始可言书；择汉、魏、晋、唐各朝书迹的优秀者，按真、行、草书以类从,列为十等。辨体篇,详述书体源流,辨明各种书体的特点及其演变轨迹。名称篇,将搜集到的关于八法的不同名称,按点、横、竖、趯、戈、撇、波之序分别列出,以供学书者备考。利器篇,讲述笔墨,并引卫夫人、王右军、李阳冰、柳谏议、宋高宗、米南宫、姜白石、陈伯敷,及《翰林禁经》、《砚录》所论,详述其用法、性能、效果。总论篇,为诸篇之纲要,引蔡邕、王右军、孙虔礼、欧阳询、张怀瓘、黄鲁直、苏子瞻、姜尧章、陈伯敷、董内直各家之说及《翰林禁经》、《翰林密论》所论,讲述学书之法,阐述通释之本义。如姜尧章云:"一须人品高,二须师古法,三须纸墨,四须险劲,五须高明,六须润泽,七须向背,八须时出新意。"又如陈伯敷对敛、舒、险、丽的解说,皆有见地。书中作者自己的见解很少。

(侯占虎)

大书长语 费　瀛

《大书长语》,二卷。明费瀛撰。有明万历刊本、《高昌秘笈甲集》本、《中国书画全书》本。

费瀛(生卒年未考),字汝登,晚号艺林剩夫,浙江慈溪人。明隆庆、万历间在世。少承家学,工古文辞,精研书法,大书为当时两浙之冠。

是书乃大书书法之大全。卷首有作者姻弟颜鲸隆庆辛未(1571)所撰序文,卷末有作者同邑人士郑光弼万历己亥(1599)所作《费高士传》及隆庆元年(1567)王交跋文。古人法书著述甚多,但罕有专为大书而述其法者,此书实补艺林之阙。卷上为正心、识字、师授、心悟、通变、结构、真态、神气、乘兴、贵熟等十则。卷下为署书、堂扁、绰楔、鉴定、镌漆、原古、客问、纸说、笔说、墨说、砚说等十一则。他认为"草书千字不敌楷书十字,楷书千字不敌大书一字,愈大愈难"。故主张为大书者当先端正认识。一则"学书自作人始,作人自正心始";二则要深明六书之义,"恶有扁署而可作别字";三则从明师指授八法、八病、运笔捽襟等法;四则"机巧由于心悟,所悟乃能造微";五则"不可专习一体,须遍参诸家,各取其长而融通变化"。以上五则是为大书者首先要具备的条件。书写时须先经营位置,字形、间架、笔画等要相适、相配合。要尽字之真态而勿参己意。要"大字惟尚神气,形质次之,最忌修饰"。要"乘兴趣乃克臻妙,非兴到不书"。要"心不厌精,手不厌熟"。要"笔下自然凑巧,应规入矩"。以上各则,多关联笔法,是为大书者必须注意的事项。署书、堂扁、绰楔、镌漆、鉴定五则,叙述了各种大字不同的书写方法,尤强调鉴定五则,主张切不可讳疾忌医,应"过得众人眼,始放老夫心"。原古一则,叙述历代书法之流变,强调大书必须各极其旨,一字之中诸法兼备。客问一则,是叙述大书笔法的诀要,谓"字贵正锋,操笔宜直,以点画为形质,使转为情性,体势有向背,气脉相联属"。至于纸说、笔说、墨说、砚说四则,皆从便于大书角度来叙述,为全面掌握大书作法提供器用的相辅条件。此书所论大书技法和书家必备的知识,实有助于提高书家或学写大书者的视野。在古代书论中是少见的著述。诚如颜鲸序文中所称,是书"阐叙书法,多昔贤所未发",为作者之独创。

(张兴文)

绘 画

重为华山图序 王 履

《重为华山图序》，一篇。明王履著。系王履所画《华山图册》的自撰序文，图册计六十五帧，现分藏于北京故宫博物院和上海博物馆。明朱存理《铁网珊瑚》、明汪砢玉《珊瑚网画录》、清卞永誉《式古堂书画汇考》、清《佩文斋书画谱》等书著录此册。易见的《序》文版本有俞剑华编《中国画论类编》(人民美术出版社，1986 年);中华书局《中国美学史资料选编》下册收录此文。

王履(1332—?)，字安道，号畸叟，又号抱独老人。江苏昆山人。元末明初医学家、画家。早年学医于浙江义乌朱彦修，明初为秦王府良医正。擅画山水，早年取法南宋马远、夏珪。明洪武十六年(1383)秋，他游历五岳之一的华山，大自然的雄奇神妙，使他深悟绘画不能拘于古人成法，而要以自然为师，自出意匠。经过精心构思，创作了著名的《华山图册》。此册系王履的传世仅存之作，在明代已负盛誉。在画理的阐发上有"吾师心，心师目，目师华山"的名言，技法上主张"去故而就新"。著作有《医经溯洄集》二十一篇、《百病钩玄》二十卷、《医韵统》一百卷。生平史料见《昆山人物志》卷八、《明史》本传、《无声诗史》、《图绘宝鉴》、《列朝诗集小传》等。

《重为华山图序》是明代初期一篇重要的绘画论著。王履首先分析了绘画中"意"和"形"的关系，针对宋元以来一部分画家忽视具体艺术形象刻画与塑造的倾向，强调"画虽状形，主乎意，意不足谓之非形可也。虽然，意在形，舍形何求意？故得其形者，意溢乎形，失其形者形乎哉!"

其次，对于"转摹"的研习方法提出了自己的看法，指出:"古之人之名世，果得于暗中摸索耶？彼务于转摹者，多以纸素之识是足，而不之外，故愈远愈讹，形尚失之，况意？"进一步确立了"形"在绘画中的地位与功能。

第三，作为本篇的精华，是王履根据自己创作《华山图册》的体会，对画理、画法阐述了自己的见解:"苟非识华山之形，我其能图耶？既图矣，意犹未乎满，由是存乎静室，存乎行路，存乎床枕，存乎饮食，存乎玩物，存乎听音，存乎应接之隙，存乎文章之中。一日燕居，闻鼓吹过门，怵然而作曰:'得之矣夫。'遂麾旧而重图之。斯时也，但知法在华山，竟不暗平日之所谓家数者何在。"面对山川自然，心悟造化灵秀，则一切法度、规则都不能承担起表现自然、表达心绪的重任。由于这种深切的体验来自他的创作实践，因此，引发了他对前人延传下来的各种程式规范、笔墨法则的重新认识与评判："夫家数因人而立名，既因于人，吾独非人乎？夫宪章乎既往之迹者，谓之宗，宗也者，从也，其一于从而止乎？可从，从，从也；可违，违，亦从也。违果为从乎？时当违，理可违，吾斯违矣。吾虽违，理其违哉！时当从，理可从，吾斯从矣。从其在吾乎？亦理是从而已焉耳。"由此可见王履的艺术个性既源于个人的品性，更源于他对造化自然和绘画形色的深刻认识，尤其是个人面对自然时的心灵之悟。显然王履的绘画观不是"写意"的，也不是"写实"的，因而，他对前人法度的继承是有选择的，而选择的标准就是笔墨形象必须合于自然造化，因而他说："谓吾有宗欤？不局局于专门之固守；谓吾无宗欤？又不大远于前人之轨辙。然则余也，其善处夫宗与不宗之间乎？且夫山之为山也，不一其状……一不可以名命，此岂非变之变焉者乎？彼既出于变之变，吾可以常之常者待之哉？吾故不得不去故而就新也。"王履的变法前轨，在于自然山川的"不一其状"，但绘画又不是自然物形的翻版，因此，寓意于形，前人的遗产仍是可供假借的，关键在于自出机杼。因而，在结尾处，王履又说："余也安敢故背前人，然不能不立于前人之外。俗情喜同不喜异，藏诸家，或偶见焉，以为乖于诸体也，怪问何师？余应之曰：'吾师心，心师目，目师华山。'"

王履的这篇序文虽不足千字，却对绘画的意与形、造化与心源、造化与古人、心源与古人三者之间的相互关系作了明晰而透彻的论述，并且提出了独具个性的见解。这篇序文不仅在明初具有发前人未及之见的重要价值，而且就整个绘画理论的历史演变而言亦占有重要一席。所以，在明清两代，王履"去故就新"、"吾师心，心师目，目师华山"的见解是经常被引用、论及的绘画观之一。

（邵　琦）

升庵画品 杨 慎

《升庵画品》,又名《画品》,一卷。明杨慎撰,有《函海》本和《丛书集成初编》本。

作者生平事迹见"墨池琐录"条。

本书属札记性质的著作,是将平日见闻、读画心得以及各类书籍中有关画人绘事的记载编辑而成的。全书共计四十九条,不成系统,如今给予归纳,大致包括以下内容。

一是绘画理论,其中有作者自己的心得,有根据前人画论所作的解释或阐发,也有直接摘引的前贤语录,虽大多缺乏创意,偶尔也有议论颇精的。如《同能不如独胜》列举许多事实,说明"全能"不如"专攻":"孙位画水,张南画火,吴道玄画人物,杨惠之塑,陈简斋诗,辛稼轩词,同能不如独胜也。所谓太白见崔颢《黄鹤楼》诗,去而赋《金陵凤凰台》。"又如《画有十三科》,谓"山也打头,界画打底。江南之艺,骨气多不及蜀人,而潇洒过之",似摘引前人旧说,然颇精辟。又如《论诗画》条录晁以道与苏轼唱和诗,谓"画写物外形,要物形不改。诗传画外意,贵有画中态"。杨慎以为晁氏此诗要比东坡"论画"诗说得全面。又如《九朽一罢》载周志机语,认为作画修改数次才定稿,并非妙手,且有碍传神。若能落笔便成,自然气韵生动。杨慎赞为"卓识"。

二是有关画史和画坛轶事的记载或考辨,或以人立目,分别叙述,如《张僧繇》、《张谭》、《薛稷》、《程堂》、《杨补之》等;或依题材分类,简述诸位代表画师的风格特征,如《山水》评郭熙、张洵、李成、僧楚安、李思训、曹仁希、闾丘秀才;《花竹》论尹白、尉迟乙、张僧繇、黄筌、赵昌、郭熙、李煜、唐希雅、僧玄霭、王端等;《人物》记曹仲达、吴道子、周昉、阎立本、王瓘;《马》述赵光辅、韩幹;另有《杂》,叙述善画猿、鹿、猫、鱼等琐细题材的画师。此外,《杂说》记有关历代名师的轶事传闻,《试题》载宋徽宗画院中考试情况等,还有关于书画材料、装裱方式的记载,所涉相当广泛。杨慎素以博闻强记、精于考据著称,本书也有一些条目以考证为主。或考所画对象,如《拂林图》中的"拂林",《鬼拔河图》的拔河;或辨所画故事,如《春宵秘戏图》、《青枫树图》的来历;或证画中人物,如《七贤过关》中的"七贤"。不过本书考证的内容并不太多,更多的是各种趣事轶闻的记载,如《画品之亚》论酒与画的关系,《墨汁》记梁武帝罚人饮墨汁,《李涉妆点》述画师较艺争胜等,多能博人一笑。此外,卷末记载了十余首题画诗文,大多是名家手笔,如龚圣予、黄庭坚、米芾等。

本书记载较为凌乱琐碎,有的颇为迂腐可笑,如《写照》中说:"未满三十,不必写照,恐夺精神也。"然而虽属荒唐,我国肖像画之所以成就不著,恐怕这也是一个重要原因。因为直至近、现代,我国某些地区的老人仍不让人画像,从杨慎的记载可以明白,这种禁忌由来已久。

上海书画出版社《中国书画全书》所收此书,以《函海》清道光五年(1825)补刻本作底本,用同书光绪八年(1882)重刊本参校,并断句排印。

（孙小力）

中麓画品 李开先

　　《中麓画品》,一卷。明李开先撰。有《函海》本、《丛书集成初编》本和《美术丛书》二集本。
　　作者生平事迹见"词谑"条。
　　《中麓画品》有李开先嘉靖二十年(1541)所撰《自序》一篇,阐述撰述缘起和本书梗概:"国朝名画,比之宋、元,极少赏识,立论者亦难其人。岂非理妙义殊,未可以一言蔽之耶! 予于斯艺,究心致力,为日已久,非敢谓充然有得也。常山叶子则云,流观当代,未见上于予者,且请撰次品格,为艺林补阙焉。于是乃作《画品》五篇:其一篇论诸家梗概。二篇设六要,括诸家所长;分四病,指摘所短。三篇搜罗尺寸之长,俾令无遗。四篇类次,其比肩雁行,无甚高下,浑为一途可也。五篇述各家所从来之原。"书后又附李开先《后序》和胡来贡跋文各一。因本书正文皆论本朝已逝之人,故《后序》中又对同时在世的画师作了简要评判,而胡氏跋文又据李开先的口述,补充记录了书中所论画师的生平事迹,以此弥补正文的疏略。因此完整的《中麓画品》应该包括《后序》和胡氏跋文。
　　李开先所作品评,与后世文人明显不同的是没有一味褒扬所谓"南宗正派",相反,对以戴进、吴伟为首的浙派画师颇多称赞。书中称戴近的画"如玉斗,精理佳妙,复为巨器";吴伟则"如楚人之战巨鹿,猛器横发,加乎一时";陶成"如富春先生云白山青,悠然野逸";杜堇"如罗浮早梅,巫山朝云,仙姿靓洁,不比凡品"。此四人皆取法南宋院画体格,而李开先认为都已掌握了画之"六要",甚至认为戴进虽然不及宋人,却高过元人。至于后世文人极为推崇的沈周,书中不但批评他的山水人物有僵、浊的毛病,还说他"如山林之僧,枯淡之外,别无所有"。谓文徵明只能作小画而不能画大幅,周臣则"望之如玉,就之石也",因为原本就没有宝色。凡此种种,说明直至嘉靖中期,吴门画派为代表的文人画风尚未能博得当时文人的普遍认可。
　　作为文人,且主要从事文学戏曲创作,李开先虽然自感对绘画颇有研究,但毕竟与真正的画师隔了一层。因此本书扬长避短、避实就虚,不在技法方面过多分析比较,而是采用文学的笔法,形象生动地总结各位画家的风格特点。如评庄麟，"如山色早秋，微雨初歇。娱逸人之心，来词客之兴"；品唐寅，"如贾浪仙，身则诗人，犹有僧骨，宛在黄叶长廊之下"；又如讥边景昭，"如粪土之墙，圬以粉墨，麻查剥落，略无光莹坚实之处"；又如褒倪瓒，"如几上石蒲，其物虽微，以玉盘盛之可也"。这些主要抒发感受的评论，言简意赅，颇有回味的余地。

当然，书中也有具体画法的分析，如第二篇就列举了有关笔法的"六要四病"，"六要"指六种出色的笔法，即神、清、老、劲、活、润；"四病"则大多指用笔的谬误，即僵、枯、浊、弱。为了使读者了解"六要四病"的特征，他还分别附录具有代表性的画家画作，供读者对照揣摩。但是，即使是阐述笔法，李开先仍然习惯采用形象的说法，如谓"六要"中的"老笔法"，"如苍藤古柏，峻石屈铁，玉坏缶罅"；论"四病"中的"浊"，"如油帽垢衣，昏镜浑水，又如厮役下品，屠宰小夫，其面目须（眉），无复神采之处"。显然还是重在风格面貌的描述。

李开先在《后序》中说："大抵画分两家，有收藏家，有赏鉴家。有财力能多致者，收藏家也；善旌别知源委者，赏鉴家也。两家势不能兼。"随后又详述戴进事迹及其落魄的遭遇，用以说明高才必遭人忌和惟有后人赏识的道理。可见他自视甚高，而且以赏鉴家自居。不过本书虽名曰"画品"，品评文字却很少，如第五篇叙说各家的渊源出处，大多不作评论，少数虽作品评，又极简略。如谓杜堇"其原出于李唐、刘松年，人物更奇，树石远不逮也"；评周臣"其原出于李唐，有出于小仙者极丑"。只有戴进、吴伟二人的评述稍详一些。又如第四篇区分等第，将戴进、吴伟、陶成、杜堇列为第一等；庄麟、倪瓒为第二等；周臣、吕纪等为三等；唐寅、沈周、林良等为四等；商喜、石锐为五等。最后又依照题材的不同罗列众多画家，总为第六等，均无片言只语的说明或分析，读者必须参阅第一篇的"论诸家梗概"，方能有所理解。与南齐谢赫《古画品录》分品论述的体例相比，本书显得眉目不清。《四库全书总目》曰："(《中麓画品》)大致仿谢赫、姚最之例，品明一代之画，分为五品。每品之中，优劣兼陈。"其实本书所谓"五品"，并非分成五等，而是指五篇。

本书品评与作者同时和以前的明代画家，虽较简略，但也反映出当时北方文人对明代画坛的看法。然而书中褒扬浙派，引起后世文人的不快，《四库全书总目》就称此书"持论偏僻"。其实摒弃门户之见，李开先的品评未必就一无是处，它毕竟是那个时代的产物，从中可以窥知画风变化的因缘。此外，本书也有一定的史料价值，它为我们提供了明代众多画师的生平事迹。

上海书画出版社1992年出版《中国书画全书》本，以《函海》清乾隆年间刊本断句排印。

（孙小力）

四友斋画论 何良俊

《四友斋画论》,一卷。明何良俊著。约成于明嘉靖九年(1530)。原为《四友斋丛说》之一,后人将《丛说》论画部分单独印行,成《四友斋画论》。主要版本有明隆庆三年(1569)初刻本、明万历七年(1579)重刻本、《美术丛书》本、《中国书画全书》本。

作者生平事迹见"曲论"条。

《四友斋画论》凡五十则。卷前有何良俊自撰绪论。自言"小时即好书画","一遇真迹,辄厚赀购之,虽倾产不惜,故家业日就贫薄,而所藏古人之迹亦已富矣"。又与文徵明性复相近而笃好,"相与评论,故亦颇能鉴别。虽不敢自谓神解,亦庶几十不失二矣"。"今取古人论画之语,与其一得之见,著之于篇"。因而,此卷所论乃多取前人之成说,参以自己创作、鉴赏之心得汇集而成。

关于绘画之功用,作者认为如《三礼图考》之"车舆冠冕章服象胜……按图制造,可无舛错",亦可知"画之所关盖甚大矣"。《宣和博古图》则有使"三代典刑"得传于世的功用。至于顾恺之的《孝经图》、马和之的《国风图》、阎立本的历代帝王像,则是"关于政理"而"裨于世教"。绘画中惟山水之作使人"得以神游其间",因此,独尊奉宗炳山水之意,称宗炳为俗世难觅之高士。

对于前代名迹及史家之论,本书多能依据史实作公允评判。如"昔人之评画者谓:画人物则今不如古,画山水则古不如今。此一定之论也。盖自五代以后,不见有顾虎头、陆探微、张僧繇、吴道玄、阎立本;五代以前不见有关仝、荆浩、李成、范宽、董北苑、僧巨然"。又如:"刘子玄曰:张僧繇画群公祖二疏图,而兵士有着芒屩者;阎立本画昭君图,妇女着有帷帽者。夫芒屩出于水乡,非京华所有;帷帽起于隋代,非汉宫所作。以此言之,画非博古之士亦不能作也。"

何良俊认为,画之正脉与院体之别,在于气韵。如"画之品格,亦只是以时而降,其所谓少韵者,盖指南宋院体诸人而言耳。若李、范、董、巨,安得以此少之哉"。又如:"夫画家各有传派,不相混淆。如人物,其白描有二种,赵松雪出于李龙眠,李龙眠出于顾恺之,此所谓铁线描;马和之、马远则出于吴道子,此所谓兰叶描也。其法固自不同。画山水亦有数家,关仝、荆浩其一家也;董源、僧巨然,其一家也;李成、范宽其一家也;至李唐又一家也。此数家笔力神韵兼备,后之作画者能宗此数家便是正脉。若南宋马远、夏珪,亦是高手,马、人物最胜,其树石行笔甚遒劲,夏珪善用焦墨,是画家特出者,然只是院体。"

有关"利"、"行"之别,则在文徵明与戴文进的比较中被阐明。其论曰:"衡山本利家,观其学赵集贤设色与李唐山水小幅,皆臻妙。盖利而未尝不行者也。戴文进则单是行耳,终不能兼利,此则限于人品也。"又如"石田学黄大痴、吴仲圭、王叔明,皆逼真,往往过之。独学云林不甚似,余有石田画一小卷,是学云林者,后跋尾云:此卷仿云林笔意为之,然云林以简,余以繁。夫笔简而意尽,此其所以难到也。此卷画法稍繁,然自是佳品,但比云林觉太行耳。"可见,何良俊的"行"、"利"之分,虽直接针对画面而言,但起决定作用的却是个人的品性。倪瓒之所以列"逸品",在于其胸中有"逸气","今画者无此逸气,其何以窥云林之廊庑耶"?若人品不至,只是"亦善画,颇有胆气,能作大幅",则"笔墨皆浊,俗品也"(评谢樗仙)。

"利家"、"行家"与"正脉"、"院礼",在何良俊的具体论述中,不尽相合。所谓"利家",是指如朱孟辨、张以文那样"画山水亦好,然只是游戏,未必精到"的人;所谓"行家",是如戴文进那样虽有精湛纯熟的技法,却乏品性之雅逸,"终不能兼利"的人。然何良俊所推举的却不是纯然的"利家",而是利而兼行的,亦即"笔力神韵兼备"的画家。

经由对画史的疏浚,本书举例证实前人"一须人品高,二须师古法"的名言:"元人之画远出南宋诸人之上,文衡山评赵集贤之画,以为唐人品格,倪云林亦以高尚书、石室先生、东坡居士并论。盖二公神韵最高,能洗去南宋院体之习,其次则以黄子久、王叔明、倪云林、吴仲圭为四大家,盖子久、叔明、仲圭皆宗董、巨,而云林专学荆、关,黄之苍古,倪之简远,王之秀润,吴之深邃,四家之画,其经营位置,气韵生动,无不毕具,即所谓六法兼备者也。此外如陈惟允、赵善长、马文璧、陆天游、徐幼文诸人,其韵亦胜,盖因此辈皆高人,耻仕胡元,隐居求志,日徜徉于山水之间,故深得其情状,且从荆、关、董、巨中来,其传派又正,则安得不远出前代之上耶?乃知昔人所言:'一须人品高,二须师法古',盖不虚也。"

此外,何良俊还详细记载了他所收藏的汉代车螯春画:"余家乃有汉人画,此世之所未见,亦世之所未知者也。其画非缣非楮,乃画于车螯壳上,此是姑苏沈辨之至山东买书买回者,闻彼处盗墓人每发一墓,则其中不下有数十石,其画皆作人物,如今之春画,间有千男色者。画法与《隶释》中有一碑上所画之人大率相类,其笔甚拙,顾、陆尚有其遗意,至唐则渐入于巧矣。夫车螯者,蜃也,雉入大水为蜃,雉有文章,故蜃亦有文章。登州海市即蜃气也,但不知墓中要此物何用。余观北齐邢子才作文宣帝哀策文曰:'攀蜃辂而雨泣';王筠昭明太子哀策文曰:'蜃辂峨峨';江总陈宣帝哀策文云:'望屎绋而攀缥';齐谢朓敬王后哀策文云:'怀屎卫而延首',则知古帝王墓中皆用之,盖置于柩之四旁,以防狐兔穿穴。其画春情,亦似厌胜,恐蛟龙侵犯之也。"这则记载的真伪暂且不论,但作为第一次著录,对于丰富画学史料无疑是极有意义的。

《四友斋画论》尽管标新之见不多,但对前代古法画理的理解却是深刻而贴切的,又由于何良俊与文徵明私交颇厚,因而从中亦可见出明时画坛之面貌。

(邵 琦)

画说 莫是龙

《画说》,一卷。明莫是龙著。约成于明万历十八年(1590)前后。最早被辑于《宝颜堂秘笈》中刊出(1610)。主要版本有《宝颜堂秘笈》本、《广百川学海》本、《闲情小品》本、《说郛》本、《丛书集成初编》本、《美术丛书》本和《中国书画全书》本。

莫是龙(约1539—1587),字云卿,又字廷韩,号秋水,又号后明。华亭(今上海松江)人。幼补诸生。万历年间,以贡入国学。十岁便能文,工书画,受到当时皇甫汸、王世贞等人激赏。家富收藏,精鉴赏。早年与董其昌同师于父亲莫如忠,因而私交甚厚。后补郡博士弟子。工诗古文辞。画山水宗黄公望而另得蹊径,磊落郁葱,别有韵致。有《莫廷韩集》等。生平事迹载张所敬撰《莫廷韩小传》(《石秀斋集》卷首)、《明史·董其昌传》、《明史·艺文志》、《松江志》、《明画录》、《无声诗史》、《海上墨林》、《艺苑卮言》等。

《画说》计有论画之说十六条。大致有画理、画法及对历代画家、作品的分析。

在绘画美学观上,提出"南宗"与"北宗"之分:"禅家有南北二宗,唐时始分。画之南北二宗,亦唐时分也。但其人非南北耳。北宗则李思训父子著色山,流传而为宋之赵幹、赵伯驹、伯骕,以至夏、马辈。南宗则王摩诘始用渲淡,一变钩斫之法,其传为张璪、荆、关、郭忠恕、董、巨、米家父子,以至元之四大家。亦如六祖之后,有马驹、云门、临济儿孙之盛,而北宗微矣。要之摩诘所谓云峰石迹,迥出天机,笔意纵横,参乎造化者。东坡赞吴道子、王维画壁亦云:吾于维也无间然。知言哉。"

在画理上,以为绘画之道:"所谓以宇宙在乎手者,眼前无非生机,故其人往往多寿。至如刻画细碎,为造物役者,乃能损寿。盖无生机也。""画家以古为师,已自上乘,进此当以天地为师。每朝起看云气变幻,绝近画中山。山行时见奇树,须四面取之,树有左看不入画,而右看入画者,前后亦尔。看得熟,自然传神。传神者必以形,形与心手相凑而相忘,神之所托也。树岂有不入画者,特画史收之生绢中,茂密而不繁,峭秀而不寒,即是一家眷属耳。"倡扬"南宗"而贬抑"北宗",强调写意传神,反对琐细雕琢。然亦主张观察提炼,从生活中来。

在画法上,莫是龙认为不必拘泥于严格的南北界分:"画平远师赵大年;重山叠嶂师江贯道;皴法用董源麻皮皴,及《潇湘图》点子皴;树用北苑、子昂二家法;石用大李将军《秋江待渡图》及郭忠恕雪景;李成画法有小帧水墨及着色青绿,俱宜宗之。集其大成,自出机杼,再四五年,文、沈二君不能独步吾吴矣。"对具体画法,又多有精到论述,如:"柳,宋人多写垂柳,又有点叶柳。垂柳不难画,只要分枝头得势耳。点叶柳之妙,在树头圆铺处,只以汁绿渍出,又要萧森有迎风摇飏之意,其枝须半明半暗。又春二月,柳未垂条;秋九月,柳已衰飒,俱不可混。设色亦须体此意也。"又"画树之窍,只在多曲,虽一枝一节,无有可直者。其向背俯仰,全于曲中取之。或曰:然则诸家不有直树乎?曰:树虽直,而生枝发节处必不多直也,董北苑树作劲挺之状,特曲处简耳。李营丘则千屈万曲,无复直笔矣。枯树最不可少,时于茂林中间见,乃奇古。茂林惟桧、柏、杨柳、椿、槐要郁森,其妙处在树头与四面参差、一出一入、一肥一瘦处。古人以木炭画圈,随圈而点之,正为此也。"

绘画既需以古人为师,更当以天地造化为师,然就绘画本身而言,笔墨的精妙与否亦是关键。莫是龙指出:"古人云:有笔有墨。笔墨二字,人多不晓,画岂无笔墨哉?但有轮廓而无皴法,即谓之无笔;有皴法而无轻重向背明晦,即谓之无墨。古人云:石分三面。此语是笔亦是墨,可参之。""山之轮廓先定,然后皴之。今人从碎处积为大山,此最是病。古人运大轴,只三、四大分合,所以成章。虽其中有细碎处甚多,要之取势为主。"

对前代画家、作品的品鉴以境界清幽古淡为标准:"赵大年平远,写湖天淼茫之景,极不俗,然不奈多皴,虽云学维,而维画正有细皴者,乃于重山叠嶂有之,赵未能尽其法也。张伯雨题倪迂画云,无画史纵横习气。予家有此帧。又其自题《狮子林图》云:'予此画真得荆、关遗意,非王蒙辈所能梦见也。'其自高标置如此。又顾汉中题迂画云:'初以董源为宗,及乎晚年,画益精诣,而书法漫矣。'盖迂书绝工致,晚年乃失之,而聚精于画,一变古法,以天真幽淡为宗,要亦所谓渐老渐熟者,若不从董北苑筑基,不容易到耳。纵横习气,即黄子久未断。幽、淡两言,则赵吴兴犹逊迂翁,其胸次自别也。"

《画说》在中国画学史上,尤其是在晚明的画坛上占有重要地位,其倡论的"南北宗论"不仅在当时就是占主导地位的画论,在整个清代数百年间也一直是人们评价中国绘画,尤其"文人画"的重要理论依据之一。

《画说》的十六条文字,与董其昌《画禅室随笔》中的文字大多相合,有些甚至完全相同,对于这一卷文字的作者究竟是谁,学术界一直存有董其昌、莫是龙两说。之所以难以确认这一组文字作者,原因有二:一是从版本上看在当时就混杂难辨;二是董其昌与莫是龙私交甚厚,且又为同时代人,因而难以辨明究竟是谁先倡"南北宗"论,或许是两人相互发见而各自记之。无论《画说》的作者终为何人,莫是龙作为"南北宗"论的始倡者之一是不存疑问的,而"南北宗"论对后世的影响又是中国画学史上诸学说中最为深广而久远的。上海书画出版社结集出版的《文人画与南北宗论文汇编》便是对这一问题研究成果的汇集,可资参阅。

(邵 琦)

画笺 屠 隆

《画笺》,一卷。明屠隆著。主要版本有《说郛》本、《美术丛书》本、《中国书画全书》本。

屠隆(1542—1605),字纬真,一字长卿。浙江鄞县人。少有异才,落笔数千言立挥而就。万历五年(1577)进士。除颖上知县,调青浦。常招名士雅聚饮酒,纵游九峰三泖而不废政务。后迁礼部主事。罢归,家贫,以卖文为生。能诗文,亦写传奇,或评文艺,于绘画亦能赏鉴。论绘画重意趣,以"天趣"、"物趣"品第画之高低优劣。有《鸿苞》、《考槃余事》、《游具杂编》、《由拳集》、《白榆集》、《采真集》及《书笺》、《帖笺》、《琴笺》、《纸墨笔砚笺》、《香笺》、《茶笺》、《山斋清供笺》、《起居器服笺》、《文房器具笺》等传世。《明史》有传。今人编有《屠隆集》。

《画笺》计有二十六则,文字长短不一,长则数百字,短则十余字。其条目依次为:一赏鉴,二似不似,三古画,四唐画,五宋画,六元图,七国朝画家,八邪学,九粉本,十临画,十一宋绣画,十二看画法,十三品第画,十四无名画;十五单条画,十六古绢素,十七裱锦,十八学画,十九轴头,二十藏画,二十一小画匣,二十二卷画,二十三拭画,二十四出示画,二十五裱画,二十六挂画。

《画笺》所论范围甚广,有画史、画理、学画、品第、观画、收藏、装裱、材料等等,几乎无所不包。但文辞过简约,点到即止,不及详论。其中除一些收藏方法外,最具有理论学术价值的是附于论述唐、宋、元、明绘画及习画方法之中的有关"意趣"的观点。

如"古画"一则:"上古之画,迹简意淡,真趣自然,画谱绘鉴虽备而历年远,其笺素败腐,不可得矣。"

论"唐画"一则:"意趣具于笔前,故画成神足,庄重严律,不求工巧,而自多妙处。后人刻意工巧,有物趣而乏天趣。"

论"宋画"一则:"评者谓之院画,不以为重,以巧太过而神不足也。不知宋人之画,亦非后人可造堂室。如李唐、刘松年、马远、夏珪,此南渡以后四大家也。画家虽以残山剩水目之,然可谓精工之极。"

论"元画"一则:"评者谓士大夫画,世独尚之,盖士气画者,乃士林中能作隶家画品,全法气韵生动,不求物趣,以得天趣为高。观其曰'写'而不曰'画'者,盖欲脱尽画工院体气故耳。此等谓之寄兴,但可取玩一世,若云善画,何以上拟古人而为后世宝藏,如赵松雪、黄子久、王叔明、吴仲圭之四大家及钱舜举、倪云林、赵仲穆辈,形神俱妙,绝无邪学,可垂久不磨。此真士气画也。虽宋人复起,亦甘心服其天趣,然亦得宋人之家法而一变者。"

论"国朝(明)"画家:"明兴丹青,可宋可元,与之并驾齐驱者,何啻数百家,而吴中独居其大半,即尽诸方之烨然者不及也。"

又如"粉本"一则曰:"古人画稿,谓之粉本,草草不经意处,乃其天机偶发,兴意勃然,落笔趣成,自有神妙,有则宜宝藏之。"

论"临画"则曰:"临模古画,着色最难,极力模拟,或有相似,惟红不可及,然无出宋人。宋人摹写唐朝五代之画,如出一手,秘府多宝藏之。今人临画,惟求影响,多用己意,随手苟简,虽极精工,先乏天趣,妙者亦板。国朝戴文进,临摹宋人名画,得其三昧,种种逼真,效黄子久、王叔明画,较胜二家。沈石田有一种本色,不甚称,摹仿诸旧,笔意夺真,独于倪元镇不似,盖老笔过之也。评者云,子昂近宋而人物为胜,沈启南近元而山水为尤。今如吴中莫乐泉临画,亦称当代一绝。"

其余诸论,亦多有独到发现。综观所论,虽然着力于意趣倡发,但其基本态度还是要求绘画创造真实而富有趣味的形象,不像后世文人画说,尽去形似之基础而泛论神韵。因而,《画笺》所论对于全面客观认识理解中国古代绘画是富有启示作用的。

(邵 琦)

画禅室随笔 董其昌

《画禅室随笔》,四卷。明董其昌著。有清康熙刻本、《四库全书》本、《清瘦阁读画十八种》本、《艺林名著丛刊》本及上海远东出版社屠友祥校注本等。

董其昌(1555—1637),字玄宰,号思白、香光居士,华亭(今上海松江)人。明代书画家。官至南京礼部尚书,谥文敏。十七岁始学书法,初从颜真卿《多宝塔》入手,后转学锺(繇)、王(羲之),并参以宋人笔意。书法风格率易中得秀色,分行布白,疏宕秀逸,对明末清初的书坛影响很大。兼擅山水画,画宗五代董源、巨然以及元四家的黄公望、倪瓒,讲究笔致墨韵,以书入画,画格清润明秀,以平淡天真取胜,为明末山水画"华亭派"之首领。在画论上推崇和倡导"士气",主张"顿悟"。倡导"南北宗"之说,并推崇"南宗"为文人画正脉,形成崇"南"贬"北"的偏见,影响深远。绘画代表作有《高逸图》、《江干三树图》、《昼锦堂图》等,并著有《容台集》、《容台别集》、《画禅室随笔》、《画旨》、《画眼》。

《画禅室随笔》为杂记体的书画小品文,乾隆中叶以后,其书流传甚广。

《画禅室随笔》凡四卷。卷一论书法,分为《论用笔》、《评法书》、《跋自书》、《评古帖》四题;卷二谈绘画,亦为四题,即《画诀》、《画源》、《题自画》、《评旧画》;卷三诗文,题为《评诗》、《评文》、《纪事》、《纪游》;卷四杂论,题作《杂言上》、《杂言下》、《楚中随笔》、《禅说》。卷首有方拱乾序、康熙庚子(1720)梁穆序。

卷一在论述书道的同时,对历代书家和法书名帖有所点评。强调笔墨运用,并推崇平淡天真的书风。认为"书道只在巧妙二字,拙则直率而无化境矣"。而字的巧处就在于用笔和用墨这两个方面:用笔要在遒劲,用墨则须有润。苏东坡诗论书法云"天真烂漫是吾师",如此才能泯没棱痕,归于书道。故在论晋、宋、唐人法书时指出:"晋宋人书但以风流胜,不为无法,而妙处不在法。至唐人始专以法为蹊径,而尽态极妍矣。"卷二四篇是本书重点,董其昌重要绘画理论和美学思想在这一卷中得到充分展示。首先是山水画上南北二宗的提出。书中认为:"禅家有南北二宗,唐时始分。画之南北二宗,亦唐时分也,但其人非南北耳。北宗则李思训父子着色山水,流传而为宋之赵幹、赵伯驹、伯骕,以至马、夏辈。南宗则王摩诘始用渲淡,一变勾斫之法,其传为张璪、荆、关、郭忠恕、董、巨、米家父子,以至元之四大家。亦如六祖之后有马驹、云门、临济儿孙之盛,而北宗微矣。"这段论述把禅宗的分宗套用于绘画流派的区分上,为古代山水画风烙上了深深的印记。而其中"崇南贬北"的论说尤为重要,它对后世北宗绘画的发展,产生了一定的阻遏。此说以为南宗是文人画,有天趣,是"顿悟"的表现,徒有功力者不可及。而北宗"顾其术亦近苦矣……方知此一派画殊不可习。譬之禅定,积劫方成菩萨,非如董、巨、米三家,可一超直入如来地也"。后来松江派画家,不仅崇尚此说,而且还加以引申,说"北宗"画家入"邪道",以至称之为"野狐禅"而加以排斥。其次是追溯文人画派的渊源传承。指出"文人之画自王右丞始。其后董源、僧巨然、李成、范宽为嫡子,李龙眠、王晋卿、米南宫及虎儿皆从董、巨得来,直至元四大家……若马、夏及李唐、刘松年,又是李大将军之派,非吾曹易学也"。文人画的提出,更是"崇南贬北"的明证。文人画所提倡的是"士气"、"平淡天真",故"士人作画,当以草隶奇字之法为之。树如屈铁,山似画沙,绝去甜俗蹊径,乃为士气。不尔,纵俨然及格,已落画师魔界,不复可救药矣"。第三是主张以天地造化为师,读万卷书,行万里路。认为:"画家以古人为师,已自上乘,进此当以天地为师。"虽说画境之气韵生而知之,全凭天授,然亦可学得,即造化于自然:"读万卷书,行万里路,胸中脱去尘浊,自然丘壑内营,立成鄞鄂,随手写出,皆为山水传神矣。"以上一系列绘画理论的提出,表明文人画发展至明末,已盛极一时。

卷三、卷四除了记述奇风异俗、轶事怪物之外,亦不乏重要的文艺观点和思想。如认为士君子贵多读异书,多见异人,才会在人品上有所提高,并进一步借黄山谷的话说:"士生于世可百不为,惟不可俗。"指出士人应当"独立不惧"。"顿悟"在这里也得到了进一步的提倡,所谓"作文要得解悟,时文不在学,只在悟。……思之不已,鬼神将通之"。这些都是与卷一、卷二中所阐述的思想一脉相承的。

《画禅室随笔》对以后的绘画发展影响深远。清初称霸画坛的"四王"就是其理论的实践者,在他们积极为画坛建立一种典范的同时,对"北宗"一派的绘画起到了消极影响。

有关研究著作有日本神田喜一郎的《〈画禅室随笔〉讲义》、古原宏伸的《〈画禅室随笔〉札记》。比较重要的学术文章有德国孔达《董其昌的〈画禅室随笔〉和莫是龙的〈画说〉》以及徐建融《〈画禅室随笔〉的美学意蕴》等。

(邵　峰)

铁网珊瑚 赵琦美

《铁网珊瑚》,又名《赵氏铁网珊瑚》,十六卷(或作十八卷,二十卷)。明赵琦美撰。有欣赏斋刊本、雍正六年年希尧刊本、《四库全书》本、乾隆二十三年刊本(二十卷)。

赵琦美(1563—1624),字玄度,号清常道人。江阴(今属江苏)人,赵用贤(明隆庆进士,官至吏部侍郎)之子。以荫官刑部郎中。好藏书,其藏书室称脉望馆。著有《脉望馆书目》等。生平事迹见钱谦益《赵君墓表》(载《牧斋初学集》卷六六)。

《铁网珊瑚》,旧题明朱存理撰。或谓都穆所撰。然本书卷末有万历二十八年(1600)赵琦美跋,称原从秦四麟家得《书品》、《画品》各四卷,后与焦竑藏本相校,又以所见真迹续于后,增为《书品》十卷,《画品》六卷。秦氏原本无撰人姓名。据此,是书非朱存理所撰,乃赵琦美得无名氏残稿所编。

全书共著录金石碑刻、书画、诗文墨迹等四百余种,记录有关题跋印记,法帖则录有原文。如《唐欧阳率更〈子奇帖〉》条,先录《子奇帖》原文:"《新序》曰:子奇年十八,齐君使理阿。既行,齐君悔之,遣人追。追者返曰:'子奇必能理阿矣,共载者皆白首。'子奇至,即铸兵以为耕器。魏闻童子为君,库无兵,仓无粟,乃起兵击之。阿父率子,兄率弟,以私兵战之,遂败魏师。"其后有"古圯静胜老人刘沐观"、"庐山黄石翁观"等观阅者题字。再后有记述原委、考证真伪、品评优劣及价值的文字。如《子奇帖》后即有元人邓文原、吴善、班惟志三人题识。以下仅录后二者:"古人法书贵墨迹而贱石刻。墨迹具存笔意,学者盖有考焉。此帖欧阳率更所书《新序》,墨色宛然,笔意具在,善书者宜宝之。元统改元岁在癸酉十有二月,番阳吴善题。""率更令欧阳公书法,在李唐朝居褚河南、薛少保右,则其妙可知矣。拜观《新序》一帖,其笔力端重道丽,足为万世法程,学者乌可以片楮忽诸?不特此耳,吴兴赵公书签、巴西邓先生手跋,亦足清玩也。识者宝之。大梁班惟志谨书。"

书中所录大量题跋印记,有助于后人辨识古迹异同真伪,至今赏鉴家多引以为据。

上海书画出版社1992年出版《中国书画全书》本,以欣赏斋本为底本,参校《四库全书》本断句排印。广陵书社2012年出版了韩进、朱春峰《铁网珊瑚校证》。

(侯占虎)

绘事微言 唐志契

《绘事微言》,四卷。明唐志契著。成书年份不详,主要版本有明抄本、《四库全书》本、《海陵丛刻》本、《中国书画全书》本。人民美术出版社1985年排印本是目前最好的本子。

唐志契(1579—1651),字元生,一作玄生,又字敷五。广陵(今江苏扬州)人,一作海陵(今泰州)人。诸生。精于绘画。遍游名山大川,坐卧其间经年累月,画作笔意清远,有元人风格。生平事迹见《明画录》等。

《绘事微言》系画论丛辑著作。第一卷为自撰,其余三卷则杂采前人旧说汇辑而成。

第一卷计有五十一则,分别为:画尊山水、画名、传授、画以地异、山水写趣、写画要读书、画不可苟、画要看真山水、存思、品质、画有自然、大小所宜、逸品、老嫩、仿旧、山水要明理、苏松品格同异、画在天分带来、山水性情、气韵生动、用墨、积墨、写意、皴法、丘壑藏露、笔法、山水忌纤巧、冗与杂不同、碎石、树木、树石所宜、枯树、柳与松柏、水口、云雨风烟、烟云染法、雪景、楼阁、远山、点苔、蓄画、赏鉴、看画诀、识画火候、古今优劣、名家收藏、绢素、古画不入常格、古画无价、院画无款、金碧山水。

第二至四卷则辑录历代画论,始自南齐谢赫《古画品录》,迄于明代李日华,虽不乏承讹袭谬者,然多能删除芜冗,汰取精华。前有郑光勋序。

唐志契论画独重山水,以为"画中惟山水最高,虽人物花鸟草虫未始不可称绝,然终不及山水之气味风流潇洒"。因为"山水原是风流潇洒之事,与写草书行书相同,不是拘挛用工之物"。"昔人谓:'画人物是传神,画花鸟是写生,画山水是留影。'然则影可工致描画乎?夫工山水始于画院俗子,故作细画,思以悦人之目为之,及一幅工画虽成,而自己之兴已索然矣。是以有山林逸趣者,多取写意山水,不取工致山水也。"

唐志契认为山水之意趣,在于能得山水之真性情。得山水之真性情再从笔墨留影,则绘画"气韵"可得。他说:"凡画山水,最要得山水性情,山得其性情,便得还抱起伏之势,如跳、如坐、如俯仰、如挂脚,自然山性即我性,山情即我情,而落笔不生软矣。水便得涛浪潆洄之势,如绮、如云、如奔、如怒、如鬼面,自然水性即我性,水情即我情,而落笔不板呆矣。或问山水何性情之有,不知山性即止而情态则面面生动,水性虽流而情状则浪浪具形,探讨久之,自有妙过古人者。古人亦不过于真山真水上探讨,若仿旧人,而只取旧本描画,哪得一笔似古人乎?岂独山水,虽一草一木亦莫不有性情,若含蕊舒叶,若披枝行干,虽一花而或含笑,或大放,或背面,或将谢,或未谢,俱有生花之意。画写意者,正在此著精神,亦在未举笔之先,预有天巧耳,不然,则画家六则首云气韵生动,何所得气韵耶!"

在阐释"气韵生动"时,指出世人理解多有谬误:"气韵生动与烟润不同,世人妄指烟润为生动,殊为可笑。盖气者,有笔气、有墨气、有色气,而又有气势、有气度、有气机。此间即谓之韵。而生动处则又非韵之可代矣。生者,生生不穷,深远难尽;动者,动而不板,活泼迎人,要皆可默会而不可名言。……至如烟润,不过点墨无痕迹、皴法不生涩而已,岂可混而一之哉。"

推重"逸品",主张绘画要有"士大夫气味",将"风神秀逸,韵致清婉"作为一条标准。因而要求画家作画"聪明近庄重,便不佻;聪明近磊落,便不俗;聪明近空旷,便不拘;聪明近秀媚,便不粗"。欲有此胸次,则一须"行万里路,读万卷书",使"胸中富于见闻","富于丘壑";二须"解衣盘礴,任意挥洒",既"下笔一丝不苟",又不能为金钱而草率苟且;三须"凝神存想","从容自得","适意时,对明窗净几,高明不俗之友为之",如此,就可"写出胸中一点洒落不羁之妙"。

唐志契认为绘画之精妙,一来自"看真山水","法自然",若能经常"亲临极高极深",则"看得多,自然笔下有神"。对造化又需"弃其丑而取其芳",不可单纯陷于古人之中,"徒摹仿旧人栈道瀑布"。二是来自"名师指点","若无名师指点",则应"大积古今名画,朝夕探求",亦可"下笔精彩过人"。但师古人应"师其意而不师其迹",同时又"博学诸家",唯有如此,方能悟得绘画的"法度准绳"。

此外,《绘事微言》还就绘画作品收藏方法,古今作品优劣之鉴别等作了提纲挈领的论述。

《绘事微言》收入《四库全书》时,进呈书目中称除四卷外尚有别纪三卷,题为吴从先撰。《四库》本未收,故不知三卷《别纪》的内容。《中国书画全书》收入时,以《四库》本为据,以明抄本相校勘,但后三卷亦未收。姜绍书《无声诗史》认为本书颇得"六法"之蕴,《四库全书总目》称《绘事微言》"自著论断,多中肯綮",又说书中诸多论断,如"作画以气韵为本,读书为先,皆确论也。读其书,可以知其非庸史矣。故《钦定佩文斋书画谱》采志契之说颇多云"。

(邵 琦)

画麈 沈 颢

《画麈》，一卷。明沈颢撰。有《广百川学海》本、《美术丛书》本和《画论丛刊》本。

沈颢(1586—?)，字朗倩，号天石。长洲(今江苏苏州)人。擅长丹青，工于诗文、布衣终身，著述颇丰。撰有《枕瓢集》、《焚砚集》、《浣花闲话》、《蟪阿杂俎》和《画传灯》等。清顺治十八年(1661)他七十六岁时尚存活人世。生平事迹参见清陆心源《穰梨馆过眼录》有关著录和今人张慧剑《明清江苏文人年表》。

本书曾收入明人闵景贤所辑丛书《快书》，《快书》初刊于天启六年(1626)，可见《画麈》早在沈颢四十岁以前已经撰成。全书共分十三目三十九则：一《表原》，二《分宗》，三《定格》(六则)，四《辨景》，五《笔墨》(三则)，六《位置》(八则)，七《刷色》，八《点苔》，九《命题》(三则)，十《落款》(四则)，十一《临摹》(三则)，十二《称性》(三则)，十三《遇鉴》(四则)。

《表原》辩画祖不是封膜，而是妇人嫘，故作惊人之论。《分宗》沿袭莫是龙、董其昌"南北宗"之说，并无创见。《定格》以下，纵论画理画意画法，识见颇高，深获后人好评。

沈颢论画，崇尚简澹，倾慕神骨，并常以诗歌比拟，因而形象含蓄，耐人寻味。其《定格》曰："层峦叠嶂，如歌行长篇；远山疏麓，如五、七言绝，愈简愈入深永。庸史涉笔，拙更难藏。"可见简澹更有情趣，也更见功力，这与他《分宗》中标榜的文人画"裁构淳秀、出韵幽澹"的风格是完全一致的。又说："少陵云：'高简诗人意。'今人刻意求简，便落倪迂。不刻意求简，欲为倪迂，不可得也。"元末倪瓒逸笔草草的画风，是明中期以后吴中画派特别倾慕的，其痴迷的程度，于此可见一斑。

明末文人画师普遍认为，作画须从画外求，若读万卷书，行万里路，画品自然会高。沈颢则更为彻底，断言无书卷气的画根本就称不上是画："赵大年平远，逸家眼目，剪伐町畦，天然秀润，从辋川叟得来。然昔有评者谓：'得胸中千卷书更奇古。'则无书可以无画。"沈颢心目中的佳作，应该是"把之有神，摸之有骨，玩之有声"的，要达到这样的境界，当然也离不开万卷书的基础。

不仅画的构思和意境全仗画外功夫，就是画技的突破和创新也能从诗文中获得。《笔墨》曰：

"米襄阳用王洽之泼墨,参以破墨、积墨、焦墨,故融厚有味。予读《天随子传》,悟飞墨法。轮廓布皴之后,绡背烘漫,以显气韵沉郁,令不易测。"

书中对于前贤几成定说的理论经常提出反驳,这些独出心杼的议论,往往给人耳目一新的感觉。如《位置》说:"大痴谓画须留天地之位,常法也。予每画云烟着底,危峰突出,一人缀之,有振衣千仞势。客讶之。予曰:此以绝顶为主,若儿孙诸岫,可以不呈;岩脚柯根,可以不露,令人得之楮笔之外。"当然,将画境移往画外,沈颢的画法确实值得称道。又如《命题》:"郭熙云:作画先命题为上品,无题便不成画。此语近于胶柱。……良工绘事,有布置而实无布置,无布置而实有布置。象之所有不必意,意之所有不必象。理不离于异见,事不关乎慧用。此中一着些子,便判人天,何暇命题?或者脱局赏心,撷词拈语,固无不可。"这是典型的重视意趣、主张放任自适的明季文人画思想。

沈颢论画还标榜"似而不似,不似而似"。首先是作画不必与对象相似,他举元人倪瓒为例,说倪瓒晚年随意抹扫,如狮子独行,脱落侪侣。一天于灯下画竹、树,傲然自得。谁知次日早起展视,根本就不像竹。倪瓒笑着说:"全不似处,不容易到耳!"(见《称性》)可见倪瓒认为不似比似更难。其次是临摹也不必与古人相似:"临摹古人,不在对临,而在神会。目意所结,一尘不入。似而不似,不似而似,不容思议。"(《临摹》)此语显然更为彻底。

对于元代以后盛行的题款和绘画、书法并举的风气,以及题款的位置安排等等,书中也作了简要论述。如谓元以前大多不用款识,"款或隐之石隙,恐书不精,有伤画局。后来书、绘并工,附丽成观"。又说:"一幅中有天然候款处,失之则伤局。"以此说明款识已是绘画不可缺少的部分。至于明代绘画,尤其是吴门画师的题款变化,书中也有精要评述:"衡山翁(文徵明)行款清整。石田(沈周)晚年题写洒落,每侵画位,翻多奇趣。白阳(陈道复)辈效之。"

沈颢论画语相当精妙,含蓄隽永,要言不烦,常有禅家语录般的意趣。例如《辨景》曰:"山于春如庆,于夏如竞,于秋如病,于冬如定。"这"庆"、"竞"、"病"、"定"四字,对四秀景致的描摹,可谓惟妙惟肖。又如论作画的布局:"胸中有完局,笔下不相应,举意不必然。落楮无非是机之离合,神之去来。既不在我,亦不在他,临纸操笔时,如曹瞒欲战,若罔欲战,头头取胜矣。"再如述丹青妙手的随意挥洒:"了事汉意到笔随,渍墨扫纸,便是拈花击竹。"(《称性》)凡此种种,更使本书增添了许多魅力。

本书有今人于安澜《画论丛刊》整理本,以清初顺治三年(1646)《续说郛》刊本为底本,用《昭代丛书》本和《佩文斋书画谱》本参校。书后附校勘记。

(孙小力)

画引 顾凝远

《画引》,一卷(或作三卷)。明顾凝远撰。通行本有《说郛》本、《美术丛书》本、《画论丛刊》本和《画苑秘笈》二编本。

顾凝远(约1583—?),号青霞,长洲(今江苏苏州)人。工诗,精于书画,山水尤佳。多在江南游历。与明季"竟陵诗派"领袖谭元春交好,且曾以"诗瘦阁"名刊印书籍。清顺治九年(1652)尚存活于世,作《吴中名胜十图》,当时年约七十。撰有《蟋蟀在堂草》等。其生平事迹见今人张慧剑《明清江苏文人年表》有关记载。

本书重在论山水画法,兼及品评。共评九章,依次为兴致、气韵、笔墨、生拙、枯润、取势、画水、写生和历代画评。其中生拙、写生和历代画评数章阐述较为详细,其余均较简短。

顾氏以为,绘画重在抒情,要在灵感。犹如诗人赋诗,应从大自然中觅取题材和构图,而不应搜肠刮肚,勉强作画:"当兴致未来,腕不能运时,径情独往,无所触则已。或枯槎顽石,勺水疏林,如造物所弃置,与人装点绝殊,则深情冷眼,求其幽意之所在而画之,生意出矣。此亦锦囊拾句之一法。"(《兴致》)所谓"深情冷眼",即能入能出,感情须投入,若无与所画对象息息相通的情感,则难有描画的激情;但一味投入,也会妨碍客观的观察和思考,因此又必须入而能出,与对象保持一定距离。

类似"深情冷眼"的辩证观,在《生拙》一章中表述得最为详尽:"画求熟外生。然熟之后,不能复生矣。要之烂熟圆熟,则自有别,若圆熟则又能生也。工不如拙,然既工矣,不可复拙,惟不欲求工,而自出新意,则虽拙亦工,虽工亦拙也。生与拙,惟元人得之。"顾氏认为,欲求生拙,必须不拘绳墨,任性而发,犹如闺房中的静女和胡乱涂鸦的童稚,只求自抒天趣,唯恐旁人窥见评说而妨碍自己随心所欲发挥,然其风格,常常是名流大家所达不到的。此说颇与李贽"童心说"相近。当然,"生拙"并非只能从"童趣"中获得,何况成人的"童心"与真正的孩子毕竟性质不同。那么,"生拙"究竟突出表现于哪一类人的作品中呢?是文人雅士。"然则何取于生且拙?生则无莽气,故文,所谓文人之笔也;拙则无作气,故雅,所谓雅人深致也。"

"文人之笔"也好,"雅人深致"也罢,书中认为其最重要的特征就是"气韵"。关于气韵,一般人都以为表现于"笔墨淋漓",顾氏也说:"墨太枯则无气韵。"然而气韵却并非首先在笔墨淋漓之中。《气韵》篇曰:"六法中第一气韵生动,有气韵则有生动矣。气韵或在境中,亦或在境外,取之于四时寒暑、晴雨晦明,非徒积墨也。"此说明显是为了纠正世人推崇纵笔挥洒、笔墨丰腴之作的错误心理。至于究竟如何发挥笔墨效果,以及怎样把握"枯润"的分寸,书中均有说明。总之,"凡六法之妙,当于运墨先后求之"(《枯润》)。

书中"画评"部分,对历代画师的风格、特色大多未作具体品评,只是列举了自汉至明的部分画家的姓名,不过从中也能窥见顾凝远的品评标准。

首先,他推崇文人画师,其中也包括士大夫。他所谓的风流蕴藉的大贤豪、大名士,宋代仅有苏轼、米芾和米友仁,元代是倪瓒和赵孟頫,明代则只有董其昌。

其次,他将士大夫名家和文人名士分开排列,而且认为艺术和仕宦不能一身兼任,否则必然有所妨碍。他说:"元人用笔生,用意拙,有深义焉。善藏其器,惟恐以画名,不免于当世。惟松雪翁袞然冠冕,任意辉煌,与唐、宋名家争雄,不复有所顾虑耳。然则其仕也,未免为绝艺所累。"(《生拙》)那么,在元代画家之中,他是否尤其推崇赵孟頫呢? 并非如此。在《画评》中,他将倪瓒置于赵孟頫之前;在《四大家目》中,又将倪瓒置于元四大家之首。可见号称"逸"家的倪瓒,不论其画风,还是其人品,顾氏都认为是第一等的。从中也可窥见明末吴中人士对隐逸之士的尊敬,以及当时布衣文人的自尊和自重。

最后,他对本朝画坛和历史作了简要评述,特别强调了董其昌的"中兴"作用:"自元末以迄国初,画家秀气已略尽,至成、弘、嘉靖间,复钟于吾郡,名流辈出,竟成一都会矣,至万历末而复衰。幸董宗伯起于云间,才名道艺,光岳毓灵,诚开山祖也。惜学之者未探宗旨,徒貌皮肤,遂令影中生影,影之外复有影。合之两郡气习,亦骎骎乎强弩之末也。"另外还依照"士大夫名家宗匠"、"中兴闲气"、"文人名士"、"名画家"、"今文士名家"、"兰闺特秀"分类,记录了本朝三十位画师的姓名,并特意声明说:"博采时论,略序人伦,光昭斯道,未敢轩轾。"

本书阐说虽大多较为简略,但多出于心得,故为后人所重视。《书画书录解题》称本书"颇多精意",并非虚饰妄夸。

本书原本已不易觅得,今日通行各本大多不是完本。于安澜所编《画论丛刊》本于1937年中华印书局初版时,据《佩文斋书画谱》卷十六有关记录排印,收有论画七章。1960年由人民美术出版社重版时,复据《佩文斋书画谱》补入卷十四《论写生》一章及卷十八《历代画评》一章三则,然仍非全本。

(孙小力)

画史会要 朱谋垔

《画史会要》，五卷。明代朱谋垔著。成书于崇祯四年(1631)。本书原刊本已失传，现可见者有《四库全书》本、《中国书画全书》本(据四库本断句排印)。

朱谋垔，生卒年不详。字隐之，号八桂，又号厌原山人，多㸅之子。封奉国将军，为明之宗室。擅书法，被人誉之曰：鸢锵虎跃，标识一家。屏障榜额，得手笔为重。曾续陶宗仪《书史会要》一书，作《书史会要续编》一卷。胡继谦《隐之先生懿行纪略》载其生平事略。

根据朱谋垔自序："取谢、张、朱、刘众氏之书，而旁搜于经史杂家，采其要言，依陶氏篇法，爰自包牺以逮我明，上而帝王，以及缙绅、韦布、道释、女流，各为小传，或如封膜之数，则正其伪误，后录诸家文赋可诵者，若夫杂论则以六法为纲而条列之，其卷仍书史之数。"则《画史会要》应如陶宗仪《书史会要》有九卷，但《四库》本已只见五卷。余绍宋《书画书录解题》揣测后四卷抑或是四库馆削录，其内容则为"诸家文赋之可诵者"。又《佩文斋书画谱》辑录本书，题作者为金赍，本书之续编作者则署为朱谋垔，不知何据，《四库》本改定本书作者为朱谋垔。续编则无从见。

《画史会要》系绘画史著作。全书分五卷。第一卷自三皇迄五代；第二卷为北宋；第三卷为南宋、金、元、外域；第四卷为明代；第五卷是画法。书前有朱谋垔自序，书后有朱宝符跋。第一、二、三卷，主要是将谢赫《古画品录》、张彦远《历代名画记》等存世的画史著作中收录的历代画家加以综合汇集，并依年代编列。每一位画家名下列其字号、里籍、官职、生平事略、所善画科及前人品鉴评第。对前人史传中不甚确言的记载则加以辨证订误。第四卷为明代画家，相较于前三卷，不论在画家收罗的齐全方面，还是对画家事迹、创作的载录方面都远胜于前者。后世对明代画家、画史的研究亦多以此为原本或凭据。第五卷则是历代画论画法的综合辑录。计有：六法三品、气韵、用笔、写形、赋彩、位置、传模、鉴别、评画、赏鉴好事、似不似、古画、唐画、宋画、元画、明画、邪学、粉本、看画法、品第画、无名画、单条画、古绢画、裱锦、学画、轴头、藏画、小画匣、卷画、拭画、出示画、裱画、挂画、收画等。由于作者主要是杂采前人之成言而编就此书，且又没有标明采用辑录的出处,因此,对于本书中哪些是前人的评说,哪些是作者自己的见解,很难一眼辨出。但从全书的收辑内容来看,似乎没有什么明确的品评或理论作为取舍标准,而是采取了所见所知者一概收入的相对客观态度,因而,为后人的研究保留了不少有益的史料,是画史研究不可忽视的重要史著。

相对于元代夏文彦的《图绘宝鉴》一书来看,《画史会要》罗致之宏富详尽要远胜之,且对前人之订误亦过之。如:封膜名下,朱谋垔就有如下之正误:"张彦远《名画记》云:'封膜,周时人,善画,见《穆天子传》。'郭璞注云:'封姓膜名。'今考《穆天子传》云:'封膜昼于河水之阳,以为殷人主。'郭注云:膜昼人名。彦远岂误看昼字为画字,遂令妄有一人列名画谱,今驳正之。"

《画史会要》第五卷就体例而言,与一般的画史之作不尽相合。但就其对画法、画理及品第收藏的系统梳理而言,尽管也多是采录前人之说,但是对画家和绘画品鉴收藏者仍有参考价值。

《画史会要》因其史料丰富,收录齐全而为历代绘画研究者所重视。《四库全书总目》称:"金、元、明诸画家颇赖以考见始末。"御定的《佩文斋书画谱》中的画家小传多以《画史会要》之记载为依据。

(邵 琦)

东图玄览编 詹景凤

《东图玄览编》,又名《詹东图玄览编》或《玄览编》,四卷。明詹景凤撰。原为詹景凤《东图全集》的一部分。《东图全集》共三十卷,自序撰于明万历辛卯年(1591),前二十六卷为诗文杂著,后四卷即为《玄览编》,由六百余条鉴赏法书名画的笔记和三十八首题书画碑铭之作两部分组成。此书久无足本,仅清代《佩文斋书画谱》第九十九卷刊载过一六二条,失撰写人名;民国时《故宫周刊》曾以《绘事杂录》专栏登载了其中的四二七条。1947年北平故宫博物院根据近年发现的明万历抄本《东图全集》,抽出其后四卷,由启功作跋,刊印成单行本发行出版,始有今通行本。

詹景凤,字东图,号白岳山人,安徽休宁人,官至吏部司务。擅长书画,山水学倪、黄,书法二王,所作狂草极尽变化。兼善鉴藏,还撰有《画苑补益》、《书苑补益》和《詹氏小辨》等著作传世。

启功在本书跋语中说:"此编所记不斤斤于款识印章而详于笔墨法度。昔读张浦山(庚)《图画精意识》,以其备论画法得失,于书画著录体例中独辟蹊径,赏鉴之道始不堕于空谈,而能有益于学者。及见东图之书,则已先乎浦山矣。盖东图书画既精,闻见又博,其所论断皆自甘苦中来,精辟如此,岂偶然哉。"编中著录书画之质地、形象、画法、题跋与流传经过,同时考察技法承袭演变之迹象,发表鉴赏真伪优劣的意见,内容十分丰富。而其中尤其值得注意的,一是多处透露出明代中后期书画家队伍中"行利互融"与文人画家职业化倾向的消息,较典型的如记录吴派名家文徵明那段:"(文)太史初下世时,吴人不能知也,而予独酷好,所过遇有太史画,无不购者……是时价平平,一幅多未逾一金,少但三四五钱耳。予好十余年后,吴人乃好。又后三年而吾新安人好,又三年而越人好,价埒悬黎矣!"再就是提供了许多相关的艺术市场及辨识真伪的情况。当时艺术品买卖已经相当活跃,编中列数了王世懋之"小方鼎价百六十金"、赵孟頫书"兰亭十三跋售者索十金"、"欲以二百鳌易宋星凤楼本黄庭经",甚至一次成交玉器古玩得达数百金之巨资。而为了牟利伪造赝品层出不穷,弄得连文徵明购得自己老师沈周的假画都识别不了(见卷二)。作者指出:"吴人多以真跋装伪本"(卷一),"赝者饶熟,饶似其气,卑鄙其神,终涉畏缩……",堪谓经验之谈。

在对具体作品的品评当中,作者不轻视马远、夏珪,不贬斥吴伟,高度评价戴进"苍古而雅"的画风,表现出拒绝"尚吴贬浙"时风的独立见解。而提出《荐季直表》系后人伪作、元吴镇画有学夏珪之处,尤为具眼者之言。至于书中将鲁国大长公主当作是明初人、五代郭乾晖为宋人等疏误实属小疵,不会影响本书在了解和研究明代以来书画创作、鉴赏、收藏和买卖等方面重要的历史参考价值。

(李维琨)

清河书画舫 张　丑

《清河书画舫》，十二卷。明张丑撰。成书于明万历丙辰四十四年(1616)，主要版本有清乾隆二十八年仁和吴氏池北草堂刻本、《知不足斋丛书》本、释就堂抄本、《四库全书》本、《扫叶山房丛钞》本、清光绪十四年孙溪朱氏刻本、黄宾虹《美术丛书》本及上海古籍出版社2011年版校点本等。

张丑(1577—1643)，字青父，一作青甫，初名谦德，字叔益，号米庵、亭亭山人等，江苏昆山人。生于明万历五年，卒于明崇祯十六年，享年六十七岁。张丑先祖耽于书画，与书画家沈周、文徵明笃交。筑有"春草兰香堂"。张丑日读于堂中，濡染家学，能书善画。年二十二掇稗官家言纂《名山藏》二百卷，自比汉文学家司马相如。世与文徵明姻连，入王世贞之座，常往来于三泖五湖之间，见闻益博，家中收藏亦日趋丰富。生平雅慕米芾，有"阅书宗海岳，展画得潇湘"之句。平生著述颇丰，有《鉴古百一诗》、《清河书画舫》、《清河书画表》、《南阳法书表》、《南阳名画表》、《法书名画见闻表》、《真迹日录》等。生平事迹见严诚为《清河书画舫》所作序文。

此书作者十分推崇米芾，晚年自号"米庵"，可见其对米芾推崇之致。张丑曾于万历乙卯(1615)得米芾《宝章待访录》墨迹，尤为欣喜，名其书室曰"宝米轩"。本书的书名也来源于米芾撰《书画史》，据作者自序："造《清河书画舫》传诸雅士，不令海岳庵《书画史》独行也。"而"书画舫"之名则源于米芾所取船名"米家书画船"。

此书为书画著录书，书中刊载以人为纲，以流传书画为目，可分为作者目见和采集两类，目见类不注出处，采集类则注出于何书，间有作者的评论和考证，但整个体例不完全统一，使用时没有像汪砢玉《珊瑚网》、卞永誉《式古堂书画汇考》、吴升《大观录》等著录书来得方便。编次以地支子、丑、寅、卯、辰、巳、午、未、申、酉、戌、亥为序，原稿则以"莺嘴啄花红溜，燕尾点波绿皱"编号，如池北草堂刻本即据此刊定。每卷后均附"补遗"，如戌集，补遗为高克恭、黄公望、王蒙，这些补遗并非正文中未出现，而是正文中已出现过，只是再补充一些内容而已。书前有严诚乾隆二十八年作的序，严序后为作者丙辰中秋自撰"清河书画舫引"，及摘录米芾的生平小传，以示该书取名的渊薮。再后即为刻梓者吴丽煌校刊该书的分条说明共九条,这些说明对于读者理解、掌握、运用该书有很大帮助。

本书收录始自三国锺繇,迄明代仇英,共一百五十九人,但未按照朝代顺序严格排列,如将明人冷谦寄于李思训名后,将元人王振鹏寄于宋郭忠恕名后,等等,从著作者的主观愿望来看,恐怕是为了考虑画风相似以及师承渊源关系,如午集宋释巨然名后附以高克明和元人吴镇,这两个人的画风都是师法释巨然的,这种排列固然有作者依据的理由,但对于使用者来讲,有时不免会带来不便。除记录书画作品外,该书尚援引摘录相关的书画史著资料,如子集"索靖《出师颂》、《月仪帖》"条:

> 索靖章草《出师颂》一卷,用黄麻纸书之,上有宣和印识,而朱色如新,且与书谱文合,故文寿承定为真迹,为之刻石行世。评者至谓靖书如飘风忽举,鸷鸟乍飞;又如雪岭孤松,冰河危石。则其结法遒逸,从可知矣。或曰:颂文盖出萧子云笔,元初藏霍清夫处,见《云烟过眼录》。宋时在钱勰房下,亦见米氏《书史》。其真是耶?否耶?

此段为作者原文,后面附《书史会要》中"索靖"条。但在亥集中有关明人的记录则有所不同,一般不采用书画史传资料,而是收录题跋,并以自己的目力在图后注明"真迹"二字,有的还收录自己的题跋。如亥集沈周《仙山楼阁图》,除了记录作者自己的评鉴,尚有沈周、祝允明题跋,和作者万历丙午年(1606)的长跋。此外,有些作品并非作者亲见,仅据传闻,也收录此书中。如作者把文嘉《严氏书画记》(详细记录严嵩家藏法书名画)转抄此书中,并在午集中收录文氏该书的全文。值得一提的是,张丑在考证上还是比较严谨的。如申集"米芾"条,收录蔡肇撰"故宋礼部员外郎米海岳先生墓志铭"全文,"墓志铭"原文误将"崇宁三年甲申"写为"甲子",张丑考证云:

> 崇宁三年当属甲申,而云甲子,盖误与《戏鸿堂帖》、《快雪时晴帖》跋语之讹相类,当觅石本正之。丑志。米老以皇祐三年辛卯生,以大观元年丁亥卒。

这样,张丑把《宋史·米芾传》中米芾的卒年误谓四十八岁考订为五十七岁,纠正了正史的错误。

由于是书"向无刊本,传钞既久,讹以滋讹",刻梓者是以"援引诸书,悉取元书,细加雠勘",脱误者则以朱存理《珊瑚木难》、《铁网珊瑚》、汪砢玉《珊瑚网》、郁逢庆《书画题跋记》、高士奇《江村销夏录》、姚际恒《好古堂书画记》等书互相勘定,因此,此书正如彭之瑞《知圣道斋读书跋》所述:

> 其书纲目错杂,时代颠倒,人己之说,不辨全,不知著书体例,视《珊瑚网》、《书画汇考》逊甚,若近代"销夏二书",则高不如孙也。(孙承泽有《庚子销夏记》,与高士奇之作合称"销夏二书"。)

尽管如此,作为书画著录书,此书仍具有一定的参考价值,可与别的书画著录书互为参阅,亦可收到好的效果。

(孙国彬)

珊瑚网 汪砢玉

《珊瑚网》,又名《汪氏珊瑚网》,四十八卷。明汪砢玉撰,成书于崇祯癸未(1643),主要版本有《四库全书》本、《适园丛书》本、《美术丛书》本等。

汪砢玉,字玉水,号乐卿、自号乐闲外史,别号甚多,有石墨池外史、平阳紫源九裔、毗飞居士、蓬峰鹤岭中人、桃花潭水人、七十二泉主人等,原籍徽州,寄籍秀水(今浙江嘉兴)人。万历、崇祯间人。曾官山东盐运使判官。其父爱荆,与嘉兴大收藏家项元汴友好,筑凝霞阁以贮书画,收藏之富,甲于一时。砢玉自幼受其父教诲颇深,耳濡目染,稍长,即阅尽家中所藏,并依年代为序,编成是书。

《珊瑚网》为书画著录书,分上、下二编。上编法书二十四卷,自卷一至卷十八俱为法书真迹,并历代题跋,十九、二十两卷为碑帖(原石刻墨迹),卷二十一为丛帖,卷二十二为书凭,卷二十三为书旨,卷二十四为书品;下编名画亦二十四卷,自卷一至卷二十二俱为名画真迹,并历代题跋,卷二十三为画据,卷二十四为画据附画法。书前有江阴缪荃孙乙卯(1915)序,书后有吴兴张钧衡跋。缪序曰:"以朱存理《珊瑚木难》为最善,玉水亦沿其例而扩充之",据此可知,此书大体仿《珊瑚木难》,然而是书的"书凭"、"画据",以及搜集诸家书画目,则为创格,可惜所收弗广,且乏考证。尽管如此,《四库全书总目》仍引用朱彝尊的一段话称是书可"与张丑《清河书画舫》、《真迹日录》并驾";而张钧衡跋则以为"后来卞永誉《式古堂书画汇考》、厉鹗《南宋院画录》皆藉是书以成"。不过,此书一向无刻本,辗转传抄,脱误漏讹处较多,有些作品目录中没有,而正文中有;有些目录有,而正文没有。编刻者用了几种手抄本参考校对后,才成为我们今天看到的《珊瑚网》,因此,在使用该书时,应尽可能谨慎些,以免以讹传讹。

作为一部书画著录书,《珊瑚网》对历代的书画记述十分详备,如法书卷三记载《蔡忠惠公进谢御赐诗卷》,除了记录该诗卷全文外,尚收录自宋米芾始至明吴宽十人的题跋,另有五人的题跋未录,仅记姓名。案蔡襄《谢御赐诗卷》(日本东京书道博物馆藏),其题跋与《珊瑚网》的记录基本一致。又如名画卷三关于宋徽宗《雪江归棹图》的记载：收录宋蔡京、明王世贞、王世懋、董其昌的题跋，这些题跋对于认识宋徽宗的艺术创作和该图的创作手法都很有帮助。除此而外，对所收录的书画中的重要印章，该书亦择要记载，如法书卷二《徐季海宝林寺诗迹》就录有"季穆家藏书画记"、"柯九思印"。对名画的记录则更详细，有些画不仅记录了画的质地、幅式、设色和别人的题签、题名，而且还收录了作者的跋语，仍以宋徽宗《雪江归棹图》为例，汪砢玉跋曰：

> 画长五尺，在绢上，横卷，瘦金题首《雪江归棹图》。上用双龙小方玺半边字，若今之挂号然。卷后有"宣和殿制"四字，作瘦金体。上用御书瓢印，下有御押"天下一人"字。其王司寇二跋已刻《弇州续稿》中，又董跋吴瑞生所有王右丞《江山雪霁图卷》，后竟归程季白。季白与余友善，故获睹其珍秘。玉水记。

又卷三米南宫《云山挂幅》，汪砢玉跋曰：

> 余昔年得米画一幅，云山明灭，烟树霏微，竹间茆屋数椽，萧然自异，与此图正相似。此时有五色鹦鹉在花前学语，声声叫颠绝也。玉水记。

此书与别的书画著录有一个最大的区别是，该书除记录作者自家藏的、自己目睹外，在上编卷二十二、下编卷二十三还记录了别家收藏的书画情况，如下编卷二十三载：

> 李师端收薛稷二鹤，李升著色画，其一幅山水，舟舫小，人物精细，两幅画林石岸，茅亭溪水，数道士闲适，人物差大，反不工，小者石岸天成，都无笔踪。其三幅峰峦秀拔，山顶蒙茸，作远林层际，非岁月不可了，而种种木叶，古未有伦。

总的来说，汪砢玉《珊瑚网》可谓一部规模较大的著录书，在此以前的著录书尚未有超越他的，同时，该书收录的书迹、画迹质量品位也属于高的，如法书中的唐《颜鲁公书朱巨川告身帖》、《杜牧之张好好诗并序》、释高闲《草书千字文》，宋苏轼《祭黄几道文》、米芾《苕溪诗卷》，元赵孟頫《真草千字文》；名画中的宋徽宗《雪江归棹图》、扬补之《墨梅卷》、李唐《采薇图》、钱选《浮玉山居图》、赵孟頫《秋郊饮马图》、吴镇《渔父图》、倪瓒《紫芝山亭图》等，均为传世真迹精品，因此，尽管此书几经传抄，存在着一定的错误，但仍独具参考、应用价值。

（孙国彬）

园林建筑

王氏拙政园记 文徵明

　　《王氏拙政园记》，一篇。明代文徵明撰。成于明嘉靖十二年(1532)，距王献臣于明正德初年动工修建拙政园仅三十余年，是有关拙政园这一苏州名园颇为原始的文字记载，在中国园林史上具有比较重要的史料价值。文收于《珊瑚网·书录》。

　　书名中的王氏指王献臣，字敬止，号槐雨，江苏苏州人。明弘治六年(1493)考中进士，曾任御史，任内出巡山西大同，因弹劾失职武臣而得罪于权要，被贬为上杭县丞，正德初年迁永嘉知县，再贬为广东驿丞。文徵明在《记》中说，王献臣"解官家处"，"享闲居之乐者，二十年于此矣"，可见王氏解归田园约在明正德八年(1513)前后。

　　作者文徵明(1470—1559)，初名壁(亦作璧)，号衡山，字徵明，以字行。江苏吴县(古称长洲)人。九度应试，均未中举，五十四岁时以岁贡生荐为翰林院待诏，三年后辞归。文名卓著。少时学文以吴宽为师，学书于李应祯门下，学画于沈周。与祝允明、唐寅、徐祯卿并称"吴中四才子"。能隶书，擅草体，尤精小楷。画擅山水，摹江南自然山水兼写闲庭人居，画风偏于苍郁秀逸。门徒甚众，遂成"吴门画派"。在中国绘画史上，与沈周、唐寅、仇英合称"明四家"。亦能诗善文，有《甫田集》传世。

　　据有关记载与考证，苏州名园拙政园自建园至今近五百年间，数经兴衰。先是在王献臣之后，该园被王氏之子一个晚上赌博输于徐氏，徐氏改称"佳园"，增损园景。王世贞《古今名园墅编》序有云："徐鸿胪'佳园'，因王侍御'拙政'之旧，以己意增损而失其真。"即指此事。清代初年，园主易为海宁陈之遴。清顺治年间苏州设宁海将军，驻足于园内。康熙年间又被改为苏、松、常兵备道行馆，随后归还给陈之遴后人，被其卖与吴三桂婿王永宁。据叶梦珠《阅古编》，该园于康熙十二年(1673)又被没收入官，六年之后改作苏、松、常道衙门，后散为民居。清乾隆初年，昔日的"拙政园"已演变为各自独立的三个园林，东部自明末起，即属侍郎王心一及其后人所有，取名"归田园居"。西部为太史叶士宽获得，更名"书园"。而中部由太守蒋棨在废园旧址建"复园"，嘉庆中期,园归海宁查世倓所有,后又易主于平湖吴儆,再改为当铺。清咸丰十年(1860)成为太平天国忠王李秀成的忠王府,三处园林才合而为一。同治十年(1871),又为八旗奉直会馆。辛亥革命民国初年,复称原名"拙政园"。抗日战争时期曾为敌伪江苏省政府所在地。抗战胜利又改称国立社会教育学院。解放后重修,于1952年开放。复用原名(以上参见陈植、张公弛《中国历代名园记选注》)。

在此近五百年的兴替之后,至今除园址大致依旧(范围略有缩小),相传西天井有一株紫藤为文徵明手植之物以外,基本园景已非五百年前旧貌,因而当年《王氏拙政园记》之所有记载,可谓弥足珍贵。

此文仅分两段。

第一段落,记拙政园的地理位置、自然环境及主要景观。这些景观包括:梦隐楼、若墅堂、繁香坞、倚玉轩、小飞虹、芙蓉隈、小沧浪亭、志清处、柳隈(亦称柳隩)、意远台、钓碧、水花池、净深亭、待霜亭、听松风处、怡颜处、来禽囿、得真亭、珍李坂、玫瑰柴、蔷薇径、桃花沜、湘筠坞、槐幄、槐雨亭、尔耳轩、芭蕉槛、竹涧、瑶圃、嘉实亭、玉泉。"凡为堂一,楼一,为亭六,轩槛池台坞之属二十有三,总三十有一。"

第二段落,析拙政园的文化意蕴。园名"拙政",典出于晋潘岳《闲居赋》,赋云:"筑室种树,逍遥自得"、"灌园鬻蔬,以供朝夕之膳"、"此亦拙者之为政也"。王献臣始以进士高科而终于不仕,以潘岳自比高洁,故筑园,遂坐享林泉之乐,所谓"老退林下,其为政殆有拙于岳者,园所以识也"。这里王氏自称"拙者",实为牢骚、不平而又无奈之言。然筑园自娱,忘情于林泉,文中所谓"闲居",正道出了中国文人园林的基本文化性格。

文徵明在为王氏拙政园作《记》之前,先画出拙政园总图与三十一园景分图,并对每一景观分别题咏,故此文最后指出,"取其园中景物悉为赋之,而复为之记"。有关题咏载于文嘉抄本《甫田集》。

(王振复)

寄畅园记 王穉登

《寄畅园记》,一篇,明王穉登撰。作于万历二十七年(1599)。原文有王穉登手书石刻。陈植等《中国历代名园记选注》(安徽科学技术出版社,1983年)收录此文。

王穉登,生卒年未详,字伯毂,大约生活于明嘉靖、万历年间,长洲(今江苏苏州)人,祖籍太原,诗文与书艺均深有造诣,时人称其为"山人"。《明史》记载,在当时布衣文人中,要论"声荣煊赫,穉登为最"。

本文所记无锡寄畅园,位于惠山山麓,是始建于明代的江南现存名园代表作之一。该园为嘉靖初年赋闲在家的户部尚书秦金所建,万历年间,又由秦氏后裔、解官返乡的原湖广巡抚秦耀大兴土木,整治一新。此园初名"凤谷行窝",是在原无锡惠山寺两个僧寮"南隐房"、"沤寓房"旧址上兴建的。后秦耀易名为"寄畅园"。自明至清,除秦耀六世孙道然因牵连于雍正弟兄"党争"案、革职下狱、没收包括寄畅园等一切家产十数年外,此园一直为秦耀嫡系私园和秦氏家族共有的祠园。清帝康熙、乾隆各有六次南巡,几乎每次都游寄畅园。但清咸丰年间,该园遭毁,此后数度重建、改建,已非旧园古貌,王穉登的这篇"记",具有颇为重要的史料价值。

本文基本内容:(一)记寄畅园的最大特色在"泉"。惠山之泉,天下第二。故作者说,在惠山筑园,"莫不以泉胜"。"得泉之多少,与取泉之工拙,园由此甲乙。秦公(指秦耀)之园,得泉多而取泉又工,故其胜遂出诸园上。"(二)记寄畅园主要景观及其题名出典。"寄畅"一名,典出王羲之"三春启群品,寄畅在所因"句。主要景观为:"清响扉"、"知鱼槛"、"郁盘廊"、"霞蔚斋"、"先月榭"、"凌虚阁"、"卧云堂"、"邻梵楼"、"箕踞室"、"含贞斋"、"栖玄堂"、"爽台"、"小憩屋"、"悬淙亭"、"飞泉涧"、"涵碧亭"、"环翠楼"。(三)作者据此发表议论。认为"大要兹园之胜,在背山临流","故其最在泉,其次石,次竹木花药果蔬,又次堂榭楼台池篰"。泉水象征清雅、涵朴、无所滞累,是一种高洁的人格比拟的园林文化符号。本文认为,"云卧一丘,疏泉艺石、消其胸中魂垒",宣泄的是无奈的牢骚,倘言"用世",则"非'寄畅'之旨"。这都把握了中国园林的基本审美文化性格。

(王振复)

弇山园记 王世贞

《弇山园记》，八卷，明代王世贞撰。收入《弇州山人续四部稿》。陈植等《中国历代名园记选注》（安徽科学技术出版社，1983年）收录此文。

作者生平事迹见"艺苑卮言"条。

王世贞曾撰"园记"多篇，其中著名者，除本文外，还有《安氏西林记》、《游金陵诸园记》等。曾辑录历代关于园林艺术的诗文为《古今名园墅编》，此书未传，仅留存一篇序文。序云"凡辞之在山水者，多不能胜山水"，提出"天巧难措"的观点。其园林美学主张，在于推崇天趣自然之美而恶弄巧之华。晚期思想偏于佛道，时作者钟情于道教。曾为学道，拜宰相王锡爵之女昙阳子（道号）为师。在太仓城内筑园以自养，题为弇山园，亦名弇州园。弇山一典，出自《山海经》，传为远古神仙栖息之地，这与其自号"弇州山人"相一致，可见作者对神道的雅爱。而就弇山园意境及该"园记"所述而言，作者王世贞的思想中，儒、道、释均占据一定地位。

《弇山园记》的基本内容分八部分。第一部分总记弇山园之地形地貌、地理环境、地望风水及与其周围景物的因借关系。概述"吾园之有"，即"为山者三，为岭者一，为佛阁者二，为楼者五，为堂者三，为书室者四，为轩者一，为亭者十，为修廊者一，为桥之石者二，为木者六，为石梁者五，为洞者、为滩岩濑者各四，为流杯者二，诸岩磴涧壑，不可以指计，竹木卉草香药之类，不可以勾股计"。"吾园之概"，即"亩七十而赢，土石得十之四，水三之，室庐二之，竹树一之"。"吾园之用"，即有"宜花"、"宜月"、"宜雪"、"宜雨"、"宜风"、"宜暑"之美。最后，记"吾居园之乐"、"吾在园之苦"及题名"弇山"的出典，由此引出"夫山河大地皆幻也，吾姑以幻语志吾幻而已"的见解，其中涵蕴庄、禅之思。

第二至第八部分，从游览审美角度逐一记述、描绘弇山园的主要景观。

（一）主要描述自隆福寺而西，佛经阁、道经阁四近的胜景；（二）记述知津桥、五老峰、含桃坞、弇山堂、芙蓉渚、琼瑶坞、磐折沟、香雪径、西弇假石、饱山亭及萃胜桥等景致；（三）继述中岛、文澜堂、簪云峰、射的峰、突星濑、岜嵝峰、楚腰峰、白云屏、蜿蜒涧、天镜潭、缥缈楼、潜虬洞、小雪岭、石公弄、息岩、太朴岩、黑云堆、指迷峰、青虹梁、契此岩、大观台、眂虞榭、超然台、逗云峰、隔凡洞天、陒牙洞天、忘鱼矶、独秀峰及月波桥诸景;(四)继述古廉峰、壶公楼、率然洞、司阍石、西归津、小云门、磐玉峡、紫阳壁、荣芝所、梵音阁、红缭峰、玉玲珑、盘陀峰、衲霞峰、青玉笋、徙倚亭、东泠桥等景观;(五)继述窈窕峰、青峭峰、拙叟峰、分胜亭、百衲峰、云根嶂、飞练峡、娱晖滩、嘉树亭、玢梁、九龙岭、留鱼涧、广心池及敛霏亭等园景;(六)继述环玉亭、惜别峰、广心池、先月亭、知还桥、文漪堂、凉风堂、风条馆、尔雅楼、参同窦、息交门与琅琊别墅等景点;(七)最后,记载弇山园内散花峡、娱晖滩、小浮玉、潜虬洞、西泠滩、月波桥及天镜潭等水景,认为"山以水袭,大奇也;水得山,复大奇",指出"盖弇之奇,果在水;水之奇,在月。故我最后记水,以月之事终焉"。

综观全文,其特点在于记述十分详备,不仅重实录,而且在实录之中表现出作者对园林景观的审美眼光与审美意绪,使得这篇园记具有一定的美学典籍的品格;同时本文所述的弇山园,在文化内容上具有儒、道、释三教合一的特色,使得这篇园记成了研究中国古代园林文化之复杂内涵不可多得的思想材料。

(王振复)

游金陵诸园记 王世贞

《游金陵诸园记》,一篇,明代王世贞撰。载于《弇州山人续四部稿》。

作者生平事迹见"艺苑卮言"条。

本文是记述明代留都南京(金陵)名园的重要文字资料。

文首总述为全文之纲。作者称其撰此园记是受到李格非撰《洛阳名园记》的启发:"洛中之园,久已消灭,无可踪迹,独幸有文叔(李格非字)之记,以永人目,而金陵诸园,尚未有记者,今幸而遇余,余亦幸而得一游,又安可无记也。"同时,作者认为金陵地位重要,"金陵为我高皇帝定鼎之地","江山之雄秀,与人物之妍雅",几无与伦比。但既为明朝留都,园事不及北京之盛,故仅留十数园,当记之以传后世,勿使湮灭。最后,作者从美学角度,简述一些主要园林的美学特色,即六锦衣之来园:雄爽;四锦衣之西园:清远;四锦衣之丽宅东园:奇瑰;魏公之丽宅西园:华整;魏公之南园:靓美等等,都言之成理。本文所记名园,其中十所为明代开国功臣徐达后裔魏国公及其族人所拥有。

然后分述明代十五所名园。

东园:亦称太傅园,"高皇帝所赐","其壮丽遂为诸园甲"。(现在原址上建有白鹭洲公园,位于中华门附近。)

西园:别称凤台园,位于郡城之南。园内奇峰古树、楼台峥嵘、亭阁灿烂,处处佳境。

南园:属明魏国公家园,园在大功坊赐第对街,坐南朝北。东西宽阔而南北进深不大,园内诸景,"其丽殊甚"。

魏公西圃:"有堂翼然"是其一特色。一般园林建筑的堂筑较为严谨,而此"堂"因屋宇"翼然"而多欢愉之美感。其余诸景如"叠磴危峦"、逶迤曲折;亭台楼阁,极为宏丽。(据朱偰《金陵古迹图考》,该园圃后易名改建为瞻园。)

四锦衣东园:为明代东园公徐天锡三子徐继勋宅园。"有堂甚丽",危楼高耸,"前眺则报恩寺塔,当窗而耸","亭轩以十数,皆整丽明洁","尤惊绝者,石洞凡三转,窈冥沈深,不可窥揣","水洞则清流泠泠,旁穿绕一亭,莹澈见底"。

万竹园:与南京六朝名刹瓦棺寺为邻,明魏国公宅园。

三锦衣家园:堂为五间制,复阁两重,山顶建一楼,登临而眺钟山,"紫翠在眼"。亭馆之属,"伏流而窈窕",石桥"丽而正",曲洞"蜿蜒而幽深"。

金盘李园:明代魏国公子徐邦庆之别业。"高杨错植","绿荫可爱",宛曲流觞,垂堂复阁,景色尤佳。文中所谓"金盘李",即指李将军金盘,其人其事待考。

徐九宅园:魏国公叔徐九宅园。"厅事颇壮,然北向",为厅堂形制一特例。

莫愁湖园:徐九的另一处别业。六朝名胜。园景"迤逦有致"。

同春园:明太祖七子齐王朱榑后裔废为庶人,筑园于金陵自娱,名同春园。位于城西南隅,有嘉瑞堂、荫绿堂、藻鉴阁、漱玉亭诸景。

武定侯园:明初开国功臣武定侯郭英私园,因修建于一处旧园园址之上,故称"故园"。此园以竹取胜。

市隐园:故鸿胪姚浙(字元白)宅园。取名"市隐",有"城市山林"之寓意。

武氏园:明代"宪副武君之弟、太学某所构"。园内西楼供仙佛之像。

杞园:在金陵聚宝门(即现中华门)之西,以牡丹、芍药、莲华遍植而取胜。

(王振复)

长物志 文震亨

《长物志》,十二卷。明文震亨撰,成于明末。书名"长物"一词,取"身外余物"之意,采自《世说》王恭故事。主要版本有:一、明末木版。全书各卷均注雁门文震亨编、东海徐成瑞校。卷首有序云:"友弟吴兴沈春泽书于余英草阁",三册,末注明版本年代。二、清版。(一)乾隆年间手抄本,见于《四库全书》;(二)《砚云甲乙编》版,无序、跋,清末上海申报馆铅印本;(三)咸丰三年(1853)南海伍氏刊本,《粤雅堂丛书》版,有沈春泽序,无跋;(四)《娱意录丛书》版,不分卷,清代潘志万辑,清代桐西书屋绿柳精抄本。三、民国版。(一)《古今说部丛书》版,无序、跋,民国四年再版,中国图书公司和记印行本;(二)《说库》版,无序、跋,民国四年上海文明书局石印本;(三)《丛书集成》版,沈春泽序,民国二十五年商务印书馆铅印版;(四)《美术丛书》版,沈春泽序,伍绍棠跋,民国十七年神州国光社本;(五)《申报馆丛书》本。

文震亨(1585—1645),字启美,明末南直录苏州府长洲县人。生于官宦书香门第。曾祖文徵明,官翰林院待诏,书画大家,与沈周、唐寅、仇英齐名;祖父文彭,官国子监博士,以书画、篆刻名重一时;父文元发,官至卫辉同知;兄文震孟,以殿试第一(状元)授修撰,官至礼部尚书、东阁大学士(宰相)。文震亨于明天启元年(1621)以诸生卒业于南京国子监,五年举恩贡,崇祯十年(1637)选授陇州判,以琴、书之名达禁中而改授武英阁中书舍人。曾声援东林党人而几被株连,其兄为之奔走而得幸免。在北京中书舍人任上,因黄道周触怒崇祯下狱事,受牵连入狱,一两年后获释复职。1644 年 3 月崇祯自缢明亡后,于 1645 年 6 月清兵攻陷苏州之际,避地阳澄湖畔,闻薙发令而投湖自尽,虽获救治却终于绝食六日,呕血而亡。

文震亨受惠于家学,一生著述甚丰。计有《琴谱》、《开读传信》、《载贽》(五卷)、《金门集》、《清瑶外传》、《武夷剩语》、《一叶集》、《岱宗琐录》、《文生小草》、《香草诗选》(五卷)、《新集》(十卷)以及《长物志》(十二卷)等,未刊刻者还有《陶诗注》、《前车野语》等。据《北京图书馆善本书目》,另有明天启二年(1622)文氏水嬉堂刻本《秣陵竹枝》(一卷)、《清溪新咏》(一卷)。就造园学而言,其园林艺术情趣及见解不时流露于诗文游记之中,集中表现于《长物志》、《怡老园记》、《香草垞志》三著之中,而以《长物志》为代表。所造私园香草垞,是对冯氏废园的改筑,其中设主要园林景点婵娟堂、绣铗堂、笼鹅阁、众香廊、斜月廊、啸台、玉局斋、乔柯、奇石、方池、曲沼、碓栖、鹿柴与鱼床等,在亲身造园实践基础上,对中国园林艺术颇有研究。明人顾苓《塔影园集》对文震亨所建私园及其造园艺术颇加称赏:"所居香草垞,水木清华,房栊窈窕,阛阓中称名胜地。曾于西郊构碧浪园,南都置水嬉堂,皆位置清洁,人在画图。"

《长物志》所记,反映出文震亨的造园观,全书十二卷,除卷五"书画"、卷七"器具"、卷八"衣饰"、卷九"舟车"、卷一一"蔬果"、卷一二"香茗"与园艺一般并无直接关涉之外,其余各卷对种种园事记述颇详。

卷一,室庐。认为以居山水间者为上,村居次之,郊居又次之。倘不得已而暂居于嚣市,当设静庐以隔市嚣,必门庭雅洁、室庐清靓。亭台具旷士之怀,斋阁有幽人之致。又当种佳木怪竹,陈金石图书。令居之者忘老,寓之者忘归,游之者忘倦。集中表现出作者关于园居的审美理想。接着,这一卷对室庐的门、阶、窗、栏杆、照壁、堂以及山斋、丈室、佛堂、桥、茶寮、琴室、浴室、街径、庭除、楼阁、六台等建筑形制作出具体规定与解说。

卷二,花木。阐述园林花木种植之艺。提出"草木不可繁杂,随处植之,取其四时不断,皆入图画"的种花植树之准则。进而对牡丹、芍药、玉兰、海棠、山茶、桃、李、杏、梅、瑞香(睡香)、蔷薇、木香、玫瑰、紫荆、棣棠、蔷花、石榴、芙蓉、蒼蔔(栀子)、茉莉、素馨、夜合、杜鹃、松、木槿、桂、柳、黄杨、槐榆、梧桐、椿、银杏、乌臼、竹、菊、兰、葵花、罂粟、萱花、玉簪、金钱、藕花、水仙、凤仙、秋色(鸡冠花)、芭蕉以及瓶花、盆玩等,一一作出记述,述其形态、生长习性、在园景之中所具的审美品格与作用,写出作者对这些奇花佳木的人格比拟思想。

卷三,水石。记叙园林水石艺术、叠山理水之趣。认为"石令人古,水令人远。园林水石,最不可无。要须回环峭拔,安插得宜。一峰则太华千寻,一勺则江湖万里"。表现出作者对园林水石审美的真知灼见。继而分述园中广池、小池、瀑布、凿井、天泉、地泉、流水、丹泉、品石、灵璧石、太湖石、尧峰石、昆山石、锦川石、将乐石、羊肚石、土玛瑙、大理石与永石等百态千姿、审美属性与园艺情趣。

卷四,禽鱼。指出凡佳园不可无禽鱼之乐。"语鸟拂阁以低飞,游鱼排荇而径度,幽人会心,辄令竟日忘倦,意在得其性情。"从而对种种珍禽佳鳞依次作出记述,计有鹤、䴉鹕(待考)、鹦鹉、百舌、画眉、鸲鹆、朱鱼、蓝鱼、白鱼等诸多观赏禽鱼。并记养鱼之趣、择水缸之法、观鱼之乐。

卷六,几榻。记述园林建筑的家具陈设。要求几榻之制,"必古雅可爱,又坐卧依凭,无不便适"。依次阐述作者对种种家具及其陈列的审美见解,涉及榻、短榻、几、禅椅、天然几、书桌、壁桌、方桌、台几、椅、凳、交床、橱、架、佛厨、佛桌、床、箱、屏与脚凳。

卷十,位置。一是指园林建筑室内各种家具物件的陈设位置,要求对坐几、坐具、椅、榻、屏、架以及悬画、置炉、置瓶诸法作出妥善安排。二是就园林建筑与整座园林的位置关系,提出看法。诸如卧室、亭榭、敞室、佛堂等经营位置,要在"得宜",遵循所谓"位置之法,繁简不同,寒暑各异,高堂广榭,曲房奥室,各有所宜"原则。

《长物志》的思想内容及文字表述的特色有如下三点。

一、论园林建筑、花木栽培、水石形制、禽鱼观赏、经营位置等园林艺术,一再强调清雅、自然之旨,体现出封建文士典型的园林审美情趣与审美理想。

二、对园事种种之记述不厌其详,而理论旨归点到即止,作为一个园林实践者所撰的著作,既具有一定的园艺理论色彩,又因书中所记,多属实证,故可依书所记,指导筑园实践,具有可操作的功能价值。

三、本书书画、器具、衣饰、舟车、蔬果与香茗诸卷内容,依今人园林艺术观念,似与园事无直接关涉,可暂列于外。然按中国古人之见,所谓园林,首先是一种集建筑、花树、山水、禽鱼、家具以及书画、器具、衣饰、品茗等多种因素的生活环境与生活方式。所以,书画、器具、衣饰等项内容列入本书,在文震亨看来,并不是多余的。也并不能据此指摘本书体例有累赘、支离之缺陷。

关于《长物志》的研究著作,主要有江苏科学技术出版社 1984 年出版《长物志》校注本,由陈植校注、杨超伯校订、陈从周作序。另附有一、《文震亨生平事迹有关资料》;二、《明末文震亨氏的造园学说》(陈植撰);三、《长物志校注》引用参考书目。山东画报出版社 2004 年出版了海军、田君的《长物志图说》。

(王振复)

园冶 计 成

《园冶》,原名《园牧》,三卷。明计成撰。约成于崇祯七年(1634),初名《园牧》,其友安徽当涂的曹元甫见之,改名为《园冶》。初版不久,即因阮大铖曾为该书作序,而同阮氏著作一起被列为禁书,几乎销声匿迹。及至1931年前后,才有《喜咏轩丛书》本《园冶》及中国营造学社本《园冶》面世。在此之前,日本有《园冶》通行,皆为明刊本之翻刻本,或易名为《夺天工》、《木经全书》。1956年中国城市建设出版社出版陈植注释的《园冶》,称作"城建版"。1972年日本出版上原敬二博士《解说园冶》一书。1981年中国建筑工业出版社出版陈植点校的《园冶注释》,并于1988年修订再版。

计成(1582—?),江苏吴江县人,字无否,号否道人。工诗文丹青,擅长造园。崇祯年间曾为江西布政使吴玄在晋陵筑园,后又为汪士衡在銮江筑园。

《园冶》是一部专门阐述园林营造艺术的著作,是我国最早的、也是世界范围内最早的一本系统总结造园经验、解说造园技艺的著作,素被园艺营造界及建筑学界所推崇。《园冶》原分三卷,由阮大铖"冶序"、郑元勋"题词"及计成"自序"作引。三卷正文则由卷一的"兴造论"、"园说"、"相地"、"立基"、"屋宇"、"装折",卷二的"栏杆"及卷三的"门窗"、"墙垣"、"铺地"、"掇山"、"选石"、"借景"等篇目组成。根据计成《园冶》原书体例及内容的排布,《园冶》一书之框架和主要内容可概括如下。

冶叙:此文为和计成有交的阮大铖所写的一篇《园冶》序言,叙中言及阮氏钟情山水、雅爱园事,对计成之德行、性情及爱好颇多赞誉。《园冶》在明末刊行不久,即因阮氏此序的缘故,而遭禁行。

题词:此文系与计成交往甚密的郑元勋所作的序言。文中深感中国以往造园论著太阙,认为有必要将国中营园的妙招绝技传之后世。郑氏以为营园须藉理论指导,对计成身怀绝技倍加赞赏,更喜计成将实践经验提炼成理论并著书传世的作法。作者称计成《园冶》将与《考工记》一样流传久远且脍炙人口。

自序：计成在此文中记叙自己生性好丹青书画，又喜山水园艺，曾应邀为布政使吴又于及中书汪士衡各制一园。营园前后感想颇多，遂挥毫整理成图式文稿，后经姑孰曹元甫过目，赞誉之余，建议将初名《园牧》改为《园冶》，以示计成园林理论著书成说之独创。

卷一：

兴造论。谓大凡建筑营造，须"三分匠人，七分主人"，突出建筑活动谋划人及主持人的作用。计成认为，在造园活动中，"主"的作用"犹须什九"，而"匠"的作用为"什一"。强调"借景"及因地制宜的重要。

园说。《园冶》总论。文中从园林的选址立基、植草栽花、移景借景、设墙铺径到架桥引水、置几布窗等等都有一定的说明。最为重要的是，计成在此处提出了一个最能反映中国古典营园思想的法则，即："虽由人作，宛自天开。"

相地。由山林地、城市地、村庄地、郊野地、傍宅地及江湖地等六个单篇组成。阐述园基地势因情而择的一般原则，对园林的布局、设水、建馆、置桥、借景、引景等也有说明。

（一）山林地：作者认为山林地为园林地基之要，自然天成，勿需大力加工。倘能因势引水成池、设桥筑舍、移花接木，便可成佳境。

（二）城市地：认为城市本不适宜筑园，如要筑园，须向幽求静、注重景物排布及草木的安排等等。

（三）村庄地：对于田园村野之地，也有自己的一套营园特点，既可叠石成山，又可疏导水流，自成一趣。

（四）郊野地：认为"郊野择地，依乎平冈曲坞，叠陇乔林，水浚通源，桥横跨水，去城不数里，而往来可以任意"。对此地园林，可设亭架桥灵活处理。

（五）傍宅地：指宅邸房前屋后之空闲地，可植草栽花、叠石为山，巧妙利用。

（六）江湖地：即为江边、湖边、深柳疏芦之地，可将此处之水景舟影巧妙移入园景。

立基。由以下几个单篇组成：（一）厅堂基，（二）楼阁基，（三）门楼基，（四）书房基，（五）亭榭基，（六）廊房基，（七）假山基等。作者认为"凡园圃立基，定厅堂为主"，主张"选向非拘宅相"。对其他类基址的选择，须因地制宜、因景制宜，各基排布须有一定之规。

屋宇。由以下各单篇组成：（一）门楼，（二）堂，（三）斋，（四）室，（五）房，（六）馆，（七）楼，（八）台，（九）阁，（十）亭，（十一）榭，（十二）轩，（十三）卷，（十四）广，（十五）廊，（十六）五架梁，（十七）七架梁，（十八）九架梁，（十九）草架，（二十）重椽，（二十一）磨角，（二十二）地图、屋宇图式等。认为园林建筑，尤其是屋宇须"按时景为精"，"方向随宜，鸠工合见"。但具体的园林建筑如亭、台、廊、榭等等均须因地制宜,要"探奇合志,常套俱裁"。在各单篇的分述中,作者针对其各自的特点和形制功用作切近园林实际意境的论述。此外,又在"屋宇图式"篇中,将各式梁架立面图及各种主要建筑的平面布局图配以文字解说,附录于此。

装折:本部分由(一)屏门,(二)仰尘,(三)床槅,(四)风窗及装折图式、槅棂式等单篇、图谱组成。为作者阐述园林建筑装修、装饰看法之部分。作者对园林的屋宇、楼阁等建筑的细部装修处理提出了一整套颇具审美与鉴赏眼光的见解,尤其对屏门、仰尘、床槅及风窗的装修处理予以特别强调。附图七十余幅,对床槅、风窗等构制中的花样纹形作了详细介绍。

卷二:

栏杆。主要介绍百余种栏杆式样图,将古有的回文式及万字式图样,一概剔除不用,认为栏杆花样当以简便为雅。

卷三:

门窗。主要阐述三十一幅门窗图形式样。

墙垣。由(一)白粉墙,(二)磨砖墙,(三)漏砖墙(附图十多幅),(四)乱石墙等组成,对园林常用的墙式作了介绍。

铺地。由(一)鹅子地,(二)冰裂地,(三)乱石路,(四)清砖地及砖铺地图式等组成,对园林地面的处理因材料纹样的不同而作了区分,后附图十余幅。

掇山。包括(一)园山,(二)厅山,(三)楼山,(四)阁山,(五)书房山,(六)池山,(七)内室山,(八)峭壁山,(九)山石池,(十)金鱼缸,(十一)峰,(十二)峦,(十三)崖,(十四)洞,(十五)涧,(十六)曲水,(十七)瀑布。对掇山的具体操作工艺及具体的审美意向追求作了说明,主张"山林意味深求"。在单篇论述中对各类山景的处理作了解说。

选石。包括(一)太湖石,(二)昆山石,(三)宜兴石,(四)龙潭石,(五)青龙山石,(六)灵璧石,(七)岘山石,(八)宣石,(九)湖口石,(十)英石,(十一)散兵石,(十二)黄石,(十三)旧石,(十四)锦川石,(十五)花石纲,(十六)六合石子等。对山石质地、样态的选择及山石排布方法加以说明。对不同石种的产地、质地、色泽及样态、功用等一一作出介绍。

借景。对借景的重要法则作了说明,对所借之景与四时变化的匹配对应作了描述。认为"借景"是"林园之最要者也",借景之法可分为"远借"(从远处借)、"邻借"(从近处借)、"仰借"(从高处借)、"俯借"(从低处借)及"应时而借"等。作者以为"花殊不谢,景摘偏新。因借无由,触情俱是",意为佳园借景,当使"各种名花四时不落,而景偏在乎把取新奇。因地借景,并无一定来由,触景生情,到处凭人选取"。

《园冶》几乎称得上是中国古典园林艺术领域中的一部开山之作,也是研究中国古代建筑艺术的重要著作。其核心思想及具体内容对当今中国园林艺术的发展仍具指导意义。无疑,研究和弘扬中国古典园林艺术是离不开对《园冶》一书的探究的。

研究著作有山西古籍出版社1993年版张家骥的《园冶全释》、中国建筑工业出版社1997年版魏士衡的《园冶研究》、人民出版社2006年版张薇的《〈园冶〉文化论》、化学工业出版社2009年版张国栋主编的《园冶新解》、人民出版社2010年版李世葵的《〈园冶〉园林美学研究》等。

(徐清泉)

帝京景物略 刘侗 于奕正

《帝京景物略》,八卷,明刘侗、于奕正撰。崇祯八年(1635)成书并刻印。通行本有明崇祯八年(1635)刻本,北京出版社1963年标点本及上海古籍出版社2001年版孙小力校注本。

刘侗(约1594—约1637),字同人,号格庵,湖北麻城人,崇祯七年(1634)进士。在赴任吴县知县途中,因疾客死于扬州,年仅四十四岁。明代文学家,其文属于明末"竟陵"一派,文笔峻崛,有时偏于怪诞。于奕正(1595—1635),初名继鲁,字司直,宛平(今北京)人。善诗文、好游历。在北京结识刘侗。崇祯七年秋与刘侗南游,第二年夏病卒于南京。在北京期间,曾遍访名胜与北京风土人情。刘、于两人友善,由于氏提供访察所得资料,刘氏撰文写成是书。

本书比较集中地记载北京土木建筑及园林文化,旁及风土人物、自然风光等。八卷内容依次为:卷一:城北内外;卷二:城东内外;卷三:城南内外;卷四:西城内;卷五:西城外;卷六、卷七:西山;卷八:京畿名迹。共一百二十条。从体例看,依北京地理方位北、东、南、西顺序着笔,西城及西山部分是其记叙重点,按所记之内容分析,则园林、寺观、陵寝记载颇详。每卷末附诗咏,成韵白互照格局。

从记叙较详的北京园林看,该书记崇祯时期的北京园林凡十处,依次为:

定国公园:位于城北内。明开国功臣徐达次子定国公徐增寿私园。本书成书时,此园为徐增寿十世孙允祯所有,作者记其纯朴自然的园林景观,给人以旷放超脱之感。

英国公新园:位于城北内。明永乐元年册封的英国公张辅后裔新建私园。叙园景处处可爱及周围山川形势、景物因借之美。

英国公园:位于城北内。张辅私园,该园以楼亭、水景、竹树取胜。

成国公园:位于城东内。明洪武三十五年封成国公朱能八世孙朱纯臣私园。一般园林,以曲折为上。该园"榆柳夹而营之,中可以射",是说园植成行,纵深绳直,可射箭,有森严之气,"其意苍然"。

宜园：位于城东内。此园原为咸宁侯仇鸾所筑，鸾家衰微，归于成国公朱纯臣，最终为驸马冉兴让所有。此园的特点是诸多景物宜人，故称"宜园"。

曲水园：位于城东内。明穆宗时驸马万炜所有，原为宁远伯李成梁私园。以水景、曲致见胜。

李皇亲新园：位于城南内。明神宗时武清侯李伟曾孙的一处新辟园林。

白石庄：位于西城外白石桥之北，是万姓驸马的一处私园。该园以柳植取胜。"取韵皆柳"、"静者省之"。

惠安伯园：位于西城外。明代惠安伯张升六世孙庆臻私园。该园遍植牡丹，花盛，园景热闹非凡，花期一过，则沉寂空旷。

海淀：位于西城外。

作者在记述十处园林之时，发表了可资参考的关于园林艺术的见解，一是认为造园专在境界的开拓。南地文人园林一般规模较小，园境"以小见大"，拳石勺水，植株三、二，可象法宇宙。作者不这样看，认为造园选址要"大"，才显得有气魄，反之，"夫长廊曲池，假山复阁，不得志于山水者所作也；杖履弥动，眼界则小矣"。这种见解，体现出位于"天子脚下"的官宦园林的审美文化性格。二则强调园构之"宜"，"堂、室则异宜，幽曲不宜张宴，宏敞不宜著书。垣、径也，亦异宜，蔽翳不宜信步，晶旷不宜坐愁"。园境之"宜"，应因地、因物、因人而异。"宜"是自然与人工的一种和谐状态。三则提出了中国古代的审美"移情"观，"观榆屈诘之意，用是亭亭条条，观竹森寒；又观花畦以豁；物之盛者，屡移人情也"。这是中国园林美学史上可贵的见解。

（王振复）

寓山注 祁彪佳

《寓山注》，一篇，明祁彪佳撰。收入《祁忠惠公遗集》。

作者生平事迹见"远山堂曲品"条。

《寓山注》所记"寓山"为祁彪佳于崇祯八年(1635)因疾回乡(绍兴)的居住地，作者曾在那里修私园名"寓园"。此文取名"寓山注"而非"寓园注"，盖所述涉及园外景观，更重要的是，其中蕴有作者"揽美景为我所有"的构园设想和美学观。

《寓山注》篇首，综述筑园动机与园境构思，称自己对园境佳构的追求"领异拔新，迫之而出"，"每至路穷径险，则极虑穷思，形诸梦寐，便有别辟之境地，若为天开"。又述筑园经过及辛劳，"兴愈鼓，趣亦愈浓，朝而出，暮而归"，虽囊中羞涩，病体系累，亦不宁舍，"此开园之痴癖也"。继而叙"开园之营构"。作者的见解是，园景的安排与空间组合"幽敞各极其致"，"高下分标其胜"，"参差点缀，委折波澜，大抵虚者实之，实者虚之；聚者散之，散者聚之；险者夷之，夷者险之。如良医之治病，攻补互投，如良将之治兵，奇正并用；如名手作画，不使一笔不灵；如名流作文，不使一语不韵"，园理，专在和谐意境的创造。

综述之后，分述寓园诸多景点的美感境界，发表作者对园林审美文化的看法。

本文列述寓园主要景点，为水明廊、读易居、呼虹幌、让鸥池、踏香堤、浮影台、听止桥、沁月泉、溪山草阁、茶坞、冷云石、友石榭、太古亭、小斜川、松径、樱桃林、选胜亭、虎角庵、袖海、瓶隐、孤峰玉女台、芙蓉渡、迴波屿、妙赏亭、小峦雉、志归斋、天瓢笛亭、酣浓廊、烂柯山房、约室、铁芝峰、寓山草堂、通霞台、静者轩、远阁、柳陌、幽圃、抱瓮小憩、丰庄、梅坡、海翁梁、试莺馆、归云寄、即花舍、宛转环、远山堂、四负堂、八求楼等四十九景，其中以水景为多。

本文认为，(一)"园以藏山，所贵者反在于水"，"寓园佳处，首称石，不尽于石也"，重视水趣意境的营构，是中国园林审美文化的一大美学特色，所谓"水随山转"、"顽岩因水而活"，但中国园林水趣又以"静水"为多，是中国古代"静"文化的一个突出表现，用作者的话来说，园林"静"水，"聊解动躁耳"。(二)园林水景的意境,在于宁静淡泊,而无山岩佳筑,曲径通幽,则会失之浅漫,祁彪佳在重视水趣宁静、淡泊品格的同时,又提出了一个"远"字。所谓入园之始,目接水景在前,"远"山倒映水中,不仅使园景开阔,而有"高远"之趣。"远"是一种人生境界,"乃此是志吾之归也"。不仅是山景,诸多园林建筑亦围绕"远"字做文章。如文中所言"远阁","阁以远名,非第因目力之所及也,盖吾阁可以尽越中诸山水",登阁而"共诧空蒙山色","此吾阁之胜概也"。"态以远生,意以远韵",以"远"市嚣,这是园景"大致"。(三)中国文人园林具有书卷之气,本文所记寓园,尤佳于此。如"读易居"与"八求楼"诸景观的设置,均加强了园境的"书卷"情调。作者先父以"藏书"称世,作者筑园以"藏书"、"读书"为题,设景明志,开拓了园林意境的广度与深度。

(王振复)

明代编

经济类

元史·食货志 宋 濂 王 祎等

《元史·食货志》，五卷。《元史》共二百一十卷。明宋濂、王祎等编修。成于洪武三年（1370）。同年刻板印行。后有明嘉靖南京国子监本、万历北京国子监本，清武英殿本等。1935年商务印书馆的百衲本以残洪武本和南监本合配在一起影印，最接近于洪武本。1976年中华书局出版的点校本是以百衲本为底本，参校各种版本而成。

宋濂生平事迹见"元史"条。

王祎（1322—1373），字子充，浙江义乌人。幼敏慧，后以文章名世。元末隐青严山。至正二十年朱元璋攻下婺州（今浙江金华），召为中书省掾史。朱元璋称："江南有二儒，卿与宋濂耳。"（《明史·王祎传》）后历任江南儒学提举，同知南康府事。洪武二年，与宋濂同为《元史》总裁官。书成擢翰林待制。五年奉命至云南招谕梁王，遇害。谥"忠文"。著作有《王忠文公集》。《明史》、《明史列传》、《国朝献徵录》等书有传。

洪武元年十二月，下诏编修《元史》。二年二月设立元史局，以左丞相李善长为监修，宋濂、王祎为总裁，汪克宽、胡翰、赵壎等十六人为纂修。依据元十三朝实录和《经世大典》进行编纂，同年八月完成。因所据史料不多，特别是缺顺帝一朝史事待补。于是在洪武三年二月重新开局修史，仍以宋濂、王祎为总裁，参加编撰的有朱右、贝琼、朱世濂、赵壎等十五人。以《元典章》及碑志、文集等作补充，同年七月完成。

《元史》记述铁木真称成吉思汗（1206）至正二十八年共一百六十二年的史事。全书吸取前代史书的长处，如本纪仿《汉书》，志仿《宋史》，表仿《辽史》，列传仿前史而加以变通。本纪除顺帝外，前十三朝都取材于今已失传的实录，保存了不少有价值的史料。《刑法志》中特列《食货》一目，是对违犯有关国家经济政策措施的惩治条例，即经济法规。各志多取材于《经世大典》，此书今已亡佚，故《元史》极具史料价值。但其成书仓促，且出于众手，史料收集不完善，编纂疏谬，史事重复，年代错乱，前后矛盾处甚多，译名不统一，与《宋史》、《金史》多不相符合。虽有这些缺点错误,仍为现存元史资料最丰富、最系统的史书。

《元史·食货志》记述元代财政经济的发展状况,田赋、税收和货币制度的沿革变化。前四卷《食货志》系节录《经世大典》而成,时间限于天历(1328—1330)以前。共有十九目。《食货志一》为《经理》、《农桑》、《税粮》、《科差》、《海运》、《钞法》。《食货志二》为《岁课》、《盐法》、《茶法》、《酒醋课》、《商税》、《市舶》、《额外课》。《食货志三》为《岁赐》。《食货志四》为《俸秩》、《常平义仓》、《惠民药局》、《市籴》、《赈恤》。《食货志五》根据《六条政类》及其他采访资料等写成,补充元统(1333—1335)以后的有关经济史料,有《海运》、《钞法》、《盐法》、《茶法》。至于元末"丧乱之际,其亡逸不存者,则阙之"。

《食货志》卷首有序,着重阐述了"量入为出"的理财原则,认为"古之善治其国者,不能无取于民,亦未尝过取于民,其大要在乎量入为出而已"。汉、唐、宋各朝,"当其立国之初,亦颇有成法,及数传之后,骄侈生焉。往往取之无度,用之无节","卒之民困而国亡"。针对元初能"知理财之本",而到天历之际已是"朝廷未尝有一日之蓄"的状况,指出其病正在于"不能量入为出"。作者旨在通过元代财政经济兴衰变化的过程,为后人理财提供必要的借鉴。主要内容分述如下。

一、经理之法。"经理"之名不见于前史《食货志》,其内容似金代的"通检推排"和南宋的"经界法",但具体办法有所不同。所谓"经理",是土地所有者自报田地;而通检推排是由官民双方估定,"经界"则是进行土地清丈。元征收田赋原无可据册籍,"民之强者田多而税少,弱者产去而税存",十分混乱。世祖时,曾实行"经理"法。但"其间欺隐尚多,未能尽实","由是岁入不增,小民告病"。延祐元年(1314)又派大臣到江浙、江西、河南等地实施"经理"法。具体做法是:先期揭榜示民,限四十日,以其家所有田,自实于官。凡"以熟为荒,以田为荡,或隐占逃亡之产,或盗官田为民田,指民田为官田,及僧道以田作弊者,并许诸人首告"。被告者作弊在十亩以下的,"其田主及管干佃户皆杖七十七",二十亩以下的,加一等;一百亩以下的,杖一百七;一百亩以上的,"流窜北边,所隐田没官"。郡县主要官员查勘有疏漏的,亦要"量事论罪,重者除名"。因规定申报的期限短促,弊病极多,百姓不满,至延祐二年废而不行。

二、农桑经济。蒙古族原是游牧民族。世祖忽必烈即位(1260)后,始重视农业,确立"国以民为本,民以衣食为本,衣食以农桑为本"的方针。命各路宣抚司择通晓农事者充劝农官。中统二年(1261)立劝农司。至元七年(1270)立司农司,"专掌农桑水利"。同时"分布劝农官及懂水利者,巡行郡邑,察举勤惰"。考察各级官吏的政绩,也是以对农事的管理为判。

同年,颁布"农桑之制"十四条,内容颇详。规定"凡五十家立一社,择高年晓农事者一人为之长。增至百家者,别设长一员。不及五十家者,与近村合为一社。地远人稀,不能相合,各自为社者听。其合为社者,仍择数村之中,立社长官司长以教督农民为事。"立社便于把劳动力组织起来。在田侧立写有某社某人的木牌,社长经常检视劝诫。社中有疾病凶丧之家不能耕种的,合众力助之。一社之中灾病多的,两社助之。按时疏浚治理河渠。秋收时,"验使水之家,俾均输其直"。无水田可凿井,不能得水的按区田法耕种。每丁每年种桑枣或榆柳二十株;种杂果的,每丁十株,亦可多种。各社布种苜蓿防饥。近水之家凿池养鱼或鹅鸭,并可种莳莲藕、鸡头、菱角、蒲苇等,"以助衣食"。荒地可先分给贫者,次及余户。

至元二十五年,在江南设大司农司及营田司。二十八年颁布农桑杂令。农业经济的发展,使世祖在位期间做到了"家给人足"。至大二年(1309),按北魏贾思勰《齐民要术》等书,把农民分为三等,"上户地一十亩,中户五亩,下户二亩或一亩,皆筑垣墙围之,以时收采桑椹,依法种植"。三年,命大司农总擘天下农政,修明劝课之令。天历二年之前,对农桑种植屡有明令,但随时间推移,渐渐执行不力,仅成一纸空文。

三、税粮与科差。元代的赋税制度,在北方,征收丁税和地税;在江南,征收夏税和秋税。丁税和地税,统称为"税粮",指以征集粮食为主的税收。太宗时(1229—1241)开始实行,当时"定科征之法,令诸路验民户成丁之数,每丁岁科粟一石,驱丁(战争中所俘汉丁)五升,新户丁驱各半之,老幼不与"。地税按"牛具之数"或"土地之等"征收。至元十七年规定:全科户丁税,每丁纳粟三石,驱丁每丁粟一石,地税每亩三升。减半科户丁税每丁纳粟一石。新收交参户(尚未列入正式户等的新收户)所纳丁税,第一年五斗,逐年增至第五年的一石七斗五升,第六年升入正式等户,交纳与全科户相等的丁税。协济户(贫弱老稚户)丁税每户纳粟一石,地税每亩三升。近仓输粟,远仓折钞;富户输远仓,下户输近仓。此外,缴纳时每石还要带征"鼠耗"三升、"分例"(手续费)四升。两税夏税征木棉、布、绢、丝绵等,折钞征收;秋税征粟米。

科差在元代由最初包含有代役钱性质逐渐发展成纯粹的赋税。分丝料和包银两种。丝料的征收始于太宗八年,分"二户丝"与"五户丝"。"每二户出丝一斤,并随路丝线、颜色输于官;五户出丝一斤,并随路丝线、颜色输于本位(所隶属的领主)"。包银始定于宪宗五年(1255)。原先每户征银六两,此时改征四两,其中二两征银,二两折收丝绢、颜色等物。中统元年定户籍科差条例,包银的征收也因户别而不相同。至元二十八年,以所订赋税法则《至元新格》定科差法。

四、货币制度。元代大部分时间实行纸币流通制度,禁止用银和用钱。中统元年发行两种纸币:一是交钞,"以丝为本",以两为单位;一是中统元宝钞(实为"中统元宝交钞"),以钱为单位。每两贯同白银一两。中统钞发行初期有金银作准备,物价稳定,后渐贬值。至元二十四年,发行至元钞(全名为"至元通行宝钞")与中统钞通行,一贯当中统钞五贯。至大二年,武宗造至大银钞,每一两准至元钞五贯,白银一两,赤金一钱。三年实行钱、钞兼行政策。钱分两种:一为至大通宝,一文准至大银钞一厘;一为大元通宝,一文准至大通宝十文。历代铜钱与至大钱通用。第二年仁宗即位,仍专用中统、至元钞。至正十年,元朝统治已岌岌可危,朝廷进行了币制的大讨论。结果于次年铸至正通宝钱,并印造至正交钞。至正钞一贯准至元钞二贯。纸币"每日印造,不可数计",以致"京师料钞(新钞)十锭(一锭为五十贯),易斗粟不可得"。各地"皆以物货相贸易,公私所积之钞,遂俱不行,人视之若弊楮"。

《食货志》对元代开辟海运航道从事漕运作了记载。在对外贸易方面,至元十四年起逐渐在泉州、上海、澉浦、温州、广东、杭州、庆元等地设有七所市舶司,按规定税则对外商舶运来的商品征税。《食货志》还以较大篇幅记录了"岁赐"和"俸秩"的各项支出情况。元于中统年间始有官禄。官俸虽然低,但因赏赐很多,国家用于这两方面的开支极大。

有关《元史·食货志》的研究著作主要有王雷鸣《历代食货志注释》第三册有关部分等。

(徐培华)

大学衍义补 丘 濬

《大学衍义补》,一百六十卷,另有卷首。明丘濬著。成书于成化二十三年(1487)。最早官刻于弘治元年(1488)。万历三十三年(1605)奉旨重刊,有神宗朱翊钧序。明代又有张溥刊本、陈仁锡刊本、乔应甲扬州刊本、续补全书本。常见本有:湖南刊本(残存一百五十三卷,卷首一卷)、《四库全书》本、摛藻堂《四库全书荟要》本、清同治十三年(1874)重印郭氏刻本、1931年琼州海南书局本等。又有中州古籍出版社1995年版点校本,京华出版社1999年版点校本。

丘濬(1421—1495),字仲深,号琼台,广东琼山(今海南海口)人。自幼酷爱读书,过目成诵,以聪敏好学闻名乡里。景泰五年(1454)进士,选庶吉士。散馆授翰林院编修。成化元年进侍讲,历任侍讲学士、翰林学士、国子祭酒、礼部右侍郎等。孝宗即位后,进呈所著《大学衍义补》,得到孝宗的赞扬和奖励,下令刊行。并特进丘濬为礼部尚书,掌詹事府事。弘治四年(1491)兼文渊阁大学士,参预机务。八年改户部尚书兼武英殿大学士。卒谥"文庄"。著作还有《家礼仪节》、《世史正纲》、《学的》、《丘文庄公集》和传奇《五伦全备》、《投笔记》、《举鼎记》、《罗囊记》等。《明史》、《国朝献徵录》、《皇明人物考》等书有传。

南宋名儒真德秀推衍《大学》之义,著成《大学衍义》一书,供君王治国参考。但《大学衍义》只讲了格物致知、诚意正心、修身和齐家四个方面,认为只要懂得这四者,"则治国平天下在其中矣"(《大学衍义·序》)。丘濬认为这样还不够,"乃继续引伸,广取未备,为《大学衍义补》,揭治国平天下新民之要,以收明德之功;采古今嘉言善行之遗,以发经传之指"(神宗御制《序》)。

《大学衍义补》有作者《序》和《进大学衍义补表》。卷首为《审几微》,补充《大学衍义》的《诚意正心之要》。认为"用功于事为之著,不若审察于几微之初,尤易为力焉"。根据"存天理,灭人欲"的宗旨,要君王"谨理欲之初分",即在恶念刚开始,还处于"几"、"微"状态时,就把它去除掉。指出:"自古祸乱之兴,未有不由微而至著者也。人君惟不谨于细微之初,所以驯(渐)至于大乱极弊之地。"

卷一至卷一百六十都为《治国平天下之要》，分正朝廷、正百官、固邦本、制国用、明礼乐、秩祭祀、崇教化、备规制、慎刑宪、严武备、驭夷狄、成功化十二目，各目再分若干小目。正朝廷(卷一至卷四)包括：总论朝廷之政，正纲纪之常，定名分之等，公赏罚之施，谨号令之颁，广陈言之路。正百官(卷五至卷十二)包括：总论任官之道，定职官之品，颁爵禄之制，敬大臣之礼，简侍从之臣，重台谏之任，清入仕之路，公铨选之法，严考课之法，崇推荐之道，戒滥用之失。固邦本(卷十三至卷十九)包括：总论固本之道，蕃民之生，制民之产，重民之事，宽民之力，愍民之穷，恤民之患，除民之害，择民之长，分民之牧，询民之瘼。制国用(卷二十至卷三十五)包括：总论理财之道，贡赋之常，经制之义，市籴之令，铜楮之币，山泽之利，征榷之课，傅算之籍，鬻算之失，漕挽之宜，屯营之田。明礼乐(卷三十六至卷五十三)包括：总论礼乐之道，礼义之节，乐律之制，王朝之礼，郡国之礼，家乡之礼。秩祭祀(卷五十四至卷六十六)包括：总论祭祀之礼，郊祀天地之礼，宗庙飨祀之礼，国家常祀之礼，内外群社之礼，祭告祈祷之礼，释奠先师之礼。崇教化(卷六十七至卷八十四)包括：总论教化之道，设学校以立教，明道学以成教，本经术以为教，一道德以同俗，躬孝悌以敦化，崇师儒以重道，谨好尚以率民，广教化以变俗，严旌别以示劝，举赠谥以劝忠。备规制(卷八十五至卷九十九)包括：都邑之建，城池之守，宫阙之居，囿游之设，冕服之章，玺节之制，舆卫之仪，历象之法，图籍之储，权量之谨，宝玉之器，工作之用，章服之辨，胥隶之役，邮传之置，道涂之备。慎刑宪(卷一百至卷一百十三)包括：总论制刑之义，定律令之制，制刑狱之具，明流赎之意，详听断之法，议当原之辟，顺天时之令，谨详谳之议，伸冤抑之情，慎眚灾之赦，明复仇之义，简典狱之官，存钦恤之心，戒滥纵之失。严武备(卷一百十四至卷一百四十二)包括：总论威武之道，军伍之制，宫禁之卫，京辅之屯，郡国之守，本兵之柄，器械之利，牧马之政，简阅之教，将帅之任，出师之律，战阵之法，察军之情，遏盗之机，赏功之格，经武之要。驭夷狄(卷一百四十三至卷一百五十六)包括：内夏外夷之限，慎德怀远之道，译言宾待之礼，征讨绥和之义，修攘制御之策，守边固圉之略，列屯遣戍之制，四方夷落之情，劫诱穷黩之失。成功化(卷一百五十七至卷一百六十)为：圣神功化之极。

《大学衍义补》广征博引经传子史中有关文字，并加上作者的按语，抒发己见。内容极其宏富，包括社会、经济、政治、法律、文化、教育、军事等方面，为百科全书式的著作。

书中有许多关于政治、法律的论述，主要如："人君所居之位，极崇高而至贵重，天下臣民，莫不尊戴。""礼乐者，刑政之本；刑政者，礼乐之辅。""德礼刑政四者，凡经书所论为之道，皆不外乎此。""为治之道，在于用人；用人之道，在于任官。人君之任官，惟其贤而有德、才而有能者，则用之。""民生安，则其位安矣。""为治之道，其最大者在礼乐。""礼乐大要，礼与法也。""刑不滥"，"原情定罪"，"慎罚"，"礼教刑辟之相为用"等。

《大学衍义补》中的经济思想相当丰富,主要集中在《固邦本》、《制国用》中,在《正朝廷》、《备规制》、《严武备》、《驭夷狄》中也有所涉及。主要有以下一些内容。

一、重视养民。《制民之产》提出:"人君之治,莫先于养民。"把养民作为治国的首要任务。并且指出:"民之所以得其养者,在稼穑、树艺而已。"也就是说养民的基本内容是来自农业部门的生活资料。发展农业就要解决土地问题,因为"民之所以为生产者,田宅而已。有田有宅,斯有生生之具"。生生之具包括稼穑、树艺和牧畜。丘濬不同意复井田可以解决土地问题,而且认为限田、均田、口分、世业等办法也非长久之计,"终莫若听民自便之为得"。他提出解决土地问题的"配丁田法":在某个期限之后,一丁只准占田一顷,最多不超过一百五十亩。丁多田少户可买田足其数,若多买过限则没收入官。丁少田多户只许卖不许买。再以丁田定差役,"以田一顷,配人一丁,当一夫差役"。占田超过标准,每超过二顷算一丁,"当一夫差役,量出雇役之钱"。占田不足的以丁配田,超过部分每二丁算田一顷,"当一夫差役,量应力役之征"。另外,占田限额可根据各地人口密度不同适当提高或降低。丘濬认为实行"配丁田法","既不夺民之所有,则有田者惟恐子孙不多,而无匿丁不报者矣。不惟民有常产,而无甚贫甚富之不均,而官之差役亦有验丁验粮之可据矣。行之数十年,官有限制,富者不复买田;兴废无常,而富室不无鬻产。田直日贱,而民产日均"。

二、理财论。丘濬指出:"古者藏富于民,民财既理,则人君之用度无不足者。是故善于富国者,必先理民之财,而为国理财者次之。"(《总论理财之道上》)首先强调"理民之财"。人君制国用要遵循"取之有度,用之有节"(《总论理财之道下》)的原则。丘濬认为什一之税是"万世取民之定制"(《贡赋之常》),而后世的盐铁官营、均输、平准、算缗、告缗、进奉、和买、劝借、间架税、除陌钱、青苗、市易、经总制钱、鬻爵、度僧等都是巧立名目的非经常之法。"凡有所用度,非为天,非为民,决不敢轻有所费。"(《总论理财之道下》)丘濬还提出了实行财政预算制度的设想,建议每年十二月下旬由户部会同执政大臣,根据各地上报的明年计划开支、积存数和本年实收数,通行计算明年收支和储备情况,上报国君最后确定明年的收支数。

三、货币理论。关于货币的起源,丘濬提出:"日中为市,使民交易以通有无。以物易物,物不皆有,故有钱币之造焉。"(《铜楮之币上》)认为货币是为了解决物物交换缺乏交换媒介的困难而产生的。他分析国家垄断铸币权的必要性说:"钱币乃利权所在,除其禁,则民得以专其利矣,利者争之端也。""苟放其权而使下人得以操之,则凡厌贱而欲贵,厌贫而欲富者,皆趋之矣。非独起劫夺之端,而实致祸乱之渊丛也。"(同上)他从朴素的劳动价值观点出发,强调货币应有十足价值,提出"必物与币两相当值"的等价交换原则,反对铸造不足值的大钱和发行纸币。指出纸币是人君"设为阴谋潜夺之术,以无用之物而致有用之财,以为私利"的表现,不能长久,而且会"因之以失人心,亏国用,而致乱亡之祸"(《铜楮之币下》)。建议改革币制,"以银为上币,钞为中币,钱为下币"。银、钞、钱之间有固定比价,"钱多则出钞以收钱,钞多则出钱以收钞"(同上)。

四、商业理论。丘濬反对国家从事商业活动以侵犯商人的利益,指出:"以人君而争商贾之利,可丑之甚也。"(《市籴之令》)但是国家经营粮食买卖应该肯定:"籴之事犹可为,盖以米粟民食所需,虽收于官,亦是为民。"(同上)建议推广平籴,在各地设立常平司,按市价收籴余粮,歉收时粜出。丘濬还提出了开放海外贸易的主张。认为国家从中抽税,"不扰中国之民,而得外邦之助,是亦足国用之一端"(同上)。不过,国家对海外贸易应严格控制。其商船若干,前往何处,途经何国,贩运何物,数量多少,何时回归,都要事先申报明白;回来后先由官府检查、抽税,然后才能进入市场。

五、人口理论。丘濬指出:"天下盛衰在庶民,庶民多则国势盛,庶民寡则国势衰。"(《蕃民之生》)而庶民多寡的原因在于:"山川限隔,时势变迁,地势有广狭,风气有厚薄,时运有盛衰。"(同上)丘濬担心人多会加剧社会矛盾。他指出:"驯至承平之后,生齿日繁,种类日多,地狭而田不足以耕,衣食不给,于是起而相争相夺,而有不虞度之事矣。"(《总论威武之道上》)要统治者作好两手准备:"既为之足食以顺其生,又为之足兵以防其变。"(同上)

此外,《恤民之患》中还有对救荒的论述,《漕挽之宜下》有复海运的主张,《守边固圉之略上》有对造林的建议,以及《屯营之田》中的屯田垦荒主张,都颇有特色。

有关《大学衍义补》的研究著作:全面评述有李焯然的《丘濬评传》,经济思想的研究主要有胡寄窗《中国经济思想史》下册、赵靖主编《中国经济思想通史》第四卷、叶世昌《古代中国经济思想史》有关章节等。

(施惠康　袁兆春)

漕河图志 王 琼

《漕河图志》，八卷。明王琼著。成于弘治九年(1496)，有明刊本。水利水电研究院姚汉源、谭徐明以日本藏本复印本为底本，以北京图书馆善本部所藏胶卷参校订补，成点校本，1990年由水利电力出版社出版。编入《续修四库全书》，上海古籍出版社2002年出版。

王琼(？—1532)，字德华，太原人。成化二十年(1484)进士。授工部主事，进郎中，出治漕河三年。改户部，历河南右布政使。正德元年(1506)擢右副都御史，督漕运。历任户部右侍郎、吏部侍郎、户部尚书、兵部尚书、吏部尚书。世宗即位，王琼受劾系都察院狱，又因攻讦大学士杨廷和，坐交结近侍律，戍绥德。张璁、桂萼等得势，力请复用王琼。嘉靖七年(1528)以兵部尚书兼右都御史督陕西三边军务，数立战功，加太子太保。十年，召为吏部尚书。次年卒，赠太师，谥"恭襄"。著作还有《晋溪奏议》、《掾曹名臣录》、《双溪杂记》、《西番事迹》等。《明史》、《明史稿》、《国朝献徵录》等书有传。

成化年间(1465—1488)王恕曾作《漕河通志》十四卷。弘治九年，王琼受命以工部郎中出治运河，在实践中，深感王恕的《漕河通志》古今事杂，难于披览，于是将它删节重编。以当时的运河为主，"首载漕河图，次记河之脉络原委及古今变迁，修治经费，以逮奏议、碑记，罔不具悉"(《四库全书总目》卷七十五)。

《漕河图志》卷一有《漕河之图》、《漕河建置》、《诸河源委》、《漕河》四目；卷二有《漕河上源》、《诸河考论》两目；卷三有《漕河夫数》、《漕河经用》、《漕河禁例》、《漕河水程》、《漕河职制》五目；卷四是《奏议》；卷五、卷六是《碑记》；卷七是《诗》、《赋》；卷八有《漕河水次仓》、《漕运粮数》、《漕运官军船只数》、《运粮加耗则例》、《运粮官军行粮》、《运粮官军赏赐》等目。书前有作者自序，书后有何宗理跋。

《漕河图志》以记事为主，议论较少。作者的目的是使后人研究漕运、河渠之法有一简洁明了的参考书。其内容主要包括以下一些方面。

一、运河图十一幅。从北京起至仪真(今江苏仪征)瓜洲入长江,是现存最早的运河图。图虽简略,足以示意。反映了本书图文并重的特点。

二、运河水源的原委、经过州县、支流、闸坝、桥涵、两岸浅铺等情况。其中记叙了许多水利建设史料。如《漕河·大兴县四闸》说:"平津上下二闸……元至元二十九年始建木闸,名'郊亭闸'。延祐以后复修石闸,改名'平津'。本朝重修。"《漕河上源·河南武陟县》说:"天顺七年,因黄河东南趋陈颍,以达于淮,不与沁合。役夫一万四千余名,自本县东宝家湾开渠三十余里,引河入沁达徐州,以济漕运。后沁水由此全入黄河,而故道淤。"在《诸河考论》中,作者在叙述中间加按语,说明自己的治水思想和建议。

三、修治运河的夫役、经费、材料及其来源。《漕河夫数》载明代漕河夫役分为闸夫、溜夫、坝夫、浅夫、泉夫、湖夫、塘夫、捞浅夫、挑港夫等。"定役夫,自通州至仪真瓜洲,凡四万七千四人。"《漕河经用》载建闸、置坝、修堤岸、设浅铺及其他水利设施,工程所需要的木料、石料、铁、绳索等物料,各种物料征办方法的变化和工匠待遇。"凡有兴修,匠用雇募。工食之费,自官给之。其丁夫非常役者,亦计口日给食米。病者,命医疗之,官为置买药饵。"光据纸面上的规定,明代漕河工匠的待遇是不错的,但实际恐远不如。

四、运河河道及运输的管理。《漕河禁例》载明宣宗、英宗、宪宗有关运河管理的圣旨、禁令和漕运管理条例十七项。有关于漕河管理机构和职权、职责的规定,如:"凡漕河事务,悉听典掌之官区处,他官不得侵越。""凡府、州、县添设通判、判官、主簿及闸坝官,专理河防之务,不许别委、干办他事,妨废正务,违者罪之。"有对漕河官吏的约束条例,如:"闸官夫牌故意不开,勒取客船钱物者,亦治以罪。"有官船军兵的约束条例,如:"凡马快等船每驾船军余一名,食米之外,听带货物三百斤。若多带及附搭客货、私盐者,听巡河、管河、洪闸官盘检,尽数入官。""凡漕运军人许带土产换易柴盐,每船不得过十石。若多载货物,沿途贸易稽留者,听巡河御史、郎中及洪闸主事盘检入官,并治其罪。"《漕河职制》还按年月记叙了自永乐十二年(1414)至弘治八年修治管理漕河的制度演变及官员姓名。

五、漕粮储运管理和加耗标准。《漕河水次仓》记载永乐二年至十六年在小直沽、河西务、淮安、徐州、张家湾等处设立漕粮仓廒情况。《漕运粮数》记载了洪武三十年(1397)至成化八年的漕运粮数。河运从永乐十二年开始,至十六年达四百六十四万六千余石。宣德八年(1433)为五百余万石,以通州仓收二分,京仓收一分。以后至成化八年每年四百余万石左右。《漕运官军船只数》记载永乐时官军十二万一千五百余员名,船一万一千七百七十七只。这些资料对研究明前期的漕粮有一定价值。《运粮加耗则例》记载洪武年间,海运每粮一石,加耗米一升;永乐时一度取消加耗;宣德时各地加耗三至八斗不等;成化时各地加耗一斗五升至四斗不等。可供明代赋税制度研究参考。

六、有关漕运及治河奏疏。从永乐到弘治,共有十篇。基本上原文照录,有一定史料价值。

七、有关治河修建水利设施和漕运的碑文。共收碑文五十四篇。时间从南宋到明,地区自北京到仪真瓜洲。是研究水利漕运史的重要资料。

《漕河图志》所记明代前期运河史料翔实明晰,多为他书所未有。体例为早期创新的志体,对后世运河志书的影响较大。不足之处在于无总的分类编排,有目无纲,且就运河志而言,内容尚不够全面。由于明人不擅长考证,作者对前代河渠史实的掌握多有错误,对前代治河、治漕河的解说也存在明显偏差。

(施正康)

浙西水利书 姚文灏

《浙西水利书》,三卷。明姚文灏编。成于弘治十年(1497)。有《四库全书》本、《豫章丛书》本等。农业出版社1984年出版汪家伦的校注本。

姚文灏(1455—1504),字秀夫,号鄱东野人,晚更号学斋,江西贵溪人。成化二十年(1484)进士。授工部都水主事,督造淮安运舟。改刑部陕西司,调常州府通判。弘治九年,以工部都水司主事提督浙西水利。官至湖广按察司提学佥事,卒于任上。姚文灏为官勤勉,尤其关心农事水利。在常州任职时,适逢工部侍郎徐贯奉旨视察浙西水利。他屡陈兴革事,都得到施行。任工部主事时,条陈农田水利六事:设导河夫,发济农粟,给修闸钱,开议水局,重农官选,专农官任。朝议采纳推行其中四条。提督水利,亲自巡行视察,虽远险不辞,所绘水道图较为准确。著作还有《学斋文稿》、《经说》、《杂说》、《报德录》、《中庸本义》等。《容春堂别集》、《国朝献徵录》等书有传。

明王朝的财赋仰给东南苏、松、常、杭、嘉、湖六府。这些地区环绕太湖,受太湖洪涝影响,时常成灾。姚文灏在督办浙西水利时,深感浙西水患非一朝一夕酿成,而是有久远的历史原因。许多问题前人早有论述,如围田掩遏水势,塘港湮塞等。但没有引起后人的充分注意,更无人认真辨其是非,弃其糟粕,取其精华。因此,他收集自宋以来有关浙西水利的论述四十七篇,编成《浙西水利书》。他认为:"浙西后世之水势也,与古小异矣。水已小异则治不尽同。欲尽同,所以劳大而功微也。夫浙西之于天下,重也;水利之于浙西,又重也,故为书焉。"(《序》)显然,姚文灏编辑此书的目的,并不是要人们因循旧说,照搬照做,而是为了开阔眼界,博采众长,吸取经验和教训,创造出适合当时水势的治水新方策。为此,他所收辑的前人论述不是全文抄录,而是有笔削弃取,以突出重点,突出他赞同并大力推行的治水方策,即"以开江置闸围岸为首务,而河道及田围则兼修之"(《四库全书总目》卷六九)。

《浙西水利书》是一部水利文献汇编。姚文灏除写了《序》和《凡例》外,不再附加其他说明或评论。卷上为宋人著作,共二十篇。卷中为元人著作,共十五篇。卷下为明人著作,共十二篇。

本书有以下几个特点。

一、按一定的标准进行取舍。《凡例》说明编者的取舍标准是：(一)"取其是而舍其非"。他认为北宋郏亶围田治水的观点是错误的，因此不予收录。(二)"虽是而重言复出者，亦略之"。许多被收的论述都经删改。如单锷《吴中水利书》删去近半，而主要内容基本保存。(三)"以常事而饰异名以炫人者，皆所不录"。研究水利本是非常实际的学问。姚文灏从事过实际工作，故对华而不实、故弄玄虚的东西一概删除。

二、收录面广，保存了不少有价值的水利论著。本书所收之文，不但有著名人物的，如范仲淹、苏轼、范成大、任仁发、夏元吉等；也有许多从事水利实际工作的官员之作，如丘与权、赵子潚、赵必棣、玛哈穆特、何宜、叶廷缙、钱与谦等；更有一些没有官职的水利专家之作，如单锷、周文英、秦庆、金藻。尤其是金藻，此人不过是弘治年间松江府的一名学生，但姚文灏将他所著的《三江水学》、《三江水学或问》详细载录，从而引起人们的注意。

三、既重视治水理论的阐述，又重视治水实绩的载录。《浙西水利书》中除收录大量前人的水利论文外，许多记述前代治水事迹、功效及经验教训的文章也一一收录。这些资料汇集一书，不仅有利于人们了解宋、元、明时期浙西水利事业发展的概况，而且也是研究、学习、评判前代水利思想和经验时必须注意的因素。否则，不知道前代的地理环境、水利条件、治水技术与后代的不同，对前人的成果乱加批判或盲目接受，都会导致治水的失败。

《浙西水利书》开创了将水利著述汇集成专著的先例。其最大的缺点是取舍时编者过于自信和武断。例如，北宋郏亶的理论并非一无是处，而姚文灏竟将其视为穿凿附会的邪说，只字不录。元代任仁发对治理吴淞江有置闸之论，本书也作为糟粕删去。但是，尽管有缺点，《浙西水利书》在当时产生了积极的影响，对浙西水利事业的发展起了促进作用。以后归有光的《三吴水利录》、张国维的《吴中水利全书》乃至清代傅泽洪的《行水金鉴》都是受了此书的影响而作，在中国水利理论史中无疑有重要的地位。

（施正康）

荒政丛言 林希元

《荒政丛言》,原名《荒政丛言疏》。明林希元著。成于嘉靖八年(1529)。编入《林次崖先生文集》。清俞森于康熙二十九年(1690)辑成《荒政丛书》,将《荒政丛言》编为卷二。有始刻本及《四库全书》本、《墨海金壶》本、《守山阁丛书》本、《瓶华书屋丛书》本等。

林希元(1481—1565),字茂贞,一字思献,号次崖,福建同安人。正德十二年(1517)进士。授南京大理寺评事。世宗即位(1521),上《新政八要》,极言宦官之弊。累迁大理寺正。因得罪大理寺卿陈琳,被贬为泗州(治今江苏泗洪东南)判官。恰值江北灾荒,他"悉心赈济,多赖全活"(《明史·林希元传》)。嘉靖三年弃官归。六年起为大理寺寺副。次年升广东按察司佥事,主管盐政、屯田事宜。后改提学,升南京大理事丞。十二年调北京。当时辽东士兵凌辱将帅,他反对姑息,被贬为钦州知州。十九年升广东按察司佥事,兼管兵备。因与兵部尚书张瓒意见不合,罢归乡里。晚年将所著《大学经传定本》、《四书存疑》、《易经存疑》呈世宗,请下旨颁行,被削除官籍。《明史》、《明史稿》、《国朝献徵录》等书有传。

《荒政丛言疏》是林希元在广东任上博采先贤论述,结合自己在泗州的救荒经验编成应诏上奏的。他提出救荒的六纲二十三目,即二难、三便、六急、三权、六禁、三戒。对每目都作了说明。

二难是得人难,审户难。得人难是指要物色廉能而无私的人来主持赈济非常困难,因为官场腐败,一不小心就会"措置无方,奸弊四出"。赈济的本意是拯救穷人,而"人情狡诈,奸欺百出",无论是按户赈给还是赈粥,都夹杂着富实之民,与饥民"真伪莫辨"。审理户籍非常困难,因此林希元建议将人户分为六等:极富、次富、稍富、稍贫、次贫、极贫。赈济时可以不管稍富、稍贫两等,要求极富户贷银给本乡稍贫户,次富户贷种子给本乡次贫户。极富户不肯贷的是次贫户,次富户不肯贷的是极贫户。这是"于劝分之中而寓审户之法",不需审户即可赈济,"民蒙其惠矣"。

三便是极贫之民便赈米,次贫之民便赈钱,稍贫之民便转贷。

六急是垂死贫民急馆粥,疾病贫民急医药,病起贫民急汤米,既死贫民急募瘗,遗弃小儿急收养,轻重系囚急宽恤。

三权是借官钱以籴粜,兴工役以助赈,借牛种以通变。"借官钱以籴粜"是借用官帑钱银,令商人到其他地方籴买米谷,运回本地后以比原价高二成的价格粜出,增价部分一成作为运费,一成作为商人工食。本钱则归还官方。"兴工役以助赈"是召民兴修水利等,按劳赈给,既可兴事,又可济民,一举两得。"借牛种以通变"是令有牛户借牛给无牛户,双方共耕共养;令次富户借种子给无种户,由官府立契以保证其归还。

六禁是禁侵渔,禁攘盗,禁闭籴,禁抑价,禁宰牛,禁度僧。对于侵渔者,林希元建议"分别等第,严立条禁",侵盗赈济钱粮二十两以上的就处死。关于禁攘盗,他介绍了在泗州的经验:先赈济,次招抚,次斩捕。他反对用度僧的办法救荒,指出:"宋人之策不可复用,度僧之事决不可行!"

三戒是戒迟缓,戒拘文,戒遣使。救荒如救火,惟速乃济,故戒迟缓。灾荒发生后地方官员不要坐待上级批示,"便宜处置,先发后闻",不要拘于文法程式。遣使非但对救荒无一利,而且多妨碍,应引以为戒。

本疏所述,全是临时应付灾荒的措施,条理分明,轮廓清晰,是林希元参加救荒实践的总结。被世宗采纳,诏有司施行,对明以后的救荒起过一定的指导作用。但是,正如他自己所指出的,本疏的内容是不全面的,缺乏先时预备之策的论述。

有关《荒政丛言》的研究,主要有叶世昌《古代中国经济思想史》、邓云特《中国救荒史》有关章节等。

(华林甫)

问水集 刘天和

《问水集》,六卷。明刘天和著。成于嘉靖十五年(1536),同年刊行。又有嘉靖《金声玉振集》本,一卷(删奏议)。1936年中国水利工程学会将其收入《中国水利珍本丛书》第一辑出版。

刘天和(1479—1545),字养和,号松石,麻城(今属湖北)人。正德三年(1508)进士,授南京礼部主事。后以御史出按陕西,得罪办食御物的太监,被逮下狱,谪金坛县丞,迁湖州知府,多惠政。嘉靖初升山西提学副使。累迁南京太常少卿。以右佥都御史督甘肃屯政,请招抚流民于边地耕牧,奏当兴革者十事,田利大兴。改任陕西巡抚,请撤镇守太监,罢为民患者三十余事。进右副都御史。嘉靖十三年任总理河道。时黄河南徙,旁溢四出。刘天和疏浚汴河及山东境内七十二泉入运水道,大修堤防,役夫数万,不到三月完成。加工部右侍郎。十五年改兵部左侍郎,总制三边军务,屡败寇犯。官至兵部尚书,加太子太保。后乞休归。卒谥"庄襄"。著作还有《仲志》。《明史》、《明史稿》、《国朝献徵录》等书有传。

刘天和任总理河道时,进行了大量的实地调查,掌握河道水势、工程状况,终于较快地完成急迫的治理工程,使当年四百万石漕粮运输顺利完成。随后,他将有关内容汇辑成编,名为《问水集》,认为治水之要,"盖在是矣"。

《问水集》前二卷为作者巡视所得情形与采取的措施,后四卷是治河过程中所上奏议。书前有胡缵宗、陈讲序。《中国水利珍本丛书》本还收有残序二,为张壁、廖道南撰,谓抄自明刊本。而嘉靖十五年刊本仅有胡、陈二序,后二序未知所出。《珍本丛书》本书后附刘天和《黄河图说》一卷。系嘉靖十四年刘天和撰并刻石,原碑存陕西。

卷一分《黄河》、《运河》两篇,分述两河有关情况。《黄河》篇首论黄河迁徙不常之由六条:多沙,流急,河浅,无蓄水湖泊,下游地平无天然约束,土质疏松。以下论古今治河同异(三条)、治河之要(七条)、堤防之制(四条)、疏浚之制(五条)、工役之制(五条)及植柳六法。指出古今形势不同,治河不可泥于古人之法。即使是大禹的多道分流,贾让中策的沿流引灌等法,当时可称善策,今亦不可以行。修筑堤防,向来以堤高一丈、丈二为标准,但如果地面高低有别,堤顶高度就不能保证。因此刘天和自制水平仪,规定筑堤以水平仪逐段测量,以保证堤顶高程一致。而最为人称道的,是刘天和总结提出的以植柳护堤岸。有卧柳、低柳、编柳,种于堤身上下。深柳迎顶冲之水;漫柳植于无堤漫流河段两岸,密植数十层,以促淤积,生成自然堤;高柳植于堤内外,可阻水势,产梢料。现代除不提倡在堤身植树外,堤前堤后植树仍是守堤日常工作的重要内容。《运河》篇分述白河、卫河、汶河、闸河有关治理要点。指出白河(大运河北端)多沙易决,堤防大坏,可植漫柳以期成堤。闸河(大运河山东段,因水少须借闸行运,故名)各闸高程已经测量调整,应加保持以便行运。两闸之间遇相距较远或比降较陡,水易流失,应在其间酌留一二处较浅河段为"坎",以节省水量,缩短等候时间。

卷二前半系《运河续》,有徐吕二洪、淮阳诸湖等六条。后半收入都水郎中杨旦、都水主事邵元吉所撰《治河始末》一篇,记叙刘天和治河工程详情;张治撰《修复汶漕记》一篇,述刘天和主持重修汶河与南旺、马场湖堤防,恢复漕运过程;以及童承叙撰《重建卫河减水四闸碑记》,载刘天和规划、李如圭主持完成卫河沿河四处减水闸工程,以防运河受冲。

卷三至卷六,共收录刘天和治河有关奏疏十四篇,反映了他的治河指导思想和治河过程。他认为治河当从实际出发:"惟审地形,相水土之宜。计工役,权利害轻重。任劳省费,以求无负于国,无病于民。"所以,上任后首先实地勘视黄、运两河状况,并测量运河各闸高差与拟浚河道宽深丈尺,作了相当细致的工程量计算。如先称出需挑泥每深广一尺,重一百四十斤。民夫每筐可抬泥一百斤,每天可抬七十筐。又由总方量和预定工期,求得应雇民夫数量与经费预算。其整套施工管理亦严密有效。"计工以定役,故为力甚简;视徭役之成数以调役,吏胥无所容其奸,故民不扰;雇值惟计工不计日,故为费甚省;画地分工,完即散遣,故人自为力;卢舍、饮食、器具、医药劳勉周至,故民不知劳。"在三个月里疏浚河道近三万五千丈(二百二十里),筑堤一万二千四百丈(八十里),修建闸十五座,植柳树二百八十万株,动用民工十四万多人,取得"财力不多费而功倍于昔人"的效果。

《问水集》一书,为治理黄河、运河重要史籍,其植柳六法尤值得重视,后代多有征引。但尚无对此书的专门研究。

(程鹏举)

吴江水考 沈启

《吴江水考》,又称《吴江水利考》。五卷。明沈启著。成于嘉靖四十三年(1564)。初刻本早佚。乾隆二年(1737)沈启八世孙沈守义主持重刻。后黄象曦成《吴江水考增辑》,于光绪二十年(1894)刊行,此本最为常见。

沈启(1491—1568),字子由,号江村。吴江(今属江苏)人。嘉靖十七年进士,授南京工部主事。后转刑部员外郎,执法谨严。不久,被举荐为绍兴太守,均平各县赋役。改任湖广按察司副使。因得罪个别主事官员与有势缙绅,罢官归里,筑室仙人山。沈启以博学闻,经、子、史、阴阳历律、水利、堪舆等无所不窥。著作还有《南船纪》等。《国朝献徵录》、《皇明词林人物考》、《吴江水考增辑》等书有传。

沈启熟悉家乡水情。他认为吴江为"源委之要,潴泄之枢"。西有太湖,受纳各源之水,不能容者即泄至吴江境。东有大海为积水归宿,宣泄不及者亦滞留吴江境。因而境内"岁之凶丰,民之利害,国计之绌伸",取决于正确的"节宣之法"(《序》)。所以撰著本书,记叙太湖及其入海水道状况,并汇辑管理、工程、灾害等方面史实和治水议论,为当政者参考。

卷一分《水图考》、《水道考》和《水源考》。《水图考》有水图七幅:吴江水利全图,太湖全图,苏州府全图,东南水利七府总图及吴淞江、娄江、白茆江全图。反映水道分合、塘浦泾渎情形。《水道考》叙述县境主要水道道里经行。《水源考》叙述境内诸水,主要是入太湖各水的发源地以及部分湖塘堰坝位置。

卷二分《水官考》、《水则考》、《水年考》、《堤水岸式》、《水蚀考》、《水治考》和《水栅考》。《水官考》叙述历代水利职官及治河专业队伍的设置。《水则考》介绍有名的吴江水则碑。共有两块,位于县内垂虹亭水畔,上标刻度。其一为横道水则碑,上刻七横道称为一至七则。水位在一则以下,境内高、低农田均可无恙。水位逐级上涨分别达到二至七则,极低田、稍低田、下中田、上中田、稍高田、极高田将依次淹没。因此,从水则碑水位即可大致准确地知道县境各地受灾程度。

《水年考》记录南朝宋以后吴江境受水、旱灾年份及大略灾情。《堤水岸式》叙述圩田堤岸修筑方法,并附有丈量图说,叙述不同形体堤身的体积计算方法,以便计算工程量及工费。《水蚀考》记录境内农田被湖水冲没湮废的情况。《水治考》记录历代疏浚、修筑工程与境内部分水道长度和水面宽度。《水栅考》叙述境内木制水关位置和守护。

卷三至卷五均为《水议考》,是全书的重点。内容是历代有关治理太湖流域的论述、奏疏节录。

乾隆本收有刘凤所作赞和王世贞所作传,并有徐大椿和沈启八世孙守义的《后序》。

《吴江水考》是关于太湖水利诸多著作中时间较早、影响较大的一部。其后张国维《吴中水利全书》等于体例方面多有借鉴。四库馆臣称此书"于治水条规颇为明备,而支派曲折,尚不能一一缕载"(《四库全书总目》卷七十五),较为恰当。徐大椿则称赞此书体例简括,议论详审,去取精严,"真东南水利不刊之典也"(《后序》)。

黄象曦《吴江水考增辑》对原书文字、顺序未作改动,仅作了若干补充,并增加附编二卷。由费延厘作《序》。附编亦为《水议考》,主要是增补沈启以后的有关著述节录。

(程鹏举)

三吴水利录 归有光

《三吴水利录》,四卷。明归有光著。约成于嘉靖(1522—1566)末年。有清《四库全书》本、《涉闻梓旧》本等。后者比前者多附录三篇。《丛书集成》本据后者排印。

归有光(1506—1571),字熙甫,又字开甫,崑山(今江苏昆山)人。嘉靖十九年中举,再试不第,移居嘉定(今属上海)安亭江上。讲书谈道,学徒常有数百人,人称震川先生。嘉靖四十四年进士,授长兴知县。因耿直不阿,得罪上司,调顺德通判,专管马政。隆庆四年(1570),大学士高拱等荐为南京太仆寺丞,留掌内阁制敕房,修《世宗实录》。卒于官。著作还有《震川先生集》。《明史》、《明史稿》有传。

《三吴水利录》是一部研究太湖流域治水理论的专著。古人将太湖周围的苏州、常州、湖州称为三吴。明中叶以后,太湖流域堤防废坏,河道淤塞,水旱连年不断。归有光生活、讲学的昆山、安亭均属苏州,做官的长兴属湖州,对三吴水利的兴衰利弊较为了解。所以采集前人有关水利的议论七篇,分为三卷;又自作《水利论》二篇,并附以三江图、淞江下三江口图及《序说》,组成一卷,合为《三吴水利录》四卷。书后附淞江南北岸浦、《元大德八年都水监开江丈尺》、《天顺四年崔都御史开江丈尺》。《涉闻梓旧》本所引附录增收了三篇:明归子宁的《奉熊分司水利集并论今年水灾事宜书》和《寄王太守书》,清蒋光煦的《书三吴水利录后》。

《三吴水利录》一至三卷和姚文灏的《浙西水利书》一样,都是抄录前人著述,但两者有明显的区别:

其一,《三吴水利录》所收篇目较《浙西水利书》大为减少。它只选议论,而且是选择其中最好的,使要说明的主旨更加突出。

其二,《三吴水利录》收了一些《浙西水利书》不收或删减过多的水利议论。如郏亶书,姚文灏认为是荒谬之谈,故删而不取。归有光却大为赞赏,全文收录。元周文英书,姚文灏虽收而删减较多,归有光录得更详。相反,《浙西水利书》中收录较详的金藻三江水学,《三吴水利录》中作为附录,简略介绍。因而,作为研究浙西水利的资料书,两书可以互相补充。

《三吴水利录》卷四是归有光自己所写的两篇《水利论》。他说:"有光既录诸家之书,其说多可行,然以为未尽其理,乃作《水利论》。"他的基本观点是泽患其不潴,川患其不流,所以治理太湖应该大蓄大泄。一方面要让太湖水源充足,因为太湖虽能成灾,却也是一大水利,而且湖水充足,加快河渠流速,使泥沙不停滞,堵塞下游;另一方面要专力疏通吴淞江这条太湖下游最大的出水道,使湖水畅通,不致积水成灾。

《三吴水利录》所阐明的治水理论和方略,对明代浙西水利有一定现实意义,对后世研究中国水利史也提供了许多宝贵的资料。

(施正康)

四友斋丛说 何良俊

《四友斋丛说》，三十八卷。明何良俊著。初刻于隆庆三年(1569)，三十卷。后又续撰八卷，合并重刻于万历七年(1579)。万历时沈节甫摘抄其中的明代掌故，成《四友斋丛说摘抄》六卷，为《纪录汇编》本。《丛书集成》本据此影印。1959年，中华书局根据万历足本断句出版。编入《续修四库全书》，上海古籍出版社2002年出版。

何良俊(？—1573)，字元朗，号柘湖居士，华亭(今上海松江)人。少与其弟良傅并有俊才，人以"二陆"(陆机、陆云)比之。嘉靖(1522—1566)时以岁贡生入太学，时授南京翰林院孔目，后弃官归。因倭寇侵扰，先后移居南京、苏州。七十岁才回故里。以博学多闻著称，自称"所藏书四万卷，涉猎殆遍"(初刻本《自序》)。著作还有《何翰林集》、《何氏语林》等。《明史》、《明史稿》、《国朝献徵录》等书有传。

《四友斋丛说》是一部笔记。"四友斋"是何的书斋名。据《自序》称，"四友"是指庄子、王维、白居易和何良俊自己，从中亦可窥见作者的人生、学术旨趣。全书分经、史、杂记、子、释道、文、诗、书、画、求志、崇训、尊生、娱老、正俗、考文、词曲、续史等十七门，共十三卷。初刻本有《自序》和朱大韶序。重刻本有张仲颐序和龚元成题词。

《四友斋丛说》内容广泛，包含着很多明代史料和苏松等处地方掌故，可供史学研究者参考。关于经济方面，所记主要涉及明后期赋役繁重，税负不均，官吏尽情榨取，人民深受其害的一些情况，并提出作者的一些经济主张。其要点如下。

一、认为正德年间(1506—1521)是明朝的转折点。正德以前百姓"家富人足，日勤农作，至夜帖帖而卧"。而在此以后则"身无完衣，腹无饱食，贫困日甚，奸伪日滋，公家逋负日积，岁以万计。虽缙绅之家，差役沓至，征租索钱之吏，日夕在门。其小心畏慎者，职思其外，终岁惴惴，卧不帖席"。又说："余谓正德以前，百姓十一在官，十九在田。盖因四民各有定业，百姓安于农亩，无有他志，官府亦驱之就农，不加烦扰，故家家丰足，人乐于为农。自四五十年来，赋税日增，徭役日重,民命不堪,遂皆迁业。昔日乡官家人亦不甚多,今去农而为乡官家人者,已十倍于前矣。昔日官府之人有限,今去农而蚕食于官府者,五倍于前矣。昔日逐末之人尚少,今去农而改业为工商者,三倍于前矣。昔日原无游手之人,今去农而游手趁食者,又十之二三矣。大抵以十分百姓言之,已六七分去农……今一甲所存无四五户,复三四人朋一里长,则是华亭一县无不役之家,无不在官之人矣。况府县堂上与管粮官四处比限,每处三限,一月通计十二限,则空一里之人,奔走络绎于道路,谁复有种田之人哉?"他为这种严峻的形势感到"寒心"。

二、认为拖欠钱粮同赋税政策不当及吏治有关。何良俊说:"正德十年以前,松江钱粮分毫无拖欠者。自正德十年以后,渐有逋负之端矣。"逋负的原因在于实行"照田加耗"的政策。照田加耗有利于钱粮额高的田,不利于钱粮额低的田;因按亩加一斗,钱粮额高的田增幅小,钱粮额低的田增幅大。增幅大就会造成拖欠。所以应该论粮加耗,即按钱粮额的比例加耗。他指出周忱巡抚江南时经过调查,"定为论粮加耗之制","循之则治,紊之则乱",是正确的政策。钱粮难征还由于粮里侵收。他们受贿后不认真催办,"买田造房,家至殷富,而逋负日积,每岁以十数万计"。"故今闾阎无赖之徒,有用银二三十两买充公务粮长者,上亏国库,下残民命,此天地间一大蠹也。"

三、主张从土地的实际情况出发决定钱粮征收额。何良俊对松江东、西乡土地的不同特点做了很多对比,指出:"夫东西两乡,不但土有肥瘠。西乡田低水平,易于车戽,夫妻二人可种二十五亩,稍勤者可至三十亩。且土肥获多……故取租有一石六七斗者。东乡田高岸陡,车皆直竖,无异于汲水。稍不到,苗尽槁死。每遇旱岁,车声彻夜不休。夫妻二人极力耕种,止可五亩……故取租多者八斗,少者只黄豆四五斗耳。"如果仅按土地面积均粮,就会造成实际上的不均。"夫既以均粮为名,盖欲其均也。然未均之前,其为不均也小;既均之后,其为不均也大,是欲去小不均,遂成大不均矣。"有人创西乡水多田低薄之说,要求减西乡钱粮,何良俊进行了驳斥。

四、提出防止土地飞走隐匿之弊的办法。何良俊曾提出设经、纬二册以核定田亩。后来发现经册即明初的"黄册","以户为主而田从之";纬册即明初的"田册","以田为主而户从之"。书中介绍了经、纬册的图式,并指出:"然今之征收,甚至一户之田有数十处分纳者,其各户田少之处,亦有止纳一二钱者,烦费百出,且头项太多,官府稽查亦自不易。若二册之式一定,则奸弊可以尽革,官府何不从其省而便者哉!"他还提出一个"力省而功倍"的量田办法。

五、重视水利建设。何良俊批评嘉靖时将松江的水利通判视为冗员而予以裁省。他说:"夫朝廷粮饷取给东南,然其生之之源全在于农,农之耕种全赖水利,则治农官其可以为冗员而裁革之耶?"他记述海瑞治理吴淞江的成就:"前年海刚峰来巡抚,遂一力开吴淞江。隆庆四年五年皆有大水,不至病农,即开吴淞江之力也。非海公肯担当,安能了此一大事哉!"

六、记述官吏勒索百姓的情况。南京官员买物,出票由皂隶经办,只给原价的一半,"铺户甚苦之"。更严重的,皂隶持票沿门需索,铺户怕到衙门要不到钱,反而受责罚,"遂出二三钱银与之。一家得银,复至一家。京城中糖食铺户约有三十余家,遍历各家,而其人遂厌所欲矣"(卷十二)。书中还记述上元、江宁两县坊长管办道长宴席而受累的情况,或卖一楼房应付,或竟至自杀。

七、提出屯田、积谷救荒等建议。从吴淞至金山卫沿海设兵防守,每年兵饷银三万两,并易生事端。何良俊主张实行屯田,募本地人当兵,每兵一名给田二十亩,"令其夏秋务农,冬春讲武",认为"如是则兵皆土著且终岁力作,无暇游手,则不至骄悍"(卷十四)。他又主张各府县将赃罚银"尽数籴谷","罪犯自徒流以下,许其以谷赎罪"。南直隶有将近一百县,每年可积谷七十余万石,三年有二百余万石。灾荒时各县通融借贷,"则东南百姓可免流亡,而朝廷于财赋之地永无南顾之忧矣"(卷十三)。

八、认为工商众则国贫,何良俊说:"荀子曰:'士大夫众则国贫,工商众则国贫,无制数度量则国贫。'由今日论之,吾松之士大夫、工商不可谓不众矣,民安得不贫哉?"(同上)说明他仍坚持以农富国的传统思想。

《四友斋丛说》是明代综合性笔记中比较著名和有价值的一种。其经济内容可供研究明代经济史和经济思想史的参考。其缺点是"往往摭拾传闻,不能核实"(《四库全书总目》卷一二七)。朱国桢《涌幢小品》、朱彝尊《静志居诗话》都有辨正。

(叶世昌 吴申元)

治水筌蹄 万 恭

《治水筌蹄》,简称《筌蹄》。二卷。明万恭著。从书的内容、万恭自序以及万恭墓志铭的记载推断,当成于万历元年(1573)并同时刊印。初刻本早佚,只有万历五年至七年间张文奇重刊本存世,亦属海内孤本,藏于清华大学图书馆。1985年水利电力出版社出版朱更翎整编本,并附有影印张文奇重刊本。

万恭(1515—1592),字肃卿,别号两豀,晚年自号洞阳子,江西南昌人。嘉靖二十三年(1544)进士。历任光禄寺少卿、太仆寺少卿、鸿胪寺卿、北京大理寺少卿、兵部侍郎兼佥都御史巡抚山西、总理河道等职。担任总理河道两年四个月,主持修建徐州以下黄河两岸缕堤二百七十里,并整修部分段落的大堤,一时间正河安流,运道大通,京杭大运河的航运条件大大改善。万历二年被劾罢职。著作还有《漕河奏议》,已佚。《明史》、《明史稿》、《国朝列卿记》等书有传。

《治水筌蹄》是万恭在治河期间"取治水见诸行事,存案牍者,括而记诸筌蹄"(《自序》)。筌、蹄是先秦时期的渔猎工具,见《庄子·外物》:"筌者所以在鱼,得鱼而忘筌。蹄者所以在兔,得兔而忘蹄。"因此《治水筌蹄》就是"治水工具书"的意思。

本书属杂记性质,没有任何顺序。排列杂乱,阅读非常不便。清华藏本仅存正文,脱去序、跋。出版整编本时,清华大学图书馆由馆藏《当代台阁精华》中,辑出万恭《治水筌蹄自序》一篇,得以合璧。万恭在序中叙述自己于隆庆六年(1572)受命总管治河后,巡视各处河道情况的印象。把占首要地位的大运河全程划分为白漕、卫漕、闸漕、河漕、湖漕、浙漕六段。根据各段水源、河道状况,制定了白漕不宜治,卫漕不必治,闸漕宜少治,河漕宜数治,湖漕宜急治,浙漕宜间治的总方针。白漕指大运河自北京至天津,沿白河水道。卫漕由天津至山东临清,借卫河水道行运。闸漕从临清抵茶城,因水源不足靠船闸蓄水行运。河漕自茶城顺黄河而下到清江浦。再往南经过宝应、高邮到扬州,靠沿途一系列湖泊供给航运用水,叫湖漕。从扬州过江后,由镇江抵杭州是浙漕。六漕的划分是开创性的。

《治水筌蹄》内容包括黄河、淮河、运河治理的指导思想、堤防岁修、汛期防守、施工组织、管理制度等方面。突出的有以下几点。

一、在治黄理论上,抓住黄河泥沙这一关键问题,讨论了水沙冲淤关系,并提出相应的工程方案。万恭指出"水专则急,分则缓;河急则通,缓则淤。""浊者尽沙泥,水急则滚,沙泥昼夜不得停息而入于海,而后黄河常深、常通而不决。"在这一认识的基础上,他肯定虞城县一秀才的献策:"河性急,借其性而役其力,则可浅可深。""如欲深北,则南其堤,而北自深;如欲深南,则北其堤,而南自深;如欲深中,则南、北堤两束之,冲中坚焉,而中自深。"指出试之无弗效者。这些观点和方法成为以后潘季驯"束水攻沙"理论的基础,并得到广泛的运用。虽然效果不像设想的那样理想,但仍不失为一项值得研究、总结和借鉴的措施。

二、第一次总结了利用汛期来沙稳定河槽的方法。汛期到来之前,先在河滩上修建坚固的矮堤。洪水退后,泥沙被拦在滩地上落淤,就能加高河滩,稳定河槽。

三、大运河是明王朝的命脉之一,《治水筌蹄》记载了运河航行、治理的不少成功经验。在水源短缺的山东境内,船队靠船闸调节蓄水航行。船队如果轻重载混合,吃水不一,就容易费水。万恭建议各地在头一年先作好用船数估计,这样在运输盛季时船只都是重载北上,吃水一致,既节水又便于船闸管理。在有些河段,有意识地保留几丈长的浅水段不加疏浚,这样可以阻挡上流来水并抬高上游水位,达到"以一浅省多浅"的目的。在宽广的河段,用修建矮堤、立板桩等方法缩窄水流,增加河深。

四、改进沿河各地的征税、募夫办法。万恭认为治河必先治民,宁敝河,不忍敝民。山东民力半竭于河,有必要改进旧章。他制订的主要措施有:编定各户差、税负担能力,减少征收名目和中转环节以防中饱私囊。将守河民夫分为长年在工的长夫与临时雇募的短夫,既减轻百姓负担,又可减少支出。

五、建立了飞马报汛制度。万恭认为及时了解汛情至关重要,建立起自陕西潼关下至江苏宿迁的飞马报汛机构。黄河盛涨时,潼关以下每三十里设一站,快马传递消息,每昼夜可行五百里,比洪水更快,使下游可以在洪水到来前有所准备。万恭还注意到了黄河洪峰高而窄的特点,加以记载。

《治水筌蹄》成书后,得到很高的评价。它记述的治水思想和经验,除个别方面外,都在以后三百多年中得到继承和发展。明潘季驯和清靳辅、陈潢是大力实施"束水攻沙"理论的代表人物,在治黄上都取得了很大的成就。《行水金鉴》中,评价《治水筌蹄》记载的治水"诸法俱堪不朽"。

但是原书体例上的混乱对全书质量有较大影响。朱更翎整编本则彻底解决了这一问题。针对原书的缺陷,整编本在进行标点、分段的基础上,重排了原书次序。将原书一百四十八条记载分别收入到自定的《黄河》、《运河》、《其他》三目内,各目下又分几个小目如《河道概况》、《治河论点》等,并给每一条记载加上了小标题,观之一目了然。对原书所述史实,也进行了年代、地名、水道以及少数文字的考证。并编制有《〈治水筌蹄〉整编顺序与原书对照暨它书征引备检表》附后。

除上述工作外,整编本还从《明实录》、《明经世文编》等书中,搜辑到万恭奏疏二十二篇,其他治水专文九篇,汇编为《万恭治水文辑》作为附录。从中可以看到已佚万恭《漕河奏议》的部分内容。全书最后还附有万恭论著存目、《明史·万恭传》及流传极少的邓以赞撰《兵部左侍郎两谿万公墓志铭》。该铭是唯一记载万恭生卒具体时间的史料,十分珍贵。如万恭卒年,不少论著根据其卒于辛卯年而定为1591年,实际万恭卒于这年的农历十一月二十一日,已是1592年1月5日,据此可以纠讹。整编本实际成为万恭的治水论述专集。

(程鹏举)

潞水客谈 徐贞明

《潞水客谈》，一卷。明徐贞明著。成于万历四年(1576)前后。初刻本早佚。万历十二年重刻。另有抄本，比重刻本少几百字。《畿辅河道水利丛书》本据抄本刊刻。后有《粤雅堂丛书》本，为《丛书集成》本所据，亦同抄本。编入《续修四库全书》，上海古籍出版社2002年出版。

徐贞明(？—1590)，字伯继，号孺东，江西贵溪人。隆庆五年(1571)进士。曾任山阴(今浙江绍兴)知县。万历三年选工科给事中。后历任汉阳府推官、处州知府、兵部主事、尚宝司丞等。十三年以尚宝少卿兼监察御史领垦田使，主持京畿一带农田水利开发。次年因浮议罢，徐也告假归田。《明史》、《明史稿》、《掖垣人鉴》等书有传。

大约在万历三年的下半年，徐贞明就任工科给事中不久，就上疏提出应改变北方粮食依赖东南供应的状况。建议在顺天(今北京)、真定(今河北正定)、河间三郡以及滦州(今河北滦县)至沧州、庆云的濒海地带大力开发水利，仿照江浙一带的圩田制度，改旱田、荒地成水田，以提高粮食产量。初见成效后，再向河南、陕西、山东等地推广。疏上后，被缓议。徐贞明又选派了解水利工程的属员，分赴各地调查。历时两月，结论是水田开发可以实施。他打算再次上疏，请求先择地实验。就在这时，因为他同情反对张居正的御史傅应祯而被贬官。在离开京城的途中，他在潞河(京杭运河北京至天津的一段)的客船上写成了自己关于西北水利的全面构想，命名为《潞水客谈》。

《潞水客谈》实际是一篇论文，约五千七百字，但内容充实，构思宏大。全篇以宾、主问答的形式，非常详尽地阐述了自己的有关思想。

徐贞明指出：当前的国家大计，以开发西北水利最大最急。但并非可以一蹴而就，可先选点作出榜样而后以效服人。国家大计以西北水利最急的理由是：一、水旱虽是天然现象，但人可以设法控制水量蓄泄以待不时之需。西北地区的特点是"旱则赤地千里，潦则洪流万顷"，丰收与否"寄命于天"，根本靠不住。二、京城在北，财赋却全靠东南漕运，这不是长久万全之计。三、从东南运粮,"每以数石而致一石,民力竭矣"。如果西北能多产一石粮食,东南就可以省下几石的消耗,并可为实行改折直至减免赋税。创造条件,以苏东南民力。四、目前黄河两岸及其支流沿岸都没有容水之地,大量修复、兴建渠堰,分引河水,既可发展灌溉,又可削减水势、减少洪水灾害。五、西北千里平川,最利于敌骑长驱直入,多开沟渠可成为防御工事的一部分。田间多种榆枣桑栗等树,可资民用,又可以设伏。六、正德年间(1506—1521)刘六、刘七揭竿一呼,从者数万。一旦西北水利兴"则人皆可安土,何至有流贼之患"。七、东南人多地少,西北却相反。如果从南方招募农民到北方兴修水利、开垦荒地,就能做到"民均而田亦均"。八、南方赋重,北方役多,"使田垦而民聚,民聚而赋增,则北徭可轻"。九、边境运输困难之处招商人转运,但商人为图方便,私自折成银两给军,造成驻军储备不足,只有在附近垦田才能解决这个问题。其他如招募老弱军兵垦田,近边开垦后便于就近征兵;宗室可在西北获得一定数量农田以解决宗禄难继问题;可以在西北仿古井田或限民田,古昔养民之政可以渐举等。共有十四条理由。

在指出开发西北水利的迫切性后,徐贞明接着说明其可行性。他认为可以先在北京以东地区试行。这些地方"负山控海,负山则泉深而土泽,控海则潮淤而壤沃"。他列出了经勘查极易开垦及改成水田的几十处村庄、泉源和河流。认为水在天地之间,就像血流行于人体,人体血脉不畅导致疾病,决不应归咎于血液本身。洪水为害,原因也在于没有很好地加以利用。而且北方水利相对而言比南方要易于开发。因为南方耕种季节多雨而夏旱比较常见,收获时又往往多雨;北方的雨量集中于作物需水量大的夏季,收获时天高气爽。南方很多地区地势起伏大,要靠提水灌溉;北方则多平川,自流灌溉容易。何况北方水利一直很发达,只是经历战乱,百姓大量南迁,农业生产遭到破坏。加上南方政局安定,得到迅速开发,才形成现在的局面。

徐贞明还借"客"之口提出开发西北水利的五大困难:"一难于得人,二惮于费财,三畏于劳民,四患于任怨,五狃于变习。"然后指出这些困难都可以克服,并提出"不费公帑,不烦募民而田功自举"的六条可行之道:"边地屯田以饷军,其道有三:倡力耕之机,定赏功之制,广世职之法。""内地垦田以阜民,其道有三:优复业之民,立力田之科,开赎罪之条。"他又引证元代虞集也曾提倡开发京畿水利而不被接受,致使在大运河由于农民暴动而中断时京城供应不足的事例,以为前车之鉴。

最后,徐贞明提出另一条建议:商人从南方运米至北京,利润是百分之三十。如果在京畿设立粮食收购点,以同样价格收购北方出产的稻米,商人必然"去难就易,省舟车之劳以为耕耘之资,坐收其利于阡陌之间,而无风波之险"。

后来徐贞明终于在万历十三年九月得以受命全权负责开发京畿水利。他全力以赴,先在永平府(治今河北卢龙)于半年内即垦田三万九千亩。但异议不断,根本原因,大致当如同时人伍袁萃指出的"北人惧东南漕储派于西北,烦言必起矣"(《明史·徐贞明传》)。在御史王之栋等人全力反对下,次年三四月间神宗下谕停止垦田。

《潞水客谈》受到明、清人的推崇,公认为讨论北方水利开发的最著名论述。清雍正时开发京畿水利,《潞水客谈》的观点、方法均不无影响。

(程鹏举)

续文献通考 王圻 三通馆臣

《续文献通考》,有两种。一种二百五十四卷,书前有温纯、周家栋序,许维新书后及松江府文移等。明王圻著。成于万历十四年(1586)。有万历松江府刻本。清以后一直无新刻本。1986年,现代出版社据万历本影印出版。编入《续修四库全书》,上海古籍出版社2002年出版。一种二百五十卷。清乾隆十二年(1747)三通馆臣奉敕编修。成于乾隆四十七至四十九年间。有武英殿本。清末浙江书局有九通刻本。商务印书馆编有万有文库十通本,据武英殿本影印,1936年出版。

王圻生卒年不详,字元翰,上海人。嘉靖四十四年(1565)进士。历任知县、知州,累官至陕西布政司参议。后致仕,筑室松江之滨,种梅万株,自谓"梅花源"。晚年尤勤于著述。著作还有《东吴水利考》、《谥法通考》、《稗史汇编》、《两浙鹾志》、《三才图会》等。《明史》、《明史稿》有传。

《续文献通考》仿《文献通考》体例。王圻《续文献通考》取材史乘、文集、官牒、奏疏,较《文献通考》增加节义、谥法、六书、道统、氏族、方外六考,共三十考。记南宋宁宗嘉定末至明神宗万历初年间典章制度,尤详于明事。乾隆钦定《续文献通考》除大量取材于此书外,并重视各代旧史、史评、语录、说部等。体例仿《文献通考》,仅于郊社考中析出群祀考,宗庙考中析出群庙考,共二十六考。记南宋宁宗嘉定末至明末的典章制度,全书资料在总体上超出王书较多,但相同史料则较王书大为简略。

王圻《续文献通考》经济部分有四十二卷。

卷一至卷十六《田赋考》。分述所记各代田赋、粮草制度、水利建设、屯田、官田的情况。

卷十七、卷十八《钱币考》。详述所记各代钱币、纸币制度和货币政策及其沿革关系。

卷十九、卷二十《户口考》。记载所记各代户数、人口数及劳动力数。尤详于明,不仅有全国的总数,而且分别有十三布政使司及直隶府州不同时期的具体数字。同时还记载了各朝户籍管理和依户口征收赋税的情况。附记奴婢的有关情况。

卷二十一《职役考》。叙述所记各代劳役制度的沿革,并述及和雇、免役、明代役银、十段锦和一条鞭法等改革制度。

卷二十二至卷三十《征榷考》。分述所记各代征收商税、关税制度及其沿革和各地商税额数。详述盐法变迁和各产盐地课税情况。分叙榷茶情况及明代各处茶课钞数。分述所记各代对矿山、金属冶炼、金属使用的管理情况和各课数目及有关规定。另外,对酒课、醋课、油课、诸色、课钞、渔课及其他杂课的情况亦有专述。

卷三十一《市籴考》。记述自宋孝宗隆兴元年(1163)以后至明万历二十九年之间,各代官府对国内商业和海外贸易的管理法规等情况,着重叙述各代的征购民间物产(如粮食、布帛等)。对历代关于对外贸易的争论记述颇详。

卷三十二、卷三十三《土贡考》。记述各地土产的进贡情况十分具体,可为研究宋至明各代的经济地理和各地物产情况提供详细资料。

卷三十四至卷四十二《国用考》。先分别记述所记各代政府的财政收支,详于财政支出的具体用途和金额。后分述各代漕运的运量、路线,并述及漕运河道、官吏、粮船等有关情况。又分述自秦以来的海运情况,详于元明两代。最后记述各代赈灾、蠲贷的具体状况。

其余各卷,卷四十三至卷五十四为《选举考》,卷五十五至卷六十一为《学校考》,卷六十二至卷八十三为《节义考》,卷八十四至卷一百零三为《职官考》,卷一百零四至卷一百十为《郊社考》,卷一百十一至卷一百十五为《宗庙考》,卷一百十六至一百三十三为《王礼考》,卷一百三十四至卷一百五十二为《谥法考》,卷一百五十三至卷一百六十为《乐考》,卷一百六十一至卷一百六十六为《兵考》,卷一百六十七至卷一百七十一为《刑考》,卷一百七十二至卷一百八十三为《经籍考》,卷一百八十四至卷一百八十八为《六书考》,卷一百八十九、卷一百九十为《帝系考》,卷一百九十一至卷一百九十七为《封建考》,卷一百九十八至卷二百零六为《道统考》,卷二百零七至二百十四为《氏族考》,卷二百十五至卷二百十九为《象纬考》,卷二百二十至卷二百二十四为《物异考》,卷二百二十五至卷二百三十三为《舆地考》,卷二百三十四至卷二百三十八为《四裔考》,卷二百三十九至卷二百五十四为《方外考》。

王圻《续文献通考》保存了大量的明代史料,有一定学术价值,但也存在不少问题。清四库馆臣说它"大旨欲于《通考》之外兼擅《通志》之长,遂致牵于多歧,转成踳驳"(《四库全书总目》卷一百三十八)。钦定《续文献通考》在王书基础上加以增删,计《田赋考》六卷,《钱币考》五卷,《户口考》三卷,《职役考》三卷,《征榷考》七卷,《市籴考》三卷,《土贡考》二卷,《国用考》四卷,《选举考》十三卷,《职官考》十八卷,《郊社考》十二卷,《群祀考》三卷,《宗庙考》五卷,《群庙考》二卷,《王礼考》十四卷,《乐考》二十卷,《兵考》十四卷,《刑考》六卷,《经籍考》五十八卷,《帝系考》七卷,《封建考》四卷,《象纬考》六卷,《物异考》十三卷,《舆地考》八卷,《四裔考》十四卷。

由于钦定《续文献通考》集中了一代的著名专家集体编订,在体例安排、资料选择上都更具科学性。但王书亦自有其不可代替的作用,因为某些被删去的史料,对某些研究者仍可能非常重要。例如王圻《续文献通考》卷二百二十一《物异考》中说:"宋理宗宝祐三年六月,仙游县南桥溪上魁星祠前溪中涌出开元钱,居民取之,钱背有'闽'字或'福'字。"此条史料常被中国货币史学者引用,但钦定《续文献通考》中已删,只能从王书中找到。此有彼无的情况所在多有。

(李向民)

荒政考 屠 隆

《荒政考》,一卷。明屠隆著。约成于明万历十七年(1589)。清俞森于康熙二十九年(1690)辑成《荒政丛书》,将《荒政考》编为卷三。有始刻本及《四库全书》本、《墨海金壶》本、《守山阁丛书》本、《瓶华书屋丛书》本等。

作者生平事迹见"画笺"条。

屠隆目睹自然灾害给百姓造成的灾难,同情下层人民疾苦。他在《荒政考》序中提到"值海国岁侵,百姓艰食,流离之状,所不忍言"。查万历十七年六月"浙江海沸,杭、嘉、湖、宁、绍、台属县廨宇多圮,碎官民船及战舸,压溺者二百余人"(《明史·五行志一》)。可见《荒政考》约作于此时。屠隆想通过它"以告当世,贻后来,维司牧者留意焉"。

屠隆"考证古今,间参己意",总结出了"救荒之要策,经效之良方"三十条。它们是:蠲岁租之额以苏民困,发积畜(蓄)之粟以救饥伤,行官籴之法以资转运,劝富户之赈以广相生,籍饥民之口以革冒滥,躬赈粮之役以防吏奸,详村落之赈以遍穷檐,行食粥之法以济权宜,设多方之策以宏仁恩,厉揭贩之禁以祛市奸,戒折价之令以来商粟,予民间之利以充赡养,留上供之粟以需赈济,弛专擅之禁以救然(燃)眉,假便宜之权以倡民牧,节国家之费以业贫民,立常平之仓以善备赈,兼义社之仓以待凶荒,豫救荒之计以省后忧,先检踏之政以免壅阂(塞),时奏荒之疏以急上闻,严蔽灾之罚以儆欺玩,修水旱之备以贵豫(预)防,躬祈祷之事以回天意,励勤苦之行以感人心,广道途之赈以集流亡,申保甲之令以遏盗贼,省荒后之耕以给将来,申闭籴之禁以广通融,垦抛荒之田以廓民产。

《荒政考》所列救荒条目比较全面,除主要是直接的救荒办法外,还包括事先的预防措施和事后的补救措施。其中有屠隆自己的创见。例如"行官籴之法以资转运"条指出:"最妙之策,须发官帑银两若干,委用忠厚吏农富户,转籴于各省、外郡丰熟之处,归而减价平粜于民。"如发官银一千两买粮,先用五百两往籴,运粮回来粜给饥民。然后用另外五百两往籴。"如此转运无穷,循环不已,则百姓虽丁凶年之苦,而常食丰年之粮。"这样,"积谷之家"既不能提高粮价,又因怕秋收后粮价下跌而不愿闭藏,"则彼亦不得不平价而出粜矣"。这"最妙之策"和林希元的"借官钱以籴粜"有不同。林希元要求归还官本,所以主张增价粜粮;屠隆则主张买粮"减价平粜",对官本是否会亏折并不在乎。他的办法更对饥民有利。

(叶世昌　华林甫)

河防一览 潘季驯

《河防一览》，十四卷。明潘季驯著。成于万历十八年(1590)。有十九年刻本。清乾隆五年(1740)、十三年都有刻本。清代治河署屡有刊行，供河工人员参考。1936年中国水利工程学会将其收入《中国水利珍本丛书》第一辑出版，所据为乾隆十三年本。

潘季驯(1521—1595)，字时良，号印川，浙江乌程(今湖州)人。嘉靖二十九年(1550)进士，授九江推官。后升御史，巡按广东，推行平里甲法。进大理寺丞。四十四年进右佥都御史、总理河道。不久即丁忧离职。隆庆四年(1570)复官，主持黄河堵口工程完工。因运粮船在新运道出事较多，被弹劾罢职。万历四年夏，再起官巡抚江西。次年冬召为刑部右侍郎。当时黄河北决，运道大坏，淮扬、高邮、宝应一带被淹。六年夏，任河漕尚书，采用"蓄清刷浑"策略，大修高家堰逼淮水入黄，并修复后增筑黄河大堤"束水攻沙"。次年冬完工。八年加太子太保，进工部尚书。后迁南京兵部尚书，十一年改任刑部。以保护张居正家属被劾罢官为民。十六年，复起为右都御史、总督河道。次年河决，潘季驯主持堵复。十九年冬，加太子太保、工部尚书兼右佥都御史。二十年致仕。三年后卒。潘季驯四任总理河道，历时二十七年。他以"以河治河，以水攻沙"的思想为指导，完善并相当成功地实施了"束水攻沙"理论，成为中国河工史上最著名的人物之一。著作还有《潘司空奏疏》、《宸断大工录》(《四库全书》本改名《两河经略》)、《总理河漕奏疏》、《两河管见》等。《明史》、《国朝献徵录》、《赐闲堂集》等书有传。

通过长期的治河实践，潘季驯对黄河治理形成了完整的观点和方法。万历八年，曾由其下属汇编其奏议等成《宸断大工录》四卷。潘季驯认为此书"其事止于江北，而诸省直无所发明，事体未备，检阅未详。故兹畚锸之暇，复加增删，类辑成编"(《刻河防一览引》)。他既要为此后留下可资借鉴的治河方法与指导思想，又告诫人们说："可因则因之，如其不可则亟反之。毋以仆误后人，后人而复误后人也。"(《序》)书中还有礼部尚书于慎行《序》。

卷一为两河全图。图中将黄、运两河沿线城镇、支流、堤防、险工、济运诸泉、闸坝等逐一标注,又注明险工处理情况,支流走向,通淤情况,闸坝尺寸等,使人如至其境。

卷二为《河图辨惑》。起始即指出河有神,而"神非他,即水之性也"。治水须循水性,决不可将河势变化归因于天。"归天归神,误事最大。"充分体现潘氏的治水指导思想是从实际出发的。而后从多方面说明治黄之道,应以复其故道为上。高筑大堤,束黄于其中。增筑高家堰,逼淮水入黄河,借清刷黄。潘季驯认为黄河之沙决非人力可以挑浚,惟有借河水本身搬运。关键在于设法逼水畅流,"水分则势缓,势缓则沙停,沙停则河塞",而"以水刷沙,如汤沃雪"。全卷采用问答形式,阐述自己在河道整治方面的设想。以缕堤束水、遥堤防水、格堤落淤,辅以减水坝的堤防系统,也在该卷中提出。

卷三为《河防险要》。分叙淮南、淮北、山东、北直隶堤防,河道险要处所与应采取的措施。

卷四为《修守事宜》。对堤防的修守详加讨论。如筑堤、堵口、建闸等的注意事项和工料选用。又指出堤岸须有四防(昼防、夜防、风防、雨防)和二守(官守、民守),并制订了具体的制度。

卷五为《河源考》和《河决考》。前者摘录《禹贡》、《汉书·西域志》、《山海经》和《河源记》内容。后者列有史以来黄河决口和地点。

卷六收有欧阳修《泗州先春亭记》,《至正河防记》,隆庆、万历间关于开泇河、胶河的四道工部奏疏和徐阶《疏凿吕梁洪记略》等。

卷七至卷十二,是潘季驯从自己历年二百余道奏疏中,精选出最能体现其治河观点与实践的四十一道汇辑而成。卷二中的一些观点在其中得到进一步阐发或说明,并证之以实际经验。

卷十三、卷十四辑录他人奏疏十五道附后。

综合潘季驯的治河思想,有以下几点最为突出。

一、将泥沙问题视为黄河治理的主要矛盾,因而发展出针对泥沙运动的治理观点与方法,即"以河治河,以水攻沙"。相应地设计出由缕堤、遥堤、格堤组成的堤防系统来达到这一目的。

二、除束水攻沙外,大筑高家堰壅高洪泽湖水位,使淮水可以入黄,起"蓄清刷黄"的作用。

三、重视堤防管理,制定有一整套严密的堤防修守规章。在当时的科技发展的水平上,潘季驯实行了一套较为切合实际的黄、运河治理方案。经过他的几次治理,基本固定了黄河下游河道,水患相对减少。而且横贯黄河的交通命脉——京杭运河也一度畅通,解决了至关重要的南粮北运问题。他取得的成就,成为以后三百多年中维持黄河河道和正常漕运的重要基础。因此,《河防一览》便成为中国河工史上最重要、最著名的少数几种专著之一,是体现中国16世纪水工技术和管理水平的重要标志,对后代的治黄理论与实践产生过深远的影响。

潘季驯之子潘大复为突出本书主旨,加以删削编排,成《河防一览榷》十二卷。

(程鹏举)

宛署杂记 沈榜

《宛署杂记》,二十卷。明沈榜著。成于万历二十年(1592)。有万历二十一年刻本(今藏日本尊经阁文库)。1961年北京出版社出版标点本,1982年北京古籍出版社重版。

沈榜生卒年不详,字子登,湖广临湘(今属湖南)人。由举人历任内乡、东明、上元(今江苏南京)知县。万历十八年任宛平(今北京)知县。后又任户部云南司主事等官。在宛平任内颇有政名。"大夫在事,适当宛平大耗之秋,帑中仅仅五十余金,而岁出之费且六千有奇,盖不能百之一尔。展转不支,至欲弃其印绶去。久之,捕伪符,清匿税,经营擘画,顿累千金以上,得不落县官事。"(谢杰《宛署杂记叙》)又曾于彰仪门外设义茔,营葬贫民之尸,因得"惠及穷檐,泽周枯骨"(同上)的美誉。康熙《宛平县志》有传。

当时宛平建县已二百余年,从未有人撰写志书。沈榜要改变宛平无志的状况,认为:"盖今天下郡邑,谁不比事修辞,各先记载,而京兆首善,乃独阙如,伊谁责也?吾为宛平长吏,何可以无志……令后来者以无志而靡所咨询如吾今日,吾不忍也。"(《自序》)他"退食之暇,杂取署中所行之有据而言之足征者,随事记录……久之不觉盈帙"。在县吏的协助下,编成《宛署杂记》,以供后来者参考。

《宛署杂记》二十卷各有一字为代表,合起来是一首五言诗:"日月光天德,山河壮帝居。太平无以报,愿上万言书。"以表达作者忠君爱国的胸怀。卷一为《宣(圣)谕》。卷二为《县始》、《分土》、《署廨》、《古墨斋》。卷三为《职官》。卷四为《山川》。卷五为《铺舍》、《街道》。卷六为《地亩》、《人丁》、《徭役》、《力役》。卷七为《黄埝仓》。卷八为《宫庄》。卷九为《马政》。卷十为《奶口》、《三婆》、《土工》。卷十一为《驾相》、《养济院》。卷十二为《税契》。卷十三为《铺行》。卷十四、卷十五为《经费》。卷十六为《人物》。卷十七为《民风》。卷十八为《恩泽》。卷十九为《寺观》。卷二十为《志遗》。每卷最后都有沈榜的议论。目录最后附有《燕说》,文已佚。书前有顺天府尹谢杰的《叙》和沈榜的《自序》,另有吴楚材的《序》作为后序。

《宛署杂记》所记"详于内政、民风、山川、贡赋,而略于人物"(谢杰《叙》)。关于经济方面的记载篇幅颇多,有很高的经济史料价值。由于宛平处在"辇毂之下",人民对朝廷的经济负担特重,本书提供了这种情况的详细数据。《经费》上、下记述坛壝、宗庙、陵园、行幸、宫禁、内府、各衙门、乡试、会试、乡会试武举、杂费等各项应由宛平、大兴两县供办的费用,乃至一烛一纸之微,均详列其品物数目、价值银两。吃的穿的用的,奢侈繁汰,都要由两县负担。卷六到卷十三所记也是统治者要钱派差的细目。万历年间,土地兼并严重,向国家纳税的土地不断减少。《地亩》记载:嘉靖末年官民田地共三千四百二十七顷多,而到万历二十年,征粮地只有二千八百六十五顷多。"乃嘉、隆至今,曾几何时,宛地遽少额陆百余顷。"《山川》记述明初以来皇宫、勋戚、宦官、寺院的占田情况:"西山一带形势稍胜者,非赐墓、敕寺,则赐第、赐地。环城百里之间,王侯、妃主、勋戚、中贵护坟香火等地,尺寸殆尽。"《铺行》记述商户铺行在明初本"未有征银之例",后来决定征银,则"不复用其力,取其物"。但后来又"渐至不论事大小,俱概及之,于是行户始群然告匮云"。万历七年,两县共征银一万零六百四十一两余。

本书对明末财政、经济危机有较详细的反映。如《税契》记沈榜上任之初,宛平县库仅存五十二两银子,而需支付的款项却达四千多两。当时,县内许多驿站仅存残垣败草。农民迫于生计,纷纷外逃,全县丁口数按旧册为三万八千,实存不到一万四千,而这一万四千亦"多逃绝不堪,名存实亡"(《人丁》)。

《宛署杂记》在刊行后曾受到人们的注意,同年稍后出版的《顺天府志》就收录了本书谢杰的《叙》,以后《帝京景物略》、《日下旧闻·补余》等书对它也有引用。但后来此书在国内失传,1941年傅芸子在日本发现原刻本,著文向国人介绍。1961年得以重新出版。本书翔实的经济史料多不见于正史,可供研究北京以至明代经济史的重要参考。

论及《宛署杂记》的著作主要有陈光贻《稀见地方志提要》、崔建英《日本稀见中国地方志书录》、冯秉文主编《北京方志概述》等。

(李 湜)

松窗梦语 张 瀚

《松窗梦语》，八卷。明张瀚著。成于万历二十一年(1593)。清光绪前仅鲍廷博抄本和丁丙旧藏道光抄本传世。光绪二十三年(1897)丁丙据旧抄本刻于《武林往哲遗书》中。1985年，中华书局出版《治世余闻》、《继世纪闻》、《松窗梦语》合刊本，由盛冬铃点校。

张瀚(1510—1593)，字子文，号元洲，浙江仁和(今杭州)人。嘉靖十四年(1535)进士。历任南京工部主事、庐州知府、大名知府、陕西左布政使、右副都御史、大理卿、刑部右侍郎。改兵部总督漕运侍郎。隆庆元年(1567)督两广军务。又任南京右都御史、南京工部尚书。万历元年，受张居正支持出任吏部尚书。五年因反对张居正企图不奔父丧而奉旨致仕。卒谥"恭懿"。著作还有《奚囊蠹余》、《台省疏稿》、《明疏议辑略》、《吏部职掌》、《武林怡老会诗集》等。《明史》、《明史稿》、《国朝献徵录》等书有传。

张瀚宦游四十余载，足迹遍及北方的陕、甘，南方的闽、粤及巴蜀等地。本书即为他晚年追忆一生经历之作。他在书前小引中说："余自罢归，屏绝俗尘，独处小楼。楹外一松……有承露沐雨之姿，凌霜傲雪之节。日夕坐对，盼睐不离。或静思往昔，即四五年前事，恍惚如梦，忆记纷纭，百感皆为陈迹……松窗长昼，随笔述事，既以自省，且以贻吾后人。"因名其书为《松窗梦语》。

《松窗梦语》是明代的一本著名笔记，内容丰富，涉及政治、经济、军事、社会风俗、少数民族、对外关系等许多方面，尤详于社会经济方面的记载。全书分三十二纪，卷首有著者的《松窗梦语引》，卷末有著者的《松窗梦语跋》(已残阙)。

卷一为《宦游纪》。述说著者一生从政为官的经历。

卷二为《南游纪》、《北游纪》、《东游纪》、《西游纪》。分别记述著者游历各地的见闻，对各地的名山胜水、民俗风情、奇花异葩、土产方物、历史陈迹均有述及。对京师、金陵等大都会的商业、城市建筑及地理状况述之尤详。《西游纪》中还特别记载了四川境内盐井、油井和天然气井的数量及分布地点，称川地"有油井，井水如油，仅可燃灯，不堪食。有火井，土人用竹筒引火气煎盐，一井可供十余锅,筒不焦,而所通盐水辍沸",弥足珍贵。

卷三为《北虏纪》、《南夷纪》、《东倭纪》、《西番纪》。记述周边少数民族的状况与同明王朝的关系。

卷四为《士人纪》、《三农纪》、《百工纪》、《商贾纪》。记述士农工商各业状况。《商贾纪》详细记述了各地商人的贸易路线以及贩运货物的名称。对北京的商业繁荣情况着墨尤多:"京师负重山,面平陆,地饶黍谷、驴马、果蔬之利,然而四方财货骈集于五都之市。彼其车载肩负,列肆贸易者,匪仅田亩之获,布帛之需,其器具充栋与珍玩盈箱,贵极昆玉、琼珠、滇金、越翠。凡山海宝藏,非中国所有,而远方异域之人,不避间关险阻,而鳞次辐辏,以故畜聚为天下饶。"这些记载,是研究明代商业史城市经济史的极好资料。

卷五为《象纬纪》、《堪舆纪》、《祥瑞纪》、《灾异纪》、《花木纪》、《鸟兽纪》。前四纪述说天文星象、风水堪舆、地震日蚀等,混杂着不少糟粕。后两纪则分述四时花果和各地的珍禽异兽。

卷六为《方术纪》、《盛遇纪》、《异闻纪》、《先世纪》、《梦寐纪》。分别记述卜筮相术,科第佳话,鬼神之说,作者家世,神异梦境。在《异闻纪》中,作者自称祖上曾以酤酒为业,后从仙人处获一锭白金,"因罢酤酒业,购机一张,织诸色纻币,备极精工。每一下机,人争鬻之,计获利当五之一。积两旬,复增一机,后增至二十余。商贾所货者常满户外,尚不能应。自是家业大饶。后四祖继业,各富至数万金"。若去其迷信色彩,明代工商业发展情况由此可见一斑。

卷七为《权势纪》、《忠廉纪》、《时序纪》、《风俗纪》、《自省纪》。《权势纪》记嘉靖、万历年间若干权臣的倏起倏落。《忠廉纪》颂扬名臣贤士的高风亮节。《时序》、《风俗》两纪记闾里习俗。《自省纪》则是作者的反躬自省。

卷八为《铨部纪》、《宗藩纪》、《漕运纪》、《两粤纪》。分别记述作者为官冢宰时的政迹和明代官吏的铨选制度;宗室藩王的经济扩张和明王朝对宗室的严密防范;明代漕运制度的沿革及其败坏情形;对两广地区山寇、海寇的剿抚。

本书所述多为作者亲身见闻,具有较高的史料价值。近年史学家论述中国资本主义萌芽产生于明代的,多引证本书有关材料。

有关《松窗梦语》的研究可参看谢国桢《明清笔记谈丛》等。

(李建中　吴申元)

广志绎 王士性

《广志绎》，五卷（目录中有卷六《四夷辑》，有目无文）。明王士性著。成于万历二十五年(1597)。由杨体元初刻于清顺治元年(1644)。再刻于康熙十五年(1676)。嘉庆二十二年(1817)，宋世荦据康熙十五年本参酌传抄本重刻，收入《台州丛书》。1981年，中华书局出版校点本。1993年，上海古籍出版社出版了周振鹤编校《王士性地理书三种》，《广志绎》为其中之一。

王士性(1546—1598)，字恒叔，号太初，又号元白道人，浙江临海人。幼贫好学。万历五年进士。初授确山知县，考选礼科给事中，皆有政声。后历任吏科给事中、四川参议、太仆少卿等职，卒于南京鸿胪寺卿任上。他以诗文名天下，且喜游历，足迹几遍全国。著作还有《五岳游草》、《广游志》。

《广志绎》是王士性晚年所著的一部笔记。《自序》中说："余已遍海内五岳与其所辖之名山大川而游，得文与诗若干篇记之矣（即《五岳游草》）。所不尽于记者，则为《广游志》二卷，以附于说家者流。兹病而倦游，追忆行踪，复有不尽于《志》者，则又为广志而绎之，前后共六卷。"可见，《广游志》系《五岳游草》之续作，而《广志绎》之作又为补《广游志》所未备。

《广志绎》不仅记述了各地的山川名胜，关塞险要，物产民俗，而且保存了当时赋役漕运、农民起义以及西南少数民族民俗等较为丰富的史料。由于作者反对"借耳为口，假笔于书"，所记"皆身所见闻也，不则，宁阙如焉"（《自序》），更提高了本书的史料价值。

卷一《方舆崖略》概述疆域内的地理、物产、民俗特点，对于了解当时的经济状况甚有帮助。如介绍当时田赋的畸轻畸重："天下赋税，有土地饶瘠不甚相远者，不知当时征派何以差殊。想国初草草，未归一也，其后遂沿袭之。如真定之辖五州二十七县，姑苏之辖一州七县，毋论所辖，即其地广已当苏之五，而苏州粮二百三万八千石，而真定止十一万七千石。然犹江南江北异也。若同一江北也，如河间之繁富，二州十六县，登州之贫瘠，一州七县，相去星渊，而河间止粮六万五千，登州乃粮二十三万六千。然犹别省直异也。若在同省，汉中二州十五县之殷庶，比临洮二州三县之冲疲，易知也，而汉中粮止三万，临洮至四十八万。然犹各道异也。若在同道，顺庆不大于保宁,其辖二州八县,均也,而顺庆粮七万二千,保宁止二万。然犹两郡异也。若在共邑。则同一南充也,而负郭十里,田以步计,赋以田起,二十里外,则田以绠(粗索)量,不步矣,五十里外,田以约计,不绠矣。官赋无定数,私价亦无定期,何其悬也。"

卷二《两都》记述南北两京及其直隶邑郡的情况。对于北京民风民俗记之甚详。对与苏松田赋的记述可供明代经济史研究者参考:"苏、松赋重,其壤地不与嘉、湖殊也,而赋乃加其什之六……毕竟吴中百货所聚,其工商贾人之利又居农之什七,故虽赋重,不见民贫。然吴人所受粮役之累竟亦不少,每每金解粮头,富室破家,贵介为役。海宇均耳,东南民力良可悯也。今总吴中额赋:苏州县八,至二百二十六万四千石,松县三,至九十五万九十石,嘉县七,止六十一万八千石,湖州县六,止四十七万石。常、镇比嘉、湖虽过什之三,比苏、松尚少十之六。"

卷三《江北四省》记述河南、陕西、山东、山西四省的情况。对海运、互市、晋商等的记述对于经济史研究者甚有参考价值。如有关晋商的记述:"平阳、泽、潞豪商大贾甲天下,非数十万不称富,其居室之法善也。其人以行止相高,其合伙而商者名曰伙计,一人出本,众伙共而商之,虽不誓而无私藏。祖父或以子母息丐贷于人而道亡,贷者业舍之数十年矣,子孙生而有知,更焦劳强作以还其贷,则他大有居积者,争欲得斯人以为伙计,谓其不忘死背生也。则斯人输小息于前,而获大利于后,故有本无本者咸得以为生。且富者蓄藏不于家,而尽散之于伙计。估人产者,但数其大小伙计若干,则数十百万产可屈指矣。盖是富者不能遽贫,贫者可以立富,其居室善而行止胜也。"

卷四《江南诸省》记述浙江、江西、湖广、广东四省的情况。对于杭城人的侈靡风气,宁、绍人的离乡习俗,江西人的勤俭积储,岭南的珍奇物产等都有饶有兴味的描述。值得注意的是,作者一反传统的崇俭黜奢观念,认为杭城的嬉游风习给贫民增添了生计:"西湖业已为游地,则细民所借为利,日不止千金,有司时禁之,固以易俗,但渔者、舟者、戏者、市者、酤者咸失其本业,反不便于此辈也。"

卷五《西南诸省》记述四川、广西、云南、贵州等省的情况。有少数民族的情况,蜀锦、蜀扇、蜀杉等特产,四川的早婚习俗,云南的矿硐、贝币等。关于广西土州民的受剥削受压迫的严重,书中指出:"土州民既纳国税,又加纳本州赋税,既起兵调戍广西,又本州时与邻封战争杀戮。又土官有庆贺,有罪赎,皆摊土民赔之,稍不如意即杀而没其家。又刑罚不以理法,但随意而行。故土民之苦视流民百倍,多有逃出流官州县为兵者。"王士性赞赏云南的自由采矿制度,指出当地"不知矿之可盗,不知硐之当防,亦不知何者名为矿徒",认为"采矿事惟滇为善"。关于云南的用贝,书中说:"贸易用贝。俗谓贝以一为庄,四庄为手,四手为苗,五苗为索,盖八十贝也。"

(吴申元)

典故纪闻 余继登

《典故纪闻》,十八卷。明余继登著。成于万历年间(1573—1620)。初刻为万历时王象乾本,题曰《皇明典故纪闻》。清有《畿辅丛书》本。《丛书集成》本据此本排印。1981年中华书局出版点校本。

余继登,字世用,号云衢,交河(今属河北)人。万历五年进士,选庶吉士。授翰林院检讨。参与修撰《会典》,修成后进修撰。后升礼部右侍郎。二十六年以左侍郎摄部事。进礼部尚书,卒于官。谥"文恪"。著作还有《淡然轩集》。《明史》、《明史稿》、《国朝献徵录》等书有传。

《典故纪闻》系摘取实录及起居注的材料而编成的。冯琦在为本书写的《序》中说:"余与世用偕官史局,别僦舍而共处,稍谢造,请取古人已事差次之。而世用曰:'取法于远,不如近也。'即又取当代事为一编,而世用曰:'吾与其繁也宁简,事可循,言可纪,不必见自己出也。以魏弱翁之才,其大者乃在条上汉家诸名臣故事耳。余以为与其取诸名臣奏牍,不如征列圣之典谟也。'于是世用视诸故府纪所见闻,久而成帙,属余更定,摘为十八卷。凡关国家大政大本则书,非大事而于世为急则书,非大非急,而为异闻见则书,非异而事所从起则书。"可见,余继登是利用其熟悉列朝实录起居注的有利条件,摘抄排比有关治道的史料并附以己见,意图让读者从中看出行政之得失。余继登以西汉名臣魏相自许,对编著本书是期望甚高的。

《典故纪闻》是一部记述明初至隆庆年间典故的笔记。所谓"典故",按冯琦《序》中所说,即指大政、时弊、异闻与事所从起而言。卷一至卷五为太祖朝事。卷六至卷七为成祖朝事。卷八为仁宗朝事。卷九、卷十为宣宗朝事。卷十一至卷十三为英宗、代宗朝事。卷十四、卷十五为宪宗朝事。卷十六为孝宗、武宗朝事。卷十七为世宗朝事。卷十八为穆宗朝事。

《典故纪闻》载有许多有关明代政治、经济的有用史料,且不少史料为他书所无或记载不详,弥足珍贵。如明初役法中有"均工夫",一般文献中均语焉不详,本书卷二载:"国初,中书省议役法,每田一顷出丁夫一人,不及顷者,以别田足之,名曰'均工夫'。太祖曰:'民力有限,徭役无穷,当思节其力,毋重困之,民力劳困,岂能独安?自今凡有兴作,不得已者,暂借其力,至于不急之务,浮泛之役,宜罢之。'"

又如明代宗藩亲王、郡王以及以下各将军的俸禄数量,洪武五年(1372)定制,每岁亲王五万石,靖江王二万石,郡王六千石,郡王诸子年十五,人赐田六十顷为永业。后因宗室后裔日繁,朝廷负担日重,洪武二十八年有减宗亲禄米之举。本书卷五载:"太祖谓户部尚书郁新曰:'朕今子孙众盛,原定亲王岁禄各五万石,今天下官吏军士亦多,俸给弥广。其斟酌古制,量减各王岁给,以资军国之用。'于是定亲王万石,郡王二千石,镇国将军一千石,辅国将军八百石,奉国将军六百石,镇国中尉四百石,辅国中尉三百石,奉国中尉二百石;公主及驸马二千石,郡主及仪宾八百石,县主及仪宾六百石,郡君及仪宾四百石,县君及仪宾三百石,乡君及仪宾二百石。皇太子、次嫡子、庶子既封郡王,必俟出阁,然后岁赐,与亲王子已封郡王者同。女俟及嫁,然后岁赐,与亲王女已嫁者同。郡王嫡长子袭封郡王者,岁赐比始封郡王减半支给。"尽管从《明实录》中也能检得这些资料,但《典故纪闻》如此简明扼要地揭示,无疑为研究者提供了极大的方便。

再如本书卷十五有关官吏致仕薪俸的记载:"成化十五年,太子少保户部尚书杨鼎乞致仕,特赐敕允之,仍给月米二石,岁夫四名。先是,大臣致仕,未有给米拨夫例,有之自鼎始。"可知明代官吏退休后原先没有薪俸,自成化十五年(1479)杨鼎退休始有薪俸,但量甚菲薄,这对研究明代的政治、经济都是有用的材料。

《典故纪闻》的不足之处,《四库全书总目》说:"然其帝曰云云之属,多属空谈,大抵皆记注实录润色之词,亦颇及琐屑杂事,不尽关乎政要。"

(吴申元)

荒政议 周孔教

《荒政议》，又名《救荒事宜》。一卷。明周孔教著。成于万历(1573—1620)后期。原为一篇奏疏，经明末陈龙正整理而成。清俞森于康熙二十九年(1690)辑成《荒政丛书》，将《荒政议》编为卷四。有始刻本及《四库全书》本、《墨海金壶》本、《守山阁丛书》本、《瓶华书屋丛书》本等。

周孔教(？—1613)，字明行，号怀鲁，江西临川人。万历八年进士。知福建福清、浙江临海二县，外寇为患，孔教平息之。拜御史，巡长芦，按河南，督直隶(今河北)学政，都以风采著。万历三十二年至三十六年为应天巡抚，减重赋，筑河堤，深得民心。苏州大饥，他极力赈济，民蒙其惠。《荒政议》即写于此时。官至右副都御史、总理河道。著作还有《周中丞疏稿》、《怀鲁先生集》、《千金堤志》等。万斯同《明史》、《东林列传》、《本朝分省人物考》等书有传。

《荒政议》书前有陈龙正的说明。他指出《荒政议》"提纲皆本于林希元(《荒政丛言》)，而其间损益则亦因乎时地"，"原文冗甚，业删其半"。《荒政议》的内容有六先，八宜，四权，五禁，三戒，共五纲二十六目。

六先是先示谕，先请蠲，先处费，先择人，先编保甲，先查贫户。先示谕是指多揭榜以稳定民心。先请蠲是蠲免租税，其中提出地租"宜仿元制，普减十分之二"，荒年过后再恢复。先处费指不同程度的饥荒用不同的办筹措经费，"小饥多取足于民，中饥多取足于官，大饥多取足于上"。先择人指慎选救荒人员，"择州县正官廉能者使主赈济"；如正官不良，则另选廉能府佐或无灾州县廉能正官负责。赈济要编成保甲进行，这样，"其查审易集，其贫富易知"。将每甲民户分成不贫、次贫、极贫三等。

八宜是次贫之民宜赈粜，极贫之民宜赈济，远地之民宜赈银，垂死之民宜赈粥，疾病之民宜救药，罪系之民宜哀矜，既死之民宜募瘗，务农之民宜贷种。

四权是奖尚义之人，绥四境之内，兴聚贫之工，除入粟之罪。尚义之人有三种："民有出粟助赈，煮粥活人者，上也。有富民巨贾趁丰籴谷，还里平粜，循环行之，至熟方持本而归者，次也。有借粟借种借牛于乡人而丰年取偿者,又其次也。"对这三种人要采取不同的办法奖励,为了绥四境之内,不能行闭籴之令,以免饥民无告籴之所而作乱。但周孔教又主张"量留商米十分之二",以低于时价三分之一的价格籴粜,其余八成听任出境。兴聚贫之工即以工代赈。"凡城之当筑,池之当凿,水利之当修者,召壮民为之,日授之直。是于兴役之中寓赈民之惠,一举两得之道也。"除入粟之罪指罪犯可通过入粟助赈以减免刑罚。

五禁是禁侵欺,禁寇盗,禁抑价,禁溺女,禁宰牛。若发现官吏、保甲人等施赈时利用职务之便贪污钱粮,应依《大明律》法办。禁抑价可以吸引四方来的米谷,但又声明对商米放八留二,对两成进行平粜"以安吾迩人"不属于抑价的措施。饥荒时更容易溺女,必须严禁,同时采取给米政策,对无力养女的每天给米一升,三月而止。育三女以上的年终奖谷二石。收养遗弃小儿的亦给米,男的每天一升,女的二升,六月而止。严禁宰杀耕牛。允许贫民卖牛给本保甲富民,仍由本主收养、耕种,收成照乡例与富民共分。"待丰年,或富民取牛,或牛主取赎,听从其便。"认为这样可以"春耕有赖,而贫富各得其所矣"。

三戒是戒后时、戒拘文、戒忘备。地方官可以便宜处置,先发后闻,"惟以救民为主,不为文法所拘"。戒忘备则指不要忘记保甲兵员的训练,认为这也是"救荒之急务"。

(华林甫　叶世昌)

甘薯疏 徐光启

《甘薯疏》，一卷。明徐光启著。成于万历三十六年(1608)。此疏在国内佚亡已久。明王象晋《二如亭群芳谱》有关甘薯的《典故》和《丽藻序》中标明引自徐玄扈《甘薯疏》的引文有六百十四字，保存了徐光启《甘薯疏·序》和对甘薯经济价值所作的分析，但有增删。《农政全书》卷二十七《甘薯》目下"玄扈先生曰"吸收了《甘薯疏》内容，间接保存了基本内容，但增删有十多句之多。《甘薯疏》在朝鲜曾有流传。1834年朝鲜著名农政学家徐有榘用汉文撰写《种薯谱》，大量引用《甘薯疏》条文。由于《种薯谱》采用"汇类编纂"的办法摘录入编，故《甘薯疏》被分割为三十余条。《种薯谱》后来在朝鲜也失传了。1967年日本作物史家篠田统博士在日本发现一部，影印发表于《朝鲜学报》第四十四辑，并寄赠中国著名农学史家胡道静。1983年朱洪涛的《徐光启〈甘薯疏〉辑校》影印原书发表，佚亡已久的《甘薯疏》才又复现于国内。

徐光启(1562—1633)，字子光，号玄扈，上海人。万历三十二年进士，选庶吉士。历任翰林院检讨、左春坊左赞善、詹事府少詹事兼河南道监察御史。天启三年(1623)被魏忠贤党羽智铤论劾免职。崇祯元年(1628)复职，历任礼部侍郎、礼部尚书、东阁大学士、文渊阁大学士等。曾负责练兵。卒谥"文定"。徐光启一生好学，尤注重实用之学，重视实验和调查。"尝躬执耒耜之器，亲尝草木之味，随时采集，兼之访问"(《农政全书·凡例》)。较早向罗马传教士利马窦等学习研究西方科技知识，包括天文、历法、数学、测量和水利等学科，尤以农学和天文学为突出。主持修改《大统历》，引进西方天文历法，编译《崇祯历书》。主张将数学运用于天文、气象、水利、音律乐器、军事、财政会计、建筑、机械、测绘、医药、计时。翻译《几何原本》，影响巨大。他是明代第一个把西方科学技术系统地介绍进来的中国人，也是中国近代科学的先驱。译著甚丰，著作还有《农政全书》、《徐光启集》等。《明史》、《徐氏宗谱》、《畴人传》等书有传。上海古籍出版社2010年出版了《徐光启全集》。

甘薯原产于美洲，到了明万历时，才循新大陆、吕宋、中国南方沿海地区之线引种到了福建。

万历三十六年,正值江南大水,麦禾失收。徐光启于这一年动笔写《甘薯疏》,他指出:"有言闽越之利甘薯者,客莆田徐生为予三致其种,种之生且蕃,略无异彼土庶几哉!橘逾淮弗为枳矣。余不敢以麋鹿自封也,欲遍布之,恐不可户说,辄以是疏先焉。""莆田徐生"是徐光启的学生,徐生受徐光启之嘱,三次运薯藤到上海。徐光启亲自栽种,获得成功后,才写此疏鼓吹普遍栽种以作备荒之粮。

《甘薯疏》是中国最早的一部甘薯专著,全文不到三千字。它首先叙述了甘薯自海外传入福建省的经过,着重介绍了甘薯栽培方法,诸如传种、时令、土宜、耕治、栽种、剪藤以及收采等。还介绍了甘薯的食用方法兼及副业利用如造酒以及救荒等。说明细致,实用价值很高。特别是倡议用类似在温室中令甘薯开花结实、留藏种子的办法,对于甘薯大田栽培技术的简化,人力消耗的减少和机具设备的节省,都是一个重大的技术革新。

《甘薯疏》记述了甘薯引种扩大过程,并且总结了种甘薯的十三个优点;肯定"甘薯所在,居人便足半年之粮"的经济价值和"渐次广种"可以抑制米价腾踊的社会作用,对研究中国高产作物生产发展史具有重要的史料价值。他批评了保守的"唯风土论",坚持"能相通者什九,不者什一,人人务相通,即世可无虑不足"的人定胜天观点,积极主张推广甘薯生产。《甘薯疏》还体现了徐光启"每闻他方之产可以济人者,往往欲得而艺之"的拳拳之心,这也是他重农思想的重要组成部分。

(林其锬)

农政全书 徐光启

《农政全书》,六十卷。明徐光启著。初稿成于崇祯元年(1628)。生前未刊,死后经陈子龙等整理,于崇祯十二年刊行。据陈子龙为本书所作《凡例》称:"文定所集,杂采众家,兼出独见,有得即书,非有条贯,故有略而未详者,有重复而未及删定者。"经他"润饰","大约删者十之三,增者十之二。其评点俱仍旧观,恐有深意,不敢臆易也"。书中议论冠以"玄扈先生曰"的显为陈子龙所加。有平露堂刻本、《四库全书》本、贵州刻本、曙海楼刻本、山东书局刻本、上海文海书局刻本、求学斋石印本、《万有文库》本等。中华书局1956年出版中国农业遗产研究室校点本,上海古籍出版社1979年出版石声汉校注本,2002年岳麓书社出版陈焕良、罗文华校注本。

作者生平事迹见"甘薯疏"条。

《农政全书》规模宏大,七十多万字。其中引录了二百三十种农业文献,自己撰写的约六万字。徐光启对于前人文献,注意区别精华和糟粕,采取分析有批判地继承,用旁注、夹注等方式,予以辨正和评论。他自己撰写的部分,都是经过亲自试验和观察之后取得的材料写成的,科学性较强。《农政全书》既重政治措施又不忽视技术,内容范围广博,包括了农事的各个方面,也包括了古今各个农学家和古典农书的学说和技术,可以说是中国古代的一部"农业大百科"著作。

《农政全书》分为十二门:卷一至卷三为《农本》,包括《经史典故》、《诸家杂论》、《国朝重农考》三目,是关于农业在国民经济中的地位的论述。卷四、卷五为《田制》,包括《玄扈先生井田考》、《农桑诀田制篇》二目,是历史上井田及区田制和土地利用方式的考证。卷六至卷十一为《农事》,包括《营治》、《开垦》、《授时》、《占候》四目,是关于农业生产的土地开垦、农事季节和气候条件的研究。卷十二至卷二十为《水利》,包括《总论》、《西北水利》、《东南水利》、《浙江水利》、《水利疏》、《灌溉图谱》、《利用图谱》、《泰西水法》八目,是关于农田水利建设及西洋水利介绍。卷二十一至卷二十四为《农器》,子目为《图谱》,是关于农业生产从种到收的农具及图谱。卷二十五至卷三十为《树艺》,包括《谷部》、《蓏部》、《蔬部》、《果部》四目,是关于粮食作物、蔬菜、果树的栽培技术。

卷三十一至卷三十四为《蚕桑》，包括《总论》、《养蚕法》、《栽桑法》、《蚕事图谱》、《桑事图谱》、《织纴图谱》六目，是关于栽桑、养蚕和纺织技术。卷三十五至卷三十六为《蚕桑广类》，包括《木棉》、《麻》二目，是关于棉、麻等纤维作物的栽培技术。卷三十七至卷四十为《种植》，包括《种法》、《木部》、《杂种》三目，是关于经济树木的种植和其他经济作物种植。卷四十一为《牧养》，子目为《六畜》，是关于家畜、家禽的饲养和兽医，还兼及养鱼、养蜂。卷四十二为《制造》，包括《食物》、《营室》二目，是关于农产品加工等。卷四十三至卷六十为《荒政》，包括《备荒总论》、《备荒考》、《救荒本草》、《野菜谱》四目，是关于在受灾情况下，可供采食的野生植物名录及图谱。卷首有应天巡抚、都察院右佥都御史张国维，松江府知府方岳贡，上海县知县王大宪以及张溥等序，并载有陈子龙的《凡例》。

《农政全书》系统而集中地论述了屯垦、水利、备荒三项重要措施。《农事》突出了以屯垦为重心的思想。徐光启根据当时政治、经济、军事形势的需要，提出开发西北，屯兵近畿。这样既可保卫边防，又可增产粮食，增加赋税收入，减少财政支出，解决南粮北调之苦。《农政全书》水利篇幅九卷，约占全书五分之一，水利译注达七十多条，近一万余字，可见其对水利的重视。正如《凡例》所说的"水利者，农之本也，无水则无田矣"。在用水理论上，徐光启提出：水"弃之则为害，用之则为利"（卷十二）。主张合理用水，变水害为水利。根据历史经验，吸取当时西方技术成就，结合自己实践体会，提出因地制宜，用水之源、流、潴、委，以及作潴作源以用水等五种方法以达到"水无涓滴不为用"的目标。主张把治水用水、治水治田紧密结合，寓除害于兴利之中。《水利》叙述了水利工程、农田水利和泰西水法，收集了大量的治水规划，有些内容至今仍有重要参考价值。此外，泰西水法中的有些汲水工具具有较高的科学水平。《荒政》门则占全书篇幅的三分之一，论述备荒除蝗诸事，用大量篇幅介绍可用于"备荒之极"的"辟谷法"和简易的野菜采集之法。显然此举与明末风雨飘摇的政治形势相适应。可见作者用心之良苦，除叙述总结农业生产技术外，还将保证农业生产技术措施的重大政治经济措施放在显著地位。

《农政全书》记载了不少当时的新经验、新技术。徐光启的故乡松江地处江南，是当时全国棉纺织业的最发达处，他把当地植棉和棉田管理的新技术作了记录。还特别推荐河北肃宁群众以稳定湿度为纺织环境的好办法。他总结长江三角洲的植棉经验，提出精拣核，早下种，深根短干，稀种肥壅技术的措施，认为这样就有可能出现"遍地花王"（卷三十五）的高产局面。此外，他在《除蝗疏》中，运用传统的"数象之学"判断蝗灾的发生时间和高发区，这是对中国农业科学研究思想和方法的一大发展。

此外，《农政全书》中还反映了徐光启的以下经济思想。

一、农本思想。本书第一门即为《农本》，集古今重农之说。徐光启指出："圣人治天下，必本于农。神农之教,历山不改其业。禹、稷之后,莘野犹振其风。盖斯民之生以食为天,而人无谷气,七日则死者,其天绝也。天之生人,必赋以资生之物,稼穑是也。物产于地,人得为食,力不致者,资生不茂矣。故世有游食之民,则民穷而财尽。况以供无厌之欲,而欲天下安生乐业以无叛也,得乎?"(卷二)体现了作者以农业为生民率育之源,国家富强之本的指导思想。他主张利用豪强来开垦土地,以求"粟多价贱"(卷十二),故认为不必限田。他用近代科学方法分析研究农事,通过改良生产工具、耕种方法以促进生产,并重点推广甘薯之类的高产作物,以求更好地解决衣食问题。

二、有风土论,不惟风土论。徐光启承认风土条件对某些作物和品种异地引种的限制作用,如"荔枝龙眼,不能逾岭;橘柚橙柑,不能过淮"。但又反对唯风土论,指出"五地十二壤,《周官》旧法,此可通变用之者也。若谓土地所宜,一定不易,此则必无之理"。他认为惟风土论不过是"后世惰窳之吏,游闲之民,偷不事事者之口实"。他举例说:"古来蔬果,如颇棱、安石榴、海棠、蒜之属,自外国来者多矣。今姜、荸荠之属,移栽北方,其种特盛,亦向时所谓土地不宜者也。"所以他认为:"果若尽力树艺,殆无不可宜者。就令不宜,或是天时未合,人力未至耳。"(卷二)

四、独特的人口论。徐光启说:"夫谓古民多,后世之民少,必不然也。生人之率,大抵三十年而加一倍,自非有大兵革,则不得减。唐虞至周,养民几二千年,虽其间兼并者岁有,度不能减生人之率。"(卷四)这种"生人之率"的观点先在任庶吉士期间写的《处置宗禄查核边饷议》中提出,并以明宗室的繁衍情况为证。它与马尔萨斯关于人口每二十五年加一倍的说法十分相似,但时间却早了近两个世纪。徐光启的"生人之率"是中国人口思想史上第一个确立的人口增长率的概念。

有关《农政全书》的研究主要有梁家勉《〈农政全书〉撰述过程及若干有关问题的探讨》、胡道静《徐光启研究农学历程的探索》、[日]天野元之助《关于明徐光启〈农政全书〉》等。

(林其锬 王国忠)

冬官纪事 贺仲轼

《冬官纪事》,一卷。明贺仲轼著。贺仲轼另有《两宫鼎建记》三卷,内容与《冬官纪事》几乎完全相同。均成于万历四十四年(1616)。有《宝颜堂秘笈》本,《丛书集成》本据此本排印,作者误为项梦原。

贺仲轼(?—1644),字景瞻,又字养敬,河南获嘉人。万历三十八年进士。初知醴泉县,力清诸弊,治声最著。后入为刑部主事,升郎中。又出为镇江知府,迁陕西西宁道副使。因受宦官排挤,告病乞归,补武宁兵备。不久丁母艰。崇祯十七年(1644)春,李自成军攻入河北,他携全家自杀。著作还有《相园初草》、《八封》等。《东林列传》、《甲申朝事小纪》等书有传。

万历二十四年,贺仲轼的父亲贺盛瑞受命以缮司郎中主持兴建乾清、坤宁两宫。建造两宫工程巨大,费用浩繁,被许多人视为利薮。一时钻营请托的纷纷前来,尤其是有权势的宦官插手干预,想借此发一笔大财。贺盛瑞一向刚正廉洁,主持两宫建筑,严格制度,厉行节省,杜绝贪污浪费,使许多想从中渔利的官吏商人束手无策。结果,全部工程仅用去七十万两银即告竣,比原先估计的费用省了九十万两。但是,贺盛瑞因此得罪了一大批人,包括不少能左右朝政的权要宦官。两宫的建成不但没有给他带来富贵,反而使他遭到诬陷,以靡费、贪婪、渎职的罪名被罢了官,不久悲愤去世。贺仲轼悲痛之余,决心为父亲洗刷冤屈。他收集父亲在职时的公私记录,文件资料,编纂成一书,以揭露宦官奸商勾结陷害他父亲的事实,并证明他父亲的清白廉洁。书前有贺仲轼《序》和丘兆麟《叙》。

《冬官纪事》虽然是一部辩诬性质的书,但其中叙述的主要是明代官营建筑业状况,具有经济史料价值。周代有"冬官司空"之官,掌土木工程。后世便以"冬官"作为主管营造工程官员的代称。《冬官纪事》即工程主管官的记录。其主要内容包括以下几个方面。

一、有关万历年间营建乾清、坤宁两宫的材料。两宫建筑工程是一个整体工程,包括乾清宫、坤宁宫、交泰殿、暖殿、披房、斜廊,日精、月华、景和、隆福、乾清等门,围廊房一百一十间,并带造神霄殿、东裕库、芳玉轩竖柜二百四十座,板箱二千四百个,实用银六十八万余两。从万历二十四年七月开工,至二十六年七月完工,共花费整整两年时间。明王朝后期皇帝的挥霍浪费由此也可见一斑。

二、明代官方营造工程的经费、材料来源和筹措办法。据书中所载,嘉靖三十六年(1557)修三殿时,于"各省直丁地内岁加四,派银一百万两",可见朝廷有重大营建多采取额外加派的办法,直接转嫁到老百姓头上。所需木、石、金砖、颜料等一般委派官吏或商人到各省采购,组织、雇募人夫车辆运输。在营建两宫时,经批准又采取买铜铸钱的办法,以铸利增加经费,并解决日常给散钱币的需要。

三、有关明后期匠籍制度衰落瓦解的资料。明初对手工业工匠有住坐匠、轮班匠的规定,必须在一定时间内为官府无偿服役。明后期这种人身束缚逐渐松弛。万历时营建两宫基本采取雇募办法,而且以现钱支付报酬,因为当事者很清楚,"若不给散见(现)钱,即严行勾提,而逃亡者比比也"。即使有些行业还有人身依附关系,但在官人户数量很少,无法应付大工程。如"在官车户仅仅九家",政府不得不"通行顺天等府州县并在京富民,广行召募",而且"官给车骡,其装载木石工食银两,计工计日算给"。

四、管理制度和管理思想。《冬官纪事》中有许多反映明代官营建筑业的制度,如工程前的规划预算制度。两宫工程动工前,贺盛瑞为拟订详细规划预算,曾将工科署所贮自嘉靖三十六年至本年春季的文件全部查阅一遍,并将其中有关建修的内容尽数抄出,以备参考依据。制定的计划书要将经费、工役的数量和来源、筹措方法,官员设置,管理制度等一一列明。既要有前例可循,又要说明如此安排的原因,对一些细节疑难问题还需详加解释。又如质量管理,已采用样品质量制。在烧造浇色砖瓦等料时,规定"每样定烧如式琉璃等料二片、块、个,进呈御览,一留御前,一发监收官为式。以后收料若质有厚薄,色或鲜暗,即不准收"。贺盛瑞长期经办建筑工程,富有经验,其管理思想值得注意。如关于明确监督者和巡视者的职掌问题,指出"监督者,总理之任,而巡视者,纠察之权"。两者虽密切相连,但不可侵对方的权,"若监督徇私冒破,巡视者止宜据实而纠劾之。倘兼监督之任,未免一柄两持,事体必多掣肘"。因此,他认为巡视者应该认真纠察监督官员的工作,"但不得吹毛洗垢,以窸任事之心"。这是对明代纠劾之权过重,使做实事的人无所适从现象的批评。又如建立分工负责制的思想,贺盛瑞指出"工程重大,差官众多。若必合为一工,则意见参差,彼此掣肘,吏书浸润,致起纷争,殊于大工有碍"。因而建议实行分工负责,"将应修处所,均匀搭配。司官与内监提督各二员,分管一工,明示赏罚。工坚费省,完工最早者,受上赏。则彼此相形,人思自效"。

五、揭露明代宦官奸商勾结,侵渔国家财产的资料。这方面资料较多,其中较重要的如徽州木商王天俊等千人勾结宦官,"钻求札付,买木十六万根"一事。如果他们取得这宗买卖,不但可以乘机夹带私木几千万根,仅这十六万根便可逃税三万二千余根,使国家损失五六万两白银的税收。贺盛瑞极力杜绝,而王天俊等"极力钻求,内倚东厂,外倚政府",结果关节一直通到皇帝那里,批下了"买木之特旨"。"于时奸商人人意得气扬,谓为必得之物,可要挟而取之。"可见奸商勾结宦官之猖狂。

六、为贺盛瑞辩冤的材料。包括万历二十七年贺盛瑞具稿未上的《辩京察疏》、《揭一》、《揭二》。疏揭中明举事实,反驳对方强加于他的诬陷不实之辞,揭露奸商、宦官的罪恶阴谋。疏中说:"谨据事直陈,以昭公道,以垂信史。"可能考虑到对手太强大,再辩白亦无济于事,反而会招来更大的迫害,这些自辩文章并未呈上有关部门,而贺盛瑞终于含冤而亡。这使人们清楚地看到在封建社会要做一个廉洁清白的理财官员之难。

(施正康)

吴中水利全书 张国维

《吴中水利全书》，又名《吴中水利书》。二十八卷。明张国维著。成于崇祯九年(1636)。有崇祯初刻本和《四库全书》本。张国维《进呈水利全书疏》载全书共三十卷，但现存本为二十八卷。

张国维(1594—1646)，字九一，号玉笥，浙江东阳人。天启二年(1622)进士，授番禺知县。崇祯元年升刑科给事中，参劾魏忠贤余党，又上疏陈时政五事。擢礼科都给事中，迁太常少卿。七年升右佥都御史，巡抚应天、安庆等十府。其间曾修筑苏州九里石塘、平望内外塘、长洲至和塘等水利工程，又修松江捍海堤，浚镇江、江阴漕渠等。以功迁工部右侍郎总理河道。十四年改兵部右侍郎兼督淮徐临通四镇兵。不久升兵部尚书。因战败解职入狱。思宗念其治河功，复其原职，命赴江南浙江督视练兵、输饷诸事。明亡后，福王召国维协理军务。因与马士英不睦，乞归。鲁王任为兵部尚书、武英殿大学士。清顺治三年(1646)投水死。著作还有《忠敏公遗文》、《抚吴疏草》。《明史》、《明史稿》有传。

《吴中水利全书》是张国维在长时期参与水利工程、积累丰富实践经验的基础上写成的。四库馆臣说它"所记虽止明代事，然指陈详切，颇为有用之言"(实际上书中对大水年、职官设置、工程记录等都追溯至见诸史籍的最早年代)；又称"是书所记，皆其阅历之言，与儒者纸上空谈，固迥不侔矣"(《四库全书总目》卷六九)。张国维于《自序》中，叙述撰辑该书是因为了解到苏州等府由于水利失修，自万历三十六年(1608)以后"十常八灾"，"闾右凋残"，于是"披故牍，上下千百世之典实，汇辑《水利全书》"。意在复兴、发展太湖水利。

卷一、卷二为《图》。列太湖流域苏州、常州、镇江、湖州、杭州、嘉兴、松江七府水利总图，各县城内水道图及县全境水利图，沿太湖各水口图，太湖、吴淞江、娄江、白茆港全图，沿海、沿长江纳潮泄水港浦图等共五十二幅并附图说。绘制极详，大小港汊均有标注。卷三《水源》，卷四《水脉》，卷五、卷六《水名》，卷七《河形》，记述水体源流、名称、宽窄丈尺。卷八《水年》，卷九《水官》，卷十《水治》，记述历代大水大旱年份、水利职官设置和治水工程。卷十一《诏命》，卷十二《敕谕》，记录有关谕旨。卷十三《奏状》,卷十四《章疏》,记录历代官员有关奏议。卷十五、卷十六《公移》,记录有关水利的来往公牍。卷十七《书》,卷十八《志》,卷十九《考》,卷二十《说》,卷二一《论》,卷二二《议》,卷二三《序》,卷二四、卷二五《记》,卷二六《策对》,均为历代有关太湖水利的各类文献。卷二七《祀文》,卷二八《诗歌》。

太湖流域水利,自宋代起关注者日多。有关著述如宋单锷《吴中水利书》、明归有光《三吴水利录》、明张内蕴《三吴水考》等或有图而不详,或有图而已佚,难以参详。张国维书中各图弥补了这一缺陷。在图说中,张国维阐述了自己对太湖水利的一些认识,就各地地形高下、水道特点提出了治理建议。如对于上海,他强调应疏浚吴淞江为太湖流域主要泄水通道,而不能"强其纡回,北达娄江以出",这将"谬贻两郡,百世之害"(卷一《上海县全境水利图说》)。张国维没有专篇叙述自己的治水思想。不过,从他选编的各代治水奏疏、议论等内容以及对水道状况的重视,显然赞同郏亶、任仁发等人的观点。认为太湖水利不外是浚治水道、修筑圩田、增设闸窦等几方面工作。《全书》比较完备地纂辑了宋元以降有关太湖水利治理的方案和多方面问题的讨论,是明以前太湖水利的集大成之作。

太湖流域自唐代起农田水利已很发达,南宋起成为举足轻重的农业经济区,有"苏湖熟,天下足"之誉。由于地势低洼,同时区内泄水受海潮顶托影响,排水是一大问题。而且在部分高阜地区,旱情也经常发生。如何解决灌排问题对粮食生产影响极大。北宋郏亶、单锷,元代任仁发和明代夏元吉、周忱等人的观点或治理工程都很具代表性。《全书》收录了他们的代表性文字。从明代起,这一地区的大批漕粮要通过太湖以东的江南运河输往北京,而排水通路都与运河交会,治理又多一重因素。从历史状况看,疏浚一直是太湖流域的主要工程,明代即有千余次施工。因此张国维对水道情形和历来疏浚工程予以特别注意,详加记述,并说明"兹列隆、万间官核丈尺,以后修浚仿此"(《河形》)。清代在此地区有大小多达两千多次的疏浚工程,足以反映《全书》辑录的治水思想在太湖水利开发中的指导作用。

(程鹏举)

沈氏农书 佚 名

《沈氏农书》，又名《农书》。一卷。明末浙江湖州涟川人沈姓佚名作者著。成于崇祯末年，而其写作所涉及的是崇祯十三年(1640)以前的事。本书因清张履祥而传。张履祥将其与自己所写《补农书》合并刊行，共两卷，收入《杨园全书》中。有《学海类编》本、《昭代丛书》本、《通学斋丛书》本、然藜阁本等。《丛书集成》本据《学海类编》本排印。农业出版社1959年出版陈恒力点校本。中华书局2002年出版陈祖武《杨园先生全集》点校本。《沈氏农书》和《补农书》合编入《续修四库全书》，名《农书》，上海古籍出版社2002年出版。

作者沈氏生平不详。《沈氏农书》记湖州地区农业情况，分四部分：《逐月事宜》，是农家月令提纲，按天晴、阴雨、杂作、置备四项，列举应办、应备事物，颇为详尽；《运田地法》，讲水田耕耘，叙述各种作物，主要是水稻和桑树的栽培技术，是全书的主要部分；《蚕务》，附六畜，以蚕为主，兼涉六畜饲养，简要地记述了养蚕中应注意的事项，同时讨论了织绢，养猪、羊、鸡、鸭等家庭副业的成本和利润；《家常日用》，讲日常农业知识，记述了十多种副食品的加工方法。

《沈氏农书》比较全面地反映了明末浙西一带农业生产经营的状况和农业技术所达到的水平，有不少精辟的见解，提出许多独特的办法，很有价值。比如沈氏提出施肥要"察其颜色"，主张"须在处暑后，苗做胎时，在苗色正黄之时"(《运田地法》)施下。这不仅是用文字提出看苗施肥的首创者，而且与今人水稻专家陈永康所倡之晚稻施肥"三黄三黑"中的第二次由黑转黄时追施穗肥合拍。此外，《沈氏农书》还是最早记载小麦移植的古农书。小麦移植技术在实际生产中虽不自沈氏始，但它首先记载这一技术，用文字传播这一技术，意义重大，因为这一技术正是解决晚稻产区晚稻和小麦季节尖锐矛盾的有效方法。

《沈氏农书》是一部为经营土地的家训之书。作者是经营地主，书中用了很大篇幅叙述经营方式和经验，经营思想十分丰富。"其艺谷、栽桑、育蚕、畜牧诸事俱有法度，甚或老农蚕妇之所未谙者。首列月令，深得授时赴功之义；以次条列事力，纤悉委尽，心计周矣。"(张履祥跋语)所以有人把他的经营方法称之为亲农地主经营农场的方法。其主要经营思想有如下几点。

一、树立"万般到底不如农"的思想。《运田地法》说:"第使子孙习知稼穑艰难,亦人家长久之计。每看市井富室易兴易败,端为子孙享逸思淫,现钱易耗耳。古云:'万般到底不如农。'正谓此也。"作者强调要认真对待农事。如:"遇大雨后,必处处看瞭,有水即开浚之。雨一番,看一番可也。"桑树"发叶之后,不时要看。若见损叶,必有地虫,亟搜杀之。如遇大雨,一止必逐株踏看,如被泥水溅眼,速速挑开,否即死矣。雨一番,看一番,不可忽也"。浇粪时,"主人必亲监督,不使工人贪懒少和水,此是极要紧所在"。

二、经营规模要度力而行。沈氏主张:"地作家者第一要勤耕多壅,少种多收。"他引一老农的话说:"(收)三担也是田,两担也是田,石五也是田。多种不如少种好,又省气力又省田。"要集中力量精耕。以种桑为例,"果能一年四壅,篱泥两番,深垦到(垄)净,不荒不蟥,每亩采叶八九十个断然必有。比中地一亩采四五十者,岂非一亩兼二亩之息?而功力、钱粮、地本仍只一亩。孰若以二亩之壅力,合并于一亩者之事半功倍也。"强调若"不幸遇水旱之年,度力量不能遍及者,只须去半救半,不可眷恋两废"(同上)。

三、计划经营思想。《逐月事宜》是全年农业经营计划纲要,把全年重要工作按照季节分配在十二月中,每月按预定计划办事。在每个月的工作计划中,又把适合于晴天和阴天做的事,田间农事和杂作及生产资料的贮备等分列出来。这样便不致因雨而窝工,因晴而忙不过来;也不会因田间农事而忽视其他该做的事,使人力、物力得以充分利用。

四、采取种植业、畜牧业和手工业互相配合的多种经营方式。《沈氏农书》不仅重视以水稻和桑为主的种植业,而且重视以湖羊和猪为主的家畜饲养业,同时对养蚕、缫丝、织绢、养鸡鸭、酿酒等都予以注意。多种经营本来就是中国农家经营的传统,但沈氏经营的特点是多种经营都围绕在水稻、蚕桑生产的周围,互相有机配合,以达到充分利用自然条件,调剂劳动力忙闲不均,增加经济收益的目的。比如养羊,沈氏提出:养十一头羊能积肥三百担,用它来壅地、垩田,供给粮食作物和桑树的肥料。这样,通过养羊就把农作物栽培、家畜饲养和蚕桑生产三者有机地配合起来了。

五、重视经济效益,精于投入产出的计算。《运田地法》中对男工、女工的投入产出都有精密的计算:"长年一名工银五两,吃米五石五斗,平价五两五钱,盘费一两,农具三钱,柴、酒一两二钱,通计十三两。计管地四亩,包价值四两;种田八亩,除租额外,上好盈米八石,平价算银十两。此外又有田壅短工之费,以春花、稻草抵之,俗所谓'条对条',全无赢息。"又《蚕务》中说:"酌其常规,妇人二名,每年织绢一百二十四。每绢一两,平价一钱,计得价一百二十两。除应用经丝七百两,该价五十两,纬丝五百两,该价二十七两,篗丝钱、家伙、线蜡五两,妇人口食十两,共九十两数,实有三十两息。若自己蚕丝、利尚有浮,其为当织无疑也。但无顿本,则当丝起加一之息,绢钱则银水差加一之色。此外又有鼠窃之弊,又甚难于稽考者。若家有织妇,织与不织,总要吃饭。不算工食,自然有赢,日进分文,亦作家至计。"其他如养羊、养猪、酿酒等,都有较精确的生产成本与盈亏计算。尽管如此,沈氏绝不打小算盘。比如关于长工,"本处地无租例,有地不得不种田,不得不唤长年",在重要生产上"不可惜工,而令妇女小厮苟且生活"(《运田地法》),以便不妨大计。对养猪也是如此。

六、事事有定额。例如,垦田每工半亩,倒田六七分,菜麦田中耕每工半亩;锄耘荡每工二亩;搓草绳上等每工七八斤,酌中五斤;妇人织绢每年一百二十四等。在农产品加工和饲料消耗上也有定额:大麦酿酒每担得酒二十斤或十五斤;养蚕用叶量"蚕一筐,火前吃叶一个,火后吃叶一个,大眠后吃叶六个"(《蚕务》)。其他雇工伙食等也都有定量标准。

七、宽猛相济的劳动管理。沈氏认为,百年前"人习攻苦,带星出入,俗柔顺而主令尊。今人骄惰成风,非酒食不能劝,比百年前大不同矣"。针对这种情况,他提出:"只要生活做好,监督如法,宁可少而精密,不可多而草率也。供给之法,亦宜优厚。"为了贯彻这一管理思想,提出了许多具体办法。比如:"炎天日长,午后必饥。冬日严寒,空腹难早出。夏必加下点心,冬必与以早粥。若冬月雨天篮泥,必早与热酒,饱其饮食,然后责其工程……至于妇女丫鬟,虽不甚攻苦,亦须略与滋味。"这样做,目的在于使"彼既无词谢我,我亦有颜诘之"。他肯定:"古云:'善使长年恶使牛。'又云:'当得穷,六月里骂长工。'主人不可不知。"沈氏对雇工供给标准作了详细规定,比如昼短夜长时,早、中、晚各餐给米多少,夜短昼长时,早、中、晚各餐又给多少。就连酒、菜也有规定:"春冬一日荤,三日素,今间二日,重难生活多加荤。""旧规,荤日鲞肉每斤食八人,猪肠每斤食五人,鱼亦五人。今宜称明均给,于中不短少侵克足矣。"(《运田地法》)

除上所述,沈氏还重视生产资料的购备、农副产品加工与综合利用等。

(林其锬)

明代编

科技类

种树书 俞宗本

《种树书》,三卷(或作一卷)。明俞宗本撰(又托名"唐郭橐驼著")。成于明洪武十二年(1379)。通行本有《说郛》本、《居家必备》本、渐西村舍刻本、《格致丛书》本、《广百川学海》本、《夷门广牍》本、《丛书集成》本等。

俞宗本,原名桢,字贞木,后以字行,更字有立,吴县人。少笃志问学,尤工古文词。元季不仕,明洪武初荐为乐昌令,历都昌,请归。为人清苦,敦行古道。靖难时举兵,反抗燕王,事败被逮赴京师论死。著有《立庵集》。生平事迹见焦竑《国朝献徵录》、曹溶《明人小传》、沈佳《明儒言行录续编》、过廷训《本朝分省人物考》、刘凤《续吴发贤赞》、朱彝尊《明诗综》、陈田《明诗纪事》、钱谦益《列朝诗集小传》、朱国祯《开国臣传》等。

《种树书》是农业通论类农学著作。总结了古代农民有关种植、栽培、嫁接、施肥等方面的许多经验。万历周履靖的《夷门广牍》本分上、中、下三卷。卷之上是十二个月的农事历,中、下两卷为豆、麦、桑、竹、木、花、果、菜的种艺方法。书前有作者《〈种树书〉引》。渐西村舍刻本前有渐西村人撰的《元俞宗本〈种树书〉叙》、《安徽抚宪邓札》。后附《农桑撮要》。

《种树书》系辑录南宋吴怿《种艺必用》以及《山居备用》、张镃《种花法》等数种农书的有关内容而成,全书一万字左右,但内容丰富,反映了元末明初农民的农业生产实践经验。如"二月"中曰:"此月雨中埋诸般树条则活","种茶宜斜坡阴地歪水处,用糠与焦土种,每一圈用六七十粒,土厚一寸,出时不要耘草,旱用来泔浇,常以尿粪水或蚕沙壅之,三年后可采药"。如种竹,其云"种时斩去梢,仍为架扶之,使根不摇易活。又法:三两竿作一本移,盖其根自相持,则尤易活也。或云不须斩梢,只作两重架为妙"。"种竹处当积土,令稍高于旁地二三尺,则雨潦时不侵损,钱塘人谓之竹脚。"当时还掌握了南树北移提高林木抗寒性的措施,书中指出:"木自南而北,多苦寒而不生,只于腊月去根旁土,取麦穰厚覆之,然火成灰,深培如故。则不过一二年,皆结实。若岁用此法,则南北不殊,犹人烧艾耳!"另外还记载了林木施肥的多种肥料。

《种树书》汇辑了前人关于农业生产技术的不少丰富经验,内容广泛,反映了当时我国农业生产技术的可贵成就,更由于本书的中、下两卷因袭了过去被湮没无闻的《种艺必用》中大量的精彩内容,而名声大振,致使明代的几本重要的农书,如《便民图纂》、《农政全书》、《群芳谱》及《本草纲目》等均从中引用其不少资料。

有关《种树书》的研究著作有康成懿《〈种树书〉校注》本(农业出版社,1962年)、万国鼎《俞贞木〈种树书〉》(《中国农报》1962年10月10日)、日本天野元之助《关于明俞宗本〈种树书〉》(《东方学》第二十六辑,1963年)等。

(王国忠)

普济方 朱橚

《普济方》,四百二十六卷。明朱橚等编。成于明永乐四年(1406)。有《四库全书》本、1958年人民卫生出版社本。

朱橚(？—1425),明太祖第五子。洪武三年(1370)封吴王,十一年(1378)改封周王,命驻凤阳。二十四年(1391)始归藩国开封。建文初,被疑有异谋,窜放蒙化,后召回禁锢京中。成祖即位,复爵,归其旧封。为人好学,善词赋。著有《普济方》、《元宫词》。生平事迹见张廷玉等《明史》、王鸿绪《明史稿》、焦竑《国朝献徵录》、曹溶《明人小传》、朱彝尊《明诗综》、傅维鳞《明书》、陈田《明诗纪事》、徐心《明画录》、朱谋垏《藩献记》等。

《普济方》为医方书。原书一百六十八卷,清代收入《四库全书》时析为四百二十六卷。有四库馆臣序。卷一至卷五,方脉。卷六至卷十二,运气。卷十三至卷四十四,脏腑。卷四十五至卷八十六,五官。卷八十七至卷二五〇,杂病。卷二五一至卷二六七,杂治。卷二六八至卷二七一,杂录、符禁。卷二七二至卷三一五,外伤。卷三一六至卷三五七,妇科。卷三五八至卷四〇八,儿科。卷四〇九至卷四二四,针灸。卷四二五、卷四二六,本草。全书凡一千九百六十论、二千一百七十五类、七百七十八法、六万一千七百三十九方、二百三十九图。

本书不仅列证齐全,论方毕陈,理法兼备,具有一定的临床应用价值,更重要的是它搜罗宏富,在博采历代及当时的各种方书的同时,又从传记杂说、道藏佛书中加以剔抉缀辑。宋元以来的名医著述至清代已散佚十之七八,朱氏生当明初,旧籍尚存,古代许多医籍方书赖此书得以略窥梗概。李时珍编撰《本书纲目》时,便从本书中采纳了许多古医方。

《普济方》是我国收方最多的一部方书,虽然其内容失之庞杂,所载方药有相当一部分不切实用,但在保存古代医学文献方面功不可没,因而在我国方剂史乃至整个医学史上仍有一定的地位。

有关于本书的研究,有丹波元胤《中国医籍考》、罗桂环《朱橚》(见杜石然主编《中国古代科学家传记》)、傅维康主编的《中国医学史》等书的有关部分。

(张 沁)

救荒本草 朱 橚

《救荒本草》，四卷（一作八卷）。明朱橚撰。成于永乐四年（1406）。通行本有明嘉靖四年（1525）太原刻本、嘉靖三十四年（1555）开封刻本、明万历十四年（1586）刻本、万历二十一年（1592）胡文焕《格致丛书》本、明徐光启《农政全书》本、清《四库全书》本、1957年古典文学出版社本。

作者生平事迹见"普济方"条。

开封之地，土地夷旷，庶草蕃芜，作者于此特考核其可佐饥馑者四百余种，一一绘制成图，附以说明，编成本书以济民。

《救荒本草》是一部记载野生食用植物、图文并茂的重要农书。全书共记录四百十四种可食野生植物，除见于以往本草书者外，新增入二百七十六种。全书分为五部，计草部二百四十五种、木部八十种、米谷部二十种、果部二十三种、菜部四十六种，每部均按可食部分分类。书前有作者的长史卞同及李濂、陆柬等撰的《序》。

本书对每种野菜均详述其物名、产地、形态、颜色、性味、食法及治疗功效，每种配以精良插图，以便使人容易辨认。如"刺蓟菜"，其云："本草，名小蓟，俗名青刺，蓟北人呼为千针草，出冀州，生平泽中，今处处有之。苗高尺余，叶似苦苣叶，茎叶俱有刺，而叶不皱，叶中心出，花头如红兰花而青紫色。性凉，无毒。一云味甘，性温。救饥：采嫩苗叶煠，热水浸淘净，油盐调食甚美，除风热。治病：文具《本草》草部'大小蓟'条下。"

本书所载植物，均经作者培植观察和研究，且插图精美，反映了当时我国植物学的发展水平，故使其具有很高的学术与实用价值。同时代鲍山的《野菜博录》，大部分材料采自该书，又徐光启曾将其全部收入他的巨著《农政全书》的"荒政"部分，李时珍的《本草纲目》也曾加以大量引用，可见其影响之广。

有关《救荒本草》的研究著作有汪子春等《中国古代生物学史略》（河北科学技术出版社，1992

年)、日本天野元之助的《明代救荒作物著述考》(《东洋学报》第四七卷第一号,1964年)、罗桂环《朱橚》(见杜石然主编《中国古代科学家传记》)的有关部分和罗桂环《朱橚和他的〈救荒本草〉》、《〈救荒本草〉在日本的传播》。

(王国忠)

火龙神器阵法 焦 玉

《火龙神器阵法》，一卷。明焦玉撰。书序题为明永乐十年(公元1412)成书。现存有清初著名学者顾祖禹收藏的抄本，其中有些内容为后人增入。

焦玉，曾被封为平苗大将军、东宁伯。其他事迹不详。

《火龙神器阵法》是明代关于火药配制、火器制造技术的一部军事科技名著。其中所反映出的明代军事技术成就，已达到了一个相当高的水平。书中对火器，即火药、炮座等军器的制作、使用作了详密细致的介绍。如对制作火药场地的选择及要求规则颇为严格："须择洁净之处，禁止杂人，务依法配合，此系火龙神器紧要，不可毫厘差谬。拣选能士，以专其职可也。"而火药的物质组成则为"硝硫为君，木炭为臣，诸毒药为佐，诸气药为使，必要知药性之宜，斯得火攻之妙。"书中所记载的有关火药配制的原则和方法及火药的种类，比北宋时《武经总要》的记载更先进和合理。如炮药的成分，《武经总要》记有十四种药品合成，而此书记载只须五种，将复杂的工艺简单化，而制造出来火药的性能却大大改进，提高了速燃实效性。硝、硫、炭是构成炮药的三大要素，与宋代炮药相比，含硝量由百分之四十增至百分之七十二，硫由百分之二十五降至百分之十六，木炭为百分之十一；火铳的火药由硝、硫、炭配制，含量分别为百分之七十七、百分之八、百分之十五。

书中所载明代火药种类有十六种，如火龙万胜神药、火攻神药、火攻从药、毒火药、烈火药、火攻杂用药等等。而按其性质用途，分别有炮火药、鸟铳药、火种药、火信药、起发药、火攻从药、飞火药、逆风火药等，另外还有伤毁马匹用的各种毒药及解毒药等。一些配药技术，书中编成了歌诀，便于制药时掌握及传授。

书中还对火器的制作及效用进行了精确生动的记载图绘。所记火器有四十多种，有陆战、水战、埋伏、安营立寨、偷袭、守城、攻击等七种用途。又分燃烧性、爆炸性、管形射击性三大性能。在燃烧性火器中，根据所配药性的不同，又分为烧夷、发烟、毒剂等类。在火器形式上，从简单的火禽、火兽、火球发展成筒、炮等类，大大增强了杀伤效率。其中毒龙喷火神筒、九矢钻心神毒火雷炮等,掺入发烟、起雾剂和毒药,不仅可以烧敌设施,而且可以施放烟幕、制造障碍或喷撒毒剂,以惑迷、毒伤、惊扰敌方。爆炸性火器,则有各种炸弹,水雷,可布施于各类水陆要道,采用拉发、绊发、触发等方法,爆炸伤敌。其中所记"地煞神机炮",以生铁铸造,装药五升,选坚木堵塞,用竹通节引药信,埋于地下,敌军经过,引爆炮发,炸伤力特别强。管形射击火器,有火枪、火炮。另还有可旋转发射之炮,射程及射界均扩大数倍。此外,还有用火药反推力推进的火箭数种。

  书中对一些火器的制作、使用方法进行了详尽的说明,如"水底龙王炮,用熟铁打造,置于木牌之上。据以预定时间,将香点着,用石坠入水中,顺流而下,香到火发,击碎敌船"。又如"八面威风炮,用精铜铸造,置于木架之上,二人操作,可八面旋转,攻打不绝,射程可达二百步,为远击之利器"。显示了当时军事科技的高度发展。书中指出,使用火器的原则和陈法,要"上顺天时,下因地利,用之相宜,随机应变"。既要考虑到气象因素,以风为势,又要注意地形地物,以充分发挥火力,还要使各类火器协调配合。如提出炮、筒、箭等"远器"应与长枪、大刀相间;火枪、火刀、火牌、火棍等"近器"应与长弓、硬弩配合使用。并且提出只有火器、兵力、阵法三者紧密结合,才能克敌制胜。所说的火器传授制造之法"皆《韬》、《略》、《武经》等书所未载,乃异人秘授……"。说明书中所记载的火器是当时人们大量实践的产物,由于战事频仍而促进了兵械火器的发展。与当时西方国家比较,法国在1566年才将黑火药兵器用于战场,英国至1596年才正式将火枪作为步兵武器。可见,反映明代军事科学技术的《火龙神器阵法》,是世界军事科技的宝贵文献。

(曾　抗)

瀛涯胜览 马　欢

《瀛涯胜览》，一卷。明马欢撰，初成于明永乐十四年(1416)，后又加修改增补，于景泰二年(1451)成书。通行本有《广百川学海》本、《纪录汇编》本(有《景印元明善本丛书》本、《丛书集成初编》本)、《宝颜堂秘笈》本、《说郛续》本、中华书局1955年版冯承钧《瀛涯胜览校注》本等。

马欢(生卒年不详)，字宗道，别字汝钦，自号会稽山樵。浙江会稽人，回族。能文工诗，精通中外语言，随郑和出使，在第四次、第六次、第七次远航中任通事之职。明宣德五年(1430)，马欢受郑和之命，随洪□至古里国。适逢该国使臣前往默伽国，遂秉洪□命，与同事七人附舟前往。在默伽，购得各色奇货异宝，如麒麟、狮子、鸵鸟等物，并画天堂图。一年后，陪同默伽使臣至京。著有《瀛涯胜览》。生平事迹见《瀛涯胜览》、祁承煠《淡古堂藏书谱》卷三。

马欢于永乐十四年远航归来后，欲使时人及后世，知汪大渊《岛夷志略》所载不虚，且"尤有大可奇怪者焉。于是摭采各国人物之丑美、壤俗之异同，与夫土产之别、疆域之制，编次成帙，名曰《瀛涯胜览》"。其后，续有增添，直至景泰二年。

《瀛涯胜览》为海外游记类地理书。记载所历诸国地之远近、国之沿革、疆界所接、城郭所置、风俗物产、刑禁制度，以及衣服日用之殊等。

全书篇目为：占城国、爪哇国、暹罗国、旧港国、满剌加国、哑鲁国、苏门答剌国、那孤儿国、黎代国、南渤里国、溜山国、梅葛剌国、锡兰国、裸形国、小葛阑国、柯枝国、古里国、祖法儿国、忽尔没斯国、阿丹国、天方国。书前有自序、远航诗、马敬序、四库总目提要。书后有古朴后序。

《瀛涯胜览》的主要内容如下。

一、自然环境。如暹罗"国周千里，外山崎岖，内地潮湿，土瘠少堪耕种，气寒不正，或寒或热"。

二、地理位置。如旧港国"东接爪哇，西接满剌加，国界南大山，北临大海"。

三、物产经济。如祖法儿国"气候常如八九月，不冷。米、麦、豆、粟、黍、稷、麻、谷，及诸般蔬菜、瓜茄、牛、羊、马、驴、猫、犬、鸡、鸭,山中亦出驼鸡"。又如满刺加国"人多以鱼为业,用独木刳舟,泛海取鱼。土产黄连、香乌木、打麻儿、香花、锡之类"。

四、建筑。旧港国彭家门"岸多砖塔"。国都"水多地少。头目之家,都在岸地造屋而居。其余民庶,皆在木筏上盖屋居之,用桩缆拴系在岸,水长则筏浮不能淹没;或用别处居之,则起桩连屋而去,不劳搬徙"。

五、习俗刑法。锡兰国"崇信释教、尊敬象、牛。人将牛粪烧灰,遍搽其体。牛不敢食,止食其乳。如有牛死,即埋之。若私宰牛者,王法罪死,或纳牛头金以赎其罪"。

六、海道针路。自南浡里国西北海岸之"帽山南放洋,好风向东北行三日,见翠蓝山在海中。其山三四座,惟一山最高大,番名梭马蛮山",即至裸形国。

七、华侨状况。旧港国"国人多是广东漳、泉州人,逃居此地。人甚富"。"洪武年间,广东人陈祖善等全家逃于此地,充当头目。"其家不法事迹,被施进卿告发。陈祖义被郑和生擒回国伏诛,明廷赐施进卿冠带,为旧港之主。死后,位不传子,由其女施二姐相继。

八、海洋气象预报。船队中有阴阳官与阴阳生,负责观察测量天象与气象,从事气象预报工作。

九、明与各国关系。永乐十九年(1421),内官周某率宝船数只到阿丹国。王即率大小头目至海滨迎接。赏赐、开读国书毕,交易买卖。"其国王感荷圣恩,特造金厢宝带二条,窟嵌珍珠、宝石;金冠一顶;并雅姑等各样宝石;地角二枚;金叶表文,进贡中国。"

十、设立远航中转站。中国宝船队在满刺加"立排栅城垣,设四门、更鼓楼。夜则提铃巡警。内又立重栅小城,盖造库藏仓廒,一应钱粮,顿在其内。去各国船只,回到此地取齐,打整番货,装载船内,等候南风正顺,于五月中旬开洋回还"。

《瀛涯胜览》反映了东南亚及印度洋沿岸诸国状况,增进了中国人的地理知识,促进了航海贸易事业与海外地理学的发展,至今是研究郑和远航、明初西洋各国以及中外关系的珍贵史料。

有关本书的研究,有唐锡仁、杨文衡主编《中国科学技术史·地学卷》的有关部分等。

(贺圣迪)

雨旸气候亲机 宣龙子

《雨旸气候亲机》，一卷。宣龙子撰。成书时间不晚于明初。通行本有明《正统道藏》本。

宣龙子,字班鳌。道教学者。其卒年不晚于明初。深究气象,著有《雨旸气候亲机》。生平事迹见本书《妙洞引》。

中国古代,道教以祝祈风雨变化气候为其社会职能之一。宣龙子认为呼风雨、运雷霆,务必掌握气候变化规律。鉴于道士多以祝祈变化天气,屡屡失验,并因而败坏道教的声誉,他要求他们掌握气象知识,"代天宣化,济物利人",由此而作本书。

《雨旸气候亲机》是一部气象学专著。但在结构上缺乏系统性,各部分内容间有重复,属于相关论述的汇集。

全书篇目如下：太阳、太阴、天罡、北斗、龙炁、白虎、河炁、雷牌、诸雷炁候、妙洞引、先天一炁雷霆玉章,又有云图三十九幅。雷牌前有小序,先天一炁雷霆玉章后有跋。

作者以水在天地间的循环,作为晴雨变化的根本原因。"地气升天三日雨,天气下降四时淋。"(《先天一升雷霆玉章》)认为天主旱,地主水。地气即水气,升而至天成云。天气下降,云兴风雨,水复回归大地,进而说明水随日光升、日气动而上蒸。倘无这一过程,天便无雨可降。由水气循环所决定的晴雨变化,有好些具体迹象,会在天气转化之前显露空中,通过对云、阴阳与煞的观察分析,可以为人所把握。《先天一炁雷霆玉章》将"黑云未密月虹晕"之虹晕,称为"流金大煞神";将日傍出现的幻日,"号曰雷霆前凶神",预示天气将变。又如北"斗下有电过斗口,当夜有雨";"斗上下有云如鱼鳞,明日亦变。"(《北斗》)"太阴有圆光大如车轮者,明日大风。"(《太阴》)"罡星红色摇动,雷雨。"(《天罡》)除近期预报,还推测长达数月的天气状况。

书中指出,掌握天气变化规律,务必"勤著看空间"。一天之内分"早晚中午"三次进行,尤须注意二天之交的"亥子之间"(《先天一炁雷霆玉章》)观察要在环境与心态两俱"肃静"下进行,将整个空间分成若干区域,逐一仔细察看。当某一空间发现值得注意的征兆时,要审视四周,而后全面考虑,作出判断。

作者强调观云,使用云图预报天气。文中有云图三十九幅,每图之下有文字说明。如第一图的说明:"歔火出,神霄发号令,当日酉时烈风雷霆,大雨如注,风沙拔木。"(《雷牌》)按图可分为当日、当月、当北斗三类。

运雷霆、呼风雨气象知识的传授,作者认为"不可轻传",只能授与"道根深重,夙有因缘,传仁传义、传德传仙"(《先天一炁雷霆玉章》)之人,也就是具有儒家德行深识大道的道教学者。

《雨旸气候亲机》是中国气象与道教史上的重要论著。它力矫道士求雨之失,强调掌握气象知识预报天气,在科学思想与气象知识上有独到成就,对明清两代的气象著作与祈祝天气变化有所影响,也密切了道教与科学的关系。

有关本书的研究,有贺圣迪《运雷霆于掌上,呼风雨于目前——试论〈雨旸气候亲机〉》等。

（贺圣迪）

海道经 □璹

《海道经》,一卷。明□璹撰,成于明永乐九年(1411)以后。通行本有:《借月山房汇钞》本、《泽古斋重钞》本、《丛书集成初编》本。

□璹,明初人。他认为"扬子江者,实海运之患也"。在大汛期间行船,"倘值东风势急,恶水急紧,船艋稠密,一船退下,纽二连三,缴碇交缠,头梢相击,风雨相攻,人无措手,直至沙滩,必有损坏。宜深慎之"。著有《海道经》。

作者因大海岁给馈饷,希望船户在航运中深慎留意,勿有疏失,而作是书。书成后多次刊刻。袁生阳刻本,附以则例、供祀二碑;藏亭生再刻时,又从刘仁本《羽亭集》录出有关海运二文附于书末。

《海道经》是明初沿海航运的航海手册。该书记述元代与明初海上航线、海洋气象知识以及海上应急措施。

全书篇目如下:准备缓急、海道、海道指南图、占天门、占云门、占日门、占虹门、占雾门、占电门、占海门、占潮门、北海地方。篇目前有论述元代海运及扬子江为患语二段。后有明袁生阳、刘仁本记各一则,附录四篇:海运以远就近则例之图、供祀记、江淛行者与复海道漕运记、送中书兵部尚书伯元臣回京叙。

书中记元代海道,说南粮北运供给京师甚为便易,中外其他海舶皆从此道北上,仿效其路。及至明初,沿海航线有"自南京开洋"、"刘家巷开洋"、"直沽开洋"、"辽河口开洋"、"长乐港船厂开船"等数条,并记有某些地段的导航情况。如"到沙门岛,东南有浅,可挨深行使。南门可入。东旁有门,有暗礁二块,日间可行。西北有门,可入庙前抛泊"。自成山嘴望正南行使,经绿水、黑水、南洋绿水后见白水,"点竿累戳二丈,渐渐减作一丈五尺,水下有乱泥,约一二尺深,便是长滩"。

海上航运,与气候状况有密切关系。书中不仅根据云、月、日、虹、雾、电、海、潮等征兆,推断近期天气变化,又以蝼蛄、乌蜉、白虾等海洋动物的异常生态来预报风暴。诸如"暮看西边无云,明日晴明";"秋冬西北风,天光晴可喜";"午前日晕,风起北方";"虹下雨垂,晴明可期";"三日雾濛,必起狂风";"电光西南,明日炎炎";"北海之潮,终日滔滔";"白虾弄波,风起便和",都是从长期观察中所形成的正确认识。

行驶于江海之中,随时有可能发生意外。作者谈及应急措施。他说在扬子江上顺风张帆而驶,"其间忽转打头风,便当使回风寻港汊为稳,勿得当江抵捱,指望风息,恐致雨细"(《准备缓急》)。船行江中,遇"大风紧急,系定且守"(《占潮门》)倘在海中,"须抛木矿"(同上)。

《海道经》总结元代与明初海运经验,在明清两代多次印行。

(贺圣迪)

两种海道针经 □山 吴波

　　《两种海道针经》,二卷。原为单独印行的《顺风相送》一卷与《指南正法》一卷。前者为明代□山作,成书于明永乐(1403—1424)年间;后者为明清间吴波撰,成书于南明永历五年即清顺治八年(1651)以后。1959年,向达将其合为一册,题以今名。通行本有中华书局《中外交通史籍丛刊》本(1961年)。

　　□山,明初人。熟悉海上航道。永乐元年九月,随中官马彬出使爪哇,"累次较正针路、牵星图样、海屿水势"。著有《顺风相送》。生平事迹见《顺风相送序》。

　　吴波,明清间福建漳州人。追随郑成功抗清,率海舶远航朝鲜、日本、雅加达等地,开展海上贸易。晚年寓居澳门。生平事迹见《指南正法序》。

　　海路难辨,针簿或有误差便要误事,□山"因暇日,将更筹比对稽考通行较日,于天朝南京直隶至太仓并夷邦巫里洋等处更数针路山形水势澳屿浅深",撰成《顺风相送》,"以此传好游者"(《顺风相送序》);吴波移居澳门后,"择日闲暇,稽考校正,自天朝南直隶至太仓,沿而福建,而广东,并交趾、七洲、夷邦南巫里洋等处更数、针路、山形水势、澳屿深浅、礁石沙泥,撰录于后",成《指南正法》,"以与诸人有志远游于此者共识之耳"(《指南正法序》)。两书原藏于英国牛津大学谢德林图书馆。后由向达抄回,校点后,交中华书局合刊出版。

　　《两种海道针经》是明清时期的航海手册。

　　《顺风相送》的篇目有:地罗盘下针神文、行船更数法、取水法、下针法、逐月恶风法、定潮水消长时候、论四季电歌、四方电候歌、观星法、定日月出入位宫昼夜长短局、定太阳出没歌、定太阴出没歌、定寅时歌、定天德方、定三方针法、定四方针法、定风用针法、各处州府山形水势深浅泥沙礁石之图、灵山往爪哇山形水势法图、新村爪哇至瞒喇咖山形水势之图、歌、玉皇宝号、古里往忽鲁谟斯、回针等。书前有自序。

《指南正法》的篇目有：定罗经中针祝文、观电法、观星法、定昼夜长短、定太阴出没、定太阳出没、定三方、定四方、定针风云月、逐月恶风、逐月水消水涨时候、针方法、定舡行更数、大明唐山并东西二洋山屿水势、南澳气、长崎水涨时候、浯山往咬嚼吧、暹罗往长崎日清等。书前有自序。其篇目内容多有承袭《顺风相送》之处。

《两种海道针经》指出，航海须掌握海洋地理、定向、航线与驾驶船舶的知识。航海时，主掌之人不仅要熟记"更数、针路、山形水势、澳屿浅深、礁石沙泥"（《指南正法序》），而且要仔细详察沿线种种状况，根据"船行高低，风汛急缓，流水顺急，机变增减"（《顺风相送序》）。

本书所记，自国内的江、浙、闽、粤、台沿海，北至日本西海岸，东抵琉球、棉兰老岛，南到爪哇，西达亚丁，地域极为宽广。对各小海区的海岸海底地形、岛屿、水深、礁沙、生物、气象等情况作了记叙。如弓鞋山"似弓鞋样，对开四十九托水，北低一角，七个高山合做一个山，南边高近大山，内十九托水，泥地"（《顺风相送·各处州府山形水势深浅泥沙地礁石之图》）。全书所记海岸地形有石牌、古老浅、泥尾、拖尾等，又以铁板地、古老石地等来区分海底地形。

海洋气象知识见于记载的有：风云、降水、雷电、潮汐。如"春夏二季必有大风。若天色混热，其午后或云起，或雷声，必有暴风"（《顺风相送·逐月恶风法》）。对风雨的预测，已达到具体的月日时辰。如正月初十、廿一，"午时后有风，无风则大雨"（同上）。对雷电与气象变化关系从四季和四方来加以区分："春天电推雷，夏天左右随，秋天电下发，冬雷实其推。东电长江水，西电红日随。北电南风吹，南电雨如雷。"（《指南正法·观电法》）关于潮汐，《顺风相送》所记为一月内的消长时间推移表。《指南正法》注意到各地潮汐的区别，除潮汐消长的一般状况，还载有长崎地区的潮汐表。

《顺风相送》所记航线，包括回针在内，有一百余条。《指南针法》不仅记载五十多条航线，还载有暹罗往长崎、咬嚼吧回长崎、长崎往咬嚼吧、咬嚼吧往台湾、大泥回长崎的日清，即航海日记。航海时采用以罗盘定向为主的综合导航法。记有水罗盘的安装和使用方法。水罗盘在天文水文资料的配合下导航。前者如"过南巫里洋及忽鲁谋斯，牵星、高低为准"（《顺风相送序》）。后者如船行经交趾洋时，指出"低西有草屿，流水紧，有芦荻柴多。贪东有飞鱼，贪西有拜风鱼。打水四十五托。贪东七更船有万里石塘"（《顺风相送·各处州府山形水势深浅泥沙地礁石之图》）。地貌、水流、生物分布都成为导航依据。还记有航行中的记程方法。在船行驶时，将片柴从船头丢下，以其在海水中至船尾的时间，与人自船头至尾疾行的时间相等为标准，船在海中行驶"每一更二点半约有一站，每站者计六十里"。

《顺风相送》、《指南正法》是我国传统航海学的代表作。其所集结的航海知识，对我国航海事业影响不小。即使在西方航海科技传入后，其作用也未完全消失。

有关本书的研究,校注方面有向达《两种海道针经》,论述有郭永芳《〈两种海道针经〉的成书年代》及《中国古代的地文导航》有关部分。

(贺圣迪)

郑和航海图 费 信等

《郑和航海图》,原名《自宝船厂开船从龙江关出水直抵外国诸蕃图》,一卷。明费信等所绘,成于明宣德五年(1430)六月至十一月。通行本有明茅元仪《武备志》所附本(有明天启、清道光和日本刻本)、《武便秘书》附录本、中华书局1961年版向达整理本。

费信(1385—?),字公晓,祖籍吴郡昆山(今属江苏)人。家世贫寒,笃志好学。其父入籍太仓(今属江苏)卫,父子相继为兵。明洪武三十一年(1398),费信十四岁,代亡兄当军。永乐四年(1406),上书应征言使西洋事,为帝赏识。永乐七年九月,郑和第三次远航,费信官通事,随从前往。自太仓刘家巷出发,中经福建长乐,先后至占城、爪哇、满剌加、苏门答剌、锡兰、小呗喃、柯枝、古里等国,开读诏书,赏赐财物,于永乐九年六月归国。永乐十年,参与第四次远航,随奉使少监杨敏等自福建五虎门出海,至榜葛剌等国,于永乐十二年回京。次年,又随郑和自长乐太平港出海,于榜葛剌直抵忽鲁谟斯等国,于十四年还京。宣德五年(1430),郑和受命作第七次远航,费信与他人合作绘制海图。次年随郑和于福建五虎门出洋,至占城、爪哇、旧港、满剌加、苏门答腊、锡兰、古里、忽鲁谟斯等地,至宣德八年回京。费信每至一地,考察其山川、居民、物候、风习,以及其他光怪奇诡之事,笔录成文。晚年整理成书,分为两帙。前集记述亲览目识之所至,后集采辑传译之所得,题为《星槎胜览》。因其详风物而疏航海行程,又撰《天心记行录》附于后,书末又收与众人合绘之航海图。正统元年(1436)正月,撰《星槎胜览自序》,将书与图上献英宗。他认为中国为世界中心,皇帝对四海之民务必一视同仁,而宜以不治治之。明师硕儒理当了解海域蛮方的风俗美恶、山川险易、物产珍奇、居民特性等。生平事迹见清李新元《昆新两县续修合志》卷三十《文苑传》、《星槎胜览》。

宣德五年六月,郑和受命第七次出使西洋。在确定出使诸国后,郑和命费信等绘制海图,以作指南。图原为一字展开式。天启元年(1621),茅元仪寓居金陵,撰《武备志》,将其收入书内,编为卷二百四十,改为册页式,为海图二十页,自右而至,页页相续。其后又有"过洋牵星图"二页四幅。

《郑和航海图》是明初属于针路图系统的对景图式航海图。所绘以针路为主,他如大陆海岸线、沿岸山峰、港湾、河口、居民点、城垣、官署、庙宇、宝塔、桥梁、旗杆、岛屿、礁石、沙滩、浅沙等。注记除上述地物名称,尚有针位、更数、航道深浅、天体高度、航海注意事项等。

全图可分为两个部分。第一部分自南京至长江口,自西向东。为配合出长江口后自西北向东南,绘制时颠倒方位,成为上北下南左东右西。第二部分,自长江口起至图终,其方位为上北下南右东左西。但在印度的孟加拉湾、阿拉伯半岛的亚丁湾、渡亚丁湾到东非等处,因大转湾采用上下对列法。图后附《过洋牵星图》四幅。图前有茅元仪序。

《郑和航海图》在自南京至非洲东岸曼八撒(今肯尼亚的蒙巴萨)的广阔地域内,有自太仓至忽鲁谟斯针路五十六线,由忽鲁谟斯至太仓针路五十三线。记载沿途的自然与人文地理,用山水图形式表示山峰、港湾、河口、岛屿礁石、沙滩、岬角等,反映其地形特点。所记海域,其海岸地形被分为岛、屿、洲、礁、沙、浅、石塘、港、硤、门等十一种。表达时,又注意区分相似者使其符合实际,如沙滩与浅沙。还记有国家、政区、卫所、庙宇、桥梁、宝塔等。反映国内二百余处、国外约三百处的状况。航海时,使用陆标、罗针、天文及其相互结合的导航方法。

《郑和航海图》所叙地域及航海知识,远远超过周去非《岭外代答》、赵汝适《诸蕃记》和汪大猷《岛夷志略》,反映了海外远航的扩展与知识的长足进步。它是中国古代航海知识与技术的总结,也是中国地图学史上的创举。虽有部分失真,但对当时及后世仍起了重大作用。这幅真正的航海图,为历史地理的研究提供了富有价值的资料。

有关本书的研究,校注方面有向达整理的《郑和航海图》;论述方面有范文涛《郑和航海图考》,及钮仲勋《中国古代航海图的发展及其成就》和唐锡仁、杨文衡主编《中国科学技术史·地学卷》的有关部分等。

(贺圣迪)

九章算法比类大全 吴 敬

《九章算法比类大全》，略称《九章比类》，十一卷。明吴敬撰。成于景泰元年(1450)。有明弘治元年(1488)刻本传世。

吴敬，字信民，号主一翁。仁和(今浙江杭州)人。生平事迹不详，仅知其曾担任过浙江布政使司的幕府，掌管全省田赋和税收的会计工作。此书是他费了十多年的工夫才终于写成的。

《九章算法比类大全》是一部与商业经济密切相关的实用数学著作。书前有项麒的序。在第一卷之前有一个"首卷"，其中记叙了大数记法、小数记法、度量衡单位、整数四则运算、分数四则运算等内容。从第一卷到第九卷是应用问题解法的汇编，分别归属于《九章算术》中的方田、粟米、衰分、少广、商功、均输、盈朒、方程、勾股九类，每类一卷。各卷的最初几个问题主要引用南宋杨辉《详解九章算法》中的问题，也有引用魏刘徽《海岛算经》和唐王孝通《缉古算经》中的问题，称为"古问"。然后再用当时的社会实际问题来作"比类"。九卷共列出一千四百多个应用问题。第十卷专论"开方"，包括开平方、开立方、开带从平方、开带从立方以及开高次幂等内容。但其开高次幂不是用的宋元数学家的"正负开方法"，而是仿照《九章算术》"少广章"的开方术和开立方术，并参考北宋贾宪的"开方作法本源图"来求解。

《九章算法比类大全》是明代数学界把传统经典与现实问题结合研究的开风气的著作。以后的数学著作如许荣的《九章详注算法》和程大位的《直指算法统宗》(1592)，都具有以《九章算术》中的九卷名目为应用题分类标帜的类似特点。另外，此书中商业算题很多，如合伙经商、商品交换、绢罗计算等等，反映了当时商业经济繁荣的社会景象。

关于本书研究，有钱宝琮主编《中国数学史》、李迪《中国数学史简编》、《中国数学通史》的有关部分，以及孔国平《吴敬》(见杜石然主编《中国古代科学家传记》)。

(周瀚光)

七政推步 贝 琳

《七政推步》,七卷。明贝琳撰。成于明成化十三年(1477)秋。通行本有《四库全书》本。

贝琳(?—1490),字宗器,号竹溪,金陵(今江苏南京)人。琳幼业儒而又慕天官学,遂学象数于何司历,尽得其秘,后被荐充天文生例,除戎籍。正统(1436—1449)、景泰(1450—1456)年间从征,因占候有功,荐入钦天监,授钦天监漏刻博士。后任五官灵台郎、南京钦天监监副等职。著有《七政推步》,亦刊校台历、《反中经》诸书。生平事迹见《国朝献徵录》。

《七政推步》是我国古代第一部系统介绍回历与伊斯兰天文学的著作。《明史·历志》有《回回历法》三卷,就是根据它编辑整理而成的。据贝琳自叙,书乃洪武十八年(1385)由国外传入,由历官元统译为汉算。而据《四库全书总目》,此书在元代已传入中国,洪武十五年(1382)由翰林李翀、吴伯宗与回人历学大师马沙亦黑等人译出。底本乃西域默德纳国玛哈穆特(《明史·历志》作"默狄纳国王马哈麻"。默德纳即今沙特阿拉伯的麦地那,玛哈穆特今译作穆罕默德)所作。

《七政推步》卷一有"释用数例"、"积年"、"宫分日数"、"月分大小及本音名号"、"七曜数及本音名号"、"闰法"、"当时测定太阳、五星最高行度"、"七政经纬度法"、"太阴经度"、"五星伏见"、"太阴纬度"、"五星纬度"、"太阴五星凌犯"、"交食"、"推日食法"、"推月食法"、"推日月出入带食法"十七节。

卷二有"日五星中行总年立成"、"日五星中行零年立成"、"日五星中行月分立成"、"日躔交十二宫初日立成"、"日五星中行日分立成"、"太阴经度零年立成"、"太阴经度月分立成"、"太阴经度日躔交十二宫初日立成"、"太阴经度日分立成"、"太阳加减立成"、"太阴经度第一加减比敷立成"十一节。

卷三有"太阴经度第一加减比敷立成"、"太阴经度第二加减远近立成"、"土星第一加减比敷立成"、"土星第二加减远近立成"四节。

卷四有"木星第一加减比敷立成"、"木星第二加减远近立成"、"火星第一加减比敷立成"、"火星第二加减远近立成"四节。

卷五有"金星第一加减比敷立成"、"金星第二加减远近立成"、"水星第一加减比敷立成"、"水星第二加减远近立成"、"太阴黄道南北纬度立成"五节。

卷六有"土星黄道南北纬度立成"、"木星黄道南北纬度立成"、"火星黄道南北纬度立成"、"金星黄道南北纬度立成"、"水星黄道南北纬度立成"、"太阴出入晨昏加减度立成"、"五星伏见立成"、"五星顺留立成"、"五星退留立成"、"黄道南北各像内外星经纬度立成"十节。

卷七有"太阴凌犯时刻立成"、毕宿、井宿、鬼宿、轩辕星、太微垣及凌犯入宿图、角宿、亢宿、氐宿、房宿、心宿、斗宿、建星、牛宿、垒壁阵星及"昼夜加减差立成"、"太阳太阴昼夜时行影径分立成"、"经纬时加减差立成"、"西域昼夜时立成"。

回历属于西方系统,与我国传统历法在性质上迥然不同。其有太阳年与太阴年两法,我国一般言回历皆指太阴年。其分周天为三百六十度,度以下为分、秒、微、纤,皆用六十进位制。又采用黄道坐标系,以三十度为一宫,共有黄道十二宫,与太阳每年十二月行度对应。每月平均为29.530556日,一年则平均为354.36667日。以日为没一天之始,有一周七日的制度。而其太阳年以春分为岁首,平年365天,闰法为一百二十八年三十一闰。但具体则有许多问题是极为难懂的,至今也仍在探索研究之中。《七政推步》以翻译为主,间以诠释。书中介绍了托勒密的本轮均轮体系,并以此体系推算太阳、月亮、五大行星运动及日月交食、回历历日的计算,并附有各表。卷六所载中西恒星星名对照表共收二七七颗星,又分别注明各星黄道坐标、星等、中西星名对照等等。明代因太祖朱元璋等对回历格外青睐,实际也有参用。当然由于与中历在体系上相差过远,故实际能借鉴的甚少。尽管如此,回历的传入,终究使汉民族了解了有其他体系的历法存在,这对于明代末年西法传入我国与《崇祯历书》取以西法而成无疑有着先期导入的作用。而在今天,则是研究古代伊斯兰天文历法的宝贵文献之一。

关于本书的研究,见清阮元《畴人传》、顾观光《回回历解》、中国天文学史整理小组《中国天文学史》、陈美东《中国科学技术史·天文学卷》的有关部分,以及陈久金《贝琳》。

(王贻梁)

便民图纂 邝 璠

《便民图纂》，十六卷。明邝璠著。弘治六年（1493）首刻。后有弘治十五年本、嘉靖六年（1527）云南吕经本，嘉靖二十三年浔州本，嘉靖三十一年贵州本、万历二十一年（1593）本等。中华书局1959年影印万历本出版。有石声汉、唐成懿校注本，农业出版社1959年出版。

邝璠（1458—1521），字廷瑞，号阿陵，山东任丘（今属河北）人。弘治六年进士，次年任吴县知事，以能著称。弘治十二年升任徽州同知。在任上抚民治安，毁淫祠，兴学校，政绩卓著，官至河南右参政。后因忤时贵罢归。《费文宪公摘稿》、《国朝献徵录》、《本朝分省人物考》、《苏州府志》等书有传。

据考，明成化、弘治间有一佚名的《便民纂》十四卷刻本，核其内容，正是《便民图纂》的祖本。清初钱曾《读书敏求记》著录《便民图纂》十六卷，弘治十五年刻，谓不知何人所辑。贵州刻十六卷本李涵序曰"邝廷瑞始刻于吴中"。《千顷堂书目》农家类著录邝璠《便民图纂》十六卷。由此可知，本书是民间历来传录的本子，并非作于一时，也非出于一人之手。浔州本有欧阳铎、吕经序和黄昭道、王贞吉跋。贵州本有左布政使李涵序。万历本有于永清序。

邝璠久在江南做官，对于太湖区域的农村家庭情况颇为熟悉。之所以编纂此书，据其书首《题农务女红之图》称：是有感于"宋楼璹旧制《耕织图》，大抵与吴俗少异，其为诗又非愚夫愚妇之所易晓。因更易数事，杂以吴歌，其事既易知，其言亦易入用"。目的是要"劝于民"。《便民图纂》大致是根据原有的《便民纂》，撷取《种树书》、《多能鄙事》以及吴谚等编纂而成。它之所以能够广为流传，不仅同其内容广泛，有助于生产指导，适合于一般日常生活需要有关，而且与其写作方式也有关系。前两卷是把吴地的耕、织技术按生产程序图解，并配以吴地流行民歌竹枝词说明，的确平畅易晓。既把技术重点表达无遗，又使大家易懂易记。例如下壅图配诗："稻禾全靠粪浇根，豆饼河泥下得匀。要利还须着本做，多收还是本多人。"喂蚕图配诗："蚕头初白叶初青，喂要匀调采要勤。到得上山成茧子，弗知几遍吃艰辛。"这既把下壅和喂蚕的技术要点说得简单明了，对照图画一目了然,又可以顺口歌唱便于记忆传播,这是推广技术经验的一种创造。

《便民图纂》是一部以农业为主,兼及医药、器用、占卜的古代民间日用手册。卷一为《农务之图》,计十五幅。图解了浸种、耕田、耖田、播种、下壅、插莳、扬田、耘田、车戽、收割、打稻、牵砻、舂碓、上仓、田家乐等耕获全过程,并配以十五首竹枝词作为文字说明。卷二为《女红之图》,计十六幅。图解了下蚕、喂蚕、蚕眠、采桑、大起、上簇、灸箔、窖茧、缫丝、蚕蛾、祀谢、络丝、经纬、织机、攀花、剪制等从蚕桑到纺织的全过程,亦配有十六首竹枝词作为文字说明。卷三为《耕获类》:耕获、蚕桑、树艺、杂占、月占、祈禳、涓吉、起居、调摄、牧养、制造,以农耕占验为主。卷五、卷六《树艺类》,卷十四《牧养类》都属于农业(包括畜牧业)生产技术知识。卷十五、卷十六《制造》,上卷专述食品制造,包括茶、汤、酒、醋、酱、乳制品、脯腊、烹调、醃渍及鲜干果贮藏等各种方法;下卷则是家庭日用品的制备、保全和整补,包括衣物、书画等的调制、保护、修补、清洁等方法。卷十一为《起居类》,收集了十六个方面的养生经验。卷十二、卷十三为《调摄类》,收集一些有关医疗、调摄的药方。按内、外、妇、儿四科,分风、寒、暑、湿等三十门,共载药方约二百五十道。卷七为《杂占类》,集古书、农谚、占候记载与经验,内容基本是气象预测。卷八《月占类》、卷十九《祈祷类》、卷十《涓吉类》,属占卜,多是迷信内容。

本书大部分材料是抄录或节引前人著作编纂而成,但也不乏独创性内容。如关于水稻栽培,从耕垦、治秧田起,所有施肥、备种、插秧、除草、收稻到舂成米储藏,对此整套经验均作了全面细致而简明的叙述,这是同时代其他农书所不及的。此外,在树艺类记载了油菜打苔摘心的方法;牧养类记载了鸽病治疗;在《上簇》与《灸箔》的插图上可知当时养蚕已使用方格簇,为后世留下了珍贵的农业史资料。再者,以宋代楼璹的《耕织图》为依据的"农务之图"和"女红之图",作者将原来典雅的耕织图诗改换成民间形式的吴歌竹枝词,使之通俗易懂。它与《齐民要术》不同,而将瓜果、花木纳入农业耕作范围。在果树栽培、嫁接、治虫、采果等方面的经验,对后世有较大影响。在食品制造与贮藏方面,具有不少创新。书中收录的众多的食疗药方甚便广大农民采用治病。其他各种日用品的制造以及气象预测的内容具有较高的实用价值。

《便民图纂》如实地记录和反映了明代江南农业社会以种水稻为主业、蚕桑为主要副业的情况,为研究这一时期的江南经济提供许多珍贵资料。欧阳铎《新校便民图纂序》称赞它:"识本末轻重,言备而指要也。农务女红,有图有词,以形其具,以作其气。有耕获、蚕织,以尽其事。衣食之源,固宜重哉。继之树艺,则园圃毓草木之义,亦民用之不能阙焉者。……言制造者百有七。若疑于烦碎,然大者乃系耕稼,其琐琐又非民生所能去者。"从本书编排的顺序、重点以及采用群众语言特点看,的确是反映了作者的重农便民思想。如《田家乐》:"今岁收成分外多,更兼官府没差科。大家吃得醺醺醉,老瓦盆边拍手歌。"《剪制》:"绢帛绫䌷叠满箱,将来裁剪做衣裳。公婆身上齐完备,剩下方才做与郎。"从中可以看到作者编纂此书期在劝民务农桑,而最终则是欲达到富民目的的社会经济思想。

有关《便民图纂》的研究著作主要有石声汉、康成懿整理的《便民图纂》校注本,石声汉《介绍〈便民图纂〉》,西谛《邝璠与〈便民图纂〉》,以及梁家勉主编《中国农业科学技术史稿》、洪光任《邝璠》(见杜石然主编《中国古代科学家传记》)的有关部分等。

(林其锬　王国忠)

杨子器跋舆地图 佚 名

《杨子器跋舆地图》，原图无名，郑锡煌定为今名。一幅，纵164厘米，横180厘米。绘者缺载，成于明正德七年(1512)至八年(1513)。今传摹本绘于嘉靖五年(1526)，现藏旅顺博物馆。

作者因舆图"有补政体"，而所见诸图不敷所用，于是参考《大明一统志》及官制，绘制成与"诸家详略颇异"的新图，冀望治者采用以裨益"用人行政"(《杨子器跋》)。图无凡例，至嘉靖五年二月，为之增补，以便使用。

《杨子器跋舆地图》是一幅彩色明代行政区域图。东北至塔山、忽八，北到苏温、兀秃，西临星宿海西侧，南达海南岛，东面为海。图下方附有各省都司卫所、凡例及杨子器跋。

全图有一定方位和比例关系。北京——武汉——广州一线以东，其比例大体为1∶1800000—1900000，以西为1∶1500000—1600000。海岸线轮廓、江河位置及其平面图形、支流汇入干流的次序，大体正确。各行政区的相对位置，大部分比较正确。

图上山脉用草绿色写景法表示，在山体下方标注名称的约五百余座。河流用双线表示，湖泊用闭合曲线圈加绘波纹表示，名称注在圈内，所标注的有十五个。黄河、长江、珠江等大水系比较详细，其他河流比较齐全。水系纵横交错，与现在小比例尺地图所表示的大致相近。重要河流标出河源，但标有名称的不多。以喀喇渠及卡日曲为黄河上游。小河流也用双线表示，造成比例失当，有的水系上源错误地与另一水源相通。岛屿用塔式山峰表示，有欠妥当，崇明等岛画得过大，台湾岛的形状大小不同于实际。三大半岛也不正确。辽东半岛不够突出，山东半岛末端画成半圆形，雷州半岛成为近似圆形的岛屿。

国内行政区用红色曲线绘出省界，收有府、州、县、卫、所等各级行政区名一千六百多个。虽然各级政区名称都不齐全，但基本上反映明代的行政区划。各级政区用不同符号表示，凡例说明其意义："京师八其角，以控八方也，藩司为圆，府差小焉，治统诸小，非一方也；州为方，县则差小，大小各一方也；附都司卫所加城形者，示有防御。"

国外部分相当粗糙,中南半岛的轮廓不合实际。占城安南、暹罗位置错误,用三角形表示,意为偏方。有些陆上国家也用表示岛国的倒三角形来表示。岛国爪哇画在离海南岛不远处,东邻日本绘在与浙江遥遥相对的海中,位置都不正确。

《杨子器跋舆地图》继承朱思本《舆地图》的海岸轮廓、山河大势以及符号图例,而有所变化发展。它成图在罗洪先《广舆图》前二十几年,无论在图形轮廓、州县位置、内容详略以及表现手法上,都不比后者差,虽实际影响不如罗图,但仍是明代的重要地图。

有关本图的研究,有郑锡煌《关于杨子器跋舆地图的管见》,地学史组《中国古代地学史》,唐锡仁、杨文衡主编《中国科学技术史·地学卷》的有关部分等。

(贺圣迪)

野菜谱 王 磐

《野菜谱》，又名《王西楼野菜谱》、《王西楼野菜记》，一卷。明王磐撰。约成于明嘉靖三年(1524)前。通行本有《山居杂志》本、《三续百川学海》本、《说郛》本、《农政全书》本。

王磐(约1470—1530)，字鸿渐，号西楼，南京高邮(今江苏高邮)人。有隽才，好读书。少为诸生，鄙薄科业，不应试。好词曲，精音律，与金陵陈大声并为南曲之冠。著有《西楼乐府》、《西楼诗集》。生平事迹见《万历扬州府志》、《嘉靖扬州府志》、钱谦益《列朝诗集小传》、张守中《王西楼乐府序》。

明正德年间(1506—1521)，"江淮迭经水旱，饥民枕籍道路，率皆采摘野菜以充食，赖之活者甚众，但其间形类相似，美恶不同，误食之或至伤生"。王磐乃"田居朝夕历览详询，前后仅得六十余种，取其象而图之……且因其名而为之咏"，撰成是书。有作者《序》、张铤《跋》。

《野菜谱》是明代记载野生食用植物的一部图谱，作为度荒饥民采集野菜充饥之用。全书不分卷，共收载白皱钉、剪刀股、猪殃殃的等六十种野菜。其书上栏刊载野菜名称、歌谣、采集时间、草生状况与服食方法；下栏则绘有该品种的图形。如"猪殃殃"，其云："猪食之则病，故名。春采熟食。"谣云："猪殃殃，胡不祥。猪不食，遗道傍。我拾之，克糇粮。"又如"猫耳朵"，"正二月采，捣烂和粉面，作饼蒸食。"谣云："猫耳朵，听我歌，今年水患伤田禾，仓廪空虚鼠弃窠，猫兮猫兮将奈何?"《四库提要》称其诗歌"多寓规戒，似谣似谚，颇古质可诵"。

本书绘图粗略，解说欠详，但比较通俗，故流传较广，并对其他同类书产生影响。由于作者态度严肃，写作认真，故被同时代的姚可成辑入其《救荒野谱》中，不但引用了王磐所举的六十种野菜，而且记载了它们的可食部分。此外，本书还被徐光启全文收入他的《农政全书》。

有关《野菜谱》的研究著作有日本天野元之助的《明代救荒作物著述考》(《东洋学报》第四四七卷第一号，1964年)。

(王国忠)

正体类要 薛 己

　　《正体类要》，二卷。明薛己撰。成于明嘉靖八年(1529)。通行本有《薛氏医案二十四种》本、《薛氏医案十六种》本、《中国医学大成》本、上海卫生出版社1957年排印本、上海科学技术出版社1959年排印本、人民卫生出版社1983年《薛氏医案选》本。

　　薛己(1486？—1558)，字新甫，号立斋。吴郡(今江苏苏州)人。幼承家学，得父铠之传。早年以外科著称，后兼擅各科。正德年间(1506—1521)征为御医，擢南京太医院判。嘉靖(1522—1566)升太医院使。旋辞官归里，致力著述，并来往于嘉兴、四明(今浙江宁波)、苏州等地从事诊治。其为学强调治本，尤其注重脾胃、肾命的作用。著述颇丰，有《内科摘要》、《外科发挥》、《外科枢要》、《疠疡机要》、《女科撮要》、《口齿类要》、《保婴金镜录》、《外科心法》等，并校注了《明医杂著》、《妇人良方》、《小儿药证直诀》、《外科精要》、《保婴撮要》等多种前人医著。生平事迹见明陆师道《外科枢要·序》。

　　作者以诸科方论纂辑不遗，而正体家言独有未备，乃在吸收前人成果的基础上，参以个人临床经验，撰成此书。"正体"即伤骨科。

　　本书系伤骨科专著。有明陆师道序。上卷首列总论《正体主治大法》，其后分伤骨疾病为三大类：一为扑伤之症，下列血脱烦躁等三十证；二为坠跌金伤，下列瘀血腹痛等三十证；三为汤火所伤，列火毒刑肺金等四证。每证均有医案，详述症状、机理、治法。下卷载诸伤方药七十二首。

　　作者以为，肢体外伤必然影响脏腑气血，外治手法固然重要，而求脉理、审虚实、施补泻等内治法亦不可偏废。且本书所论以一般性软组织损伤为主，内治法对此更有其独到疗效。故书中强调以补气血为主，行气活血为辅的原则。如青肿不消，用补中益气汤以补气。肿黯不消，用加味逍遥散以散血。若焮肿胀痛，则是瘀血作脓，可以八珍汤加白芷托之。若脓溃而反痛，则是气血两虚，当以十全大补汤补之。若骨骱接而复脱，是肝肾虚也，宜用地黄丸。肿不消、青不退，是气血虚也，应内用八珍汤，外用葱熨法。上述病症，若贸然行血破血，则脾胃愈虚、运气愈滞；若径敷凉药,则瘀血益凝,内腐益深,致难收拾。据书中一医案记载,某人坠马,腿肿痛而色黯,食少倦怠。经诊断,系元气虚弱,不能运散瘀血所致。遂用补中益气汤,减去其中的升麻、柴胡,加入木瓜、茯苓、芍药、白术,服之而痊。这些治疗方法正体现了作者治病求本、重视脾胃、内外贯通的学术思想。

《正体类要》奠定了中医伤骨科的理论基础,书中所述内治之法,对后世影响尤大,清代《医宗金鉴·正骨心法要旨》中的某些治疗原则,即吸收了本书的思想。

有关本书的研究,有沈仲圭《薛己温补学说简述》、《薛己临床经验简述》,余瀛鳌、万芳《薛己》,中医研究院《中医大辞典》的有关部分。

(林建福)

广舆图记 罗洪先

《广舆图记》,一作《广舆图》,二卷。明罗洪先撰,成于明嘉靖二十年(1541)前后。通行本有明万历六年(1578)何镗刻《修攘通考》本、次年钱岱刊本、清嘉庆四年(1799)章学濂刊本。

罗洪先(1504—1564),字达夫,号念庵,江西吉水人。明嘉靖八年(1529)进士。官至翰林院修撰。上书批评嘉靖帝而被免职。归乡家居,逢农民军入吉安。地方官失措,洪先画策应战,击退农民军。学宗王阳明,究其宗旨,以无欲经世为本,反对王畿良知自然之说。又"考图观史,自天文地志、礼乐典章、河渠边塞、战阵攻守,下逮阴阳历数,靡不精研"(《明史·儒林传》)。于人才、吏事、国计、民情,也悉心加意咨访。著有《广舆图说》二卷。生平事迹见《明史》卷二八三《儒林传》二。

罗洪先认为,朱思本《舆地图》"形实自是可据"(《自序》),故以该图为山川海陆底图而加以缩小,易以明代政区与地名,而详加注记;将原图幅改为按省分幅的册页,又增绘边防水系、航运、藩属等图,共四十五幅,又有副图数十幅。在历次刊印中,又增《华夷总图》、《东南海夷总图》、《西南海夷总图》,将《朔漠图》改绘成二幅,胡松补入《琉球图》、《日本图》,韩君恩增桂萼《舆图记叙》、许伦《九边图说》。

本书是明代分省兼及边防、水系、航运、藩属地图集。

全书有总图一幅、二直隶十三布政使十六幅、九边图十一幅、洮河、松潘、虔镇、麻阳诸边图五幅、黄河图三幅、漕河图三幅、海运图二幅、朝鲜图一幅、朔漠图一幅、安南图一幅、西域图一幅、及上述历次再版所增各图。书前有朱思本《舆地图自叙》,嘉靖四十年和四十五年自序,嘉靖四十年胡松序、徐九皋序,嘉靖四十五年霍冀序,韩君恩序,万历七年钱岱序,嘉庆四年章学濂识语。

《广舆图》自序认为,地图足以宣扬大明声教,有助于域民城守。图中计里画方,表明地域实际大小,使用二十四种符号,其图例已成系统。继承我国地图古今地名互证传统,而在今名下注以前代之名,重点在今而通古。

《广舆图》增强地图的科学性,采用图集形式,有利于使用、保存和流传。它在推广、传播朱思本《舆地图》及其制图思想的同时,又成为此后地图学家的蓝本,张天复、汪作舟、章潢、王在晋、程道生、陈祖授、吴学俨、朱绍本、潘光祖、朱约淳、顾祖禹、严如煜、俞昌广、邹世诒等人都受其影响。

有关本书的研究,有王庸《中国地理学史》,卢良志《中国地图学史》,金应春、丘富科《中国地图史话》,唐锡仁、杨文衡主编《中国科学技术史·地学卷》等书的有关部分。

(贺圣迪)

农说 马一龙

《农说》,一卷。明马一龙撰。约成于嘉靖二十六年(1547)左右。通行本有《居家必备》本、《宝颜堂秘笈》本、《广百川学海》本、《说郛续》本、《青照堂丛书》本、《二十二子全书》本、《五十万卷楼旧藏》本、《丛书集成》本等。

马一龙(？—1571),字负图,号孟河、玉华子,南直隶溧阳(今江苏溧阳)人。幼年丧父,生活贫困。嘉靖二十六年(1547)进士,任国子监司业。后辞官还乡,从事农耕,并著书立说。作者在总结农耕思想时提出"三知"理论,即"知时"、"知土"、"知宜"。所谓"知时",就是要求安排农活分轻重缓急,顺序渐进,不违农时;所谓"知土",就是要了解土壤、地理;所谓"知宜",就是要了解各种作物的特性,气候环境生态条件等,然后有的放矢地采取措施,达到事半功倍的效果,否则,"发不中节,其缪千里,劳无功者"。生平事迹见焦竑《国朝献徵录》、曹溶《明人小传》、朱彝尊《明诗综》、陈田《明诗记事》等。

明正统、天顺年间,马一龙辞官还乡后,购置荒地,"力田养母"。他深为农民虽会耕作但不会讲哲理,而懂得哲理的人又不屑于讲解农事而忧虑。于是决定著书立说,以使农者懂得耕田种地的道理。

《农说》是我国第一部运用传统的阴阳理论来阐述农业技术的农书。全书约七千余字。它以水稻生产为对象,论述农业生产的原理。其篇幅虽不大,但论及水稻生产的各个方面。书前有作者《刻农说序》。

本书主要是用传统的阴阳理论来分析总结水稻的耕作技术。对于水稻耕作,从整地施肥到收获留种一系列技术措施中,特别提出深耕、施肥、密植、中耕管理和留种等问题,深耕和根群之间的关系,施肥和地力的关系,密植和土壤肥瘠的关系,中耕和除草的关系,留种和丰产的关系等等。它在用阴阳理论来解释水稻栽培技术时认为,天地之间,阳常有余,阴常不足,因而需要"损有余,补不足"。如水稻徒长不实,需要中耕晒田,以抑制其生理生长而促进其生殖生长。对于耕地深浅问题,它也以此来解释耕地时高原宜深,下隰宜浅的道理。其云:"地之高下,有气脉所行而生气钟其下者,有气脉所不钟而假天阳以为生气者,故原之下多土骨,而隰之下皆积泥,启原宜深,启隰宜浅,深以接其生气,浅以就其天阳。"但当用阴阳理论不能解释水稻生产中的技术问题时,作者即直接予以通俗精辟的解答。如书中对插秧的要求,田间管理的时机及其作用等论述,明白透彻。又如在论述时宜、地宜、物宜之时,提出了"知其所宜,用其不可弃,知其所宜,避其不可为,力足以胜天矣"的精辟之见。

《农说》是古代农书中一部纯理论的专著,它将前代的农学理论作了深入的阐述,使之具有系统性和完整性,殊属难能可贵。但它用"阴阳"来表示气温、水分、日照、地温和湿度等概念,在今天看来,不免显得牵强,不尽恰当。对有些自然现象的认识,尚不够明了,尚无准确的概念,这是不应苛求前人的。虽然这样,该书在古代农学史上仍有一定的地位。

有关《农说》的研究论著有桑润生《马一龙与〈农说〉》(《农业考古》1981年第2期)、曾雄生的《马一龙》(见杜石然主编《中国古代科学家传记》)及梁家勉主编《中国农业科学技术史稿》的有关部分。

(王国忠)

解围元薮 沈之问

《解围元薮》,四卷。明沈之问辑。成于嘉靖二十九年(1550)。通行本有:嘉庆孙敬德堂本(上海科学技术出版社 1959 年据以重校印行)、《三三医书》本等。

沈之问,自号无为道人,弘治至嘉靖间(1488—1566)在世,生平事迹见本书自序。

作者祖父沈怡梅在宦游福建、河南、河北一带时曾收集到不少风癞病秘方,父亲沈艾轩又作了补充。降而至作者,继续广搜博求,"每遇知风者,即礼币款迎,研搜讨论","苟得一言善法,即珍而笔之"(本书自序)。复参以其本人多年临证经验,辑成是书。作者谓为人治麻风病犹解城池之围,而所论之理,所治之方皆明备于其所撰之书,故此书实为"元元之妙法,深渊之大泽"(卷二《癞症总论》),因取名为《解围元薮》。

本书系风癞病专著。有作者自序及清顾皋、黄钟等序。卷一:《风癞论》、《受病所在经络》、《三十六风六经分属》。卷二:《六经三十六风总论》、《药病总说》、《癞症一十四种六腑所属》、《癞症总论》。卷三、卷四:方药二百四十九首。

本书所谓风癞病者,主要是指麻风病。作者认为此病"为病最甚,残害最剧。……患之变败形质,顽固不知所之"(卷一《风癞论》)。风癞可分为风病和癞病,癞病相对较风病为轻,"癞愈形犹可复,风愈元气难全。……癞死者少,风死者多"(卷二《癞症一十四种六腑所属》)。然而,尽管有轻重之别,"其害则一","大都皆非善症"(同上)。关于此病病因,书中概括有五:风水阴阳所生、源流传染所袭、气秽蛊注所犯、保养失度所发、感冒积郁所生。明确指出了麻风病的传染性,而其以城池被围喻人之患此病,实际上肯定了对麻风病人采取隔离措施的必要性。

本书着重从经络脏腑的角度论述麻风病,从而较深地揭示了该病的机理。书中详细描述了各经络受病的情况,如手少阴受病则"面目舌赤,翕翕然发热,瘖不能言。久乃生虫,蚀心则足底穿、膝虚肿、浑身溃烂、涎脓腥秽者,荣血先死矣"(卷一《受病所在经络》)。书中认为,癞风之病,根于风、寒、暑、湿、燥、火"六淫",中于心、肝、脾、肺、肾、胃"六部",发为痛、痒、麻、烂、胀、急"六邪",叙述了"天时毒气"入于脏腑而引起的各种风癞病的临床表现:肺病则痛,胃病则痒,肾病则麻,心病则烂,肝病则挛,脾病则脓。且"一脏受病,则余脏难免其伤"(同上)。据此列风病三十六种,分属"六经"(即"六部"),每六种属一经,如以"大麻风"等六种属心经,其中述"脱跟风"曰:"此由酒色太过,不避寒湿,败伤气血。或辛苦之人,寒湿凝滞,酿成热邪。以致心火泛流肝肾,风邪毒痊脏腑。"(卷一《三十六风六经分属》)又列癞病十四种分属六腑(亦即"六部"),如谓"乌癞""乃邪毒入肾,变生恶虫,食啮精髓,下虚无救"(卷二《癞症一十四种六腑所属》)。

本书确立麻风病的治疗原则为排毒、杀虫、补血、壮元、理气。强调须"先散寒邪,次攻虫毒,次调元气,次养阴血。待风散虫死,血足气清之后,再拔疮秽"(卷二《药病总说》)。作者指出"风癞之科,一症有一方",反对"学得一二方"便"悉治诸症"(卷二《癞症总论》)。书中所列诸方均具有明确的针对性和确切的疗效。其中介绍的以大风子治麻风病的经验,纠正了以往认为此药会导致失明的说法。

《解围元薮》是我国最早的麻风病专著,它系统地论述了此病的病因、病机、症状、预防、治法、方药等,丰富了我国古代医学中有关麻风病的理论。

有关本书的研究,有傅维康主编《中国医学史》、廖育群等《中国科学技术史·医学卷》的有关部分等。

(林建福)

养鱼经 黄省曾

《养鱼经》,又名《种鱼经》、《鱼经》,一卷。明黄省曾撰。成书时间不详。通行本有《家居必备》本、《夷门广牍》本、《文房奇书》本、《广百川学海》本等。

黄省曾,字勉之,号五岳山人,江苏吴县人。嘉靖举人。黄省曾知识渊博,著作甚多,有《西洋朝贡典录》、《仕意篇》、《芋经》、《艺菊书》、《养蚕经》、《兽经》、《养鱼经》等。生平事迹见《四库全书总目》卷七十八。

《养鱼经》分为三部分:种、法、江海诸品。种,记述鱼苗的培养。法,记述养鱼的技术。江海诸品,记述鱼类的品种、习性等。

在此书之前曾有署名为范蠡的《养鱼经》一书,但此书已不存完本,在《齐民要术》等书中有节录。所以黄省曾的《养鱼经》可说是我国现存最早的最完整的养鱼专著,弥足珍贵。

关于本书的研究,有曾维生《黄省曾》(见杜石然主编《中国古代科学家传记》)、梁家勉主编《中国农业科学技术史稿》的有关部分等。

(孙兆亮　徐维统)

本草纲目 李时珍

《本草纲目》，五十二卷。明李时珍撰。书约成于明万历六年(1578)。通行本有明万历癸巳(1593)金陵刊本、万历癸卯(1603)江西刊本、崇祯庚辰(1640)刊本、《四库全书》本、商务印书馆1954年本、人民卫生出版社1957年校点本、上海科学技术出版社1993年影印明金陵胡承龙刻印本等。

李时珍(1518—1593)，字东璧，号濒湖山人，蕲州(今湖北蕲春)人。幼承家学，好读医书。中秀才后，三赴乡试不中，遂决心学医。因医技精湛、医德高尚而声誉卓著。嘉靖三十年(1551)，楚王朱英焴召往武昌为其子治"惊风病"。愈后被聘为楚王府奉祠正，掌良医所。继而举荐至京，任太医院判。不久托病辞归，专攻医道。他在药物学方面造诣极深，且常不避艰辛，到深山旷野作实地考察和采集，虚心向药农、樵夫、猎人、渔民等请教，并亲自栽培和试服某些药物，因而获得了大量第一手材料。除本书外，又著有《濒湖脉学》、《奇经八脉考》、《食物本草》、《濒湖医案》、《集简方》、《命门考》等。生平事迹见《明史》卷一九九《方伎传》及清顾景星《白茅堂集》卷三十八《李时珍传》。

作者在医疗和治学实践中，深感历代的本草专著，包括《证类本草》这样的优秀之作也"舛谬差讹遗漏不可枚数"，因而决心编撰一部新的本草著作。此项工作从三十余岁起便已开始，他"渔猎群书，搜罗百氏。凡子史经传，声韵农圃，医卜星相，乐府诸家，稍有得处，辄著数言"(本书王世贞序)，以极其严肃的科学态度对以往的本草著作进行了认真细致的审视鉴别，"复者芟之，阙者辑之，讹者绳之"，并大量补充了个人的研究成果，历时三十年，考书八百余种(其中医书二百七十六种)，三易其稿，终于写成这部煌煌巨著。

本书系本草学著作。有明王世贞序、夏良心序、张鼎思序及李时珍之子李建元的进书疏。卷一、卷二：序例。卷三、卷四：百病主治药。卷五：水部(下分天水、地水二类)。卷六：火部。卷七：土部。卷八至卷十一：金石部(下分金、玉、石、卤石四类)。卷十二至卷二十一：草部(下分山草、芳草、隰草、毒草、蔓草、水草、石草、苔、杂草、"有名未用"等十类)。卷二十二至卷二十五：谷部(下分麻麦稻、稷粟、菽豆、造酿等四类)。卷二十六至卷二十八：菜部(下分荤腥、柔滑、蓏菜、水菜、芝栭等五类)。卷二十九至卷三十三：果部(下分五果、山果、夷果、味、蓏、水果等六类)。卷三十四至卷三十七：木部(下分香木、乔木、灌木、寓木、苞木、杂木等六类)。卷三十八：服器部(下分服帛、器物等二类)。卷三十九至卷四十二：虫部(下分卵生、化生、湿生、"附录"四类)。卷四十三、卷四十四：麟部(下分龙、蛇、鱼、无鳞鱼等四类)。卷四十五、卷四十六：介部(下分鱼鳖、蚌蛤等二类)。卷四十七至卷四十九：禽类(下分水禽、原禽、林禽、山禽等四类)。卷五十、卷五十一：兽部(下分畜、兽、鼠、寓、怪等五类)。卷五十二：人部。总计十六部，六十二类，载药一千八百九十二种，其中植物药一千零九十四种，其余为矿物及其他药，其中作者新增三百七十四种。书中附药物图一千一百零九幅，方剂一万一千零九十六首，包括作者自拟或收集者约八处。每药之下"首以'释名'，正名也。次以'集解'，解其出产、形状、采取也。次以'辨疑'、'正误'，辨其可疑，正其谬误也。次以'修治'，谨炮炙也。次以'气味'，明性也。次以'主治'，录功也。次以'发明'，疏义也。次以'附方'，著用也。或欲去方，是有体无用矣"(本书凡例)。体制庞大，结构严谨，内容丰富，论述详密。

本书纠正了前人本草中的不少错误，如把实为二物而混于一的葳蕤、女萎重析为二，把应合而误分的南星、虎掌重作归并，使误入草部的生姜、薯蓣重归菜部，使误入木部的槟榔、龙眼等重归果部。又将兰花和兰草、卷丹和百合、黄精和钩吻、旋花和山姜一一重加区分。对于前人著作中的一些违反科学的说法，作者也以实事求是的态度作了更正。如关于水银，书中指出"大明言其无毒，本经言其久服神仙，甄权言其还丹元母，抱朴子以为长生之药。六朝以下贪生者服食，致成废笃而丧厥躯，不知若干人矣。方士固不足道，本草其可妄言哉"(卷九)。又如《抱朴子》、《名医别录》、《本草拾遗》等书均认为服食黄金、雄黄、雌黄、丹砂能成仙，本书则驳斥道："其说盖自秦皇、汉武时方士流传而来。岂知血肉之躯，水谷为赖，可能堪此金属重坠之物久在肠胃乎？求生而丧生，可谓愚也矣。"(同上)对于"草子可以变鱼"、"马精入地变为锁阳"等说，书中也逐一加以澄清。这就使本书在科学性上超过了以往的同类著作。

《本草纲目》在药物分类学方面有着创造性的发展。全书按药物性质分为十六部，每部下分若干类，以部为纲，以类为目。在这总体框架中，每种药物下又可分出几层纲目关系，如标龙为纲，而其齿、角、骨、脑、胎、涎皆立为目；标粱为纲，而赤、黄粱米皆立为目，达到了"物以类从，目随纲举"。不但层次分明、条理清晰，形成了一个严密的体系，更重要的是较准确地揭示了物质间客观存在着的各种关系，体现了宏观与微观的统一，显示了对自然界较高的整体认识水平。特别是在动物类药物的分类上，书中把四百四十四种动物药分为六部，这六部是按"从微到巨"、"从贱至贵"的顺序，即是按从简单到复杂，从无机到有机，从低等到高等的顺序排列的，客观反映了生物进化的过程。这样的分类方法在当时是最先进的。

本书在记载论述药物时，大量运用了生物学、矿物学、物理学、化学、农学、天文学、气象学、生理学等其他学科方面的知识。生物学方面，如谓莲藕曰："大抵野生及红花者，莲多藕劣；种植及白花者,莲少藕佳也。……别有合欢(并头者),有野舒荷(夜布昼卷)、睡莲(花夜入水)、金莲(花黄)、碧莲(花碧)、绣莲(花如绣),皆是异种……"(卷三十三)对莲藕的野生家种、红花白花及各"异种"的记述,反映了生物进化过程中的变异现象。矿物学方面,如详细记述了石油的产地与性状:"石油所出不一,出陕之肃州、鄜州、延州、延长,广之南雄以及缅甸者,自石岩中流出,与泉水相杂,汪汪而出,肥如肉汁。土人以草挹入缶中,黑色颇似淳漆,作雄黄气。土人多以燃灯甚明,得水愈炽,不可入食。"(本书卷九)物理学方面,如以瓦瓶秤水的方法来了解空气中湿度的变化,从而测定雨量大小:"每旦以瓦瓶秤水,视其轻重,重则雨多,轻则雨少。"(卷五"水部")化学方面,如以化学试验的方法测定石胆(即胆矾)的真伪:"但以火烧之成汁者,必伪也。涂于铁及铜上烧之红者,真也。又以铜器盛水,投少许入水中,及不青碧,数目不异者,真也。"(卷十)农学方面,如介绍用嫁接以改良果树品种的方法:"梨品甚多,必须棠梨,桑树接过者,则结子早而佳。"(卷三十)人体生理解剖学方面,提出"脑为元神之府",即大脑是全身的主宰,打破了"心为君之主官"的传统观念。包容如此众多知识门类,是本书超过同类著作的又一体现。

限于当时的认识能力和科技水平,本书也存在一些错误,如沿袭了"烂灰为蝇"、妊妇食兔肉会"令子缺唇"、古镜"能避邪魅忤恶"及寡妇床头尘土可治"耳上月割疮"等无稽之说。所引文献亦有误植出处者。然而,这些与其辉煌的成就相比,不过是白璧微瑕。

《本草纲目》是中国医学史一部伟大的药物学专著,它的出现是对16世纪以前我国药物学的一次总结,在国内外都具有极其广泛而深远的影响。《四库全书总目》称"集本草之大成者,无过于此矣"(卷一○四)。鲁迅称其"含有丰富的宝藏","实在是极可宝贵的"(《南腔北调集·经验》)。1956年郭沫若的题辞称作者为"医中之圣,集中国药学之大成",并赞叹道:"伟哉夫子,将随民族生命永生!"《本草纲目》问世后,在数十次被翻刻的同时,又出现了一批以其为蓝本的本草著作,从而将本草学研究推进到了一个新阶段。在国外,本书的金陵本早在明万历三十五年(1607)便已传入日本,继而又传入朝鲜及欧洲许多国家,被全部或部分地译成日、朝、英、法、意、俄、拉丁等多种文字。进化论的奠基者、英国科学家达尔文称此书为"古代中国百科全书",并在自己的著作中多次引述其中的一些内容。足见本书对达氏进化论的形成也起着重要的推动作用。

有关本书的研究,有刘衡如等《〈本草纲目〉研究》、唐明邦《本草纲目导读》以及傅维康主编《中国医学史》、李裕《李时珍和他的科学贡献》、蔡景峰《试论李时珍及其在科学上的成就》、《李时珍》、中国药学会药学史学会《李时珍研究论文集》、湖北省中医药研究院医史文献研究室《李时珍医学钩玄》、唐明邦《李时珍评传》等书的有关部分等。

(林建福)

蠙衣生剑记 郭子章

《蠙衣生剑记》,又名《剑记》,一卷。明郭子章撰。成书年代不详。通行本有《宝颜堂秘笈》明刻本、民国石印本。

郭子章,字相望,号青螺,自号蠙衣生。泰和(今属江西)人。隆庆年间(1567—1572)进士。累官贵州巡抚。因大破杨应龙叛军,以功进太子少保,官至兵部尚书。文思敏捷,于书无所不读,著述甚富。除本书外,另著有《易解》、《平播始末》、《郡县释名》、《阿育王山志》、《圣门人物志》、《豫章书》、《马记》、《粤草》、《黔草》、《豫章诗话》等。

《蠙衣生剑记》是一部记载我国古代刀剑情况的专著。全书分《剑说上》、《剑说下》两部分。《剑说上》共一百三十七条,对历史上各类宝剑的记载出处逐一进行登录。《剑说下》二十条,为摘录有关刀剑的传说典故、诗词文摘等叙说。卷首《说剑》条称"古有《刀剑录》(即陶弘景《古今刀剑录》),载古今名剑,未免脱漏,隩收其所未备者,合为上下篇",其史料价值不逊于陶书。书中有对中国最早名剑的记录:"颛顼高阳氏有画影、腾空二剑";《葛庐》条载:"葛庐之山出室,蚩尤制为剑铠矛戟";《赵沤利》条载:"《商书》:越沤清令利剑为献";《伐鬼方》条载:"《三辅皇图》:汉太上皇微时,佩一剑,长三尺,上有铭字难识。传云:殷高宗伐鬼方所作也";《武王》条载:"《大戴礼·践阼篇》:武王剑铭曰:带之以为服,动必行德";《昆吾切玉》条载:"《列子》:周穆王得昆吾剑,切玉为泥。《河图》曰:瀛洲多积石,名昆吾,可为剑。《尸子》曰:昆吾之剑可切玉。《龙鱼河图》曰:瓜洲在西海中,上有昆吾石,其石为铁,作剑光明四照。梁吴均《宝剑》诗曰:我有一宝剑,出自昆吾溪。照人如照水,切玉如切泥。"《斩龙》条载:"《翰墨全书》:澹台灭明斋璧渡江,乃拔剑斩龙。"《齐王》条载:"《一统志》:齐王有宝剑磨于长兴晏子乡,其水微赤倾铁汁"等等,均为《古今刀剑录》中所未涉。

有一些记载,反映了我国古代冶炼技术水平,如《秦昆吾》条:"《孔丛子》曰:秦王得西戎利刀,割玉如割木,以示东方诸国。魏王问子顺曰:古有之乎?对曰:周穆王征西戎,西戎献昆吾之剑,长尺有咫,铸钢赤刀,用之,切玉如切泥。是则古亦有之也。"说明在东周时,我国已具有娴熟的铸铁冶炼技艺了。《掌溪墨阳合赙邓师宛冯龙渊太阿莫邪干将》条载:"……八曰莫邪,九曰干将,其剑皆出西平县。今有铁官。"西平县即今江西修水县,可知其地为我国古代铁器铸造发源地之一,且在其时已有专门管理铸造铁器的部门、官员。而《高曷铜》中有关"梁纪天监五年四月丙申,庐陵高昌之仁山获铜剑二"及《齐铜》条载"齐永明中有人得铜剑,淹(江淹)序而赞之"。可见我国在南北朝时或之前已有炼铜造剑的高超技艺。

另外还有一些描述,记录了我国古代剑器铸造的精湛,如《神剑》条:"前赵刘曜自以形质异众,恐不容于俗,隐迹管涔山,以琴书为事,常夜居,有二童子入疏曰:管涔王使臣奉谒赵皇帝。献剑一口而去。以烛视之,剑长二丈,光泽非常,赤玉为饰,背上有铭云:神剑能除众毒。曜佩之随往,往人见光辉,后人求之不获。"又《飞景流采华铤》条:"建安二十四年,魏太子丕造百辟宝剑……命彼国工精而练之,至于百辟,以为三剑:一曰飞景,二曰流采,三曰华铤,俱长四尺二寸。元仓子曰:蜚景之剑,威夺白日,气成紫蜺,注流采色似徐虹。"而《南越王》条录《一统志》中叙述南越王藏神剑于梧州火山,"每深夜,腾焰如火,每三五夜一见,时如野烧之状",及《刺山》条引《论书》中"李广利为贰师将军,征大宛,军中无水,乃拔剑刺山,飞泉滴出"等等条目文录,则以夸诞的文笔勾勒出了刀剑的不同形态、特性。《剑说下》记载了有关各类刀剑的故事、寓言,多历史、文学的性质。

《蠛衣生剑记》一书中所反映出来的我国古代铸剑冶炼方面的技艺及认知水平,使其成为刀剑历史上及科技工艺上不可多得的一部名著。

(曾 抗)

律历融通 朱载堉

《律历融通》，四卷。明朱载堉撰。成于明万历九年(1581)前。通行本有《乐律全书》本、《四库全书》本。

朱载堉(1536—1611)，字伯勤，号句曲山人。幼即聪颖好学，精通儒学、乐律与天算。其父朱厚烷在嘉靖六年(1527)袭封郑恭王，后因进谏未成而又遭诬，于嘉靖二十九年(1550)被废为庶人，幽禁安徽凤阳。朱载堉愤怒不平，遂于宫门外筑土室、席藁草独处十九年，潜心于天文、算学与乐律研究。隆庆元年(1567)其父复爵，载堉亦复世子冠带。时朱载堉三十二岁。次年，朱氏搬出土屋重居王室。自万历十九年(1591)其父病故以后，朱载堉屡屡上表恳请让爵于族兄弟载玺(即当年诬告其父祸魁祐橲之孙)，后获准。朱氏一生著作丰富，有：《瑟谱》十卷，《律学新说》四卷，《律吕精义》二十卷，《乐学新说》与《算学新说》不分卷，《律历融通》四卷(附《音义》)，《圣寿万年历》二卷，《万年历备考》三卷，《操缦古乐谱》与《旋宫合乐谱》不分卷，《乡饮诗乐谱》六卷，《六代小舞谱》、《小舞乡乐谱》、《二佾缀兆图》、《录星小舞谱》皆不分卷，《律吕正论》四卷，《律吕质疑辨惑》一卷，《嘉量算经》三卷，《圜方句股图解》、《醒世词》、《韵学新说》、《切韵指南》、《先天图正误》五书或不分卷，或不明卷数。总计凡二十三部。内容涉及乐律、器乐、乐谱、舞谱(包括舞蹈绘画)、算学、历法、度量衡等，尤其是律(律数、律吕、律历)。朱氏最杰出的贡献在于创建了十二平均律，并建立起了计算十二平均律的数学公式——$\sqrt[12]{2}$。这不仅在我国是第一次，即使在世界上也是空前的突破。欧洲要在一百年以后才发现十二平均律，而且很可能是受到朱载堉的影响与启发。生平事迹见《明史·朱载堉传》。

朱载堉在天文历法方面的成就，主要体现在《律历融通》之中。明代使用刘基所制《大统历》，此历实据元代郭守敬《授时历》改制而成。所改动者，即去除了岁实百年消长之说。《授时历》虽极精密，然历经长时而误差亦已明显，加之《大统历》去除了岁实消长，使误差更大。如当时的太阳最速点已差迟六日之多，尤其是日、月食的预推已多有不验，如万历二十年(1592)五月甲戌夜月食,钦天监的推算差了一日。万历二十三年(1595),朱载堉与另一位历法大家邢云路分别上书改历,并分别献出各自编制的历法。朱载堉所献有:《律历融通》四卷、《圣寿万年历》二卷、《万年历备考》三卷(《诸历冬至考》、《二至晷景考》、《古今交食考》各一卷),另有奏表、奏疏各一道。但结果是都未被采用。

《律历融通》,由《序》、《黄钟历》二卷、《黄钟历议》二卷、附《音义》组成。

卷一、卷二为《黄钟历》上、下两卷。卷一先叙历与律之关系,以律为历之本,历为律之宗。其说秉承传统一贯的见解而又有衍发,虽不免牵强的成分,但仍可谓是律、历融通观点的代表之论。由此段文字可知其仿汉初邓平、落下闳造《太初历》取法黄钟历数,故以所制历名为《黄钟历》、所成书名《律历融通》。以下即《黄钟历法(上)》,共五章:《步律吕》、《步发敛》、《步朔闰》、《步日躔》、《步晷漏》。后作《圣寿万年历》时,后四章俱修改而收入。卷二《黄钟历》(下),共四章:"步月离"、"步交道"、"步交食"、"步五纬"。后亦俱作修改而收入《圣寿万年历》。

朱氏《黄钟历》言取万历九年(1581)为历元,但实是取此前的律限年份(1281)为历元。其给出的诸多天文数值多与《授时历》同,但给出的回归年长度值——365.241975日,与理论值之差为21秒,比《授时历》的误差23秒要稍精确些,此后的《圣寿万年历》则更要精确些。它给出的回归年长度消长率公式

$$T = 365.2425 - 0.00000175(t - 1281)$$

也比杨忠辅与郭守敬的公式更精确。其他的诸应数值与《授时历》近同(到《圣寿万年历》有新的改变)。

卷三,《黄钟历议》(上),共十二章:《律元》、《律母》、《律义》、《律数》、《律象》、《律音》、《律均》、《律纪》、《律策》、《律岁》、《律风》、《律景》,皆叙音律与历法之关系。朱氏在此用力甚勤,局部也有一些不错的论述,但总体上则不足取。音律与历法虽然有一定的关系(以数勾通),但这种关系是极有限的,绝不能任意地扩大,而朱氏则有扩大之误。唯在《律元》章中论述旧法推上元的做法不可取而当以"截元术"为是,这一部分才是精彩的。

卷四,《黄钟历义》(下),共二十四章。《五纪》,叙须察五纪(岁、月、日、星辰、历数)之协调。《三正》,叙夏、殷、周三正之更迭。《二统》,叙"当以《大统》之密者刊正《授时》之失,复以《授时》之所长者辅《大统》之所未备"。《岁余》,叙《授时历》减岁余为二千四百二十五分为"与天为密近",但又意犹未尽,故其自作《圣寿历》减为二千四百二十又二分,《黄钟历》减为二千四百十九分。《朔余》,谓"《授时历》并《麟德》、《纪元》二历朔余折半得五分九十三秒,其庶几乎中平之率矣"。《盈虚》,叙月行之有盈虚而得闰。《爻象》,叙爻象配日(日期、天数)之法。《日躔》,叙何承天与一

行两家所论日躔及中星"盖近之矣",其他皆鲜有达者。《天周》,以《授时历》《统天历》周天数三百六十五度二十五分七十五秒为"近密",但其新法仍复古历之旧而去后人所增之分(七十五秒)。《岁差》,新法依《授时》。《命度》,叙各历命度与所起星位。《候极》,叙各家北极点之定位,新法简易。《正方》,驳"旧说谓中国于地为东南"说。《晷景》,明晷景乃"观天地之高远、在阴阳之消长,以正位辨分、定时考闰"之至要也。《漏刻》,叙"晷漏随地势南北辰,辰极高下为异焉"。《更点》,叙晨昏、昼夜之划分与定更点之法。《月度》,叙月行盈缩之变,以当时近代诸历之"十三度百六十分之五十九,以万平之,得三千六百八十七分半为月平行率,视古为密焉"。《定朔》,叙月度缩而日度盈、月度盈而日度缩及俱盈俱缩时不同的定朔之法,并云"定弦、定望亦如之"。《交道》,叙月行白道与黄道距差(交角)不过六度。《交会》,叙日、月若"路同(古云"同经同纬")则食矣"。《日食》《月食》二章,分别叙日食与月食各状。《定数》,叙"日月之行有一定之数,过则交食,理之常也"。《五纬》,叙五大行星之行度与顺、逆、留、伏诸象。

末附《音义》,乃释人名与典籍、历法、音律之术语,以音义为主。

卷四二十四章之内容皆与历法相关,比卷三切实得多。朱氏相当充分地表达了他的见解,许多论述颇为独到。如《月食》章中有关月食计算中不应有时差的论述,即十分正确。再如在《候极》章中所提出的对各地北极出地高度(即地理纬度)的新测量方法就十分高明,故所得结果的精确度也就高于《授时历》。再如在《正方》章中,他所测得的地磁偏角数据及具体论述亦超过了前人。在《交会》章中他对月相变化的实验与说明,也与赵友钦异曲同工。在《历议》中还记载了一些早已佚失的重要史料,如《月食》章中所载录的"地体亦圜而不方"的旧说,就极其宝贵,它证明了我国古代确有地体为圆的说法。朱载堉对交食的研究,后来又有发展,其成果收在《万年历备考》(《诸历冬至考》、《二至晷景考》、《古今交食考》)中。而具体历法的修改,则在《圣寿万年历》中。

关于本书的研究,有戴念祖《朱载堉——明代的科学和艺术巨星》、《朱载堉》(见杜石然主编《中国古代科学家传记》)、陈美东《中国科学技术史·天文学卷》中的有关部分。

(王贻梁)

王士性地理书三种 王士性

《王士性地理书三种》，明王士性著。原为单独印行的《五岳游草》十二卷（包括《图记》七卷、《诗》三卷、《广游记》又名《杂志》三卷）和《广志绎》六卷（内有《杂志》一卷）。《五岳游草》与《广游记》有康熙三十一年(1692)知述堂本、《四库全书存目》本；《广志绎》有《四库全书存目》本、嘉庆二十二年(1817)宋世荦刻本、中华书局1981年标点本。今人周振鹤将上述三书与《王恒叔近稿》、《拾遗》等编为一册，题为今名（书名中说的"地理书三种"指《五岳游草》十卷、《广游记》二卷、《广志绎》六卷），上海古籍出版社于1993年出版。

王士性(1547—1598)，字恒叔，号太初，又号元白道人。浙江临海人。家贫好学，以诗著称。明万历五年(1577)进士，授朗陵令，政绩卓异。由确山知县征授礼科给事中。上疏陈天下大法，言朝廷官司、论兵戎要务，深切时弊，多被采用。又请停止制作鳌山灯，为帝所纳。上疏议朝廷用人得失，忤旨。迁吏科给事中，出任四川参议，历太仆少卿，迁鸿胪寺卿。生性好游。在河南、北京、四川、广西、云南、山东、南京等地做官时，每到一地，"无论名山，即一岩洞之异，无勿搜也；一草木物产之奇，无勿晰也。他若堪舆所述，象胥所隶，輶轩所咨，千名百称，无不罗致之几席之下、笔札之间"（冯梦祯《王恒叔〈广志绎〉序》）。著作尚有《王恒叔近稿》、《吏隐堂集》（佚）、《东湖志》（佚）等。生平事迹见《明史列传》卷七八《王士性传》、周振鹤《王士性行踪系年长编》。

《王士性地理书三种》是以地理著作为主的个人全集。全书所收为：王士性地理书三种（《五岳游草》、《广游记》、《广志绎》）、王恒叔近稿、拾遗、附录。其中《五岳游草》分为：岳游、大河南北诸游、吴游、越游、蜀游、楚游、滇粤游。书前有潘耒、林云铭、冯甦、屠隆等序与自序；《广游记》分为杂志上下；《广志绎》分为：方舆崖略、两都、江北四省、江南诸省、西南诸省、四夷辑。其中四夷辑有目无文。书前有佚名及宋世荦、杨体元、冯梦祯诸人序及自序。

王士性提出以自然与社会事项的地域分布，为研究对象。他说，自己的著作不同于谈玄虚、综名实、揽风雅、传幽怪之类，而是论述足迹所到之地的"星野山川之较，昆虫草木之微，皇成国策、里语方言之颐"。所记之事"非无类,非无非类;无深言,无非深言"(《广志绎自序》)。这是有意识探索"天地间一切造化之变,人情物理、悲喜顺逆之遭"(《五岳游草自序》),即各地自然环境、社会人文现象及其变迁,与自然社会间的关系,创立一种与以前不同的地理学。

王士性阐述中国山河大势,将其置于全地范围内论说:"昆仑据地之中,四傍山麓,各入大荒外。入中国者,一东南支也。"(《广游记》卷上)所说虽未为然,但其思路可以肯定;如果将地之中,理解为亚洲或欧亚大陆之中,即有其合理性。而后论国内山脉分布大势,说入中国者又于塞外分三支:左支环虏庭阴山贺兰,度辽海而止,为北龙;中循西番,起泰山入海,为中龙;右支出吐蕃之西,至武陵又分为数支入海。这一看法,在写《广志绎》时有所改变,采用一行分为南北两大支的看法,且又认为南北山脉皆会于太华。其论水系则说:"中国两大水,帷江河横络腹背。河受山、陕、河南、半北直四省之水;江亦受川、湖、江西、半南直之水。河口塞外,经五千里方入中国;而江近发源岷山,□至入海处,河委于一淮而足,而江尾阔至数十里也□。盖黏,故江不移;河惟迅而狭,又河北沙土疏,故河善决。"(《广志绎》卷一《方舆崖略》)比较了南北降水、土壤、河流的不同,并以前二者说明后者。

又分析各地区的山川形势。如"中州山皆土垅,不生草木,亦不结钳,局气行于地而不行于山也。帷松高土皮石骨,苍翠相间,特出为奇。其他,则西南边境处间有青山。山脉亦自西南而来,下终南,历商洛、武关;东则一支循伊、洛龙门而行,去为嵩山;南则一支出鲁山,经泌阳、桐柏而为荆山,直循淮泗南行为山干"(《广志绎》卷三《江北四省》)。通过对各省山河形势的阐述,进一步说明全国的地理大势。

再描述各地气候不同并探索其原因。他说:"南北寒暑,以大河为界,不甚相远。独西南偶异。如黔中则多阴多雨,滇中则乍雨乍日;粤中则乍暖则寒,滇中则不寒不暖。"且从地理位置地形、植被、地势、季风等方面加以说明。得出如下结论:"是知寒暑之故,半出于天,半出于地。风光日色之寒暑,出于天者也;气候江河所受之水,中以荆山为界。"(《广志绎》卷一《方舆崖略》)所说欠详,且有错误,但确实勾勒出中国的山河大势。他又依此否定传统的分野说,指出以周、秦、韩、赵、魏、齐、鲁、宋、卫、燕、楚、吴、越诸地域平分二十八宿之说全无依据。

作者进而分析南北自然地理的不同。以水文言,"荆山以北,高□燥涸,水脉入地数丈,无所浸润。又大水入河,止汾、渭、洛三流耳,涑、淮、沂、泗皆不甚大,又止夏月则雨溢水涨,故其流迅驶,而他月则入漕,故河尾狭。荆山以南,水泉斥卤,平于地面,时常通泛不竭。又自塞外入水二:曰大渡河、曰丽江;自太湖千里延袤而入者二:曰洞庭、曰彭蠡。自诸泽薮入者不计,曰七泽、曰巢湖、曰淮扬诸湖之类,其来甚多,而雪消春涨,江首至没滟滪,高二十丈。江南四时有雨,霖潦不休,故其流迂缓而江流阔。江惟缓而阔,又江南泥土之寒暑,出于地者也。地薄而理疏,则气升

而多暑;地厚而理密,则气敛而多寒,非专为方隅南北之故也。"(《广游记》卷上《风土》)

王士性认为自然环境是人文区域特征的基础和前提。统治者依据自然区域划分行政区,指出明代两都与各省的疆界,基本上都由"天造地设,险要不易"的形胜所确定。如山西省"太行亘其东,黄河抱其西,沙漠限其北,自然一省会也"(《广游记》卷上《形胜》)。各地农业经济的差异,其原因在于土壤不同:"江南泥土、江北沙土;南土湿,北土燥。南宜稻,北宜黍、粟、麦、菽,天造地设,开辟已然,不可强也。"(《广志绎》卷二《两都》)各地人性习俗相异,其根源在于自然环境有别。如"杭嘉湖平原水乡,是为泽国之民;金、衢、严处邱陵险阻,是为山谷之民;宁、绍、台、温连山大海,是为海滨之民。三民各自为俗,泽国之民,舟楫为居,百货所聚,闾阎易为富贵,俗尚奢侈,缙绅气势大而众庶小;山谷之民,石气所钟,猛烈骛愎,轻犯刑法,喜习俭素,然豪民颇负气,聚党而傲缙绅;海滨之民,餐风宿水,百死一生,以有海利为生不甚穷,以不通商贩不甚富,闾阎与缙绅相安,官民得贵贱之中,俗尚居奢俭之半"(《广志绎》卷四《江南诸省》)。以文化言,"江北山川蠡旷,声名文物所发泄者不甚偏胜;江南盘郁,其融结偏厚处则科第为多。如浙之余姚,慈溪,闽之泉州,楚之黄州,蜀之内江、富顺,粤之全州、马平,每甲于他郡邑"(《广志绎》卷一《方舆崖略》)。

对人地关系,作者还有一些值得注意的见解。他在《广志绎》卷二《两都》中强调通天地人而后识理。认为,人在大地上所观察到的山川景物形象,与从空中得到的不同:"海内五岳,余足迹已遍。今所传五岳真形者,云出自上元夫人,皆山川流峙之象。以余所见,殊不相蒙。岂神仙辈凌虚倒景,从太空中俯瞰之,其象与余辈仰视上方一隅者差殊也。"(《广志绎》卷一《方舆崖略》)他又认为自然,如潮汐之类有不可专测以理者。因为"此自造化诡幻灵气使然,难以常理论",是"不可思议"者(同上)。他就当时政府强迫北方农民在无水、少水地区种稻而遭失败,以铁埽寻滚江龙刷低黄河河床未有效果,提出人在自然中"不可懦而无为,尤不可好于有为。事至前,不得已而应者,方为牢矣"(《广志绎》卷二《两都》)。在他看来,自然环境制约人的行为,人只能在环境许可的情况下发挥能动性,倘若不违背自然,人的能动性能创造出世界本无之物:"惟东南吴、越间、止生人不生物。人既繁且慧,亡论冠盖文物,即百工技艺,心智咸儇巧异常,虽五商辏集,物产不称之。然非天产也,多人工所成,足夺造化。"(《广游记》卷下《物产》)又认为自然环境有"天运循环,地脉移动,彼此乘除之理"(《广游记》卷上《地脉》)。一旦自然环境变迁,藉以生存的人也随之而化,从而导致中国声名文物的地域转移,雍、冀、河、洛为楚、吴、越所取代,且预言至若干世代后,"东南他日盛而久,其势未有不转而云、贵、百粤"(同上)。

王士性从地理学角度研究自然与社会,在自然地理、人文地理上都有新的贡献。于人文地理的经济、文化、风俗、政治、民族、军事各分支,他都留下足以称道的真知灼见。于人地关系理论也有突破和发展。这使《王士性地理书三种》足以与《徐霞客游记》相提并论。影响还及于《肇域志》、《学海类编》等著作,对鸦片战争前的中国地理学与知识分子的思想起过一定作用。

有关于本书的研究,有周振鹤点校本《前言》、谭其骧《与徐霞客差相同时的杰出地理学家——王士性》(见《纪念徐霞客论文集》)、杨文衡《论王士性的地理学成就》、《王士性》(见杜石然主编《中国古代科学家传记》)等。

(贺圣迪)

北山游记 王嘉谟

《北山游记》，一篇。明王嘉谟撰。收于《蓟丘集》，有明万历刻本。为《长安客话》、《读史方舆纪要》、《钦定日下旧闻考》、《天府广记》、《春明梦余录》、《顺天府志》等书所引用，版本众多。

王嘉谟，字伯俞，号弘岳。顺天（今北京）豹韬卫人。明万历十四年（1586）进士，授礼部行人司行人。奉使列藩，凡诸王馈遗，一无所受。以才能声望，选为礼科给事中。上疏请立太子，论自然灾变，弹劾权珰田义，以敢于直言，名震一时。迁陕西参议，后调四川。参与平定播州之乱，为《平播全书》作序。平生好读书著述，有《蓟丘集》四十七卷。生平事迹见张茂节、李开《大兴县志》卷五《人才》，周家楣、张之洞、缪荃孙《顺天府志》卷九八《先贤》。

《北山游记》是野外考察手记。它记录自北京西直门、经高梁桥、昆明湖、白浮、瓮山，出蓟县境，而后越百望、灌石、高崖、了思台，而至灰岭、北山的地理景观。

书中系统描述了沿途景观。如记清水涧一带说："是涧也，两山如门，行可二十里。山皆奇峭尨岕。山中飞泉彪洒，或决地、或分流，淙汨树木之间，推激岩涯之穴，青如乱鬓，白如吹絮。仰视重峰，时有孤石之揭揭，沉黯迷离，天气自喧。崖间百合、忍冬、棠杜、牛妳、相思、郁薁、黄精、唐求之属，渗味扶芳，烁红陨翠，飞沫击枝，坠而复起，新实含濡，落而不变。奇禽异羽，嚶嚶满耳。乌窠雉园，偏其岩穴。山鹿之毛，豪猪之毛，丰茸随风，沠流而行，高高莫极。"由水泉、山丘、树木、花草、禽羽、野兽等所组成的小地区生态系统，其整体合一的生动形象被形诸笔端，再现幽美的自然景观。

于所记各地面事物，显示其相互关联："金鹰下控大岩，岩吐百穴，汇而为湖，决而东流，是为清水之源。"表现山、岩、泉、湖、河之间的内在联系。又如"自驻跸而北，皆群山也，连缀逶迤。又砂砾延缘岩间，白石崭崭，春夏雨潦则成巨寝，樵采不达"，叙山丘、砂砾、降水、季节湖的关系。

对所描绘的种种地物，精确地述其方位、距离、相对高度、大小、分布与形状特征。如"山之阳有祠焉，高十五丈，登之可以望京师，可以观东潞"；又如驻跸"山长，西北袤凡二十里，石皆壁立，高可十余丈,嶟沓欹危,如坠如挽"。

从经济上评述所记各自然小区。如百望"北通燕平,丛丛磈瑰,背而去者百里犹见其峰焉。是宜禾黍"。"漆园之南有山焉,是名雅思。是山也,幽晦多雾,富有果蔬。""镇边,岩邑也。居人仅可百数,地寒不能五谷,五畜劳羸不甘。"又以游览角度论其景观:"德胜山可三丈,磴道半之,登之每顾,则山形变。"

王嘉谟根据实地考察,系统地描绘自西直门至镇边城一带的水系、山丘、气候、生物等,揭示自然界相互影响、相互制约的有机和谐联系;又记及该区域的名胜、古迹、村落、居民、寺庙、道路、桥梁、农作、园艺,使与自然景物融为一体。《北山游记》对地理景观的系统描述,具有某些近代地理学的萌芽,通过明蒋一葵《长安客话》、明清间顾祖禹《读史方舆纪要》、清于承龙《钦定日下旧闻考》、孙承泽《春明梦余录》、《天府广记》、缪荃孙《顺天府志》等书的转引,发生过一定影响。王嘉谟是在徐霞客之前,早于欧洲洪德堡的地学家。

有关本文的研究,有王希贤《明代地理学家王嘉谟和他的〈北山游记〉》。

(贺圣迪)

劝农书 袁 黄

《劝农书》,又名《宝坻劝农书》,一卷。明袁黄撰。约成于明万历十九年(1591)前。通行本有明万历三十三年(1605)《了凡杂著九种》建阳刻本、清俞森《农政丛书》本。

袁黄,字坤仪,号了凡,浙江嘉善人。万历四十四年(1616)进士。历任宝坻知县、兵部职方司主事。曾受教于云谷禅师,精通医药、天文、术数、水利。以"功过格"记录"善恶",作《立命编》,宣扬理学。在宝坻知县任上,兴修水利,教民种稻,著书宣传。有《了凡杂著九种》、《皇都水利》、《许注八代文宗》、《袁了凡纲鉴》、《两行斋集》等。生平事迹见曹溶《明人小传》,朱彝尊《明诗综》、《静态居诗话》,陈田《明诗纪事》等。

《劝农书》是一部晓谕民户按时所应从事何种作物及农事的农书。全书分天时、地利、田制、播种、耕治、灌溉、粪壤、占候八篇。书前有引言和杨起元《劝农书序》。

本书各篇内容基本上是引征古书,但处处结合宝坻地方的实际情况,表现了作者难得的科学态度和农政思想。如《天时》篇中说:"尔民狃于习俗,多喜种春麦。""尔民今不种秋麦者,令将刑罚汝毋悔。"又如《地利》篇指出:宝坻一县土亦不齐,"尔民类以汙下之地为劣,而不知其宜稻,惟不讲水田之法故也"。又说"今江南围田水旱有赖,北方亦宜效法也"。作者在谈到开垦滨海荒地,修挖沟洫时清醒地认为:"虽开井田,亦不必尽汲古法。"(《田制》)《田制》篇中载有井田、区田、围田、涂田、沙田五图。作者在井田之图的说明中说:"予足迹半天下,到郑州其井田尚存",并认为"今固不能行也,然土旷人稀之处,间可举而行之"。《粪壤》篇详细叙述了多种肥料制造法,"其制法亦有多术,有踏粪法,有窑粪法,有蒸粪法,有酿粪法,有煨粪法,有煮粪法,而煮粪为上",并认为:"北方猪、羊皆散放,弃粪不收,殊为可惜。"此外《灌溉》篇中还载有大水栅、水闸、陂塘、水塘、翻车、水转翻车、牛曳水车、筒车、木筒、架槽、戽斗、高车二十图,并且著文教谕。

《劝农书》与某些完全辑录旧说、无所发明的农书不同,虽然其基本内容也取材于前代农书,但作者因平时对农业生产勤于观察,深谙其中的利弊得失,故处处紧密结合当地的主客观条件,务本求实,破除陈规,突出地反映了作者的这一可贵思想,是今天研究宝坻地区农业生产的宝贵文献。

关于本书的研究,见梁家勉主编《中国农业科学技术史稿》的有关部分。

(王国忠)

直指算法统宗 程大位

《直指算法统宗》,略称《算法统宗》,十七卷。一本作十二卷。明程大位撰。成于万历二十年(1592)。通行本有明王振华三桂堂刊本、清《古今图书集成》本、《测海山房中西算学丛刻》本、安徽教育出版社1986年版李培业校释本等。

程大位(1533—1606),字汝思,号宾渠,安徽休宁人。生平事迹不详,仅知其幼年曾学数学,二十岁后在长江下游一带经商,同时遍访名师,搜集算书,于四十岁左右回到家乡从事数学研究。六十岁时写成此书,六年后又将其缩编为《算法纂要》刊行。除数学外,在文字书法方面也颇有造诣。事迹略见于此书的序跋。

《直指算法统宗》是明代数学的代表著作,是一部普及珠算方法的实用算书。书前有程大位的像和明吴宗儒为其所题的"像赞";有明程涓、程时用、吴继绶为此书所写的序言;还有龙马负图、河图洛书等图。书后则有程大位自己写的"后识语"。卷一和卷二的主要内容,为数学名词的解释、大数小数和度量衡制度、算盘图式和珠算口诀及定位方法等等。卷三到卷十二为应用问题解法的汇编。各卷以《九章算术》的章名为标题,但"粟米"改称"粟布","盈不足"改称"盈朒"。其题目和解题方法大多采自传本数学著作,但解题时必需的数字计算工作都在珠算盘里演算,与原来用筹算方法不同。特别是关于开平方和开立方的珠算方法,是中国数学史上的最早记载。另外还记录了程大位自己创造的测量田地用的"丈量步车",其用竹篾制成,类似于现在测量用的皮尺。卷十三到卷十六为"难题"汇编,主要是这些算题用诗词的体例叙述,所以较难理解。卷十七为"杂法",是一切不能归入前面几卷里的各种算法,包括纵横图(幻方)、一笔锦、写算、金蝉脱壳等等。书末附有"算经源流",著录了北宋元丰七年(1084)以来的刻本数学著作五十一种。因其中只有十五种现在尚有传本,其他均已失传,故其对研究古算书流传有重要价值。

《直指算法统宗》在中国历史上流传极广,影响极大。它不仅对传统数学从筹算向珠算的转变起了决定性的作用,而且对明代实用数学的发展起了很大的推动作用。在明末清初传统数学典籍大多散佚的情况下,许多数学家(如徐光启、李之藻、梅文鼎、梅瑴成等)都是从此书中学习《九章算术》等古算书知识的,并以此书为数学研究之基础。如李之藻编《同文算指》,便主要根据德国数学家克拉维斯(Clavius C.)的《实用算术概论》和程大位的《直指算法统宗》这两本书来进行的。梅文鼎撰《方程论》、《勾股举隅》、《几何通解》等书,也引用了《直指算法统宗》的许多内容。程大位的族孙程世绥在康熙五十五年(1716)翻刻此书的序中说,此书"风行宇内,迄今盖已百有数十余年。海内握算持筹之士,莫不家藏一编。若业制举者之于四子书五经义,翕然奉以为宗。……而名公巨卿辈,亦各争相购致以为重"。一直到清代中后期的数学家如李锐、焦循、华衡芳等,也都从此书中吸取营养、开展研究并取得成绩。清代末年各地书坊出版的珠算术书,不是它的翻刻本,就是它的改编本。此书于明末以后还陆续传入朝鲜、日本及东南亚各国,尤其对日本数学影响颇大。明末时日本留学生毛利重能来中国学习数学,回国时将此书带去,后在此基础上著《归除滥觞》教授国人。其学生吉田光由所著《尘劫记》,是一本奠定日本和算基础的数学名著,而其跋文亦明述此书是依据于程大位的《直指算法统宗》。

后世研究和改编《直指算法统宗》的著作很多,其中以清梅瑴成的《增删算法统宗》最为著名。今人著作,校注有梅荣照、李兆华《算法统宗校释》,李培业《算法纂要校释》,论说有严敦杰、梅荣照《程大位及其数学著作》,李兆华《算法统宗试探》等。

(周瀚光)

闽中海错疏 屠本畯

《闽中海错疏》,三卷。明屠本畯撰。约成于明万历二十四年(1596)。通行本有《四库全书》本、《艺海珠尘》本、《农学丛书》本、《丛书集成》本等。

屠本畯,字田叔,浙江鄞县人。万历年间曾任福建盐运司同知。学识渊博,著作除《闽中海错疏》外,还有《闽中荔枝谱》、《野菜笺》、《海味索引》等。生平事迹见《四库全书总目》卷七十。

《闽中海错疏》是一部专门记述福建水产的著作。上、中两卷为鳞部,共收录鲤等鱼类一百六十七种。下卷为介部,收录龟等水产九十种。后附记两种并非产于福建海域,但常见到的物产:海粉和燕窝。

本书所记的水产,以福建沿海的经济鱼类为主,包括我国著名的四大海产:大黄鱼、小黄鱼、带鱼和乌贼;海产珍品:对虾和蟹;以及鲥、鳓、鲦等等鱼类。每种都记述其形态、习性、地理分布和经济价值等,引申别人的意见,则辨明是非,并以作者的观察研究加以按语。对所记水产,基本上按自然分类的观点进行排列,如把鲤、黄尾、大姑、鳢、鲫、棘鬣、赤鬃、方头等放在一起;将虾魁、虾姑、白虾、草虾、梅虾、对虾、赤虾等排在一起;将虾蟆、蟾蜍、大约、雨蛤、石鳞、水鸡、尖嘴蛤、青鲫、黄鲫等排在一起。这在现代动物的分类上相当于鱼类、节肢动物和两栖类动物。它的编写方法与现代动物志的编写方法非常接近。这按当时的科学水平来说是比较高的。

有关本书的研究有明代徐㶿的《补志》。今人有刘昌芝《〈闽中海错疏〉的鱼类研究》、《我国现存最早的水产的物志——〈闽中海错疏〉》、《屠本畯》等。

(孙兆亮　徐维统)

针灸大成 杨继洲

《针灸大成》,一名《针灸大全》。十卷(一作十二卷)。明杨继洲编撰。成于明万历二十九年(1601)。通行本有明万历赵文炳刊本、清乾隆重刊万历本、锦章书局1954年本、建文书局1955年本、人民卫生出版社1963年本等。

杨继洲(1522—1620),字济时,三衢(今浙江衢州)人。幼习举业,博学绩文,因屡受有司迫害,遂改而业医。祖父官太医,家藏医籍甚多,他苦读不辍,卓然有悟,尤于针灸一门,造诣精深。行医四十余年,足迹遍及山西、山东、河南、河北、江苏、福建等地,声誉卓著。嘉靖年间(1522—1566)曾侍医内庭,万历中(1573—1619)又任医官。事迹见明王国光《卫生针灸玄机秘要叙》。

作者鉴于当时流行的针灸文献记述不一,于是以整理修订家传《卫生针灸玄机秘要》一书的方式,对这些文献作了一番"参合指归,汇同考异"的工作。后巡按山西监察御史赵文炳患痿痹之疾,虽经众医治疗,而莫能奏效。杨继洲至则三针而愈。作为答谢,赵愿出资刊印《卫生针灸玄机秘要》。但杨氏觉得此书材料尚不够丰富,乃复采《神应经》、《古今医统》、《乾坤生意》、《医学入门》、《医经小学》、《针灸节要》、《针灸聚英》、《针灸捷要》、《小儿按摩》等书,并参以己意,细加补订;又摹刻太医院铜人像,详著腧穴,撰《针灸大成》一书,由赵文炳资助梓行。其间赵的幕客靳贤有"选集校正"之功。

本书系针灸学著作,有明赵文炳序、清四库馆臣序等。书前首列仰、伏人体总穴图。卷一:《针道源流》,简要介绍历代有关针灸著作,此后大量引述《内经》、《难经》文字,并予以注释。卷二:载赋十篇。卷三:载歌二十首及策四道,皆摘自前人医籍,亦加注释,四道策乃作者考卷。卷四:先列诸家针法,次述杨氏针法。卷五:为十二经井穴、子午流注法等。卷六、卷七:述经穴及主治。卷八:首列取穴法,其后分二十三门,详述各种疾病的针灸治疗。卷九:首列《治症总要》,继之以东垣针法、名医治法、各家灸法,最后是杨氏针灸治疗医案三十一则。卷十:小儿按摩。

作者治学力主溯源穷流,强调"不溯其源,则无以得古人立法之意;不穷其流,则何以知后世变法之弊"(本书卷三《诸家得失策》)。故本书论宗《素问》、《难经》,旁采诸家之书,主张"即由《素》、《难》以溯其源,又由诸家以穷其流"(同上)。并将针灸同脏腑阴阳、经络荣卫、虚实表里、寒热燥湿及人的喜怒忧惧、饥饱肥瘦等各种主客观致病因素结合起来,全方位地探讨取穴行针之道。

以此为理论基础,书中认为,针灸取穴不在多而在准,指出"三百六十五络,所以言其繁也,而非要也;十二经穴,所以言其法也,而非会也。总而会之,则人身之气有阴阳,而阴阳之运有经络,循其经而按之,则气有连属,而穴无不正,疾无不除。……故不得其要,虽取穴之多,亦无以济人;苟得其要,则虽会通之简,亦足以成功"(卷三《头不可多灸策》)。即取穴要领在于"循其经而按之",只要能"得其要",便可以少胜多。

在针灸的临床运用上,书中同样主张须视具体情况而定,"时可以针而针,时可以灸而灸;时可以补而补,时可以泻而泻;或针灸可并举,则并举之;或补泻可并行,则并行之。治法因乎人,不因乎数;变通随乎症,不随乎法;定穴主乎心,不主乎奇正之陈迹"(卷三《穴有奇正策》)。

本书发展了前人的针法,概括为爪切、持针、口温、进针、指循、爪摄、退针、搓针、捻针、留针、摇针、拔针等十二种手法,一一介绍了用法要点,并编成简明易记的"十二歌",其"总歌"曰:"针法玄机口诀多,手法虽多亦不过。切穴持针温口内,进针循摄退针搓。指捻泻气针留豆,摇令穴大拔如梭。医师穴法叮咛说,记此便为十二歌。"(卷四《三衢杨氏补泻》)十二法中除"口温"一法欠卫生尚须改进外,其余十一法均沿用至今。书中还介绍了"烧山头"、"透天凉"、"苍龙摆尾"、"赤凤摇头"、"龙虎交战"、"龙虎升降"、"子午补泻"等多种针刺手法。

本书对针灸在治疗中的作用予以特别的重视,认为治疗虽可用药物,"然药饵或出于幽远之方,有时缺少,而又有新陈之不等、真伪之不同,其何以奏肤功、起沉疴也?唯精于针,可以随身带用,以备缓急。"(卷二《通玄指要赋》注)强调"劫病之功,莫捷于针灸",并据此赞同前人"一针、二灸、三服药"的说法(同上)。但是,也并不否定药物的作用,指出"其致病也既有不同,而其治之,亦不容一律,故药与针灸不可缺一者也"(卷三《诸家得失策》)。当视疾病部位决定用何种治疗方法:"疾在肠胃,非药饵不能以济;在血脉,非针刺不能以及;在腠理,非熨焫不能以达。"(同上)由此主张对针灸药物不可偏执,该配合时当配合,以期速效。故书中所载杨氏医案,既有单用者,亦有合用者,足见作者持论之公允通达。

《针灸大成》是我国古代医学史上一部最完备的针灸学专著,虽然此书选材欠精当、编次较杂乱,但它搜集保存了大量前人的有关论述,并结合作者自己的临床经验作了重要的补充发挥,正如书名所揭橥的,确实是集前人针灸研究之"大成",在针灸发展史上起着承前启后的作用,并在国外针灸学界也有相当影响。

有关本书的研究,主要有黑龙江省祖国医学研究所《针灸大成校释》、朱建平《杨济时》(见杜石然主编《中国古代科学家传记》)。

(林建福)

游具雅编 屠 隆

《游具雅编》，一卷。明屠隆著。约成于明万历年间，有明刻本。

屠隆(1543—1605)，鄞县(今浙江宁波)人。生有异才，写诗落笔数千言立就。举万历五年(1577)进士，除颍上知县，调青浦，时招名士饮酒赋诗，游九峰、三泖，以仙令自许，然不治吏事，士民皆爱戴之，迁礼部主事。后因事遭黜归乡里，纵情诗酒，好宾客，卖文为生。《明史》卷二四有传。

《游具雅编》为当时平民游山玩水须备器物的叙录。所记的器物有：笠、杖、渔竿、舟、叶笺、葫芦、瓢、药篮、衣匣、叠卓、提盒、提炉、备具匣、酒尊等。所叙涉及制作方法、用途及注意事项。如对"笠"记述道："有细藤作笠，名云笠，有竹丝为之，上以椶叶细密铺盖，名叫笠。又有竹丝为之者，上缀鹤羽，名羽笠。"三种不同风格的斗笠，各以不同质地的材料制成，可见当时手工艺民间用品的精细程度。"舟"的形制及制作方法为："形如划船，底惟平，长可三丈有余，头阔五尺，内容宾主六人、僮仆四人，中仓四柱，结顶幔以蓬簟，更用布幕走檐罩之。两旁朱栏，栏内以布绢作帐，用蔽东西月色，无日则悬钩高卷。中置桌凳，列笔床香鼎盆玩酒具花尊之属。后仓以蓝布作一长幔，两边走檐前缚以二竹为柱，后缚船尾钉两圈处，以蔽僮仆、风日。""衣匣"中述说了旅游所备的行囊与平时所用衣橱之不同："以皮护杉木为之，高五六寸，盖底不用板幕，惟布裹皮面，软而可举，长阔如毡包式，少长一二寸。携于春时，内装棉夹便服以备风寒骤变，夏月装以夹衣，秋与春同，冬则棉服暖帽围项等件。匣中更带搔背、竹钯并铁如意，以便取用。""提盒"中记述了这一器具的形制及在登山涉水时的重要性："高总一尺八寸，长一尺二寸，入深一尺，式如小厨，为外体也。下留空方四寸二分，以板闸住，作一小包。内装酒杯六、酒壶一、箸子六、劝杯二，空作六合，以方合底，每格高一寸九分，以四格，每格装楪六枚，置果殽、供酒觞。又二格，每格装四大楪，置鲑菜、供馔箸，外总一门，装卸即可开锁。远宜提，甚轻便，以供六宾之需。"而在对"酒尊"的记述中，作者提出了对铜、锡所制酒器的不满："以锡造者恶甚。"作者认为，以瓷器注酒远游负重太甚，而"铜者有腥,不若蒲芦作具,内用坚漆,挟之远游,似甚轻便"。在卷末,还附有酒器、提盒、提炉图式,细致精密地绘制了这些器具。

作者本意在于提示人们尽兴游玩,但文中透露出的工艺技巧、对材料质地的认识理解,则显示了当时人民在手工业制作方面的成熟经验及认识山川自然方面的朴素知识。

(曾 抗)

《三才图会》星图 王圻 王思义

《三才图会》星图,载于明代王圻、王思义父子编撰的《三才图会》成书于万历三十五年(1607)中的卷一至卷四,前三卷星图由王圻绘制,卷四为王思义续成,计有五十二幅天文图表,先列星图后撰说明,显为"图文并茂,采摭浩博"的类书体例,用以解说和普及中国传统天文学的知识。

作者生平事迹见"三才图会"条。

《三才图会》星图的内容可分为两大类。

第一大类有:卷一中的"天文总图",引张衡《灵宪》等文,详说浑天说;"紫微垣图",述紫微垣诸星位置及占法;"太微垣图",述太微垣诸星位置及占法;"天市垣图",连天市垣诸星位置及占法;卷二中的"东方七宿图",述东方七宿诸星位置及占法;"北方七宿图",述北方七宿诸星位置及占法;"西方七宿图",述西方七宿诸星位置及占法;卷三中的"南方七宿图",述南方七宿诸星位置及占法。其中,星图依据《步天歌》的三垣二十八宿体系绘制,对星官的文字说明则抄自《文献通考》卷二七八"象纬一"和卷二七九"象纬二"。

第二大类有:卷三中的"尧典四仲中星图",注《尚书》的"尧典四仲中星";"月令十二中星图",以分月"中星图"注《礼记·月令》所载"中星";"中星年会图",为中星年图;"经星昏明迭见图",言古书中关于二十八宿的引文;"玉衡随气措见图",注《孝经》中玉衡指向的变化;"招摇逐月推移图",注《淮南子·天文训》中招摇指向的变化;"大东总星图",注《诗经·大东》中的星象;"七月流火图",注《诗经》中的"七月流火"星象;"日月周天图",释"七政"之日、月运行及占法;"五星周天图",释"七政"之五行星运行及占法;"二十八宿分野之图",述《通志·天文略》所载分野、宿度和十二宫次;"诸历黄道宿度图",言统天、开禧、会天、授时四历中的二十八宿黄道宿度;"黄道宫次图",言统天、开禧、会天、授时四历中的分野、宿度和十二宫次;卷四中的"五辰图",注"五行之时,如四时也";"天地仪",言耶稣会传教士利玛窦的《山海地舆图》;"天河图",释"天河";"日月次舍交会之图",释《左传》"日月之交是谓辰";"太阳中道图",释《尚书·尧典》"日有永短";"二极图,北极图",释"天枢";"日蚀图,月蚀图",释《诗经》的"十月之交";"上弦图,下弦图",说月相变化;"月朔图,月晦图",说月相变化;"月望图",说月相变化;"日月魄晦朔望",说月相变化;"冬夏风雨图",释《汉书·天文志》的"日有中道,月有九行";"盈虚纳甲图",附《周易》释月相;"日月风云气色图",言天文气象杂占知识。其中,均以古代典籍中常见的关于天文的文句为题,配以解说用的且绘制形象的相关星图,起因如王圻所述:"天文中星,其说不同,第以尧典、月令、四令,详绘为图,以俟博雅者参焉。"

王圻、王思义虽不是专业天文家,但熟悉古代典籍如《通志·天文略》、《六经天文编》和《文献通考》中的天文知识,并参考当时民间可能见到的星图,故《三才图会》所绘星图内容基本上是准确的,其中又有所创制(如首次绘制了十二月的中星图等),由于顾及到了众多文人儒生对古籍经传中有关天文知识的解读需求,故是书数次翻刻、流行颇广,起到了普及天文知识的作用,亦对与此类同的星图在民间的绘制和传布有着样板的推动,是明清之际西方天文学入华之前,中国传统天文学在民间的一个回响。

(锺守华)

戊申立春考证 邢云路

《戊申立春考证》,一卷。明邢云路撰。成于明万历三十六年(1608)。通行本有《丛书集成初编》本等。

邢云路,字士登,安肃(今河北徐水)人。明万历庚辰(1580)进士,历任繁峙、汲县、临汾知县,后征授兵部主事历员,又外出为河南佥事,历参议副使,终陕西按察司副使。邢云路在天文历算方面的工作主要有:万历二十三年(1595)任河南佥事时,因《大统历》与实际天象不合而与朱载堉分别上书奏请改历,并献上各自所制新历,但俱未启用。万历三十八年(1610)应召入京,参议改历之事。万历四十四年(1616),献《七政真数》(已佚),叙推算历术之法。天启元年(1621),以古今交食实例数则推出《授时历》之不足。生平事迹见《明人小传》卷三、《明诗综》卷五三、《明诗纪事》庚十三等。

邢云路在任陕西按察司副使时,在兰州立一高达六丈的圭表(比郭守敬当年所树四丈圭表尚高二丈,为我国古代圭表高度之最),并在万历三十六年戊申岁(1608)之前的冬至日前后四十五日间进行了实测。测得此年立春时刻与钦天监所推不同,遂成《戊申立春考证》一书。

《戊申立春考证》分别取《大统历》、《授时历》所推冬至、立春时刻与自己所推时刻相比较,比较结果是:《授时历》与邢云路所测较近,而《大统历》则相去较远(时钦天监推十二月二十一日己卯子正立春,邢云路推十二月二十日戊寅亥初立春)。邢云路分析此中原因认为,《大统历》虽基本沿《授时历》而下,但因取消了《授时历》所有的岁差消长,遂致失之益远。

本书最为令人注目的成果是邢云路所测的岁实(即回归年长度)新值:三百六十五日二十四刻二十一分九十秒,换写成今数即 365.242 190 日。这一数值与今推理论准确值相比,全年误差仅 2.3 秒。这不仅在当时,甚至在整个古代中国时期都是最精确的数值。若与当时西方所用的 365.242 5 日相比,更是遥遥领先。

关于本书的研究,胡铁珠《邢云路》(见杜石然主编《中国古代科学家传记》)、陈美东《中国科学技术史·天文学卷》中的有关部分。

(王贻梁)

古今律历考 邢云路

《古今律历考》,七十二卷。明邢云路撰。约成于明天启元年(1621)稍后。通行本有《四库全书》本、《畿辅丛书》本、《丛书集成初编》本等。

作者生平事迹见"戊申立春考证"条。

《古今律历考》是邢云路晚年对各代律历情况的考察、总结、评判。我国自有历法以来,后人的回顾、总结也就历代有之。但皆或甚简略、或已佚失,邢氏此书则是今人所能见到的最早、最宏大的一部。

卷一至卷八为《经部》,分别考察《周易》、《尚书》、《诗经》、《春秋》、《礼记·月令》(附及《周礼》)、《论语》、《孟子》、《尔雅》及宋代理学家有关于天文历法章句的内容与流变,以《尚书》与《春秋》之考察最详。邢氏在考察中一再阐述了他认为天文历法以变革为正道的思想,只有不断地变革,才能适应变化了的实际。这无疑是正确的。同时,也驳斥了宋代理学家朱熹等人所云古历法疏阔而差少、今历愈密而愈差的说法,而以史实证明"古历疏阔,其差甚远,以后渐密渐近"。

卷九至卷十九为《史部》。此部考察了自伏羲至秦始皇各代的历法情况与流变,接着又逐一考察《史记》、《汉书》、《后汉书》、《晋书》、《宋书》、《魏书》、《隋书》、《旧唐书》、《新唐书》、《宋史》、《元史》等所载律历志中有关历法的内容与流变。其中,邢氏对祖冲之的《大明历》、一行的《大衍历》、郭守敬的《授时历》尤加赞赏,评价极高。

卷二十至卷二七为《历代日食考》。分别考察了自汉代至元代的日食情况与各代历法对日食计算推测准确性的分析,以元代郭守敬《授时历》最为近密,但《授时历》亦有未足之处。此八卷是否吸取了他天启元年(1621)研究交食的成果,尚难断定,但可能性较大。

卷二八为《藏经考》。专考佛藏与道藏中的天文历法诸说,辨其是非并以天文家的历说相较,对佛、道之说否定者居绝大部分(尤其是天文理论部分)。对佛、道之天文历说进行研究与评判者,历来极少。原因在于彼乃宗教之语,不为正统历法天文家所重。但其亦毕竟有所持论,且亦有一定影响。故邢云路亦作具体分析与评判。

卷二九至卷三五为《律吕》。文中所论,与历来各书所叙律、历关系一样。虽颇多勉强、附会之说,但文中所云黄钟三寸九分之非,则确有其理。

卷三六至卷五九为《历法》。乃本书的核心部分。专叙《授时历》与《大统历》的具体内容并进行详细分析,考察其天文历法的理论与数据。对《授时》、《大统》两历颇多赞许之词,但亦有指正之处。

卷六十至卷六五为《历议》。综述天文历法理论与具体数值(包括仪象仪器、周天宿度、治历沿革、历年甲子、验气、岁余岁差、日躔月离等等),最后则指陈《授时历》与《大统历》之失。

卷六六为《历理》。叙历算原理。

卷六七至卷七二为《历原》。叙具体的历算方法,并强调应当"随时观象,依法推测,合则从,变则改"。

《古今律历考》卷帙浩繁,体系庞大,为古代天文学著作中之长篇,亦历法史之要者。邢氏于书中或评点前人,或阐发己说,大多较公允。其中驳指《授时历》八条、《大统历》七条,颇可观览。特别为今人所称道者,是其在卷七二中所论述的"星月之往来,皆太阳一气之牵系也",被认为与后来开普勒所提出的行星运动受太阳牵引力支配的思想有着某些共同的因素。但邢氏的这一思想并非建立于实证实验之上,亦无详细论述,故在此后的古代中国亦无多少反响与影响。

邢云路的《戊申立春考证》、《古今律历考》两书与朱载堉的天文历法著作,代表着明末时期复兴天文学的新潮。在他们扎实持重、平稳公允的论述与新的突破、创见中,可以隐约看到中国古代天文学已经发展到了一个新转折的临界时期,即如果没有其他外来因素的影响,也会逐渐地突破旧传统的藩篱而取得与时代要求相适合的发展。当然,这将是一段很长、很艰难的路程,并需要有其他学科发展的配合。而不久后来临的西方耶稣会士向中国传入西方的天文历法知识与观测工具,无疑是大大地缩短了这个进程的时间。

关于本书之研究,有薄树人《中国古代关于控制行星运动的力的思想》、胡铁珠《邢云路》、陈美东《中国科学技术史·天文学卷》的有关部分。

(王贻梁)

历体略 王英明

《历体略》，三卷。明王英明撰。前二卷于万历四十年(1612)刊行，末一卷成书年代不详。通行本有《四库全书》本。

王英明，字子晦，明代开州(今重庆开州区)人，万历三十四年(1606)举人。其余事迹不详。

《历体略》书首有翁汉麐序及自序，又列《恒星图》、《九重天图》、《黄道二十四节气图》、《日蚀图》、《月蚀图》共五幅，此乃清顺治三年(1646)重刊时翁氏遵英明之子所嘱而增。

卷上六章：《天体地势》、《二曜》、《五纬》、《辰次》、《刻漏极度》、《天体地形杂说》。卷中三章：《极宫》、《象位》、《天汉》。此二卷主要介绍中国传统的天文学，但实际上已经吸取了西方的天文学学说。在这二卷中，对天圆地方说与星占学进行了相当严厉的批判，而且已经有地球与经纬度的概念，还在文中收集了中国古代文献中的材料以证明我国古代也早已有了地圆(地球)之说。

卷下八章：《天体地度》、《度里之差》、《纬曜》、《经宿》、《黄道宫界》、《赤道纬躔》、《气候刻漏》及附论《日月交食》。此卷主要介绍西方天文学，内容多采自李之藻《浑盖通宪图说》与阳玛诺《天问略》(此书主要介绍太阳的黄道运动、节气与昼夜长短等，并解释月而圆缺与交食深浅原因)等书。但在介绍西方的十二重天说时，却删去了三重而变成九重，似乎欲与中国古代传统的九重天观点相凑合。

本书颇能反映西方天文学知识传入我国以后所引起的新发展，王氏代表了一些既要保持中国传统天文学，又要引进西方天文学知识，并力图相互融合的学者的思想倾向。故其书所叙虽然颇为浅近，但在当时确有相当影响。

关于本书研究，见陈美东《中国科学技术史·天文学卷》。

(王贻梁)

浑盖通宪图说 李之藻

《浑盖通宪图说》,二卷。明李之藻撰。成于明万历二十九年(1601)至四十一年(1613)之间。通行本有《四库全书》本、《丛书集成初编》本等。

李之藻(1565—1630),字振之,号凉庵,又号我存、存园寄叟、凉庵逸民、凉庵居士等,仁和(今浙江杭州)人。明万历二十六年(1598)进士,后官任工部营缮司员外郎、南京太仆寺少卿、工部督水司郎中提督河道等。万历二十九年(1601)结识耶稣会士利玛窦,开始潜心于天文历算与数学研究。次年受洗入教。四十一年(1613)任南京太仆寺少卿时,曾奏上西洋历法,推荐耶稣会士庞迪我、熊三拔、龙华民、阳玛诺等人,请开局译书制历。又力陈西方历算之优点,提出西法十四项内容为中国昔贤所未言及者。后参加《崇祯历法》的修改。著作有《頖宫礼乐疏》、《圜容较义》、《同文算指通编》、《浑盖通宪图说》、《天学初函》等。又译《名理探》,为名学的最初译本。生平事迹见阮元《畴人传》卷三二。

《浑盖通宪图说》是李之藻与利玛窦合作,以图说的方式介绍西方星盘的构造、原理与使用方法的著作。

前有《自序》,叙星盘乃自西洋简平仪而出(实乃古希腊与欧洲中古时代习用之平面悬仪),李氏在利玛窦处得见并学到了具体的构造、原理与使用方法。

卷首,总述简平仪的形体、结构。

卷上,叙以下规昼度分时刻及制用之法。分"总图说"、"周天分度图说"、"按度分时图说"、"地盘长短平规图说"、"定天顶图说"、"定地平图说"、"渐升度图说"、"定方位图说"、"昼夜箭漏图说"、"分十二宫图说"、"朦胧影图说"、"天盘黄道图说"十二章,说明星盘面上各种坐标网的绘制原理、使用方法。其中,以赤道坐标、黄道坐标与地平坐标尤为重要。

卷下,诸图咸根柢。分"经星位置图说"、"岁周对度图说"、"六时晷影图说"、"勾股弦度图说"、"定时尺分度图说"、"用例图说"、"勾股测望图说"七章,叙述以星盘标画恒星位置等的具体方法。

本书使用欧洲的量度制度,分周天为三百六十度。第一次介绍了西方黄道坐标系,介绍了晨昏朦朦的定义、星等的概念、五星大小与远近、利用月食来定经度的原理等等。在介绍星等概念时,采用与三国徐整相似的说法,把星等大小与恒星直径大小相联系起来。本书对西学的传入是有功的,但由于李氏原本并不精于天文历学,故也存在着一些错误。

我国古代浑天、盖天之争由来已久,虽然浑天说长期处于绝对优势的地位,但因为本质上都是属于地心说,故盖天说也始终没有消失。自赵爽、崔灵恩、信都芳起,又有"浑盖合一"的说法,主张浑、盖本一家而调和二说。李之藻与后来著名的历算大师梅文鼎也都是此说的明确主张者。星盘本当为浑仪之一种,应属浑天说理论下的仪器。而其天盘、地盘又与盖天说的七衡图之黄图画、青图画有某些近同之处。故李氏通过此星盘而形象地推衍、阐发他的浑盖合一说,也确有其特别的效益,故名此书为"浑盖通宪"(即浑、盖二说其法理相通)。

关于本书的研究,见方豪《李之藻研究》、韩琦《李之藻》(见杜石然主编《中国古代科学家传记》)、陈美东《中国古代科学技术史·天文学卷》的有关部分。

(王贻梁)

外科正宗 陈实功

《外科正宗》，四卷。明陈实功撰。成于明万历四十五(1617)。通行本有明万历四十五(1617)刻本、明崇祯四年(1631)刻本、日本宽政三年(1791)芳兰榭刻本，清咸丰十年(1860)许湄校刊本、1956年人民卫生出版社影印本及1964年该社排印本等。

陈实功(1555—1636)，字毓仁，号若虚，崇川(今江苏南通)人。少遇异人，授以医术，遂致力于此道。他精通外科，行医四十余年，曾治愈不少奇疡怪证患者。生平事迹见本书自序、范序等。

作者有鉴于外科疾病较内科为难治，古今医家在外科治疗上虽不乏良法，然或秘而不传，或久传成讹，或不尽完备；而本人尽管擅长此道，活人甚众，但以一己之力，作用终究有限。乃博览群书，勤求古训，参以个人多年临床经验，综合外科诸症，分门别类，撰成本书。

《外科正宗》系外科学著作，前有崇祯四年(1631)王象晋序，及作者自序等。卷一，总论，有《痈疽原委论》、《痈疽治法总论》等十五篇，阐述外科疾病的病机、病因、诊断及治疗原则。卷二，"上部疽毒门"，有《脑疽论》等九篇，分述脑疽、疔疮、脱疽等症。卷三，"下部痈毒门"，有《流注论》等十四篇，分述流注、乳痈、肠痈等症。卷四，"杂疮毒门"，有《阴疮论》等一百十九篇，分述阴疮、伤寒发颐、瘤发等症，并介绍一些外科手术及药物提取的方法。又列《医家五戒》、《医家十要》两篇，谈医风医德。全书共收病症一百二十余种，每种病症均首明病因、病理，次论诊断，继述治法，复列验案，末载方药。内容详赡，层次清晰，论述精要，选方确当。

前人于外科，大多注重内治而忽略外治，此书的最大特点则是予外治以充分的重视。作者以为，凡欲消疮，须先断根本，次泄毒气，从而使毒自衰。在这方面，外治法有着内治法所不可替代的优越性。书中完整记载了一系列以外用药物和手术治疗疮毒的方法：疮发未至七日，因其形势未成，当用灸法，以达"轻者使毒气随火而散，重者拔引郁毒、通彻内外"(本书卷一《痈疽治法总论》)之目的。已灸之后，宜用太乙膏盖贴疮顶，以继续拔毒、提顶、提脓，并防风寒。疮发十日以后，如仍坚硬而不作脓腐者，则须以铍针当疮头刺入寸许，使疮毒外泄，内有脓者，亦易排出。倘疮发半月后,仍不腐溃、不作脓者,当急用铍针。以疮头为中心,按"品"字形刺三孔,随即用经药物煎煮的竹筒覆于其上以拔脓毒,是为"煮拔筒方"。筒拔之后,倘仍有脓而不得外发者,多系疮头为瘀腐堵塞,或疮内有顽膜阻隔。故须扩大创面,清除坏死组织,辨法是以针钩起疮头顽肉,并用刀剪在疮头剪开寸余,使脓管得以流通,聚脓自然涌出。此类以刀针开窍泄毒之法,作者形象地称之为"开户逐贼"(同上),至今仍为外科手术所常用。

此外,书中所介绍的气管缝合术、咽喉食道异物清除术、火针治疗痈法、挂线治疗疮法等,均具有较高的临床价值。尤其值得一提的是,在用截肢法治疗"外腐而内坏"的脱疽病时,本书首次提出从关节面处进行离断的手术原则。而书中有关鼻息肉摘除术的介绍,在医学文献上也是较早的记载。

作者虽重外治,然亦不废内治。他从中医理论的整体观念出发,深刻理解外科疾患的内在机理,认识到"内之症或不及其外,外之症则必根于其内也"(本书自序),"盖痈疽必出于脏腑乖变,开窍不得宣通而发也"(卷一《痈疽原委论》),"形势虽出于外,而受病之源实在内也"(卷一《痈疽治法总论》)。所以在治疗上主张内外并重,以期获得最大效果。作者尤注重用托补二法与外治相配合:当疮初发时,宜内服药以托里透脓,然后伺机开窍引流排毒。一旦溃脓,则应及时进补,以全收敛之功。因此时"五脏亏损,气血大虚,外形虽似有余,而内脏真实不足,法当纯补"(同上)。适当的补则能使"气血壮而脾胃盛,使脓秽自排,毒气自解,死肉自溃,新肉自生,饮食自进,疮口自敛"(同上)。如一七旬老翁,发疮右背,已经八日。疮虽微肿,色淡不红,根漫不耸,而脉微数有力。作者以为患者虽因年老气血衰弱,但根本未拔,仍属可治。乃用内托散加皂角以溃脓托里。十三日后,疮渐肿高,色亦渐赤,但不能腐溃为脓,此系食少脾弱之故。又用十全大补汤数服,脓始渐出,然仍不爽利。又用铍针当疮开寸许,捺通脓管,脓果随之而出,即外敷药膏。因见患者面色枯槁,复以人参养荣汤和参术膏托里培养,调理七十五日而愈。

本书在内治方面,特别重视保护脾胃,认为"盖疮全赖脾土,保护必要端详"(同上),这一点对外科"尤关紧要"。所以书中论治法之妥与不妥,往往以是否有益脾胃为重要标准。内治托补的目的之一,便在保护脾胃。又如,疮初发自然高起者,乃毒发于表,而内脏原无深毒,故"忌用内消攻伐之药,以伤脾气"(同上)。如大疮溃后,气血两虚,脾胃并弱,则宜用八仙糕、参术膏等接补真元,培助根本。饮食宜忌上亦如此,作者一般不主张患者忌口,指出,凡疮溃后,"脓毒一出,胃气便回,方欲思食,彼时但所喜者,便可与之接补脾胃。如所思之物不与,此为逆其胃气,而反致不能食也"(同上)。但"生冷硬物一概禁之,不然伤脾损胃"(卷一《调理须知》)。这是李杲脾胃理论在外科领域中的具体运用和发展。

本书的不足之处是内治偏重托补而忽视内消。

《外科正宗》集历代外科研究之大成,在理论和临床两方面均颇有建树,对后世中医外科学产生了重要的影响。

有关本书的研究,有清徐大椿评点注释十二卷及今人裘钦豪等点校本等。论述见李经纬《中国古代外科成就》、《陈实功》(见杜石然主编《中国古代科学家传记》)等有关部分。

(张 沁)

北耕录 徐光启

《北耕录》,又名《农书草稿》,一卷。明徐光启撰。约成于明万历四十一年(1613)至四十六年(1618)之间。原书已佚,仅存散稿。通行本有中华书局上海编辑所1962年版《徐光启手迹》、上海古籍出版社1983年版胡道静辑本《徐光启著译集》及上海古籍出版社2010年版朱维铮等编录《徐光启全集》。

作者生平事迹见"甘薯疏"条。

《北耕录》是一部介绍熟粪之方与诸种农肥成分的农书,间及制墨造笔之工艺。其内容或采自典籍,或咨从作者所到之处的行家,亦有出自作者的实际经验。现存的篇目有:粪壅规则、灰欲新粪欲陈、自拟粪丹、广粪壤、不必定猪脏、王淦秋传粪丹、吴云将传粪丹、袁了凡农书载熟粪法、论墨、松墨胜新安者三、徽州墨、试墨法、论笔、造强水、硫气汞气、救火莫如油妙、养驼、取熊法等。后有许缵曾题跋。

《北耕录》的主要内容在于记述当时运用熟粪和各种农肥的成分,其中最突出者莫过于作者自拟的"粪丹"。这是用大粪、麻糁、黑豆、鸽粪、动物尸体、内脏、毛血、黑矾、砒信、硫黄混合,入缸密封,腐熟后,晾干敲碎而成的,具有"一斗可当大粪十石"之效,此为我国古代肥料史上的重大创造,标志着我国炼制浓缩混合肥料的开始。又如"造强水"方,传自西洋,古所未有。本书所叙,在清乾隆三十年(1765)赵学敏《本草纲目拾遗》所引王怡堂述《西人造强水法》之前,且较之为详。此外,书中还记载了当时江西已使用骨肥的情况,其云:"江西人壅田,……或用牛猪等骨灰,皆以篮盛灰,插秧用秧根蘸讫插之。"又云:"用牛马猪羊骨屑,每斗当粪百石。以壅水田。"《论墨篇》云:"松墨胜新安者三:淡不渗,浓不滞,宿不积。"一改明世以来徽墨为名产之说,令人耳目一新。

《北耕录》以粪肥及其在稻田中壅肥经验为主要内容,是作者在天津屯田进行科学实验而记录的原始材料,并结合作者自己研究与实践所得,再加总结的成果。它反映了作者"虚访勤求"、不迷信盲从以及独立思考钻研的科学精神,其中有些成果在我国肥料史和化学史上具有重大创造意义,是农学史上的珍贵遗产。

《北耕录》曾一度被误为《农政全书手札》。有关的研究论著有王重民《徐光启·徐光启退休时期的农业科学研究工作》(上海人民出版社,1981年)、李亚东《徐光启的化学成就》(席泽宗、吴德铎主编《徐光启研究论文集》,学林出版社,1986年)、梁家勉主编《中国农业科学技术史稿》中的有关部分。

(王国忠)

农遗杂疏 徐光启

《农遗杂疏》，五卷。明徐光启撰。约成于明万历四十八年(1620)之前。原书已佚，通行本为辑本，有胡道静《农遗杂疏》辑本(收入上海古籍出版社版1983年版《徐光启著译集》及2010年版《徐光启全集》)。

作者生平事迹见"甘薯疏"条。

《农遗杂疏》是一部详述种艺畜牧技术的农书，有些篇什后来成为作者《农政全书》的基础。从辑本的篇目上看，有木棉、大麦、蚕豆、接树三诀、石榴、柑橘、乌桕、竹、蔓菁、百合、荸荠、萱草、肥猪法、养鱼法及养蜂等。

本书《木棉》篇从其辨名及在我国的种类，谈到移植中之变异、种植方法及田间管理，乃至最后的纺纱织布，不啻是一篇完整的农学论文。作者还批评了种棉中盲目密植的说法，他说："吴人云：千稞万稞，不如密花。此言最害事。稀不如密者，就极瘠下田言之，所谓瘠田欲稠也。""若田肥自不得密，密即青酣不实，实亦生虫，故稀种则能肥，肥则实繁而多收，今肥田密种者，既无行次，稍即强弱相害。苗愈长，愈不忍痛芟之，椊比而生、不交远风，虽望之郁葱，而有叶无枝，有花无实矣。"同时，他还总结出棉花密植者的弊病，即"苗长不作蓓蕾，花开不作子"；"开花结子，雨后郁烝，一时堕落"；"行根浅近，不能风与旱"；"结子暗蛀"等"四害"，并指出种棉不熟之秕、密、瘠、芜"四病"，难能可贵地反映了作者清醒的科学态度及其亲自参加实践、细致观察总结的生产经验。本书还体现了作者独遵格物致知之道、勤求利用尽生之术的备荒思想，如在《蚕豆》篇中指出："此物百谷之中最为先登，极农家之急，蒸煮代饭，炸炒供菜，无所不宜，且蝗所不食，藏之数年，虫亦不蛀，诚备荒佳种也。"又论蔓菁说："凡人食菜，久无谷气，则有菜色，唯食此独否，盖其茎根皆膏润故也。多种以备饥荒，更胜于芋。"

《农遗杂疏》是作者提倡充分利用农业资源，采用当时先进的生产技术，实行多种经营，提高产量的农业普及著作,也是作者农学历程中承上启下的重要著作,它为后来规模宏大的百科全书式的《农政全书》作了充分的素材准备和技术准备,虽然后者既行,前者遽泯,但仍在我国农学史上占有一席之地。

有关研究的著作有王重民《徐光启》(上海人民出版社,1981年)、梁家勉主编《中国农业科学技术史稿》中的有关部分。

(王国忠)

诸器图说 王 徵

《诸器图说》,一卷。明王徵撰。约成于明万历年间(1573—1620)。通行本有《四库全书》本、《守山阁丛书》本、《丛书集成初编》本等。

王徵(1571—1644),字良甫,又字葵心。陕西泾阳人。天启二年(1622)进士。官至扬州推官、登莱监军佥事,不久告归乡里。平生于械器之技颇有兴趣,曾询西洋奇器之法于西人邓玉函,邓以其术授之。著作尚有《两理略》、《了心丹》、《百子解》、《学庸解》、《天问辞》、《士约》、《兵约》、《元真人传》、《历代发蒙辨道说》、《山居咏》等。《明史》卷二五有传。

《诸器图说》是在参照西方物理器械专家邓玉函《奇器图说》的基础上,对各种实用器具作图文说明的物理机械方面的专著。全书共有绘图十一款,并附以详细的文字说明,介绍其制作方法及效用。如"引水之器二图说"中阐说了"虹吸"(见图一)、"鹤饮"(见图二)两种当时用于田间灌溉的机械化器具,并在文字说明中叙述了这两种器具的具体制作过程,并认为此类器物"引之既通,不假人力,而昼夜自常运矣",不失为我国古代农业机械化之先驱。作者在图说之后的铭赞中

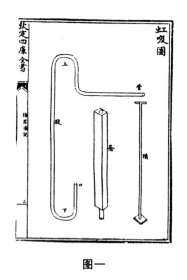

图一

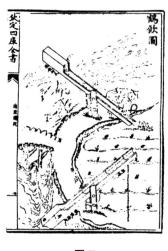

图二

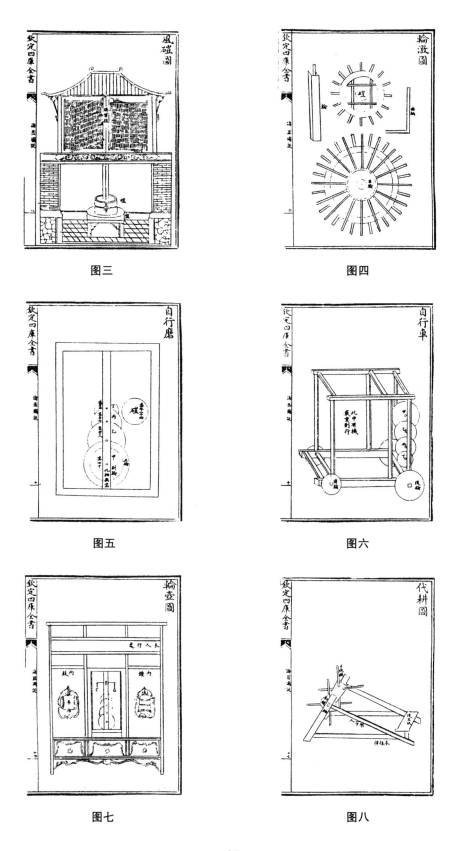

图三　　　　　　　　　图四

图五　　　　　　　　　图六

图七　　　　　　　　　图八

写道："尔躬匡挺，尔腹渊然。一气孔宣，厥潢斯泉。载沃载涟，惠我畬田。祝尔万年。"其对减轻农夫劳动强度、促进生产的欣喜之情跃然纸上。书中还对风砲、轮激、自行磨、自行车、轮壶、代耕（均见附图）等器械作了图说。全书绘图精致形象，文字说明简洁详赡，反映了当时科技发展的一个侧面，是研究明代工业史的可贵文献。

王徵后又与邓玉函一起编译《远西奇器图说》，天启七年（1627）出版，是中国第一本有关西方力学的编译著作。

关于本书的研究，有李宣义《王徵所制奇器辑佚》、李勤《关于明代科学家王徵的遗著和资料目录三种》、张柏春《王徵》（见杜石然主编《中国古代科学家传记》）等。

（曾 抗）

鲁班经 佚 名

《鲁班经》，全称《新镌京版工师雕斫正式鲁班经匠家镜》，三卷。此书托名鲁班，广传民间。作者疑为明代民间匠师。主要版本有：（一）明万历刻本，国家文物局馆藏，三卷加一个附录。书前未署书名与编著者姓名。在卷一所载凉亭水阁式插图之后，有"新镌京版工师雕斫正式鲁班经匠家镜卷之一终"二十字，疑即书名，为现存最古残本。（二）明崇祯刻本，北京图书馆藏，三卷加附录。书前署全称书名，体例与明万历本略同，全书内容完整。（三）清代刻本，有北京大学图书馆藏本、中国科学院藏本与南京东南大学藏本。

《鲁班经》搜集、整理流播于民间的建筑与家具的著说、口诀、抄本等材料，以记述宫室营事大木作为主，较多地兼及家具与日用器物，并记载民间建筑"风水"与建筑施工有关的符咒、真言等具有迷信色彩的材料。

三卷的内容如下。卷一，汇编流传于民间的诸多关于房屋营构大木作技术的口诀。卷二，内容包括建筑、家具、起居用具三部分，共分六十三类。如建筑（畜栏）十三：仓敖式、桥梁式、郡殿角式、建钟楼格式、建造禾仓式、五音造牛栏式、五音造羊栈格式、马厩式、猪野样式、鹅鸭鸡栖式、诸样垂鱼正式、驼峰正格式、花架式。家具三十四：屏风式、围屏式、衣笼样式、大床式、凉床式、藤床式、禅床式、禅椅式、镜架式（镜箱式）、雕花面架式、桌式、八仙桌式、小琴桌式、棋盘方桌式、圆桌式、一字桌式、折桌式、搭脚仔凳式、衣架雕花式、素衣架式、面架式、校椅式、板凳式、琴凳式、杌子式、大方扛箱样式、衣橱样式、衣箱式、烛台式、学士灯式、香几式、药橱式、药箱式与柜式。起居用具十六：牙轿式、风箱样式、鼓架式、铜鼓架式、凉伞架式、食格样式、衣褶式、圆炉式、看炉式、方炉式、香炉样式、招牌式、洗浴坐板式、火斗式、象棋盘式与围棋盘式。卷三，载建造房屋吉凶图式七十一例。附录，凡七项。其一，载唐人李淳风代人择日的事迹；其二，记建筑"泰山石敢当"、"瓦将军"等避凶、趋吉的风水禳解之事；其三，叙所谓"鲁班秘书"之事则，即建筑工匠与建房主人作斗争的一些具有迷信色彩的方法；其四，说所谓"鲁班秘符"一道；其五，析所谓"灵枢解法洞明真言秘书"之说,包括工完禳解符咒、家宅多祟禳解灵符、解诸物魔禳万灵圣宝符等;其六,阐人之如何选择黄道吉日立柱上梁;其七,续叙起工动工、营造地基等择吉避凶、阴阳五行之事。

值得重视的是书中还记载了制作家具的原料及其构件尺寸,是研究明式家具的重要文献。所述家具包括杌子、板凳、禅椅、交椅、八仙桌、琴桌、衣箱、衣柜、大床、凉床、藤床、衣架、面盆架、座屏、围屏等,后人亦可根据书中所记尺寸把这些用具复制出来,这是书中较有价值的部分。

《鲁班经》内容庞杂、图文并存、韵白互参,保留了口传资料汇编的特点,故文体很不统一,思想内容不无封建迷信因素。但此书是中国流传于民间的木构建筑技术与明代家具的重要文献,是一部民间木工专书。经研究,《鲁班经》与《鲁班营造正式》不是同一部书。今人陈增弼《〈鲁班经〉与〈鲁班营造正式〉》(载《建筑历史与理论》第三、四辑)一文指出,《鲁班经》全书包含了《鲁班营造正式》的内容,历来版本很多,长期、广泛流传于江南民间,继而传入北地与川西。《鲁班营造正式》内容远不及《鲁班经》丰富,至今仅见宁波天一阁一个刻本,至《鲁班经》行世,便无人翻刻、销声匿迹。又易金木对全书作了译注。

(王振复　曾　抗)

群芳谱 王象晋

《群芳谱》,又名《二如亭群芳谱》,三十卷(一作二十八卷)。明王象晋撰。约成于天启元年(1621)。通行本有《汲古阁本》本、《渔洋全集》本、虎丘礼宗书院刻本、沙村草堂刻本、书业古讲堂刻本、文富堂刻本等。

王象晋(1573—1627),字荩臣,号好生居士,山东新城人。万历进士,官至浙江右布政使。作者自称酷爱花木,庭园遍植花草树木,经常观察其形态,抄录有关农经、花史,积十余年,编成本书。

《群芳谱》是一部依照《全芳备祖》的体例编成的植物类著作。其中,天谱三卷,岁谱四卷,谷谱一卷,蔬谱二卷,果谱四卷,茶竹谱三卷,桑麻葛苎谱一卷,药谱三卷,木谱三卷,花谱三卷,卉谱二卷,鹤鱼谱一卷。除天谱、岁谱、鹤鱼谱是非植物谱录外,每谱包括同类植物若干种,每种除叙述其名实、典故、辞藻外,兼述栽种、制用、疗治等项,汇录前人记载,注明自己见解。保留了不少已佚的当时人著作,有些属"辞藻",有些则属植物和农圃方面的。虽一鳞半爪,但仍有参考价值。书中对谷蔬、果类以及茶竹、桑麻等栽培作物的性状、特征等有较详细的记述,在遗传选种学上有一定意义。本书的缺点是"略于种植而详于疗治之法与典故艺文"(《四库全书总目存目》语)。这大概是当时作者本意是想写一本养生怡性之作,无意于农业技术所致。尽管如此,本书仍不少可供参考的资料。有些学者指出,从作为植物志的要求来衡量,这本书比《全芳备祖》迈进了一步。

《群芳谱》的继作有清康熙四十七年(1703)由清朝翰林院编写的《广群芳谱》(又称《佩文斋广群芳谱》)一书。此书是根据"秘府(宫廷藏书处)藏帙,攟摭荟萃,删其支冗,补其阙遗"而成的。有:天时谱六卷,谷谱四卷,桑麻谱二卷,蔬谱五卷,茶谱四卷,花谱三十二卷,果谱十四卷,木谱十四卷,竹谱五卷,卉谱六卷,药谱八卷,共一百卷。除天时谱"记四时长养之理,万汇荣枯之候,冠于诸谱之前"外,余者皆属"群芳",义类较一致,编排较系统,取材也丰富,内容虽同样偏重"辞藻",但对"名实"和其他项目较能照顾到,可算是一部便于参考、切合应用的普通植物志。

关于本书研究,见汪振儒主编《中国植物学史》的有关章节。

(孙兆亮　徐维统)

武备志 茅元仪

《武备志》,二百四十卷。明茅元仪辑撰。成于明天启元年(1621)。通行本有《郭子式先生校刻本·古越书》本(藏国家图书馆)、清道光中活字排印本、日本宽文四年(即康熙三年,1664)须原屋茂兵卫刻本。

茅元仪(1594—1640),字止生,号石氏,别号逸史、东海书生、东海波臣、梦阁主人、肆言成老、半石址山公等,湖州武康(今浙江武康)人。青年时代奔走于南北二京,在人文荟萃、图籍丰富的都市中,与贤士大夫议论相上下,访奇才剑客与之讨论,读河渠、典礼、经籍、职官诸志。二十八岁时以监生身份赴北京应试失败后,仍孜孜不倦地从事军事理论的研究。一生经历坎坷,二次征辽,三次戍闽,迭遭权臣倾轧,田宅凋残几尽,最终赍志以殁。但他一生勤奋好学,笔耕不辍,留下了丰富的著述。除《武备志》外,另著有《木鹤尚书草》、《赏心集》、《小草草》、《渝水集》、《西崦集》、《江村集》等诗词集子十四种,《石民未出集》、《青油史漫》、《逸邻》、《六月谭》、《掌记》、《暇老斋杂记》、《督师纪略》、《福堂寺公余》、《东便门本末》、《三山逸邻》等文集、笔记近四十种。

《武备志》是明代一部大型综合性的军事类书。全书共一百八十万字,分为五门:兵诀评、战略考、阵练制、军资乘、占度载。军资乘中所述我国古代军事科技资料,尤其可贵和值得重视。这一门分营、战、攻、守、水、火、饷、马八类,下设六十五项细目,内容非常广泛,涉及行军设营、作战布阵、旌旗号令、审时料敌、攻守城池、配制火药、造用火器、河海运输、战船军兵、屯田开矿、粮饷供应、人马医护等军事物质方略。在兵器制造、火药配制、医药、战马、军用矿冶方面,尤其注意嘉靖、万历年间抗倭名将的实践经验,注重实用。

书中收录的攻守器具、战车舰船、各种兵器多达六百种。如"攻"类分述措置条件和器具图说,对兵器逐一绘图并加以简洁的说明;"火"类记述制火器法、用火器法及火器图说,如叙说了明军装备器具轻型手铳和重型火铳逐渐为鸟铳和火炮所取代的过程,并有鸟铳的结构示意图。火炮以铜或铁铸成,由前膛、药室和尾鉴构成。前膛呈圆筒形,内放弹丸;药室呈球形隆起,室壁有火门,供安放引线点火用;尾鉴中空,可按木柄,便于发射者操持。有的火炮从炮口至炮尾有多道加强箍,增强炮击速度以加大杀伤力。"守"类列举城制、约束、需备、措应、器式。如"措应"中记述明代将士穿在身上的防护性装具——铠甲。其时有铁制或皮制的铠甲,用以防御各类火器的射击。从这些记载中,可以了解到当时冶炼、手工业的发展情况。另外,卷中对一些西洋、日本兵器的介绍,则可知明代军队已借鉴外来的军事科技知识来为自己所用,这是其时区别于往昔的特点之一。"饷"类中包括军事矿砂的冶炼及医药的使用情况,亦使人们了解了明代冶炼及传统草药、医术的发展水平。这些,均是我国古代军事科技史上不可多得的宝贵文献资料。

茅元仪著《武备志》"其为日凡十五年","其所采之书二千余种",由于广采博收,用力甚巨,因此他能够通过比较去粗取精,对历代军事理论、战略战术经验、军需供给常识、各类兵器火器的制造以及当时自然地理条件等,都严以提要钩玄,使《武备志》成为明末一部军事百科全书。日本学者吉田光邦在《明代兵器》一书中称《武备志》是"最为完备,最值得注意的兵法书和军事技术书",确非过誉之辞。

由于茅元仪长期与后金政权处于敌对阵营,《武备志》曾被清廷列为禁毁之书,后来虽有刊行,然凡涉"违碍之语"或抽毁、或挖版、或篡改,或隐去刻工姓名和印制时间等,使这部军事科技著述遭受了一定程度的损毁,难以完整真实的面目呈现于世。

有关本书的研究,见潘吉星《中国火炮技术史略》、韩琦《茅元仪》(见杜石然主编《中国古代科学家传记》)中有关部分。

(曾 抗)

髹饰录 黄 成

《髹饰录》，二卷。明黄成撰。成于明天启二年(1622)之前。今存本为日本学者木村孔恭(堂号蒹葭)保存的抄本，称"蒹葭堂本"。中国现代学者朱启钤从日本辗转借得抄本，经疏证校订，于1927年刊刻行世。另有《托跋廛丛刻》本。

黄成，号大成，新安歙县(今属安徽)人。明隆庆年间(1567—1572)的民间剔红艺人(剔红是漆器工艺的一种，即将朱漆层层涂在木质或金属胎上，每上一道漆就用刀剔出深浅不同的花纹图案，显现出具立体感的图像。此技术创始于唐代，至明代更臻完善)，隆庆时他所系作的漆器成品，能和当时官局制造的雕漆比美，远近驰名。

《髹饰录》全面系统地记录了明以前漆器手工业的生产状况。"髹饰"一词最早见于《周礼》，本指赤黑之漆。后代转意为用漆装饰物品，逐渐成为漆工或漆器的代名词。《髹饰录》分为乾、坤两集，共十八目，一百八十六条。每一集前有小序。各章篇目及主要内容如下。

乾集两目：《利用》叙述漆工的原料、工具和设备；《楷法》讲解各种漆工容易发生的毛病及发生毛病的原因。坤集十六目：《质色》介绍单一色不加文饰的各种漆器；《纹䝞》介绍表面有凹凸细纹的各种漆器；《罩明》介绍打色地上面罩透明漆的各种漆器；《描饰》介绍以漆或油描花纹的各种漆器；《填嵌》介绍填漆、嵌螺钿、嵌金、嵌银的各种漆器；《阳识》介绍用漆堆出花纹的各种漆器；《堆起》介绍用漆灰堆出花纹再加雕刻描绘的各种漆器；《雕镂》介绍雕漆、雕螺钿的各种漆器；《铩划》介绍刻划细花纹再填金、填银或填色的各种漆器；《䬼(斑)斓》介绍由两种或两种以上文饰相结合的各种漆器；《复饰》介绍以某种漆地与一种或数种文饰相结合的各种漆器；《纹间》介绍以填漆法和铩划法相结合的各种漆器；《裹衣》介绍在没有上过灰漆的胎骨上直接蒙裹皮或织物的各种漆器；《单素》介绍只上一道漆的各种简易漆器；《质法》介绍漆器的基本制造过程；《尚古》讲解修补及摹仿旧漆器的方法。乾集和坤集的最后两目是讲制造方法，坤集的另外十四目是按类介绍不同品种，有时也涉及做法。

中国第一部见于著录的漆工专书是五代朱遵度的《漆经》,早已失传。《髹饰录》是现在所能见到的惟一一部有关漆工和漆器的专著,故在中国经济史籍中有特殊的地位。其价值主要表现在以下几个方面。

一、为研究中国古代漆器手工业史提供宝贵的文献资料。《雕镂》说:"剔红,即雕红漆也。……唐制多印板刻平锦朱色,雕法古拙可赏,复有陷地黄饰者。宋元之制藏锋清楚,隐起圆滑,纤细精致。又有无锦文者,其有像旁刀迹见黑线者,极精巧。"唐代剔红缺少实例,此条正补其缺。对宋元剔红的叙述也可与实物印证。又说:"金银胎剔红,宋内府中器有金胎、银胎者,近日有鍮(黄铜)胎、锡胎者,即所假效也。"都透露出漆器手工业的历史发展轨迹。

二、反映出明代漆器手工业的繁荣。明代漆器不但比宋元时期的产量多,而且品种和质量也有新的突破。"今之工法,以唐为古格,以宋元为通法,又出国朝厂工之始,制者殊多,是为新式。"(杨明《序》)坤集中从《质色》至《单素》介绍十四类、一百零一种漆器产品,而每种漆器又有不同的型制特点,特别是"戗划"、"斒斓"、"复饰"三类,都是以两种或两种以上的制法结合而成,创造出的新品种数不胜数,更有千文万华之感。这些品种有的连今天也没有,可见中国古代手工业工艺水平发展之高。

三、为探索古代漆工工艺提供了资料。《利用》列出古代漆工工具和设备有旋床、竹蒂、木蒂、活架、栈揩光石、锉刀、髹刷、削刀、卷凿、筒罗、蘸子等,原料有金、银、各色料、钿螺、老蚌、车螯、玉珧、罂子桐油、木炭、砖石粉末等。《楷法》讲解漆工容易发生的毛病。《质法》讲了漆器制造过程,对了解古代漆工工艺有很大帮助。

四、反映了古代漆工生产中的一些管理思想。乾集《序》指出:"利器如四时,美材如五行。四时行,五行全而物生焉,四善合、五彩备而工巧成焉。……髹具工则,乃工巧之元气也。"强调适用的工具和精美的原料,强调必须严格遵守操作规程,反对粗制滥造。

关于漆工专著,五代时期的朱遵度总结历代漆工经验,曾写了《漆经》一书,是我国最早的一部油漆工艺著述,但未流传下来。传世者以《髹饰录》为最早。

有关本书的研究著作有今人王世襄的《髹饰录解说》(文物出版社版,1983年)。该书照录了朱启钤的刻本,并点校篇目,详加疏证,所引证漆器实物,上起原始社会,下迄当代,有一百六十八件之多,是一本完备精当的《髹饰录》笺注本。又有索予明《髹饰录解说》。论述有王世襄《髹饰录——我国现存唯一的漆工专著》、曾敬民《黄成》(杜石然主编《中国古代科学家传记》)。

(施正康 曾 抗)

野菜博录 鲍 山

《野菜博录》,三卷。明鲍山撰。约成于明天启二年(1622)。通行本有明天启二年鸣野山房本、《四库全书》本、《四部丛刊三编》本、1935年江苏国学图书馆陶风楼影印本及2007年山东画报出版社标点本等。

鲍山,字元则,号在斋,自署香林主人,婺源(今属江西)人。曾在黄山隐居,筑室白龙潭上,达七年之久。

作者在黄山肄业期间,每过普门师道场,见诸方游释多采当地野蔬之根芽、花实、茎叶佐餐,因而求索而备尝之,识得境内野蔬若干种。后从同好潘稺春所示关中王府抄本《备荒本草》中,又见到野蔬若干种,即按时采取,如法调食,皆清利爽口,因次其品味,别其性体,详其调制,并图其形,撰成本书。

《野菜博录》是一部介绍野生食用植物的图谱。全书记载了四百三十五种可食的野生植物,并简单说明其性状和食用方法。卷上、卷中,为草部。卷下,为木部。书前有作者自序,书后有程大中、赵洪中跋。其卷上草部,共记载叶可食野生植物一百四十种。卷中草部,共记载野生植物一百七十六种,其中叶可食者七十六种、茎可食者三种、茎叶可食者二种、根可食者二十八种、实可食者二十四种、花叶可食者四种、叶实可食者二十种、根花可食者二种、根叶可食者十四种、根实可食者三种。卷下木部,共记载野生植物一百十九种,其中叶可食者五十九种、花可食者五种、实可食者二十五种、花叶可食者三种、叶实可食者十九种、花叶实可食者五种、叶皮实可食者三种。并简略说明其性状和烹调法,每种植物均附有插图。如草部"叶可食"之"大蓝","一名菘蓝,一名葳马蓝。人家园圃中,苗高尺余。叶类白菜,叶微厚狭窄尖。淡粉青色。茎稍间开黄花,结小荚,其子黑色。味苦,性寒,无毒。食法:叶煤,熟水浸去苦味,油盐调食"。又如木部"叶可食"之"茶树柯","一名茗,一名荈,树柯丛生,大小类枝子,叶春初生芽,作细茶。叶长生寸余,作粗茶,味苦,性寒,无毒。食法:采嫩叶,焙作茶,烹去苦味,二三次水自净,油盐姜醋调食"。本书图文并茂,为当时灾民度荒、采集可食野生植物及免食有毒野菜指点门径,并反映了我国植物学知识在当时已达到相当水平。

《野菜博录》是在同时代朱橚《救荒本草》的影响下编成的,全书从内容到形式,都可看到这种痕迹。但本书总结了明代的植物学成就,它在所收野生植物的数量上独居榜首(朱橚《救荒本草》收四百十四种、王磐《野菜谱》收六十种、周履靖《茹草编》收一百零五种),可谓是这方面的集大成之作,是《救荒本草》之后又一本优秀的植物图谱。《四库全书总目》评其曰:"所录广于王磐《野菜谱》,较明周定王《救荒本草》亦互有出入。木饥金穰,理可先知,尧水汤旱,数亦莫遁,有备无患,不厌周详,苟其有益于民命,则王道不废焉。书虽浅近,要亦荒政之一端也。"

有关《野菜博录》的研究著作有日本天野元之助《中国古农书考·鲍山撰〈野菜博录〉三卷》(农业出版社,1992年)及其《明代救荒作物著述考》(《东洋学报》第四七卷第一号,1964年)。国内汪振儒主编《中国植物学史》也有所论述。

(王国忠)

景岳全书 张介宾

《景岳全书》,六十四卷。明张介宾撰。成于明天启四年(1624)。通行本有《四库全书》本、1958年上海卫生出版社本、1959年上海科学技术出版社本。

张介宾(1563?—1640?),字会卿,号通一子。先世居四川绵竹县,明初以军功世授绍兴卫指挥,遂迁居会稽(今浙江绍兴)。早岁随父至北京,师从名医金英,尽得其传。壮年投笔从戎,因不得志而归里,专攻医学。其为学先尊朱震亨"阳常有余"之说,四十岁后则反此而提出"阳常不足"的观点。临床常用温补之剂,成为温补派的代表人物。他深谙《易经》,通晓天文、音律、兵法。除本书外,还著有《类经》、《类经图翼》、《类经附翼》、《质疑录》等。生平事迹见清林日蔚所作本书跋。

《景岳全书》系综合性医书,有清查嗣瑮序、范时崇序、贾棠序、四库馆臣序等。卷一至卷三,《传忠录》,载医论三十五篇。卷四至卷六,《脉神章》,载脉论四十八篇。卷七、卷八,《伤寒典》,列述伤寒、温病证治。卷九至卷三七,《杂证谟》,除卷二六至卷二八论五官科疾病外,重点是论述内科杂病。分为七十一门,每门均首列《经义》,引述《内经》、《难经》有关本病的记载;次为《论证》,讨论本病的虚实、寒热及所犯脏腑;次为《论治》,介绍各种治法;次为《论列方》、《备用方》,开列相应方剂。有的门下有《述古》一项,介绍历代医家对本病的看法,并加以评述;有的附有病案。卷三八、卷三九,《妇人规》。卷四十、卷四一,《小儿则》。卷四二至卷四五,《痘疹诠》。卷四六、卷四七,《外科录》。卷四八、卷四九,《本草正》。卷五十、卷五一,《新方八阵》。卷五二至卷六十,《古方八阵》。卷六一至卷六四,依次为妇人方、小儿方、痘疹方、外科方。

本书比较集中地体现了张氏的基本学术思想。在理论上张氏尤其不满于朱震亨的"阳常有余,阴常不足"之论,所以本书有专篇进行批驳。书中指责朱氏此论是"大悖经旨、大伐生机之谬谈"(卷三《传忠录下·辨丹溪》),并针锋相对地提出了"阳常不足,阴常有余"的观点(卷二《传忠录中·阳不足再辨》),认为"难得而易失者唯此阳气;既失而难复者,亦唯此阳气,又何以见阳之有余也"(同上)。

对刘完素的"火热论",作者也深致不满,认为属火之病证有虚火实火之分,而刘氏"不辨虚实,不察盛衰,悉以实火言病"(卷三《传忠录下·辨河间》)。作者以为,"实火为病,固为可畏;而虚火之病,尤为可畏。……矧今人之虚火者多,实火者少"(同上),明确表示了重虚轻实的观点。

从上述基本思想出发,在临床实践上,作者主张温补,特别是温补肾命,反对刘、朱多用寒凉之药。认为"实火固宜寒凉去之,本不难也。虚火最忌寒凉,若妄用之,无不致死"(同上)。指出补阴之方"止堪降火,安能补阴。若任用之,则戕伐生气而阴以愈亡"(卷三《传忠录下·辨丹溪》)。书中更揭露当时一般泥守刘朱之说的医家,滥施寒凉,"多致伐人生气,败人元阳,杀人于冥冥之中,而莫之觉也"(卷三《传忠录下·辨河间》)的通病。因此书论药,首重温补,慎用攻伐,故《本草正》中推人参、熟地、附子、大黄为药之"四维",指出:"病而至于可畏势,非庸庸所济者,非此四物不可。"但于"四维"中又细加区分,以人参、熟地为"良相",附子、大黄为"良将"。并解释道:"兵不可久用,故良将用于暂;乱不可忘治,故良相不可缺。"意谓人参、熟地温补之药,故可常服;附子、大黄攻伐之药,只能暂用。作者尤擅用熟地,故人称"张熟地"。

张氏深知"天地阴阳之道,本自和平,有不平则灾害至矣"(卷二《传忠录·阳不足再辨》),之所以倡"阳常不足"之论,是因为感到"丹溪补阴之说谬,故不得不为此反言,以救万世之生气"(同上)。因而在理论上,他也注意到了"真阴"损伤的问题,指出:"凡虚损之由,……无非酒色、劳倦、七情、饮食所致。故或先伤其气,气伤必及于精;或先伤其精,精伤必及于气。但精气在人,无非谓之阴分。盖阴为天一之根,形质之祖,故凡损在形质者,总曰阴虚。"(卷十六《杂证谟·虚损》)看到了精气之间的虚损转移,又把"损在形质者"统谓之"阴虚",这就在一定程度上改变了理论上"一偏之见"的色彩。在临床实践上有时也能实事求是,取诸家之长。如论三消之病(即三焦受病),指出既有"邪热有余"的"实火"证,也有"真阴不足"的"虚火"证。所以既采朱震亨的"阴消"之说,又倡"阳消"之论。然而重阳轻阴、重虚轻实、重温轻寒则是张氏的基本学术倾向。

《景岳全书》是研究作者医学思想的一部重要著作,也是温补学派的代表作,它对该学派的形成起了重要的作用。

有关本书的研究,主要有赵立勋主校、何光鉴等点校《景岳全书》(人民卫生出版社,1991年)。论说有赵璞珊《张景岳》(见杜石然主编《中国古代科学家传记》)及各家中国医学史的有关部分。

(林建福)

崇祯历书 徐光启等

《崇祯历书》，又名《西洋新法历书》、《新法历书》、《新法算书》，一百卷。明徐光启、李天经、李之藻、龙华民、邓玉函、罗雅谷、汤若望等撰。成于明崇祯七年(1634)。通行本有《四库全书》本。

徐光启生平事迹见"甘薯疏"条。

明代二百余年间，实际只用《大统历》(元郭守敬所制《授时历》之略改版)一种，因时代已久，多次出现实际天象与预报不合的现象。崇祯二年(1629)五月乙酉朔日食，钦天监预报又误，于是改历之议复起。七月，徐光启受命督领修历，九月正式设局。徐氏深受西方天文历法学之影响，从而提出先译后制的方针。即先全面、系统地翻译耶稣会士所传入的欧洲天文学著作，再以中法为主，"参用西法"来制新历。为翻译所需，历局聘请了耶稣会士龙华民、邓玉函、罗雅谷、汤若望等入局。崇祯六年(1633)，徐光启逝世，由李天经继职主持。至崇祯七年(1634)，翻译工作全部完成，共得一百三十七卷(包括徐光启、李天经五次进呈四十六种一百三十五卷，再加星图一摺、星屏一架，总称一百三十七卷)，人称《崇祯历书》。但新历因反对者甚多，在明代也未能正式颁行。清军入关后，传教士们将它删削整理为一百卷进呈给清廷，定名《西洋新法历书》并刊行。收入《四库全书》时，为避讳而更名为《新法算书》。

《崇祯历书》卷一至卷八为《缘起》部分，叙修订《崇祯历书》之缘起、经过。亦记录本书原计划之纲目、所用仪器、进呈书目及银钱俸禄等具体杂事。卷九、卷十为《大测》，叙割圆、三角等几何计算原理。卷十一、卷十二为"测天约说"，叙新法天算的具体方法。卷十三、卷十四，叙对日、月交食的新法观测、计算方法。卷十五为《学历小辨》，乃答魏文魁之责难(当《崇祯历书》开局之时，满城平民魏文魁著《历元》、《历测》二书反对，徐光启遂作四篇驳文以对，亦兼对另一反对者冷守忠。内容重在批驳守旧，申扬学习西法。经此次之互辩，修订新历遂最终定局)。卷十六至卷二十为《浑天仪说》，叙浑仪之构造与具体运用。卷二一《比例规解》，叙比例规之构造与具体运用。卷二二为《筹算》，叙筹算之方法。卷二三为《远镜说》，叙用远镜观测日月星辰之方法。

卷二四为《日躔历指》，卷二五、二六为《日躔表》，皆叙日躔行度。卷二七为《黄赤正球》，列《黄赤道距度表》。卷二八至卷三一为《月离历指》，卷三二至卷三四为《月离表》，卷三五为《太阴二之均数总数加减表》，皆叙月行规律与行度。卷三六至卷四四为《五纬历指》，卷四五至卷五五为《五纬表》，叙五大行星运行规律、行度与会合周期、恒星周期。卷五六至卷五八为《恒星历指》，叙恒星原理与观测。卷五九至卷六一为《恒星表》并附图，以明恒星分布位置。卷六二、六三为《恒星出没表》，叙恒星在各节气出没时刻。卷六四至卷七十为《交食历指》，叙日、月食历理与观察、计算等。卷七一为《古今交食考》，历叙对《尚书》、《诗经》以来日、月食之考证。卷七二至卷八十为《交食表》，叙日、月食观测与计算数据。

卷八一、八二为《八线表》，叙割圆八线表之计算原理与方法及具体运用。卷八三至卷八六为《几何要法》，叙西法几何学原理与计算运用。卷八七至卷九六为《测量全义》，叙西法天体测量之原理与具体方法、运用。卷九七为《新法历引》，叙西历之基本原理与诸法。卷九八为《历法西传》，叙传入我国之古今西法。卷九九、一百为《新法表异》，引叙中国各朝各历与本朝新历之凡概以质诸于世之知历者，精粗疏密，展卷即得。并叙新法之独特发展与具体历理。此末三卷乃汤若望入清后所作而附刻者。

据《缘起》部分所叙，书原设计十一部：以法原、法数、法算、法器、会通谓"基本五目"，以日躔、恒星、月离、日月交食、五纬星、五星交会谓"节次六目"。以今行书观之，则基本内容合之，但目次标题皆已变易。

《崇祯历书》星图，为徐光启主持所撰该书中的星图，共有"见界总星图"，"赤道南北两总星图"、"黄道南北两总星图"和"黄道二十分星图"四种，另有配合其书而绘制的大型"赤道南北总星图"。

"见界总星图"，为单幅，是以天球北极为中心、恒隐圈为边界的圆形盖图，包含了全天可见的恒星，分周天为传统 $365\frac{1}{4}$ 古度。其图一改之以前星图中的恒显圈、恒隐圈均以中原地区能见星为准的传统，"宜用滇南北极出地二十度，为恒隐圈之半径，以其圈为隐见之界，则各省直所得见之星，无不备载"。清顺治二年改刊其书为《西洋新法历书》时，可能因此图为中国传统体制的星图而删除。

"赤道南北两总星图"，为两幅以赤道为边界的圆形星图，一幅是以北极为中心，另一幅是以南极为中心，均按 360°制图，在两图中始有以前星图中均无的纬度和黄极的标识。

"黄道南北两总星图"，为两幅，画法同"赤道南北两总星图"，不同之处为，此两图分别以北黄极和南黄极为中心、黄道圈为边界的黄道星图，即以黄经和黄纬来表示各星经、纬度。

"黄道二十分星图",是按黄道经、纬度来绘制的二十幅详图(已具备近代实用整册星图的形式),以补"黄道南北两总星图"因画得过于拥挤、未能明晰的不便使用之处,又因"恒星与七政,皆循黄道行"而不绘赤道分图。

大型"赤道南北总星图",为八条幅(每幅高约为2米、宽约为0.65米),因徐光启考虑到以上四种星图"尺幅狭小,位次联络之间,恐于天象微有不合,不便省览",故"制为屏幛八面"。其八条幅从右至左顺序展现,首条幅为"赤道南北极两总星图叙"(由徐光启撰写),中间是由三条幅组成的主星图,即两幅顺序均为圆形的赤道北极总星图和赤道南极总星图,在这两总星图后为末幅"赤道南北极两总星图说"(由德国耶稣会传教士汤若望撰写)。另外,在"赤道南北极两总星图叙"的左边有三幅附图,分别为岁星(木星)、荧惑(火星)、太白(金星)的"行天一周迟留伏逆诸行经图",其间又夹有两幅仪器图(黄道经纬仪图和地平经纬仪图)和文字说明;在赤道北极总星图的右边上下方绘有两附图,为填星(土星)和辰星(水星)的"行天一周迟留伏逆诸行经图";在两幅总星图之间的上下方绘有两附图,上部为一圆形赤道星图,下部为一圆形黄道星图,以及文字说明;在赤道南极总星图的左边上下方绘有两附图,为填星和辰星的"纬图";在"赤道南北极两总星图说"的右边有三幅附图,分别为岁星、荧惑、太白的"纬图",其间又夹有两幅仪器图(赤道经纬仪图和纪限仪图)和文字说明。在两总星图中,有从黄极引曲线至边界,分天区为西方黄道十二宫;又有从赤极引直线至边界,分天区为中国二十八宿;两者中西合璧,为官方星图中首创。此图度制为"外分三百六十度,内分三百六十五度四分度之一",即两种圆周分度并列为一大持色。图中星座,除中国传统之外多有新增,在原有1362颗星之外又添绘新测量450颗,总数达1812颗,超过西欧同时期星表中的星数,居当时世界星图的首位(潘鼐《中国恒星观测史》,学林出版社,1989年)。故宫原有大型屏条八幅图,现存中国第一历史档案馆,为著以蓝色的清印本。法国巴黎国家图书馆亦藏有该图清印本八幅,但为墨印而未著色。梵蒂冈图书馆藏有海内外唯一的明刊八幅彩色图本。

全书以说解配合图表,较全面系统地介绍了欧洲古典与近代的天文学知识,有理论、仪器、观测、计算等诸方面的内容。主要有以下诸方面。

一、全书采用丹麦天文学家第谷所创立的宇宙体系。这一体系是介于托勒密地心体系与哥白尼日心体系之间的折衷体系,其以地球为宇宙中心,日、月、恒星皆绕地球运行,而五大行星则绕日运行。虽比早期耶稣会士所传入的托勒密地心体系要略进步些,但从根本上讲也仍属于地心体系理论,比之哥白尼的日心体系依然是大为落后的。因此,《崇祯历书》虽然也征引了不少哥白尼书中的话,但始终未能采用日心体系,是至为遗憾的。而造成这一结果的原因,根本在于耶稣会士未向我国传入日心体系(耶稣会士如此做,可能还是由于对昔日与日心说派斗争耿耿于怀之故)。

二、采用本轮、均轮等一整套小轮系统的天体理论与计算方法。小轮系统起源于古希腊,在解释日、月、五星的视运动上有其独特的见解,很为徐光启等所欢迎。但小轮系统是建立在地心体系之上的,加之本身臆想成分过重,所以终究是不科学的。当时西方已经有了开普勒的行星运动三定律,只因是建立在日心体系之上的,所以耶稣会士也就秘而不宣了。

三、引进了明确的地球概念与地球经、纬度及其有关的测定、计算方法。这在古代中国无疑是天体理论的一大进步,对日、月食计算与其他天文计算的精度提高也大有帮助。

四、引进了视差、蒙气差、时差的概念,这对于提高计算精度同样有着重大的裨益。如,因引进了视差的概念,尤其是对周日视差的改正,就强过了古代经验的近似计算。又如,因引进了蒙气差的数值改正,从而区别开了冬至点与日行最速点(即近地点)的不同,且指出了日行最速点每年前进约45″(比今测准确值少6.8″)。这比我国以前的旧历都有明显的进步。

五、引进了西方的球面三角学与平面三角学知识,比元郭守敬《授时历》的"弧矢割圆术"有了极大的发展,从而使我国古代的天文学计算在整体上跨入了近代时期。在计算范围、计算能力、计算方法上都取得了新的突破性进展。

六、引进了西方的观测仪器,如古典时期的象限仪与纪限仪,近代时期的伽里略望远镜等。尤其是望远镜的引入,是对我国古代天文仪器的更新换代,从而使我国古代的天文观测也开始步入近代时期。

七、引进了西方的恒星编号与星等概念,并从此为我国所采用。同时,还根据第谷星表与我国传统星表而绘制出我国第一张全天星图(包括我国所未能得见恒隐圈外的南极天星),兼用黄赤道坐标系,以后清代的星表都以此为基础而修正、补充,并延续至今。

八、引进了西方天文学的度量制度。如,分圆周为三百六十度(度以下用六十进位制),分一日为二十四小时(九十六刻、一刻十五分钟)。又如,引进了西方的黄道坐标系,并采用了从赤道起算的九十度纬度制与十二次系统的经度制。从而使我国的天文学度量制度与西方同步。

九、引进了西方的诸多具体的天文理论与数据。如,日月五星的远近距离理论与数据,岁差与回归年长度的数据等。再如,彻底采用定朔、定气注历,以无定中气之月为闰月等。

十、《崇祯历书》全盘引进了西方天文学的先进成分,也全面引进了它们的糟粕。除了前面已说到的地心体系等以外,还有如否认天体的自转、照搬了西方虚幻的"恒星天"概念,过大的天体直线距离与其他错误数据等等。又因为是编译西方天文学著作,所以也就对中国传统天文学的优秀成分都未能采纳。尽管有着种种的客观原因,而实际造成的后果就是全盘否定了中国传统的天文学成果。

十一、在《崇祯历书》四种星图与大型"赤道南北总星图"中,有着许多承前启后的特色,例如,中国传统的365.25°与西方360°的圆周度量制并用,赤道坐标制和黄道坐标制兼用,星名采用编号并加有增星编号,采用了西方的星等制度,介绍了以前星图未曾有过的恒隐圈外诸星等,这些既保持了中国天文学的传统,又引进了西方天文学的长处,所以,《崇祯历书》星图的特色和科学价值极其明显,集中西之大成,为中国恒星观测和天文学的发展作出了划时代的贡献。

总之,《崇祯历书》是当时最主要、最全面地介绍、引进西方天文学的著作,它使我国的天文学从传统的中国旧式体系转向了西方近代的天文学体系。这是一次具有划时代意义的突破,从此我国的天文学也就一步一步地走上了近代化以至现代化的道路。尽管由于种种的原因而此书有着很多的不足与缺点,但它的成绩与贡献是主要的。

关于本书研究,有严敦杰《徐光启》(见中科院自然科学史研究室编《中国古代科学家》、《徐光启纪念论文集》、《徐光启》(见杜石然主编《中国古代科学家传记》)、陈美东《中国科学技术史·天文学卷》等的有关部分。

(王贻梁)

皇明职方地图表 陈祖绶

《皇明职方地图表》,又名《皇明职方地图》、《皇明职方两京十三省地图表》,三卷。明陈祖绶绘,成于明崇祯九年(1636)。有崇祯九年刊本,今藏北京图书馆。

陈祖绶,明末人。崇祯(1628—1644)年间进士,官兵部职方主事。主张加强国防,抗清御倭。主持绘制《皇明职方地图》,同时撰有《皇明职方地图大序》、《或问篇》及所附图解说明、表格等。

陈祖绶任兵部职方郎中时,对"旧图于郡县惟记其名,不画其险,所以郡县可考,而山川之险阻莫测"(《皇明职方地图大序》),不能满足军事与其他方面的需要,颇有感叹。他认为,"京省郡县,全在责实于内,故凡逋逃薮泽,不可不备,旧图于边墙图其内,不绘其外,所以图以内易见,而图以外难知。九边之要,全在谨备于外,故外夷出没,不可不详。旧图边镇不大,大宁、开平、兴和、东胜四边虽失,犹二祖之版图也,乌可遂弃而不问?旧图有黄河有漕河,皆今昔莫辨,而无农丈人之《禹贡河山图》,无《江山图》,无《弱水图》,无《黑水图》,以此高山不足以刊旅,大川不足以涤源。旧图《漕河》太略,无《海防》而有《海运》,无《太仆图》。旧图在万历以前,今历两世,朝代异则沿革异"(同上)。为此,他组织四十六人因七氏之图而加广之,于崇祯八年正月重新绘制,参考本朝《寰宇记》、《大明一统志》、《大明官志》、《舆地图》、《广舆图》、《广舆考》、《罗记》、《京省图》、《边镇图》、《川海图》、《河运》、《海运》、《江防》、《海防》、《图叙》、《边图》、《海图》等图书,于崇祯九年初夏完成本书。

《皇明职方地图表》是明末综合性的国内与邻国地图册及其说明。篇首录《尚书·禹贡》和《周礼·职方氏》、陈祖绶所撰《或问编》。其后有图四十五幅,上卷志郡县,有《天下大一统图》、《两直隶十三布政使图》;中卷志边疆,有《新旧九边图》、《七镇图》;下卷志山川河海及域外诸国,有《山川图》、《河漕海运图》、《海防图》、《太仆统辖图》、《朝鲜》、《朔漠》、《安南》、《西域》、《岛夷图》。后附皇明贡夷国、贡夷年表,又详载辽东、奴儿干都司史事。前有《皇明职方地图》大序。

陈祖绶以地图察地势,别水道,辨全览,知官守,严大防,记异族,叙邻国。他不仅重视山川、险阻、泽薮等自然地理要素,而且强调省府县等行政区域;既着重内地,也不忽略边塞与塞外。对于明代中叶后,失陷于少数民族的边镇,也绘于专图,以此激发君臣将士光复失地的情感与责任。

图上水系详尽,前人地图所遗漏的一一补上,已经改道的在图上改正。地名一律按当时称呼注记。图旁及图后的说明稍详。图的注记文字较小,符号设计美观大方,使图的各要素清晰而不拥挤。全图严整美观,刻镌印刷也比较精细。

《皇明职方地图表》集元明舆图大成而有发展,其学统承袭元朱思本《舆地图》与明罗洪先《广舆图》,是朱思本系统地图的殿军。此书图、表、说结合,较其他地理图志系统又别创一格。其成就扩大《广舆图》的影响,在当时起过重大作用。

有关本书的研究,见王庸《中国地理学史》,卢良志《中国地图学史》,唐锡仁、杨文衡主编《中国科学技术史·地学卷》等书的有关部分。

(贺圣迪)

国脉民天 耿荫楼

《国脉民天》,一卷。明耿荫楼撰。成于明崇祯十一年(1638)前。通行本有清道光潘曾沂《丰豫庄本书》本、清同治秦聚奎刻本、清光绪范梁《区种五种》本、1955年北京财政经济出版社版王毓瑚《区种十种》辑本。

耿荫楼(？—1638),字振垣,又字璇极、节愍,北直灵寿(今河北灵寿)人。明天启五年(1625)进士。曾任地方官,崇祯十一年殉难于清兵攻陷灵寿之时。生平事迹见《明史》、《明史稿》、高承埏《崇祯忠节录》、舒赫德等《胜朝殉节诸臣录》。

《国脉民天》是一部以精耕细作为主旨的短著。内容分为区田、亲田、养种、晒种、蓄粪、治旱、备荒等七目。书前有潘曾沂《耿嵩阳先生种田说序》、秦聚奎《重刊〈国脉民天〉序》及《区田一亩图》,后附丁守存的《溉田法》。

《国脉民天》是作者亲身实验观察的记载,其最富价值者有二,即创造亲田法和首载种子的粒选技术。"亲田"制度是限地精耕的办法。其《亲田》目曰:"亲田云者,言将地偏爱偏重,一切俱偏,如人之有所私于彼,而比别人加倍相亲厚之至也。每有田百亩者,除将八十亩照常耕种外,拣出二十亩,比那八十亩,件件偏他些,其耕种、耙耪、上粪,俱加数倍,务要耙得土细如面,一搏土块可以八日不干方妙,旱则用水浇灌,即无水亦胜似常地。遇丰岁,所收较那八十亩定多数倍,即有旱涝亦与八十亩之本收者一般。遇蝗虫生发,合家之人守此二十亩之地,易于捕救,亦可免蝗。明年,又拣二十亩,照依前法作为亲田,是五年轮亲一遍,而百亩之田,即有礤芹,皆养成膏腴矣。如止有田二十亩者,拣四亩作为亲田,量力为之,不拘多少,胜于无此法者,甚简、甚易、甚妙。依法行之,决不相负也。"这是我国农学史上的一大创造,反映了作者确保重点、以备不虞的科学思想。

其次,本书首先记载了种子的粒选技术。其《养种》目曰:"凡五谷、豆果之有种,犹人之有父也,地则母耳。母要肥,父要壮,必先仔细拣种,其法,……于所种地中,拣上好地若干亩,所种之物,或谷或豆等,即颗颗粒粒皆要仔细精拣肥实光润者,方堪作种用,此地比别地粪力耕锄俱加数倍……则所长之苗,与所结之子,比所下之种必更加饱满……下次即用此种所结之实内,仍拣上上极大者作为种子……如此三年三番后,则各大如悉矣。"总结了劳动人民在选种方面的先进技术。作者自认为该书是"法参古人,酌以家训,事若琐屑,实则呕心血,试有成效,非未信而劳民"。

关于本书的研究,有梁家勉主编《中国农业科学技术史稿》的有关部分。

(王国忠)

沈氏农书 沈 氏

《沈氏农书》，一卷。明代沈氏撰。约成于明崇祯十三年(1640)之前。通行本有《杨园先生全集》本、《昭代丛书》本、《通学斋丛书》本、《丛书集成》本等。

沈氏，明末浙江涟川(今浙江湖州)人。其名及生平事迹不详。

《沈氏农书》是总结南太湖地区的一部地方性农书。所记内容翔实，技术精湛，条理清晰，总结了太湖南岸农桑之乡农民的丰富经验。清代张履祥在该书的跋中说："其艺谷、栽桑、育蚕、畜牧诸事，俱有法度，甚或老农蚕妇之所未谙者。首列月令，深得授时赴功之义。以次条列事力，纤悉委尽，心计周矣。"全书分为四部分：逐月事宜、运田地法、蚕务、家常日用。其中，《逐月事宜》相当于一篇农家月令提纲，详列各月"天晴"、"阴雨"的农务和"杂作"、"置备"事项。对农业生产经营、家庭副业和生活日用安排得井井有条。《运田地法》叙述大田的耕作、种植技术措施。其中水稻部分，主要依据明万历《乌青志》加以修改充实而成。《蚕务》阐明农村饲养管理等蚕事的经验心得。《家常日用》十一条则介绍农副产品的合理加工、贮藏、利用等实际知识。

《沈氏农书》无论在经营管理或农业技术知识方面，都达到了相当高的水平。其具重要价值者有三：(一)沈氏在书中提出："凡种田固不出'粪多力勤'四字"，可视为其指导思想，也反映了当时农业生产技术的发展方向。(二)对于水稻的密植提出"行欲稀，须间七寸，段欲密，容荡足矣"，并要求需深耕达到七八寸，肥料要相当充足，耕作方面尤其是中耕除草施肥灌水要求严格，技术细致。(三)水田"深耕通晒"的耕地经验、水稻品种的合理布局、桑树栽培整枝修剪技术等均超越前人并有所发展。《沈氏农书》在1658年由张履祥加以校订并著《补农书》一书，使之日臻完善，足见其书的实用价值及其重要影响。

有关《沈氏农书》的研究论著有王达《试论〈补农书〉及其在农史上的价值》(《农史研究》第五辑)，陈垣力、王达的《〈补农书〉研究》(农业出版社，1958年)，《〈补农书〉校释》增订本(农业出版社,1983年),日本立足启二的《明末清初的一种农业经营——〈沈氏农书〉的再评价》(《史林》第六十一卷第一号,1978年),以及梁家勉主编《中国农业科学技术史稿》的有关部分等。

（王国忠）

养余月令 戴 羲

《养余月令》,三十卷。明戴羲辑。约成于明崇祯十三年(1640)。通行本有明崇祯十三年刊本、清雍正九年(1731)重刻本、1956年中华书局排印本。

戴羲,字驭长,号濑园灌叟,籍贯不详。明崇祯中任光禄寺典簿,后以种花著书自娱。

《养余月令》是一部汇录前人的著述而编成的月令书。本书原来只有月令部分,下按月分为测候、经作、艺种、烹制、调摄、栽博、药饵、收采、畜牧、避忌等十目。后来才增补了卷二一以后各卷,增辑了蚕(杂引、育法)、鱼(杂引、育式、附金鱼)、竹(杂式、品目),并在牡丹、芍药、兰、菊各项中分别辑入前人的谱录,又以"濑园考订"为题在各卷中阐述了辑者的见解。书前有作者分别于明崇祯六年(1633)、崇祯十三年(1640)所撰的两篇序。

本书逐月列记了农家一年十二个月的农事安排,同时将所引的文献出处注记在文后,有的不注明出处。注明出处者,且与原文内容有颇大出入,文句多有改动。书中收辑了前代的有关资料,颇具文献价值,但总的来讲,如《四库全书总目》所云,该书"钞撮旧籍,无所发明"。

关于本书的研究,见梁家勉主编《中国农业科学技术史稿》的有关部分。

(王国忠)

天工开物 宋应星

《天工开物》,十八卷。明清之际宋应星撰。成于明崇祯七年(1634)至崇祯十四年(1641)之间。通行本有明崇祯十年(1637)涂伯聚刻本、清康熙初年杨素卿刻本、日本明和八年(1771)营生堂刻本、中华书局1959年影印本、广东人民出版社1976年版钟广言注译本、巴蜀书社1989年版潘吉星《天工开物校注及研究》以及日文、英文、法文、德文、俄文等多种译本。

宋应星(1587—约1666),字长庚,江西奉新县人。宋氏先世乃奉新县名门望族,其曾祖父宋景为弘治进士,官至南京光禄寺卿、南京工部尚书、吏部尚书。但到其父亲宋国霖时,家境已经中落。万历四十三年(1615)宋应星与其兄宋应昇同时乡试中举,然次年赴京会试落第。以后又先后五次参加京试,均未能金榜题名。四十七岁时就任本省分宜县教谕,后升任汀州府(今福建长汀)推官,又迁凤阳府亳州(今安徽亳县)知州。明亡后弃官回家,不知所终。著作尚有《野议》、《论气》、《谈天》、《思怜诗》、《画音归正》、《卮言十种》、《杂色文》、《原耗》等,其中后四种今已亡佚。事迹见宋立权、宋育德1934年刻印的《八修新吴雅溪宋氏宗谱》及丁文江所撰《奉新宋长庚先生传》。

《天工开物》是一部关于农艺学和工艺学方面的综合性科技著作。"天工"二字出自《尚书》的《尧典》,表示自然的力量;"开物"二字则出自《周易》的《系辞》,表示人力对自然的开发利用。宋应星曾有诗云"惊人事业优《尧典》,绝世文章玩《系辞》"(《思怜诗》),对这两篇古代典籍推崇备至。他合"天工"和"开物"两词为其书名,含有重视人与自然界相协调、人工与天工相配合的科学哲学思想。

卷首有宋应星自序一篇。其中说:"年来著书一种,名曰天工开物卷。伤哉贫也,欲购奇考证,而泛洛下之资;欲招致同人,商略赝真,而缺陈思之馆。"于此可知此书是他在生活条件清贫困苦的境况下写成的。其中又说:"《观象》、《乐律》二卷,其道太精,自揣非吾事,故临梓删去。"于此则反映了宋应星严谨踏实的学术作风。序言的最后说:"丐大业文人弃掷案头,此书于功名进取毫不相关也!"明确地表示了他与传统文人追求功名利禄的所谓学问相决裂的决心。

《天工开物》全书十八卷,按"贵五谷而贱金玉"的顺序进行编排。共约六万余字,插图一百二十余幅。卷一为《乃粒》,主要论述水稻、小麦的种植、栽培技术和各种农具、水利机械,旁及黍、稷、粟、菽等粮食作物。对南方种水稻技术,介绍得特别详细。卷二为《乃服》,主要论述养蚕技术和丝织技术,包括各种技术要点、工具、织机构造等。同时也论及棉纺、麻纺及西北的毛纺。卷三为《彰施》,主要介绍各种植物染料及染色技术,着重蓝的栽培、蓝靛的提取及从红花中提制染料的过程,兼及各种染料的配色及媒染方法。卷四为《粹精》,主要论述水稻、小麦的收割、脱粒及加工成米面的技术和工具,旁及其余杂粮的加工。卷五为《作咸》,着重论述海盐、池盐、井盐等盐产地、制盐技术和工具,尤详于海盐和井盐。卷六为《甘嗜》,重点介绍福建、广东的甘蔗种植、制糖技术及工具,同时兼及蜂蜜和饴糖。卷七为《陶埏》,介绍砖、瓦及白瓷的烧炼技术,从原料配制、造坯、上釉到入窑都予以说明,尤详于景德镇烧造瓷器的技术。卷八为《冶铸》,是关于铸造技术的详细记录,着重叙述铸铁锅、铸钟及铸铜钱技术,包括失蜡铸造、实模铸造及无模铸造三种方法,所绘示的工艺图极其珍贵。卷九为《舟车》,记述各种船舶和车辆的结构及使用方法,尤详于内河运粮的漕船和北方的四轮大马车。卷十为《锤锻》,系统叙述锻造铁器、铜器的工艺过程,从万斤的大铁锚到轻细的绣花针,还有各种金属加工工具如锉、锯、刨等都包括在内,对金属热处理及加工技术也作了介绍。卷十一为《燔石》,论述烧制石灰、采煤和烧炼矾石、硫黄、砒石的技术,对煤炭分类、采掘、井下安全措施,都有较详细的记载。卷十二为《膏液》,论述十六种油料植物子实的出油率,油的性状、用途,及用压榨法和水代法提制油脂的技术。卷十三为《杀青》,叙述纸的种类、原料,详述造竹纸和皮纸的全套工艺过程及设备,并提供了造纸技术操作图。卷十四为《五金》,主要论述金、银、铜、铁、锡、铅、锌等各种金属矿石的开采、洗选、冶炼及分离技术,还有各种金属合金的冶炼技术。卷十五为《佳兵》,先介绍冷武器,尤详于弓箭制造;然后是火药和火器,着重介绍了提硝法、乌铳、万人敌(地旋式炸弹)。卷十六为《丹青》,主要论述朱砂研制,包括从天然丹砂炼水银、再从水银与硫重新提炼为银朱的技术。制墨部分则着重于松烟墨原料炭黑的烧炼。卷十七为《曲蘖》,主要论述酒曲的制造,介绍了酒母、药用神曲及丹曲(红曲)所用原料种类、配比、制造技术及用途。卷十八为《珠玉》,主要叙述珍珠、宝石及玉的开采,兼及玛瑙、水晶和琉璃等。

《天工开物》内容丰富,图文并茂。它忠实地记述了农业和手工业两大领域的三十个生产部门的技术过程,其中的许多成就都居于当时世界的先进水平。例如在农业方面,《乃粒》卷说:"陕洛之间,忧虫蚀者,或以砒霜拌种子。"《燔石》卷说:"宁绍郡稻田必用(砒霜)蘸秧根,则丰收也。"这是用砒霜来拌种子蘸秧根以防鼠害和病虫害的先进技术。《乃服》卷说:"今寒家有将(蚕)早雄配晚雌者,幻出嘉种";"若将白雄配黄雌,则其嗣变成褐蚕"。这是杂交蚕蛾以改良蚕种的先进技术。在纺织方面,书中记载了用花机织龙袍、织罗的先进工艺;《乃服》卷给出的花机结构图式,是当时世界上最先进的纺织机械。在冶炼方面,《五金》卷记述了炼铁联合作业的先进工艺,即在生铁炼成之后,如欲再造熟铁,则在冶铁炉旁设一方塘,趁热使铁流入方塘,加入泥粉,并由数人以柳棍快速猛搅。这种趁热炒铁的方法,可以免去生铁的再熔化过程,以节约时间和降低成本,"凡铁分生熟。出炉未炒为生,既炒则熟。生熟相和,炼则成钢"。这是对我国独创的,由铁矿开始,依次炼成生铁和熟铁,再合炼成钢的类似半连续化钢铁生产系统的记述。《冶铸》卷所记载的许多先进工艺至今仍在应用,如有名的王麻子、张小泉刀剪就是使用了传统的"夹钢"、"贴钢"技术。在采矿方面,《燔石》卷说:"初见煤端时,毒气灼人。有将巨竹凿去中节,尖锐其末,插入炭中,其毒烟从竹中透上,人从其下施镢取者。"这是在井下掘煤时,用插入巨大空心竹管来排出毒气(瓦斯)的简便有效方法。此卷又说:"或一井而下,炭纵横广有,则随其左右阔取其上支板,以防压崩耳。"这是在煤井下设置支板进行巷道支护的重要安全措施。这两项措施表明当时的采煤技术在世界上处于领先地位。此卷中还依据煤的硬度和挥发成分,把煤分为明煤、碎煤、末煤三种,既符合科学原理,又很有实用价值。此外,书中还详细介绍了丹曲(红曲)在食品保存中的用途:"凡丹曲一种,法出近代。其义臭腐神奇,其法气精变化。世间鱼肉最朽腐物,而此物薄施涂抹,能固其质于炎暑之中,经历旬日,蛆蝇不敢近,色味不离初,盖奇药也。"(《曲糵》)这与近代用抑制微生物生长的抗生素来保存食物,出于同一原理。

《天工开物》不仅记录并总结了当时农业和手工业领域的生产实践经验及工艺技术成就,而且注意从现象中发现本质,在科学理论方面也取得了不少成就。例如在生物学方面,《乃粒》卷提出"土脉历时代而异,种性随水土而分",这是从农民培育水稻、大麦新品种以及让不同品种的蚕蛾杂交来改良蚕种等技术中提炼概括出来的科学理论,是中国古代关于物种变异思想的新发展。又如在化学方面,《丹青》卷载"每升水银一斤,得朱十四两,次朱三两五钱",这是说一斤水银可得朱砂(硫化汞)十七两五钱(合旧制一斤一两五钱),其增多的部分是"借硫质而生",这表明此书不但已经认识到朱砂是汞和硫的化合物,而且有了初步的"质量守恒"思想的萌芽。

《天工开物》之所以能取得诸多科技成果,与其所具有的科学精神和科学方法是分不开的。首先,此书重视实践经验,提倡试验方法。宋应星在此书的自序中说:"为方万里中,何事何物不可见见闻闻?"这是他自己深入实地考察并掌握第一手资料的指导思想。《乃粒》卷说:"纨绔之子,以赭衣视笠蓑;经生之家,以农夫为诟詈;晨炊晚饷,知其味而忘其源者众矣。"这是对鄙视生产实践的社会陋习的批评。《佳兵》卷提出凡事"皆须试见而后详之"的主张;《膏液》卷中则认为,凡"未穷究试验,与夫一方已试而他方未知者",只能付阙待考。其次,此书重视记述数据,倡导定量方法。据粗略统计,全书共给出一百三十多项技术经济数据,其中包括农业方面的农时、田间管理、单位面积产量,手工业方面各种生产工具的大小尺寸、材料消耗、使用寿命、材料配方、经济效益以及不同物质的物理性能等等,从而大大增强了此书的科学价值。如《五金》卷说:"凡金质至重。每铜方寸重一两者,银照依其则,寸增重三钱。银方寸重一两者,金照依其则,寸增重二钱。"这实际上是用定量的方法,揭示了物理学上的比重观念。丁文江在《奉新宋长庚先生传》中称"其精神与近世科学方法相暗合",此言确实不虚。

《天工开物》所反映的经济思想,主要有下列四点。

一、"贵五谷而贱金玉"的思想。农业部分虽然在全书中的比重不大,有三分之二的篇幅精辟地叙述了工矿百货的生产技术,但"卷分前后,乃贵五谷而贱金玉之义"(《卷序》)。在《卷序》末,宋应星自署堂号为"家食之问堂"。所谓"家食之问",就是关于农业生产的学问。全书编排始自《乃粒》表明了写作的指导思想。

二、自然与劳动协力创造财富的思想。宋应星指出:"天覆地载,物数号万,而事因之曲成而不遗,岂人力也哉?"(《卷序》)"五谷不能自生,而生人生之。"(《乃粒》)"天孙机杼,传巧人间,从本质而见花,因绣濯而得锦。"(《乃服》)自然界提供条件,经过人的劳动才能生产出满足人们需要的物质财富。

三、肯定"来往贸迁",主张社会交流。宋应星说:"人群分而物异产,来往贸迁,以成宇宙。若各居而老死,何藉有群类哉! 人有贵而必出,行賮周行;物有贱而必须,坐穷负贩。四海之内,南资船而北资车。梯航万国,能使帝京元气充然。"(《舟车》)显然,他反对老死不相往来的封闭式社会,主张发展交通,开展社会物资交流。在《五金》中还提到"贸迁有无货居,《周官》泉府,万物司命系焉"等商品货币流通问题。

四、从实际出发,分析经济效益。比如用牛,历来学者从劳动生产率的角度考察,肯定牛耕。但宋应星则从经济效益的角度分析,指出在特殊情况下,牛力不如人力:"吴郡力田者次锄代耜,不惜牛力。愚见贫农之家,会计牛值与水草之资,窃盗死病之变,不若人力亦便。假如有牛者供办十亩,无牛用锄而勤者半之。既无牛,则秋获之后田中无复刍牧之患,而菽、麦、麻、蔬诸种纷纷可种。以再获偿半荒之亩,似亦相当也。"(《乃粒·稻工》)这是进行了综合经济效益分析之后,才敢于提出一反传统的独特见解的。

《天工开物》在历史上具有非常广泛而深远的影响。它作为一部农艺学和工艺学的百科全书,长期以来一直被人们作为这方面的权威著作而加以引用。如清初官修的大型百科全书《古今图书集成》和农书《授时通考》、以后吴其濬所著《滇南矿产图略》和《植物名实图考》、刘岳云所著《格物中法》、卫杰所著《蚕桑萃编》等书,都大量地引用了《天工开物》的文字和插图。近代以后随着科学思潮的高涨,此书的重要性更为学术界所注目。仅20世纪二三十年代,此书就刊行了六次。梁启超在《中国近三百年学术史》一书中,把《天工开物》与《徐霞客游记》这两部著作,称为那个时代"最有价值的作品"。丁文江则在《天工开物跋》中赞扬宋应星说:"其识力之伟,结构之大,观察之富,有明一代一人而已。"

《天工开物》在国际上也有着重要的影响。至迟在17世纪末,此书传入日本,在日本学术界广泛流行。18世纪时日本哲学和经济学界兴起的"开物之学",就是"天工开物"思想在日本的表现。以后,本书又传入朝鲜和欧洲,并陆续被译成日文、英文、法文、德文、俄文等各国文字刊行。英国著名生物学家达尔文、化学家梅洛、俄国植物学家贝勒等,都曾在自己的著作中引述过《天工开物》的内容。目前,本书已作为一部世界科技名著而在各国流传,并被称为"实用小百科全书"。此书作者宋应星则被称为"中国的狄德罗"。

近代科学家丁文江于20世纪20年代积极从日本引回本书在国内刊行(当时国内已不见本书),而且首用近代科学原理加以诠释、研究,并为作者宋应星立传,为书作跋。解放后在浙江宁波发现了本书1637年的初刻本,经影印出版后,进一步推动了本书的研究。目前,注释、翻译和研究本书的专著已有多种,学术界还于1987年在宋应星家乡举行了"宋应星诞生四百周年纪念"的学术讨论会。有关《天工开物》的研究著作主要还有刘岳云《格物中物》,潘吉星《天工开物导读》、《宋应星》、《明代科学家宋应星》、《宋应星评传》,杨维增《天工开物新注研究》等。

(周瀚光　林其锬)

徐霞客游记 徐弘祖

《徐霞客游记》,十卷(或作十二卷、二十卷)。明徐弘祖撰,成于明末。通行本有:乾隆四十一年(1776)徐镇刻本,嘉庆十三年(1808)叶廷甲刻本,扫叶山房本,《万有文库》本,《国学基本丛书》本,1981年上海古籍出版社版褚绍唐、吴应寿点校本等。

徐弘祖(1586—1641),清人避乾隆讳,曾改"弘"作"宏"。字振之,号霞客。南直隶江阴(今属江苏)人。家世业工商。自幼好学,博览群书,尤喜地理。受其父隐居影响,耻于一切冲举高蹈之迹,淡于政治,无意仕宦,志在问奇于名山大川;又得其母鼓励,于是一心旅游。生平足迹所履,北达燕、晋,东至海岛,南及两广,西临云南。游腾越、大理;后应丽江守木生白聘,为修《鸡足山志》,三月而毕。客乡得病,由丽江守派人护送东归。越年谢世。著作尚有《盘江考》、《溯江纪源》(残)、《鸡足山志》(佚)及诗文若干。生平事迹见吴国华《圹志铭》、陈函辉《徐霞客墓志铭》、钱谦益《徐霞客传》及《徐霞客游记》。

徐弘祖博览古今图经志书,不满"昔人志星官舆地,多以承袭附会,即江河二经,山脉三条,自记载来,俱囿于中国一方,未测浩衍"(陈函辉《徐霞客墓志铭》),他决定通过实地考察,探明各地山川形势,以纠正失误,补充缺略。出游三十余年,逐日记载观察所得之地貌、水文、地质、生物及其他事物。但生前未成定稿。亡后,书稿先由王忠纫手校,略为叙次;继由季梦良遍搜遗帙,补王忠纫所未备,因地分集,录成一编,于崇祯十五年腊月整理完毕,题名为《徐霞客游记》。

《徐霞客游记》是野外旅行考察手记。所记有山川源流、地形地貌、岩石洞穴、瀑布温泉、动植矿物、经济贸易、民风习俗、城镇村寨、民族关系等。

褚绍唐、吴应寿本分十卷。卷一上下:天台山、雁荡山、白岳山、黄山、武彝山、庐山、九鲤湖、嵩山、太华山、太和山、五台山、恒山及闽游日记。卷二上下:浙游日记、江右游日记、楚游日记。卷三、卷四上下:粤西游日记。卷五上下:黔游日记。卷六至卷十上:滇游日记。卷十下:附编,有诗文、题赠、书牍、传志、石刻、旧序、校勘。书前有徐霞客像、手迹、旅行路线图、前言、重印说明、季梦良序、徐镇序。附编中收有史夏隆、潘耒、奚又溥、杨石时序,陈泓《书手钞霞客游记后》,《四库全书总目》本书提要,叶廷甲序,赵翼题辞,丁文江《重印徐霞客游记及新著年谱序》。

徐霞客搜访三十余年,以山丘脉络代替江河水系论述地理形势。他认为中国山脉大势,可分北、中、南三大支:"北龙夹河之北,南龙抱江之南,而中龙中界之,特短。"以南龙言,"其脉亦发于昆仑,与金沙江相持南下,经石门、丽江,环滇池之南,由普定度贵竺、都黎南界,以趋五岭"。"南龙自五岭东趋闽之渔梁,南散为闽省之鼓山,东分为浙之台、宕;正脉北转为小箕岭,度草坪驿,峙为浙岭、黄山,而东抵丛山关,东分为天目、武林;正脉北度东坝,而持为句曲,于是迥龙西结金陵,余脉东趋余邑","南龙尽处也"。

他溯江纪源,以金沙江为长江正源,说"金沙江源于昆仑之南犁牛石,南流经石门关,始东析而入丽江",北为叙州大江,与岷山之江会合。又探索南北盘江上游,查实其分别为交水和可渡河,纠正《大明一统志》的错误,明确了珠江源头。还阐明澜沧江和怒江是各自独立的河流。在水文上,徐霞客还提出了一些原理。他认为,发源地高度大致相同的河流,其流速缓急取决于河源至江口的距离。宁洋溪与建溪所源之山的高度相差不多,"宁洋文溪,悬溜迅急,十倍建溪。盖浦城至闽安入海,八百馀里;宁洋至海澄入海,止三百余里;程愈迫,则流愈急"。已经得悉河床比降大小与水流缓急成正比。又以流水侵蚀解释河流两岸的峭壁和岬角:"山横列江南岸,江自北来,自是西折,山受啮,半剖为削崖。""有大溪自北来,直逼山下,盘曲山峡,两旁石崖,水啮成矶。"

书中系统地使用种种专门术语,分析各类地貌。在研究石灰岩地貌时,提出石山、峰、岩、洞穴、入水洞、瞽井、环洼、坠穴、槽、坞、天生桥、峡、井等名称,描述各种岩溶地貌特征。以石锷或石萼称呼石芽,在桂林龙隐岩穿石锷上跻,"其石片片县缀,侧者透缺,平者架桥,无不嵌空玲珑"。以石峰命今之峰林,记叙道州华岩说:"此处山小而峭,或孤峙,或两或三,连珠骈笋,皆石骨嶙峋,草木摇飏,升降宛转,如在乱云叠浪中,令人茫然,方向莫辨。"全书记载石溶洞二百八十八个,经考察的有二百五十个。对洞穴的描述更为周详。他在桂林七星岩,进入十五个洞穴,研究其方向、结构、形态、特征与相互关系,认为分属于两大洞府。在此基础上,揭示各地区岩溶地形的基本特征:"粤西之山,有纯石者,有间石者,各自分行独挺,不相混杂。滇南之山,皆土峰缭绕,间有缀石,亦不一二,故环洼为多。黔南之山,则界于二者之间,独以逼耸见奇。滇山惟多土,故多壅流成海,而流多浑浊,惟抚仙湖最清。粤山惟石,故多穿穴之流,而水悉湛清。而黔流亦界于两者之间。"进而分析岩溶地形的成因。漏陷地形,如东岭"岭头多漩窝成潭,如釜之仰,釜底俱有穴直下为井,或深或浅,或不见其底,是为九十九井。始知是山下皆石骨玲珑,上透一窍,辄水捣成形"。落水洞地形,如落水寨"东崖忽迸而为门,高十余丈,阔仅数尺,西向峙潭上,水从潭中东捣而入之,其势湛沸。余从西崖对瞰,其入若饮之入喉,汩汩而进,而不知其中之腔峒作何状也"。

以水捣为成因之说符合科学原理。

本书还记叙了植物种群的分布,因地形、高度、温度和风速的不同而相异。如恒山"土山无树,石山则有;北向俱石,故树皆在北",昆明棋盘山"顶间无高松巨木,即丛草亦不甚深茂,盖高寒之故也"。在浙江天台山、安徽黄山、云南点苍山等顶巅多风地区,他描述荒草靡靡不长树木,或虽有树木而无挺拔之势的生态。记载并说明何以山顶与山腰、山麓有不同的植物等植物垂直分布知识。

作者叙述了火山爆发及其所引起及造成的小地区地形与植物变化,说:打鹰山"土人言,三十年前,其上皆大木巨竹,蒙蔽无隙,中有龙潭四,深莫能测,足声至则涌波而起,人莫敢近;后有牧半者,一雷而震毙羊五六百及牧者数人,连日夜火,大树深篁,燎无孑遗,而潭亦成陆。今山下有出水之穴,俱从山根分迸云。山顶之石,色赭赤而实轻浮,状如蜂房,为浮沫结成者,虽大至合抱,而两指可携,然其质仍坚,真劫灰之余也"。他虽不理解火山爆发,但作了很好的记录。

《徐霞客游记》是我国地理学面向实地考察,系统地观察和描述自然,以至采集标本,描绘图样,探索其成因变化的产物。在当时,它就被认为宜山川之秘,有补于地理学的真文字、大文字、奇文字。但其科学价值真正为世所识是在近代。它对我国地理学的变化发展起过重要作用,其影响至今尚存。这部三百五十年前的作品,其描述内容和所得推论与科学原理相符,更使人"读来并不像是十七世纪学者写的东西,倒像是一位二十世纪的野外勘察家所写的考察记录"(李约瑟《中国科学技术史》第五卷《地学》,科学出版社,1976年)。

有关于本书的研究,在校注方面有丁文江整理本,褚绍唐、吴应寿整理本等,1985年,云南人民出版社出版了朱惠荣校注的《徐霞客游记校注》;论述方面有金涛《探险者的足迹——大地理学家徐霞客》、刘国城《徐霞客评传》、周宁霞《徐霞客论稿》、唐锡仁与杨文衡《徐霞客及其游记研究》、于希贤《明代地理学家徐霞客》、蒋明宏《徐霞客与山水文化》等;地图方面有褚绍唐主编《徐霞客旅行考察路线图集》;又有中国徐霞客研究会、江阴市人民政府所编的刊物《徐霞客研究》。

(贺圣迪)

温疫论 吴有性

《温疫论》，二卷，补遗一卷。明吴有性撰。成于明崇祯十五年(1642)。通行本有清康熙二十四年(1685)葆真堂本、康熙三十年(1691)金陵长庆堂本、日本明和六年(1769)嫏嬛仁兵卫刊本、《中国医学大成》本、鸿文书局铅印本、人民卫生出版社影印扬州文富堂本等。

吴有性，字又可，号澹斋，江苏吴县人。明清间于太湖洞庭山一带的乡镇行医，因精于医道，善治温病而名振于时。生平事迹见《清史稿》卷五〇二。

吴氏生当明朝行将倾覆之际，饥荒战乱，疫病流行。崇祯十四年(1641)，山东、河南、河北、浙江诸地温疫流行，而时医误以伤寒法治之，以致延误病情。有的病家信以七日当自愈，不然十四必愈，因而失治，有不及期而死者；有的妄用峻剂，攻补失序而死者；有的遇医家见解不到，心疑胆怯，以急病用缓药，致使迁延而死者，如此比比皆是。吴氏目睹惨景，感叹时医"守古法不合今病，以今病简故书，原无明论，是以投剂不效"(《温疫论》自序)，病人"不死于病，乃死于医；不死于医，乃死于圣经之遗亡也"(同上)。他认为伤寒与温病均是急病，张仲景"以病之少者尚谆谆告世，至温疫多于伤寒百倍，安忍反置勿论"(同上)，于是"静心穷理，格其所感之气，所入之门，所受之处，及其传变之体"(同上)，写成《温疫论》一书。书后补遗一卷，因"其下卷劳复、食后条中载安神养血汤，小儿时疫条中载太极丸，并有方无药；又疫痢症一条，并有录无书，故别为补遗于末"(《四库全书总目》)。

《温疫论》是一部中医传染病学专著，全书不重序次，随笔扎录而成。卷上，收原病、瘟疫初起、传变不常等五十条。卷下，收杂气论、论气盛衰等三十六条，杂论温疫病证、病因、病理、用药、治法等。补遗，收正名、伤寒例正误、诸家伤寒例正误、诸家温疫正误，以及辨舌法各章，因原目不载，当为成书后所续入。书前有自序、年希尧序。

《温疫论》作为我国医学发展史上的第一部温病学专著，其主要学术成就如下。

一、在温疫病原学方面的创见。对于疫病的认识还在春秋战国之际已有记载，《素问遗篇·

刺法论》曰："五疫之至，皆相染易，无问大小，病状相似。"在病因方面，却大都根据"非时之气"的说法，认为疫病亦为风、寒、暑、湿、燥、火六气(六淫)所致。对此，吴氏经过精细观察，认为疫病不同于伤寒，非六气所致，他在《原病》篇中对《伤寒论·伤寒例》之观点进行了批驳，认为"夫寒热温凉为四时之常，因风雨阴晴稍为损益。假令秋热必多晴，春寒因多雨，亦天地之常事，未必致疫也。伤寒与中暑，感天地之常气，疫者感天地之疠气"。在《杂气论》篇中他指出除了六气为邪致病之外，天地间还存在着另一类致病因素——杂气，曰"杂气为病，更多于六气"，并把发病较重，有甚于他气的称之为"戾(疠)气"。吴氏认为杂气无形可求，无象可见，无声复无臭，但也肯定它并不虚无缥缈，而是存在于外界环境中的一种物质，指出"气即物，物即气"(《温疫论·论气所伤不同》)。同时，他还推论说"天地之杂气种种不一"(《温疫论·应补诸症》)，其中不少还有强烈的致病毒性。在长期的实践观察中，吴氏还发现戾气致病有偏中于人或偏中于某种动物的特性，指出感受一种戾气只能形成一种疾病，所谓"一气自成一病"(《温疫论·知一》)，"有是气则有是病"(《温疫论·论气所伤不同》)，"众人有触之者，各随其气而诸病生焉"(《温疫论·杂气论》)。至于温疫论传染力的强弱和流行规模的大小，吴氏认为与疫气的盛衰有关，如"疫病盛行，所患者最能传染"(《温疫论·论气盛衰》)。对于一些四时散发的斑疹、发颐、目赤等证，吴氏以其证候与当年大流行时证情相同，而断言"此即当年之杂气，但目今所钟不厚，所患者稀少耳"(《温疫论·杂气论》)。如此，吴氏从症状学与流行病学的角度结合起来分析疫情，并提高到病原致病的角度认识疾病，十分难能可贵。

二、对温疫的传染途径的探求。自《内经》以来多认为外邪是从皮毛侵入，至吴又可乃提出邪由口鼻而入。他在《原病》篇说："凡人口鼻之气，通乎天气，本气充满，邪不易入，本气适逢亏欠，呼吸之间，外邪因而乘之。"并说："邪从口鼻而入，则其所客，内不在脏腑，外不在经络，舍于夹脊之内，去表不远，附近于胃，乃表里之分界，是为半表半里，即《针经》所谓横连募原是也……凡邪在经为表，在胃为里。今邪在募原者，正当经胃交关之所，故为半表半里。"这里吴氏对温疫的传入途径、侵犯部位等作了较明确的论说，其"邪由口鼻而入"的说法无疑更合乎我们现在的认识。所谓邪客"募原"之说是吴氏对温疫发病部位的一种假设，以有别于伤寒，且其传变方式也不同，因感邪有轻重，伏匿有浅深，体质有强弱，以致传变可有：但表而不里、但里而不表、表而再表、里而再里、表里分传再分传、表胜于里、里胜于表、先表后里、先里而后表等九种传变方式。吴氏的这些认识，为他临证时辨证施治确立了依据。

三、关于温疫的治疗方法。吴氏以"客邪贵乎早逐"为原则，他认为疫病早期人体"气血未乱，肌肉未消，津液未耗，病不至危殆，投剂不至掣肘，愈后亦易平复"(《温疫论·应补诸症》)。他认为温疫之邪居于半表半里之募原，汗之不得，下之不可，"但使邪毒速离募原，便是治法"(《温疫论·行邪伏邪之别》）。而治疗的关键在于掌握募原及表里，邪在募原宜疏利，疫邪出表当汗解，入里胃结须攻下。其创立的达原饮诸方，使邪气溃散，表里分清。又三消饮，吴氏称之为"治疫之全剂"。三消者，消内消外消不内不外也，可一使邪气溃散，二使表里分消。对于下法逐邪，吴氏更是积累了丰富的临床经验，归纳了三十多种方法，并特别重视大黄的应用，这些对后世温病学的发展有很大的影响。温疫是热病，容易引起"阴枯血燥"，故吴氏提出了温疫初解以养阴为主，而不宜温补这一调治原则。尤其可贵的是，吴氏还提出了"以物制气，一病只须一药之到，而病自已"的设想，对治疗戾气的有效药物作积极的探求。

《温疫论》是祖国医学外感热病论治史上，继《伤寒论》之后的又一重要著作，突破了《伤寒论》的原有框架，从病因、病机、证治等方面阐发了温疫的特殊性，创立了辨治外感温热病的新学术流派，对清代温病学说的发展具有很大影响，直至现在仍有现实指导意义。吴又可因之得到后世医家的高度评价，誉其"释千古之疑，泄乾坤之秘，洵堪方驾长沙，而鼎足卢扁"（刘奎《瘟疫论类编·刘嗣宗序略》）。

有关《温疫论》的研究著作有清洪天锡《补注温疫论》、清郑重光《温疫论补注》，专论有蔡景峰《温病学家吴又可》、史常永《试论传染病学家吴又可及其温病学说》、洪武娌《吴又可》（杜石然主编《中国古代科学家传记》），以及清孙毓礼等《医门普度温疫论》，今人孟澍江主编《温病学》、任应秋主编《中医各家学说》的有关章节，《中国医学百科全书·医史卷》的有关条目。

（乐　易）

物理小识 方以智

  《物理小识》,十二卷。明清之际方以智撰。本书约成于明崇祯十六年(1643)。通行本有清康熙三年(1664)庐陵刻本、《四库全书》本、光绪十年(1884)宁静堂刻本、近代《万有文库》本等。

  方以智(1611—1671),字密之,号曼公,别号鹿起山人、浮山愚者、宓山子等;又曾化名吴石公,自称愚道人;遁入佛门后则改名弘智,法号甚多,如无可、药地、行远、青原尊者、极丸老人等等。安庆桐城(今属安徽)人。少年时随父亲方孔炤读书、宦游,聪明好学,不仅阅读了各种中国古代著名典籍,而且接触了明末时传入中国的西方科学著作,如利玛窦的《天学初函》等。成年后云游天下,遍访名家,交友结社,学问益进,且与东林复社关系密切,"以文章誉望动天下"(王夫之《永历实录》)。崇祯十三年(1640)考取进士,授翰林院检讨,任定王讲官。明亡后逃往南方,隐姓埋名,以卖药为生。南明永历帝在肇庆即位,诏为右中允,又拜礼部侍郎,因权臣乱政,乃避衅入山,隐于湘桂交界的苗民之中,屡诏不至。清兵南下,不幸被俘,但他宁死不屈,遂听任其出家为僧。晚年遭流言蜚语中伤,再陷囹圄,在押赴岭南途中疾卒。方以智学识渊博,于天文、历法、数学、医学、地理、历史、哲学、文学、礼乐、训诂、书画、技勇等无所不通。著作另有《通雅》、《东西均》、《药地炮庄》、《膝寓信笔》、《医学会通》、《一贯问答》、《冬灰录》、《浮山文集》、《博依集》、《青原愚者智禅师语录》等二十余种。事迹见《永历实录》卷五、《皇明遗民考》卷一、《清史稿》卷五〇〇、《桐城县志》卷四等。

  《物理小识》是方以智仿照西晋张华《博物志》、北宋赞宁《物类相感志》及其老师王宣《物理所》而写的一部笔记类著作。所谓"物理",概指世上一切事物之理,非特指今天物理学之"物理"。"识"通"志",即随手记录之意。他的儿子在此书的《编录缘起》中说:"老父……每有所闻,分条别记,如《山海经》、《白泽图》、张华《博物志》、葛洪《抱朴子》、《本草》,采摭众言,或无征,或试之不验,此贵质测,征其确然者耳。"方以智自己在此书的序言中则说:"物有其故,实考究之。大而元会,小而草木蠢蠕,类其性情,征其好恶,推其常变,是曰质测。"即要对各种事物形成和发展的原因("故")进行实事求是的考察,大到天文星象,小到草木昆虫,都要一一分清它们的性质,甄别它们的差异,从而推测它们的规律和变化。为要达到这一目的,就需要不断积累书本的和实际的各种材料,"随闻随决,随时录之,以俟后日之会通云耳"。

《物理小识》内容丰富,所论甚广,堪称我国17世纪的一部小型百科全书。全书共有九百八十条笔记,分十二卷十五类,其中天类二十八条,历类二十二条,风雷雨旸类二十三条,地类四十一条,占候类八条,人身类五十三条,医药类一百四十九条,饮食类一百十三条,衣服类三十八条,金石类九十九条,器用类一百十三条,草木类一百十四条,鸟兽类一百零六条,鬼神方术类六十二条,异事类十一条,内容涉及天文、地理、物理、化学、生物、医药、农学、工艺学等现代科学的各个学科以及哲学、艺术等各个方面。各卷内容如下。

卷首:总论。叙述前人重视研究物理的传统,指出万物皆有其理,那些所谓"穷理见性"之人不明一物之理,反而指责探索物理为"迂阔无益",这种人是非常可笑的。

卷一:天类。包括气、光、声、律、五行诸方面,还有历类。气论提出气"充一切虚,贯一切实","一切物皆气所为也,空皆气所实也",不能离气言理。认为运动是由火造成的,说"天'恒动',人生亦'恒动',皆火之为也"。历类提出地体是圆球形,"在天之中喻如脬豆",北极像瓜之蒂,南极像瓜之脐,赤道在球中间,说天空中月球近地,能掩日光。

卷二:风雷雨旸类、地类、占候类。论述了风产生的原理,各地气候的不同以及形成原因,雨、霜、虹霓、潮汐、彗星等自然现象产生的原因。

卷三:人身类。介绍人体构造,内脏的功用,骨骼,经络,穴位,还谈到养生、健康之法,以及治婴儿不哭不语法、止小儿夜哭法、救溺人法等护理知识。

卷四、卷五:医要类、医药类。讲各种疾病的原因和治疗方法,介绍各种药物的特性和功用,提出"何往非药"说,以为酱、醋、酒、锅焦等物都有药用。

卷六:饮食类、衣服类。记录生产、烧煮、加工各种食物的方法,介绍粮食、蔬菜的良种、它们的种植法,叙述棉布、丝绸等各类织物的制作和染色,衣服的去污垢、布料的上油,以及各种皮货的特点等。

卷七:金石类。谈金、银、锡、铁、汞等金属的提炼和加工,玻璃、盐等物的制作法,养珠法等。

卷八:器用类。记录文房四宝的制作法、去误字法、藏书防蠹虫法,还有漆器、瓷器、舟船等物的制作法。

卷九至卷十一:草木类、鸟兽类。介绍各类植物、主要是可作木料的树木、水果树、花卉的特性和种植法,鸡鸭鹅等家禽、马牛羊等家畜的饲养和品种改良,虎、象、犀、鹿、豪猪等兽类的特性和捕猎法,鱼、蟹、蚌等水产的养殖,以及养蚕法、除白蚁法、制蚁法等等。

卷十二：鬼神方术类、异事类。记载自然界的异常现象，如树木"出血"，雷电过后得铁索，此外还有"制鬼法"、"佩印入山制虎法"、破妖术等民间术数。

《物理小识》是一部百科全书式的著作，收集的材料极其广泛，不仅有古人与同时代人的，还有来自西方的。书中百分之五的篇幅其资料来源于当时西方传教士的著作，其中有五十四处引自艾儒略的《职方外纪》。记述的内容虽然不尽准确、科学、合乎实际，甚至有迷信神异记载，但从总体上来说，具有重要的科学价值和实际应用价值。作者对于收集到的材料并不盲目相信，而加以思索、分析、选择、整理，既重视古人的经验，又反对泥古，主张古为今用；既注意吸收西方的先进的科学知识，又对其神学理论加以批评。此书除了提供大量可用于农业、畜牧业、手工业生产、医疗卫生保健和日常生活的实用知识以外，还在自然科学许多领域提出了许多值得注意的见解。

在天文学方面，方以智继承了我国古代天文学的优秀成果，同时又吸取了当时西方传入的先进科学思想。他反对历来所谓"天圆地方"、"地浮水上"的错误说法，明确主张"地圆"，认为："天圆地方，言其德也。地体实圆，在天之中。……相传地浮水上，天包水外，谬矣。"他以此说明地球因经度的不同而造成时间的差异："东方为午时，西方为子时。普天下时时晓，时时午，时时晡，时时黄昏，时时夜半，知之乎？"他赞同古代的"地游"说，明确提出"地恒动不止"的命题，并比喻说："如人在舟坐，舟行而人不觉。"他正确地解释日食和月食说："月质以日映为光。合朔日食、月质掩日也。望有月食，地球之影隔日也。"他不仅积极引进西方的一些新成果，如肯定银河由小星构成，"以远镜细测天汉皆细星"；而且还善于独立思考，指出西学中的一些谬误之处。例如他提出"光肥影瘦"的理论，认为人目所见的太阳圆面比它实际的发光体大，这是一个独到的见解。这个理论后来被清代的《历象考成》所采用，称为"光分"，对太阳半径的计算作了经验性的修正。方以智依据这一理论，指出了西学中关于日地距离计算的错误。方以智还试图根据天象观测、生活经验及民间谚谣等来进行气象预测的工作，仅"雨征"一项就搜集了几十条资料。除此之外，书中对于黄道、赤道、经度、纬度、岁差、节气、星图等都作了一定的探索和研究，对古今历法的优劣得失也作了较为中肯的评价。

在地学方面，本书也有许多创见，其中最主要的是"地中火气"说。方以智认为地球内部是一团硕大的运行不已的火气，地壳的形成、地貌的变迁以及地震的发生等等，都是这一地中火气运行的结果。这里所说的"地中火气"，大致接近于我们现在所说的地球内部不停运动的高温岩浆。方以智说"地中火气，行遇湿凝石，即成地脉"，这与现代科学关于地球在冷却散热中形成地壳的理论基本相符。他又说："息壤坟起，亦地中火气腾涌"，"山之土石，日生日剥，人不见也"，即认为地貌随时在发生着坟起和生剥的变化，而这些都是"火气腾涌"的结果。他还说："地震者，内坪动也。……地震如雷，盖火气激行于土中也。"这种用"火气激行于土中"来解释地震成因的思想，是对古代阴阳二气说和流波相薄说等地震成因理论的进一步发展和提高。除了"地中火气"说之外,书中还对水文、土壤、矿物等地理地质问题提出了不少有价值的见解。例如关于矿物,本书汇聚了历史上的各种找矿方法("取宝法"),其中有些方法,如观察植物异象、品尝矿脉渗液、利用磁性探矿等,直到现在仍有其应用价值。

在物理学方面,本书对光学、声学、磁学以及机械学等都有许多独到的阐述。方以智研究了光的反射、折射、光学仪器和大气光现象等一系列问题,特别对光的色散现象作了详细的阐发。他说:"凡宝石面凸,则光成一条,有数棱则必有一面五色。如峨嵋放光石,六面也。水晶压纸,三面也。烧料三面水晶亦五色。峡日射飞泉成五色。人于四墙间向日喷水,亦成五色。故知虹霓之彩,星月之晕,五色之云,皆同此理。"这实际上是古代各种分光实验的早期记载。他研究了声音的产生、传递、共鸣、回音和乐律等问题,并记载了当时的隔音装置:"私铸者匿于湖中,人犹闻其锯锉之声。乃以瓮为甓,累而墙之,其口向内,则外过者不闻其声。何也?声为瓮所收也。"指出累而为墙的瓮具有吸音的效果。他探索了磁针指南的道理,并在宋沈括发现磁偏角的基础上,进一步指出我国的磁偏角使磁针偏东,而西方(大秦)的磁针则偏西,认识到了不同地点磁偏角的不同。他对机械学的贡献尤其出色,曾自制能自动行走的"运机",并在本书的卷八中详细地记述了这种"运机"的构造。与他同时的王夫之认为,这种"运机"就是失传已久的诸葛亮创制的"木牛流马"。此外,书中还论述了利用螺旋原理的"起重机"、利用杠杆原理的"轮运机",以及纺车、水车、风力水车和水力鼓风机等多种机械的构造。

在医药学方面,本书会通中西,对人体生理、病理以及医疗、药物等方面均有较深入的研究。一方面,方以智积极吸收并引进西方的人体解剖知识,如认为"心以呼吸进新气退旧气","人之智愚系脑之清浊"等;另一方面,他则精研了中国历代的医家名著,主张取各家之长并加以综合。他说:"读伤寒书而不读东垣书,则内伤不明;读东垣书而不读丹溪书,则阴虚不明;读丹溪书而不读薛立斋书,则真阴真阳不明。""合而观之,性命之理亦可以见。"在医学理论上,他受薛立斋、张景岳诸医家的影响较大,特别重视体内阳气——"火"的作用。他认为:"人身骨肉血脉皆水,惟阳火运之则暖,暖气去则死矣。"因此他治病反对用寒凉,惟恐寒凉灭火,并反复告诫说:"勿纵欲以竭火,亦勿服寒以灭火。"对于药物学,方以智也有许多精辟的见解。他不仅发现并改正了历代本草书(包括李时珍《本草纲目》)中的不少错误和疏漏,而且搜罗并增加了许多历代本草书未载但行之有效的药物,诸如虎油(治猎梨疮)、犀牛皮(治风)、药蜂针(治疮疡)、四足鱼、驴龙、虹虫、沙鸡母、雷公藤等等,这些都是《本草纲目》以后新增的药物,被后来赵学敏所编《本草纲目拾遗》大量引用。

除了上述这些方面之外,本书在其他各学科方面也阐述了许多科学的内容。其中还包括了一些属于今天生活科学方面的知识,如去衣垢腻法、藏书辟蠹法、碗缸补漏法等等,从而给这部科技著作增添了不少至今仍有益于营生的价值。

《物理小识》虽然主要是一部关于"质测"(相当于今天所说的自然科学范畴)的著作,但其中也蕴藏着非常丰富的哲学思想。方以智在此书的序言中说"盈天地间皆物也",在卷一中则说"一切物皆气所为也",表达了他气一元论的唯物主义思想。他把哲学思想称为"通几",认为:"通观天地,天地一物也。推而至于不可知,精以可知者摄之,以费知隐,重玄一实,是物物神神之深几也。寂感之蕴,深究其所自来,是曰通几。"即通过从已知推向未知、从现象进到本质的途径,去把握和感受天地万物最普遍的内涵,并追究它们发生和发展的原因。他提出"质测即藏通几"的科学哲学观,反对"竟扫质测而冒举通几"和"详于质测而拙于通几"两种片面的倾向,这无疑是对科学(质测)和哲学(通几)相互关系的正确认识。他主张将质测与通几结合起来,一反宋明理学"离气执理"和"扫物尊心"的空谈习气,开创了实考实证的新学风。

《物理小识》所倡导的"质测之学"在明末清初的学者士人中颇有影响。与其同时的思想家王夫之称赞说:"密翁(方以智)与其公子为质测之学,乃学思兼致之实功。"(《搔首问》)

关于本书的研究,有周瀚光、贺圣迪《我国十七世纪的一部百科全书——方以智的〈物理小识〉》,蒋国保《〈物理小识〉著作考》(见《方以智哲学思想研究》),樊洪业《从〈物理小识〉看方以智》(见《耶稣会士与中国科学》),贺圣迪《〈物理小识〉评介》(见林德洪主编《中国典籍精华丛书·科技巨著》),以及张西堂《方以智与西学》,冒怀辛、金隆德《方以智》(见辛冠洁等主编《中国古代著名哲学家评传》),金秋鹏《方以智》(见杜石然主编《中国古代科学家传记》),贺圣迪《晚明科学家对西方思想的介绍及传播》(见袁运开、周瀚光主编《中国科学思想史》下册)的有关部分。

(周瀚光　施忠连)

审视瑶函 傅仁宇

《审视瑶函》，又名《傅氏眼科审视瑶函》、《眼科大全》，六卷。明傅仁宇撰。书成后，经其子傅国栋（字维藩）、婿张文凯等整理编集，于崇祯十七年（1644）刊行。通行本有崇祯七十年焕文堂刻本、清扫叶山房刻本、1965年上海科学技术出版社排印本（1977年上海人民出版社据以重印）。

傅仁宇，字允科，安徽休宁（一说江宁）人，生卒年不详。出身世医之家，其本人行医三十余年，对于眼科有精深造诣。

《审视瑶函》系眼科学著作。书前有复慧子、维藩氏撰凡例一篇。卷首列《前贤医案》及五运六气之图、五轮八廓歌括等。卷一，为总论，有《五轮所属论》、《八廓所属论》等十五篇。卷二，论病因病机，有《目病有三因》、《诊视》等二十三篇。卷三至卷六，分述各种眼科病症的证因治法，兼论小儿目疾、眼科针灸手法及手术方法等，凡一百零八症、三百余方。

本书在广泛采撷前人有关眼科学论述的同时，也不乏进一步的阐发。书中详述了"五轮八廓"这一眼科的基础理论。指出"夫目有五轮，属乎五脏。五轮者，皆五脏之精华所发"（卷一《五轮所属论》）；"夫八廓应乎八卦。脉络经纬于脑，贯通脏腑，以达血气，往来滋养于目"（卷一《八廓所属论》）。从眼与脏腑经络的关系揭示眼病的发生机理。针对时人轻视上述理论的倾向，书中又辟专篇予以驳正。关于五轮，强调曰："大约轮，标也；脏，本也。轮之有证，由脏之不平所致。未有标现证而本不病者。今不知轮之证，则不知乎脏矣。夫轮脏相应，既不知轮，则是标本俱不明。标本既不明，何以知孰宜缓，孰宜急，而能治人之疾哉！"（卷一《五轮不可忽论》）关于八廓，则指出："夫八廓之经络，乃验病之要领，业斯道者，岂可忽哉！"（卷一《勿以八廓为无用论》）作者不同意那种把八廓看作同三焦一样有名无实，因而以为无用的观点，认为："八廓丝络，比之三焦更为有据。……三焦在内而不见，尚有鬲上鬲下之分。八廓则明见于外。病发则有丝络之可验者。安得谓为无用哉？"（同上）

在眼病的病因上，本书继承了陈言的三因说，以为"喜怒不节、忧思兼并，以致脏腑气不平，郁而生涎，随气上厥，乘脑之虚，浸淫目系，荫注于目"（卷二《目病有三因》）为内因；"数冒风寒，不避暑湿,邪中于项,乘虚循系,以入于脑,侵于目而生目病"(同上)为外因;"嗜欲无节,饮食不时,过啖炙煿,驰骋田猎,冒涉烟尘,劳动外情"(同上)为内外因。

在眼科疾病的临证施治方面,因作者有着丰富的临床经验,故书中颇多卓见。在诊断上,主张不应专重脉诊,而须同望、闻、问合参,这是因为,不少疾病"其微渺未必皆可恃乎脉也"(卷二《目不专重诊脉说》)。眼作为"五官之最重要者"其一旦得病,倘专恃脉诊,则难免有"猜度拟议"之弊,势必延误病情。在用药上,主张应随病情不同灵活处理,不可拘执。如关于点服之药的用法,书中指出"病有内外,治各不同"(卷一《点服之药各有不同问答论》)。倘内疾已成,而无外症,则以服药内治为主;若有外症,如系初发,则以点药外治为主,若服药夹攻,收效更快;若内病既成,外症又见,则须内外并治点服俱行。又如关于眼病用药的寒热,书中认为,所谓眼病"非热不发,非寒不止",这只是言其大概。有些病症实系内有阴虚所致,倘用寒凉之药,则伤胃损血,"是标未退而本先伤"(卷一《用药寒热论》),故须投以温和之药。总的原则是:"燥赤者清凉之,炎秘者寒凉之,阴虚者温补之,脱阳者温热之。"(同上)但寒、热二类药须慎用。对于内外障的症状和治疗,本书作了特别详细的描述和辨析:"内障之症,不红不紫,非痛非痒,唯觉昏矇,有如薄纱笼者,有如雾露中者,有如见黑花者,有如见蝇形者,有如见珠悬者。有眉棱骨痛者,有头旋眼黑者,皆为内障。……其外障者,乃睛外为云医所遮。"(卷一《内外二障论》)内障因其症状不明显,故治疗上远较外障为难。形成内障的原因是,"目属肝,肝主怒,怒则火动痰生,痰火阻隔肝胆脉道,则通光之窍遂闭,是以二目昏花,如烟如雾"(同上)。此时若投以补肝补肾之剂,则肝胆脉道之邪气愈补愈盛,遂令病情加重。故须先驱邪,后补正。至于外障,系肾水不足、火太有余所致。但亦不能一味用寒凉煎剂以伐火、砒硇点药以取翳。大体此书论治,注重内外用药,对于钩割、熨烙、针拨等手术治疗,则主张谨慎使用,以为手术"虽有拨乱反正之功,乃乘险救危之法,亦不得已而用之"(卷一《钩割针烙宜戒慎论》)。故手术时须"心细而胆大","症候明而部分当"(同上),又须以服药相配合。否则,纵有近期之功,难免日后之患。凡此种种,都体现了中医学的整体观念和内外并治、标本兼顾的治疗原则。

本书的后四卷属病症,必弁以歌括,并附有不少图说,极便学习掌握。所列方剂亦多经临床验证,疗效确切。

有关本书的研究,有赵璞珊《中国古代医学》、傅维康《中国医学史》、廖育群等《中国科学技术史·医学卷》等书的有关部分。

(张　沁)

装潢志 周嘉胄

《装潢志》，一卷。明周嘉胄著。成于明代末年。通行本有《昭代丛书》本、《学海类编》本、《述古丛钞》本、《藏修堂丛书》本、《翠琅玕馆丛书》本、《艺术丛书》本、《芋园丛书》本、《丛书集成初编》本，以及2003年山东画报出版社版田君注释的《装潢志图说》等。

周嘉胄，字江左，淮海(今江苏扬州)人。曾殚二十余年之力，著有《香乘》一书，其时谈香事者，必以是书称首。其他事迹不详。

《装潢志》是一部论述装潢艺术的专著。卷首先论述装潢一术与圣人立言、教化后人的相互关系，极言此门技术的重要意义："窃谓装潢者，书画之司命也……好学诸公，有获金匮之奇、梁间之秘者，欲加背饰，乞先于此究心，庶不虞损弃，俾古迹一新，功同再造……书画实不可不究装潢。"卷中对装潢的种种方法逐一予以进行阐发，计有三十九种具体技法，令人读之如亲见书画装潢，非行家不能了知此言。如《审视气色》一技中谈到："书画付装，先须审视气色，如色黯气沉，或烟蒸尘积，须浣淋令净。然浣淋伤水，亦妨神采。如稍明净，仍之为妙。"《揭》技中云："书画性命，全关于揭，绢尚可为。纸有易揭者，有纸薄糊厚难揭者，糊有白芨者犹难，恃在良工苦心，施迫刃之能，逐渐耐烦，致力于毫芒微渺间，有临渊履冰之危。一得奏功，便胜沘水之捷。"《衬边》中说："补缀既完，用画心一色纸，四围飞衬出边二三分许，为裁瓌用糊之地。庶分毫无侵于画心。"《小托》技法为："画经小托，业已功成，沈(沉)痾既脱，元气复完，得资华扁之灵，不但复还旧观，而风华气韵，益当翩翩道上矣。"将补救装潢旧书破画比喻为神医妙手，视书画如仙负生物，真可谓殚精竭虑，非一般工匠所能比及。

其余如瓌攒、覆、上壁、下壁、安轴、上捍、上贴、贴签、囊、染古绢托纸、治画粉变黑、忌、手卷、册叶、碑帖、墨纸、硬壳、治糊、用糊、纸料、绫绢料、轴品等条，均细密有致地论说了装潢中的许多具体手法。同时，对在装裱书画时的物候、地点及裱背所必备的十三个条件有明确的定规。而在"纪旧"二条及"题后"中，对当时其所交游的一些匠人的活动情况有所记载，使今人约略窥见当时从事这一技艺的盛况。

(曾　抗)

明代编

宗教类

佛 教

山庵杂录 无愠

《山庵杂录》，二卷。明无愠撰，成于洪武八年(1375)。通行本有《卍续藏经》本等。

无愠(1309—1386)，字恕中，别号空室，临海(今属浙江)人，俗姓陈。"依径山元叟(行端)禅师出家剃度，于昭庆寺受戒，谒灵岩芝公、一元灵公，一一扣问详切。既归径山，居择木寮。后见大白砥公、竺公、道公(指妙道)，以看'狗子无佛'话发悟。"得法于荐福妙道，为南岳下第二十二世、临济宗虎丘派僧人。著有《语录》、《拈雪窦拈古》、《续大慧竹山颂》、《净土诗偈颂》等。生平事迹见《释氏稽古略续集》卷二、《续灯存稿》卷七等。

《山庵杂录》是一部禅宗笔记。全书共收录作者平昔游历丛林，从师友的谈论、湖海的见闻中，所获自南宋末年以来，迄明代开国之初为止(以元代为主)，丛林大老(与"尊宿"、"名宿"、"名德"、"大德"、"善知识"等同义)的出处言行、僧俗的善恶报应故事，以及作者的行履实录和对人、事的评判议论，凡一百二十九则(也可称为"段")。每一事段之首不立标题，其末不标出典，篇次无定例。

卷上，始"定水宝叶和尚"(此据事段起首的几个字而言)，终"易首座(字无象)"，凡六十八则。叙及的人物主要有：平江定惠住持、杨琏、杭下天竺凤山仪法师、雪山昙公、虎丘东州、诚道元、雪窦常藏主、合尊大师、陕西民家小儿、张九六(张士诚之弟)、黄岩濠头(觉真)、方山和尚、护圣启迪元禅师、天童西岩和尚、老素首座、温州寿昌别源禅师、东岩和尚、中峰和尚、径山本源和尚(善达)等。

卷下，始"湖州妙觉期堂僧净"，终"皇朝洪武十一年四月十七日坛主德颙会十师，大开戒法"(此则疑是书成之后补入的)，凡六十一则。叙及的人物主要有：燕城庆寿寺海云大士(印简)、径山住持妙高、梦堂和尚(昙噩)、佛光道悟禅师、育王虚庵实首座、竺元先师、元庵会藏主、中天竺一溪和尚(自如)、钱塘广化寺住持觉宗圣禅师、无言和尚、径山惠洲提点、断江禅师(觉恩)、思省庵、建宁府僧末山、江西绝学诚公、灵隐竹泉和尚、寂照先师、西天竺国大沙门板的达确、宋无逸等。

《山庵杂录》在学术上的一大特色,是作者对一些禅林作品的记载和评论,使这个为南宋以来禅宗笔记的撰作者所一直忽略的重要方面,重新受到关注。其中,叙及千濑和尚的《扶宗显正论》、雪山昙公的《禅门宗要》、道元的《性学指要》。如:"灵隐千濑和尚,浙右人也。嗣愚极,读书缀文,眼空当世。尝著《扶宗显正论》,其剖拆(斥)邪正,订定是非,极有可观。"(卷上)《山庵杂录》的作者无愠唯一对它不满的是,书中"以宗师拈椎竖拂为'谈柄'"。无愠认为:"宗师拈椎竖拂,乃激扬向上者,岂细事耶?"(同上)对之提出了批评。又:"《禅门宗要》者,乃雪山昙公之所作也。雪山于宋淳祐间,依方山禅师于台之瑞岩,则其成此集也,岂苟哉!余少时尝依凤山灵公,夜参次,公忽言及《宗要》,其中提掇古人不到处,余(指其余人)不能及也,故授一册命读之。"(卷上)但在隔了四十多年以后,天衣清业海(即"子清")禅师重为刊板,并请章俊为序,"皆言雪山盗他人成集,作已刊行,指恩公断江一言为证。又为分作十卷,每篇取本篇一语为题,牵合破碎,失旨颇多"(同上)。无愠担心后人不知道《禅门宗要》确为雪山昙禅师所作,反而相信清业海禅师的诬词,故特地作证,予以申明。再则,"诚道元者,处俗从石塘胡先生游,出尘参虚谷公于径山。尝著《性学指要》十卷,大有补于世教。至正丙申,嘉禾高士明编次刊行。其时,张士诚据苏州,擅称王,有郑明德、陈敬初、倪天震辈辅之。诸儒以其书驳晦庵(指朱熹)论性失旨,言之于士诚。士诚命毁其板"(卷上)。《性学指要》虽然因版毁而失传,但从无愠的记载来看,它的主要论点乃是"性虚廓寂寥,冲漠绝朕",反对将人性分成善、恶、善恶混同三品,"与气质等而论之"的,是中国哲学史上有关人性善恶之争中的一说。

此外,还论及迪元、梦堂的一些著述。如:"护圣启迪元,临海人。为书生时,拜叔父坚上人(即"和尚")于里之宝藏寺。偶阅其几上《首楞严经》,至'山河大地,皆是妙明真心中所现物'处,置卷细绎,良久自肯。白父母求出家,礼径山寂照为师,服头陀行,久而益勤,出世(传禅)护圣,缘不顺,退居东堂七年。著书曰《大普幻海》、曰《法运通略》、曰《赘谈》、曰《疣说》、曰《儒释精华》、曰《大梅山志》,总若干卷。又作《佛祖大统赋》。由是得心痨疾而卒,寿四十二岁。"(卷上)启迪元禅师的这些著作今已散佚,内容无法详考,但从《儒释精华》一类的书名来看,他是一个融通儒释的学者。"梦堂(指昙噩)和尚重修晋唐宋三代《高僧传》,易十科为六学。禅学中二祖可大师断臂求法事,禅书载之者不一,独宣律师谓师遭贼断臂。……梦堂曰:律师乃肉身菩萨,其言岂诳?余曰:律师所传之人,非一一亲睹。其行业,必藉他人采集事迹。以此推之,盖采集者有讹谬在,律师必不以禅律异宗,而诬为此说断断矣。盖亦信以传信,疑以传疑之意也。不然,则后之肝胆吴越者妄加更易,而假律师以取信于世焉耳。于是梦堂肯首,遂依《传灯》入传。"(卷下)昙噩作的《新修科分六学僧传》,是一部以《高僧传》、《续高僧传》、《宋高僧传》三书的资料为主,分类取舍,重新编次的僧人通传。其中有关禅宗二祖慧可的手臂究竟是为贼人砍断,还是他为向达摩表示忘形求法的决心而自己砍掉,《续高僧传》和《景德传灯录》记载不一,一书持前说,一书持后说。昙噩本来是打算取《续高僧传》之说的,但写进书中的却是《景德传灯录》之说,这是什么原因呢?无愠的上述记载揭开了这个谜,原来这是昙噩采纳无愠的意见的结果。

这些书评都具有一定的参考价值。

此外,《山庵杂录》还对当时僧界存在的值得警觉的一些问题予以揭露和批评,使后人能从中对宋元佛教的状况有更细致的了解。如:"近世有一种剃头外道,掇拾佛祖遗言,饾饤成帙,目之曰《语录》,辄化檀信刊行。彼既自无所证,又不知佛祖舌头落处,谬以玄谈,就己昏解,使识者读之不胜惶汗。照千江,四明人。圆直指,天台人。奕休庵,扬州人。三人俱是博地凡夫,绝无正见,妄自刊语录。晖藏主,鄞人,参照千江,将《金刚经》每分析段,妄为之颂,刊板印施。余在桐谷时,晖来谒余。问晖:此经以何为题?以何为宗?竟瞠无所晓。……今据大床座(指寺庙的首座、住持)者,宜黜而正之,反从而誉之,或为之序跋,其得罪于教门深矣。"(卷下)

《山庵杂录》在无愠在世时只完成了手稿的编定工作,尚未刊行。无愠死后,他的弟子、《续传灯录》的作者翠岩居顶(字玄极)赍稿到南京,请弘道、苏伯衡等作序,尔后命工镂板,始见行于世。明代禅林人士对此书评价甚高,将它列为宗门七书之一(见清自融、性磊《南宋元明禅林僧宝传》卷十二)。

有关本书的研究,主要有陈士强《大藏经总目提要·文史藏》(上海古籍出版社,2008年)等。

(陈士强)

菩提道次第广论 宗喀巴

《菩提道次第广论》，略称《道次第》，二十四卷。明初宗喀巴著，成于建文四年(1402)。1935年由法尊译为汉文，次年由汉藏教理院以铅字排印。1919年上海佛学书局影印。

宗喀巴(1357—1419)，本名罗桑扎巴，出生于青海宗喀地方(今湟中县塔尔寺)的一个藏族官宦人家。七岁时从当地迦当派大喇嘛顿珠仁钦出家，居甲琼寺学经十年。约二十九岁时受比丘戒。从十六岁起，赴前藏深造，从仁达瓦(萨迦派)、耶歇坚参(蔡巴噶举派)、却吉结布(止贡噶举派)、扎巴绛曲(帕竹噶举派)、仁钦南结、却贝瓦、索南扎巴等诸派高僧，广学佛教显密经论及"五明"之学，成为藏传佛教史上最称渊深广博的佛学大师。其佛学思想于四十岁前后成熟，自成一家体系，开始弘教活动，他针对当时藏传佛教的积弊，重振由阿底峡所开创的迦当派之严肃教风，创立了格鲁派，该派不久即成为藏传佛教界最大的宗派。宗喀巴著述宏富，除本论外，重要者还有《密宗道次第广论》、《中论广释》、《辨了不了义论》、《集密圆满次第释》、《五次第释》、《菩萨戒品释》等，收入其全集者凡一百六十余种，藏文拉萨版共十八帙，还有未收入全集的著作多种。《菩萨道次第广论》收其全集第十三函。

译者法尊(1902—1980)，俗姓温，河北深县南周堡村人。二十岁受比丘戒于北京法源寺，后入武昌佛学院学习，1925年入藏学法，勤学十载，深入堂奥。1936年返回，主持汉藏教理院，1953年后任中国佛教协会理事、常务理事、中国佛学院副院长、院长。立志沟通汉藏佛学，自称"翻经比丘"，译出宗喀巴、克主杰、嘉曹杰等西藏高僧之代表性著作多种，如汉文《大藏经》中阙译的印度佛学要典《现观庄严论》、《辨法法性论》、《集量论》、《释量论》等。另有《法尊法师佛学论文集》行世(1990年中国佛教文化研究所印行)。《菩提道次第广论》前六卷系法尊在藏地随学随译，次后五卷译于归途中，其后十二卷译于汉藏教理院。

《菩提道次第广论》是宗喀巴最重要的代表性著作。此论广摄印度佛教诸乘学，主要宗依弥勒《现观庄严论》、阿底峡《菩提道灯(炬)论》，及西藏卓垄巴的同类著作《圣教次第论》，按佛教徒修行的进程论述佛教教义,实为一部依菩提道次第而写成的佛法总论。正如论中所标明:"此中总摄一切佛语枢要,遍摄龙猛、无著二大车之道轨,三种士夫一切行持所有次第无所缺少。"全论结构严谨,纲目清晰,内容丰富,广引博征众多经论及印度、西藏诸祖师语录,多处抉择众说,破斥偏邪,阐明作者独到的见解,理论水平颇高,实用性颇强。

本论结构,系依《菩提道灯论》所说下士、中士、上士"三士道"的次第而展开。在阐述"三士道"之前,先说一切初入佛门者必备的资粮:须知晓佛法之宝贵及听闻佛法的殊胜利益,对佛法及说法师信敬尊重,于听法作如病就医服药之想;依止具德善知识,净信为本,念恩生敬,此为道之根本。修法时先修金洲大师所传加行六法:整洁住处陈设佛像、上供、跌坐归依、观想上师三宝、修七支忏悔、恳求诸圣加被。须思惟瑕满人身之难得、佛法之难闻,时时策励自己,精进修行。

所修之行,即三士道,虽依次适宜于下、中、上三类根器,却为一阶梯结构,下为上基。下士道者,仅求得死后于人、天善道受乐的自利,此须发起希求后世义利之心,思此身不久,死亡必至,思死后若堕入地狱、饿鬼、畜生三恶道,极为痛苦;思欲得后世人天之乐,当念佛、法、僧功德之殊胜,生决定信,皈依三宝,修三皈依;次思惟善恶之业决定受报,作十恶业必得恶报,受异熟、等流、增上等果,依忏悔、对治、遮止、依止四种力净除宿业之障,止恶防非,力修众善。

中士道者,进而思人天之乐终归亦是苦,希求从三界生死中获得解脱。此须以出离心为因,发起出离心("求解脱心"),须思惟四谛中苦谛,观人有生、老、病、死、怨憎相会、恩爱别离、所求不得、五阴盛等八苦及无有决定、不知满足、数数舍身、数数受生、数数高下、无伴等六苦,思惟阿修罗、诸天之苦,决意厌离三界生死流转,明流转之因,唯在自心所起贪、瞋、慢、疑、无明等烦恼,当爱乐出家,勤修戒定慧,断灭烦恼。

上士道(大乘道),以发菩提心为因。发菩提心,须以大悲普摄三界一切众生,誓愿度出生死苦海,证得无上菩提,此依两种修法:一是金洲大师所传七重因果教授,由知母、念恩、报恩、悦意慈、大悲、增上意乐,发起"为利众生愿成佛"的菩提心。二是静天《入行论》所说自他相换法,由思惟自他易处,设身处地为他人着想,生起爱他如己,誓愿利他的菩提心。

在发起、守护菩提心的基础上,以清净正见为导,方便智慧双运,修布施、持戒、安忍、精进、禅定、般若"六度"。对定慧二度所摄修学止观之法,阐述尤悉,为全书重点。

论中强调,止观必须俱修,摄心一境,住奢摩他(止),为内外道共趋之径;于奢摩他定心中依清净正见修观,为佛家独辟的超出生死之要道。修止者,依欲、念、知、思、舍五诀,依次断五种过失,修八种对治,历九次第心,令心渐趋寂静,入奢摩他。论述以正知为诀对治初入定时所起掉举、沉没二种定障,尤称精彩。谓掉举易察,沉没难除,修定者若堕沉没中,则无由入定,须善于识别,及时察知心虽寂静而乏明了取境之力,即为沉没,当策举其心以对治。

修观,系以正见观八识二无我,此中抉择清净见,为本论核心所在。清净见,亦称"中道见",谓如实了知诸法依因缘而有,无本有不改之自性,离凡夫认诸法实有自性的"增益执",不堕于诸法实有的"有见"(常见)一边;又知诸法既依因缘而有,则因果宛然,离认诸法如龟毛兔角的"减损执",不堕于否认因缘果报的"断见"一边。不堕断、常二边,故名中道。观修先以"四理"或"七相"观凡夫所执的"我"缘生无自性,通达人我空,再以"四理"或破"四生"等义,观所执一切法皆缘生无自性,通达法空。四理,谓认识所破之"我",决定"我"与五蕴或一或异,知"我"与五蕴是一不能成立,"我"与五蕴是异也不能成立。七相,是从一、异、能依、所依、具有、支聚、形状七方面认识执有实我实法皆不合理。四生,即依《中论》所说,从诸法非自生、非他生、非自他共生、非无因生,论证诸法因缘起无自性故,本来无生而空。在见地方面,论中强调应宗依印度龙树、提婆一系中观见及佛护、清辨、月称、静命等应成师之阐释。

论中还驳斥了四种修空观方面的不正确说法:一谓不须先学空见,只要不念一切,无分别住,便与真如自然契合,即是修空;二谓只要得了空见,再令心无分别住,便是修空;三谓先用观慧思择空理,再无分别住,才是修空;四谓先引起空见,再缘空性令心住定,始为修空。此四说皆非合理,须兼修止观,令止观势力平均,才能明了见真实义。论中还说须具备是名言识所共许、合乎公认正确的名言识之标准、无观真实量的妨碍三条件,才能安立为世俗有。

总之,此论内容,以出离心、菩提心、清净见"三种要道"为纲要,清净见以"业果非无我非有"为要。

论末又说:"如是善修显密共道,其后无疑当入密咒,以彼密道较余诸法最为希贵,速能圆满二资粮故。"修密法者,须具守护禁戒、具足灌顶、了知真实三资粮,先修生起次第法,后入圆满次第。

为便于传习,宗喀巴于1415年将《菩提道次第广论》删繁就简,撰成《菩提道次第略论》。《略论》汉文译本作六卷,系1927年大勇法师在甘孜讲授,由胡智湛笔录,后由法尊补译出止观章,严定参校,尘空润治,1942年铅印刊行。宗喀巴还将此论总摄为四十五偈颂,以便徒众记诵,有能海等汉译本,名《菩提道次第摄颂》。

《菩提道次第广论》、《略论》被作为格鲁派教徒必读的重要论典,也是近六百年来佛教界最为重要的著作之一,影响甚为深广。历代讲述发挥注疏者甚众,重要著述有三世达赖福幢的《菩提道讲义》、五世达赖的《妙音教授论》、善慧法幢的《安乐道论》、善慧智的《菩提道讲义》,智幢、法贤、霞玛、札迦等的讲义,跋梭天王法幢的朱注、阿旺饶敦的墨注、妙音笑的黄注等。将全论编为摄颂的还有阿旺罗桑却敦、公薄智精进、阿嘉善慧幢等。阿旺罗桑、智幢、法贤、护教、札迦等都有依论中所示六加行法编的修法仪轨。汉地介绍此论的文章有法尊《菩提道次第广论的造作、翻译、内容和解题》(《现代佛学》1954年11月号)、《宗喀巴大师的菩提道次第论》(《现代佛学》1957年十二期)及周叔伽的《菩提道次第论》(《中国佛教》第三辑)等。

(陈　兵)

密宗道次第广论 宗喀巴

《密宗道次第广论》,原名《胜遍主大金刚持道次第开显一切密要论》,又称《真言道次第》、《密宗道次第》,二十二卷。明初宗喀巴著,成于明永乐三年(1405),1935年由法尊译为汉文,印顺法师润色,汉藏教理院以铅字排印刊行。1992年上海佛学书局出影印本。台湾蓝吉富主编的《大藏经补编》第十册也予以收录。

作者生平事迹见"菩提道次第广论"条。

《密宗道次第广论》与《菩提道次第广论》并为宗喀巴的二大论著,代表了宗喀巴的佛学思想体系。《密宗道次第广论》可看作《菩提道次第广论》的续篇,《菩提道次第广论》述修学显教的次第,《密宗道次第广论》顾名思义,则以论述具显教菩提道资粮者入密乘门修学密法的次第和法要为内容。此书宗依大量密乘教典,广征博引,抉择印度、西藏诸派密乘大师之说,主要据阿底峡之义,对众多密典和诸派所传密法进行了系统总结,阐明了作者独到的见地,是佛教密法方面最为系统全面、最为重要的权威性著作。

论中首先判别诸乘佛法,谓因众生根器之不同,入佛教门修行分离欲行(小乘)、波罗蜜多行(大乘)、具贪行(密乘)等门径。密乘,又称密咒乘、果乘、金刚乘、方便乘,是为增上胜解甚深法的上上根器而设,属大乘之一门,亦以"为求利益一切有情,希欲证得无上菩提"为宗旨。在正见、发心、修六度行等方面,密乘与大乘并无差别,皆趋归尽一切过失、圆一切功德的佛果。密乘法的殊胜之处,在于它具有波罗蜜多行所缺的修色身相好庄严(报身)、具足成办色身的殊胜方便,其道安乐,不待诸苦行,能超越多劫,于现身疾速成佛。然"若不勤修通达空性之慧,唯修广大方便,亦必不能得佛色身",法身与色身齐修,方便与智慧无二和合,是密乘法的根本特征。密乘之密,在于"以隐密修而得成就,非非器境不为彼说,故名曰密"。

密乘之法,分为四部:一事部,注重外在的事相仪式,主要依《秘密总续》、《苏悉地续》、《妙臂问续》、《后静虑续》等及《后静虑续释》、《苏悉地略修法释》等论;二行部,注重外事与注重内定平等,主要依《大日》、《金刚手灌顶》等经及佛密、胜菩提二大论师的释论;三瑜伽部,以内定为主待少外事,主要依《摄真实》、《金刚顶》等经及佛密、释迦友、善根金刚等所造释论;四无上瑜伽部,唯重内定不待外事,主要依《集密》、《胜乐》、《阎曼德迦》、《欢喜》、《时轮》诸尊的本续、释续,以及龙树、提婆、月称所造《五次第论》、《摄行论》、《明炬论》等。前三部总称"下三部"。四部法依次分别适应从钝至最利的不同根机。就以欲尘为道之方便而言,事行二部依笑视缘所生喜乐为道,瑜伽部以执手抱持触喜乐为道,无上瑜伽部以二根交合所生喜乐为道。四部密法皆由依止诸本尊瑜伽念诵之力,蒙诸佛菩萨摄受加持诸多方便,获得诸共悉地,速疾圆满大菩提行。然所谓"不待经历无数大劫,速能成佛,唯是无上部之特法,下三部机如能证得,亦须趣入无上部之二种次第"。故不应执著只要修密法便能于浊世中一生成佛。

凡修学密法,必须从大乘共道门,由显入密,须先亲近善知识,受三皈依及近事、菩萨等戒,圆满发菩提心,具足六度行,然后如法亲近金刚阿阇黎,请求赐予密法灌顶。

修学事部法的次第有四:(一) 为成修道之器而行灌顶,方有修习此法的资格。(二) 清净律仪及三昧耶,谨持诸戒及灌顶所受秘密三昧耶戒,不得违犯,若有误犯,昼犯夜悔,夜犯昼悔,及时忏悔令净。(三) 如法承事修习,所修分有念诵静虑、不待念诵静虑二种。有念诵静虑修法分三步:初修前行,如法起居、沐浴、守护自身及修行处所、加持供物;次修正行,名"四支念诵静虑",端身正坐发大菩提心,观菩提心胜义,从无分别光明中自观为本尊,观胜义天、声天、字天、色天、印天、相天"六天",供养赞颂,祈求加持,忏悔,修四无量心,结印诵本尊真言,有缘字形(观想真言梵字)、缘字声二种诵法,诵毕修发遣、解界等后行。不待念诵静虑,由住火、住声,三密相应观诵本尊真言,渐入静定,次放舍住声,依人法二无我正见修观,达"声后住解脱静虑",得止观双运。(四) 由此修习,得上、中、下三品息灾(修佛部法所成)、增益(修莲花部法所成)、降伏(修金刚部法所成)三种悉地。

修行部法,亦须先受灌顶以成修道之器,次守护清净律仪及三昧耶,然后正修瑜伽。所修分有相、无相二种瑜伽,应由前入后。有相瑜伽,是离空性之本尊念诵,先修外四支念诵,由观空性中自观为本尊,于心中月轮内观想本尊咒鬘而念诵;次修内四支念诵,由空性中观自身为本尊,于心间丹轮内观大日如来,缘彼心间月轮内真言而念诵。由此获得缘本尊身相等正定,于此定心中依正见观自性本空,悟入无相瑜伽。"若无正见,但不起念分别,或有正见而正修时不修正见空解,唯不分别,皆非修空性者。"

修瑜伽部法,亦须先入金刚界曼荼罗等受灌顶,如法守护律仪、三昧耶,方可修习正定。正定分唯得弟子灌顶的四座瑜伽与得阿阇黎灌顶的四座瑜伽两种,皆须每日上午、日中、下午、半夜四座,依仪轨自观为本尊,行三密相应之念诵,由缘细相令心坚住于一缘,得身心轻安,获有相瑜伽。由依方便观无自性空,悟入无相瑜伽,佛部、金刚部、宝部、莲花部修法各有不同。最后由静虑、念诵、护摩三道修悉地法而得息灾等成就及腾空、隐身等悉地。

无上瑜伽部法分父续、母续二类,父续注重说方便、幻身、风瑜伽,以《集密》为代表;母续注重说空智、乐空不二、明点瑜伽,以《胜乐》为上。二续修法,各分生起次第、圆满次第。修习亦须先受灌顶,清净三昧耶及律仪。灌顶之先,师徒须互相观察,善知德相。灌顶有绘修供养曼荼罗、弹线分彩、安瓶饰坛场、修供养等事相仪轨,分瓶灌、密灌、慧灌、词灌四级,受瓶灌者仅得修生起次第,修圆满次第须再受密灌等后三灌顶。于灌顶事相仪轨,叙述甚为详悉,所占篇幅达九卷之多。二次第之正修,须先由生起次第成熟相续,次入圆满次第。生起次第以分别心修本尊瑜伽,仅能成就共悉地,见相似真实,不能成佛。

修学生起次第,依增上胜解,于自身中观想本尊曼荼罗,发大精进昼夜勤修,半年至一年,令本尊曼荼罗现量明见,于心间脐间明点观本尊咒字而持诵,灭掉举沉没,入三三摩地,此须顺生、死、中有次第而修,由金刚、忿怒、智身、三昧耶等念诵方便,从真如、月、种子、标帜、身五相证菩提。结行修养身修食法、修天供食法,食、浴、眠、起等皆依仪观修,令心与所修无间相应。

修学圆满次第,父续法与母续法,及龙猛派与智足派等,略有差别。父续法之圆满次第,主要依金刚诵摄身心息,令风息入住融于中脉,历身远离、语远离、心远离而证幻身,入实义光明,凡历五次第,生三空智,现证双运转身。此为龙猛派所主张。智足派主要观心间不坏空点放诸光明,渐收众生、器界及曼荼罗诸尊,依随坏渐收静虑,收摄一切入于光明而入实际,强调"如幻天身与入真实之心和合不离,深显不二之智,为圆满次第之主旨"。

母续法之圆满次第修法,时轮派与诸余派略有差别。主要由修明点,燃起脐下拙火,入火瑜伽,依收摄左右脉风入于中脉,依次生四喜,于空乐不二觉受中证入实际光明。胜乐金刚、欢喜金刚法等各有不同。然所依气、脉、明点之说基本一致,皆依风、火二种瑜伽调摄自身风息明点,加睡眠光明修法等方便,将法、报、化三身,生、死、中有三有合一而修,以证心性光明。行者由如法修圆满次第,得三等成佛:上者现世成佛,中者中有成佛,下者转生成佛。

论中强调:四部密法,无上瑜伽部的生起、圆满二次第,皆须止观双修,以闻思慧所得人法二无我之中观正见修观,尤其是观心,修胜义菩提心,此无我正见,与显教大乘相共。"故学金刚乘者,生无我见,当如显教而修。"唯有以清净正见修观,方能证入真实,仅观想诵咒、修气脉明点、引生四喜等,只能得世间悉地,不能度脱三有。这是宗喀巴关于密乘法的最为重要的主张,由此而结合、融通了显密二宗,对藏传密法影响至为深远。

《密宗道次第广论》写成后只向徒众中具根器者讲授,未曾公开于世,仅在密乘师徒间代代相传。宗喀巴弟子克主杰曾依此书,摄其要义,作《续部总建立广释》,亦由法尊译汉,名《密宗道次第》,亦称《密宗道次第略论》,收于张曼涛主编的《现代佛教学术丛刊·西藏佛学论集》中。汉地介绍《广论》的文章有潭影《密宗道次第广论章节略录》(《中国佛教》第三辑)等。

(陈 兵)

因明七论入门 宗喀巴

《因明七论入门》，全称《因明七论入门除意暗论》，一册。明宗喀巴著，约成于永乐四年(1406)或次年。藏文原本收于《宗喀巴师徒文集》第十八帙之中，今人杨化群译为汉文，收入其《藏传因明学》一书之中，1990年由西藏人民出版社出版。

作者生平事迹见"菩提道次第广论"条。

《因明七论入门》是宗喀巴唯一的因明专著。它短小精悍，既融会了陈那、法称因明的精华，又吸收和阐发了藏地学者的研究新成果，成为继萨班《正理藏论》之后又一部藏传因明的代表作。

全书共有四大部分。

一、讲境。这部分讲认识对象，在大乘佛教看来，认识对象只是相对于认识活动的存在而存在，故宗喀巴云："外境与所知、所量就主要而言皆同义"，"可知晓或可明了，为外境之性相。堪为心所缘境之物，为所知之性相。由量识所证悟之物，为所量之性相"。对于外境，就其本质而言，可作如右分析：

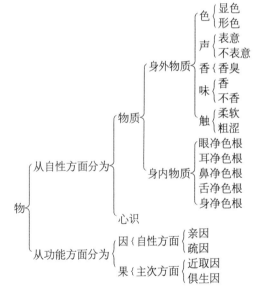

在认识过程中可以有三种境象，即显境、执境、取境。

二、具境。这是讲认识活动，又分为"能诠"、"所诠"，前者是认识主体，后者是认识对象和被表达、指称的对象。在能诠中又分为语言和心识两种，心识是通过语言去把握、规范对象的。对于心识，宗喀巴又从量与非量，分别识与无分别识，错乱识与不错乱识，自证和他证，心和心所等不同角度来分析的。

三、对境之分析法。这是对八对量论范畴的阐述，在藏传因明中，公元11世纪恰巴曲森提出了"摄类辩论"的十八对哲学范畴，作为量论的基本知识，萨班《正理藏论》中已有所分析，在本文中宗喀巴侧重阐述了相违与相属、遮与表、总和别、一和异、性相与所表、排入和立入、质法与体法等八对范畴。

四、比度。这是讲推理、论证的规则,是属于因明的逻辑论内容。与法称一样,宗喀巴亦把正因分为自性因、果性因、未缘到因三种差别相,对相违、不定、不成三种因过也作了进一步的分类,使其与大乘教理更密切地结合起来。对于藏传因明所特有的应成论式作了系统的介绍,先分为正、似两种,在正确的应成论式中又进一步分为"射理由"、"不射理由"两类。

宗喀巴的《因明七论入门》的思想为其三大弟子所阐发,其中最擅长于因明的是贾曹杰。《因明七论入门》是黄教量论的一个纲领。

（姚南强）

大明三藏法数 一 如等

《大明三藏法数》，又名《三藏法数》，五十卷。明一如等编，成于永乐十七年(1419)。通行本有上海佛学书局1923年版丁福保重校本。

一如，会稽人。出家于杭州上天竺寺，为高僧具庵法师的弟子。永乐年间诏修大藏，命一如总其事。后为僧录司右阐教。洪熙元年(1425)卒。生平事迹见丁福保校本《序》。

《大明三藏法数》是一部佛教辞书。全书共汇释佛教法数一千五百五十五条，按词目第一个字的数目的大小依次排列。如果词目的第一个字并非数字，则按词目中间出现的数字的大小，编入相应的数序之中。如"起信二门"则编入"二"的数序之列，"修净土五念门"则编入"五"的数序之列，"大乘十喻"则编入"十"的数序之列，等等。所释的第一条是"一心"，最后一条是"八万四千法门"。每条术语之下，均注有出典。

其中，从"一"至"十八"之间，每个数字都有相应的佛教术语，没有空缺。收录的情况如下。

"一"：有一心、一月喻三身、一大事因缘、一真法界、一行三昧、一刹那等。

"二"：有迹本二门、空有二轨、二种观法、昙谶二教、远师二教、二转依、二种分别真伪禅相等。

"三"：有三身、佛三密、三分科经、三归依、三智、三自性、三无性、天台三观、南山三观、三车、三报、三业、三千世界、三种世间、三净肉等。

"四"：有四法界、阿赖耶四分、化仪四教、化法四教、苑公四教、生公四轮、四恩、四大部洲、四威仪等。

"五"：有五部教主、百法五位、五神通、贤首五教、慧观五教、刘虬五教、修净土五念法门等。

"六"：有六念法、六相、六和敬、僧用六物等。

"七"：有七真如、华严宗七祖、七种礼佛等。

"八"：有八正道、八识、八部鬼众、八不净物等。

"九"：有大乘九部、小乘九部、九斋日等。

"十"：有十号、十玄门、十大弟子、菩萨十戒、禅定十种利益、十法行、饮酒十过等。

"十一"：有师子吼喻十一事等。

"十二"：有十二分经等。

"十三"：有日冷十三缘等。

"十四"：有十四无畏(一条)。

"十五"：有念诵忌十五地等。

"十六"：有十六观门等。

"十七"：有大乘修多罗有十七名(一条)。

"十八"：有十八空等。

以上总计一千五百十七条，其中自"一"至"十"的法数占一千四百七十三条，自"十一"至"十八"的法数仅有三十四条。从"十八"以后至"八万四千"之间，数字大量断缺，凡断缺的地方，一般表示没有相应的佛教术语，也有的是作者疏漏未收的缘故(如"三十三天"等)。

《大明三藏法数》的释文平易通畅，义理完备，是同类佛教辞书中的佼佼者。作者对词目释文中所涉及的其他佛教名词(有带数字的，也有不带数字的)，一般都用夹注的方法，一一加以诠解。有些佛教名词在不同的词目中都要提到，则在不同词目的释文中均加以解释，以便使读者读一条词目便能洞晓该词目的全部义理，不必再查他条。这样一来，本书所收的词目的正条虽然只有一千五百五十五条，但释文中注解的名词术语则有正条的数倍，两项的总和达到一万余条，又成了同类著作中实际收词最多的一部书。

如"忏悔五法(出《圆觉略疏钞》)"条的释文是："忏，梵语具云忏摩，华言悔过。今云忏悔者，华梵兼称也。谓比丘有罪，须请大比丘为证，具此五法而行忏悔也(梵语比丘，华言乞士。大比丘，即上座也——原注)。一袒右肩。谓行忏悔时，须着袈裟，当袒右肩，以便执侍作务使令也；二右膝著地。谓行忏悔时，当右膝著地，以显翘勤恳切之诚也；三合掌。谓行忏悔时，须合掌当胸，以表诚心之不乱也；四礼足。谓行忏悔时，当顶礼大比丘足，以见卑下至敬不乱也；五说罪名。谓行忏悔时，当说自身所犯罪名，或得僧残罪，或波逸提罪之类，对众发露，不得覆藏也(僧残罪者，如人被斫，犹有咽喉，故名为残。若犯此罪，僧作法除故也。梵语波逸提，华言堕，谓堕地狱也——原注)。"

本书作者的佛学造诣之深，从这些释文中可见一斑。正如丁福保在为本书校订后所作的《序》中说，"其当时与法师同修大藏，同纂此书者，皆极一时之选"。

有关本书的研究，主要有陈士强《大藏经总目提要·文史藏》(上海古籍出版社，2008年)等。

（陈士强）

释量论释 根敦珠巴

《释量论释》,又名《释量论广注》、《释量论善说大疏》等,一册。明代根敦珠巴著,撰时不详。现代法尊编译,1982年由中国佛教协会刊行。

根敦珠巴(1391—1474),又名僧成,出生在萨迦寺附近,十五岁在纳塘寺出家,得法名根敦珠巴。早年曾以朱巴喜饶(成就慧)等为师。1415年赴前藏扎什朵喀听宗喀巴讲经,遂为其门下弟子。智慧聪颖,深得宗喀巴嘉许,曾赠给他一套自己穿的五衣作为他将来弘扬律学的因缘。根敦珠巴早年曾向罗敦巴学过因明,后又向宗喀巴学习法称的《量抉择论》,宗喀巴逝世后又复从贾曹点学习因明。著有《因明正理庄严论》(又名《量理庄严论》)和《释量论释》。前者至今仍为藏地三十六寺学习因明的必备要论,后者则于1980年由法尊编译为汉文。根敦珠巴学成后复归后藏弘法,于1447年在日喀则建立了扎什伦布寺,成为西藏格鲁派四大寺之一。其弟子有然降巴·门朗白瓦、都迦瓦、都拿巴、班钦·隆日嘉措等,《土观宗派源流》中讲他"法嗣子孙,不可数计",后来三世达赖索南嘉措追谥他为一世达赖喇嘛。

《释量论》是法称因明七论中最为重要、详尽的一部"广论",系统完整地体现了法称因明思想。其中的自义比量部分法称有自注,其他三品则由弟子天慧(帝释慧)和释迦慧作注。《释量论》在藏地传学极广,又有众多藏地学者为其注疏,并成为寺院学僧必修的"五部大论"之一。只是除该书第一品有梵文原本外,其他各品仅存藏译本。由于缺乏《释量论》注本的汉译,故尚不能明确断定《释量论释》中所述,到底哪些是法称、天慧的注释,哪些是根敦珠巴的阐发,只能合在一起作一笼统的介绍。

《释量论释》依照法称的《释量论》亦分为四品。

一、《自义比量品》。这是专讲逻辑思维的一章。在法称后学中有人认为法称写《释量论》的首要目的是要为佛教建立一个新的哲学基础,故《成量品》应放在论首,《自义比量品》在其后,只是因为该品法称已有自注,后人为外注其余三品的方便,故把此品放在论首,但也有人反对此种解释。根敦珠巴则作如下说:"分辨是义、非义,须要依靠比量故,为建立比量智,除诸邪智,故先释自义比量。"

值得注意的是,在这一品中讲到:"因与后陈法之关系,若因于同品上定有,于异品上全无,则是正因。若因于同品上无,于异品上有,不论全有或一分有,或皆无,则是不定因。如是四句已是——同品有、异品有,同品有、异品无,同品无、异品有,同品无、异品无,不须九句检查。"此即是有学者所引用的"四句料"。九句因系陈那所创,是通过对因法和宗法外延的分析来揭示因三相的内涵的,查藏传因明的其他著述中并未发现有此四句,而且即使在《释量论释》的他义比量品中亦仍有"九宗法"的提法,仍起着一种检查是否正因的作用,故此说尚可探讨。

二、《成量品》。在陈那《集量论》中,作为造论之礼赞,在首颂中云:"敬礼定量欲利生,大师善逝救护者。"法称《释量论》进一步把其扩展成为一百三十八颂的《成量品》,把佛作为人格化的定量(绝对真理),论述如何由现量、比量最终成为定量的解脱道,把大乘佛教的四谛原理与因明的知识论、逻辑论糅为一体,用逻辑与理性来论证信仰。根敦珠巴在本品中作了进一步的发挥,分别从"流转门"、"还灭门"正反论证了如何由因圆满到果圆满,从果圆满追溯到因圆满;从大悲心到善逝、救护者,从救护者到善逝、大师、利欲生。

三、《现量品》。本品的要点有四:(一) 现量与比量,自相与共相;(二) 对现量的界说;(三) 对现量、似现量的分类;(四) 对量果关系的分析。其中有新意的是对"意现量"的解释。在现量的分类上,陈那有一种"五俱意现量",这是指五种根识的见分去缘相分时,第六意识中的一部分与根识俱起缘境而形成的现量。但法称不许有此种现量,改称为"意理量",对此《释量论释》作了进一步的说明:意现量是以五根现量所缘取得到的"行相"的认识为因,进而去缘取五根所未缘到的"余境",从而形成意现量。二者不是同时发生的,根现量是在第一刹那,意现量是第二刹那连续"无间"地缘取的。

四、《他义比量品》。本品讲逻辑论证,主要是立宗、辨因、引喻等内容。法称《释量论·颂》中把立宗要求概括为"四言",即:"随自、唯、性声,及不被遣等。"根敦珠巴进一步分解成"五相":"随自、唯、自性、所乐、不遣",并指出自乐不等于随自,随自是指随自教之说,而自乐的范围更大,亦可能乐自教之外的观点。"唯"是宗当下所立之宗义,"自性"是指宗的所成立性。"不遣"又分为"四违害量",即比量相违、现量相违,比量相违中又分为信解量不遣和名称量不遣,故合为四种不遣,在信解量中再分为自语不遣与自教不遣,这种分类法显然是一种新的阐发。

此外,在检验认识的标准上,陈那主张"现教力胜"实际上是经典与经验的双重标准,法称则坚持以感觉经验为标准。《释量论释》亦反映了这一立场:"所行境,教不能妨害","观察事力境时,纵有所受许教,亦非能妨害支,以此观察事力境,只是受许教之方便故"。这是说认识并不依赖于教义,教义可以为认识活动提供"方便",但不能否定感觉经验。从这一点来看,似乎具有一种朴素的经验论倾向。

《释量论释》是目前国内关于《释量论》的唯一的汉文注疏,对于研究法称因明思想有着不可取代的独特作用。

(姚南强)

指月录 瞿汝稷

《指月录》,全称《水月斋指月录》,三十二卷。明瞿汝稷撰,成于万历二十三年(1595)。通行本有《卍续藏经》本、巴蜀书社2006年版校点本等。

瞿汝稷,字元立,苏州常熟人。"以父文懿公荫为官,历黄州知府,徙邵武,再守辰州,迁长庐盐运使","受业于管东溟,学通内外,尤尽力于佛法。时径山刻大藏(指《径山藏》,又称《嘉兴藏》),元立为文,导诸众信,破除异论"(《居士传》卷四四)。

《指月录》是一部记录禅宗传承人物及其事迹(主要是言语)的著作。据作者自序说,他自幼就好读佛典,尤其是喜欢"宗门家言",即载有禅门耆宿言语的灯录、语录、禅史、禅论一类的著作。师事管东溟之后,情趣亦然。因而,书架上所存放的,大多是禅书。每读至适意处,就点笔将它抄录下来,至万历二十三年(1595)已录得三十二卷。稿成之后,先是由友人陈孟起抄录了两部,六年以后,才由同乡严徵(字道彻)校订付梓。由于作者的书房名"水月斋",而撰作此书的目的,是为了使读者通过它("指",即手指的指点)而了解禅宗的法要("月",此处特指禅宗以心传心的"心月"),故取名为《水月斋指月录》。

《指月录》虽然没有以灯录自命,按清聂先《续指月录凡例》中的说法,是"儒者谈禅之书",即由儒士撰作的谈论禅门之事的著作,但究其性质而言,与灯录并无二致,也是以禅宗的传法世次为经,禅师和受禅的居士的身世、机缘语句为纬,编织起来的禅宗谱系类作品。只是一般灯录在标列世次时,都采用了三级标题。第一级标题通常是以南岳怀让、青原行思或六祖慧能(谥"大鉴")"某世"的名义立的,第二级标题是以某禅师"法嗣"(即弟子)的名义立的,第三级标题是书中要具体记叙的这位禅师的一个个弟子。如关于临济宗黄龙派悟新禅师的世次,一般是这样标示的:"南岳下第十三世(或称'大鉴下第十四世')"、"黄龙祖心禅师法嗣"、"黄龙悟新禅师"。而《指月录》则在月录中于"六祖下某世"之下,直接叙列属于这一世的众多人物,并在人物的称谓之末,标注他是某禅师的"法嗣",因而删去了一般灯录中的第二级标题。至于正文,则不复标注"法嗣"。全书记叙的禅宗世次,上始七佛,下至六祖下第十六世。

卷一:七佛,附《诸师拈颂诸经语句》。

卷二:应化圣贤。始文殊菩萨,终清凉澄观国师。

卷三:西天祖师。始一祖摩诃迦叶尊者,终二十八祖菩提达摩尊者("章次列于东土祖师")。

卷四:东土祖师。始初祖菩提达摩大师,终六祖慧能大鉴禅师。

卷五:六祖下第一世,收南岳怀让禅师、青原行思禅师;六祖下第二世,收江西马祖道一禅师("南岳怀嗣、南岳一世")、南岳石头希迁禅师("青原思嗣、青原一世")。

卷六:二祖旁出法嗣,收僧那、向居士二人;四祖旁出法嗣,始牛头山法融禅师,终鸟窠道林禅师("径山钦嗣");五祖旁出法嗣,始嵩山峻极和尚("破灶堕嗣");六祖旁出法嗣,始司空山本净禅师,终圭峰宗密禅师("遂州道圆嗣")。

卷七:未详法嗣。始泗州塔头,终文通慧。

卷八至卷三十:六祖下第三世至第十六世。始洪州百丈山怀海禅师("南二、马祖嗣"),终无为冶父道川禅师("净因成嗣")。每一世均按先南岳系,后青原系的顺序叙述。其中青原系僧人载至卷二九的六祖下第十五世,卷三十的六祖下第十六世全是南岳系僧人。

卷三一、卷三二:临安径山宗杲大慧普觉禅师语要。

上述世次中收载的人物,均有机语见录,也就是说,没有只载人名而不介绍事迹的。这一做法与《传灯录》、《续传灯录》诸书相异。因为《传灯录》、《续传灯录》诸书,为了将同一世次、某一位禅师的弟子都收罗进去,不仅编录有机缘语句传世,即有事迹可考的人物,而且也编录无机语传世的人物。对于前者,在正文中设专章(或称本章、本传)加以介绍,称为"见录";对于后者,在正文中无专章加以介绍,只有其名见录于全书总目或每一卷的目录,称为"不立章次"、"不录"、"无录"等。

由于自《传灯录》以来,有关荆州城内只有一个天皇寺的道悟,还是别有一个天王寺的道悟,孰真孰假,哪一个道悟是石头希迁的弟子、又是龙潭崇信的老师,一直存在着争论。因而《指月录》在卷九"六祖下第三世"以"南岳、青原宗派未定法嗣"为标题,并载荆州天皇道悟禅师、天王道悟禅师两人,存而不论。又在南岳、青原二系之外,别立"天"系,专收道悟一系的传人。称龙潭崇信为"天一"、德山宣鉴为"天二"、雪峰义存为"天三",如此等等。这里的"一"、"二"、"三",指的是第一世、第二世、第三世,至于这"天"字,究竟是"天皇"的略称,还是"天王"的略称,作者没有明确的说法。这种表述的目的,是为了避免将道悟划入南岳系或青原系所要引起的纠纷。

就《指月录》所载的世次而言,并没有超出宋普济的《五灯会元》和明居顶的《续传灯录》的范围。因为《五灯会元》所载世次的下限是"青原下十六世"(相当于"六祖下第十七世")和"南岳下第十七世"(相当于"六祖下第十八世")、《续灯录》所载世次的下限是"大鉴下第二十世"(即"六祖下第二十世"),均比《指月录》的下限"六祖下第十六世"要长;而且《五灯会元》和《续传灯录》每一世收藏的人物也多于《指月录》。只是因为《指月录》在人物的本章中附载了许多禅宗名宿的拈颂评唱以及作者的辨析议论,从而使得它也具有一些未见于《五灯会元》、《续传灯录》的资料。

如《指月录》卷二十六在"六祖下第十三世"隆兴府宝峰克文禅师章之末附载:"大慧(宗杲)云:老南(慧南)下尊宿,五祖(法演)只肯晦堂(祖心)、真净(克文)二老而已,自余不肯他也。五祖为人,如绵里一柄刀相似,才按着,便将咽喉一刺,刺杀你去也。若是真净,脚上着也,便脚上杀你;手上着也,即手上杀你;咽喉上着也,咽喉上杀你。"临济宗黄龙派的创始人慧南有弟子八十三人(见《续传灯录》卷十五和卷十六),而得到杨岐派名僧五祖法演(与慧南门下的"四祖法演"为二人)称赞的仅晦堂祖心和真净克文二人。为此,大慧宗杲用比喻的方法将法演的禅风与克文的禅风作了一番比较,说了上述一番话。这段话未见《五灯会元》卷十七和《续传灯录》卷十五的克文章。

又如《指月录》卷二九隆兴府兜率从悦禅师章,在"师室中设三语以验学者。一曰:拨草瞻风,只图见性,即今上人性在甚么处?二曰:识得自性,方脱生死,眼光落地时作什么脱?三曰:脱得生死,便知去处,四大分离,向什么处去?"的章文下附载:"张无尽(张商英)以颂答三问。其一曰:阴森夏木杜鹃鸣,日破浮云宇宙清。莫对曾参问曾晳,从来孝子讳爷名。二曰:人间鬼使符来取,天上花冠色正萎。好个转月时节子,莫教阎老等闲知。三曰:鼓合东村李大妻,西风旷野泪沾衣。碧庐红蓼江南岸,却作张三坐钓矶。"《五灯会元》卷十七和《续传灯录》卷二二中的从悦章,虽然都载有从悦的"三语",但无张商英的答颂。

《指月录》自问世以后十分流行。清代聂先说:"虞山瞿幻寄(瞿汝稷)先生《指月录》一书,先是严天池(严澂)先生水月斋初刻,为禅林秘籍,海内盛行。板经数易,后如破山禅师翻刻东塔禅堂,具德禅师两镌天宁、灵隐,甚至斗大茅庵,亦皆供奉,腰包衲子无不肩携。儒者谈禅之书,未有盛于此本者也。"(《续指月录凡例》)。它的续作有聂先的《续指月录》二十卷。

有关本书的研究,主要有陈士强《大藏经总目提要·文史藏》(上海古籍出版社,2008年)等。

(陈士强)

西方合论 袁宏道

《西方合论》,十卷。袁宏道撰,成于明万历二十七年(1599)。收于《袁中郎全集》,《嘉兴藏》第三十一册所收为袁宗道、袁中道等人校本,《大正藏》第四十七册所收为周之夔重刊本,《卍续藏经》第一〇八册所收为智旭评本。

袁宏道(1568—1610),字中郎,号石头居士,又号空空居士,湖北公安人。与兄袁宗道(1560—1600)、弟袁中道(1570—1623),并称"三袁",为明代文学"公安派"的创始者。万历年间以进士身份出任吴江知县、吏部主事等官;一度谢病家居之后、起复故官,再迁至稽勋司郎中;不久病归故里,卒于荆州一僧寺中。著有《八识略说叙》、《金刚证果引》、《坛经节录引》等,皆收于《袁中郎全集》。另有明清响斋刊本《金屑篇》一卷、《珊瑚林》二卷,现藏于日本内阁文库。生平事迹见《明史》卷二八六、《明文偶钞》、彭绍升《居士传》卷四六《袁伯修中郎小修传》等。

《西方合论》写于袁宏道三十二岁时,为明代阐述教禅一致、禅净合一的主要著作。据袁宗道《西方合论原序》称,袁宏道早年学禅于李贽,"根性猛利,十年内有所入,机锋迅利,珠语走盘",但后来感到禅学雅尚空谈,不切实际,遂转归净土。于礼诵之暇,取龙树、天台(智𫖮)、长者(李通玄)、永明(延寿)等论,同时辨析佛教各家"差别之行",综合诸经论和古德语录,附以己见,撰成此书(自序)。本书以华严十门为架构,每一门之下,又尽量分成十门,以示重重无尽之意,构成一个完整的思想体系。

一、刹土门。分述毗卢遮那净土、唯心净土、恒真净土、变现净土、寄报净土、分身净土、依他净土、诸方净土、一心四种净土、摄受十方一切有情不思议净土等十种净土。主要是叙述"一真法界,身土交参,十佛刹海,净秽无别,只因众生行业有殊,诸佛化现亦异",其中以"摄受十方一切有情不思议净土",即阿弥陀佛净土,最为圆满。

二、缘起门。分述一大事、宿因缘、显果德、依因性、顺众生、秽相空、胜方便、导二乘、坚忍力、示真法等十义,解说西方净土信仰起教的因缘。"尽大地无非贫儿,一佛号便为资本。"具说西方阿弥陀佛与此娑婆世界的种种因缘,故往生最易。

三、部类门。举证宣扬净土之经典，以说明西方净土历来所受的重视。分作经纬二义："经非专谈安养者不收，纬则泛举念佛者亦入。"又可细分作经中之经、经中之纬、纬中之经、纬中之纬。并作颂曰："禅教律三乘，同归净土海，一切法皆入，是无上普门。"

四、教相门。判别一大藏教为假有教（修五戒十善的人天教）、趋寂教（趋归寂灭涅槃的小乘教）、有余教（不许一阐提人成佛的大乘教）、无余教（一切众生悉当成佛的大乘教）、顿悟教（教外别传之禅宗）、圆极教等六类，净土法门因有刹海相含、三世一时、无情作佛、依正无碍、充遍不动五义，故判为最为圆满的圆极教。

五、理谛门。约佛教真谛，分作即相即心、即心即相、非心非相、离即离非等四门。认为净土法门"即性即相，非有非空，理事之门不妨，遮表之诠互用"。以华严宗理事不碍之理，融合历来聚讼不已的唯心净土与西方阿弥陀佛净土之争。

六、称性门。以五门概括修行法门，倡导以信阿弥陀佛的信心行为先决条件，再广修止观行、六度行、悲愿行、称法行，而"菩萨一切行，皆称自性，非有非无，非行非不行，称法自在"。

七、往生门。叙述菩萨一期生命结束，有投生人中、兜率天、长寿天、三界外、初发心时生如来家、三祇行满生十方世界利益一切众生等六种去处，"三祇途远，余门多有退堕"。说明菩萨应往生西方净土，如法修行，待忍力坚固，再入世利生，方为究竟。

八、见网门。谓一切迷中众生，沉溺于各种错误见解中而不能自拔，"欲修正因，首割邪见之网"，故必须破斥断灭堕、怯劣堕、狂恣堕、支离堕、痴空堕、随缘堕、唯心堕、顿悟堕、圆实堕等十种妄见。

九、修持门。谓"今欲一生超僧祇之果，十念摄亿万之程，岂粗见浮思，结口尘心所能超越"，罗列往生净土者，应如法而作下述十种修行：净悟门、净信门、净观门、净念门、净忏门、净愿门、净戒门、净处门、净侣门、不定净门。

十、释异门。针对修习西方净土所产生的疑畏，博采经论，条列十种解释：刹土远近释、身城大小释、寿量多少释、花轮大小释、日月有无释、二乘有无释、妇女有无释、发心大小释、疑城胎生释、五逆往生释。目的要人无论根机利钝、发心早迟，皆须全心信持，念念往生西方净土。

关于本书的锁钥，袁宗道称："其论以不思议第一义为宗，以悟为导，以十二时中持佛名号一心不乱、念念相续为行，以六度万行为助因，以深信因果为入门。"（《西方合论原序》）本书概述了西方净土的要义，影响颇大，被智旭编入《净土十要》，为后世广泛传习。

有关本书的研究，有明智旭《评点西方合论》、明教《西方合论标注》四卷、今人钱伯诚《袁宏道集笺校》（上海古籍出版社，1981年）。

（王雷泉）

禅关策进 袾 宏

《禅关策进》，一卷。明代云栖袾宏辑，成于万历二十八年（1600）。收于《云栖法汇》第十四册。通行本有《大正藏》本等。

袾宏（1532—1615），杭州人，俗姓沈，字佛慧，号莲池。年十七补诸生，以学行称。受邻妪影响，倾心净土，案头书"生死事大"四字以自誓。三十二岁时投西山之无门性天剃染，乞昭庆无尘受具足戒。自此遍参诸方，入京师参遍融，又谒笑岩德宝有省，过山东东昌闻谯楼鼓声大悟。于隆庆五年（1571）归浙，入古云栖寺旧址，结茅默坐，衲子来附，遂为丛林。以律制清严，冠诸方道场。当时名公巨卿，心折归依者甚多。与紫柏真可、憨山德清、蕅益智旭并称为明代四大高僧。所著有《阿弥陀经疏钞》及《事义》《问辨》、《梵网菩萨戒经义疏发隐》及《事义》《问辨》、《沙弥律仪要略》、《续武林西湖高僧事略》、《缁门崇行录》、《楞严摸象记》、《水陆仪文》、《竹窗随笔》及《二笔》《三笔》、《正讹集》、《山房杂录》等。

袾宏平生归心净土，持戒谨严，施食持咒，而又调和禅净，主张"自性弥陀，唯心净土"，于《阿弥陀经疏钞》卷称："悟心则无一法出于心外，即心即境，即境即心，往生净土，愿见弥陀，不碍唯心，何妨自性？"融会理事，归旨唯心。于禅学上认为《高峰原妙语录》最为精锐，录古德机缘中做功夫吃紧语，著《禅关策进》，以示参究之诀，而明禅净双修之义。据《自序》称，本书据当时得自坊间的《禅门佛祖纲目》增删而成。书名所称"禅关"者，指"人之为道也有迷悟，于是大知识关吏，不得不时为其启闭，慎其锁钥，严其勘核，俾异言服私越度者，无所售其奸，而关之不易透"。所称"策进"者，指"水未穷，出示尽，警策在手，疾驱而长驰，破最后之幽关"。

本书前集分二门：（一）诸祖法语节要。收录黄檗希运、赵州从谂、玄沙师备、鹅湖大义、永明延寿等三十九位祖师之示众、普说之言。每章文后或缀评语，提撕宗旨，如在"天目中峰本禅师示众"章下，评语曰："此老千言万语，只教人看话头，做真实工夫，以期正悟。谆切透快，千载而下，如耳提面命。具存全书，自应遍览。"（二）诸祖苦功节略。叙述历来祖师苦行与开悟之经过，内容包括独坐静室、悬崖坐树、草食木栖、衣不解带、引锥自刺、暗室不忽、誓不展被、无时异缘、口体俱忘、以头触柱等二十四章,文末多缀以评语。

本书后集为"诸经引证节略",则引用《大般若经》、《华严经》、《大集月藏经》、《十六观经》、《出曜经》、《大灌顶经》、《遗教经》、《楞严经》、《弥陀经》、《楞伽经》、《金刚般若经》、《宝积经》、《大集经》、《念佛三昧经》、《自在王菩萨经》、《如来智印经》、《中阿含经》、《杂譬喻经》、《杂阿含经》、《阿含经》、《法集要领经》、《无量寿经》、《宝积正法经》、《六度集经》、《修行道地经》、《菩萨本行经》、《弥勒所问经》、《文殊般若经》、《般舟三昧经》、《四十二章经》、《观药王药上二菩萨经》、《宝云经》、《正法念处经》、《阿毗昙集异门足》、《瑜伽师地论》、《阿毗达磨论》、《西域记》、《南海寄归》、《法苑珠林》、《观心疏》、《永嘉集》、《沩山警策》、《净土忏愿仪》、《法界次第》、《心赋》等四十五种经典,摘录其中有关修行者精进努力之警语、事项。评语常有超过原文者,如引《观药王药上二菩萨经》经文"常念大乘,心不忘失,勤修精进,如救头然"。评曰:"当勤精进如救头然,今丛林早暮持诵,然诵其文不思其义,明其义不履其事,亦何益也!"

本书要言不烦,皆在禅净双修功夫上着力,故在明清以后流行甚广,时禅林中人称:"云栖一生之文字,但此书有补吾宗。"(圆慈《重刻禅关策进后序》)为修禅者必读之精进总汇。

(王雷泉)

慨古录 圆 澄

《慨古录》，一卷。明代圆澄撰，成于万历三十五年（1607）。通行本有《卍续藏经》本等。

圆澄（1516—1626），号湛然，俗姓夏，别号散木，又号没用，会稽（今浙江绍兴）人。天资颖悟，具辩才。出家后历参玉峰、妙峰、南宗、袾宏等师，于万历十九年得曹洞宗禅师大觉方念（？—1594）印证付法，由是在浙东匡徒说法，大唱曹洞宗风。万历三十年入京，公卿缙士皆入门请教，冠盖倾都市，而不以为意。生平不愿与世同流合污，不为律规所拘，所遇无贵贱新故，一以本色钳锤。与当时儒学名流周海门、葛寅亮、祁承爜等交情甚笃，相互切磋。著有《楞严臆说》、《法华意语》、《金刚三昧经注》、《涅槃会疏》、《思益梵天所问经解》、《宗门或门》、《语录》八卷行世。其传见《补续高僧传》卷九，以及陈懿典、陶奭龄分别所撰《会稽云门湛然禅师塔铭》、丁元公撰《会稽云门湛然禅师行状》，收于《湛然圆澄禅师语录》卷八。

本书署名"无名叟"，书前祁承爜所作序指出系圆澄所作。书首揭示了书名的含义及写作本书的目的："去古日远，丛林之规扫地尽矣。佛日将沉，僧宝殆灭，吾惧三武之祸，且起于今日也。能无叹乎？"兴慨古之叹，不愿与俗世同流合污，而又不敢署上真名，表现了作者对当时堕落的佛教界作自觉反省而又心存顾忌的矛盾心理。书中用今昔对比的方式，全面检讨了丛林的弊端及对治之道。

本书可分作历数丛林积弊、政府宗教政策不当、救治之道等三个部分。现按行文顺序介绍。

首先，佛教丛林存在的积弊，来自嘉靖朝以来宗教政策的不当。嘉靖四十五年（1566），为防范白莲教泛滥，又怕僧众复杂，混足其中，故御史鲍承荫奏准将僧尼戒坛严禁，不许说法，管制游方等。圆澄认为，官方不分青红皂白，丛林众满百余，辄称为白莲教之流而一例禁之，致使非法之徒得以乘虚惑众。不能因僧人中有不肖之徒而否定整个僧团，而且，僧品的芜杂"非佛之教不善，而国家设教未尽善耳"，官方以纳银代替考试度僧，而且久不开戒坛，致使僧品拣别无由。

因此，为使佛法久住于世，圆澄提出定官制、择住持、考试度、制游行等四条救治时弊的方案：

（一）定官制。明太祖设僧官时,中央最高的左右善世,不过正六品,隶属于礼部,僧官的排场等同钦天监。但僧事由僧官掌管,不受一般官僚管。代宗景泰五年(1454),因度牒考试舞弊,朝廷遣给事中、御史、礼部官员各一,会同考试,于是僧官制度受制于儒家官僚,僧官自治之权从此失去。僧官和住持人选不是靠品德与才学,而是靠钻营与人际关系。"致使真正高贤,蔑视如介,弃而勿顾。不肖之徒,或上银请纳,或嘱托人情,曾何如节义廉耻?"对治之道,是将僧录司制为客司,考选有道德者主持,不受府县俗官所制。

（二）择住持。认为住持本为道德之任,"今也不然,才德一无所有,道学有所未闻,世缘颇足,便名住持,致使丛林衰落,礼义绝闻。更兼官府不辨清白,动辄行禁,使真道者退身不就,而不肖者百计钻谋,佛法愈衰,丛林愈薄"。对治之道,是尽禁一切无名住持、私创庵院,及神祠男女共处之流。

（三）考试度。明太祖将佛教开为禅教和瑜伽二门,禅门受戒为度,应门(以应赴经忏佛事的瑜伽僧)以纳银受牒为度。自嘉靖间(时在1566年),迄今五十年,不开戒坛。从而使禅家者流,无可凭据,散漫四方,致使玉石同焚,金鍮莫辨。对治之道,是恢复度僧制度,以取代今之禁僧政策。

（四）制游行。指出今之游方行脚,以焚香为由,间踏州县,访探名山,去古实远。应由僧官与丛林双重管理远游僧,"如此则负罪逃匿者,莫之能混"。

书中用大量篇幅历数明代丛林中存在的弊端,叹道:"丛林之规扫地尽矣!"并指出王室寺院用童子"替修",以及太后干预僧团事务之不当。同时揭露寺产被占、僧人被辱,官方未善尽保护之责,且违规课税、勒索。势豪与官府对佛门的双重压迫,使出家人"祈晴请雨,集仪拜牌,迎官接府,反增其累"。既然僧人已不能从政府得到出家所应享有的权益,那么不交纳度牒银,也就很自然的了。作者于书末指出:"高皇帝之《钦录》犹在,高皇帝之圣旨绝不之行!既无利于僧,而僧不肯内牒者,毋怪其然也。"

本文对明代宗教政策、社会风尚、寺院生活和僧人状态,提供了比较详尽的社会史资料。过去研究者不多,日本忽滑谷快天的《禅学思想史》,以及荒木见悟的《〈云门湛然语录〉解题》等,对此略有提及。台湾江灿腾在《晚明佛教丛林改革与佛学诤辩之研究》(新文丰出版公司,1990年)中对此始作较详细介绍。

（王雷泉）

大明高僧传 如惺

《大明高僧传》，又称《明高僧传》，八卷。明如惺撰，成于万历四十五年(1617)。通行本有《清藏》本、《大正藏》本等。

《大明高僧传》是一部记载宋元明部分高僧事迹的僧人总传。所收僧人的年限，大体起自北宋宣和六年(1124)，即卷七庆元府天童寺普交的卒年，终至明万历二十一年(1593)，即卷四天台慈云寺真净的卒年。前后四百六十九年。在起始的时间上，与作于北宋初年的《宋高僧传》并不衔接，中间空缺了一百四十七年。全书分为三篇（又称"三科"），正传收一百十二人，附见七十人。

一、译经篇（卷一前部分），正传一人，即燕都庆寿寺沙啰巴，附见二人，即刺温卜、迦罗思巴。他们均为元代僧人。

二、解义篇（卷一后部分至卷四），正传四十四人，附见三十八人。其中卷一后部分收南宋和元代僧人，主要有南宋的净真、祖觉（以上贤首宗）、若讷、了然（以上天台宗），元代的性澄、蒙润、允若、必才、善继（以上天台宗）、盘谷（贤首宗）等；卷二收元代僧人，主要有融照、弘济、本无、行可（以上天台宗）、文才、了性、宝严（以上贤首宗）、英辩、志德、普喜（以上慈恩宗）等；卷三和卷四收明代僧人，主要有原真、慧日、士璋、如玘、普智、明得（以上天台宗）、大同、圆镜、祖住、真节（以上贤首宗）、居敬（律宗）、真清（本书作者如惺的老师）等。

三、习禅篇（卷五至卷八），正传六十七人，附见三十人。除卷五有金代燕都庆寿寺教亨，卷七有北宋庆元府天童寺普交、金代上京大储庆寺海慧，卷八有元保定兴圣寺德富以外，其余所载均为南宋禅僧。

由于此书是作者在读览时，随手摘取一些高僧的事迹，稍事编缀而成的，故体例并不完整，所录三科不能括举这个时期僧人活动的概貌，而且各科之末均无申述一科主旨的"论"。有些人物的传记之末，有"系曰"，用来表达作者的观点。所用的资料，主要来源于史志文集，偶有实录，如卷四的《真清传》。

本书的《译经篇》是根据《元史》的记载写的。传主沙啰巴是西国(指西域)积宁人,总卅即依元代帝师登思巴剃染为僧,习诸都灌顶法。又从著粟赤上师学大小乘,从刺温卜学密教,善吐蕃(西藏)音说,兼解诸国文字。后经推荐,翻译汉地未备的显密诸经。所译之经,朝廷皆为刊行。传末有"系曰":"译经之盛,莫过于六朝盛唐鸠摩罗什辈、实叉难陀辈。及入五代北宋,则渐渐寝矣。况且康王渡江,胡马南饮,銮辇驰遁,淳熙之后,虽有一隙之暇,乌能于是哉。至元世祖而华夷一统,始复有译经之命。入我国朝洪武建元以来,以三藏颇足,摩腾(摄摩腾)不至,故止是例。"(卷一)

由此可见,这《译经篇》虽然极为单薄,但也是事出无奈。因为自北宋中叶以后,已不闻有梵本佛经传译之事。元代再兴译经,但大多是少数民族文字(如藏文、蒙文)与汉文的对译,梵文经典和用西域诸国文字书写的佛典译成汉文的很少,而且这些译典在社会上几乎不起什么影响。

本书的《解义篇》大致是根据元念常的《佛祖历代通载》、明佚名的《续佛祖统纪》以及其他载记写成的,但表述方式及详略有异。如《大明高僧传》卷八《晓莹传》(属《习禅篇》)说:"释晓莹,字仲温,未详氏族。历参丛席,顿明大事,四众推重。晚归罗湖之上,杜门却扫,不于世接。惟以生平之所见闻诸方尊宿提唱之语,及友朋谈说议论宗教之言,或得于残碑蠹简有关典谟之说,皆会萃成编,曰《罗湖野录》。其所载者,皆命世宗匠、贤士大夫言行之粹美,机锋之劲捷,酬酢之雄伟,气格之弘旷,可以辅宗乘,训后学,抑起人于至善,是故阅者不忍释手云。"这番对《罗湖野录》的品评之语,在《佛祖历代通载》卷二十晓莹条下是没有的。该条仅说:"乙亥。《云卧纪谈》、《罗湖野录》成,十月。感山沙门晓莹撰,字仲温,法嗣大慧杲(宗杲)禅师。"其余的一概没说。但也有一些地方是《历代佛祖通载》详而本书略。

本书的《习禅篇》是以《五灯会元》为主,参照其他禅宗史籍写成的,大多是记录言语。如卷六的《居静传》,除略叙他号愚丘,成都杨氏子,年十四依白马寺安慧出家,于南堂(即元静,后改为道兴)禅师门下得悟之外,详载了他的禅宗"十门纲要"之说:"第一须信有教外别传;第二须知有教外别传;第三须会无情说法与有情说法无二;第四须见性如观掌中之物,了了分明,一一田地稳密;第五须具择法眼;第六须要行鸟道玄路;第七须文武兼济;第八须摧邪显正;第九须大机大用;第十须向异类中行。凡欲绍隆法种,须尽此纲要,方坐得这曲录床子,受天下人礼拜,敢与佛祖为师。"这与《五灯会元》卷二十居静章所载,除个别无关大体的字略有变动,如《会元》用的是"一、二、三……"的序数,本书用的是"第一、第二、第三……"的序数,多了一个"第"字,其余的是一模一样的。

虽然《大明高僧传》所载的人物很多出自流行较广的宋元佛教史籍,但也有的取材于不大为人熟知的典籍。如卷一有《祖觉传》,其传云:"释祖觉,别号痴庵,嘉州杨氏子也。聪颖夙发,独嗜佛乘,精究贤首宗旨,尽得其奥。后奉旨出任眉州之中岩,四方学者云委川骛而至,日于开堂,弗倦诲示,汲引后学,曲得慈悲,清凉一宗至师可为鼎盛矣。而于拈椎之外,古今书史、诸子典谟,无不该研,一览成诵。尝修北宋僧史,并《华严集解》《金刚经注》《水陆斋仪》等,行世。"然而,这个南宋贤首宗的重要人物,既不见于《佛祖历代通载》,也不见于《续佛祖统纪》,当是另有所本。而且《大明高僧传》将贤首、天台、慈恩、禅宗的重要人物汇集在一起,也便于翻检。

有关本书的研究主要有陈士强《大藏经总目提要·文史藏》(上海古籍出版社,2008年)等。

(陈士强)

补续高僧传 明 河

《补续高僧传》,二十六卷。明代明河撰,成于崇祯十三年(1640)。通行本有《卍续藏经》本、《高僧传合集》(上海古籍出版社,1991年)本等。

明河(1588—1640),号汰如,华严宗僧人,一雨通润的弟子。"倡明教乘,为时所宗。"事见范景文《补续高僧传序》、毛晋《补续高僧传跋》等。

《补续高僧传》是北宋赞宁《宋高僧传》的续作,也是一部僧人总传。作者明河慨宋以来僧史阙如,自中年起,便担囊负笈,遍历南北名山大刹,搜讨碑版,考核遗事,广肆搜潓,积累资料。尔后次序编年,胪陈行略,紬绎缮录,撰成初稿。前后历时三十年。卒后,由道开整理定稿,至清康熙二十年(1681)始雕版印行。

《补续高僧传》初稿撰成的时间,较明代如惺的《大明高僧传》晚二十三年,但明河生时并不知道有如惺之书,故沐雨栉风,穷搜幽讨,以补摭捃拾,续传高僧为己任。及明河死后,遗稿整理者道开也没有看到过前书,所以《补续高僧传》所"补续"的对象是赞宁的《宋高僧传》,而不是如惺的《大明高僧传》。

《补续高僧传》的体例继踵《宋高僧传》,也将僧人按行业分为十科(亦即十篇),只是将《读诵》改为《赞诵》,其余的科名都是一样的。

一、译经篇(卷一),正传十三人,附见三人。二、义解篇(卷二至卷五),正传一百二人,附见十三人。三、习禅篇(卷六至卷十六),正传二百四十三人,附见二十七人。四、明律篇(卷十七),正传十人,附见二人。五、护法篇(卷十八),正传十五人,附见六人。六、感通篇(卷十九),正传三十四人,附见四人。七、遗身篇(卷二十),正传十三人,附见四人。八、赞诵篇(卷二一),正传六人。九、兴福篇(卷二二),正传十三人。十、杂科篇(卷二三至卷二六),正传九十九人,附见十三人。

合计正传五百四十八人,附见七十二人。其中《习禅篇》占的比例最大,为全书的五分之二,

《义解篇》和《杂科篇》次之,各近五分之一。所收入物年代最早的是卷六的龟洋禅师(慧忠),他大约卒于唐僖宗广明至光启年间(880—887)(案:卷二的少康,据其他史料记载,卒于公元805年,远在慧忠之前,但由于本书作者不察其活动年代,误作宋人,故暂且不算在内)。年代最晚的是卷十六的明律(字三空),他卒于明万历乙卯(即万历四十三年,公元1615年)。上下约七百三十年。

与《宋高僧传》不同,《补续高僧传》在各科之末没有"论";正传中既有一个人的单传,也有二人或三人的合传。如卷一有《天息灾法天施护三师传》、《法护惟净二师传》,卷二有《从谏希最二师传》、《处咸处谦二师传》、《净梵齐玉二师传》,卷三有《择卿可观有朋三师传》等。虽然合传并非将几个人的事迹穿插在一起叙述,仍然是各说各的事,正文与一人一传的单传的叙述方式相同,只是传名上有并列数人与单列一人之分。但这合传作者认为这二人或三人的地位不相上下,不宜搞成有主次之分的附传形式,且考虑到他们的行事比较接近的含义在内,也算是僧传的一种新体式。

另外,《补续高僧传》有些人物的传末虽然也间附作者的评语,但名目尚未规范化。有的称"系曰",有的称"明河曰",有的不署名称,从意思上看也为作者或整理者(道开)的议论。

《补续高僧传》既名为"补",指的是补录了属于《宋高僧传》收录的范围,而前书未收的唐五代的一些僧人。这在唐代有卷六的龟洋慧忠,在五代有卷六的佛手岩行、瑞龙幼璋、黄檗慧禅师、云居道简、蚬子和尚、鼓山神晏、保福从展、罗山道闲、黄龙晦机、明招德谦、太原孚上座、国清寺大静小静、乌巨晏禅师、普静常觉、重云智晖、大章清豁、鼓山冲煦,卷十九的二萧(一蜀人,一长沙莱阳人)。但也有因作者粗疏而复载的,如后周的慧瑱,已见于唐道宣的《续高僧传》卷二五,此书卷二三又有传。唐少康和五代惟劲,已见于宋赞宁的《宋高僧传》卷二五和卷十七,此书卷二和卷六重出,而且叙事又简,不如唐传和宋传来得详细。

《补续高僧传》所"续"的主要是宋(辽、金)、元、明时期的高僧。其中宋元两代僧人遍于所列十篇;金僧在《遗身篇》中缺,明僧在《明律篇》中缺,此外的各篇均有见录;辽僧仅见于《明律篇》,所说的是法均传戒大师,并附出他的弟子裕窥。资料除来源于作者遍游山岳所得的碑版文字以外,还取材于宋以来的佛教史籍。如《译经篇》参考了宋代《祥符录》、《天圣录》、《景祐录》三部经录;《义解篇》中的一些宋僧的传记出自宋志磐的《佛祖统纪》;《习禅篇》所录的宋元禅僧中,有不少见于《五灯会元》、《禅林僧宝传》、《佛祖历代通载》等,然作者有所裁剪删治。

《补续高僧传》所录的明代僧人,就禅宗方面来说,重要的有:阅《首楞严经》,至"缘见因明暗成无见"处有省,以"拾得红炉一点雪,却是黄河六月冰"一偈,得元叟行端印可,有六会语录并《净土诗》、《慈氏上生偈》、《北游》、《凤山》、《西斋》三集等行世的楚石梵琦(卷十四);初游心于教,后弃教而即禅,晚年重修《历代高僧传》,笔力遒劲,识者谓有得于司马迁的梦堂昙噩(卷十四);博通古今,善为词章,洪武年间奉诏笺释《心经》、《金刚》、《楞伽》三经,制《赞佛乐章》,并有《全室集》行世的季潭宗泐(卷十四);平生未尝读经,唯以深悟自得的万峰时蔚(卷十五);闻法师讲《华严大疏》有感出家,著《笑岩集》四卷的月心德宝(卷十六);历事四朝,三坐道场,四会说法,曹洞宗济南秋江洁公的弟子天界道成(卷十六);依廪山常忠出家,阅《传灯录》顿省,紫柏真可深器之,法门大老相与酬酢的无明慧经(卷十六);答儒释内外之辩的呆庵普庄(卷十八);著有《金刚注解附录》等,制定明初国家法会一切科仪文字的南洲溥洽(卷二五);擅长诗文,气魄雄而辞调古的见心来复(卷二五);以《五灯会元》篇帙浩重,未摄略机,遂锐意抄简,揽要便学,撰成《禅宗正脉》,晚年罄衣钵而刻《缁门警训》的密庵如卺(卷二五)等。

就天台宗方面来说,重要的有:从我庵法师受学,叩大用必才、绝宗善继释疑,唱扬接行,大行法化的原璞士璋(卷四);从柏子庭和尚习教,解悟甚深的东溟慧日(卷五);素通三藏,尤精《法华》、《圆觉》、《楞严》诸经的万松慧林(卷五);虽出偏重于《华严》的千松明得之门,然独精天台的百松真觉(卷五)等。

就华严宗方面来说,重要的有:依景德春谷,受《五教仪》、《玄谈》二书,谒怀古肇师,受四种法界观,精清凉一家疏章,著《天柱稿》、《宝林编》等文,对贤首宗的振兴作出重大贡献的一云大同(卷四);传华严之教于宝觉法师,谓"能于禅定而获证入者,乃为有得",又和会天台、贤首之学,有《法华问答》、《法华随品赞》、《辩正教门关键录》及诗文行世的古庭善学(卷五);演《华严钞》于京口万寿寺,听者日以千数的麓亭祖住(卷五);参究性相宗旨,醉心华严圆顿法门,说法讲演,时出新义,"北方法席之盛,稽之前辈,无出师右"的月川镇澄(卷五)等。

就净土宗方面来说,重要的有卷五的云栖袾宏。他从参究念佛得力,遂开净土一门,著《弥陀疏钞》、《四十八问答》、《净土疑辨》、《往生集》等,融会事理,指归唯心,对华严宗教义、禅宗语录、戒制律学均有很深的造诣。

从《补续高僧传》的记载来看,明初仍有天竺僧人振锡来华。如卷一的桑渴巴辣、具生吉祥、底哇答思即是。也有汉地僧人去天竺的,如卷一的智光是山东武定州人,年十五出家,曾到过迦湿弥罗(旧译"罽宾")国,礼国师板的达萨诃咱释哩,传天竺声明记论之旨。而且明初仍有译经,如智光曾译其师的《四众弟子菩萨戒》,又译《显密教义》、《心经》、《八支了义真实名经》、《仁王护国经》、《大白伞盖经》。具生吉祥也曾翻译了《八支戒本》。

《补续高僧传》不但提供了有关明代重要僧人及其活动的很多宝贵的史料,而且对宋元僧人的风貌也有所反映。如宋元以来禅僧的一大特点是注重诗文的修养。《杂科篇》中就有很多这样的僧人。宋代的惟中,"精禅律之学,善吟诗,气格清谨,与可朋上下,时称之曰诗伯。且通儒书,学者从质其义,日满座下"(卷二三)。处严"博学能诗文,醇重典雅,且工书,有晋宋法"(同卷)。

著《参寥子集》的道潜,"人谓师之诗,雅淡真率"(同卷)。居简有《北磵集》十九卷,收有所撰诗文。叶适评价说:"简公诗语特惊人,六反掀腾不动身。说与东家小儿女,涂青染绿未禁春。"(卷二四)据说他居住天台委羽时,有二姓争竹山,竭产不肯已,仙居丞王君怪请他协助处理,"师作《种竹赋》一首示二姓,而讼遂止"(卷二四)。元代妙恩的弟子大圭"博极儒书,尝曰:不读东鲁论,不知西来意。为文简严古雅,诗尤有风致。自号梦观道人,著《梦堂集》,及《紫云开士传》,纸贵一时"(同卷)。而到明代,虽然能诗文的僧人仍不乏其人,有的还有专集行世,但总的趋势是减少了。故明河在卷二五的《守仁德祥二公传》后感慨地说:"非老庄不行六朝教也,非诗文不大宋元禅也。去古渐远,余波末流自应至是。……至于今则不然。椎鲁不文之人,冒棒唱为禅,以指经问字为讳,何暇于诗文。轻浮躁进之士,执门户为教,方入室,操戈是图,何有于老庄,愈趋而愈下。"

至于用偈颂的形式,表达学佛参禅的种种收获和体会,则在《补续高僧传》所收的传记中比比皆是。偈颂一般以四句为一首,有四言的、五言的、六言的、七言的,也可例外。它不受典故、对仗、平仄的限制,虽然也有节奏音韵,但并不讲究。所表达的对象不是山水境物,而是僧人的思想感受。最为流行的是临终偈,即僧人临死之时,或口占,或笔书,以示教于弟子的偈,为宋元以来佛徒特别是禅僧表达自己思想的最普遍的方式之一。此风大概发端于唐智炬《宝林传》所编造的七佛传法说偈,至宋代大行于丛林,以后相沿。临终偈的内容大多是对生死问题的看法,和对自己一生活动的总结:"六十春光有八年,浮云收尽露青天。临行踢倒须弥去,后夜山头月更圆。"(卷一《慧洪传》)"昔本不生,今亦不灭。云散长空,碧天皓月。"(卷五《道孚传》)"平生要用便用,死蛇偏解活弄。一拳打破虚空,佛祖难窥罅缝。"(卷十一《师一传》)"不愿生天及净国,只明心地本圆常。毗卢妙生非来去,耀古腾今遍十方。"(卷十七《了兴传》)"这个老汉,全无思算。禅不会坐,经不会看。生平百拙无能,晦迹青松岩畔。静如磐石泰山,动若雷轰掣电。"(卷二二《普明传》)

也有的虽无偈之名,但其形式和内容也是偈,如卷五的如幻,临死前弟子请偈,他说:"浮生本无偈,痴人迷梦踪。虚空无面目,面目问虚空。"

宋代以后,佛教各宗出现了融合的趋势,僧人往往性相并究,禅教贯通,普修净业,调和儒释。有些僧人因学术多方,以致究竟归于何一宗何一派也较为困难。只能按他的师承、学识、讲说的内容、著作、学说的主旨大致区分。然而各宗之间互相诋毁的事间亦有之。《补续高僧传》卷二三据《佛祖统纪》改编的《清觉传》中的记载便是一例:

清觉,号本然,洛京登封孔氏子,孔子五十三世孙。幼习儒业,熙宁二年(1069)阅《法华经》有省,依汝州龙门海慧大师剃染出家。初参峨眉千岁和尚,后结庵舒州浮山太守岩,宴坐二十年。之后,入住杭州灵隐寺后的白云山庵。"觉(清觉)自立宗旨,著《证宗论》、《三教编》、《十地歌》,皆依仿佛经而设,人称为白云宗。……觉立说,专斥禅宗。觉海愚禅师力论其非,坐流恩州。"孔清觉所创立的白云宗是贤首宗的一个支派,与北宋的白莲宗被视为佛教的异端,故明河在传后的评语中说:"白云之道不淳,讥议归之宜矣。至诋与白莲相混,特以无妻子为异,则亦太甚。然其持守精谨,于患难生死之际,脱然无碍,去常人亦远。予故取其行而已,恨其为言也。"虽则明河对白云宗也是持批评态度的,但他将清觉收入此书,毕竟增添了宋元明时期佛教状况的一个层次。

又如卷二四所载的元代无照,是南诏人。初习教乘,后不远万里到江南一带学禅。方图归以倡道,而卒于中吴(江苏镇江),年仅三十七。中峰明本作文祭之。"然南诏之有禅宗,实自无照始。"明河别具慧眼,将云南少数民族地区第一个学禅宗的僧人亦加以收载,使此书增色不少。

有关本书的研究主要有陈士强《大藏经总目提要·文史藏》(上海古籍出版社,2008年)等。

(陈士强)

阅藏知津 智 旭

《阅藏知津》,简称《知津》,总目四卷,正文四十四卷。明智旭撰,成于清甲午岁(顺治十一年,公元1654年)。通行本有日本《法宝总目录》本、线装书局2001年版单行本等。

智旭(1599—1655),字蕅益,别号八不道人,俗姓钟,江苏苏州木渎镇人。初习儒学,辟佛老,著《辟佛论》数十篇。十七岁时,因阅袾宏《自知录》和《竹窗随笔》,遂不谤佛,并取前论焚之。二十四岁从德清弟子雪岭剃度出家。后游苏、浙、赣、闽、皖诸地,晚年入居灵峰(在浙江孝丰)。生平著述五十一种,其中重要的有《楞严经玄义》、《楞严经文句》、《法华经会义》、《四十二章经解》、《梵网经合注》、《重治毗尼事几节要》、《起信论裂网疏》、《八识规矩直解》、《教观纲宗》、《佛说阿弥陀佛经要解》等。弟子成时将其著作分为"宗论"和"释论"两类,而将宗论类著作编成《灵峰宗论》十卷,书首有《八不道人传》,叙说智旭的生平事迹。清彭希涑《净土圣贤录》卷六转录。

《阅藏知津》是我国古代最有影响的佛教《大藏经》解题著作。全书分为四藏。

一、经藏。下分大乘经和小乘经。大乘经分为五部:华严(卷一)、方等(卷二至卷十五)、般若(卷十六至卷二三)、法华(卷二四)、涅槃(卷二五)。这中间方等部又分为显说(卷二至卷十)和密咒两部,密咒部再分为经(卷十一至卷十四)和仪轨(卷十五)两项;小乘经(卷二六至卷三一)不分部。

二、律藏。下分大乘律(卷三二)和小乘律(卷三三),末附"疑似杂伪律"一部,即《佛说目连问戒律中五百轻重事经》一卷(西晋失译)。

三、论藏。下分大乘论和小乘论。大乘论分为释经论(卷三四至卷三六)、宗经论(卷三七至卷三九前部分)、诸论释(卷三九后部分)三类,每一类又分为西土和此方两项;小乘论(卷四十)不分类。

四、杂藏。下分西土撰述和此方撰述。西土撰述(卷四十一)不分类,末附"外道论"两部,即《胜宗十句义论》一卷和《金七十论》三卷,又附"疑伪经"一部,即《大明仁孝皇后梦感佛说第一希有大功德经》二卷;此方撰述(卷四十二至卷四十四)分为十五类：忏仪、净土、台宗、禅宗、贤首宗、慈恩宗、密宗、律宗、纂集、传记、护教、音义、目录、序赞诗歌、应收入藏此土撰述。这中间《应收入藏此土撰述》又区别为释经、密宗、净土、台宗、禅宗、慈恩宗、纂集、传记、护教、目录十项。

《阅藏知津》所解说的佛教经典究竟有多少,作者没说,书中亦无可资参考的统计数。不过,由于《阅藏知津》所解说的经典囊括明南藏(指《永乐南藏》)和北藏(指《永乐北藏》)而据南北二藏每经前所编的数序,南藏收佛典一千六百一十部,北藏原有佛典一千六百一十五部,万历十二年(1584)又将汉地佛教撰述三十六种,编为《大明续入藏诸集》合入,成一千六百五十一部。叠合的部分不计,明南北藏收录的佛典总数为一千六百五十七部。《阅藏知津》将其中的《感应歌曲》合入《诸佛世尊如来菩萨尊者神僧名称歌曲》,作五十一卷,从数目上减去了一部。另外新增明藏所缺的《维摩诘所说经疏》十卷、《维摩诘所说经记》六卷、《六妙门禅法》一卷、《释摩诃衍论》十卷、《肇论》一卷、《观心论》一卷等六部,以及《应收入藏此土撰述》中所列的四十七部,则它所收佛典的总数为一千七百九部。

在北宋以后出现的佛典解题类著作中,《阅藏知津》成书最晚。然而,由于它的作者善于甄采前人的编纂经验和研究成果,而且用功最力,以二十年之心血方勒成一稿,所以,虽后出而居上,无论是分类编目,还是解题述要,都颇有见树,成了解题类著作中的上品佳作。

《阅藏知津》在分类方面的特色如下。

一、按天台宗的五时判教编排经藏。

先是有明代东吴沙门寂晓,首次打破历代《大藏经》编目均依《开元释教录》为规式的成例,改以天台宗所说的五时判教为典据,将全部佛典分为华严、阿含、方等、般若、法华、涅槃、陀罗尼、圣贤著述九大部,并分别叙释各经的旨趣大意,撰成《大明释教汇目义门》(略称《义门》)四十一卷。对《义门》依五时判教而作的佛典分类,智旭基本上是赞同的。同时又认为它的编法未为尽善,需要修正。因而决定对《义门》的分类法采取有取有舍的态度。

《阅藏知津》取的是按五时判教编列大乘经次第。历来经录都是将《般若经》放在大乘经之首的,而现在更置《华严经》为大乘经之首;将《开元释教录》中宝积、大集两部,与五大部外诸大乘经(包括重译和单译)的大部分经典合在一起,成立方等部;将《法华》从五大部外大乘重译经中独立出来,并附以性质相近的数部大乘经,成立法华部。舍的是"《义门》但分五时,不分三藏,谓三藏小教,但属阿含一时也"(《凡例》)。仍按历来的典则,将大乘经典和小乘经典分为经律论三藏;《义门》在华严部以后叙阿含部,这虽符合五时的顺序,但阿含部所收的是小乘经典,"以小教加于方等、般若之前,甚为不可"。因为这样就会出现两头是大乘经,中间夹小乘经的情况。为此之故,《阅藏知津》仍依经律论三藏的每一藏先大乘、后小乘的原则,将《阿含经》移至法华、涅槃部之后,即叙完大乘经之后,再叙小乘经;《开元释教录》中的密教经典,是按其重译或单译被编入五大部外大乘重单译经中的,《义门》将密教经典抽出,单独编为一部(陀罗尼部),而《阅藏知津》参照《至元法宝勘同总录》的编法,将密教经典看作是大乘经的分支,将它编入方等部,并剖分为密咒经和密咒仪轨两项。

二、将大乘论藏分为释经论、宗经论和诸论释三类,并将中国僧人有关的章疏论著编入其内。

在《开元释教录》以前,大乘论是不分子目的,《开元释教录》根据大乘论的内容有疏解某经和阐述大乘佛教理论的不同,创立"释经论"和"集义论"两目,然而所收仅限于印度佛教的著述。智旭受《义门》设"疏记"一目的启发,在《开元释教录》的基础上,别创三分法,即在释经论之外,将"集义论"一目再分为二:宗依大乘经文、阐释大乘义理的"宗经论"和对已属于大乘论的著作进行再解释的"诸论释"(案:从广义上来说,大乘论还可以包括"释律论"和"宗律论"两目),这就更符合大乘论的实际构成。而且,智旭在大乘论三类的每一类中,不仅收印度佛教学者的著作,同时也收中国佛教学者的著作,这是以往经录中从来没有的。如《此土大乘释经论》中收唐澄观的《大方广佛华严经疏》六十卷、法藏的《华严经指归》一卷、宗密的《大方广圆觉修多罗了义经略疏之钞》三十卷、明宗泐和如玘的《楞伽阿跋多罗宝经注解》八卷、隋智顗的《四教义》六卷、宋子璿等的《首楞严经义海》三十卷等三十八部;《此土大乘宗经论》收姚秦僧肇的《肇论》三卷、隋智顗的《摩诃止观》二十卷等十四部;《此土大乘诸论释》收元普瑞的《华严悬谈会玄记》四十卷、宋知礼的《佛说观无量寿佛经疏妙宗钞》六卷、宋师会的《般若波罗蜜多心经略疏连珠记》二卷、唐窥基的《大乘百法明门论解》一卷、元文才的《肇论新疏游刃》二十卷、唐湛然的《止观义例》二卷等二十一部。

三、开立杂藏。

杂藏之名,源自经文。北齐法上撰《众经目录》一卷,分群经为八录,列《杂藏录》为第一。但《法上录》中的杂藏所收的恐怕不是印度或中国的佛教撰述:一是因为杂藏录收录的部卷比《修多罗录》、《毗尼录》、《阿毗昙录》,即经、律、论三录收录的部卷的总数还多,也就是说撰述多于三藏,这在当时是不可能的;二是因为中国佛教历来以从印度传入的三藏译本为最根本的经典,不会本末倒置,将佛弟子的撰述放置在佛祖的教典之前。由于《法上录》早佚,杂藏究竟收的是什么,无从稽考。但《阅藏知津》中的杂藏与《法上录》中的杂藏名同而实异是可以肯定的。智旭说:"若据《智度论》说,则凡后代撰述合佛法者,总可论藏所收。若据《出曜经》说,则于经律论外,复有第四杂藏。今谓两土(西土与此方)著作,不论释经、宗经,果是专阐大乘,则应摄入大论(指大乘论);专阐小道,则应摄入小论(指小乘论);其或理兼大小(大乘小乘),事涉世间,二论既不可收,故应别立杂藏。"(《凡例》)

简而言之,杂藏所收的是大乘论和小乘论已收之外的印度佛教撰述,以及大乘论已收之外的中国佛教撰述。《阅藏知津》又按宗派(净土、台宗、禅宗、贤首宗、慈恩宗、密宗、律宗)、文体(忏仪、纂集、传记、音义、目录、序赞诗歌)、内容(护教)和新收(应收入藏此土撰述)诸方面,将《此方撰述》,即中国佛教撰述分为十五类,收录著作一百八十一部,此种慎细的分类是前人所未达到的。

四、调整经典的归属。此有种种不同:

第一,作大乘经各部之间的调整。如《圆觉经》一卷(唐佛陀多罗译),在《开元释教录》中属于五大部外大乘单译经,《阅藏知津》则将它调至华严部;《大乘方广总持经》一卷(隋毗尼多流支译)和它的异译《佛说济诸方等学经》一卷(西晋竺法护译)、《集一切福德三昧经》三卷(姚秦鸠摩罗什译)和它的异译《等集众德三昧经》三卷(西晋竺法护译)、《摩诃摩耶经》二卷(萧齐昙景译)、《大方等大云经》四卷(北凉昙无谶译)等六经,原属五大部外大乘重译经。《菩萨处胎经》五卷(姚秦竺佛念译)、《中阴经》二卷(同译)、《佛说莲华面经》一卷(隋那连提黎耶舍译)等三经,原属五大部外大乘单译经。《阅藏知津》均将它们编入涅槃部。

第二,将有些大乘经移编为大乘律。如《开元释教录》谓是五大部外大乘单译经的《舍利弗悔过经》一卷(后汉安世高译)和它的异译《大乘三聚忏悔经》一卷(隋阇那崛多译),《阅藏知津》勘同《菩萨藏经》一卷(萧梁僧伽婆罗译);《菩萨优婆塞五戒威仪经》一卷(刘宋求那跋摩译),《阅藏知津》勘同《菩萨戒本经》一卷(北凉昙无谶译)和《菩萨戒本》一卷(唐玄奘译);《文殊师利问经》二卷(萧梁僧伽婆罗译),原属五大部外大乘单译经;《佛说善恭敬经》一卷(隋阇那崛多译)和它的异译《佛说正恭敬经》一卷(元魏佛陀扇多译),原属五大部外大乘重译经。上六经,《阅藏知津》均移编至大乘律。

第三,将有些大乘经移编为小乘经。如《佛垂般涅槃略说教诫经》一卷(姚秦鸠摩罗什译)、《佛说法灭尽经》一卷(刘宋失译)、《般涅槃后灌腊经》一卷(西晋竺法护译)、《天王太子辟罗经》一卷(姚秦失译)、《佛为海龙王说法印经》一卷(唐义净译)等六经,《开元释教录》编在五大部外大乘单译经之中,《阅藏知津》认为非是大乘,而是小乘,移编至小乘经。

第四,将有的大乘论移编为小乘论。如《缘生论》一卷(隋达摩笈多译),原为《开元释教录·大乘集义论》中的一部,《阅藏知津》编为小乘论。

第五,将有的小乘经移编为小乘律。如《佛说斋经》一卷(吴支谦译),本为《中阿含经》第五十五卷的异译,《阅藏知津》将它编入小乘律(案:《刷缩藏》、《频伽藏》、吕澂《新编汉文大藏经目录》均未采用)。

五、同一类经典中的单本和重译,依内容联系的疏密编次,并在重译中选取善本加以标识。《开元释教录》以前的经录在叙述同一类经典时,都是先叙单本,后叙重译,至《开元释教录》

则反之,先叙重译,后叙单本。寂晓的《大明释教汇目义门》采用《开元释教录》以前经录的办法,在重单译中,先取单本总列于前,后以重译别列于后。这两种编法有条理清晰的好处,但也存在着一个共同的毛病,即"相去悬隔,查考稍难"(《凡例》)。以《开元释教录》卷十二所收的密教经典为例,一部分出现在五大部外大乘重译经中,另一部分又出现在五大部外大乘单译经中,中间隔着数十部虽是重译但因阙失只存一本的显教重译经和自古以来只有一译的显教单译经。查考之时,自然不便。《阅藏知津》别开生面,将单本和重译混编于一处,使内容相近的经典免于分散。

又,以往经录在编定重译的次第时,一般都是以译出时间的先后为序的,这对于历史状况的真实记叙,无疑是正确的。但重译既多,若一一俱阅,既费时日且无多大必要(专门考证译本异同者除外),故须有人指示何本为善本,以便读一本而得数本乃至数十本重译的要旨。唐道宣的《大唐内典录》曾尝试做这件事,它在重译中选取一个好的译本作为诵持的主本,编成《历代众经举要转读录》,因选取的译本有些未必真善,招致《开元释教录》的讥议,以后便无人敢问津了。《阅藏知津》继踵《大唐内典录》之业,在重译中"选取译之巧者一本为主,其余重译者即列于后"(同上)。凡重译经主本和单译经全顶格书写,非主本的重译经"于总目中,即低一字书之,使人易晓"(同上)。并且在非主本的重译经的解说中,指出该本与主本的同异情况,使人知道它或者应该与主本并读,或者可以不读。《阅藏知津》的学术价值之一就在于这里。

《阅藏知津》在解题方面的特色如下。

一、经藏和律藏各部之首均有"述曰",概述收录经典的主旨及范围。经藏中方等部的"述曰"内容较为充实:"述曰:方等亦名方广,于十二分教中(居)十一,并通大小,此唯在大。盖一代时教,统以二藏收之:一声闻藏,二菩萨藏。阿含、毗尼及阿毗昙,属声闻藏;大乘、方等,属菩萨藏。是则始自华严,终大涅槃。一切菩萨法藏,皆称方等经典。今更就大乘中,别取独被大机者,名华严部;融通空有者,名般若部;开权显实者,名法华部;垂灭谈常者,名涅槃部;其余若显若密,或对小明大,或泛明诸佛菩萨因果、事理、行位、智断,皆此方等部收。"(卷二)

律藏中大乘律的"述曰"解释了大乘律的来源:"述曰:大乘律法,杂在方等诸经,不同声闻别部独行。今于经中,取其扶律义居多者,或是全部,或是一品一章,别标于左。"(卷三二)

小乘律的"述曰"辨析了大乘学者兼习小乘律的必要性:"述曰:毗尼一藏,元(原)不局于声闻。但大必兼小,小不兼大,今约当分,且属声闻。实则大小两家之所共学,而菩萨比丘,绍佛家业,化他为务,尤不可不精通乎此也。"(卷三三)

二、在经典的题名下,依明南北藏标注卷数、函号,并叙列它的译撰者。有些还标出它的异名和作序人。凡一部经典,明南北藏所作的卷数是相同的,则只标一个数目,如"一卷"、"五卷"等;若二藏所作的卷数不同,则先标南藏的卷数,再标北藏的卷数,如《佛说如来不思议秘密大乘经》

(宋法护等译)下注:"二十卷,今作十卷",《佛说大乘无量寿庄严经》(宋法贤译)下注:"南作二卷,北上中下同卷(亦即一卷)"等;如果一部经典虽也可称为一卷,但实际只有几纸,乃至十几纸,则注"四纸半"、"七纸欠"(七纸不到)、"二纸余"、"十五纸"等纸数,不注卷数;如果一部经典在明南北二藏的函号不同,则一并标出,如《佛说兜沙经》(后汉支娄迦谶译)下注"南迹、北壹";如果函号相同,则一般只标一个函号,不加分别,如《佛说大阿弥陀经》(宋王日休集)下注"贞",这"贞"字既表示北藏的函号,也表示南藏的函号。在《阅藏知津》之前的惟白《大藏经纲目指要录》和王古《大藏圣教法宝标目》由于作于北宋,故它们所标的是宋藏的函号,而且绝大多数经典不注译撰之人。

三、对多数经典,尤其是卷帙较多而涉阅较少的经典,进行逐品解说,振裘挈领,开示纲要。有些经典解说的详细程度,超过《大藏经纲目指要录》。并且间有夹注,略释名相。智旭在《凡例》中说道:"诸经或已流通,则人多素晓;或虽未流通,而卷帙不多,则人易翻阅,故所录皆略。唯《大般若》实为佛祖迅航,而久不流通,卷盈六百,故所录稍详。又《宝积》、《大集》及诸密部并《阿含》等,凡卷帙多而人罕阅者,亦详录之。庶令人染一指而知全鼎之味云尔。"

这中间《大般若经》的解说最详,达七卷半(《阅藏知津》卷十六至卷二十三前部分是)。其次是《大宝积经》(《阅藏知津》卷二至卷三前部分是)和《中阿含经》(《阅藏知津》卷二七至卷二八前部分是),它们各占一卷半。密教经典多言神咒、坛法、契印,而且夹杂着字形字义与常用汉字全不同的密字,所以虽然译本不少,历朝所译亦有三四百部,但一是因为它神秘艰涩,二是因为"密坛仪轨,须有师承"(卷十一),能读懂的人十不存一。智旭为学人计,对这些密典一一撮示梗概,有时还附以论断。

四、有经本的考证。如指出:姚秦鸠摩罗什译的《千佛因缘经》一卷,"经来未尽"(卷五);唐玄奘译的《药师琉璃光如来本愿功德经》一卷,"此即流通本也。然亦无神咒,及八菩萨名。今之八菩萨名,乃后人依《灌顶第十二经》添入。今之神咒,乃后人依《七佛本愿经》添入"(同上);刘宋求那跋陀罗译的《杂阿含经》五十卷,"大约有小半与《中阿含》、《增一阿含》相同,而文顺畅"(卷二九);东晋失译的《佛说得道梯隥锡杖经》一卷,"此与律制锡杖迥异,已于《毗尼集要》杖法中略辩之"(卷三一);吴支谦译的《四愿经》一卷,"前后文不相蒙,颇似错简"(同上);东晋失译的《佛说护净经》一卷,"似结集家结撮语"(同上);刘宋僧伽跋摩译的《萨婆多毗尼摩得勒伽》十卷,"属《十诵》。《十诵》虽云即萨婆多(有部),实与萨婆多不全同也"(卷三三);西晋失译的《佛说目连问戒律中五百轻重事经》一卷,"唯首品即《犯戒罪轻重》并《目连所问》二经,下诸品与五部律及诸律论俱多矛盾,曾于《毗尼集要》卷首稍辩之"(同上)。

五、有非同类经典内容上交叉情况的指陈。由于佛教经典是经过长期的酝酿、结集、传诵、删补而形成的,因此在内容上往往互相渗透交叉,同一节内容往往出现在不同的经典之中,同一部著作有时兼有跨越不同类别的经典的内容。这种交叉有：

大乘经丛书之间的，如萧梁曼陀罗仙译的《文殊师利所问摩诃般若波罗蜜经》一卷，"与《大般若》第七会同，又收入《宝积》第四十六会"（卷二三）。密教经典与显教经典之间的，如北凉法众译的《大方等陀罗尼经》四卷，"此经在《法华》后说，亦可收入法华部中，但以坛法尊重，故归密部"（卷十二）；唐般若译的《守护国界主陀罗尼经》十卷，"此经所谈法相义理，与《大集经》第二陀罗尼自在菩萨品全同，但次第稍异耳"（同上）；《大般若经》中的"第十般若理趣分"，"与密部《实相般若》同，而咒不同"（卷二三）。大乘律与大乘经之间的，如姚秦罗什译的《佛说梵网经》二卷，"此经本与华严同部，今惟此品单行，故南北二藏皆归于律"（卷三二。案：隋法经等《众经目录》将此经编在"众律疑惑"类）。大乘律与大乘论之间的，如刘宋求那跋摩等译的《菩萨善戒经》九卷，"从第二品以下，并与《瑜伽师地论》中菩萨地同意。弥勒菩萨宗此经成《地论》，而《地持》一经，又从《地论》录出别行，故仍与此大同也"（同上）。小乘经与小乘律之间的，如吴支谦译的《未生怨经》一卷，"与律中大同小异"（卷三十）；后汉安世高译的《佛说骂意经》一卷，"多似律中语"（卷三一）。小乘经中含大乘法，如北凉沮渠京声译的《治禅病秘要经》二卷，"此经虽云出阿含部，而多有大乘法要"（卷三十）。大乘经中含小乘法，如萧梁昙景译的《未曾有因缘经》三卷，"此经虽说发菩提心、六度、四等、十善化人、无生法忍等事，而依生灭四谛说法，故属阿含"（卷三一）。也就是说，此经本是大乘经，因依小乘教法组织，故被编入小乘经。

六、有译本，特别是重译经文理周否、翻译优劣的比较和评判。如华严部中，唐般若译的《华严经入不思议解脱境界普贤行愿品》四十卷，"文理俱优，不让实叉难陀，而知识开示中，更为详明。切救末世流弊，最宜一总流通（指与实叉难陀译的《华严经》八十卷一起流通）"（卷一）；唐提云般若译的《华严经不思议佛境界分》一卷，"文颇艰涩"（同上）。方等部中，后汉支娄迦谶译的《般舟三昧经》三卷，"文古涩"（卷五）；唐义净译的《金光明最胜王经》十卷，"此经于三译中最在后，而文义周足"（卷六）；宋绍德等译的《佛说大乘随转宣诸法经》一卷，"叙事不其明白"（卷七）。般若部中，姚秦罗什等译的《摩诃般若经》三十卷，"文较顺畅"（卷二三）；隋达摩笈多译的《金刚能断般若经》一卷，"文拙甚"（同上）。小乘经中，后汉昙果共康孟详译的《中本起经》二卷，"略叙如来行迹，文笔古雅"（卷二九）；吴支谦译的《佛说义足经》二卷，"译文甚为难晓"（卷三十）；后汉安世高译的《佛说普法义经》一卷，"文苦涩"（卷三一）。大乘律中，刘宋求那跋摩译的《佛说菩萨内戒经》一卷，"文多梵语，颇难解会"（卷三二）。小乘论中，符秦僧伽提婆译的《阿毗昙八犍度论》三十卷，"文烦拙"（卷四十）；符秦鸠摩佛提等译的《四阿含暮抄解》二卷，"即《三法度论》耳。文甚难读"（同上）。杂藏中，符秦僧伽跋澄译的《僧伽罗刹所集佛行经》五卷，"译文甚拙"（卷四十一）；西晋竺法护译的《法观经》一卷，"文甚拙涩"（同上）。

七、有经典的学术地位和流通意义的评述。就显教经典而言,姚秦罗什译的《佛说阿弥陀经》一卷,"今时丛席皆奉之为晚课,真救世神宝、圆顿上乘也"(卷三);元魏菩提留支译的《大萨遮尼犍子授记经》十卷,"此经文义俱畅,宣说世出世法,曲尽其妙,急宜流通"(卷二四);宋施护译的《佛说大乘戒经》一卷,"文简义切,最宜流通"(卷三二);唐玄奘译的《佛地经论》七卷,"论释法相,最为详明"(卷三四);同译的《广百论释论》十卷,"与《成唯识论》破我法二执处,相为表里,最宜详玩"(卷三九)。

就密教经典而言,唐般剌蜜帝译的《大佛顶如来密因修证了义诸菩萨万行首楞严经》十卷,"此宗教司南,性相总要,一代法门之精髓,成佛作祖之正印也"(卷十一);宋法贤译的《佛说最上根本大乐金刚不空三昧大教王经》七卷,"内多入理深谈,不可不阅"(同上);宋施护译的《佛说如意宝总持王经》一卷,"此经虽不说神咒,乃持神咒者之总诀也"(卷十三);宋天息灾译的《佛说大乘庄严宝王经》四卷,"此亦生净土之捷径"(卷十四);宋法天译的《妙臂菩萨所问经》二卷,"此密宗要典"(同上);唐不空译的《圣观自在菩萨心真言瑜伽行仪轨》一卷,"此中所明事理,其文义最精显可玩"(卷十五);同译的《甘露军荼利菩萨供养念诵成就仪轨》一卷,"明咒印观门,文极精显"(同上);同译的《受菩提心戒仪》一卷,"此中以大菩提心,受普贤金刚职,为一切秉密教者受持之本,学者皆应简阅"(同上)。

八、在一些译本之下,有天台宗和智旭本人所撰章疏论著的介绍。如刘宋畺良耶舍译的《佛说观无量寿佛经》一卷,"天台智者大师(智顗)有疏,四明法智尊者(知礼)有《妙宗钞》,深得经髓,宜精究之"(卷三);隋菩提登译的《占察善恶业报经》二卷,"此诚末世救病神丹,不可不急流通,愆(指智旭)述《玄疏》及《行法》,以公同志"(卷五);姚秦罗什译的《妙法莲华经》七卷,"非精研智者大师《玄义》、《文句》,不尽此经之奥。仍须以荆溪尊者(湛然)《释签》妙乐辅之"(卷二四);刘宋昙摩蜜多译的《佛说观普贤菩萨行法经》一卷,"此与《法华》普贤劝发品,相为表里,故智者大师《法华忏仪》全宗此经"(同上)。

《阅藏知津》对中日两国的《大藏经》编纂和雕印产生过重要的影响。近代,日本刊行的《缩刷藏》和我国刊行的《频伽藏》就是参照它的分类编纂的。

有关本书的研究主要有陈士强《大藏经总目提要·文史藏》(上海古籍出版社,2008年)等。

(陈士强)

道 教

汉天师世家 张正常

《汉天师世家》，简称《世家》，四卷。明道士张正常撰，撰时不详。通行本有明代万历《续道藏》本等。

张正常(？—1378)，字仲纪，号冲虚子，三十九代天师太玄公之子。元至正十九年(1359)袭教，任第四十二代天师。朱元璋为吴国公时，张正常就与之交往。洪武元年(1368)，张正常还入贺登基。明太祖朱元璋授张正常为"正一嗣教大真人"，赐银印，秩视二品，领道教事。洪武二年又奉召见。宋濂《汉天师世家序》称，"嗣汉四十二代天师张真人以《世家》一卷，命上清道士傅同虚征濂序"。《汉天师世家》出自张正常之手，原为一卷，后经四十三代天师张宇初增删，由五十代天师张国祥续修，遂成今本四卷。据书末题署，其书由第五十代天师张国祥"奉旨校梓"。

《汉天师世家》为道教人物传记类典籍，述祖天师张道陵至第四十九代天师张永绪等各代天师。

卷一，有《序》五篇，即：明洪武九年(1376)宋濂《序》；洪武庚午(1390)苏伯衡《序》；王德新《序》；明万历丁酉(1597)喻文伟《序》；明万历癸巳(1593)周天球《序》。宋濂《序》中述及张正常《世家》称，"今所辑《世家》，祖始于留文成侯，而其上则无闻焉。濂因据氏族群书补之，复用史法，略载其相承之绪，使一阅辄知大都"。因此，《汉天师世家》一书亦曾经明宋濂捃补。

卷二，有天师传记二十八篇，即：祖天师张道陵，二代张衡，三代张鲁，四代张盛，五代张昭成，六代张椒，七代张回，八代张迥，九代张符，十代张子祥，十一代张通玄，十二代张恒，十三代张光，十四代张慈正，十五代张高，十六代张应韶，十七代张顺，十八代张士元，十九代张修，二十代张谌，二十一代张秉一，二十二代张善，二十三代张季文，二十四代张正随，二十五代张乾曜，二十六代张嗣宗，二十七代张象中，二十八代张敦复等。其记述事迹，多有神异之词，而与其他典籍文字所记相异者。卷首有《天师世传引》褒称，"祖天师倡正一教于汉，而张氏号天师者今四十八代矣。传代历历何其详哉。千五百年，盛衰相因，废兴相寻，未有如张氏一姓之独灵长也"。

卷三，有天师传记十六篇，即：二十九代张景端，三十代张继先，三十一代张时脩，三十二代张守真，三十三代张景渊，三十四代张庆先，三十五代张可大，三十六代张宗演，三十七代张与棣，三十八代张与材，三十九代张嗣成，四十代张嗣德，四十一代张正言，四十二代张正常，四十三代张宇初，四十四代张宇清等。

卷四，有天师传记五篇，即：四十五代张懋丞，四十六代张元吉，四十七代张玄庆，四十八代张谚頨，四十九代张永绪等。书末有张宇初作于明万历三十五年（1607）的《汉天师世家后序》，《后序》称："昔侍先君旧编一帙，授高道傅同虚谒宋太史濂序其首，而未暇整缉以行。然旧文辞意冗腐，僭用删校增次，以广诸梓，庶以成先志也。"

民国七年（1918），第六十二代天师张元旭仿《世家》体例作《补天师世家》，增补五十代张国祥、五十一代张显祖、五十二代张应京、五十三代张洪任、五十四代张继宗、五十五代张锡麟、五十六代张遇隆、五十七代张存义、五十八代张起隆、五十九代张钰、六十代张培源、六十一代张仁晸等传记。书后有张元旭《续世家跋后》称："搜求谱牒，旁参碑铭，并先世之遗有笔记，与年来之闻见于先父前者，续纂成编，重付剞劂。非敢言文，以纪实也。亦冀以见翼世济人，前人之泽远矣。"1976年，张源先据《汉天师世家》和《补天师世家》编写成半文半白的《历代张天师传》，内有六十二代张元旭、六十三代张恩溥的传记。

《汉天师世家》所载天师传记，除各人生平、功行外，多记拜谒皇帝、结交权贵和受封得赏等显荣事迹。关于统治阶级和道教的关系，本书有极为丰富的史料。卷二祖天师张道陵传称天师飞升前，"以经箓、印、剑付子衡，戒之曰：吾遇太上亲传至道此文，总领三五步罡正一枢要，世世一子，绍吾之位，非吾家宗亲子孙不传"。千百年来，历代天师皆以经箓、印和剑为传承信物，并按中国传统的宗亲原则选拔袭位天师。

（陈耀庭）

随机应化录 贾道玄

《随机应化录》,二卷。明初何道全撰,贾道玄编集。成于明建文三年(1401)。通行本有明代《正统道藏》本等。

何道全(1319—1399),道号无垢子、松溪道人。祖籍四明(今浙江宁波),其父迁至钱塘(今浙江杭州),生何道全。自幼修道,是元末明初的全真派道士。初云游于东海之上,后赴终南山,居于圭峰之墟。建文元年(1399)卒。其弟子贾道玄集其语录、诗词,编成《随机应化录》二卷。

《随机应化录》是阐述道教全真派教旨的著作。全书分上、下两卷。上卷记述何道全云游四方时随机应答之语录、诗词,约五十余则,以语录为多。下卷记述何道全回答别人询问,及所作诗词、歌赞、偈语五十余则,以诗词为多。书前有昆丘灵通子《无垢子随机应化录序》,叙述何道全生平及其弟子编集此书的缘由、经过。

《随机应化录》贯穿着道教全真教派教理,以明心养性为修行要旨,以功行双修、福慧双全为玄门纲宗。其主要内容如下。

一、主张儒、释、道三教相通

何道全结交的人,除道士外,还有众多僧人和官员,在相互问答中,体现了何道全三教合一思想。如他在《三教一源诗》中说:"道冠儒履释袈裟,三教从来总一家。红莲白藕青荷叶,绿竹黄鞭紫笋芽。虽然形服难相似,其实根源本不差。大道真空元不二,一树岂放二般花。"如他在回答老僧"中"字作何解释时说:"念头起处谓之中,此道家之中也;释云:不思善、不思恶,正恁么时,那个是自己本来面目,此释门之中也;儒云:喜怒哀乐之未发谓之中,此儒家之中也。"说明儒、释、道三家对中的实质的理解是相通的。如他在回答秀聚峰和尚问"念佛"二字时说:"汝不闻川老云,若言他是佛,自己却成魔;道云,身上自有真元始,何须心外觅天尊;儒云,吾身自有一太极也。"指出儒、释、道三家的修炼,都在自身,不假外求。何道全主张三教合一,是受唐宋以来三教合一论的影响的。

二、阐述修道成佛只在内求

全真派的修道大致与佛教禅宗相似,强调内心修养,修炼内丹,这在《随机应化录》中有所表述。如何道全在《咏莲诗》中说:"虚空本不立纤尘,外向非真里面真。"他在回答僧人时说:"佛在灵山莫远求,灵山即在汝心头。人人有个灵山塔,好在灵山塔下修。"灵山即指心。接着他在偈中说:"西方有佛号阿弥,只在心中人不知。若肯念中无别念,火坑变作白莲池。"如他在答炉鼎已老的责难中说:"莫言炉鼎新与老,只在自家真实讨。虚中采取紫灵芝,便是长生不死宝。"强调内心修养。并批判"只知装点外相,不识其中就里"的错误做法。

三、阐述全真教派修习法则

何道全在《随机应化录》中反映出全真教修习法则有各种各样,归结起来有:(一)初学八法。他在回答沈法师关于修行何处下手之问时指出:"初学人不离八法,养体、养胃、养心、养神、养气、养精、养性、养智。"并配以诗说:"修行不必向他寻,只在心中七宝林。识得玄关真一窍,那时便得见天心。"(二)安乐四法。他指出初习之人可习安乐四法:"一齿要频叩,二津要频咽,三发要频梳,四气要频炼。此乃小乘法也,久久行之,则却病延年。"(三)学道四事。"立如松,走如风,睡如弓,语如钟。此四事分内外,初机之人先行外而后行内。"以上可说是初级阶段的修习法。至于高级阶段则有:(一)功行双修法。何道全在回答道士刘海宗修炼问题时说:"修者,修其外行,炼者,炼其身心。修外行者恤孤、念寡、敬老、怜贫、修桥、砌路、扶患、释难,总有八百之数。炼身心者,居环守静,磨身炼心,惜精养气,炼神还虚,总有三千之数。"(二)炼成丹法,他在回答如何炼成丹法时说:"以乾坤为鼎炉,以精、气、神为药材,以静定为水,以慧照为火,一意和合三宝密,密为丸混而为一,久久不散,即成丹矣。"(三)炼内丹之药法。他说:"用精气神三味,使文武火煅炼,不可太过,不可不及,须要停当,子母相守,归于黄房。"(四)体用相兼法。他说:"道之用,要安人利物,道之体,须无为清净,若能降伏,心念不起,自然清净无为。"总之通过高级阶段炼神、炼气、炼精,阳胜阴灭,念灭情忘,便成仙成神。

《随机应化录》还在咏物诗词中寓以全真教派教旨,对于研究元明时期的全真教派有重要的参考价值。

有关本书的研究,有任继愈等编的《道藏提要》的有关部分。

(周梦江)

岘泉集 张宇初

《岘泉集》,十二卷(一作四卷)。明初张宇初撰,成于永乐五年(1407)秋七月前。通行本有《正统道藏》本、《四库全书》本等。

张宇初(？—1410),字子璿,又字信甫;号耆山,又号无为子,明江西贵溪人。洪武十三年(1380),嗣为四十三代天师。奉诏入京,建斋设醮于紫金山并神乐观。洪武二十三年,入觐,奏准降敕重建大上清宫。建文时(1399—1402),坐不法夺印诰。成祖即位,来京朝贺,复授与之。永乐四年(1406),奉命编纂《道藏》。五年,三建斋箓于朝。而后还龙虎山。六年、七年,奉旨往武当山(在今湖北均县),寻访张三丰。张宇初资质超颖,尝从长春真人刘渊然学道法,而不拘泥师说。他贯通三氏,融为一途,对诸子百家之言,无不留意。认为"三光五岳之灵,发而为文";"文所以载道,文著而后道名"。所作诗词,"婉丽清新,得天趣自然之妙"(吉日序)。著有《岘泉集》十二卷、《道门十规》、《元始无量度人上品妙经通义》四卷、《龙虎山志》十二卷,又编《三十代天师虚靖真君语录》。生平事迹见明张国祥续补《汉天师世家》、清钱谦益《列朝诗集小传》闰集《张宇初传》、《明史·方伎传》等。

《岘泉集》是四十三代天师张宇初诗文集。全书以老庄虚无学说结合宋儒性理之学,间采佛教思想,论述天地造化、山川人物、礼乐制度。

卷一,杂著。有冲道、慎本、玄问、太极释、先天图论、河图原、广原性、问神、观植、续观物篇、读董仲舒传、书文章正宗后、辨荀子、辨阴符经等。卷二,序。有太上混元实录序、汉天师世家序、丹纂要序、生神章序等。卷三,记。有蚊睫窝记、妙灵观记、义渡记等。卷四,说、传、书。有太素说、赵原阳传、与倪孟冲论火候书。卷五,铭、箴、赞。有书室铭、藏修箴、孔子问礼图赞等。卷六,青词、斋意。有正醮青词、本府年经斋意等。卷七,普说。有三元传度普说、授法普说等。卷八,赋、操。有澹漠赋、耆山操等。卷九,五言古诗。有题青白轩、寒雨等。卷十,五言律诗。有元日、题汪原八咏等。卷十一,七言律诗。有圣节赐宴、题赤壁图等。卷十二,七言长歌。有橐籥子歌、风入松等。书前有国子博士金华王绅《耆山无为天师岘泉集序》、永乐五年秋七月吉日《耆山无为天师岘泉文集序》、永乐五年秋七月新安程通序。

张宇初认为，宇宙始于太极，或名为极、造化天极。描述其性状说："造化天极，无朕之先，非声臭之可测，象数之可求也。溟涬茫昧，超乎万物而为万物根本，岂不至玄至微也哉！"（卷一《玄问》）声臭象数无可测求的早期宇宙太极，即道，即心，即中。它"浑然无所偏倚，廓然无得形似也。其性命之本欤"（卷一《太极释》）。外在客观的道与太极，被内在主观化，而等同于心："夫心存，则道明而理著焉，其为阴阳之机出入往来，非外乎吾心也。"（卷一《问神》）"盖心统性情而理具于心，气囿于形，皆天命流行而赋焉：曰虚灵、曰太极、曰中、曰一，皆心之本然也。是曰心为太极也，物物皆具是性也。"（卷一《冲道》）之所以失误，是不能区分物质世界与人的观念意识世界之不同："人与万物同居于虚者也，然以方寸之微而能充乎宇宙之大、万物之众，与天地并行而不违者，心虚则万有皆备于是矣！"（同上）

关于太极如何生化万物？他说，太极在发展中生成轻清与重浊之物。"轻清上浮者，积气也；重浊下沉者，积块也。"（卷一《玄问》）前者为阳，后者是阴。阴阳即天地，二者之气相合在运动中产生万物："周流六虚，往来无穷而诎伸消长，刚柔进退，通乎昼夜，代乎四时，其同霆流形，庶品露生。"（同上）于此过程，他分别以五行与八卦加以阐述："天以阳生万物，地以阴成。动而阳，静而阴，阳变阴合而生五气，由五气而生万物，故曰五殊也，五殊本于阴阳，互为其根也。"（《太极释》）在以五行解释的同时，他又提出八卦说："两仪生而阳交于阴、阴交于阳而分四象，四象分而生八卦，八卦错而万物生焉。"（同上）上述论说，似与"道生一，一生二，二生三，三生万物"的老子之说有所不同，其实，他并未背离《道德经》的上述之说，只是以五行、八卦来充实一、二、三相生之说。按老子之意，以一为气，以二为阴阳，三为阴阳之作用。张氏以五行、八卦去解说"冲气以为和"，将它们视为阴阳生化万物的中间阶段。至于阴阳所生万物，经五行与经八卦有何不同，二者关系如何，他未加说明。

万物一经生成，便"自生、自化、自形、自色、自消、自息"（卷一《玄问》），各各不同于众而有自身之特殊，但就"相浑伦而未离其气"（同上）而言，仍有一致处。各自独立发展的万物，幽微难测而与天地运行不息同在："凡寒暑之变、昼夜之殊，天之运而不息者，昭而日星，威而雷霆，润而风雨霜露；地之运而不息者，峙而山岳，流而江海，蕃而草木鸟兽。若洪纤高下之众，肖翘蠕动之微，一皆囿于至虚之中，而不可测其幽微。"（卷一《冲道》）它们与其本源太极之关系，为万物之"性禀于命，理具于性，心统之谓道，道之体曰极"（卷一《太极释》）。因此，"太极散而为万物，则万物各具一太极"（同上）。

又认为，万物体现先天之数："日月星辰，水火木石，暑寒昼夜，飞走草木，分隶于八卦，得先天之数。是以感而变者之善,暑寒昼夜,性情形体,声色气味也;应而化者之善,雨风露雷,性情形体,口耳鼻目,皆先天之数也。"(《先天图论》)于先天之数的变化,尤其强调"天地之变,有元、会、运、世"(同上)。一元十二会,一会三十运,一运十二世,一世三十年。按此周而复始运行的宇宙发生大小灾变,万物无一能够避免。象数说机械呆板的宇宙变化规律,并非客观实在的反映,而是主观意识的杜撰。张宇初继承邵雍象数说,固然未能说明宇宙万物规律,却也认定在宇宙万物的存在及其变化中,存在着客观的数量关系,它是理解万物所必不可少的,要研究体现在事物发展中的数量关系。

元会运世之变在社会发展表现为皇帝王霸:"天地之变,有元、会、运、世;人事之变,有皇、帝、王、霸。元、会、运、世,有春、夏、秋、冬,为生、长、收、藏;皇、帝、王、霸,有易、诗、书、春秋,为道、德、功、力。各相因而为十六。十六者,四象相因之数也。凡天地之变化,万物之感应,古今之因、革、损、益,皆不出乎十六;十六而天地之道毕矣。"(《先天图论》)尽管自然与社会规律在数的规则上相一致,但二者却各有其独特内容。自然规律决定物之生死,社会规律体现道德功力。研究道德功力的学问为经世之学。张宇初说:"经世之学,则圣贤之道焉者何?圣贤之道,道德性命仁义之谓也。三代之始,道在唐。后之言道者,必曰是焉。盖道明者,三皇;德著者,五帝;法备者,三王。以尧、舜、禹、汤、文、武之君,尽君道也;陶、伊、傅、周、召之为臣,尽臣道也;孔子、颜、曾、思、孟之为师,尽师道也。千万世之所法者,未之有改也。"(《慎本》)世人有变而道不变,原因在于"圣贤远矣,而其道具在者,六经也"(同上)。六经中的"《诗》以道性情,别风雅之正变也;《书》以纪政事序,号令之因革也;《春秋》以示赏罚明,尊王折霸之统也;《礼》以谨节文明,上下等杀之分也"(同上)。用于治理社会。而《易》与《乐》的作用兼及社会与自然,且通天人之变:"《易》以著阴阳,推造化之变通也","《乐》以致气运,达天地之和也"(同上)。

经世之学使张宇初有时不从宗教的角度谈论鬼神,而将其作为阴阳二气即自然力量与规律之尚未被人理解的作用:"夫天积气也,地亦气之厚者,形而上者是也。五行形之内,即天命之流行也。以其流行不息,必有宰之者焉。程子曰:'主宰谓之帝,妙用谓之鬼神。'又曰:'鬼神者,造化之迹,二气之良能。'盖阴阳之运,迹不可见而理可推焉,理之显微有不可窥测而神居焉。"(卷一《问神》)又受自然而发的天人感应说影响,认为"惟诚其心以感天,天感则发乎其机也,以不可见、不可知者则曰神存其间也"(同上)。神是天人自然感应中,一种尚"不可见,不可知"的功能。当然,作为第四十三代天师,作为正一道的领袖,他并不否定超自然与超社会力量的神的存在,醮祭等活动就是基于神的观念而来的。

张宇初论述道教宗旨,是从人而不是从神来加以阐说:"为道之宗,莫过精神专一,澹足万物,去健羡,黜聪明为要;是以虚无为本也。若无欲而朴,不言而信。其挫锐解纷,和光同尘,后其身而先焉,外其身而存焉。故曲全枉直,知盈守洼,知新守弊,则明而若昧,进而若退,辨而若讷,巧而若诎,直而若屈,不割其方,不秽其廉,虽直而不肆,虽光而不耀,以全其用也。若其操以诚、行以简、待以恕、应以默,盖以事物为粗迹,以空虚为妙用。"(卷一《玄问》)这与其说是道教之说,毋宁言为道家之论。又以道家观点论述虚实关系:"至虚之中,块圠无垠,而万有实之。实居于虚中,寥漠无际,一气虚之。非虚,则物不能变化,周流若无所寄以神其机。而实者,有诎信聚散存焉。非实则气之细缊阖辟,若无所冯以藏其用。而虚者有升有降,消息系焉。夫天地之大,以太虚为体,而万物生生化化于两间而不息者。一阴一阳,动静往来而已矣。"(卷一《冲道》)虚实之论,本于老子论器物与空间关系的有无之论:"有之以为利,无之以为用"之说,而有所发展。

张宇初以儒家学说改造道教教义,使之成为道家与理学相结合的学说,是道教内部固有的非宗教化倾向的发展结果。《岘泉集》作为其思想的结集,对道教的非宗教化的影响程度如何,值得进一步研究。因此,是书受到儒家学者的表彰。《四库全书总目》说:"若《太极释》、《先天图论》、《河图源》、《辨荀子》、《辨阴符经》诸篇,皆有合于儒者之言。《问神》一篇,本程子之理,未尝以云师风伯荒怪之说张大其教,以视诵周孔之书而混淆之界者,实轻而胜之。韩愈《送浮屠文畅序》称,人有儒名而墨行者,问其名则是,校其行则非;有墨名而儒行者,问其名则非,校其行则是。然则若宇初者,其言既合于理,宁可以异端之故,并斥其文乎!"(《四库全书总目》卷一六九)

有关本书的研究,有《四库全书总目》、郭树森《天师道》、任继愈等《道藏提要》等书的有关部分。

(贺圣迪)

太极葛仙公传 朱绰

《太极葛仙公传》，一卷。原题谭嗣先造，实为明朱绰改编，成于正统二年(1437)。通行本有《正统道藏》本、《重刊道藏辑要》本等。

朱绰，南直隶镇江府丹阳县(今属江苏)人。曾在山东为官，秩满丁艰，归还乡里。认为"仙道尚矣，繇神农氏雨师而来，代有其人焉。至周，老氏以清静无为为宗，学者奉焉以为教父，其道益显白于天下。秦汉之君好长生，方士云集雾布，飞腾变化者，亦班班有人载之传记，不诬也"(《太极葛仙公传序》)。葛玄得道而传，千二百年为民所崇奉祭祀。"仙公之道神焉，学其道能修而明之，则真仙人也，仙道亦乌有不可几哉！"(同上)编有《太极葛仙公传》。生平事迹见《太极葛仙公传序》。

有关葛玄的传记，原有吕先生撰《仙公传》一卷，在元末禁毁《道藏》时失传。丹阳青元观道长贡惟林(竹岩翁)搜访得阁皂山本《仙公传》，"已将锓诸梓，病其弗备"(《太极葛仙公传序》)，而加以补充。贡氏羽化后，其弟子谭嗣先"踵成先志"，而后请朱绰"润色"。朱绰"再三辞，不获命，乃受书读数过，顾其叙次繁芜，而尚多放失，于是重加编次，为传一卷"(同上)。是书本传原出阁皂山，注释乃贡惟林、谭嗣先、朱绰先后所加，附录当亦为三人所收集，而后由朱绰改写编定。

《太极葛仙公传》叙述了道教人物葛玄的年里、家世及修道、遇仙、受经、炼丹、灵异、成仙、传道、著述等经历。全书由本传、注释及附录组成，书前有朱绰序。

葛玄，汉吴间丹阳郡句容(今江苏丹阳)县人。家世官宦，生于汉延熹七年(164)幼丧父母，哀思不已。博通经传子史，尤好弹琴诵老庄安闲淡泊之文。年十五六，名振江右，不应州郡之辟，着羽服入赤城山学道。历游括苍、南岳、罗浮、金精、玉笥、长山、盖竹、天台、兰凤诸山，时还京邑，或止石头(在今江苏南京)。汉光和二年，于天台上虞山，感得太上老君遣真人授以经箓、秘诀、符图。孙吴初年，左元放南来，从其受学。其后多法术，于没水、入火、作火、移物、取物、分身诸术无一不精。吴主待以客礼，常共游宴，动相谘禀。天旱，应其所请，为之求雨，即得。又往荆门紫盖山、阁皁东峰等处炼丹。以清心寡欲为长生之道，劝谏统治者"息兵子民，推诚惠物"。于赤乌七年(244)成仙，而将从左元放所受太清等丹经，悉以付郑思远等。著有《道德经序》、《清静经传授次第》、《断谷方》、《入山精思经》、《集慈悲道场九幽大忏法》、《孤子方金诀》等。注释征引葛洪《抱朴子》、《神仙传》、陶弘景《真诰》、《葛玄碑》、佚名《别传》等道书二十余种，逐条补充本传记叙，考证精当。附录有方峻《仙公炼丹井铭》，陶弘景《吴太极左仙公葛玄之碑》，北宋崇宁三年、南宋淳祐六年敕封。

《太极葛仙公传》深合传记体例，在道教同类著作中又以赅博精当著称世上，于后世道教传记著作有相当影响。

关于本书的研究，有任继愈等编《道藏提要》的有关论述。

（贺圣迪）

雨旸气候亲机 宣龙子

《雨旸气候亲机》,一卷。宣龙子撰,成于明正统九年(1444)前。通行本有明代《正统道藏》等。

宣龙子,字班鳌,道教学者,生平事迹不详。

古代的道教,其职能之一是祈风祷雨。宣龙子鉴于道教法师不知气候变化规律,而以所托神仙法术变化气候并无实效,指出行术请雨须在明晓天气变化规律的基础上进行。为制止纯以法术变化天气,和以气象知识"代天宣化济物利人"而作是书。

《雨旸气候亲机》为道教气象学专著。该书各部分内容间有重复,非系统之作,乃论著汇集。

全书篇目如下:《太阳》、《太阴》、《天罡》、《北斗》、《龙炁》、《白虎》、《河炁》、《雷牌》、《诸雷炁候》、《妙洞引》、《先天一炁雷霆玉章》,另有云图三十九幅。《雷牌》前有小序,《先天一炁雷霆玉章》后有跋。

其主要内容,有下列五方面。

一、指出天气变化有一定规律。其基本规律是天地间的水循环。"地气升天三日雨,天气下降四时淋。"(《先天一炁雷霆玉章》)认为地气因日光升、日气动而受热上升,而在空间成云,云兴风雨,水又回归大地。如此循环不已。进而强调天主旱、地有水,倘若地气不上升至天,便无雨可降。

二、水气循环所形成的晴雨变化,事先有许多征兆,透过云、阴阳与煞的变化而表现。掌握其中玄妙,便是识得"亲机",知晓即将发生的天气转化。所谓的神,是对所知亲机的神化。如"黑云未密月虹晕"之虹晕为"流金大煞神",日傍出现幻日"号曰雷霆前煞神"(《先天一炁雷霆玉章》)。预示天气转化的玄妙亲机很多,如"斗下有电过斗及斗口,当夜有雨";"斗上下有云如鱼鳞,明日亦变"(《北斗》);"太阳有圆光大如车轮者,明日大风"(《太阴》);"罡星红色摇动,雷雨"(《天罡》)。

三、气候转化的种种亲机,可通过观察获得。作者要求"勤著看"空间,并提出一套观察方法。

一天之内分早晚中午三次进行,还须注意每两天之交的"亥子之间"(《先天一炁雷霆玉章》)。观察要在周围环境与观察者的心态两俱"肃静"下进行,将整个天空划分成若干区域,逐一仔细察看。当某一空间发现值得注意的征兆时,要审视四周情况。最终综合考虑观察到的情况,作出结论,以语言、文字、图像来表达。全书记录有成十上百的谚语和三十九幅云图。每图之下,附有说明。如第一图的文字为:"欻火出,神霄发号令,当日酉时烈风雷霆,大雷如注,风沙拔木。"

四、天气预测与请神。通过观测,道教学者将预示天气转化的征兆,分为当日、当月、当北斗、当天罡、当河炁等数类,用以预测当天、明天、后天等近期天气,也有预测长达数月的天气。预测过程被作者称为"运动身中之造化,而合天地之造化"的活动。其意为人以其所掌握的气候变化知识,判断观察到的天气现象,作出未来天气变化趋向的结论。但这一科学活动,因作者的身份,而被染上神的色彩,以焚符请神的仪式进行。

五、气象知识不可轻传。作者为神化道术,不愿将气象知识成为社会常识和学者公开探讨的对象。因而强调"雷霆誓重,不可轻传",只能授予"道根深重,夙有因缘,传仁传义,传德传仙"之人(《先天一炁雷霆玉章》),即德行高尚的道教学者。

《雨旸气候亲机》是古代道教与气象史上的重要著作。它力矫道士求雨之失,强调掌握气象知识,在科学思想与气象知识上有独到成就,对明清两代的气象著作有所影响,也密切了道教与科学的关系。

有关本书的研究,见贺圣迪《运雷霆于掌上 呼风雨于目前——试论〈雨旸气候亲机〉》。

(贺圣迪)

方壶外史 陆西星

《方壶外史》，八卷。明陆西星撰，成于万历四年(1576)之前。通行本有1915年香山郑观应重刊明刻本、巴蜀书社1994年12月版《藏外道书》本等。

陆西星，字长庚，号潜虚，又号方壶外史，江苏兴化人。生于明正德十五年(1520)，经历嘉靖、隆庆、万历三朝，为明代重要的道教学者。他原先学儒，但九次乡试未中，遂退出干禄之途，改穿黄冠服，周游各地。据《扬州府志》记载，他"从黄冠游，数遇异人，授真诀"。他自己则称吕洞宾降临其所居北海草堂，吕在那儿住了二十日，亲授丹诀，授受的情况记录下来，成了《宾翁日记》、《道缘汇录》二书。因此他称得吕洞宾的真传，自创一派丹法，后人称之东派之祖。其代表作除本书外，尚有《南华真经副墨》。晚年钻研佛典，撰有《楞严述旨》十卷、《楞严经说约》一卷，收入日本《卍续藏经》第一辑第一套第三册。其《楞严述旨题辞》云："万历二十九年岁次辛丑(公元1601年)夏正月，八十二翁淮海陆西星庚书于潞河舟中。"足见他寿至耄耋，身体犹健，尚游历在外（潞河在今北京市通县），且旅次还不停撰述，应得力于修丹有成。另外，小说《封神演义》，自鲁迅之后，皆题作许仲琳著，但孙楷第、张政烺等先生考证，著者应是陆西星。

陆西星不曾拜师学道，却成内丹东派之祖，足见其性格、其行事富有创造精神。表现在对道教经典的注解上，绝少依傍前人。他对道教经典的注释，论其体裁都是义疏。通常的疏是随注，且常在注的基础上加以发挥，如唐成玄英的《庄子疏》，就是将郭象注置于疏前。陆西星却绝不用前人之注，且书名除《老》、《庄》注外，皆称"测疏"。

《方壶外史》以陆西星的自号为题，为他的大多数著述的汇辑。前七卷都是对道经及前人论著的注释，末卷则为陆氏自己论著。前七卷所收如下。

一、《无上玉皇心印妙经测疏》。认为《玉皇心印妙经》"乃上帝之心印，诸经之鼻祖，玉京之尊典"，故为之测疏。其解释精、气、神关系等颇简明而周至，疏中提及"西入东京，宾迎主人"云云，则阐发了其双修丹法。书成于隆庆五年(1571)。

二、《黄帝阴符经测疏》。题陆西星测疏,同志遵阳赵栻、太华姚更生校阅。分上中下三篇,分别对《阴符经》加以注疏和发挥,大要认为"人能观天之道,逆天之行,则道自我出,命自我立,而圣修之能事毕矣"(上篇)。盗、机二字,乃阴符一经之骨髓。解《阴符》"知自然之道不可违,因而制之"为"观天之道,执天之行,盗机逆用以修其身"。书成于万历八年(1580)。

三、《老子道德经玄览》。《老子》注解。其自序称:"道德之微言而性命之极致也。"故其注多发挥内丹家性命之理。分章阐释老子义旨,复以韵语教句括其大要。书成于嘉靖四十五年(1561)。

四、《周易参同契测疏》,五、《周易参同契口义》,皆为对参同契的注解。前者大略认为前人解《参同契》,惟上阳子陈致虚近之,故其述作,会文释义,以义从文,"宗旨则上阳子,其文则己也"(《序》)。盖上阳子主汇南北宗丹法,解参同契丹法为双修,陆氏亦主双修,故引为同调。书成于隆庆三年(1569)。后者则为对前者的补充,乃"信手成句,纷解义意,补塞遗漏,不复润色辞藻,名之曰《口义》"。书成于万历元年(1573)。

六、《崔公入药镜测疏》。以东派丹法解释崔希范《入药镜》。其中论及"于同类互藏之中求其所谓先天真一者","盗其机而逆用之","真炁既动,运剑追来,疾驾河车上昆山下鹊桥过重楼入黄房而休焉"云云,皆为双修要义。

七、《纯阳吕公百字碑测疏》。对传说为吕洞宾所撰的《百字碑》的注解。陆自称得吕洞宾而授真传,故称吕为"吾师"。云"吾师百字灵文,乃千圣登真之梯筏"。测疏之以"作济度之津梁,开时人之眼目"。书成于隆庆五年(1571)。

八、《紫阳真人金丹四百字测疏》。对传为张伯端著《金丹四百字》的注解,前有《序略》撮其要义,随后分段诠释。

九、《龙眉子金丹印证诗测疏》。称"龙眉子乃白紫清仙师之嫡传","其诗原始要经,工夫次第,简明直捷,使人豁目洞心,《悟真》以后鲜有如其作者"。

十、《邱长春真人青天歌测疏》。以双修观点解释《青天歌》,书成于隆庆五年(1571)。

《藏外道书》本又在四卷之后有《悟真篇小序》一种,乃仿毛诗,在《悟真篇》各首前加小序指其大要,又在诗后略加解释。原未计在七卷之内,似曾单行,但不知何时刊入,而将之作为第五卷,将通常第五卷的《入药镜测疏》移至第六卷。

观其七卷道经注疏,除皆紧扣内丹之法外,倡道、释、儒三家之道合一,也是重要特点。如解释《老子》首章云:"道者,先天太朴,溟涬无光,不落方体,不属指拟,何可言说,故不可道。不可道即佛语所谓不可说也。若其可道,则非真常之道矣。何谓真常?纯一不二曰真;恒久不已曰常。佛言不二法门。又云:唯此一乘法,除二则非真。盖言此也。""何谓真常之名?如执天地之形而名天地,则天地虽曰至大,会有劫坏而不可常。惟曰上天之载,无声无臭,以是而名天地,则道不变,天地亦不变,斯得名真常之天地矣。执万物之形而名万物,则万物虽曰无穷,终有生灭而不可常。惟曰真如之性无所以来,亦无所去,以是而名万物,则道不变,万物亦不变,斯得名真常之万物矣。"又曰:"盖当无欲之时,至静无感以观其妙,则见清静之中,一物无有,释氏所谓'真如',儒者所谓'未发',皆不出此。"是以道体论、方法论皆以道为本,而综合释、儒观点。这种倾向,在此后的《南华真经副墨》中更加突出。晚年则对佛教研习更多。

第八卷收《玄肤论》、《金丹就正篇》、《金丹大旨图》、《七破论》四种,为陆西星自己的论著,也是阐发其丹法的主要论著。

一、《玄肤论》,由二十篇文章构成,系统阐述东派丹法。其丹法称人元丹法。"人元者谓之大丹。大丹者创鼎于外炼药于内,取坎填离,盗机逆用之谓也。古者高仙上圣,莫不由之。故了命之学其切近而精实者,莫要于人元。"(《三元论》)与其他丹法一样,他也主性命双修。"何谓性?何谓命?曰性者万物一源,命者己所自立。性非命弗彰,命非性弗灵。性,命所主也;命,性所乘也。今之论者类以性命分宗,而不知道器相乘,有无相因,虚实相生,有不可歧而二者。故性则神也,命则精与气也。性则无极也,命则太极也。可相离乎!或言释氏了性,道家了命,非通论也。夫佛无我相,破贪着之见也;道言守母,贵无名之始也。不知性,安知命耶?既知命矣,性可遗耶?故论性而不沦于空,命在其中矣;守母而复归于朴,性在其中矣。是谓了命关于性地,是谓形神俱妙,与道合真也。"(《性命论》)但称有质性有本性,本性自先天而言,清净圆明,质性指后天形气之私,有清浊厚薄之异。修丹所用"借灵于本性"。他指出修丹所称"大药三品,神与气精",乃是指元精、元炁、元神,而非后天交感之精,呼吸之气,思虑之神(《元精元炁元神论》)。三者之中,神统炁、精。神藏于精则谓之曰精神,神藏于气则谓之曰神气,神即性。性定则神自安,神安则精自住,精住则气自生。炼丹则以元神运精气,"升降进止如运诸掌,是谓水火交而成既济"(《神统论》)。东派丹法认为阴阳之精互藏其宅。女子二七而天癸至,方其交感之炁虽未氤氲而其机已动。当其不动而动,动而不动之时,是谓先天真一之炁,所为造化之根枢,品汇之枢纽。而男子之精始通,必待其气先至,乃化而为水,又乃化而为精(《阴阳互藏论》)。丹法须以先天之炁制其精。故其药物有内外之说,指修之者"创鼎于外,而炼药于内"。即假同类异性之先天者以补己之后天。在理论上讲:"然又须知彼我之气,同一太极之所分。其中阴阳之精,互藏其宅,有不可以独修者。《易》曰'一阴一阳之谓道','同声相应,同气相求'。《契》曰:'冠婚炁相纽,元年乃芽滋'。造化之理,顺则成人,逆则成丹,神妙自然,不可诬也。炼药于内,而创鼎于外,岂直补吾身之缺而已哉。"(《内外药论》)元神有所藏之室,具体指天谷泥丸、应谷绛宫、灵谷关元。此三宫之神居之,称为三丹田(《神室论》)。行持中,须以澄神为先,而澄神之要,莫先于遣欲(《澄神论》)。澄而养元,同时又要知凝神处,否则漫无归宿。所谓凝神,乃以神入气穴之中,与之相守而不离。气穴指下丹田,有气海、灵谷等等别名(《凝神论》)。同时,又强调注意行胎息之法(《真息论》)。至于操作中的不同环节,火候抽添等等,也皆有专论一一指明。双修之法,有许多不著文字,难以宣传的。如采取交媾的过程之类,不得不略而不论。陆西星又恐人不得其要,故又撰《遗言论》断后,再作点睛之笔,指出:"夫道不外乎一阴一阳而已。阴则为精,阳则为炁,而神则统乎二者。故神与炁精乃上药之三品也。凡言龙虎铅汞种种异名皆依此立。古仙垂语不欲轻泄,故乱辞孔窍,纷尔多门,使志学之士因文以见义,由博以之约,迨夫真积力久,豁然贯通,则刊落言筌,直见根本矣。"

《玄肤论》,阐述东派丹法诸要目,简明而显豁,尽量指实其义,而不像大多数丹书那样,多用隐语,如红铅黑汞、青龙白虎、白雪黄芽、木公金母、婴姹黄婆之类隐语皆不用。因此后人评其法简而巧。

二、《金丹就正篇》,分上、中、下三篇,另有后序一篇。简练讨论东派丹法中有关双修的几个问题。上篇论何以取双修之法。曰:"予闻之师曰:金丹之道,必资阴阳相合而成。阴阳者,一男一女也,一离一坎也,一铅一汞也。此大丹之药物也。夫坎之真炁谓之铅,离之真精谓之汞,先天之精积于我,先天之炁取于彼。何以故?彼坎也,外阴而内阳,于象为水、为月,其于人也为女。我离也,外阳而内阴,于象为火、为日,其于人也为男。故夫男女阴阳之道顺之而生人,逆之而成丹,其理为一者也。"中篇论以"彼"之炁制"我"之精。称:"火阳根阴,观夫灵光闪烁,莫可控制。吾身之阳亦复如是,是以常有奔蹶之患。圣人知其如此,故取坎中真乙之水以克制之。故夫情炽于中,精逸于外,犹火炎于下而水沸于釜也。取彼先天真乙之炁,伏我奔蹶易逸之精,犹之酌泉于瓮而救沸于釜也,靡不济矣。"而所以取坎之法,则称为"天机至闷"。但强调把握"药材老嫩":"轻清未形,乃阳中之阳也,其端甚微,而其妙莫测,故急采于癸生之初,而用之以一符之顷,稍迟则生滓而度于后天,是又阳而反变为阴矣。"下篇专论炼己。认为:"苟炼己无功,六根未定,入室之顷,大用现前,性动情炽,姹女逃亡,又安能以一符之顷而夺骊龙之珠于颔下哉。"这是专对双修而言。盖以双修而论,"金丹之道,炼己为先。炼己则神定,神定则气住,气住则精凝,民安国富,一战而天下定矣"(《后序》)。否则极易走泄,不仅功夫付诸东流,且有凶险。

三、《金丹大旨图》,系金丹之理的图说。凡八图。以《先天无极之图》居首。称其图示为"五行不到,父母未生,真宫本体,清静圆明"。图旁说明云:"老子云:有物混成,先天地生,吾不知其名,强名曰道。又曰:无名天地之始。又曰:天下有始以为天下母。盖先天混元真乙之炁,为生天生地生人生物之根。方其未有动机,故溟涬无光,声臭俱泯,谓之无极。在人则至静无感,寂然不动者当之。而佛氏所谓'真空'、儒者所谓'未发',亦不外是。"次为《太极未分之图》,像"虚无生一,混沌玄黄,体具未分,中有阴阳"。图旁说明云:"其在吾人,是谓玄牝。盖玄牝者,乃真精妙合自然而成,所谓无中生有,虚里造实,乃神气之根而性命之窍也。老子云:常有欲以观其徼。观徼之学,遂为千古圣真立命之基,而圣功于是乎生,神明于是乎出矣。"次为《太极分阴阳之图》,像"一炁既判,两仪始分,重为轻根,静为躁君"。称据此可知,"抱元守一,可以复归于无极矣"。次《阴阳互藏之图》,像"阳中有阴,阴中有阳,西邻东舍,精炁互藏"。此则为双修之法的理论基础,指男女双方精炁互藏,修炼时则以炁制精,称为"东入西邻,西归东舍"。次为《坎离交媾图》,像"阴在上,阳下奔,他为主,我为宾"。盖指内丹修炼中关键的一步,即取坎填离,下一步便是结成大丹。说明称"古仙造丹,莫要于采药,而药物有铢两,采取有时节,颠倒有法度,其要在于月出初庚,铅生癸后,而子南午北互为纲纪,别有口诀,不著于文"。次《成丹之图》,像"乾坤交媾罢,一点落黄庭"。图中一点,"不谓之铅,不谓之汞,而谓之丹者,乃日月交光,阴阳和气自然而成。指两家精气凝合,归于一家之候"。次《周天符火图》,以复、临、泰、大壮、夬、乾、姤、遁、晋、观、剥、坤十二卦统十二时,围成周天圆图,以示火候进退。末为《还元图》,图同《先天无极之图》,但含义不同。盖前图以顺则生物生人之理,论宇宙演化之端,后者以逆则成丹之理,像"返于无穷,与道合真"的最高境界,也是还丹底于究竟之象。

四、《七破论》,由七篇论文构成。一为破非,破斥别人对还丹之道的责难;二破伪,斥责各种骗人的旁门小法;三破执,批评有人拘泥于丹经只言片语而不识大体;四破邪,斥责与房中术有关的各类邪术,如"取男女淫液而和曲蘖或配秋石而称人元"之类;五破疑,批评对丹经的怀疑态度;六破愚,批评当时有人延请方士烧炼外丹的愚昧行为;七破痴,斥责有人想求道却不知速修,富盛之年溺于爱河。

本书为研究陆西星本人思想及所创东派丹法主要文献。

(刘仲宇)

南华真经副墨 陆西星

《南华真经副墨》，八卷。明陆西星撰，成于万历六年（1578）。通行本有巴蜀书社1994年版《藏外道书》本、中华书局2010年版校点本。

作者生平事迹见"方壶外史"条。

本书是作者在《方壶外史》刊行之后，撰作的一部《庄子》义疏。书名中的"副墨"，语出《庄子·大宗师》："闻诸副墨之子，副墨之子闻诸洛诵之孙，洛诵之孙闻之瞻明，瞻明闻之聂许，聂许闻之需役，需役闻之于讴，于讴闻之玄冥，玄冥闻之参寥，参寥闻之疑始。"这一段原是庄子的寓言，对此，陆西星的解释是："副墨，文字也；洛诵，诵读也；瞻明，审视也；聂许，目聂而心许之也；需役，耳有听，手有书，皆待役于主人者。于讴，叹美讴歌也；玄冥，有气之始；参寥，无名之始；疑始，无始之始。盖言道理得之言语文字间，而领之以心，会之以神，则己之朝彻而独见者也。"他评论说："此段直泄道妙，学者苟能会而悟之，则所谓命宗性祖，一贯穿过，受用得力处不独以其文也。"这里表现的是陆西星对自己注《庄子》的看法：希望"直泄道妙"，将"命宗性祖一贯穿过"，使读者"受用得力处，不独以其文也"。

《南华真经副墨》的主旨，陆西星在《序》及《读南华真经杂说》中曾予提示："《南华经》分明是《道德经》注疏，欲读南华，先须读《道德经》。大要识其立言宗旨。是经篇章虽多，阖辟鼓舞，一意贯串，但是言突兀惊人，其诋侮圣贤，正如禅宗中喝佛骂祖，见释迦始生，手指天地作狮子吼，便要一棒打杀与狗子吃了，贵在天下太平。此中深意，如何理会？识者谓其深报佛恩。于此悟入，然后许读此书。"据此，我们知道在陆西星眼中，《庄子》的宗旨是根于《老子》的，它原本就是《老子》的注疏，而且认为是最好的注疏。其契入之处，在道德二字。他在《老子道德经玄览》中说："何谓道德：道者，虚而无有；德则一而不分。庄子云性修返德，德至同于初，初即无名之始，道之谓也。道德二字，世人罕知，汉兴以来，笺疏《老子》代不乏人，略记百有余家，得其旨者，庄子《南华》之外，指不可以多屈。盖自河上之说已属可疑，其散焉者则狃于儒说之支离。而于所谓妙微重玄之秘,则□乎其未有得也。"这里说的道、德并非一般哲学意义上的本体论或心性论范畴,而是内丹家的性、命之学,它们是与内丹功法紧密结合在一起的,故所谓《庄子》为《老子》注疏,不如说为《老子道德经玄览》的注疏,或说是以内丹学改造过的《老子》的注疏。

从上述引文中又可看到,陆西星要人们采用禅宗的学风和方法来理解《庄子》。但他所称的禅理佛典,也是与内丹联系在一起的,确切一点说,是将佛法当成内丹性功看待。他说:"予尝谓震旦之有《南华》,竺西之贝典也,贝典专谈实相,而此则兼之命宗。盖妙窍同玄,实大乘之秘旨。"实相,即真如;陆西星理解成元神。内丹中将炼丹的根据称为"大药三品,神与气精"(《无上玉皇新印妙经》序)。所谓性功指修神,命功指修气精。丹功中又称有大、中、小三乘之法。故陆西星认为《庄子》与佛典相合,在于都能阐释内丹性功;而其超越佛典之处,乃在兼说命功,更为完备。

总之,《副墨》的宗旨,乃在根据《老子》和佛典的一些内容来解释《庄子》,从中绅绎出"性宗命祖"。这一宗旨,贯穿在全书之中,只是相对来说,偏重于性功。倘若以之和他集中阐述自己丹法的论著《玄肤论》相参看,那么可以说,东派丹法理论的基本之点在《副墨》都已齐备,《玄肤论》中的若干观点,在《副墨》中且有详尽发挥。

正文八卷,以"虚静恬淡,寂寞无为"八字为序,每字各统一卷,内复分卷上、卷下。陆西星认为,《庄子》一书首尾一贯,宗旨相同,"庄子《南华》三十二篇,篇篇皆以自然为宗,以复归于朴为主。盖所以羽翼道德之经旨。其书有玄学,亦有禅学,有世法,亦有出世法。大抵一意贯串,所谓天德王道皆从此出"(卷二《应帝王》)。三十二篇中,内篇最为精深,外篇、杂篇则辅助、发挥内篇之旨。"内篇七篇,庄子有题目之文也,其言性命道德、内圣外王备矣。外篇则标取篇首两字而次第编之,盖所以羽翼内篇,而尽其未尽之蕴者。予尝谓读南华者,当熟内篇,内篇熟则外篇、杂篇如破竹,数节之后可以迎刃而解矣。"(卷二《骈拇》)"杂篇,庄子杂著也,章句有长有短,总之则推本道德,为《老子》一经之注疏。"(卷六《庚桑楚》)而其中《天下篇》,庄子之自序也。历述古今道术渊源之所自,而以自己承之,即《孟子》终篇之意。末论惠施强辩之语而断之以"存雄而无术,辟邪崇正之意见矣"(卷八《天下》)。另外,又认为《盗跖》、《说剑》非庄作,《让王》篇有后人窜入。因此,陆西星对内七篇用功最勤,其注可视作《副墨》全书精华。

内七篇,陆西星将之看成完整阐述性命道德、内圣外王之道的一组论文,但每篇地位,内容侧重不同。依他的解释其安排顺序亦有深意。

《逍遥游》列于第一,是因为:"夫人必大其心而后可以入道,故内篇首之以《逍遥游》。游,谓心与天游也。逍遥者,汗漫自适之义。夫人之心体本自扩大,但以意见自小,横生障碍,此篇极意形容出个致广大的道理,令人拓展胸次,空诸所有,一切不为世故所累,然后可以进于道。"(见《逍遥游》解题,以下所引均为各篇解题)。

《齐物论》列于第二,则是承接"逍遥"之义而来。"所以至人悯其死心,灰其胜心,解其斗心,为是不用而'照之以天',教之以'因是',语之以'滑疑',欲其泯物我,忘是非,和之以天倪,休之以天均,因之以曼衍,嗒然如南郭子綦之丧我,犹然如庄周之蝶化,然后与物浑化而逍遥之游可遂也。"

《养生主》:"养生主,养其所以主吾生者也。其意则自前《齐物论》中'真君'透下。盖真君者,吾之真主。人也一受其成形,不亡以待尽,日夜与物相刃相靡于利害之场,行尽如驰而莫之止,可得谓之善养乎?此篇教人循乎天理之自然,安时处顺,将使利害不惊于心,而生死无变于己,然后谓之善养主人也。"

至于《人间世》第四,是因为"道非绝俗也,德非遁世也,夷明养晦,和光同尘,世出世法,莫不由此"。"此老平生受用得力处全在于此,然亦何莫而非'至人无己'中得来耶?"所以它与《逍遥游》是遥相呼应的。

《德充符》第五,"盖充养生、处世而至于义之尽者也"。即是《养生主》、《人间世》的补充和完善,三者勾连,方将道理讲透了、讲圆了。

《大宗师》第六,则将前面几篇所欲"入"之"道",集中阐述,故尔更进一层。"大宗师言道也。道者,自然而已,乃天所为。故老子云:天法道,道法自然。知天之所为之自然也,而不以人为参之,斯得谓知之盛矣。此篇以自然为宗,其旨意则在于以其知之所知,养其知之所不知,至于死生之变等之为旦夜,穷达之故,信之为有命,则非真知自然之所为者,孰能与于此哉。篇中义谛,随人根器大小各有受用。孰读此者,不惟可消贪鄙之私,而所谓性命之宗,上乘之学,亦不外是而得之矣。"

大道已明,性命悟于内,则发而为外王之学,故承之以《应帝王》第七:"老子云:王法天,天法道,道法自然,此篇以《应帝王》名者,言帝王之治天下,其道相应如此。"这是陆西星眼中的《庄子》内七篇文脉,也是他注内七篇的文脉。其勾连呼应之迹被叙述得十分简洁,其注解的详简得宜,联络贯通也因之宛然可辨。

(刘仲宇)

道藏目录详注 白云霁

《道藏目录详注》，四卷。明白云霁撰，约成于天启六年(1626)。通行本有《四库全书》本和清刻本两种。徐世昌退耕堂曾以文津阁《四库全书》本单独影印，台湾商务印书馆影印文渊阁《四库全书》中也收有《道藏目录详注》四卷。清刻本系缪荃孙旧藏，书名作《道藏目录》，题署"明冶城白云霁详注"，四卷。清刻本书前有《道教宗源》、《凡例》、《道藏总目》三种，为《四库全书》本所无。另外，清孙星衍《孙氏祠堂书目》著录明李杰若撰《道藏目录》十二卷，清《道藏精华录》也收有《道藏目录详注》四卷，称"辽左李杰若之详注"，但其本文题署作"明道士白云霁撰"。孙星衍著录之十二卷，后未见世。《道藏精华》本之卷次、注文以及前附《凡例》、《道藏总目》、《道教宗源》和《白云观重修道藏记》等，也同《四库全书》本和缪藏清刻本略异。

白云霁，字明之，号在虚子，上元(今江苏南京)人。明熹宗时南京冶城道士。

《道藏目录详注》是道教目录学著作。卷一为洞真部，卷二为洞玄部，卷三为洞神部，卷四为太玄部、太平部、太清部和正一部。首三卷各分为十二类。首录部类，次标千字文字号及字号卷数，再著录书名，原书卷数。数种道书合为一卷者，则于最后一种下注明。原书中如有符、图、像者，亦于书名下标出。或著撰人，略附子目。或摘录原书序文，或加简单注释。全书编排顺序大致与《大明道藏目录》四卷相当。《四库全书》本止于千字文"将"字号，缪藏清刻本则缺二字，止于"罗"字号。核对两本内容，《四库全书》本漏缺较多。

《四库全书总目》称其书"每条各有解题，如《崇文总目》、《郡斋读书志》之例"。然其"解题"极为简单。不少道书仅著录书名、卷数和著(注)者而并无注文。有的道书只有简单的注文，或注明内容，如《太上琅书琼文帝君诀》一卷注文仅云"内书经诀、启告等诀"；或评介注家，如《悟真篇三注》卷一之五注文云"紫贤薛道光，紫野陆墅，上阳子陈致虚，三注以道光为最"；或揭示要旨，如《天机经》一卷注文云"此经发《阴符经》之蕴，观变察机之理"；或点清类别，如《纯阳吕真人药石制》一卷注文云"言外丹"。有的道教经籍的注文较长，其内容多为书中的章节目录，但也有点明阅读和研究道经的方法的,如《玉清上宫科太真文》一卷注文云"言遵戒科条皆东华隐书,当知九真明科条件仪式,告诫后学者"。再如《元始说先天道德经》卷一之五注文云"此经妙、元、神、真,道五千秘言,当与《太上道德经》互参,方明有无妙窍,道法自然,与天生之徒十有三七六水火之妙。盖先天之学,超于理炁之外"。

《道藏目录详注》的注者是道士,其书并不如一般目录学著作着重于作者和时代的考证,因而沿袭《道藏》之讹处颇多;其书注重道教典籍的宗教意义,以阅读道教和修持养真为目的,如《太上金华天尊救劫护命妙经》注文云"常诵此经者,可免劫运之灾";《太上正一咒鬼经》注文云"诵此经者,可消魑魅魍魉、山精鬼蜮"。

(陈耀庭)

基督教

增订徐文定公文集 徐光启

《增订徐文定公文集》,一册。明徐光启撰,近代徐宗泽汇编。通行本有1933年上海徐家汇土山湾印书馆本。

作者生平事迹见"甘薯疏"条。

编者徐宗泽(1886—1947)。字润农,教名若瑟。徐光启第十二世孙。生于上海青浦县。1907年入耶稣会,后赴欧美留学。1920年升神父。回国后长期主编《圣教杂志》。1938年代理《圣心报》主编。

《增订徐文定公文集》是1949年以前编集的收录徐光启生前著述的较为完备的文集,较前人李杕、徐允希所编更为详细。

书前有《徐文定公集原序》、《增订徐文定公集序》、《增订徐文定公叙略》、陆徵祥《增订徐文定公集陆序》和徐宗泽之《增订徐文定公集缘起》。其目次如下。

卷首(分上下):本传、年谱、诰命、文定公行实,附寿文、利子奏疏、利子碑记、墓志铭。

卷一:耶稣像赞、圣丹像赞、正道题纲、规诫箴赞、十戒箴赞、克罪七德箴赞、真福八端箴赞、哀矜十四端箴赞、俞子如先生像赞、先祖事略、先祖妣事略、先考事略、先妣事略、与焦老师书、与海翁夫子书、答乡人书、跋二十五言、几何原本序、简平仪说序、泰西水法序、刻同文指算序、题测量法、勾股义序等。

卷二:屯田疏稿、垦田、用水、除蝗、禁私、晒盐、漕河议、处置宗禄查核边饷议、海防迁议。

卷三:敕勒练兵、城守条议、记崇祯二年十一月初四日事、记崇祯二年十一月二十八日事、再陈一得以神庙胜疏、控陈迎铳事宜疏、破敌之策甚近甚易疏、丑虏暂东绸缪宜亟谨述初言以备战守疏、闻风愤激直献刍荛疏、西洋神器既见其益宜尽用疏、恭报教演日期疏、镇臣骤求制统谨据职掌疏、钦奉明旨谨陈愚见疏恭报教演日期疏、处不得不战之势宜求必战必胜之策疏、钦奉明旨敷陈愚见疏,附李之藻奏为制胜务须西铳乞敕速取疏、复某中丞书、大征策、器胜策、服戎策。

卷四：谕督领改修历法勅、礼部为奉旨修改历法开列事宜乞截疏、礼部为日食刻数不对请勅部修改疏、修改历法疏、奉旨回奏疏、因病再申前请以完大典疏、奏呈历书总目表、奉旨恭进历书疏、奉旨续进历书疏、日食分数非多略陈义据以待候验疏、日食疏、日食依法推步具图呈览疏、月食疏、日食先后各法不同缘由及测验二法疏、修历缺员谨申前请以竣大典疏、李天经遵旨任事谨陈题荐始末疏、李天经题为书器告成谨照原题查叙在事诸臣疏、李天经题为遵旨续进坤舆格致、历法修正告成书器缮治有待请以李天经任历局。

卷五：辨学章疏、自陈不职乞赐罢斥疏、再历血诚辨明冤诬疏、敬陈讲筵事宜以神圣学政事疏、恭谢天恩疏、恭谢颁赐疏、考课无能乞充辞免疏等。

卷六：附李之藻文稿，有天主实义重刻序、浑盖通宪图说序、畸人十篇序、同文算指序、圜容较义序、刻职方外纪序、译寰有诠序、刻天学初函题辞、刻圣纪言序、请译西洋历法等书疏、山海关西虏抚赏议。

由于徐光启是我国明代重要的天主教徒，同时文集的编纂者、徐光启十二世孙徐宗泽也是一位天主教神父，文集中尤为引人注目的是徐光启宗教论文的收录。《辨学章疏》是徐光启最重要的一篇护教文章，作于1616年，当时，南京礼部尚书沈㴶上奏请灭天主教，徐光启挺身而出，为天主教和西洋传教士辩护，他称"其说以昭示上帝为宗本，以保救身灵为切要，以忠孝慈爱为功夫，以迁善改过为入门，以忏悔涤除为进修，以升真福为作善之荣赏，以地狱永殃为作恶之苦报"。《跋二十五言》是徐光启为利玛窦《二十五言》作的跋，利玛窦在那本书中劝人克制情欲，专事天主。《几何原本序》和《泰西水法序》分别是徐光启为他与利玛窦合译的《几何原本》前六卷，以及为西班牙传教士熊三拔所译《泰西水法》所作的序，序中指出，西洋传教士传播近代科学是旨在广传天主教，甚至认为近代科学实际是天主教的一个组成部分。《真福箴赞》是徐光启为"耶稣八福"所作的箴言和赞颂，《十诫箴赞》则是他为天主教十诫所作的箴言和赞颂。本书对于研究徐光启的天主教思想具有重要的资料价值。

（顾卫民）

图书在版编目(CIP)数据

中国学术名著提要.明代编/中国学术名著提要编委会编.—上海：复旦大学出版社，2019.2
ISBN 978-7-309-06791-0

Ⅰ.①中… Ⅱ.①中… Ⅲ.①著作-内容提要-中国-明代 Ⅳ.①Z835

中国版本图书馆 CIP 数据核字(2009)第 124145 号

中国学术名著提要(合订本)
第四卷 明代编
中国学术名著提要编委会 编

出 品 人　严　峰
责任编辑　韩结根　宋文涛

复旦大学出版社有限公司出版发行
上海市国权路 579 号　邮编：200433
网址：fupnet@fudanpress.com　http://www.fudanpress.com
门市零售：86-21-65642857　团体订购：86-21-65118853
外埠邮购：86-21-65109143　出版部电话：86-21-65642845
浙江新华数码印务有限公司

开本 850×1168　1/16　印张 38.75　字数 724 千
2019 年 2 月第 1 版第 1 次印刷

ISBN 978-7-309-06791-0/Z·62
定价：210.00 元

如有印装质量问题,请向复旦大学出版社有限公司出版部调换。
版权所有　　侵权必究